COLLECTION

DE

DOCUMENTS INÉDITS

SUR L'HISTOIRE DE FRANCE

PUBLIÉS PAR LES SOINS

DU MINISTRE DE L'INSTRUCTION PUBLIQUE

PREMIÈRE SÉRIE

HISTOIRE POLITIQUE

PROCÈS
DES
TEMPLIERS

PROCÈS

DES

TEMPLIERS

PUBLIÉ

PAR M. MICHELET

MEMBRE DE L'INSTITUT

PROFESSEUR AU COLLÈGE DE FRANCE, CHEF DE LA SECTION HISTORIQUE AUX ARCHIVES NATIONALES

TOME II

PARIS

IMPRIMERIE NATIONALE

—

M DCCC LI

AVERTISSEMENT

DU SECOND VOLUME.

L'espérance qu'on nous donne de recevoir des archives étrangères plusieurs documents importants, nous oblige d'ajourner encore l'introduction générale que nous avions promise. Il importe qu'elle contienne un résumé complet de toutes les pièces que l'on pourra réunir.

Celles qu'on va lire, et qui ne nous étaient connues jusqu'ici qu'imparfaitement, sont de nature à modifier sous plusieurs rapports les hypothèses que nous avons émises au tome III de notre *Histoire de France* en faveur de l'ordre du Temple.

Du reste, quelque opinion qu'on adopte sur la règle des Templiers et l'innocence primitive de l'ordre, il n'est pas difficile d'arrêter un jugement sur les désordres de son dernier âge, désordres analogues à ceux d'autres ordres religieux. Il suffit de remarquer dans les interrogatoires que nous publions, *que les dénégations sont presque toutes identiques,* comme si elles étaient dictées d'après un formulaire convenu ; *qu'au contraire les aveux sont tous différents*, variés de circonstances spéciales, souvent très-naïves, qui leur donnent un caractère particulier de véracité. Le contraire devrait avoir lieu, si les aveux avaient été dictés ou arrachés par les tortures ; ils seraient à peu près semblables, et la diversité se trouverait plutôt dans les dénégations.

Je renouvelle ici mes remercîments aux savants employés des Archives nationales, MM. Castelnau et de Stadler, qui m'ont aidé pour la copie, la correction et la table du second volume.

PROCÈS DES TEMPLIERS.

Frater Petrus de Lanhiaco Noviomensis diocesis serviens, testis supra juratus, xxx annorum vel circa, non defferens mantellum ordinis, quia a festo Purificacionis citra ipsum dimiserat, et radi fecerat sibi barbam, cum quo inquisitum fuerat, absolutus et reconciliatus per dominum archiepiscopum Remensem in concilio Remensi, lectis et diligenter expositis sibi omnibus et singulis articulis, respondit se nescire, nec credere, nec audivisse dici de contentis in eis, nisi quod infra sequitur, quia non vidit aliquem alium in ordine recipi, nec interfuerat capitulis eorumdem. Ipse autem receptus fuerat per fratrem Robertum de sancto Justo, quondam preceptorem tunc ballivie de Pontivo, in festo Exaltacionis Sancte Crucis proximo preterito fuerunt vi anni, in capella domus Templi d'Oymont in Pontivo Ambianensis diocesis, presentibus fratribus Petro de Lanhi, avunculo ipsius testis, Noviomensis, qui non fuit captus cum aliis, quia affugit; Johanne de Bali Ambianensis et Roberto de Reinbaval Noviomensis, et Johanne Castel Noviomensis diocessum, et Johanne dicto Burgundo servientibus, quos credit vivere, in hunc modum : nam instructus a dicto avunculo suo et aliis, peciit ter, flexis genibus, panem et aquam et vestitum ordinis, et cum responsum fuisset quod bene deliberaret, quia oporteret eum a se abdicare propriam voluntatem, esurire quando vellet comedere, vigilare quando vellet dormire, et multa dura et aspera sustinere, et ipse testis dixisset quod omnia sustineret, prestito ab eo per juramentum prestitum super quemdam librum apertum, in quo erat ymago Crucifixi, quod non erat servilis condicionis, debitis quod solvere non posset nec matrimonio obligatus, fecit eum vovere et jurare castitatem, obedienciam, et vivere sine proprio, servare bonos usus et consuetudines ordinis; et postmodum imposuit sibi mantellum in nomine Patris et Filii et Spiritus Sancti, ad honorem Dei et beate Marie et omnium sanctorum, et associavit eum, patrem et matrem suos participacioni bonorum ordinis presencium et futurorum, et fecit eum osculari dictam ymaginem Crucifixi, et postmodum preceptor et astantes osculati fuerunt eum in ore; et dictus receptor instruxit eum quot *Pater noster* diceret pro horis suis, et qualiter regeret se in ordine. Quo facto, dixit ei ibidem, in presencia aliorum, quod abnegaret Deum; cum autem ipse testis stupefactus diceret quod non abnegaret creatorem suum, subjunxit idem receptor quod hoc oportebat eum facere, quia erat de punctis ordinis et quia alii faciebant, et tunc ipse testis abnegavit Deum, ore non corde, ut dixit. Postea precepit ei quod spueret super quamdam crucem ligneam veterem, in qua nulla apparebat ymago Crucifixi, juxta sedem dicti receptoris collocatam, nescit per quem allatam, dicens quod hoc esset de dictis punctis ordinis, et ipse testis spuit non supra sed juxta eam. Post que dixit eidem quod secundum dicta puncta debebat eum osculari in ano, et precepit quod ibi oscularetur eum, sed avunculo ipsius testis flexis genibus instante, remisit ei osculum memoratum. Subsequenter dixit ei quod secundum dicta puncta poterat aliis fratribus carnaliter commisceri, et ipsi cum eo; hoc tamen non fecit, nec credit quod in ordine fieret, nec quod in recepcionibus aliorum fratrum intervenirent alia illicita, sed ista duntaxat. Credit quod eorum sacerdotes debite celebrarent, et quod alii fratres crederent ecclesiasticis sacramentis, quibus ipse credebat. Statim pro professis habebantur. Clandestine recipiebantur, ex quo credit quod esset suspicio contra eos. Deffendebatur eis sine juramento quod non revelarent secreta capitulorum, sed de modo recepcionis non fuit sibi facta mentio specialis, nec fuit sibi injunctum quod non confiteretur nisi sacerdotibus ordinis, et fuit de predictis erroribus confessus in septimana in qua fuit receptus, in dicta capella, cuidam fratri carmelite, cujus nomen et cognomen ignorat, qui absolvit eum, imposita sibi penitencia quod jejunaret VII annis diebus sabatinis; quam penitenciam in parte complevit. Credit quod fratres scientes errores et potestatem corrigendi habentes, negligentes fuerunt, quia non correxerunt eos nec denunciaverunt Ecclesie. In domibus ordinis in quibus fuit commoratus vidit elemosinas, et hospitalitatem convenienter fieri et servari. Audivit dici quod clam, januis clausis, eorum capitula tenebantur. Credit quod totus ordo servasset quod magnus Magister cum conventu ordinasset, et quod nunc grandia scandala, suspicio et infamia sint exorta contra ordinem, et quod confessata per eum essent nota fratribus ordinis, contra quem audivit dici magnum Magistrum et alios aliquos errores, nescit quos, fuisse confessos. Obtulerat se, malo ductus consilio, ad deffensionem ordinis una cum aliis, et fuit protestatus in principio deposicionis sue quod non intendebat recedere a deposicione per eum facta coram dicto domino archiepiscopo Remensi.

Requisitus si sic deposuerat prece, precepto, timore, amore, odio vel temporali comodo habito vel habendo, respondit quod non, sed pro veritate dicenda; cui fuit injunctum quod non revelaret hanc suam deposicionem quousque attestaciones fuerint publicate.

Acta fuerunt hec dictis die et loco, presentibus magistro Amisio, me Floriamonte Dondedei, et aliis notariis supra ultimo nominatis.

Post hec, die Veneris sequenti, que fuit quinta dies dicti mensis Marcii, fuerunt adducti pro testibus ad presenciam eorumdem dominorum commissariorum, in domo predicta fratrum Minorum, Raynandus de Pruino Senonensis, olim preceptor domus Templi Aurelianensis, Johannes de Mortuo Fonte Suessionensis, et Guillelmus de Hoymont Parisiensis diocessum, presbiteri degradati in concilio Senonensi ab omnibus minoribus et majoribus ordinibus, exuti tamen privilegio clericali et privati habitu Templi, et ad murum perpetuum sub certa forma per dictum concilium condempnati; necnon Raynaudus de Cunheriis miles Belvacensis, Petrus de Claromonte Belvacensis, et Bernardus de Sarnayo Parisiensis diocessum, servientes, per dictum concilium sub certa forma condempnati ad murum perpetuum; et Lambertus de Cormelles Suessionensis diocesis, serviens; qui, tactis sacrosanctis Evangeliis, juraverunt dicere plenam et meram veritatem in isto negocio, secundum formam juramenti aliorum testium superius registratam, expositam et vulgarizatam eisdem.

Quo facto, dictus frater Lambertus, habens mantellum et barbam ordinis, quadraginta quinque annorum vel circa, nondum absolutus nec reconciliatus; cum quo tamen, ut dixit, fuerat inquisitum per priorem Predicatorum conventus Trecensis, commissarium fratris Guillelmi de Parisius ordinis predicti, inquisitoris heretice pravitatis in regno Francie; protestacione premissa quod a deposicione quam fecerat coram dicto priore Trecensi non intendit recedere, lectis et diligenter expositis sibi omnibus et singulis articulis, respondit se nescire, nec credere, nec audivisse dici de contentis in eis nisi quod sequitur. Dixit enim se fuisse receptum in capella domus Templi de Colomeriis in Bria, Meldensis diocesis, circa festum beati Martini hiemalis proximo preteritum fuerunt xxiiii anni vel circa, per fratrem Hugonem Picardi quondam, de mandato fratris Arnulphi de Vysamale, quondam tunc preceptoris Brie; presentibus fratribus Gerardo de Pruino presbitero, tunc preceptore domus Templi de Pruino, Remigio de Ploysi deffunctis, et quibusdam aliis de quibus non recolit, in hunc modum : nam cum peciisset panem et aquam et societatem fratrum ordinis sibi concedi amore Dei et beate Marie, et responsum fuisset sibi quod bene deliberaret, quia oporteret eum multa aspera sustinere in ordine, et quod rogaret Deum quod eum dirigeret, tandem ipso instante et supplicante ut prius, prestito ab eo per juramentum quod non habebat infirmitatem latentem nec erat excommunicatus, nec alteri religioni nec matrimonio alligatus, fecit eum vovere et jurare dictus receptor castitatem, obedienciam, et vivere sine proprio, tenere bonos usus et bonas consuetudines que erant et que imponerentur per superiores in ordine, nec esset in loco in quo aliquis exheredaretur injuste, vel in quo studio suo falsum judicium redderetur. Postmodum imposuit sibi mantellum et tam ipse quam frater Gregorius, miles quondam, nacione Picardus, cujus cognomen ignorat, qui sue recepcioni interfuit, et alii astantes ipsum testem osculati fuerunt in ore. Deinde omnes astantes exierunt dictam capellam, receptore predicto et ipso teste solis remanentibus in eadem, et clauso ostio dicte capelle per ipsum receptorem, duxit eum prope altare, et ostensa sibi quadam cruce lignea existente retro altare, in qua nulla erat ymago, quam ipse recordatur, precepit ei quod abnegaret Deum; et cum ipse testis diceret constanter quod ipse nunquam abnegaret creatorem suum, dictus receptor dixit ei quod, postquam juraverat obedienciam, oportebat eum sic facere, et tunc ipse testis dolens, ut dixit, abnegavit Deum ore non corde. Postea precepit ei quod spueret super dictam crucem. Dixit eciam quod dictus receptor, hiis factis, osculatus fuit ipsum testem in pectore supra vestes. Alia inhonesta non intervenerunt in recepcione sua predicta. Dixit eciam quod vidit recipi fratrem Hugonem de Nantolio Suessionensis diocesis, circa principium hujus Quadragessime fuerunt octo anni vel circa, in capella domus Templi de Cheuruto Senonensis diocesis, quem recepit predictus frater Gerardus de Pruino, tunc preceptor dicte domus de Cheruto, presentibus fratribus Drocone tunc preceptore domus de Scinhi dicte diocesis Trecensis et Johanne Monachi Suessionensis diocesis, servientibus, de quorum vita vel morte non habet certitudinem; in cujus recepcione licita et honesta que fuerunt dicta et facta in recepcione ipsius testis servata fuerunt; illicita tamen confessata per eum vel alia non vidit fieri nec injungi. Requisitus si credit quod in recepcionibus aliorum fierent et servarentur predicta illicita confessata per eum, respondit se credere quod non. Credit bene ecclesiasticis sacramentis, et credit quod alii fratres crederent, ut dixit, et quod eorum sacerdotes debite celebrarent. Statim pro professis habebantur, ut fuit sibi dictum. Clam fiebant recepciones eorum, nullis presentibus nisi fratribus ordinis. Cordulis cingebantur supra camisias, quas recipiebant unde volebant. Injunctum fuit ei quod non revelaret secreta capitulorum, non facta alia mencione de modo recepcionis; non tamen juravit. Si erant aliqui qui secretos errores in ordine scirent, negligentes fuerunt quia non denunciaverunt Ecclesie. Elemosinas et hospitalitatem vidit convenienter fieri et servari in domibus ordinis in quibus fuit conversatus. Fuit sibi dictum quod procuraret utilitatem ordinis juste, non tamen fuit dictum quod injuste. Credit quod totus ordo servasset illud quod magnus Magister cum conventu statuisset. Grandia scandala, suspicio et infamia sunt exorta nunc contra ordinem.

Requisitus si sic deposuerat prece, precepto, timore, amore, odio vel temporali comodo habito vel habendo, respondit quod non, sed pro veritate dicenda; cui fuit injunctum quod non revelaret hanc suam deposicionem quousque attestaciones fuerint publicate.

Acta fuerunt hec die et loco predictis, presentibus magistro Amisio, me Floriamonte Dondedei, et aliis notariis supra ultimo nominatis.

Post hec, die Lune sequenti, que fuit VIII dies dicti mensis Marcii, fuerunt adducti pro testibus ad presenciam eorum dominorum commissariorum, in domo predicta fratrum Minorum, fratres Guillelmus de Torrage miles Carnotensis, Guillelmus deu Liege preceptor de Rupella, P. Theobaldi preceptor de Castro Bernardi Xantonensis, et Helias Raynaudi Petragoricensis, preceptor domus Templi de Dongno diocesis Xantonensis, Guillelmus Terice Cenomanensis, et Thomas de Panpalona preceptor domus d'Averin in Navernia Panpalonensis, et domus de Riba Forada Therasconensis diocesis. Qui tactis sacrosanctis Evangeliis juraverunt dicere in isto negocio plenam et meram veritatem, secundum formam juramenti aliorum testium superius registratam, expositam et vulgarizatam eisdem.

Quo facto, dictus frater Guillelmus de Liege serviens, preceptor de Rupella Xantonensis diocesis, testis supra juratus, mantellum ordinis et barbam defferens, qui fuit protestatus quod non intendit recedere a deposicione per eum facta coram domino archiepiscopo Xantonensi, per quem absolutus et reconciliatus fuerat apud Rupellam, octuaginta annorum vel circa, lectis et diligenter expositis sibi omnibus et singulis articulis, respondit se nichil scire, credere vel audivisse dici de contentis in eis nisi quod sequitur. Videlicet quod ipse in recepcione sua de nullo illicito vel inhonesto fuerat requisitus vel solicitatus, nec post recepcionem, nec vidit fieri in recepcionibus aliorum quibus adfuerat nec post. Ipse autem fuerat receptus, in vigillia Nativitatis Domini proximo preteriti fuerunt sexaginta duo anni vel circa, in capella domus Templi de Roches Pictavensis diocesis, per fratrem Hugonem Grisardi militem quondam, preceptorem tunc Aquitanie, presentibus fratribus Roberto Anglico preceptore de Banes Xantonensis diocesis serviente, Francone de Bort tunc preceptore de Lemozucinio, Symone de Nigella tunc preceptore de Insula Bochardi, militibus, et pluribus aliis deffunctis, in hunc modum : nam cum pluries interpolate peciisset panem et aquam, societatem et pauperem vestitum ordinis, et responsum fuisset ei quod bene deliberaret super hoc, et ipsi eciam deliberarent, finaliter concesso quod reciperet eum, fecit eum vovere et jurare super quoddam missale apertum, ubi erat ymago Crucifixi, et apponere manus suas prope canonem ibi *Te igitur etc.*, quod viveret sine proprio, servare castitatem, obedienciam, et obedire omnibus preceptoribus suis, servare bonos usus et bonas consuetudines ordinis, et quod non esset in loco ubi aliquis exheredaretur injuste. Post que imposuit sibi mantellum, et ipse et fratres astantes fuerunt eum osculati in ore. Postea instruxit eum quot *Pater noster* diceret pro horis suis, qualiter jaceret, et quod caveret sibi specialiter a crimine sodomitico, quia si committeret, poneretur in carcere perpetuo, et quod non revelaret secreta capitulorum. De nullo autem illicito vel inhonesto fuit illi facta mencio in recepcione sua vel post; nec ipse fecit fieri, nec precepit, nec scivit quod fierent in recepcionibus illorum quos ipse recepit nec post.

Audivit tamen dici ab aliquibus ex fratribus ordinis, de quorum nominibus non recordatur, quod preceptum fuerat eis in recepcionibus eorum quod spuerent supra crucem; sed ipsi dicebant se non spuisse; non tamen audivit dici ab eis quod preciperetur eis aliquid de abnegacione, nec de conculcacione, nec de osculis inhonestis, nec eciam de crimine sodomitico, vel de aliquo inhonesto. Requisitus quando audivit predicta dici, dixit quod sunt quinquaginta anni vel circa, et ex tunc habuit malam suspicionem contra ordinem, quam antea non habebat. Ipse autem recepit xx vel xxv fratres in ordine de quibus dixit esse vivum in Rupella Petrum de Luchet servientem Xantonensis diocesis, omnes alios esse mortuos; quem Petrum recepit in capella de Rupella, circa instans festum nativitatis beati Johannis Baptiste erunt quinque anni vel circa, presentibus quodam fratre presbitero ordinis Gallicano, cujus nomen et cognomen ignorat, Bartholomeo de Pertenay, Guillelmo de Mortone Engolismensis diocesis servientibus deffunctis, et eum recepit per eum modum per quem deposuit se fuisse receptum. Dixit eciam se recepisse predictos Petrum et alios secundum modum licitum, quia cum dimisisset ducentas libras Turonenses reddituales, quas habuisset existens in seculo, ut existens in ordine salvaret animam suam, nullo modo consensisset aliquid illicite actum, eo sciente, mandante vel consenciente; sed ex quo audiverat dici quod aliquibus receptis per alios quam per ipsum preceptum fuerat quod spuerent supra crucem, et habuerat suspicionem in corde suo quod hoc esset verum, quando contingerat eum adesse recepcionibus aliorum, recedebat quam prius poterat, tradito mantello receptis. Requisitus si per aliquem ex superioribus suis fuerat ei preceptum, quod servaret aliquid illicitum in recepcionibus fratrum vel post, respondit quod non. Requisitus si ipse locutus fuerat eisdem superioribus se audivisse dici quod predicta spuicio crucis precipiebatur per aliquos fieri in ordine, respondit quod non; dixerat tamen frequenter multis ex fratribus ordinis quod sibi displicebat multum quia eorum recepciones fiebant clandestine, nullis presentibus nisi fratribus ordinis, et se dubitare quod male eis propter premissa contingeret, et hoc dicebat quia credebat et credit quod propter premissas clandestinaciones seculares haberent suspicionem contra eos. Requisitus quos viderat in ordine recipi, respondit se non recordari, et credit quod omnes sint mortui; sed in Rupella sunt circa xv vivi, qui fuerunt recepti auctoritate magistri Pictavie : et de mandato ipsius magistri, ipse testis recipiebat eos ad beneficia ordinis, et reservabat ipse testis inducionem eorum dicto magistro, et postmodum ipso teste absente, induebantur per ipsum magistrum, vel per alios quibus ipse magister committebat super hoc vices suas, quia non curabat ipse testis eos induere nec quando induebantur adesse. Requisitus quare non curabat eos induere nec interesse recepcionibus eorum vel aliorum, respondit quod propter suspicionem quam habebat quod fieret spuicio supradicta. Requisitus si erat aliquis superior eo qui adesset recepcionibus illorum quos ipse recepit et recipi mandavit, respondit quod non. Requisitus si credit quod aliquis illorum qui adfuerunt recepcionibus illorum quos ipse recepit vel recipi mandavit, preceperit dictis receptis quod facerent aliquid illicitum, respondit se credere quod non, sed credit quod illi qui recipiebant alios quos ipse vidit recipi, vel aliqui ex astantibus, post recessum ejus, preceperunt eis quod spuerent, et quod ipsi spuissent in dictam crucem vel prope eam. Requisitus si scit vel credit quod dicta spuicio fieret ex punctis ordinis vel ex precepto superiorum ordinis, respondit se nescire unde ortum habuit, nec a quibus nec quando ; nec credit quod hoc fieret ex punctis ordinis nec ex regula eorum, sed quod dictus error fuerit introductus ab aliquibus perversis de superioribus ordinis. Requisitus si scit, vel audivit dici, vel credit quod aliquis alius error vigeret in ordine, respondit se credere quod non, sed multi ex eis erant superbi et alios opprimentes, extorsiones ab eis facientes, per abusum litterarum apostolicarum et aliis modis. Requisitus si scit vel credit quod comuniter preciperetur in ordine quod fieret spuicio supra dicta, respondit se nescire, nec credebat quod communiter in dicto ordine fieret nec preciperetur, sed per aliquos in aliquibus locis. Item dixit, quod ipse bene credebat ecclesiasticis sacramentis, et credit quod alii fratres ordinis bene crederent, et quod eorum sacerdotes debite celebrarent. Laici tenentes capitula in eorum terminacione dicebant in effectu talia verba : De hiis que obmittetis dicere, propter verecundiam carnis vel propter timorem discipline ordinis, nos facimus vobis talem indulgenciam qualem possumus, sed loquamini de hoc fratribus sacerdotibus. Requisitus si per dicta verba prelata aliqui credebant esse absoluti a peccatis venialibus vel mortalibus, respondit quod ipse non credit, nec credit quod alii crederent, sed ex quadam consuetudine dicebant predicta verba. Requisitus si in capitulis manifestabant peccata eorum carnalia, respondit quod hoc nunquam viderat nec audiverat fieri. Item, dixit quod ex privilegiis ordinis, statim pro professis habebantur, ut possent micti ultra mare quocumque injungeretur eis. Dicebatur eis quod absque licencia superiorum non poterant exire ordinem. Cordulis assumptis unde volebant cingebantur super camisias cum quibus jacebant, nec scit nec credit quod tangerent capita ydolorum, nec quod haberent nec adorarent ydola. Qui revelassent secreta capitulorum vel ea que in ipsis capitulis agebantur circa recepciones vel alia, eciam fratribus qui non adfuerant, fuissent incarcerati et puniti. Absque licencia non poterant nisi sacerdotibus ordinis confiteri. Fratres scientes errores fuerunt negligentes, quia non correxerunt eos nec denunciaverunt Ecclesie. Injungebatur in ordine quod elemosinas et hospitalitatem debite observarent, et eas vidit convenienter in dicto ordine fieri et servari; et inhibebatur quod injuste non acquirerent ordini. Januis clausis, nullis presentibus nisi fratribus ordinis, eorum capitula tenebantur. Quod magnus Magister cum conventu statuisset servasset totus ordo, contra quem nunc grandia scandala, suspicio et infamia sunt exorta. Confessata per eum credit quod essent nota multis ex fratribus ordinis, ad cujus se deffensionem non obtulerat.

Requisitus si sic deposuerat prece, precepto, timore, amore, odio vel comodo temporali habito vel habendo, respondit quod non, sed pro veritate dicenda; cui fuit injunctum quod non revelaret hanc suam deposicionem quousque attestaciones fuerint publicate : et est sciendum quod intelligebat Latinum.

Acta fuerunt hec predictis die et loco, presentibus magistro Amisio, me Floriamonte Dondedei, et aliis notariis supra ultimo nominatis.

Post hec, in crastinum, videlicet die Martis sequenti, qui fuit VIIII dies mensis Marcii, fuit adductus ad presenciam eorumdem dominorum commissariorum, in domo predicta fratrum Minorum, frater Guillelmus de Torrage miles Carnotensis diocesis, testis supra juratus, ut deponeret dictum suum, mantellum ordinis et barbam defferens, sexagenarius vel circa, cum quo inquisitum fuerat, absolutus et reconciliatus per dominum episcopum Xantonensem. Lectis autem et diligenter sibi expositis omnibus et singulis articulis, respondit se nescire nec credere de contentis in eis nisi quod sequitur. Dixit enim quod ipse receptus fuerat in capella domus Templi de Malo Leone Pictavensis diocesis, in vigilia instantis festi Resurrectionis Dominice erunt XXV anni vel circa, per fratrem Johannem dictum le Franceys militem quondam, preceptorem tunc Pictavie, presentibus fratribus Matheo de Britannia presbitero, cujus cognomen ignorat, et pluribus aliis deffunctis quorum nomina ignorat, in hunc modum : nam cum requisivisset se recipi, et deliberassent eum recipere, fecerunt eum vovere et jurare vivere sine proprio, servare castitatem, obedienciam, bonos usus et bonas consuetudines ordinis. Postmodum receptor imposuit ei mantellum, et ipse et astantes osculati fuerunt eum in ore. Postmodum instruxit eum quot *Pater noster* diceret pro horis suis, et qualiter regeret se in ordine; sed de abnegacione, vituperiis crucis, osculis inhonestis, crimine sodomitico vel aliqua alia re illicita non fuit ei locutus, nec audivit dici nec credit quod diceretur aliis in eorum recepcionibus vel post, nec quod fieret per eos nec in ordine. Requisitus si quos alios viderat recipi, et ubi et quando et a quibus, respondit quod per testem proximo examinatum, preceptorem de Rupella, viderat recipi in capella domus Templi de Rupella insimul, circa Natale proximo preteritum fuerunt octo anni vel circa, fratres Zachariam de sancta Sora presbiterum, et Guillelmum Fargeti servientes, quos credit vivere; non recolit de presentibus nec de nominibus aliorum quos vidit recipi : in quorum recepcionibus nichil vidit, nec scivit, nec audivit fieri illicitum. Item, dixit quod fuerat conjugatus in seculo, et quod steterat per annum et dimidium ultra mare, et ibi fuit sibi dictum per quemdam fratrem militem ordinis senem, cujus nomen et cognomen ignorat, sed videtur sibi quod esset Hispanus, quod tarde venerat ad ordinem quia erat senex, sed forte cicius venerat quam expediret sibi, quia dictus miles non credebat, ut dixit ipsi testi, quod ordo eorum diu durare posset propter superbiam eorum, et quia acquirebant dicto ordini quibuscumque modis poterant, et erant nimis cupidi et ambitiosi, nec intendebant ad factum armorum contra infideles sicut debuissent; et hoc fuit dictum ipsi testi in primo anno recepcionis sue. Item, dixit quod bene credebat ecclesiasticis sacramentis, et credit quod alii fratres bene crederent et quod eorum sacerdotes debite celebrarent. Jurabant ordinem non exire. Statim pro professis habebantur. Clandestine recipiebantur, nullis presentibus nisi fratribus ordinis, ex quo credit quod esset suspicio contra eos. Non credit quod cordule quibus cingebantur tangerent capita ydolorum, nec quod haberent nec adorarent ydola. Absque licencia non poterant nisi sacerdotibus ordinis confiteri. Elemosinas et hospitalitatem faciebant, aliqui largius, aliqui strictius. Acquirebant multa illicita, non tamen hoc eis precipiebatur. Capitulia tenebantur valde tempestive et aliquando de nocte, nullis presentibus nisi fratribus ordinis, deputato uno ad custodiam porte, ne exterius audirentur ea que dicebantur interius. Quod magnus Magister statuebat cum conventu servabatur in ordine, contra quem nunc grandia scandala, suspicio et infamia sunt exorta. Audivit dici magnum Magistrum et alios aliquos errores, nescit quos, confessos fuisse contra ordinem, ad cujus deffensionem se non obtulerat.

Requisitus si sic deposuerat prece, precepto, timore, amore, odio vel temporali comodo habito vel habendo, respondit quod non, sed pro veritate dicenda; cui fuit injunctum quod non revelaret hanc suam deposicionem quousque attestaciones fuerint publicate.

Frater Guillelmus d'Erree serviens Cenomanensis diocesis, testis supra juratus, sexagenarius et ultra, mantellum ordinis et barbam defferens, cum quo inquisitum fuerat, absolutus et reconciliatus per dominum episcopum Xantonensem, lectis et diligenter expositis sibi omnibus et singulis articulis, respondit se nescire nec credere de contentis in eis, nec audivisse dici, nisi quod sequitur. Dixit enim se fuisse receptum, in instanti festo beati Barnabe erunt quinquaginta duo anni vel circa, in capella domus Templi de Aynes Cenomanensis diocesis, per fratrem Petrum Armenart servientem quondam, preceptorem tunc dicte domus, de mandato fratris Hugonis Gisardi tunc magistri Aquitanie, de cujus parentela erat ipse testis, presentibus fratribus Johanne Armenart fratre dicti preceptoris, Johanne Musseti servientibus, deffunctis, in hunc modum : nam cum peciisset panem et aquam, prout instructus fuerat, et obtulisset se velle fieri servum esclavum ordinis, et requisitus per eos respondisset quod non erat alteri religioni nec matrimonio alligatus, nec excommunicatus, fecit preceptor eum vovere et jurare super quemdam librum apertum castitatem, obedienciam, vivere sine proprio, servare bonos usus et bonas consuetudines ordinis, et non revelare secreta capitulorum. Postea imposuit sibi mantellum, et ipse et fratres astantes osculati fuerunt eum in ore, et fecerunt eum induere vestes religionis, et instruxerunt eum quot *Pater noster* diceret pro horis suis, quod jaceret cum pannis lineis, cinctus una cordula; sed de abnegacione, vituperiis crucis, osculis inhonestis, crimine sodomitico vel aliquo alio illicito non fuit ei locutum in dicta recepcione nec post, licet aliud dicat se recognovisse coram dicto domino episcopo Xantonensi, metu tormentorum, quoad spuicionem crucis et abnegacionem Dei; sed primo, antequam esset ad panem et aquam positus, predictas spuicionem et abnegacionem negaverat coram eo sicut negat nunc. Requisitus si scit, credit vel audivit dici quod in recepcionibus aliorum intervenerunt aliqua ex illicitis que nunc negavit intervenisse in sua, respondit quod non, quia vidit recipi circa decem vel xv in ordine, in quorum recepcionibus non vidit fieri aliquid illicitum nec audivit dici quod post fieret. Requisitus de nominibus illorum quos vidit recipi, respondit quod, infra mensem a recepcione sua, vidit in capella predicta recipi insimul fratres Matheum Golarat et Johannem Borrel milites, deffunctos, per fratrem Matheum Bardo militem quondam, dictis preceptore dicte domus et ejus fratre, et Johanne Musseti presentibus. Vidit eciam recipi, in capella domus Templi de Lamahn Xantonensis diocesis, fratrem Petrum de sancto Genesio presbiterum quondam, per preceptorem de Rupella, eri examinatum, sunt xxv anni vel circa; et frater Robertus Guiteri serviens quondam fuit receptus cum dicto presbitero, et interfuerunt fratres Guillelmus de la Cabana serviens quondam, et alii de quibus non recolit. Vidit eciam recipi per dictum preceptorem de Rupella fratrem Arnaudum Bocandi agricultorem, in dicta capella de Laman, deffunctum, sunt circiter xxv anni, presentibus illis qui adfuerant recepcioni dictorum presbiteri et Roberti Guiteti. Vidit eciam recipi ultra mare in Acoy, sunt xxxii anni et amplius, per fratrem Thomam Berardi, tunc magnum Magistrum ordinis, fratrem Guidonem de Charbac militem quondam Cenomanensis diocesis, in pleno conventu, presentibus fratribus Hugone de Perando et Raynerio de Affricourt, Raynerio de Lissi, Theobaldo Gaudini, qui postea fuit magnus Magister ordinis, militibus, et pluribus aliis; de nominibus aliorum quos vidit recipi dixit se non recordari ad presens. Item, dixit quod bene credebat ecclesiasticis sacramentis, et credit quod alii fratres bene crederent et quod eorum sacerdotes debite celebrarent. Juravit ordinem non exire. Statim pro professis habebantur. Clandestine recipiebantur, quod ei displicebat, ut dixit, et secreta capitulorum non audebant, eciam fratribus qui non adfuerant, revelare; et cordulas quibus cingebantur portabant in signum castitatis. Absque licencia non debebant confiteri aliis quam sacerdotibus ordinis, si eos habere poterant. Elemosinas et hospitalitatem fecit et vidit convenienter fieri in domibus ordinis in quibus fuit; sed aliquando, quando non habebant unde, restringebantur. De nocte aliquando, propter negocia occurentia, et alias de die clam eorum capitulia tenebantur. Quod magnus Magister cum conventu statuisset fuisset servatum in ordine, contra quem nunc grandia scandala, suspicio et infamia sunt exorta, indebite, ut credit. Non obtulerat se ad deffensionem ordinis.

Requisitus si sic deposuerat prece, precepto, timore, amore, odio vel comodo temporali habito vel habendo, respondit quod non, sed pro veritate dicenda; cui fuit injunctum quod non revelaret hanc suam deposicionem quousque attestaciones fuerint publicate.

Frater Thomas de Panpalona serviens, preceptor domorum de Averyns in Navarra Pampalonensis et de Riba Forada Terrassonensis diocessum, et supra juratus, mantellum ordinis et barbam defferens, cum quo inquisitum fuerat, absolutus et reconciliatus per dominum episcopum Xantonensem, sexagenarius vel circa, lectis et diligenter expositis sibi omnibus et singulis articulis, respondit se nescire nec audivisse dici, nec credere de contentis in eis nisi quod sequitur. Videlicet se nunquam vidisse, nec scivisse, nec audivisse dici, nisi postquam fuit captus, quod in recepcionibus fratrum vel post fierent abnegaciones, dogmatizaciones, vituperia crucis, oscula inhonesta, crimen sodomiticum nec alia inhonesta in articulis contenta. Supradicta deponens cum imprecacione maledictionis et dampnacionis anime sue et corporis, et sub virtute juramenti prestiti per eumdem, et quod eciam nesciebat alios errores esse in ordine supradicto. Dixit tamen quod, ob vim multorum tormentorum prius illatorum eidem apud sanctum Johannem Angeliacensem, confessus fuit post dicta tormenta, coram illis qui torquebant eum, quod credebat confessionem per magnum Magistrum factam esse veram, et quod ei adherebat; et post magnum tempus elapsum, cum continue stetisset in duro carcere, nec ministrarentur sibi nisi panis et aqua, fuit confessus coram dicto domino episcopo quod in recepcione sua spuerat juxta quamdam crucem, ore non corde, et quod fuerat osculatus receptorem suum supra umbilicum, camisia intermedia; que confessio fuit falsa, ut dixit. Requisitus ubi, quando, a quo et quibus receptus fuerat, respondit se fuisse receptum in capella domus Templi civitatis Tripolitane, in festo Omnium Sanctorum proximo preteritum fuerunt xxx anni vel circa, per fratrem quondam Rodoricum de Cuyre militem, tunc preceptorem Tripolitanum, presentibus fratribus Rodorico Ynanhes socio dicti preceptoris, Johanne de Pugi militibus, et Durando de Lemovicis serviente, deffunctis, et pluribus aliis de quibus non recolit, in hunc modum: nam cum peciisset se recipi ad beneficium ordinis, et diceret se velle fieri servum esclavum dicti ordinis, prout instructus fuerat per aliquos amicos suos, dictus receptor concessit sibi et fecit eum vovere et jurare castitatem, obedienciam, vivere sine proprio, et servare bonos usus et bonas consuetudines ipsius ordinis, et quod pro posse suo juvaret ad acquirendum Terram Sanctam. Quo facto imposuit ei mantellum, et osculatus fuit eum in ore. Postmodum instruxit eum quot *Pater noster* diceret pro singulis horis, et qualiter regeret se in ordine. Requisitus si aliquid illicitum vel inhonestum fuit dictum vel factum in recepcione sua vel post, dixit per juramentum suum quod non. Requisitus si quos receperat in ordine, respondit quod sic : fratrem Michaelem de Castella servientem, cujus cognomen ignorat, vivum; ut credit, quem recepit in capella dicte domus de Averin, sunt circiter sex anni, presentibus fratribus Petro Garini presbitero, capellano dicte domus, Petro de Moranti clavigero dicte domus, Petro de Losarcos, Bernardo Cathalano et Amerio de Perpiniano servientibus residentibus in dicta domo, quos idem testis dimisit ibidem quando venit ad partes istas in quibus fuit captus, et in dicta recepcione servavit illum modum quem deposuit fuisse servatum in sua. Requisitus quos viderat recipi in ordine, respondit quod vidit recipi in capella domus Templi de Ylerda civitate, in eorum capitulio generali celebrato ibidem, in instanti mense Marcii erunt sex anni vel circa, fratrem Raymundum d'Angleyrola militem, per fratrem Berrengarium de Cardona militem quondam, magistrum tunc Aragonie, presentibus fratribus Symeone de Lerida nunc preceptore Aragonie, Berrengario de Bello Visu castellano castri de Monsso, Dalmacio de Tuno preceptore de Berbeyra, militibus, et aliis circiter centum; et eisdem hora, loco, presentibus, et per eumdem et eodem modo fuerunt recepti fratres Petrus Sanchi, Symon Petri et Remirus Petri de Navarra milites; vidit eciam, in aliis capitulis generalibus celebratis in dicto castro de Monsso, recipi multos alios, quorum nomina et cognomina dixit se in memoria non habere, nec vidit, nec scivit, nec credit, nec audivit dici quod aliqua illicita intervenerunt in dictis recepcionibus vel post. Item, dixit quod ipse bene credebat ecclesiasticis sacramentis, et credit quod alii fratres ordinis bene crederent et quod eorum sacerdotes debite celebrarent. Item, dixit quod, finitis capitulis eorum et factis precibus generalibus, dicebat, ut sibi videtur, frater laicus qui tenebat capitulum quod ipse absolvebat eos, ex potestate sibi tradita a Deo, de hiis que obmiserant dicere propter verecundiam carnis vel propter timorem discipline ordinis, et dicebat quod flecterent genua et quod presbiter qui erat ibi absolveret eos et dicerent *Pater noster*. Requisitus si per absolucionem quam faciebat dictus laicus ipse testis vel alius frater ordinis credebant esse absoluti a peccatis venialibus vel mortalibus, respondit de se ipso quod non, nisi fuisset ea confessus presbitero, et credit quod alii fratres crederent idem. Requisitus quid intelligebat per illa verba, ob reverenciam carnis vel timorem discipline ordinis, dixit quod novem casus erant in ordine propter quos perdebant ordinem, inter quos erat unus casus si aliquis convinceretur commisisse crimen sodomiticum; et erant aliqui casus triginta et unus propter quos perdebant mantellum vel incarcerabantur, inter quos erat unus si fuissent convicti ad fornicacionem vel alio peccato carnali, unde credit quod dicta illa dicerentur per dictum laicum tenentem capitulum, ut si aliquis obmitteret dicere aliquem ex dictis XL casibus vel aliis ob verecundiam carnis vel timorem discipline, quod faciebat eis illam indulgenciam quam poterat. Requisitus si post dictum capitulum potuisset aliquis accusari de aliqua culpa commissa per eum ante dictum capitulum, respondit quod sic. Item, dixit quod in recepcione sua juraverat ordinem non exire, et idem juraverant illi quos vidit recipi, absque licencia superiorum suorum. Clandestine recipiebantur, ex quo credit quod esset suspicio contra eos. Credit quod ubique reciperentur in ordine uniformiter secundum modum confessatum per eum. Injungebatur eis quod non revelarent secreta capitulorum, eciam illis fratribus qui non adfuerant, et si revelassent, perdidissent domum, quia iste erat unus de dictis novem casibus. Quamdiu habere poterant sacerdotibus [sic] ordinis non debebant aliis confiteri, sed si eos habere non poterant, poterant sacerdotibus secularibus vel fratribus Minoribus confiteri. In capitulis generalibus precipiebatur fratribus quod bene recolligerent religiosos et bonas personas, et quod eorum capellas tenerent bene ornatas; et eleemosinas et hospitalitatem vidit convenienter in ordine fieri et servari. Precipiebatur eis quod debito modo acquirerent ordini. Clam, nullis presentibus nisi fratribus ordinis, eorum capitulia tenebantur. Quod magnus Magister cum conventu statuebat servabat totus ordo, contra quem nunc grandia scandala, suspicio et infamia sunt exorta. Non obtulerat se ad deffensionem ordinis. Audivit dici magnum Magistrum et alios aliquos errores, nescit quos, fuisse confessos contra ordinem.

Requisitus si sic deposuerat prece, precepto, timore, amore, odio vel temporali comodo habito vel habendo, respondit quod non, sed pro veritate dicenda ; cui fuit injunctum quod non revelaret hanc suam deposicionem quousque attestaciones fuerint publicate.

Frater Petrus Theobaldi serviens, preceptor domus Templi de Castro Bernardi Xantonensis diocesis, testis supra juratus, mantellum ordinis et barbam defferens, quadraginta annorum vel circa, absolutus et reconciliatus par dominum episcopum Xantonensem qui inquisiverat cum eo, ut dixit, lectis et diligenter expositis sibi omnibus et singulis articulis, respondit se nescire, nec credere, nec audivisse dici de contentis in eis nisi quod sequitur. Dixit enim quod ipse fuit receptus in quadam camera domus Templi de Banes Xantonensis diocesis, circa festum Conversionis sancti Pauli nuper preteritum fuerunt xxiii anni vel circa, per fratrem Amblardum quondam de Vienesio militem, tunc magistrum Aquitanie, presentibus fratribus Johanne Galvuti presbitero, Petro Danbon, Fulcone de sancto Genesio servientibus, deffunctis, et quibusdam aliis de quibus nonrecolit, in hunc modum : nam cum ipse peciisset se recipi ad societatem ordinis, et diceret se velle fieri servum esclavum ordinis, dictus receptor, prestito per juramentum quod non erat excommunicatus, nec debitis que non posset solvere obligatus, nec matrimonio vel religioni alteri obligatus, fecit eum vovere et jurare obedienciam, castitatem, vivere sine proprio, servare bonos usus et bonas consuetudines ordinis, et quod acquirendum Terram Sanctam juvaret pro posse suo. Quo facto, imposuit ei mantellum, et ipse et receptor et alii duo fuerunt ipsum testem osculati in ore. Postmodum instruxit eum quot *Pater noster* diceret pro singulis horis, et qualiter se regeret et haberet in ordine. Requisitus si abnegaciones, vituperia crucis, dogmatizaciones, oscula inhonesta vel aliqua alia tangencia crimen sodomiticum fuerunt dicta vel injuncta seu facta in recepcione sua predicta vel post, respondit per juramentum suum quod non, licet aliquid de predictis recognoverit coram dicto domino episcopo Xantonensi, metu tormentorum prius scilicet per dimidium annum ante recognicionem predictam sibi illatorum, et eciam propter minas que per alios, non per dictum dominum episcopum, inferebantur eidem, ut dixit. Requisitus si predicta illicita credit quod, seu aliqua ex eis vel alia inhonesta, fierent in recepcionibus aliorum vel post, respondit se non credere, quia vidit aliquos recipi, in quorum recepcionibus non vidit aliquid illicitum vel inhonestum injungi vel fieri, nec audivit quod post recepciones eorum aliqua illicita vel inhonesta intervenissent. Requisitus de nominibus eorum quos vidit recipi in ordine, dixit quod ipse vidit recipi fratrem Johannem Mathei servientem, in capella domus Templi de Votone Engolismensis diocesis xx anni sunt vel circa, per fratrem Raymundum de Marolio militem quondam, preceptorem tunc dicte domus de Votone, presentibus fratribus Petro Mathei presbitero, et Gerardo la Veruha serviente, tunc preceptore Petragoricensi, deffuncto, et quibusdam aliis de quibus non recordatur; et eisdem die et loco, et per eumdem, et eisdem presentibus et eodem modo fuerunt recepti cum dicto fratre Johanne Mathei fratres Geraldus Juiza, et Petrus Sapientis servientes, deffuncti. Vidit etiam aliquos alios recipi, de quibus non recordatur; in quorum recepcionibus vidit fieri et servari modum per quem deposuit se fuisse receptum, et nulla illicita vel inhonesta intervenerunt in eorum recepcione nec post, quod ipse sciverit vel audiverit. Credit sacramentis ecclesiasticis, et credit quod alii fratres crederent et quod eorum sacerdotes debite celebrarent. Dicebatur eis quod statim pro professis habebantur, et quod ordinem exire non poterant absque licencia superiorum. Clandestine recipiebantur et eorum capitulia tenebantur, ex quo credit quod esset suspicio contra eos. Cordulis unde volebant assumptis cingebantur supra camisias cum quibus jacebant. Injungebatur eis quod non revelarent secreta capitulorum et ea que agebantur in ipsis capitulis, nisi essent communia, illis fratribus qui non adfuissent in eis, et si revelassent, audivit dici quod perdidissent domum. Injungebatur eis quod, quamdiu possent habere sacerdotes ordinis, non confiterentur aliis. Credit quod uniformiter reciperentur in ordine, sicut deposuit se fuisse receptum. In capitulis audivit precipi quod eleemosine debito modo fierent, et eas ac hospitalitatem vidit convenienter fieri et servari in domibus ordinis in quibus fuit commoratus. Precipiebatur eis quod debito modo acquirerent ordini. Januis clausis, nullis presentibus nisi fratribus ordinis, eorum capitulia tenebantur, proviso quod non audirentur exterius que fiebant et dicebantur interius. Totus ordo servasset quod magnus Magister cum conventu statuisset. Nunc grandia scandala, suspicio et infamia sunt exorta contra ordinem, contra quem magnus Magister et alii dicuntur aliqua fuisse confessi; ad cujus deffensionem ordinis se non obtulerat.

Requisitus si sic deposuerat prece, precepto, timore, amore, odio vel temporali comodo habito vel habendo, respondit quod non, sed pro veritate dicenda; cui fuit injunctum quod non revelaret hanc suam deposicionem quousque attestaciones fuerint publicate.

Frater Helias Raynaudi Petragoricensis diocesis serviens, preceptor domus Templi de Dompnho Xantonensis diocesis, testis supra juratus, mantellum ordinis et barbam defferens, quinquagenarius vel circa, cum quo fuerat inquisitum, absolutus et reconciliatus par dominum episcopum Xantonensem, lectis et diligenter expositis sibi omnibus et singulis articulis, respondit se nunquam vidisse nec scivisse quod in recepcionibus fratrum ordinis vel post fierent abnegaciones, dogmatizaciones, vituperia crucis, oscula inhonesta, vel alia que ad crimen sodomiticum, vel que ad alia illicita in articulis contenta, nec credit quod fierent dicta illicita vel aliqua ex eis; nec audivit hoc dici, nisi post capcionem eorum, et credit quod omnes communiter reciperentur in ordine ubique sicut frater Amblardus de Viena quondam, tunc preceptor Aquitanie, receperat in capella domus Templi deu Deffes Xantonensis diocesis, dominica ante instans festum Ascensionis Domini erunt circiter XXIV anni vel circa, presentibus fratribus Helia de Bordelia milite, Petro Lemovicensi preceptore dicte domus deu Deffes, Petro de Petragoris, et aliis defunctis; a quo cum requisisset caritatem, elemosinam et societatem ordinis et ei concessisset, fecit eum vovere et jurare castitatem, obedientiam, vivere sine proprio, servare bonos usus et bonas consuetudines ordinis, et jurare pro posse suo ad acquirendum Terram Sanctam. Postmodum imposuit sibi mantellum, et ipse et fratres astantes osculati fuerunt eum in ore. Et instruxit eum quot *Pater noster* diceret pro horis suis, et qualiter regeret se in ordine; et nullum illicitum vel inhonestum intervenerat in dicta recepcione sua nec post, nec eciam in recepcionibus infrascriptorum quos vidit recipi, quod ipse testis sciverit vel audiverit dici. Vidit autem recipi fratrem Guillelmum de Fretive Petragoricensis diocesis, vivum ut credit, in capella domus templi de Siturat Xantonensis diocesis, per fratrem Petrum de Madit quondam militem, tunc tenentem locum magistri Pictavie, sunt x anni vel circa, presentibus fratribus Petro Theobaldi, texte supra proximo examinato, Hugone Raynaudi preceptore dicte domus de Siturat, vivis ut credit, et quibusdam aliis de quibus non recordatur. Vidit eciam recipi fratrem Arnaudum nepotem dicti fratris Petri Theobaldi, in predicta capella de Siturat, sunt circiter sex anni, per fratrem Theobaldum quondam militem, tunc preceptorem deus Espans, presentibus dicto fratre Petro Theobaldi, Hugone Raynaudi fratre ipsius testis, preceptore dicte domus, quem credit vivere; plures non vidit recipi, quod recordetur. Non credit quod adorarent catum, nec quod essent increduli ecclesiasticis sacramentis, quibus ipse credit, nec quod eorum laici absolverent vel possent absolvere a peccatis, nec quod jurarent ordinem non exire, sed dicebatur eis quod statim pro professis habebantur. Clandestine recipiebantur, nullis presentibus nisi fratribus ordinis; nec scit quod hec ante capcionem esset suspicio contra eos. Non credit quod haberent nec adorarent ydola, nec quod cordule, quibus super camisias cum quibus jacebant cingebantur, tangerent capita ydolorum. Injungebatur eis quod non revelarent secreta capitulorum; qui revelassent, tanquam inobedientes puniti fuissent, sed nescit qualiter. Quamdiu poterant habere sacerdotes ordinis, non debebant aliis confiteri. Non audivit precipi quod eleemosine vel hospitalitas restringerentur, sed contrarium, nec quod preciperetur, nec per nefas acquirerent, sed contrarium, nec quod excubie ponerentur in capitulis, que januis clausis, nullis presentibus nisi fratribus ordinis, tenebantur. Quod magnus Magister cum conventu statuisset servasset totus ordo, si bonum et justum fuisset; contra quem ordinem nunc grandia scandala, suspicio et infamia sunt exorta, et contra quem magnus Magister et alii dicuntur aliqua fuisse confessi. Item, dixit quod, propter tormenta ei prius illata, fuit confessus postmodum coram domino episcopo Xantonensi abnegacionem et spuicionem prope crucem. Requisitus si condixerat cum quinque testibus precedentibus, qui simul de Rupella adducti fuerant, quod sic deponerent, respondit quod non.

Requisitus si sic deposuerat prece, precepto, timore, amore, odio vel temporali comodo habito vel habendo, respondit quod non, sed pro veritate dicenda; cui fuit injunctum quod non revelaret hanc suam deposicionem quousque attestaciones fuerint publicate; et non obtulerat se ad deffensionem ordinis. Postmodum rediens, dictus frater Petrus Theobaldi dixit se interfuisse recepcioni dicti fratris Arnaudi nepotis sui.

Acta fuerunt hec die et loco predictis, presentibus magistro Amisio, et me Floriamonte Dondedei, et aliis notariis supra ultimo nominatis.

Post hec, die Mercurii sequenti, que fuit x dies dicti mensis Marcii, fuerunt adducti pro testibus, ad presenciam dominorum episcoporum Mimatensis et Lemovicensis, et Archidiaconi Tridentini, aliis excusatis, in domo predicta fratrum Minorum, fratres Petrus de Grimenilio presbiter, et Petrus Janz Belvacensis, Guillelmus Boncelli Ebroicensis, Baudoynus de Gisi Laudunensis, et Johannes de Ponte-Episcopi Noviomensis diocessum. Qui, premissa protestacione quod non intendebant recedere a deposicionibus suis alias factis per eos coram ordinariis suis, et quod si plus vel minus dicerent, quod eis non prejudicet, juraverunt, tactis sacro sanctis Evangeliis, dicere in isto negocio plenam et meram veritatem, secundum formam juramenti aliorum testium superius registratam, expositam et vulgarizatam eisdem.

Quo facto, dictus frater Petrus de Grumenil presbyter, triginta annorum vel circa, mantellum ordinis non defferens, quia ipsum dimiserat in concilio Senonensi, cum quo inquisitum fuerat, absolutus et reconciliatus in dicto concilio, lectis et diligenter expositis sibi omnibus et singulis articulis, respondit quod nunquam interfuerat recepcionibus aliorum nec capitulis eorum, unde nesciebat, nec credebat, nec audiverat dici de contentis in dictis articulis nisi quod sequitur. Dixit enim quod frater Robertus de Belvaco quondam, preceptor tunc ballivie de Pontivo, receperat ipsum testem, die Martis ante festum Omnium Sanctorum proxime preteritum fuerunt sex anni, in capella domus Templi de Somorens Belvacensis diocesis, presentibus fratribus Alberto de Grumenil presbitero, avunculo ipsius testis, Guillelmo dicto Anganz, et Jacobo Burgondo servientibus, deffunctis, in hunc modum : nam cum, instructus ab aliis, peciisset panem et aquam ordinis instanter, et finaliter ei concessisset, prestito ab eo per juramentum quod non erat servilis condicionis, nec alteri religioni nec debitis quod solvere non posset obligatus, nec habebat aliquod impedimentum, fecit eum vovere et jurare super quemdam librum castitatem, obedienciam, vivere sine proprio, et quod juvaret pro posse suo ad acquirendum Terram Sanctam. Post que imposuit ei mantellum, et ipse et astantes osculati fuerunt eum in ore. Deinde traxit ipsum testem versus altare, juxta quod erat quedam crux erecta, certis fratribus deambulantibus per capellam, et precepit ei quod abnegaret illum qui representabatur per imaginem existentem in dicta cruce; et cum ipse testis respondisset quod hoc nullo modo faceret, dixit ei quod hoc oportebat eum facere, quia erat de punctis ordinis, et si non faceret, poneretur in tali loco quod gauderet hoc facere antequam inde exiret, et tunc ipse testis abnegavit illum qui representabatur per dictam imaginem, ore non corde, ut dixit. Postea precepit ei quod spueret supra dictam crucem, et ipse spuit non supra sed juxta. Deinde precepit quod oscularetur eum in ano, et cum ipse testis nollet hoc facere, precepit quod oscularetur eum saltem in umbilico super carnem nudam, et fuit eum ibi osculatus; precepit eciam ei quod predicta nemini revelaret. Dixit eciam ei quod carnaliter poterat commisceri aliis fratribus ordinis; hoc tamen non fecit, nec credit quod predicta illicita vel alia inhonesta contenta in articulis intervenirent in recepcionibus aliorum nec post, quia nunquam vidit, nec scivit, nec audivit dici ante capcionem eorum. Dixit insuper se confessum fuisse de predictis erroribus in crastinum sue recepcionis, apud Belvacum, cuidam canonico Belvacensi claudo, cujus nomen et cognomen ignorat, penitenciario domini episcopi Belvacensis, qui absolvit eum, imposita sibi penitencia quod jejunaret in pane et aqua tribus sextis feriis, et quod legeret psalterium XVIII vicibus, et quod non perseveraret in dicto errore; quam penitenciam ipse peregit, nec unquam in dicto errore perseveravit, ut dixit. Item, dixit quod ipse bene credebat ecclesiasticis sacramentis, et credit quod fratres ordinis bene crederent; et ipse celebrabat in ordine secundum formam Ecclesie; et credit quod alii presbiteri ordinis debite celebrarent; nec fuit sibi inhibitum quod obmitteret verba canonis. Fuit ei dictum quod statim pro professo habebatur. Clandestine recipiebantur, nullis presentibus nisi fratribus ordinis. Cordula qua ipse cingebatur supra camisiam cum qua jacebat non tetigerat capita ydolorum, nec credit quod cordule aliorum tangerent, nec quod ydola haberent vel adorarent. Absque licencia non poterant nisi sacerdotibus ordinis confiteri. Injungebatur eis quod non revelarent secreta capitulorum. Eleemosinas et hospitalitatem vidit convenienter fieri et servari in domibus ordinis in quibus exstiterat commoratus. Si erant aliqui in ordine qui scirent errores predictos et eos non correxerunt nec denunciaverunt Ecclesie, fuerunt negligentes. Quod magnus Magister cum conventu statuisset servasset totus ordo, contra quem nunc grandia scandala, suspicio et infamia sunt exorta, et contra quem audivit dici magnum Magistrum et alios aliquos errores fuisse confessos; ad cujus ordinis deffensionem se obtulerat cum aliis, non quod vellet venire contra deposicionem suam.

Requisitus si sic deposuerat prece, precepto, timore, amore, odio, vel temporali comodo habito vel habendo, respondit quod non, sed pro veritate dicenda; cui fuit injunctum quod non revelaret hanc suam deposicionem quousque attestaciones fuerint publicate.

Frater Guillelmus Boncelli, serviens Ebroicensis diocesis, testis supra juratus, xxxiiii°ʳ annorum vel circa, quod voluntarie mantellum dimiserat, et radi fecerat sibi barbam post concilium Senonense, cum quo inquisitum fuerat, absolutus et reconciliatus per dominum episcopum Parisiensem, lectis et diligenter expositis sibi omnibus et singulis articulis, respondit se nescire, nec credere, nec audivisse dici de contentis in dictis articulis nisi quod sequitur. Dixit enim se fuisse receptum, circa instans festum Nativitatis beati Johannis Baptiste erunt xii anni vel circa, per fratrem Philippum Agate, preceptorem Normanie, testem supra examinatum, in capella domus Templi sancti Stephani de Benavilla Ebroicensis diocesis, presentibus fratribus Guillelmo Durgenses presbitero, curato dicte domus quondam, Albino preceptore de Bangi Bajocensis diocesis, Enrico Anglici preceptore de Valle de Canivilla servientibus, deffunctis, in hunc modum : nam cum stetisset per dimidium annum in dicta domo, ut fratres probarent mores suos et ipse eorum, et concordassent ipsum recipere, in dicta die recepcionis, cum petiisset se recipi, predicti fratres Anricus et Albinus ex parte receptoris dixerunt ei quod bene deliberaret, quia si intraret, oporteret eum abdicare a se propriam voluntatem et subjici aliene, esurire quando vellet comedere, vigillare quando vellet dormire, multa dura et aspera sustinere, nec habere forsitan equos, vestes et alia que videbat eos exterius habere; et cum respondisset quod omnia sustineret, instruxit eum quod, intrans ad dictum receptorem, peteret ab eo panem et aquam et societatem ordinis, et offerret se velle fieri servum esclavum ordinis; et cum hoc fecisset, prestito ab eo per juramentum quod non erat servilis condicionis, nec excommunicatus, nec matrimonio, alteri religioni vel debitis que solvere non posset obligatus, nec haberet infirmitatem latentem, fecit eum vovere et jurare supra quemdam librum castitatem, obedienciam, vivere sine proprio, servare bonos usus et bonas consuetudines que tunc erant in ordine et quod in posterum imponerentur, non revelare secreta capitulorum, nec interesse loco in quo fieret falsum judicium ut aliquis exheredaretur injuste. Post que imposuit ei mantellum, dicto presbitero aspergente aquam benedictam supra eum et aliquas oraciones dicente, et receptor et astantes fuerunt eum osculati in ore. Quo facto, instruxit eum quot *Pater noster* diceret pro horis suis, quod jaceret cum caligis et femoralibus et camisia lineis, una cordula unde vellet assumpta cinctus, et qualiter regeret se in ordine. Post que in presencia predictorum precepit ei quod abnegaret Deum, et eo respondente quod hoc non faceret, dixit quod hoc oportebat eum facere, quia talis erat consuetudo ordinis, et tunc ipse testis abnegavit Deum ore non corde, ut dixit. Deinde precepit ei quod spueret super quamdam crucem ligneam ibidem, nescit per quem, allatam, in qua nulla erat ymago Crucifixi ; et ipse testis spuit non supra sed juxta eam. Postmodum precepit ei quod oscularetur eum in umbilico, in quo fuit eum osculatus super camisiam ; alia illicita non intervenerunt in dicta sua recepcione vel post. Requisitus si predicta illicita interveniebant in recepcionibus aliorum fratrum ordinis, respondit quod nesciebat, nec viderat fieri, nec audiverat dici quod fierent, nec sciebat quod crederet, et si forsitan interveniebant in recepcionibus aliquorum, non credit quod intervenirent in recepcionibus omnium ; nam viderat in dicta capella, per dictum fratrem Philippum, recipi fratrem Petrum Agate quondam, nepotem dicti Philippi, in vigillia Symonis et Jude apostolorum fuerunt decem anni vel circa, presentibus dicto curato et fratribus Richardo de Sanquenvilla quondam, et aliis quorum nomina et cognomina ignorat ; in cujus recepcione nichil vidit fieri illicitum, nec audivit quod post interveniret. Item, dixit quod ipse bene credebat ecclesiasticis sacramentis, et credit quod alii fratres bene crederent, et quod eorum sacerdotes debite celebrarent. Dicebatur eis quod statim pro professis habebantur. Clandestine recipiebantur, nullis presentibus nisi fratribus ordinis, ex quo habebatur suspicio contra eos. Qui revelassent secreta capitulorum puniti fuissent, nescit qualiter. Absque licencia non poterant confiteri nisi sacerdotibus ordinis, si eorum habebant copiam. Scientes errores fuerunt negligentes quia non correxerunt

4.

eos nec denunciaverunt Ecclesie. Elemosinas et hospitalitatem vidit convenienter fieri et servari in domibus ordinis in quibus exstitit commoratus. Deffendebatur eis quod illicite non acquirerent ordini. Capitulia singularia quibus interfuit tenebantur clam, et aliquando tempestive. Non credit quod errores per eum confessati longo tempore duraverint in ordine ante recepcionem suam, sed credulitatis causam nescivit assignare. Quod magnus Magister cum conventu statuisset servasset totus ordo, contra quem nunc grandia scandala, suspicio et infamia sunt exorta, et contra quem audivit dici magnum Magistrum et alios aliquos errores fuisse confessos. Obtulerat se ad deffensionem ordinis una cum aliis.

Requisitus si sic deposuerat prece, precepto, timore, amore, odio, vel temporali comodo habito vel habendo, respondit quod non, sed pro veritate dicenda; cui fuit injunctum quod non revelaret hanc suam deposicionem quousque attestaciones fuerint publicate.

Acta fuerunt hec dictis die et loco, presentibus magistro Amisio, me Floriamonte Dondedei, et aliis notariis supra ultimo nominatis.

Post hec, die Jovis sequenti, que fuit xi dies dicti mensis Marcii, fuit adductus ad presenciam eorumdem dominorum commissariorum et domini Mathei, in domo predicta fratrum Minorum, frater Baudoynus de Gisa serviens Laudunensis diocesis, testis supra juratus, ut deponeret dictum suum, mantellum ordinis defferens, qui propter infirmitatem, ut dixit, radi fecerat sibi barbam, xxxiiii annorum vel circa, cum quo inquisitum fuerat, absolutus et reconciliatus per dominum episcopum Parisiensem; et protestacione premissa quod non intendit recedere a deposicione, per eum facta coram dicto domino episcopo Parisiensi, lectis et diligenter expositis sibi omnibus et singulis articulis, respondit se nescire, nec credere, nec audivisse dici de contentis in ipsis nisi quod sequitur. Quia non viderat aliquem alium recipi in ordine, nec interfuerat capitulis eorum, nec steterat in ordine, nisi quasi per dimidium annum ante capcionem eorum; nam fuerat receptus per fratrem Radulphum de Gisi, testem supra examinatum, de cujus parentela exstitit, in presenti Quadragessima sunt iiii^{or} anni, in capella domus Templi de Latinihaco Sicco Meldensis diocesis, presentibus fratribus Guidone Lescolhe preceptore de Sabloneriis, Stephano de Sanci, Johanne Monachi, et dicto Tossanz servientibus, de quorum vita vel morte non habet certitudinem, in hunc modum : nam cum pluries interpolate requisivisset panem et aquam, societatem et pauperem vestitum ordinis, et ei responsum fuisset quod bene deliberaret ; finaliter prestito per juramentum quod non erat servilis condicionis, nec excommunicatus, nec matrimonio, alteri religioni nec debitis que non posset solvere obligatus, nec habebat infirmitatem latentem, fecit eum vovere et jurare super quemdam librum castitatem, obedienciam, vivere sine proprio; postea imposuit sibi mantellum, et ipse et astantes osculati fuerunt eum in ore; et instruxit eum quot *Pater noster* diceret pro horis suis, et qualiter regeret se in ordine. Deinde aliis remanentibus in capella per eam deambulantibus, traxit eum versus altare et dixit ei, ut videtur ipsi testi, quod abnegaret Deum. Requisitus si est bene certus quod ei dixisset quod abnegaret aliquem, respondit quod sic, et sibi videtur quod dixit quod abnegaret Deum, et quod de Jhesu Christo nullam fecit ei mencionem. Postea dixit quod non erat bene certus si sibi dixerat quod abnegaret Deum vel Jhesum Christum : est tamen certus quod de altero eorum precepit sibi quod abnegaret eum; et cum ipse testis resisteret, dictus receptor flendo dixit ei quod hoc oportebat eum facere, quia ita servabatur in religione, et tunc ipse testis abnegavit Deum vel Jhesum Christum, ore non corde. Postea precepit ei quod spueret supra quamdam crucem ligneam in qua nulla erat ymago Crucifixi, quam dictus receptor tenebat in manu, que per quemdam alium fratrem, cujus nomen ignorat, fuerat de retro altare allata eidem receptori in tradicione mantelli, et ipse testis spuit non supra sed juxta eam. Precepit tamen sibi quod de predictis nemini loqueretur, nisi fratribus ordinis Templi, de aliis illicitis nullam sibi dictus receptor vel alius faciens mencionem, nec credit quod dicta illicita confessata per eum, vel alia inhonesta contenta in articulis, intervenirent in recepcionibus aliorum vel post. Item, dixit quod bene credebat ecclesiasticis sacramentis, et credit quod alii crederent, et quod eorum sacerdotes debite celebrarent. Statim pro professis habebantur. Juravit ordinem non exire, et credit quod idem jurarent alii. Clandestine recipiebantur. Injunctum fuit ei demum in recepcione sua quod non revelaret secreta capitulorum nisi fratribus ordinis, et quod absque licencia non confiteretur nisi sacerdotibus ordinis. Scientes errores fuerunt negligentes quia non correxerunt eos nec denunciaverunt Ecclesie. Elemosinas et hospitalitatem vidit convenienter fieri et servari in domibus ordinis in quibus fuit commoratus. Quod magnus Magister cum conventu ordinasset audivit dici quod servasset totus ordo, contra quem nunc grandia scandala, suspicio et infamia sunt exorta. Audivit dici magnum Magistrum et alios aliqua confessos fuisse contra ordinem, ad cujus deffensionem se obtulerat, non quod intenderet deffendere ab erroribus confessatis per eum, ut dixit.

Requisitus si sic deposuerat prece, precepto, timore, amore, odio, vel temporali comodo habito vel habendo, respondit quod non, sed pro veritate dicenda; cui fuit injunctum quod non revelaret hanc suam deposicionem quousque attestaciones fuerint publicate.

Frater Johannes de Ponte Episcopi serviens Noviomensis diocesis, testis supra juratus, mantellum ordinis et barbam non defferens, quia dictum mantellum dimiserat in concilio Senonensi, et postea radi fecerat sibi barbam, xxvii annorum vel circa, absolutus et reconciliatus per dominum episcopum Carnotensem qui inquisiverat cum eodem; lectis et diligenter expositis sibi omnibus et singulis articulis respondit se nescire, nec credere, nec audivisse dici de contentis in eis nisi quod sequitur, quia non vidit aliquem alium recipi in ordine, nec interfuerat capitulis eorum. Ipse enim receptus fuit in quadam camera domus Templi de Sanciaco Trecensis diocesis, in festo beate Marie de Septembri proximo preterito fuerunt novem anni vel circa, per Radulphum de Gisi, testem supra examinatum, presentibus fratribus Johanne le Mambe et Johanne Bergerio servientibus, de quorum vita vel morte non habet certitudinem, et quibusdam aliis de quibus non recordatur, in hunc modum : nam cum petiisset ter interpolate panem et aquam, pauperem vestitum et societatem fratrum ordinis, prestito ab eo per juramentum quod non erat servilis condicionis nec excommunicatus nec matrimonio vel religioni alteri obligatus, et quod non habebat infirmitatem latentem, dictus receptor fecit eum vovere et jurare supra quemdam librum castitatem, obedienciam, vivere sine proprio, et quod non esset in loco in quo aliquis studio suo exhederaretur injuste; quo facto, imposuit sibi mantellum, et ipse et astantes osculati fuerunt eum in ore. Postmodum instruxit eum quot *Pater noster* diceret pro horis suis, et qualiter regeret se in ordine. Deinde ostendit sibi quamdam crucem ligneam in qua erat ymago Crucifixi, et peciit ab eo, aliis videntibus et audientibus, si credebat quod dicta ymago Crucifixi esset Deus; quo respondente quod non, sed quod erat representacio Dei et Crucifixi, dixit ei quod non crederet in illum qui representabatur per dictam ymaginem, quia non fuerat Deus, sed falsus propheta, et quod abnegaret ipsum; et cum ipse testis respondisset quod hoc nullo modo faceret, dixit ei quod hoc oportebat eum facere, quia erat de punctis religionis, et tunc ipse testis, timens sibi, ut dixit, quia erat circa auroram, ne deterius ei contingeret, dixit quod abnegabat dictam imaginem, non gerens in animo, ut dixit, quod abnegaret Deum nec Jhesum Christum qui representabatur per dictam imaginem, et dictam abnegacionem imaginis fecit ore non corde, ut dixit. Postea precepit ei quod spueret supra crucem pictam in ejusdem crucis vel Dei despectum, sed non recolit bene si dixit in despectum Dei vel crucis, et tunc ipse testis spuit non supra sed juxta dictam crucem, quia dixit ei quod hoc erat de punctis ordinis; de aliis illicitis contentis in articulis non fuit locutus eidem, sed dixit ei quod alii fratres ordinis instruerent eum de aliis, quia ipse erat profecturus

Trecas. Requisitus si scit vel credit quod alii fratres ordinis communiter reciperentur sicut deposuit, se fuisse receptum, respondit quod hoc nesciebat, sed pocius credebat quod sic reciperentur quam contrarium. Item, dixit quod bene credebat ecclesiasticis sacramentis, et credit quod alii crederent, et quod eorum sacerdotes debite celebrarent. Juravit ordinem non exire, credens quod alii idem jurarent. Clandestine recipiebantur. Cordulis unde volebant assumptis cingebantur super camisias cum quibus jacebant. Injungebatur eis quod non revelarent secreta capitulorum et quod absque licencia non confiterentur nisi sacerdotibus ordinis. Fratres scientes errores fuerunt negligentes quia non correxerunt eos nec denunciaverunt Ecclesie. Audivit dici quod frater Gerardus de Villaribus preceperat restringi eleemosinas et hospitalitatem, quas vidit convenienter fieri et servari in domibus ordinis in quibus exstitit commoratus. Deffendebatur eis quod non acquirerent illicite ordini, in quo servatum fuisset quod magnus Magister cum conventu statuisset; contra quem ordinem nunc grandia scandala, suspicio et infamia sunt exorta. Audivit dici magnum Magistrum et alios aliqua confessos fuisse contra ordinem, ad cujus deffensionem super aliquibus punctis se obtulerat, non quod intenderet eum deffendere a confessatis per eum; et fuit in principio protestatus quod non intendebat recedere a deposicione per eum facta coram dicto domino episcopo Carnotensi.

Requisitus si sic deposuerat prece, precepto, timore, amore, odio, vel temporali comodo habito vel habendo, respondit quod non, sed pro veritate dicenda; cui fuit injunctum quod non revelaret hanc suam deposicionem quousque attestaciones fuerint publicate.

Frater Petrus de Janz serviens Belvacensis diocesis, testis supra juratus, sexagenarius vel circa, non defferens mantellum ordinis, quia ipsum dimiserat in concilio Senonensi, postea radi fecerat sibi barbam, cum quo inquisitum fuerat, absolutus et reconciliatus per dominum episcopum Parisiensem, lectis et diligenter expositis sibi omnibus et singulis articulis, respondit se nescire, nec credere, nec audivisse dici de eis nisi quod sequitur. Videlicet quod ipse receptus fuerat, et frater Gerardus de la Chapa serviens Cathalanensis diocesis cum eo, per fratrem Petrum de Torbona militem quondam, preceptorem tunc ballivie Cathalanensis, circa instans festum Nativitatis beati Johannis Baptiste erunt XXVIII anni vel circa, in capella domus Templi de Novavilla prope Cathalanum, presentibus fratribus Andrea presbitero dicte domus, Hugone Sicardi, Vicencio de Possessa, Jacobo Vienensi servientibus, deffunctis, et Raynaudo de Dompierre, qui affugit in capcione eorum, in hunc modum : nam cum peciissent panem et aquam frequenter, et finaliter eis concessum fuisset, et dictum quod bene deliberarent, quia oporteret eos multa dura et aspera sustinere, prestito per juramentum eorum quod non erant servilis condicionis, nec excommunicati, nec matrimonio nec alteri religioni nec debitis que solvere non possent obligati, et quod non habebant infirmitatem latentem, fecit eos vovere et jurare super librum castitatem, obedienciam, vivere sine proprio, servare bonos usus et bonas consuetudines ordinis, non revelare secreta capitulorum, nec interesse loco in quo aliquis exheredaretur injuste. Post que imposuit eis mantellos, et ipse et astantes fuerunt eos osculati in ore, et instruxit eos quot *Pater noster* dicerent pro horis suis, et qualiter regerent se in ordine. Deinde aliis exeuntibus capellam, dictus receptor, accepta quadam cruce lignea in qua erat ymago Crucifixi in manu sua et eis ostensa, peciit eis si credebant in illum qui representabatur per eam ; quibus respondentibus quod sic, precepit quod eum abnegarent ; et cum ipse testis respondisset quod ordinem intraverat ut salvaret animam suam, et quod hoc nullo modo faceret, dixit eis quod hoc oportebat eos facere, sed non expressit causam nec si hoc esset de punctis religionis ; et tunc dictus Geraldus, cui primo imposuerat mantellum prius quam ipsi testi, et post dictus testis abnegaverunt Deum, quam abnegacionem fecit idem testis ore non corde, quod idem fecerit dictus Geraldus, ut dixit. De aliis illicitis non fuit locutus eisdem nec ipse receptor nec alius. Item, dixit quod viderat per eumdem modum, ut sibi videtur, recipi quoad licita, sed primo dixerat in generale fratrem quemdam militem Lotoringum, cujus nomen vel cognomen ignorat, in quadam camera domus Templi de Moncourt Cathalanensis diocesis, per dictum fratrem Petrum de Torbona, sunt XXVI anni vel circa, presentibus dicto fratre Raynaudo et ipso teste. Vidit eciam recipi fratrem Terricum le Petit Laudunensis diocesis, et fratrem Petrum le Bergier de Viromandia servientes quondam, simul in capella domus Templi de Bois Remensis diocesis, per fratrem Therricum quondam preceptorem tunc baillivie de Merlans, presentibus fratribus Albrico agricultore et quodam alio bergerio dicte domus qui vocabatur Petrus, sunt XXIIII anni vel circa. Plurium recepcionibus non recolit se interfuisse, ut dixit. Requisitus iterato si credit quod in recepcionibus aliorum vel predictorum vel post intervenerunt aliqua illicita, respondit se pocius credere quod non intervenerunt quam contrarium. Item, dixit quod bene credebat ecclesiasticis sacramentis, et credit quod alii fratres ordinis eodem modo crederent, et quod eorum sacerdotes debite celebrarent. Statim pro professis habebantur. Jurabant ordinem non exire. Clandestine recipiebantur, nullis presentibus nisi fratribus ordinis. Cordulis cingebantur assumptis unde volebant supra camisias cum quibus jacebant. Injungebatur eis in generale quod non revelarent secreta capitulorum, non faciendo specialem mencionem de modo recepcionis, et dicebatur eis quod si revelarent, perderent habitum. Eleemosinas et hospitalitatem vidit convenienter fieri et servari in domibus ordinis in quibus exstitit commoratus, et reservabant bonum vinum pro forensibus. Precipiebatur eis quod debitis modis, sed non indebitis, acquirerent ordini. Capitulia singularia quibus interfuit vidit teneri de die, januis clausis, nullis presentibus nisi fratribus ordinis, qui servasset quod magnus Magister cum conventu statuisset. Nunc grandia scandala, suspicio et infamia sunt exorta contra ordinem, ad cujus deffensionem se obtulerat una cum aliis, contra quem audivit dici magnum Magistrum et alios aliqua confessos fuisse; et fuit in deposicione sua protestatus quod non intendebat recedere a deposicione per eum facta coram dicto domino episcopo Parisiensi.

Requisitus si sic deposuerat prece, precepto, timore, amore, odio, vel temporali comodo habito vel habendo, respondit quod non, sed pro veritate dicenda; cui fuit injunctum quod non revelaret hanc suam deposicionem quousque attestaciones fuerint publicate.

Frater Robertus le Verrier Rothomagensis, Johannes de Bali Ambianensis, Stephanus de Turno presbiter, et Jacobus de Villa Parisia Parisiensis, ac Johannes de Fregevilla Senonensis diocesium, adducti pro testibus ad presenciam eorumdem dominorum commissariorum, juraverunt, tactis sacrosanctis Evangeliis, dicere in isto negocio plenam et meram veritatem, secundum formam juramenti aliorum testium superius registratam, expositam et vulgarizatam eisdem.

Acta fuerunt hec dictis die et loco, presentibus magistro Amisio, me Floriamonte Dondedei, et aliis notariis supra ultimo nominatis, hoc salvo quod dictus magister Amisius non interfuit examinacioni ultimi testis, nec dictus magister Hugo recepcioni et juramento quinque testibus supradictis.

Post hec, die Veneris sequenti, que fuit XII dies dicti mensis Marcii, fuit adductus ad presenciam eorumdem dominorum commissariorum, in domo predicta fratrum Minorum, frater Stephanus de Turno, presbiter Parisiensis diocesis, testis supra juratus, ut deponeret dictum suum, triginta annorum vel circa, qui mantellum dimiserat in concilio Senonensi, quia inibi per quemdam servientem fuerat amotus ab eo, cum quo inquisitum fuerat, absolutus et reconciliatus per dominum episcopum Parisiensem, protestacione premissa quod non intendit recedere a deposicione per eum facta coram dicto domino episcopo Parisiensi. Lectis et diligenter expositis sibi omnibus et singulis articulis, respondit se nescire, nec audivisse dici de contentis in eis nisi quod sequitur. Dixit enim quod, circa instans festum Nativitatis beati Johannis Baptiste erunt octo anni vel circa, frater Hugo

5.

de Penrando visitator Francie, presidens tunc capitulo eorum generali Parisius, recepit in capella majori Templi ipsum testem et fratres Johannem Bratz de Fer presbiterum, Richardum Scoti quondam, Richardum de Caprosia dictum le Charon servientes, et duos alios servientes quorum nomina et cognomina ignorat, presentibus fratribus Radulpho de Gisi et Philippo Agathe tunc preceptore Normannie, et Reynardo de Tremplayo presbitero, testibus supra examinatis, astante alia multitudine pro capitulo congregata. A quo receptore cum peciissent instanter et pluries panem et aquam ordinis, et eis respondisset quod bene deliberarent, quia oporteret eos a se abdicare propriam voluntatem et subjici aliene, et multa dura et aspera sustinere, finaliter prestito per juramentum quod nichil dederant vel promiserant ut reciperentur in ordine supradicto, nec erant alteri religioni obligati, nec habebant aliquid inpedimentum, fecit eos vovere castitatem, obedienciam, et vivere sine proprio. Postmodum imposuit eis mantellos, presbitero predicto dicente psalmum Ecclesie : *Ecce quam bonum et quam jocundum,* et quasdam oraciones, et omnes fratres astantes fuerunt eos osculati in ore. Quo facto, fuit dictum per quemdam ex fratribus astantibus, nescit per quem, receptori quod ipse obmiserat eos conculcare crucem facere, et quod apportaretur crux ut conculcarent eam; et cum ipse testis et alii recepti hoc audivissent, fuerunt vehementer stupefacti, et potissime ipse testis, ut dixit. Quo viso, dictus receptor dixit quod ipse erat alibi profecturus, et quod dimitterent dictos receptos stare, quia alias instruerentur de punctis ordinis; et sic nulla cruce allata, nec de aliquo alio illicito contento in dictis articulis facta tunc mencione ipsi testi vel aliis, recesserunt. Sed quidam frater, cujus nomen et cognomen ignorat, dixit quod, secundum consuetudinem ordinis, debebant abnegare Deum, ut sibi videtur; sed postmodum, de dictis illicitis vel aliis nulla fuit facta mencio ipsi testi, nec scit nec audivit quod fuerit facta mencio aliis cum eo receptis. Requisitus si scit, vel credit, vel audivit dici quod aliqua illicita intervenirent in recepcionibus aliorum fratrum vel post, respondit quod nesciebat nec audiverat dici, sed credebat quod eis preciperetur quod conculcarent crucem et spuerent supra eam, sed non credit quod facerent spuicionem et conculcacionem predictas. Item, dixit quod ipse bene credebat ecclesiasticis sacramentis, et credit quod alii fratres ordinis bene crederent, asserens quod existens in ordine secundum formam Ecclesie celebrabat, et credit quod alii presbiteri ordinis idem facerent, nec audivit eis precipi quod verba canonis obmitterent. Statim pro professis habebantur. Clandestine recipiebantur, ex quo credit quod esset mala suspicio contra eos. Cordulis cingebantur quas sumebant unde volebant. Inhibebatur eis quod non revelarent secreta capitulorum; et qui revelassent, fuissent puniti, nescit qualiter. De modo recepcionis non revelando non audivit fieri inhibicionem specialem. Si erant aliqui qui scirent errores, fuerunt negligentes quia non correxerunt eos nec denunciaverunt Ecclesie. Elemosinas et hospitalitatem vidit convenienter fieri et servari in domibus ordinis in quibus fuit conversatus. Clam tenebantur capitulia, sicut audivit dici. Illa que ordinasset Magister cum conventu suo servasset totus ordo si essent bona et justa, aliter non, sicut credit. Grandia scandala, suspicio et infamia nunc contra ordinem sunt exorta. Audivit dici magnum Magistrum et quosdam alios aliquos errores, nescit quos, contra ordinem fuisse confessos.

Requisitus si sic deposuerat prece, precepto, timore, amore, odio, vel temporali comodo habito vel habendo, respondit quod non, sed pro veritate dicenda; cui fuit injunctum quod non revelaret hanc suam deposicionem quousque attestaciones fuerint publicate; et obtulerat se deffensioni dicti ordinis una cum aliis.

Frater Johannes de Fregevilla serviens Senonensis diocesis, testis supra juratus, agricola, quinquaginta quinque annorum vel circa, a quo mantellum amoverant illi qui ceperunt eum et preceperunt quod radi faceret sibi barbam, cum quo inquisitum fuerat, absolutus et reconciliatus Senonis per dominum episcopum Aurelianensem, sede Senonense vacante, lectis et diligenter expositis sibi omnibus et singulis articulis, respondit quod nunquam viderat aliquem alium recipi in ordine, nec interfuerat capitulis eorum, quia intendebat ad agriculturam, unde nesciebat de contentis in dictis articulis, nec credebat nec audiverat dici nisi quod sequitur. Dixit enim quod ipse receptus fuerat in capella domus Templi de Bello Vissu diocesis Senonensis, dominica post instans festum Pentecostes erunt xiiii anni vel circa, per fratrem Johannem de Turno quondam, tunc thesaurarium Parisiensem, presentibus fratribus Roberto Picardi tunc preceptore de Furcis, et Johanne Lupi vineatore dicte domus servientibus, deffunctis; a quo dicto receptore cum instanter peciisset panem et aquam, societatem et pauperem vestitum ordinis, et ei respondisset quod bene deliberaret, quia oporteret eum voluntati subjici aliene, et multa dura et aspera sustinere, finaliter fecit eum vovere et jurare castitatem, obedienciam, et vivere sine proprio, et servare bona ordinis; post que imposuit sibi mantellum, et ipse et fratres astantes fuerunt eum osculati in ore. Quo facto, aliis duobus de capella exeuntibus, dictus receptor precepit ipsi testi quod abnegaret Deum ore non corde; et cum ipse testis peciisset quare hoc faceret, dixit dictus receptor quod pro eo quod quia eidem receptori placebat, et tunc ipse testis abnegavit Deum ore non corde, ut dixit. Deinde precepit ei quod spueret super quamdam crucem ligneam; in qua nulla apparebat ymago Crucifixi, appodiatam juxta cancellos ecclesie, et ipse testis, quia promiserat obedienciam, spuit non super sed juxta dictam crucem. Postmodum precepit ei quod oscularetur eum in ano, sed non fuit eum ibi osculatus, sed super braccale. Alia illicita non intervenerunt in recepcione sua supradicta nec post, nec scivit nec audivit dici quod intervenirent in recepcionibus aliorum vel post, nec scit nec credit super hoc ut respondit requisitus. Item, dixit quod in die Veneris sancta adhorabant devote et reverenter crucem, et quod ipse bene credebat ecclesiasticis sacramentis, et credit quod alii fratres ordinis eodem modo crederent, et quod eorum sacerdotes debite celebrarent. In recepcione sua fuit ei dictum quod statim pro professo habebatur. Clandestine recipiebantur, ex quo credit quod esset suspicio contra eos. Cordulis, unde volebant assumptis cingebantur supra camisias cum quibus jacebant. Injunctum fuit ei per receptorem quod non revelaret secreta capitulorum nec modum recepcionis sue, et credit quod perdidisset mantellum qui revelasset. Confitebantur quibus volebant. Superiores ordinis, si sciebant errores, fuerunt negligentes quia non correxerunt eos nec denunciaverunt Ecclesie. Eleemosinas et hospitalitatem vidit convenienter fieri et servari in domibus ordinis in quibus exstitit commoratus. Et omnes curialitates et honores erant eis concessi, et turpitudines inhibite, et precipiebatur eis quod bonos usus servarent et malos pro posse suo reprobarent. Quod magnus Magister cum conventu suo ordinasset servasset totus ordo, contra quem nunc grandia scandala, suspicio et infamia sunt exorta, et contra quem audivit dici magnum Magistrum et alios aliqua fuisse confessos.

Requisitus si sic deposuerat prece, precepto, timore, amore, odio, vel temporali comodo habito vel habendo, respondit quod non, sed pro veritate dicenda; cui fuit injunctum quod non revelaret hanc suam deposicionem quousque attestaciones fuerint publicate; deffensioni ordinis se non obtulerat.

Frater Jacobus de Villa Parisia serviens Parisiensis diocesis, testis supra juratus, non defferens mantellum ordinis, quia ipsum voluntarie dimiserat vetustate consumptum, et radi fecerat sibi barbam, xxxviii annorum vel circa, qui Aurelianis absolutus et reconciliatus fuerat per dominum episcopum Aurelianensem inquisito cum eo, lectis et diligenter expositis sibi omnibus et singulis articulis, respondit se nunquam interfuisse recepcioni alicujus alterius nec capitulis eorum, nec steterat in ordine nisi per dimidium annum, seu quasi ante capcionem eorum, unde nesciebat de contentis in dictis articulis, nec credebat nec audiverat dici nisi quod sequitur. Dixit enim se fuisse receptum in capella domus Templi de Campo Bubali Senonensis diocesis, per fratrem Johannem de Tara preceptorem dicte domus, testem supra examinatum, in Quadragessima proxima ante capcionem eorum, presentibus fratribus Daniele de Parisius presbitero, Matheo de Tilheio et Petro de Loyson, qui Matheus et Petrus fuerunt supra examinati. A quo receptore cum peciisset panem et aquam et societatem ordinis, et predicto ei quod bene deliberaret, quia oporteret eum voluntati subjici aliene, et multa dura et aspera sustinere, concessisset, fecit eum vovere et jurare castitatem, obedienciam, vivere sine proprio; et imposito sibi mantello, ipse et fratres astantes fuerunt eum osculati in ore. Quo instructo quot *Pater noster* pro horis suis diceret et qualiter in ordine se regeret, recedentibus predictis fratribus, precepit eidem testi, ostendens sibi quamdam crucem ligneam in qua nulla erat ymago Crucifixi, de retro altare acceptam, quod abnegaret Deum et spueret super dictam crucem; et ipso teste respondente quod nullo modo abnegaret creatorem suum, dixit ei quod hoc oportebat eum facere, quia ipse receptor hoc fecerat in recepcione sua; et tunc ipse testis abnegavit Deum ore non corde, et spuit non supra sed juxta dictam crucem. Post que precepit eidem testi quod oscularetur ipsum receptorem in ano : fuit eum osculatus circa zonam supra camisiam. Alia inhonesta non intervenerunt in dicta sua recepcione nec post; nec scit aliter si intervenirent in recepcionibus aliorum, nec hoc audivit dici, nec scit quod super hoc credat, quia parum fuit in ordine. Item, dixit se bene credere ecclesiasticis sacramentis, et quod alii fratres crederent, et quod eorum sacerdotes debite celebrarent. Statim pro professis habebantur. Clandestine recipiebantur, ex quo credit quod esset suspicio contra eos. Cordulis unde volebant assumptis cingebantur supra camisias cum quibus jacebant, nec scit nec audivit quod tangerent capita ydolorum. Dicebatur eis et deffendebatur ne revelarent secreta capitulorum nec modum sue recepcionis. Si qui erant fratres scientes errores in ordine, fuerunt negligentes quia non correxerunt eos nec denunciaverunt Ecclesie. Elemosinas et hospitalitatem vidit convenienter fieri et servari, ante ejus recepcionem et post, in domibus ordinis in quibus exstitit commoratus. Precipiebatur eis quod debite acquirerent ordini. Audivit dici quod capitulia, januis clausis, nullis presentibus nisi fratribus, aliquando tenebantur, valde tempestive, propter negocia occurrencia, et credit quod ordinata per Magistrum cum conventu fuissent servata in toto ordine, contra quem nunc grandia scandala, suspicio et infamia sunt exorta, et contra quem audivit dici magnum Magistrum et alios aliqua fuisse confessos. Requisitus si sic deposuerat prece, precepto, timore, amore, odio, vel comodo temporali habito vel habendo, respondit quod non, sed pro veritate dicenda; cui fuit injunctum quod non revelaret hanc suam deposicionem quousque attestaciones fuerint publicate; deffensioni ordinis se non obtulerat.

Acta fuerunt hec die et loco predictis, presentibus magistro Amisio, me Floriamonte Dondedei, Bernardo Filholi, Guillelmo Radulphi, Bernardo Humbaldi et Hugo Nicolai notariis antedictis.

Post hec, die Sabati sequenti, que fuit XIII dicti mensis Marcii, fuit adductus ad presenciam dictorum dominorum Mimatensis et Lemovicensis episcoporum, et archidiaconi Tridentini, aliis excusatis, in domo predicta fratrum Minorum, frater Robertus le Verrier serviens Rothomagensis diocesis, testis supra juratus, ut deponeret dictum suum, non defferens mantellum ordinis, quia suasu aliquorum ipsum dimiserat in concilio Remensi. Postmodum radi fecerat sibi barbam, XXXVI annorum vel circa; qui fuit protestatus quod non intendit recedere a deposicione per eum facta coram dicto domino Ambianensi episcopo qui nunc est, a quo absolutus et reconciliatus exstiterat. Lectis autem et diligenter expositis sibi omnibus et singulis articulis, respondit quod nunquam viderat aliquem alium recipi in ordine, nec interfuerat eorum capitulis generalibus nec aliis in quibus aliqua secreta tractarentur; unde nesciebat, nec audiverat dici, nec credebat de contentis in ipsis articulis nisi quod sequitur. Dixit nempe se fuisse receptum in capella domus Templi de Belvaco, per fratrem Robertum de sancto Pantaleone preceptorem dicte domus et baillivie de Pontivo, circa instans festum apostolorum Petri et Pauli erunt octo anni vel circa, presentibus fratribus Alberto presbitero, curato de Somorens quondam, Thoma de Yemval tunc serviente, nunc autem presbitero, et Philippo de Menin serviente, a quo receptore requisivit pluries panem et aquam, pauperem vestitum et societatem ordinis, et obtulit se velle fieri servum esclavum Dei et Terre sancte. Responso autem eidem quod bene deliberaret, quia grandem rem petebat, et oporteret eum abdicare a se propriam voluntatem, et subjici aliene, vigillare quando vellet dormire, esurire quando vellet comedere; instante ipso teste pro sua recepcione, fecit eum vovere et jurare super quemdam librum castitatem, obedienciam, vivere sine proprio, servare bonos usus et bonas consuetudines ordinis et malas reprobare, et non revelare secreta capitulorum. Post que imposuit ei mantellum, et ipse et astantes fuerunt eum osculati in ore; et instruxit eum quot *Pater noster* diceret pro horis suis, qualiter regeret se in ordine. Quo facto, dictus receptor et curatus de Somorens, trahens ipsum testem retro altare, aliis remanentibus in capella, dixerunt ei quod secundum statuta ordinis debebat spuere super crucem et abnegare Deum vel Jhesum Christum, sed non recolit bene si dixerunt Deum vel Jhesum Christum, magis tamen credit quod nominaverunt Deum quam Jhesum Christum; et ostensa quadam cruce, non recolit si lignea vel metalica, in qua erat ymago Crucifixi, apodiata ad dossale altaris, precepit ei dictus receptor quod spueret supra dictam crucem, et ipse testis noluit spuere supra, sed spuit juxta, quia dicebant quod erat de punctis ordinis, et quia dixit quod hoc faceret ore non corde, et quod postmodum posset de hoc confiteri; precepit eciam ei dictus receptor quod abnegaret Deum vel Jhesum Christum, et ipse testis abnegavit ore non corde. Deinde precepit ei quod oscularetur ipsum receptorem in umbilico, in quo vel juxta fuit eum osculatus in carne nuda, quia dixit quod erat de dictis punctis, secundum que eciam poterat aliis fratribus ordinis carnaliter commisceri et ipsi cum eo. Hoc tamen non fecit, nec credit quod fieret in ordine. Requisitus si scit vel audivit dici quod illicita supra dicta vel alia intervenirent in recepcionibus aliorum fratrum, respondit quod non, nec sciebat quod super hoc crederet, quia non inquisivit de factis ordinis, adjiciens se fuisse confessum de predictis erroribus in crastinum sue recepcionis, in domo fratrum Minorum de Belvaco, fratri Petro de sancto Justo conventuali dicti loci Minorum, qui absolvit eum, imposita penitencia quod nunquam interesset loco in quo talia fierent, et quod jejunaret intendens [*sic*] sine pannis lineis sextis feriis per annum. Item, dixit se bene credere ecclesiasticis sacramentis, et quod alii crederent, et quod eorum sacerdotes debite celebrarent ; et in die Veneris sancta vidit per eos crucem devote et reverenter adorari, calceamentis depositis, et capuciis, birretis et pilleis amotis ; et dicta die jejunabant in pane et aqua et comedebant sine mappis. Dictum fuit ei in recepcione sua quod statim pro professo habebatur, in quo nulli adfuerunt nisi fratres ordinis. Cordulis unde volebant assumptis cingebantur supra camisias cum quibus jacebant. In recepcione sua fuit ei per receptorem preceptum quod nemini revelaret modum sue recepcionis et illicita que intervenerant in eadem. Fratres scientes errores, si qui erant, fuerunt, ut credit, negligentes quia non correxerunt nec denunciaverunt Ecclesie. In quatuor domibus ordinis in quibus extitit claviger, fecit et vidit elemosinas et hospitalitatem convenienter fieri et servari, et deffensum fuit sibi et aliis deffendebatur, ut credit, per dictum receptorem suum et alios receptores quod indebite non acquirerent ordini. Audivit dici quod clam et valde mane eorum capitulia tenebantur. Ordinata per Magistrum cum conventu fuissent servata, ut credit, in toto ordine, contra quem nunc grandia scandala, suspicio et infamia sunt exorta ; ad cujus deffensionem se non obtulerat. Requisitus si alii fratres qui adfuerunt recepcioni sue audierant vel viderant illa illicita que dicti receptor et curatus dixerant ei, respondit se credere quod non.

Requisitus si sic deposuerat prece, precepto, timore, amore, odio, vel temporali comodo habito vel habendo, respondit quod non, sed pro veritate dicenda ; cui fuit injunctum quod non revelaret hanc suam deposicionem quousque attestaciones fuerint publicate.

Frater Johannes de Baali serviens, preceptor domus Templi de Bellenval Ambianensis diocesis, testis supra juratus, sexagenarius vel circa, qui propter vetustatem mantellum suum consumptum dimiserat et radi fecerat sibi barbam, protestacione premissa quod non intendit recedere a deposicione per eum facta coram domino episcopo Ambianensi qui nunc est, a quo absolutus et reconciliatus fuerat, lectis et diligenter expositis sibi omnibus et singulis articulis, respondit se nescire, nec credere, nec audivisse dici de contentis in eis nisi quod sequitur. Dixit nempe se fuisse receptum in capella dicte domus de Bellenval, octava die post Pentecostes erunt XII anni vel circa, per fratrem Petrum Minhot presbiterum, curatum dicte domus, de mandato fratris Garini de Grandi Villarii preceptoris tunc ballivie de Pontivo, presentibus fratribus Roberto de Reybenval Morinensis diocesis, quem credit vivere, Petro de Lenhi tunc preceptore d'Oymont, Roberto de Grandi Villari, deffunctis, et Jacobo de Vaucellis Ambianensis diocesium, qui fuit postmodum reditus uxori quam desponsaverat ante ingressum, de cujus vita vel morte non habet certitudinem; a quo quidem receptore peciit instanter et frequenter panem et aquam et societatem fratrum, ac pauperem vestitum ordinis; et sibi concessis, prestito per juramentum quod non erat alteri religioni, matrimonio vel debitis que solvere non posset cum litteris regiis obligatus, nec servilis condicionis, nec excommunicatus, et quod non habebat infirmitatem latentem, fecit eum vovere et jurare super quemdam librum castitatem, obedienciam et vivere sine proprio; et precepit ei quod servaret bonos usus et bonas consuetudines ordinis, et non revelaret secreta capitulorum; et imposito sibi mantello, fuit eum osculatus et omnes astantes in ore; instruens eum quot *Pater noster* diceret pro horis suis et qualiter regeret se in ordine. Post que dixit ei in presencia predictorum quod abnegaret Deum vel Jhesum, sed non recolit quod istorum nominavit, certum tamen se dixit quod abnegaret Deum vel Jhesum; et cum ipse testis repugnaret, dixit ei quod talia erant puncta ordinis, et ideo oportebat eum abnegare, propter quod ipse testis, multum dolens de premissis, abnegavit Deum vel Jhesum ore non corde, ut dixit. Deinde precepit ei quod spueret super quamdam crucem ligneam in qua erat ymago Crucifixi, allatam ibidem per dictum receptorem, exprimendo talia verba : Spue super prophetam, et ipse testis spuit non supra sed juxta, quia dixit quod erat de punctis ordinis, secundum que eciam poterat carnaliter commisceri fratribus ordinis et ipsi cum eo ; hoc tamen non fecit nec credit quod in ordine servaretur. Dixit eciam quod, secundum dicta puncta, debebat eum osculari in ano, sed dictum osculum de gracia, quia ipse receptor erat presbiter, remittebat ei. Alia illicita non intervenerunt in recepcione sua predicta nec post, credens quod dicta illicita confessata per eum intervenirent communiter in recepcionibus aliorum, quia vidit recipi fratrem Petrum de Lenhi servientem Noviomensis diocesis, quem credit vivere, in capella domus Templi de Oymont Ambianensis diocesis, per fratrem Garinum de Grandi Villari preceptorem tunc ballivie de Pontivo, vel per fratrem Johannem de Sernoy, qui tenuit dictam balliviam de Pontivo, predictum fratrem Garinum, non tamen bene recolit quis ipsorum duorum eum receperit nec quo tempore ; et adfuerunt fratres Petrus de Lenhi quondam, avunculus dicti Petri, tunc preceptor dicte domus de Oymont, et Robertus de Rembenval, et Gerardus Burgundus, de quorum vita vel morte non habet certitudinem ; et in dicta recepcione vidit servari modum qui fuerat servatus in sua quoad licita, et audivit ipse testis quomodo predictus receptor precepit eidem Petro quod abnegaret Deum et quod spueret supra crucem, et dixit ei quod poterat carnaliter commisceri fratribus ordinis et ipsi cum eo, et quod debebat dictum receptorem osculari in ano secundum puncta ordinis ; et in presencia ipsius testis et predictorum dictus Petrus abnegavit Deum et spuit juxta crucem ; sed ad preces et requisicionem dicti avunculi sui, fuit ei remissum osculum inhonestum. Alios non vidit recipi, et de predictis dixit se fuisse confessum dicto fratri Petro Minhot, qui recepit eum, et dixit ei quod, ex quo dolebat de predictis, Deus misericors remitteret ei, et absolvit eum, injuncto quod bona que faceret in religione eorum essent sibi in remissione dicti peccati et aliorum. Requisitus de loco et tempore confessionis, respondit quod infra mensem a recepcione sua fuerat confessus in capella dicte domus de Bellenval. Requisitus quare non fuerat confessus alii quam ipsi receptori, respondit quod ex eo quia dictum fuerat ei quod, absque licencia sui superioris, non poterat aliis quam sacerdotibus ordinis confiteri, et quia dictus receptor erat curatus suus, non curavit ire ad confitendum aliis sacerdotibus ordinis nec petere ab eo licenciam aliis qui non essent de eorum ordine confitendi. Item, dixit se bene credere ecclesiasticis sacramentis, et quod alii crederent et eorum sacerdotes debite celebrarent. Clandestine, nullis presentibus nisi fratribus ordinis, recipiebantur. Statim pro professis habebantur. Cordulis unde volebant assumptis cingebantur supra camisias cum quibus jacebant, in signum castitatis. Qui noluissent facere illicita que deposuit intervenisse in recepcione sua fuissent puniti, nescit qualiter, et inhibebatur eis ne revelarent secreta capitulorum nec modum recepcionis sue, et quod non loquerentur, eciam inter se, de predictis, et credit quod perdidissent habitum si contrarium fecissent. Fratres scientes errores fuerunt negligentes quia non correxerunt eos nec denunciaverunt Ecclesie. In domibus ordinis in quibus extitit commoratus vidit elemosinas et hospitalitatem convenienter fieri et servari, et audivit dici quod capitulia generalia clam, nullis presentibus nisi fratribus ordinis, tenebantur, aliquando multum tempestive, et credit quod ordinata per Magistrum cum conventu fuissent servata in toto ordine, contra quem nunc grandia scandala, suspicio et infamia sunt exorta. Credit quod illicita confessata per eum essent manifesta fratribus ordinis, contra quem audivit magnum Magistrum et alios aliquos errores fuisse confessos; non obtulerat se ad deffensionem ordinis.

Requisitus si sic deposuerat prece, precepto, timore, amore, odio, vel temporali comodo habito vel habendo, respondit quod non, sed pro veritate dicenda; cui fuit injunctum quod non revelaret hanc suam deposicionem quousque attestaciones fuerint publicate.

Frater Symon lo Begue Altisiodorensis, Garimus de Corbon Lingonensis, Stephanus de Brolio Cathalanensis, et Adam de sancto Johanne in Brocuria Ambianensis diocesum, adducti pro testibus ad presenciam eorumdem dominorum commissariorum, juraverunt, tactis sacrosanctis Evangeliis, dicere in isto negocio plenam et meram veritatem, secundum formam juramenti aliorum testium superius registratam, expositam et vulgarizatam eisdem.

Quo facto, frater Adam de sancto Johanne in Brocuria preceptor domus Templi de Rosseria Ambianensis diocesis, quinquagenarius vel circa, qui pro suasione aliquorum mantellum dimiserat et radi fecerat sibi barbam, cum quo inquisitum, absolutus et reconciliatus fuerat per dominum episcopum Ambianensem qui nunc est, lectis et diligenter expositis sibi omnibus et singulis articulis, respondit se nescire nec audivisse dici, nec credere de contentis in eis nisi quod sequitur. Dixit enim se fuisse receptum in capella dicte domus de Roseria, per fratrem Robertum de Belvaco quondam, in instanti festo beate Katerine fuerunt novem anni vel circa, presentibus Johanne lo Camus quondam, tunc preceptorem dicte domus, et Johanne de Foqueriis Belvacensis diocesis, de cujus vita vel morte non habet certitudinem, servientibus, in hunc modum : nam cum instanter et frequenter peciisset amore Dei et Jhesu Christi sibi concedi panem et aquam, et societatem et pauperem vestitum ordinis, et obtulisset se velle fieri servum esclavum Dei et ordinis et Terre sancte, et ter ei responsum fuisset quod bene deliberaret, quia oporteret eum abdicare a se propriam voluntatem et subici aliene, esurire et sitire quando vellet comedere et bibere, vigillare quando vellet dormire, et multa alia dura et aspera sustinere; finaliter respondente ipso teste quod omnia sustineret, et post ejus recepcionem instante, prestito per juramentum quod ex malo ingenio et per symoniam non veniebat ad dictum ordinem, et quod non erat servilis condicionis, nec excommunicatus, nec matrimonio, nec alteri religioni nec debitis que solvere non posset obligatus, et quod non habebat infirmitatem latentem, fecit eum vovere et jurare super quemdam librum castitatem, obedienciam, vivere sine proprio, et servare pro posse suo bonos usus et bonas consuetudines, bona et elemosinas ordinis, et non revelare secreta capitulorum, et quod cum habitu ordinis non intraret aliquem locum inhonestum; et imposito sibi mantello, ipse et fratres astantes fuerunt eum osculati in ore; et instruxit eum quot *Pater noster* diceret pro horis suis, et qualiter regeret se in ordine. Deinde dixit ei in presencia predictorum quod abnegaret Deum ore non corde, quia hoc erat de punctis ordinis; postmodum posset de hoc confiteri: et ipse testis, dolens de predictis, abnegavit Deum ore non corde. Post que precepit ei quod spueret super quamdam crucem ligneam que erat retro altare, in qua nulla erat ymago Crucifixi, et ipse testis spuit non super, sed juxta eam. Et postmodum precepit sibi quod oscularetur eum in ano, et ipse testis fuit eum osculatus parum supra anum. Requisitus si deposuerat femoralia dictus receptor quando fecit dictum osculum, respondit quod sic. Item dixit quod post predicta dictus receptor dixit ei quod, secundum dicta puncta ordinis, poterat carnaliter commisceri aliis fratribus ordinis et ipsi cum eo; hoc tamen non fecit, nec credit quod in ordine fieret. Requisitus si scit vel credit vel audivit dici quod dicta illicita confessata per eum vel alia inhonesta intervenirent communiter in recepcionibus aliorum fratrum ordinis vel post, respondit quod nesciebat bene; quia non viderat recipi nisi fratrem Adam servientem dicti receptoris, cujus cognomen ignorat, qui fuit receptus secundum quod ipse testis deposuit se fuisse receptum quoad licita, per fratrem Johannem de Nans presbiterum quondam, de mandato dicti fratris Roberti, in Capella domus Templi de Morlenis Belvacensis diocesis, in festo Omnium Sanctorum proximo preterito fuerunt quinque anni vel circa, presentibus fratribus Johanne de la Vercines preceptore dicte domus de Morlens, quem credit vivere, et ipso teste. Tradito autem mantello ipsi Ade et ducto per dictum fratrem Johannem retro altare, ipse testis recessit, et nescit quid ibi egerunt; extimat tamen quod intervenerunt illa illicita que deposuit intervenisse in recepcione sua, nec scit quid credat, an predicta illicita vel alia intervenirent communiter in recepcionibus aliorum, vel post. Item dixit se fuisse confessum de predictis erroribus infra quindecim dies a recepcione sua, in capella dicte domus de Morlenis, dicto fratri Johanni de Nans, a quo absolutus exstitit, imposita sibi penitencia quod deinceps non esset in loco in quo talia fierent et quod ea non faceret, et quatuor sextis feriis camisiam non portaret. Item, dixit quod bene credebat ecclesiasticis sacramentis, credens quod alii fratres ordinis eodem modo crederent, et quod eorum sacerdotes debite celebrarent; et vidit a fratribus ordinis crucem in die Veneris sancta devote et reverenter, calceamentis, capuciis et pilleis depositis, flexis genibus, in honorem Christi, adhorari. Statim pro professis habebantur. Januis clausis, nullis presentibus nisi fratribus ordinis, recipiebantur. Cordulis unde volebant assumptis cingebantur super camisias cum quibus jacebant, ne ita libere contingerent carnem suam. Injunctum fuit ei, et credit quod aliis injungebatur, ne revelarent secreta capitulorum, de modo recepcionis nulla speciali habita mencione, et credit quod qui revelassent puniti fuissent, nescit qualiter. Audivit dici quod absque licencia non poterant nisi sacerdotibus ordinis confiteri. Si qui erant fratres scientes errores predictos, fuerunt negligentes quia non correxerunt eos nec denunciaverunt Ecclesie. Dictus frater Robertus precepit eidem testi in dicta domo de Roseria quod elemosinas et hospitalitatem debito modo servaret, et eas vidit convenienter fieri et servari in domibus in quibus extitit commoratus, et inhibebatur eis ne eorum vicinos agravarent, et ne indebite ordini acquirerent, ut audivit dici. Clam, nullis presentibus nisi fratribus ordinis, eorum capitulia tenebantur. Credit quod lata statuta per Magistrum cum conventu fuissent servata in toto ordine, contra quem grandia scandala, suspicio et infamia post eorum capcionem sunt exorta, ad cujus deffensionem se non obtulerat. Nec sic deposuerat prece, precepto, timore, amore, odio, temporali comodo habito vel habendo, sed pro veritate dicenda, ut dixit; et fuit protestatus ante deposicionem suam quod non intendebat recedere ab alia deposicione per eum facta coram dicto domino episcopo Ambianensi: et fuit ei injunctum quod non revelaret hanc suam deposicionem, quousque attestaciones fuerint publicate.

Acta fuerunt hec dictis die et loco, presentibus me Floriamonte Dondedei, et aliis notariis supra proximo nominatis.

Post hec die Lune sequenti, que fuit xv dies dicti mensis Marcii, fuit adductus ad presenciam eorumdem dominorum commissariorum et domini Mathei, Symon lo Begue serviens, Altisiodorensis diocesis, testis supra juratus, ut deponeret dictum suum, non defferens mantellum ordinis, quia ipsum voluntarie dimiserat, et radi fecerat sibi barbam, absolutus et reconciliatus per dominum episcopum Aurelianensem, Senonis, qui inquisiverat cum eodem, sexagenarius vel circa. Lectis autem et diligenter expositis sibi omnibus et singulis articulis, respondit se nescire, nec audivisse dici, nec credere de contentis in eis nisi quod sequitur, asserens se non interfuisse recepcioni alicujus alterius nisi sue, nec capitulis eorum. Ipse enim fuit receptus in capella domus Templi de Villa Mozon Altisiodorensis diocesis, circa instans festum Pasche erunt trigenta anni vel circa, per fratrem Galterum Gonterii quondam servientem, tunc preceptorem dicte domus, presentibus fratribus Guillelmo Villani, Guaufredo et Guillelmo Guilhon fratribus carnalibus servientibus, deffunctis, in hunc modum : cum enim peciisset panem et aquam, societatem fratrum et pauperem vestitum ordinis, et dictum et responsum fuit ei quod bene deliberaret, quia multa dura et aspera oporteret eum sustinere; tandem ipso instante pro recepcione sua, dictus receptor fecit eum vovere et jurare castitatem, obedienciam, et vivere sine proprio, servare bonos usus et bonas consuetudines, et non revelare secreta ordinis. Quo facto, imposuit sibi mantellum, et ipse receptor et astantes fuerunt eum osculati in ore. Postmodum instruxit eum quot *Pater noster* diceret pro singulis horis, et qualiter se regeret et haberet in ordine. Deinde precepit ei quod spueret super quamdam crucem ligneam, ut sibi videtur, nescit per quem ibidem allatam, in qua erat ymago Crucifixi; et cum ipse aliquantulum resisteret, dictus receptor dixit sibi quod ita debebat facere, et tunc ipse testis propter obedienciam quam juraverat, spuit non supra sed juxta dictam crucem. Postea precepit sibi quod abnegaret Deum, et cum idem testis diceret quod ipse hoc nullo modo faceret, dictus receptor dixit ei quod alii de ordine ita faciebant, et tunc ipse testis abnegavit Deum; premissa tamen fecit ore non corde. Postmodum dixit ei quod oscularetur eum in spina dorsi, et tunc ipse testis, elevatis per dictum receptorem pannis suis, osculatus fuit eum in carne nuda retro supra zonam. Alia inhonesta non fuerunt facta seu dicta in recepcione sua. Requisitus si credit quod alii reciperentur in ordine per modum per quem deposuit se fuisse receptum, respondit se credere pocius quod sic quam contrarium, quia ita fuit factum in recepcione sua. Requisitus si nunquam audivit dici quod dicta illicita fierent in recepcionibus fratrum ordinis, dixit se nunquam audivisse, nisi post capcionem eorum, a quibusdam secularibus. Item, dixit quod ipse bene credebat ecclesiasticis sacramentis, credens quod alii fratres bene crederent, et eorum sacerdotes debite celebrarent. Clam recipiebantur, scilicet nullis presentibus nisi fratribus ordinis et januis clausis, et ex hoc credit quod esset mala suspicio contra eos. Multi ex fratribus cordulis cingebantur super camisiam, nescit ex qua causa. Injunctum fuit per receptorem suum quod non revelaret modum recepcionis sue; qui eum revelasset vel secreta capitulorum fuisset punitus, sed nescit qualiter. Si qui erant scientes errores fuerunt negligentes quia non correxerunt eos nec denunciaverunt Ecclesie. Elemosinas et hospitalitatem vidit convenienter fieri et servari, et elemosinas augeri in domibus ordinis in quibus extitit commoratus. Audivit dici quod Parisius tenebantur capitulia generalia eorum, quandoque de nocte et clam; ordinata per Magistrum cum conventu; ut audivit dici, fuissent servata in ordine, contra quem nunc grandia scandala, suspicio et infamia sunt exorta. Audivit dici magnum Magistrum et alios aliquos errores confessos fuisse contra ordinem, ad cujus deffensionem se non obtulerat. Requisitus si sic deposuerat prece, precepto, timore, amore, odio, vel temporali comodo habito vel habendo, respondit quod non, sed pro veritate dicenda; cui fuit injunctum quod non revelaret hanc suam deposicionem, quousque attestaciones fuerint publicate.

Frater Robertus de Correnflos presbiter, curatus ecclesie de Bralli, Bertrandus de Somerens, Johannes Bocherii de Grandi Villarii Ambianensis, Adam de Inferno Noviomensis, Philippus de Manin, Robertus de Rambeval Morinensis, Philippus de Lavercines, Martinus de Marselhes, Johannes Peynet presbiter Belvacensis, Petrus de Siven presbiter, Bisuntine, Geraldus Judicis preceptor domus Templi Narmatensis, Martinus de Monte Trichardi preceptor domus Templi de Malo Leone, Johannes Durandi preceptor domus Templi de Gandria, Johannes de Raans preceptor Templi de Landeblancha, Bartholomeus de Podio Revelli Pictavensis, Petrus de Sancto Benedicto Aurelianensis, Petrus de Monte Chalveti Lugdunensis, Andreas de Monte Laudato, et Raynaudus Larchier Turonensis diocessium, adducti pro testibus ad presenciam dictorum dominorum commissariorum, premissa protestacione quod non intendunt recedere a deposicionibus per eos factis coram ordinariis suis, et si plus vel minus dicerent, quod eis non prejudicet, juraverunt, tactis sacrosanctis Evangeliis, dicere in isto negocio plenam et meram veritatem, secundum formam juramenti aliorum testium superius registratam, expositam et vulgarizatam eisdem.

Acta fuerunt hec dictis die et loco, presentibus me Floriamonte Dondedei, et aliis notariis ultimo nominatis. Dictus eciam magister Amisius interfuit recepcioni juramenti testium predictorum hodie productorum.

Post hec, die Martis sequenti, que fuit XVI dies dicti mensis Marcii, fuit adductus ad presenciam dictorum dominorum episcoporum Mimatensis et Lemovicensis, et archidiaconi Tridentini, aliis excusatis, frater Garinus de Corbon serviens lathomus, Lingonensis diocesis, testis supra juratus, ut deponeret dictum suum, non defferens mantellum, quia dimiserat ipsum post capcionem suam, et radi fecerat sibi barbam, cum quo inquisitum fuerat, absolutus et reconciliatus Senonis per dominum episcopum Aurelianensem, quinquagenarius vel circa. Lectis autem et diligenter expositis sibi omnibus et singulis articulis, respondit quod nullum alium viderat recipi in ordine, nec interfuerat capitulis eorum, unde nesciebat, nec credebat, nec audiverat dici de contentis in ipsis articulis nisi quod sequitur. Dixit enim se fuisse receptum per fratrem Hugonem de Cabilone militem, quem credit vivere, circa instans festum Assumptionis beate Marie erunt x anni vel circa, in capella domus Templi de Espalhiaco diocesis Lingonensis, presentibus fratribus Roberto Lescolhe preceptore dicte domus, Stephano de Biceyo presbitero dicte domus, et Thoma preceptore de sancto Medardo, deffunctis, a quo receptore, instructus per alios, peciit frequenter panem et aquam et societatem ordinis; quibus sibi concessis, fecit eum vovere et jurare castitatem, obedienciam, vivere sine proprio, servare bonos usus et bonas consuetudines ordinis, et quod non revelaret secreta capitulorum eciam illis fratribus qui non adfuissent in eis. Et imposito sibi mantello, omnes astantes osculati fuerunt eum in ore; sed prius dictus testis fuit osculatus predictum receptorem in dorso super pannos; ostensa sibi quadam cruce metallina ante dictum osculum in qua erat ymago Crucifixi, quam dictus presbiter tenebat in manu, et precepto ei per dictum receptorem quod spueret super eam, ipse tamen noluit spuere supra eam, sed spuit juxta. Item, dixit quod post dictam spuicionem precepit ei quod abnegaret Deum, et ipse testis, dicto receptore dicente quod hoc oportebat eum facere, et fratribus astantibus suadentibus quod hoc faceret, abnegavit Deum, ore non corde; de quibus dixit se fuisse confessum, infra octo dies tunc sequentes, fratri Jacobo quondam conventuali fratrum Minorum de Castellione super Seccanam, et absolutus ab eo, qui dixit ei quod male fecerat, et pocius illi qui preceperant sibi talia, et imposuit ei quod jejunaret in pane et aqua sextis feriis a Paschate usque Pentecosten, quod et fecit. Alia inhonesta non intervenerunt in recepcione sua predicta nec post, et credit quod communiter predicta illicita intervenirent in recepcionibus aliorum vel post. Item, dixit se credere ecclesiasticis sacramentis, et quod alii fratres ordinis eodem modo crederent, et quod eorum sacerdotes debite celebrarent. Si quis exivisset ordinem post recepcionem, fuisset excommunicatus, ut audivit dici. Clandestine recipiebantur, nullis presentibus nisi fratribus ordinis, ita quod filii ipsius testis, quos habuerat in seculo, non potuerunt sue recepcioni adesse; ex quibus credit quod esset suspicio contra eos. Cordulis unde volebant assumptis cingebantur super camisias cum quibus jacebant. Audivit dici quod absque licencia non poterant nisi sacerdotibus ordinis confiteri, sed sibi non fuit inhibitum. Fratres ordinis scientes errores fuerunt negligentes quia non correxerunt eos nec denunciaverunt Ecclesie. Elemosinas et hospitalitatem vidit convenienter fieri et servari in domibus ordinis in quibus extitit commoratus ante ingressum et post. Audivit dici quod eorum capitulia, januis clausis, nullis presentibus nisi fratribus ordinis, tenebantur. Ordinata per Magistrum cum conventu servasset totus ordo, contra quem nunc grandia scandala, suspicio et infamia sunt exorta. Confessata per eum credit quod erant nota fratribus ordinis, contra quem magnus Magister et alii dicuntur aliqua fuisse confessi; ad cujus deffensionem se non obtulerat. Nec sic deposuerat prece, precepto, timore, amore, odio vel comodo temporali habito vel habendo, sed pro veritate dicenda, ut dixit. Cui fuit injunctum quod non revelaret hanc suam deposicionem, quousque attestaciones fuerint publicate.

Frater Stephanus de Brolio Cathalanensis diocesis serviens, testis supra juratus, sexagenarius vel circa, agricola, non defferens mantellum ordinis quia voluntarie ipsum dimiserat, et radi fecerat sibi barbam, cum quo Senonis inquisitum fuerat, absolutus et reconciliatus per dominum episcopum Aurelianensem, lectis et diligenter expositis sibi omnibus et singulis articulis, respondit quod nullum alium viderat recipi in ordine, nec capitulis interfuerat eorumdem, unde nec sciebat, nec credebat, nec audiverat dici de contentis in dictis articulis nisi quod sequitur. Dixit enim se fuisse receptum, circa festum Omnium Sanctorum proximo preteritum fuerunt VIII anni vel circa, in quadam aula domus Templi de Brolio Cathalanensis diocesis, per fratrem Poncium de Longo Campo militem, quondam preceptorem dicte domus, presentibus fratribus Johanne de Buris, presbitero dicte domus, et Geraldo servienti, cujus cognomen ignorat, qui morabatur apud Malam Domum ejusdem diocesis, deffunctis; a quo receptore peciit instanter et frequenter panem et aquam, societatem et pauperem vestitum ordinis, et de astancium consilio sibi concessis, predicto ei quod bene deliberaret, fecit eum vovere et jurare castitatem, obedienciam, vivere sine proprio, servare bonos usus et bonas consuetudines ordinis, et non revelare secreta capitulorum; et imposito sibi mantello, alii fratres astantes, sed non ipse receptor, fuerunt eum osculati in ore. Postque precepit ei dictus receptor quod abnegaret Deum, et ipse abnegavit ore non corde; et quod spueret super quamdam crucem metallinam, in qua erat ymago Crucifixi, positam super quodam tapeto ad terram, et ipse testis spuit non supra sed juxta; sed non recolit, ut respondit requisitus, an abnegacio spuicionem precesserit vel contrarium. Dixit eciam quod, de dicti receptoris mandato, fuit eum osculatus, pannis intermediis, inter braccale et zonam, et credit quod predicta illicita et non alia intervenirent communiter in recepcionibus aliorum fratrum ordinis, qui credebant ecclesiasticis sacramentis, sicut credit, quorum eciam sacerdotes debite celebrabant, ut estimat. Juravit ordinem non exire, credens quod alii idem jurarent, et quod esset suspicio contra eos quia clandestine recipiebantur, et quod cordule sumpte unde volebant, quibus cingebantur super camisias cum quibus jacebant, non tangerent capita ydolorum. Injunctum fuit ei quod non revelaret modum sue recepcionis, de quo fuit confessus dicto presbitero et absolutus ab eo; et jejunavit certis diebus sibi impositis in pane et aqua. Fratres ordinis scientes errores fuerunt negligentes quia non correxerunt eos nec denunciaverunt Ecclesie. Elemosinas et hospitalitatem in domibus ordinis in quibus exstitit commoratus vidit convenienter fieri et servari. Audivit dici quod, januis clausis, nullis presentibus nisi fratribus ordinis, eorum capitulia tenebantur, et credit quod ordinata per Magistrum cum conventu, si fuissent bona et licita, fuissent servata in ordine, contra quem nunc grandia scandala, suspicio et infamia sunt exorta; cujus fratribus nota erant confessata per eum, ut credit. Audivit dici magnum Magistrum et alios aliquos confessos fuisse contra ordinem, ad cujus deffensionem se non obtulerat. Nec sic deposuerat prece, precepto, timore, amore, odio vel comodo temporali habito vel habendo, sed pro veritate dicenda, ut dixit; cui fuit injunctum quod non revelaret hanc suam deposicionem, quousque attestaciones fuerint publicate.

Frater Robertus de Correnflos presbiter, curatus ecclesie de Bralli Ambianensis diocesis, testis supra juratus, etatis xxxvi annorum vel circa, non defferens mantellum ordinis, quia ipsum dimiserat vetustate consumptum, absolutus et reconciliatus per dominum archiepiscopum Remensem, cum quo inquisiverat in concilio Remensi, lectis et diligenter expositis sibi omnibus et singulis articulis, respondit quod non viderat recipi in ordine nisi fratrem Fulconem de Nuylhi servientem, testem supra examinatum, receptum in capella domus Templi de Belvaco, per fratrem Robertum de Sancto Justo presbiterum, quondam preceptorem dicte domus, anno illo quo ipse testis fuit receptus, presentibus fratribus Rogerio quondam de Marselhes, Philippo de Lavercines, teste supra jurato nondum examinato, in cujus recepcione vel post nichil vidit nec scivit fieri illicitum, unde nesciebat nec audiverat dici de contentis in dictis articulis nisi quod sequitur. Dixit enim se fuisse receptum a dicto fratre Roberto, circa festum beati Martini hiemalis proximo preteritum fuerunt viii anni vel circa, in capella domus Templi de Morlenis Belvacensis diocesis, presentibus dicto fratre Philippo, et fratribus Petro de Laya, et Clemente de Hodenvilha servientibus, deffunctis; a quo receptore instanter et frequenter petitis pane et aqua, societate et paupere habitu ordinis, eique responso quod bene deliberaret, quia oporteret eum a se abdicare propriam voluntatem, et subjici aliene, esurire quando vellet comedere, et vigillare quando vellet dormire, et multa alia dura et aspera sustinere, finaliter fecit eum vovere et jurare castitatem, vivere sine proprio, et obedire omnibus preceptoribus qui preponerentur eidem, servare bonos usus et bonas consuetudines ordinis. Quo facto, imposuit ei mantellum, et ipse et astantes fuerunt eum osculati in ore. Deinde precepit dictus receptor Philippo et Petro predictis quod exirent et irent ad officia sua exequenda; et cum illi recessissent, precepit ipse receptor eidem testi quod abnegaret Deum, in presencia dicti Clementis; et cum ipse resisteret, dicens quod hoc nullo modo faceret, dictus receptor dixit ei quod oportebat eum abnegare, quia nisi hoc faceret volens, alias faceret invitus, et quod abnegaret saltem ore non corde; et tunc ipse testis abnegavit ore non corde. Postmodum precepit ei quod spueret super quamdam crucem ligneam, ut sibi videtur, nec recordatur si erat ibi aliqua ymago, allatam per dictum Clementem de juxta altare; et cum ipse testis resisteret, dictus receptor dixit ei quod hoc oportebat eum facere, et tunc ipse testis spuit juxta non supra dictam crucem. Item, dixit sibi dictus receptor quod, si moveretur calore naturali, poterat carnaliter commisceri cum fratribus ordinis et ipsi poterant cum eo, et ipse debebat hoc pati secundum puncta ordinis; ipse tamen nunquam hoc fecit nec fuit requisitus, nec credit quod fratres ipsius ordinis illud peccatum committerent. Item, precepit ei quod oscularetur eum in umbilico, et dictus testis, elevato supertunicali ipsius receptoris per ipsum receptorem, fuit eum osculatus prope umbilicum supra tunicam. Alia illicita non intervenerunt in dicta recepcione sua nec post, credens quod eadem intervenirent in recepcionibus aliorum vel post et uniformiter ubique reciperentur. Item, credit se credere quod fratres ordinis alii bene crederent ecclesiasticis sacramentis, et quod ipse celebrabat in ordine secundum formam Ecclesie, credens quod alii presbiteri ordinis eodem modo celebrarent; nec fuit sibi inhibitum nec audivit aliis inhiberi quod non dicerent verba canonis. Statim pro professis habebantur. Clandestine recipiebantur, ex quo credit quod esset suspicio contra eos. Cordulis unde volebant assumptis cingebantur supra camisias cum quibus jacebant. Injungebatur eis quod non revelarent secreta capitulorum, de modo recepcionis speciali non habita mencione. Dicebatur eis quod sacerdotes ordinis habebant super eos majorem potestatem quam alii, et quod ideo debebant eis confiteri; et ipse testis fuit receptori suo confessus de illicitis que intervenerant in dicta sua recepcione, qui absolvit eum, imposita sibi penitencia quod non interesset deinceps in loco in quo talia fierent; et dixit ei quod, ex quo predicta fecerat ore non corde, non multum peccaverat. Fratres scientes errores dictos fuerunt negligentes quia non correxerunt eos nec denunciaverunt Ecclesie. Elemosinas et hospitalitatem vidit convenienter fieri et servari in domibus ordinis in quibus exstitit commoratus; et fuit ei preceptum per receptorem quod debite acquireret ordini absque alterius injuria. Audivit dici quod clam eorum capitulia tenebantur, nullis presentibus nisi fratribus ordinis. Licita et honesta ordinata per Magistrum cum conventu fuissent servata in toto ordine, contra quem nunc grandia, scandala, suspicio et infamia sunt exorta. Credit quod confessata per eum essent nota fratribus ordinis, et quod magnus Magister et alii confessi fuerint illa que littere apostolice continent eos confessos fuisse contra ordinem, ad cujus deffensionem se, tamquam fatuus et simplex, una cum aliis obtulerat, sicut dixit.

Requisitus si sic deposuerat prece, precepto, timore, amore, odio, vel temporali comodo habito vel habendo, respondit quod non, sed pro veritate dicenda; cui fuit injunctum quod non revelaret hanc suam deposicionem, quousque attestaciones fuerint publicate.

Acta fuerunt hec die et loco predictis, presentibus magistro Amisio, me Floriamonte Dondedei, et aliis notariis supra ultimo nominatis.

Post hec, die Mercurii sequenti, que fuit XVII dies dicti mensis

Marcii, fuit adductus ad presenciam eorundem dominorum commissariorum et domini Mathei, in domo predicta fratrum Minorum, Bertrandus de Somorens Ambianensis diocesis, testis supra juratus, ut deponeret dictum suum, quadraginta quinque annorum vel circa, non defferens mantellum ordinis, quia voluntarie ipsum dimiserat et radi fecerat sibi barbam, cum quo inquisitum fuerat, absolutus et reconciliatus per dominum archiepiscopum Remensem in concilio Remensi. Lectis autem et diligenter expositis sibi omnibus et singulis articulis, respondit se nescire, nec credere, nec audivisse dici de contentis in eis nisi quod sequitur. Dixit nempe quod frater Michael miles quondam, cujus cognomen ignorat, in instanti festo Ramis palmarum erunt decem anni vel circa, recepit ipsum testem, et Johannem de Noviomo, et Johannem Gastel, qui fuit tempore capcionis serviens, de quorum vita vel morte non habet certitudinem, simul in capella domus Templi de Bosco in Viromandia Noviomensis diocesis, presentibus fratribus Petro de Frayniches presbitero, Roberto lo Diable serviente, deffunctis, in hunc modum : nam cum requisivissent pluries et instanter panem, et aquam, et societatem, et pauperem vestitum ordinis, et finaliter concessisset eis, prestito per juramentum quod non habebant infirmitatem latentem, nec erant excommunicati, nec servilis condicionis, nec alteri religioni obligati, fecit eos vovere et jurare castitatem, vivere sine proprio et obedire omnibus preceptoribus qui preponerentur eisdem. Impositis autem eis mantellis, receptor et alii astantes osculati fuerunt eos in ore, et instruxit eos quot *Pater noster* dicerent pro horis suis, et qualiter regerent se in ordine. Post que allata nescit per quem quadam cruce metallina, in qua erat ymago Crucifixi, et ostensa eisdem, dixit eis : Vos promisistis et jurastis obedienciam preceptoribus vestris; secundum puncta ordinis, debitis abnegare Deum, unde precipio vobis quod abnegetis. De quo precepto ipse testis et alii fuerunt plurimum stupefacti, et responderunt quod hoc nullo modo facerent, sed finaliter omnes tres abnegaverunt Deum vel Jhesum Christum, sed non bene recolit, ut respondit interrogatus, quid eorum precepit receptor abnegari et quid abnegaverunt certum, tamen se esse dixit quod eorum alterum dictus receptor nominavit, et ipsi abnegaverunt. Item, dixit quod postea precepit eis quod spuerent super dictam crucem, quia hoc erat de punctis dicti ordinis, et tunc ipsi recepti spuerunt juxta non super dictam crucem; premissa fecit dictus testis ore non corde, credens idem de aliis, propter signa displicencie que pretendebant. Requisitus quis eorum primo fecit abnegacionem et spuicionem predictas, dixit quod predictus Johannes de Noviomo fuit primus in faciendo predicta, et ipse testis secundus, et alter Johannes tercius. Postmodum dictus receptor dixit eis quod, si moverentur calore naturali, poterant carnaliter commisceri cum fratribus ordinis et illi secum, et quod unus de alio debebat pati, secundum puncta ordinis; ipse tamen non fecit nec fuit requisitus, nec credit quod fratres ordinis peccatum illud committerent. Deinde precepit eis quod oscularentur eum in ano; ipsi tamen non fuerunt eum inibi osculati, sed elevatis pannis predictum receptorem fuerunt osculati in spina dorsi nuda, et hoc fecerunt, quia dixit eis quod erat de punctis ordinis. Requisitus quis eorum primo fecit osculum supradictum, respondit quod dictus Johannes de Noviomo primo, ipse testis secundo et alter Johannes ultimo fecerunt osculum supradictum. Requisitus si scit vel credit quod alii reciperentur in ordine per modum per eum confessatum, respondit se nescire, quia non vidit aliquos alios recipi; credit tamen quod alii communiter reciperentur in ordine sicut se et alios duos deposuit fuisse receptos. Credit ecclesiasticis sacramentis; credens eciam quod alii crederent, et quod eorum sacerdotes debite celebrarent. Statim habebantur pro professis. Recepciones fiebant clandestine, scilicet nullis presentibus nisi fratribus ordinis, ex quo credit quod esset mala suspicio contra eos. Cordulis cingebantur super camisias, quas recipiebant unde volebant. Injunctum fuit eis quod non revelarent secreta capitulorum, et sub hoc continebatur modus recepcionis, et qui revelassent fuissent puniti, nescit qualiter. Fratres scientes errores predictos negligentes fuerunt quia non correxerunt eos nec denunciaverunt Ecclesie. Elemosinas et hospitalitatem vidit convenienter fieri et servari in domibus ordinis in quibus fuit moratus. Audivit dici quod capitulia tenebantur secrete, nullis presentibus nisi fratribus ordinis. Quod magnus Magister cum conventu suo ordinasset totus ordo servare tenebatur, sicut credit et audivit dici. Credit quod errores predicti confessati per eum longo tempore duraverunt in ordine, nescit tamen quanto. Grandia scandala, suspicio et infamia nunc sunt exorta contra ordinem. Confessata per eum credit nota et manifesta esse inter fratres ordinis, non inter alios. Audivit dici magnum Magistrum et alios confessos fuisse aliquos errores contra ordinem, credens quod illos confessi fuerint de quibus ipse supra deposuit. Ad deffensionem ordinis se obtulerat. Interrogatus quare se offerebat ex quo sciebat errores predictos, respondit quod ideo quia alii se offerebant, modo tamen non deffenderet.

Requisitussi sic deposuerat prece, precepto, timore, amore, odio, vel temporali comodo habito vel habendo, respondit quod non, sed pro veritate dicenda; cui fuit injunctum quod non revelaret hanc suam deposicionem, quousque attestaciones fuerint publicate.

Frater Adamus de Inferno serviens, Noviomensis diocesis, testis supra juratus, non defferens mantellum ordinis, quia ipsum dimiserat voluntarie, et radi sibi fecerat barbam, postquam absolutus et reconciliatus fuerat per dominum Remensem archiepiscopum et inquisiverat cum eodem, quinquagenarius vel circa, lectis autem et diligenter expositis sibi omnibus et singulis articulis, repetita protestacione quod non intendit recedere a deposicione per eum facta coram dicto domino archiepiscopo, respondit se nescire nec audivisse dici de contentis in ipsis articulis, quia parum fuit in ordine, nisi quod sequitur. Ipse namque fuit receptus, circa festum Omnium Sanctorum proxime preteritum fuerunt quatuor anni, in capella domus Templi de Morlenis Belvacensis diocesis, per fratrem Johannem de Nans presbiterum quondam, de mandato fratris Roberti de Sancto Justo quondam, presentibus fratribus Philippo de Lavarcines, teste supra jurato sed nondum examinato, et Adam nato de comitatu Pontivi serviente, cujus cognomen ignorat, quem credit vivere, in hunc modum : nam petitis pane et aqua, societate et paupere vestitu ordinis, et sibi concessis, fecit eum vovere et jurare super quemdam librum castitatem, obedienciam, et vivere sine proprio ; et imposito sibi mantello, receptor et astantes fuerunt eum osculati in ore. Et eo instructo quot *Pater noster* diceret pro horis suis, et qualiter regeret se in ordine, et aliquibus casibus expositis propter quos poterat incurrere diversas penas, et dicto eis quod de aliis casibus informaretur per antiquos religionis, precepit ei quod abnegaret Jhesum Christum ; et cum ipse testis responderet se hoc nullo modo facturum, dixit ei quod hoc oportebat eum facere, quia ita faciebant alii et hoc erat de punctis religionis; et tunc ipse testis, dolens et timens, ut dixit, abnegavit Jhesum Christum ore non corde. Postea precepit ei quod spueret super quamdam crucem metallinam quam tenebat idem receptor in manu sua, in qua erat ymago Crucifixi, et ipse testis cum dolore et timore spuit non supra sed juxta dictam crucem. Deinde dixit ei quod secundum dicta puncta poterat carnaliter commisceri fratribus ordinis et ipsi cum eo ; hoc tamen non fecit nec credit quod in ordine fieret. Item, dixit quod de precepto dicti receptoris, fuit osculatus super carnem nudam in umbilico dictum Philippum; prius tamen dixerat quam, quando predicta illicita intervenerunt, omnes recesserunt de capella preter ipsum testem et dictum receptorem. Sed modo super hoc interrogatus, dixit quod predictus Philippus, qui erat preceptor dicte domus, redierat ad capellam, et tunc dictus receptor dixit ei quod alterum eorum debebat osculari in umbilico. Alia illicita non intervenerunt in dicta sua recepcione vel post, quod ipse recolat, et predicta illicita et licita que deposuit intervenisse in recepcione sua, credit quod intervenirent communiter in recepcionibus aliorum fratrum ordinis pocius quam contrarium, quia vidit ea intervenire in recepcione Geraldi de Folqueriis quondam, qui fuit simul et per eundem, et eisdem presentibus, receptus cum eo. Dixit tamen semel quod non viderat intervenire illicita predicta in recepcione dicti Geraldi, statim cum avisasset se, dixit quod ea viderat fieri. Requisitus quis eorum primo fecit dicta illicita, respondit se non recordari. Requisitus qui fuerunt presentes quando dictus Geraldus fecit predicta illicita in eodem loco in quo deposuit se predicta fecisse, et si fuit eadem crux, respondit quod sic. Item, dixit se credere quod eorum sacerdotes debite celebrarent, et quod alii fratres crederent ecclesiasticis sacramentis, quibus ipse credebat. Dictum fuit ei in recepcione sua quod statim pro professo habebatur. Clandestine recipiebantur, nullis presentibus nisi fratribus ordinis. Cordulis unde volebant assumptis cingebantur super camisias cum quibus jacebant. Injunctum fuit ei quod non revelaret secreta capitulorum nec modum recepcionis sue, et fuit ei dictum quod si revelaret, perderet habitum. Absque licencia, excepto casu necessitatis, non poterant nisi sacerdotibus ordinis confiteri. Fratres scientes errores fuerunt negligentes quia non correxerunt eos nec denunciaverunt Ecclesie. Nescit si elemosine et hospitalitas servabantur debite in ordine vel non, quia fuit tantum in quadam domo ordinis apud Belvacum moratus, in qua non erat consuetum elemosinas fieri nec hospitalitatem servari. Ordinata per Magistrum, cum conventu totus ordo servasset, contra quem, propter predicta, grandia scandala, suspicio et infamia sunt exorta. Confessata per eum credit quod essent nota fratribus ordinis, contra quem audivit dici magnum Magistrum et alios aliqua fuisse confessos; ad cujus ordinis deffensionem se, ex fatuitate sua, obtulerat, sicut dixit. Nec sic deposuerat prece, precepto, timore, amore, odio vel temporali comodo habito vel habendo, sed pro veritate dicenda, sicut dixit; cui fuit injunctum quod non revelaret hanc suam deposicionem, quousque attestaciones fuerint publicate.

Frater Philippus de Lavercines serviens, Belvacensis diocesis, testis supra juratus, septuagenarius et ultra, qui voluntarie mantellum ordinis dimiserat et radi fecerat sibi barbam, et in concilio Remensi absolutus et reconciliatus fuerat per dominum archiepiscopum Remensem, repetita protestacione quod non intendit recedere a deposicione, per eum facta coram dicto domino archiepiscopo, lectis et diligenter expositis sibi omnibus et singulis articulis, respondit se nescire, nec credere, nec audivisse dici de contentis in eis nisi quod sequitur. Dixit nempe se fuisse receptum, circa festum Nativitatis Domini proximo preteritum fuerunt xxx anni et plus, in capella domus templi de Somorens Ambianensis diocesis, per fratrem Galterum d'Este quondam militem, tunc preceptorem de Pontivo, presentibus fratribus Radulpho de Sorney, Jacobo de Rubeo Monte, Bartholomeo de Cays et Roberto de Rozis deffunctis; a quo petitis pane et aqua, societate et paupere vestitu ordinis amore Dei sibi concedi, et responso ei quod bene deliberaret, quia si intraret, statim pro professo haberetur, et oporteret eum voluntati subjici aliene, et multa dura et aspera sustinere, cum ipse testis instaret pro sua recepcione, imposuit ei mantellum, et ipse et astantes fuerunt eum osculati in ore. Postea fecit eum vovere et jurare super quemdam librum castitatem, obedienciam, et vivere sine proprio. Deinde allata per unum ex dictis fratribus, nescit per quem, quadam cruce lignea, in qua non recolit si erat ymago Crucifixi, et in terram posita, precepit ei quod abnegaret Deum et dictam crucem et spueret super eam, quia hoc debebat facere secundum puncta ordinis eorum; et ipse testis, in presencia predictorum, abnegavit Deum et dictam crucem, et spuit juxta non super ipsam, ore non corde; et fuit eum osculatus, de mandato ipsius receptoris, in umbilico super camisiam. Dixit ei insuper quod, secundum dicta puncta, poterat carnaliter commisceri fratribus ordinis, et ipsi cum eo; hoc tamen non fecit, nec credit quod in ordine fieret. Requisitus si scit vel credit, vel audivit dici, quod licita vel illicita que deposuit intervenisse in recepcione sua intervenirent communiter in recepcionibus aliorum fratrum ordinis, respondit quod ipse viderat recipi secundum eundem modum fratrem Adam de Inferno, testem proximo examinatum, per fratrem Johannem de Nans presbiterum quondam, per unum annum vel circa ante capcionem eorum, in capella domus Templi de Morlenis, presente fratre Adam Colli Ordei. Requisitus si bene recolebat quod dictus Adam de Inferno osculatus fuerit in umbilico receptorem suum vel ipsum testem, respondit quod sic, sed non recolit quem eorum. Requisitus si ipse et dictus Adam Colis Ordei exiverant capellam predictam in qua receptus fuit dictus Adam de Inferno priusquam idem Adam faceret dictum osculum et alia illicita predicta, respondit quod non, quod ipse recolat, et eis presentibus, videntibus et audientibus, intervenerunt predicta. Requisitus si recolebat qualis esset crux juxta quam spuerat dictus Adam de Inferno, respondit se non recordari. Requisitus si aliquis alius fuerat receptus cum dicto Adam de Inferno, respondit quod sic, et per eumdem modum, frater Gerardus de Folqueriis. Requisitus quis eorum primo fecerat predicta illicita, respondit se non recordari. Requisitus quem fuerat osculatus in umbilico dictus frater Gerardus, respondit quod dictum fratrem Johannem de Nans. Item, dixit se vidisse recipi per eumdem modum, ut sibi videtur, sunt xx anni vel circa, in capella domus Templi de Belvaco, per fratrem Robertum de Sancto Justo presbiterum quondam, fratrem Albertum de Belvaco presbiterum quondam, non recolit quibus presentibus, et fratrem Lucham de Grandi Villarii servientem quondam, sunt xii anni vel circa, in capella domus Templi de Bellenval Ambianensis diocesis, per fratrem Garinum de Grandi Villarii militem quondam, presente fratre Petro Minhot presbitero quondam; plurium recepcionibus non recolit se adfuisse, ut dixit. Requisitus si interfuerat recepcioni fratris Fulconis de Nuylhi servientis, testis supra examinati, recepti in capella domus Templi de Belvaco, per dictum fratrem Robertum, respondit se non recordari. Requisitus iterato si scit, vel credit, vel audiverat dici quod dicta illicita confessata per eum intervenirent communiter in recepcionibus aliorum quos non vidit recipi, respondit se pocius credere quod sic quam contrarium, sed aliter nesciebat. Item, dixit quod ipse bene credebat ecclesiasticis sacramentis, credens quod alii fratres ordinis eodem modo crederent, et quod eorum sacerdotes debite celebrarent. Clande-

-stine recipiebantur, nullis presentibus nisi fratribus ordinis. Cordulis unde volebant assumptis cingebantur super camisias cum quibus jacebant. Injungebatur eis ne illis qui non erant de ordine revelarent secreta capitulorum nec modum recepcionis eorum, et curati eorum dicebant quod non poterant aliis absque eorum licencia confiteri; hoc tamen non servabant. Item, dixit de illicitis confessatis per eum fuerat confessus dicto fratri Roberto de Sancto Justo et aliis sacerdotibus ordinis et absolutus ab hiis. Fratres scientes errores fuerunt negligentes quia non correxerunt eos nec denunciaverunt Ecclesie. Elemosinas et hospitalitatem vidit convenienter fieri et servari in domibus ordinis in quibus extitit commoratus ante ejus recepcionem et post, et hoc eis precipiebatur per superiores suos. Ordinata per Magistrum cum conventu servasset totus ordo, contra quem nunc grandia scandala, suspicio et infamia propter predicta sunt exorta. Credit quod confessata per eum essent nota pluribus fratribus ordinis, ad cujus deffensionem cum pluribus aliis se obtulerat.

Requisitus si sic deposuerat prece, precepto, timore, amore, odio, vel temporali comodo habito vel habendo, respondit quod non, sed pro veritate dicenda; cui fuit injunctum quod non revelaret hanc suam deposicionem, quousque attestaciones fuerint publicate.

Acta fuerunt hec die et loco predictis, presentibus magistro Amisio, me Floriamonte Dondedei, et aliis notariis supra ultimo nominatis.

Post hec, die Jovis sequenti, que fuit XVIII dies dicti mensis Marcii, fuit adductus ad presenciam eorumdem dominorum commissariorum, in dicta domo fratrum Minorum, frater Philippus de Manni serviens, Morinensis diocesis, testis supra juratus, ut deponeret dictum suum, triginta annorum vel circa, qui voluntarie mantellum dimiserat et radi fecerat sibi barbam, cum quo inquisitum fuerat, absolutus et reconciliatus per dominum archiepiscopum Remensem in concilio Remensi. Lectis autem et diligenter expositis sibi omnibus et singulis articulis, respondit se nescire, nec credere, nec audivisse dici de contentis in eis nisi quod sequitur; et fuit protestatus, quod non intendit recedere a deposicione per eum facta coram dicto domino archiepiscopo Remensi. Dixit autem se fuisse receptum per fratrem Johannem de Sernay servientem quondam, preceptorem tunc de Oysimonte Ambianensis diocesis, in capella dicte domus de Oysimonte in festo Omnium Sanctorum proximo preterito fuerunt octo anni vel circa, presentibus fratribus Egidio de Rotengi presbitero supra examinato, Nicolao de Cella quondam preceptore dicte domus, et Hugone de Gamaches, et Johanne Burgundo, cujus cognomen ignorat, servientibus, de quorum vita vel morte non habet certitudinem; a quo peciit ter panem et aquam, societatem et pauperem vestitum ordinis. Responso autem ei quod bene deliberaret, quia oporteret eum a se abdicare propriam voluntatem, et multa dura et aspera sustinere; cum ipse testis responderet quod omnia sustineret, prestito per juramentum quod non habebat infirmitatem latentem, nec erat excommunicatus, nec alteri religioni, matrimonio nec debitis que non posset solvere obligatus, nec servilis condicionis, fecit eum vovere et jurare castitatem, obedienciam, vivere sine proprio, et quod esset servus esclavus Terre Sancte; et imposito sibi mantello, traxit eum retro altare, aliis remanentibus in capella, et ostensa sibi quadam cruce metallina in qua erat ymago crucifixi, precepit ei quod abnegaret Deum; et cum ipse testis responderet se hoc nullo modo facturum, dixit ei quod hoc oportebat eum facere, quia erat de punctis ordinis, et poterat abnegare ore non corde: et tunc ipse testis abnegavit ore non corde. Dixit eciam quod, prius quando ostendit sibi dictam crucem, precepit ei quod spueret super eam, quia hoc erat de dictis punctis ordinis; et ipse testis noluit spuere supra, sed spuit juxta. Item, dixit ei quod secundum dicta puncta poterat carnaliter commisceri fratribus ordinis et ipsi cum eo; hoc tamen non fecit nec fuit requisitus, nec credit quod in ordine fieret. Item, dixit quod, de mandato dicti receptoris, fuit eum osculatus in carne nuda, retro, inter zonam et braccale. Plura illicita non intervenerunt in recepcione sua predicta nec post, et credit quod eadem intervenirent communiter in recepcionibus aliorum ; nam vidit recipi fratrem Robertum le Verrier servientem, quem credit vivere, per fratrem Robertum de Sancto Justo quondam, in capella domus Templi de Belvaco, non recolit de tempore, presente fratre Thoma de Envalle presbitero, teste supra examinato ; et cum omnia licita que deposuit intervenisse in recepcione sua intervenissent, vidit dictum Robertum duci retro altare per dictum Robertum de Sancto Justo, et ipso teste et dicto Thoma in capella remanentibus, et credit quod tunc facta et dicta fierent illicita supradicta. Plures non vidit recipi, nec affuit generalibus capitulis eorumdem. Item, dixit credere se ecclesiasticis sacramentis, et quod alii fratres ordinis crederent, et quod eorum sacerdotes debite celebrarent. Dictum fuit ei quod statim pro professo habebatur. Clandestine recipiebantur, nullis presentibus nisi fratribus ordinis. Cordulis unde volebant assumptis cingebantur super camisias cum quibus jacebant. Injungebatur eis ne revelarent secreta capitulorum nec modum recepcionis, et si revelassent graviter puniti fuissent. Fratres scientes errores fuerunt negligentes quia non correxerunt eos nec denunciaverunt Ecclesie. In domibus ordinis in quibus extitit commoratus, vidit religiosos et bonas personas bene recipi et elemosinas convenienter fieri et servari. Ordinata per Magistrum cum conventu servasset totus ordo, contra quem nunc, propter predicta, grandia scandala, suspicio et infamia sunt exorta. Credit quod confessata per eum essent nota fratribus ordinis, contra quem Magister et alii dicuntur aliqua fuisse confessi ; ad cujus deffensionem ordinis se, ex fatuitate et simplicitate sua, obtulerat, sicut dixit.

Requisitus si sic deposuerat prece, precepto, timore, amore, odio, vel temporali commodo habito vel habendo, respondit quod non, sed pro veritate dicenda ; cui fuit injunctum quod non revelaret hanc suam deposicionem, quousque attestaciones fuerint publicate.

Frater Martinus de Marselhes Belvacensis diocesis serviens, testis supra juratus, quadraginta annorum vel circa, qui voluntarie mantellum dimiserat et radi fecerat sibi barbam, et absolutus et reconciliatus fuerat per dominum archiepiscopum Remensem, protestacione premissa quod non intendit recedere a deposicione per eum facta coram domino G. Ambianensi quondam episcopo; lectis et diligenter expositis sibi omnibus et singulis articulis, respondit se nescire, nec credere, nec audivisse dici de contentis in eis nisi quod sequitur. Dixit namque se fuisse receptum in capella domus Templi de Somorens Ambianensis diocesis, in festo beati Mathei proximo preterito fuerunt xii anni vel circa, per fratrem Robertum de Sancto Justo quondam, presentibus fratribus Johanne de Tara, teste supra examinato, et Johanne Peynet presbytero, teste supra jurato sed nondum examinato, et Alberto de Grimenilio presbitero, Garrico de Nulhiaco, et Radulpho de Sornoy servientibus, deffunctis; a quo receptore petitis instanter pane et aqua, societate et paupere vestitu ordinis, et ei concessis, fecit eum vovere et jurare castitatem, obedienciam, et vivere sine proprio; et imposito sibi mantello, receptor et omnes astantes fuerunt eum osculati in ore. Post que precepit quod omnes qui adfuerant recederent, excepto dicto Auberto, et cum recessissent, precepit ipsi testi, presente dicto Auberto, quod abnegaret Deum; et cum ipse testis responderet quod hoc nullo modo faceret, dixit ei quod hoc oportebat eum facere, quia talia erant puncta ordinis; et tunc ipse testis abnegavit Deum ore non corde. Deinde precepit ei quod spueret super quamdam crucem metallinam, in qua erat ymago Crucifixi, quam dictus Aubertus acceperat de altari et tenebat in manu, et ipse testis noluit spuere supra, sed spuit juxta. Dixit eciam ei dictus receptor quod secundum dicta puncta poterat carnaliter commisceri fratribus ordinis et ipsi cum eo; hoc tamen non fecit, nec credit quod in ordine fieret. Post que, de mandato dicti receptoris, osculatus fuit eum in carne nuda, retro in spina dorsi, inter zonam et braccale. Alia illicita non intervenerunt in dicta sua recepcione nec post, et credit quod eadem communiter intervenirent in recepcionibus aliorum vel post; nam vidit recipi fratrem Petrum de Boncherre servientem, Ambianensis diocesis, testem supra examinatum, per dictum fratrem Robertum de Sancto Justo, in capella domus Templi de Loyson Morinensis diocesis, in instanti festo Ascensionis erunt octo anni vel circa, presentibus fratribus Guillelmo de Platea, teste supra examinato, Anrico de Bofleys quondam, Hugone d'Oysimont, teste supra examinato, Johanne Dalsena, de cujus vita vel morte non habet certitudinem. Vidit eciam recipi fratrem Nicolaum de Ambianis servientem quondam, per fratrem Gerardum de Villaribus quondam, tunc preceptorem Francie, in hieme preterita fuerunt novem anni vel circa, in quadam camera domus Templi de Somorens Ambianensis diocesis, presentibus dictis fratribus Radulpho de Sernoy, Garrico de Nulhiaco et Guillermo de Platea servientibus, Roberto de Sancto Justo et Auberto de Grimenilio presbiteris, deffunctis; et cum omnia licita, que deposuit intervenisse in recepcione propria vidisset intervenisse in recepcionibus predictorum fratrum Petri et Nicolai et eos osculatus fuisset, recessit dictus testis, relictis dictis receptis et receptoribus eorumdem in locis recepcionis; unde credit quod tunc, post ejus recessum et aliorum, intervenirent illicita supradicta. Requisitus quare recedebat, respondit quod propter officia que gerebat. Item, dixit se fuisse confessum de predictis erroribus predictis fratribus Roberto et Auberto, et absolutum fuisse ab eis, sed nullam penitenciam propter hoc imposuissent eidem. Plurium recepcionibus dixit se non adfuisse in capitulis generalibus eorumdem. Item, dixit se credere quod fratres ordinis crederent ecclesiasticis sacramentis, quibus ipse credebat, et quod eorum sacerdotes debite celebrarent. Statim, pro professis habebantur. Clandestine recipiebantur, nullis presentibus nisi fratribus ordinis. Cordulis unde volebant assumptis cingebantur super camisias cum quibus jacebant. Injunctum fuit ei quod non revelaret secreta capitulorum, de modo recepcionibus nulla speciali habita mencione. Audivit dici quod absque licencia non poterant nisi sacerdotibus ordinis confiteri. Fratres scientes dictos errores fuerunt negligentes quia non correxerunt eos nec denunciaverunt Ecclesie. Elemosinas et hospitalitatem vidit convenienter fieri et servari in domibus ordinis in quibus extitit commoratus. Ordinata per Magistrum cum conventu servasset totus ordo, contra quem nunc propter predicta grandia scandala, suspicio et infamia sunt exorta ; ad cujus deffensionem se tanquam stultus, ut dixit, cum aliis se obtulerat. Credit quod confessata per eum essent nota fratribus ordinis, contra quem magnus Magister et alii dicuntur aliqua fuisse confessi.

Requisitus si sic deposuerat prece, precepto, timore, amore, odio, vel comodo temporali habito vel habendo, respondit quod non, sed pro veritate dicenda ; cui fuit injunctum quod non revelaret hanc suam deposicionem, quousque attestaciones fuerint publicate.

Frater Johannes Peynet presbyter, Belvacensis diocesis, testis supra juratus, quadragenarius vel circa, qui voluntarie mantellum dimiserat post concilium Remense, in quo absolutus et reconciliatus fuerat per dominum archiepiscopum Remensem, qui inquisiverat cum eodem ; lectis et diligenter expositis sibi omnibus et singulis articulis, respondit se nescire; nec audivisse dici de contentis in eis nisi quod sequitur. Dixit nempe se fuisse receptum in capella domus Templi de Somorens, circa instans festum nativitatis beati Johannis Baptiste, erunt quatuor decem anni, per fratrem Hugonem de Penrando, presentibus fratribus Auberto de Grimenilio presbitero, de Somorens quondam curato, Adam de Vallencourt milite, et Milone serviente, cujus cognomen ignorat, et Johanne de Tara, teste supra examinato, a quo receptore peciit panem et aquam, et cum concilio habito ei concessisset, et dixisset quod bene deliberaret, quia oporteret eum abdicare a se propriam voluntatem et subjici aliene, et multa dura et aspera sustinere, prestito per juramentum quod nichil dederat vel promiserat quod reciperetur in ordine, et quod non erat servilis condicionis, alteri religioni obligatus, fecit eum vovere castitatem, obedienciam, et vivere sine proprio, et promittere quod servaret bonos usus et bonas consuetudines ordinis; et imposito sibi mantello, dictus receptor et alii astantes osculati fuerunt eum in ore. Post que dicti Aubertus et Milo duxerunt ipsum testem ad dormentorium, et clauso ostio, dictus Milo precepit ei quod abnegaret Jhesum Christum; et cum ipse testis diceret se nullo modo facturum, dixit ei quod hoc oportebat eum facere; quia erat de punctis ordinis, et tunc ipse testis abnegavit Jhesum Christum ore non corde, ut dixit. Deinde dictus Milo extraxit desubtus vestes suas quamdam crucem ligneam, pictam, veterem, in qua non potuit discernere imaginem Crucifixi, et precepit ei quod spueret super eam, et ipse testis non spuit, sed finxit se spuere juxta. Post que dixit ei quod secundum dicta puncta debebat osculari receptorem suum in ano, et poterat commisceri carnaliter fratribus ordinis et ipsi cum eo; quod tamen non fecit, nec credit quod crimen sodomiticum committeretur in ordine. Alia illicita non intervenerunt in dicta sua recepcione nec post, nec scit si ea intervenirent in recepcionibus aliorum vel post; credit tamen quod sic, et quod ipse non fuit infelicior aliis quoad ista. Requisitus si viderat alios in ordine recipi, respondit quod sic: fratrem Martinum de Marselhes, testem supra proximo examinatum, per fratrem Robertum de Sancto Justo presbiterum quondam, in capella domus Templi de Somorens Ambianensis diocesis, sunt octo anni vel circa, presentibus fratribus Alberto predicto, Johanne de Tera, teste supra examinato, et quibusdam aliis de quorum nominibus non recordatur. Vidit eciam recipi fratrem Clementem de Hodenvilla servientem quondam, natum de prope Claromonte Belvacensis diocesis, qui fuit receptus in capella domus Templi de Morlenis dicte Belvacensis diocesis, per dictum fratrem Robertum de Sancto Justo, sunt ix vel decem anni, presente fratre Johanne le Camus quondam, preceptore tunc dicte domus, in quorum recepcionibus nichil vidit illicitum fieri; quia exivit tradito mantello dicto fratri Martino, pro eo quod sanguis exibat de naribus ipsius testis, et nescivit quod egerunt; mantello autem tradito dicto Clementi, dictus frater Robertus intravit cameram suam, et predictus Clemens fuit eum secutus, et nescit quid egerunt ibidem; credit tamen quod illicita predicta intervenerunt statim post recepciones predictas. Item, dixit se fuisse confessum de predictis erroribus, infra duos menses a recepcione sua, domino Theobaldo quondam Belvacensi episcopo, in ejus camera de Belvaco, nec celebraverat ipse testis, ex quo intraverat ordinem usquequo fuit confessus eidem; qui absolvit eum; et injunxit quod a talibus abstineret, et quod jejunaret per triennium sextis feriis in pane et aqua; quam penitenciam complevit, ut dixit. Item, dixit quod in ordine celebrabat secundum formam Ecclesie, et quod contrarium non fuerat sibi preceptum, et credit quod fratres ordinis crederent ecclesiasticis sacramentis. Item, dixit se vidisse in aliquibus scriptis quod frater laicus qui tenebat capitulum debebat dicere in terminacione capitulorum talia verba in effectu : De peccatis que obmisistis dicere, propter verecundiam carnis vel propter timorem discipline ordinis, nos, auctoritate privilegiorum nobis concessorum a domino papa, facimus vobis remissionem quam possumus, et frater presbiter vos absolvet; et eadem verba audivit dici per dictum fratrem Robertum in quodam capitulo quod tenuit apud Oysimont Ambianensis diocesis. Requisitus si per dictam remissionem laici credebant fratres ordinis esse absoluti a peccatis venialibus vel mortalibus, respondit quod non, quod ipse sciat vel credat, vel audivit dici; sed credit quod si dedissent occulte aliqua de bonis ordinis, quod ex dicta remissione indulgeretur eis. Statim pro professis habebantur. Clandestine recipiebantur, nullis presentibus nisi fratribus ordinis. Cordulis unde volebant assumptis cingebantur super camisias cum quibus jacebant. Injungebatur eis quod non revelarent secreta capitulorum, de modo recepcionis speciali non habita mencione, et qui revelassent graviter puniti fuissent; sed nescit qualiter. Dicebatur eis quod sacerdotes ordinis habebant majorem potestatem super eos quam alii ex privilegiis apostolicis. Elemosinas et hospitalitatem vidit convenientes fieri et servari, et religiossos et nobiles bene recipi in domibus ordinis in quibus exstitit commoratus. In capitulis deffendebatur eis ne illicite acquirerent ordini, qui servasset que magister cum conventu statuisset. Nunc grandia scandala, suspicio et infamia sunt exorta propter predicta contra ordinem, cujus fratribus credit quod essent nota confessata per eum. Audivit dici magnum Magistrum et alios aliqua confessos fuisse contra ordinem, ad cujus deffensionem se obtulerat propter ejus indiscrecionem, ut dixit.

Requisitus si sic deposuerat prece, precepto, timore, amore, odio vel temporali comodo habito vel habendo, respondit quod non, sed pro veritate dicenda; cui fuit injunctum quod non revelaret hanc suam deposicionem, quousque attestaciones fuerint publicate; et fuit protestatus in principio deposicionis sue quod non intendebat recedere a deposicione alias facta per eum coram dicto domino archiepiscopo Remensi. Hujus autem testis examinacioni dominus Matheus non interfuit, certa de causa excusatus, nec dictus dominus archidiaconus Tridentinus examinacioni primi; et ideo fuit preceptum per dictos dominos commissarios quod in crastinum dictus Philippus primus testis rediret ad presenciam eorum, et quod in omni presencia religeretur deposicio sua.

Acta fuerunt hec die et loco predictis, presentibus magistro Amisio, me Floriamonte Dondedei, et aliis notariis supra ultimo nominatis.

Post hec, die Veneris, que fuit XVIIII dies dicti mensis Marcii, fuit adductus ad presenciam dictorum dominorum Mimatensis et Lemovicensis episcoporum et archidiaconi Tridentini, aliis legitime excusatis, in domo predicta fratrum Minorum, frater Robertus de Reinheval, alias dictus prepositus, serviens Morinensis diocesis, testis supra juratus, ut deponeret dictum suum, quadraginta quatuor annorum vel circa, non defferens mantellum ordinis, quia voluntarie ipsum dimiserat vetustate consumptum, et radi fecerat sibi barbam; qui, protestacione premissa quod non intendit recedere a deposicione per ipsum facta coram domino archiepiscopo Remensi, per quem absolutus et reconciliatus fuerat in concilio Remensi, lectis et diligenter expositis sibi omnibus et singulis articulis, respondit se nescire, nec credere, nec audivisse dici de contentis in eis nisi quod sequitur. Dixit nempe se fuisse receptum in capella domus Templi de Loyson Morinensis diocesis, per fratrem Helinum militem quondam, cujus cognomen ignorat, de mandato fratris Johannis de Villa Nova quondam tunc preceptoris ballivie de Pontivo, circa instans festum nativitatis beati Johannis Baptiste erunt decem et octo anni vel circa, presentibus fratribus Anrico de Gres et Johanne de Renavilla servientibus, deffunctis, in hunc modum : nam cum peciisset instanter et frequenter panem et aquam ordinis et ei concessa fuissent, prestito per juramentum quod non erat excommunicatus, servilis condicionis, nec matrimonio, nec alteri religioni, nec debitis que solvere non posset obligatus, nec habebat infirmitatem latentem, fecit eum vovere et jurare super quemdam librum castitatem, obedienciam, vivere sine proprio, servare bonos usus et bonas consuetudines ordinis, et quod non interesset loco in quo aliquis exheredaretur injuste; et imposito mantello, fecit ipsum testem osculari crucem metallinam sibi traditam, et postmodum ipse receptor et astantes fuerunt ipsum testem osculati in ore. Quo instructo quot *Pater noster* pro horis suis diceret et qualiter se in ordine regeret, recesserunt, nullo illicito dicta die facto vel dicto. Elapsis vero IIII^{or} diebus, quidam miles ordinis, duos fratres servientes secum ducens, quorum nomina et cognomina ignorat, proficiscens versus Angliam, et per predictam domum de Loyson transitum faciens, audito quod dictus testis noviter receptus fuerat, vocavit ipsum post prandium ad quamdam cameram; et clauso ostio, ostendit sibi quamdam crucem ligneam depositam, nescit per quem allatam, quam in manu sua tenebat, et assistentibus sibi dictis duobus serventibus, precepit eidem testi quod abnegaret Deum et dictam crucem; quo respondente se hoc nullo modo facturum et quod non abnegaret creatorem suum, dixit ei quod statim abnegaret dictam crucem et spueret supra eam, quia ita faciebant alii fratres ordinis; et tunc dictus miles, videns ejus resistenciam, dixit : Ego recedam; et cras erit in tali loco in quo oportebit eum ista facere, et traxit se ad partem, dictis duobus servientibus remanentibus, cum teste predicto, qui timore ductus spuit juxta dictam crucem, ore non corde. Non tamen abnegavit Deum nec crucem. Post que dictus miles dixit ei quod poterat carnaliter commisceri fratribus ordinis et ipsi cum eo; hoc tamen non fecit, nec credit quod in ordine fieret. Dixit eciam ei dictus miles quod eum debebat osculari in ano, non tamen precepit fieri dictum osculum, nec ipsum fecit; de quibus omnibus dixit se fuisse confessum capellano curato seculari dicte ville, cujus nomen et cognomen ignorat, deffuncto secunda die postquam predicta intervenerunt, a quo absolutus exstitit et jejunavit sextis feriis trium mensium in pane et aqua, sicut injunxerat ei. Requisitus si scit, credit, vel audiverat dici quod illicita confessata per eum vel alia intervenirent in recepcionibus aliorum fratrum vel post, respondit quod non, adiciens se vidisse recipi infrascriptos in quorum recepcionibus nichil vidit, nec scivit, nec audivit dici intervenisse illicitum nec post; videlicet fratrem Petrum de Lenhi servientem, Noviomensis diocesis, ut credit, testem supra examinatum, quem recepit frater Robertus de Sancto Justo presbiter quondam, in capella domus Templi de Aymont Ambianensis diocesis, sunt x anni vel circa, presentibus fratribus Petro de Lenhi quondam avunculo predicti Petri, tunc preceptore dicte domus, et Johanne bergerio dicte domus. Vidit eciam recipi fratres Petrum de Sancto Maxencio Ambianensis diocesis, et Johannem de Juveniliis servientes, per fratrem Garinum de Grandi Villarii militem quondam, in dicta capella de Aymont, in estate proxima erunt octo anni vel circa, presentibus dicto Petro de Lenhi preceptore, et ipso teste, et quibusdam aliis de quorum nominibus non recordatur, et de quorum receptorum, recipienciumet astancium vita vel morte non habet certitudinem. Item, dixit se credere quod fratres ordinis crederent ecclesiasticis sacramentis, quibus ipse credebat, et quod eorum sacerdotes debite celebrarent. Statim pro professis habebantur. Clandestine recipiebantur, nullis presentibus nisi fratribus ordinis. Cordulis unde volebant assumptis cingebantur super camisias cum quibus jacebant. Injunctum fuit sibi et illis quos vidit recipi ne revelarent secreta capitulorum, de modo recepcionis nulla speciali habita mencione, et credit quod idem injungeretur aliis; et si revelassent, nescit si et qualiter puniti fuissent. Absque licencia non poterant aliis quam sacerdotibus ordinis confiteri, quia dicebatur eis quam alii non habebant potestatem absolvendi eosdem, et ipse obtinuit licenciam confitendi curato predicto. Elemosinas et hospitalitatem vidit convenienter fieri et servari in domibus ordinis in quibus exstitit commoratus. Deffendebatur eis ne injuste acquirerent ordini. Audivit dici quod eorum capitulia clam tenebantur, nullis presentibus nisi fratribus ordinis, et quod ordinata per Magistrum cum conventu servasset totus ordo, contra quem nunc grandia scandala, suspicio et infamia sunt exorta; ad cujus deffensionem se obtulerat una cum pluribus aliis.

Requisitus si sic deposuerat prece, precepto, timore, amore, odio, vel temporali comodo habito vel habendo, respondit quod non, sed pro veritate dicenda; cui fuit injunctum quod non revelaret hanc suam deposicionem, quousque attestaciones fuerint publicate.

Prefatus frater Philippus de Manin, eri examinatus, fuit reductus ad presenciam dictorum dominorum commissariorum, in quorum presencia fuit ei lecta et in vulgari exposita deposicio sua predicta, quam idem frater Philippus iteravit, et per juramentum prestitum eam esse veram asseruit prout continetur in ea.

Frater Johannes Rocherii de Grandi Villarii serviens, Ambianensis diocesis, testis supra juratus, etatis xxxiii annorum vel circa, qui citra duos menses voluntarie dimisit mantellum et radi fecit sibi barbam, absolutus et reconciliatus per dominum archiepiscopum Remensem, qui inquisiverat cum eodem, lectis et diligenter expositis sibi omnibus et singulis articulis, respondit se nescire, nec credere, nec audivisse dici de contentis in eis nisi quod sequitur. Dixit enim se fuisse receptum in capella domus Templi de Bosseria Ambianensis diocesis, in instanti octaba Pasche erunt octo anni vel circa, per fratrem Johannem de Crepicordio servientem, de mandato fratris Garini de Grandi Villarii quondam, tunc preceptoris de Pontivo, presentibus fratribus Egidio de Rotangi presbitero, teste supra examinato, Hugone de Gammaches, et Johanne de Hannonia servientibus, quos credit vivere, in hunc modum: nam cum peciisset pluries, sicut instructus fuerat, panem et aquam, societatem et pauperem vestitum ordinis, responso ei quod bene deliberaret, quia oporteret eum a se abdicare propriam voluntatem et aliene subjici, et quod oportebat eum vigillare quando vellet dormire, esurire quando vellet comedere, et multa aspera sustinere, ipsoque respondente quod omnia bene cum Dei adjutorio sustineret, finaliter dictus receptor fecit eum vovere et jurare super quemdam librum apertum, castitatem, obedienciam, vivere sine proprio, servare bonos usus et bonas consuetudines ordinis; et postmodum imposuit sibi mantellum, et tam ipse quam alii astantes fuerunt eum osculati in ore; dicens idem testis quod ante dictum osculum osculatus fuit crucem mantelli alterius dictorum astancium, nescit tamen cujus. Deinde instruxit eum quot *Pater noster* diceret pro singulis horis, et qualiter se haberet et regeret in ordine. Post que dicti fratres Johannes de Crepicordio et Johannes de Hanonia traxerunt eum justa altare, aliis astantibus, ut sibi videtur, recedentibus, et hostensa sibi quandam cruce lignea, in qua non erat aliqua ymago, quam ipse recordetur, assumpta de retro altare per alterum dictorum fratrum, nescit per quem, dictus Johannes de Hanonia precepit ei quod abnegaret Deum; et cum ipse fortiter resisteret et facere recusaret, predictus Johannes dixit ei quod ita debebat facere, quia hec erant puncta religionis, et tunc ipse testis, multum dolens, abnegavit Deum ore non corde. Postea dixit ei quod spueret super dictam crucem positam in quadam sella sive sedili; ipse tamen noluit spuere nec super nec juxta. Preterea dixit ei quod secundum puncta ordinis poterat commisceri carnaliter fratribus ordinis et ipsi cum eo; hoc tamen non fecit, nec credit quod in ordine fieret. Dixit ei insuper dictus Johannes de Anonia quod, secundum dicta puncta, debebat osculari in ano receptorem suum; ipse tamen noluit facere nec fecit, et dictus receptor dixit ei quod non curabat; alia illicita non intervenerunt in recepcione sua predicta nec post. Requisitus si scit, credit, vel audivit dici quod dicta illicita vel alia intervenirent in recepcionibus aliorum fratrum ordinis vel post, respondit se nescire, nec sciebat bene quod fratres crederent, quia a fratre Clemente de Grandi Villarii, quondam de parentela ipsius testis, et a fratre Lucha de Sernoy, combustis apud Silvanetum, fuerat dictum ipsi testi post capcionem eorum quod predicta illicita vel alia inhonesta non intervenerant in recepcionibus eorum nec post. A fratribus vero Roberto Rembenval, teste proximo examinato, et ab aliis in concilio Remensi audiverat dici quod ipsi fecerant illicita predicta. Nullum alium vidit recipi in ordine nec adfuit capitulis eorum. Item, dixit quod ipse bene credebat ecclesiasticis sacramentis, et credit quod alii fratres ordinis bene crederent, et quod eorum sacerdotes debite celebrarent. Statim pro professis habebantur. Clandestine recipiebantur, nullis presentibus nisi fratribus ordinis. Juravit ordinem non exire absque licencia superiorum suorum. Post capcionem suam audivit dici quod ex clandestinis recepcionibus contra ordinem suspicio habebatur. Cordulis unde volebant assumptis cingebantur, de mandato superiorum, super camisias cum quibus jacebant. Injungebatur eis ne revelarent secreta capitulorum, sed non recolit si expresse fuit sibi inhibitum ne revelaret modum sue recepcionis; qui revelassent, puniti fuissent, nescit qualiter. Injungebatur eis quod absque licencia non confiterentur aliis nisi sacerdotibus ordinis, et ipse testis, de licencia dicti fratris Egidii curati, fuit in die sue recepcionis confessus de dictis erroribus Philippo presbitero seculari, curato quondam ecclesie de Boafles, propinque domus in qua fuerat receptus, potestatem habenti, ut dicebatur, domini archiepiscopi Rothomagensis, qui absolvit eum, imposita penitencia quod jejunaret sextis feriis per annum in pane et aqua, quod et fecit, ut dixit. Fratres scientes errores fuerunt negligentes quia non correxerunt eos nec denunciaverunt Ecclesie, si hoc facere poterant et hoc sciebant. Elemosinas et hospitalitatem vidit convenienter fieri et servari in domibus ordinis in quibus exstitit commoratus. In recepcione sua fuit ei preceptum per receptorem suum quod debite acquireret ordini absque prejudicio juris alieni, et si contrarium faceret, esset super animam suam. Audivit dici quod clam eorum capitulia tenebantur, nullis presentibus nisi fratribus ordinis; in quo servatum fuisset quod magnus Magister cum conventu ordinasset. Nunc grandia scandala, suspicio et infamia sunt propter predicta exorta contra ordinem, contra quem audivit dici magnum Magistrum et alios aliqua fuisse confessos; ad cujus ordinis deffensionem se obtulerat.

Requisitus si sic deposuerat prece, precepto, timore, amore, odio, vel temporali commodo habito vel habendo, respondit quod non, sed pro veritate dicenda; cui fuit injunctum quod non revelaret hanc suam deposicionem, quousque attestaciones fuerint publicate; et fuit protestatus idem testis in deposicione sua predicta quod non intendebat recedere a deposicione alias per ipsum facta coram dicto domino archiepiscopo Remensi.

Frater Petrus de Siveu presbiter, Bisuntinensis diocesis, testis supra juratus, quadraginta annorum vel circa, mantellum ordinis defferens, cum quo inquisitus fuerat, absolutus et reconciliatus per dominum archiepiscopum Turonensem, lectis et diligenter expositis sibi omnibus et singulis articulis, respondit se nescire, nec credere, nec audivisse dici de contentis in eis nisi quod sequitur, quia nullum alium viderat recipi in ordine, nec interfuerat generalibus capitulis eorumdem. Ipse autem receptus fuerat in capella domus Templi de Salis dicte diocesis Bisuntinensis, in octabis festi beati Martini hiemalis proximo preteriti fuerunt novem anni vel circa, per fratrem Ricardum de Botoncort militem, preceptorem dicte domus, de cujus vita vel morte non habet certitudinem, presentibus fratribus Laurencio de Belna, alio dicto de Bretanay, Henrico cujus cognomen ignorat, servientibus, et Guidone de Bontencort milite, deffunctis, in hunc modum : nam instructus ab aliis fratribus quod bene deliberaret ante ingressum, quia oporteret eum voluntati subjici aliene, et multa dura et aspera sustinere, cum respondisset quod omnia sustineret, peciit panem et aquam et societatem ordinis; et finaliter ei concessis, fecit eum vovere et jurare castitatem, obedienciam, vivere sine proprio, et servare usus et consuetudines ordinis; et imposito sibi mantello, receptor et astantes osculati fuerunt eum in ore. Post que precepit ei dictus receptor, in presencia illorum, quod abnegaret Deum, et ipse testis abnegavit Deum ore non corde, ut dixit. Deinde precepit ei quod spueret super quamdam crucem, nescit si ligneam vel metallinam, nec si erat in ea ymago Crucifixi, in terra positam, nescit per quem, et ipse testis noluit spuere nec super nec juxta. Alia illicita non intervenerunt in dicta sua recepcione nec post. Requisitus si dixit sibi quod predicta illicita essent de punctis ordinis, respondit quod non. Requisitus si scit, credit, vel audivit dici quod abnegacio et spuicio, vel aliqua alia illicita intervenirent in recepcionibus aliorum fratrum vel post, respondit se nescire; credebat tamen quod communiter alii reciperentur sicut deposuit se fuisse receptum. Item, dixit quod in ordine celebrabatur secundum formam Ecclesie, et quod contrarium non fuerat sibi dictum, et credebat quod fratres ordinis crederent ecclesiasticis sacramentis. In ejus recepcione fuerat sibi dictum quod statim pro professo habebatur, et fuit clandestine receptus, nullis presentibus nisi fratribus ordinis. Cordulis unde volebant assumptis cingebantur super camisias cum quibus jacebant. Injungebatur eis ne revelarent secreta capitulorum, de modo recepcionis speciali non habita mencione; qui revelassent, puniti fuissent, nescit qualiter. Absque licencia, ut audivit dici, non poterant aliis quam sacerdotibus ordinis, si eos habere poterant, confiteri. Fratres scientes errores fuerunt negligentes quia non correxerunt eos nec denunciaverunt Ecclesie. Elemosinas et hospitalitatem vidit convenienter fieri et servari in domibus ordinis in quibus extitit commoratus. Ordinata per Magistrum cum conventu, pertinencia ad temporalitatem, fuissent servata in ordine, contra quem nunc grandia scandala, suspicio et infamia sunt exorta, et contra quem Magister et alii dicuntur aliqua fuisse confessi; ad cujus ordinis deffensionem se non obtulerat.

Requisitus si sic deposuerat prece, precepto, timore, amore, odio, vel temporali comodo habito vel habendo, respondit quod non, sed pro veritate dicenda; cui fuit injunctum quod non revelaret hanc suam deposicionem, quousque attestaciones fuerint publicate; et fuit protestatus, in principio deposicionis sue, quod non intendebat recedere a deposicione per eum facta coram domino archiepiscopo memorato.

Acta fuerunt hec die et loco predictis, presentibus magistro Amisio, me Floriamonte Dondedei, et aliis notariis supra ultimo nominatis; et est sciendum quod dominus Matheus superveniens interfuit examinacioni predicti testis ultimo examinati.

Post hec, die Sabati sequenti, que fuit xx dies dicti mensis Marcii, fuit adductus ad presenciam dictorum dominorum commissariorum et domini Mathei, in domo predicta fratrum Minorum, frater Geraldus de Augnihaco Lemovicensis diocesis serviens, preceptor Nanatensis, quinquagenarius vel circa, mantellum et barbam defferens. Qui, protestacione premissa quod non intendit recedere a deposicione per eum facta Pictavis coram officiali Pictavensi et quibusdam aliis, a quibus absolutus et reconciliatus exstitit, lectis et diligenter expositis sibi omnibus et singulis articulis, respondit se nescire nec audivisse dici ante capcionem eorum quod in recepcionibus fratrum ordinis vel post fierent abnegaciones, nec vituperia crucis, nec oscula inhonesta, nec quod crimen sodomiticum concederetur nec committeretur in ordine, nec quod adorarent catum, nec quod fierent dogmatizaciones contente in articulis, nec quod essent increduli ecclesiasticis sacramentis, quibus ipse credebat; nec quod eorum sacerdotes obmitterent verba canonis, nec quod hoc preciperetur eis; nec quod eorum laici absolverent vel possent absolvere a peccatis, sed aliquando remitebant disciplinas ordinis; nec quod haberent nec adorarent ydola et capita ydolorum; nec quod cordule sumpte unde volebant, quibus de mandato superiorum cingebantur in signum castitatis super camisias cum quibus jacebant, tangerent capita ydolorum. Item, dixit quod crucem sanctam ultra mare devote venerabantur, et in die Veneris sancta reverenter crucem adorabant ubique. Statim pro professis habebantur. Clandestine recipiebantur, nullis presentibus nisi fratribus ordinis, ex quo credit quod per malos suspicio contra ordinem haberetur. Item, dixit se credere quod diversis modis reciperentur in ordine, quia in recepcione sua et illorum quos vidit recipi, vel post, non intervenit aliquid illicitum vel inhonestum quod ipse sciverit vel audiverit dici, sed credit quod in recepcionibus aliquorum aliorum, vel post, intervenirent aliqua illicita de contentis in articulis, pro eo quod magnus Magister et alii hoc dicuntur fuisse confessi. Requisitus de quibus illicitis credebat predicta, respondit se nescire in speciali. Requisitus si sciebat aliquid malum in ordine, respondit quod nimis erant elati multi ex eis, et per abusum litterarum apostolicarum vexabant multos. Item, dixit quod eis injungebatur per sacramentum quod non revelarent secreta capitulorum, de modo recepcionis speciali non habita mencione, et quod si revelassent, graviter puniti fuissent, sed nescit qualiter. Non audivit inhiberi quod non confiterentur nisi sacerdotibus ordinis. Si qui erant fratres scientes errores in ordine, fuerunt negligentes quia non correxerunt eos nec denunciaverunt Ecclesie. Elemosinas et hospitalitatem vidit convenienter fieri et servari in domibus ordinis in quibus exstitit commoratus, et audivit deffendi ne illicite acquirerent ordini. In eorum capitulis que post matutinum, missam et sermonem, clam tenebantur, satis tempestive, nullis presentibus nisi fratribus ordinis, excubiis non positis nec familia non exclusa a domo, providebatur quod non audiretur exterius quod interius agebatur. Ordinata per Magistrum cum conventu servasset totus ordo; contra quem nunc grandia scandala, suspicio et infamia sunt exorta. Si illicita contenta in articulis fiebant in ordine, credit quod essent manifesta illis qui sciebant et faciebant predicta. Requisitus ubi, quando et qualiter et a quo receptus fuerat, et quos recipi viderat, respondit quod ipse et quinque alii fratres Petrus Mathei presbiter, et Petrus et Johannes Mathei servientes, nepotes ejusdem presbiteri, de Nantolio diocesis Pictavensis, Arnaudus de Vuctone, cujus cognomen ignorat, et quidam alius de cujus nomine et cognomine non recordatur, fuerunt simul recepti in capella domus Templi de Vertone Engolismensis diocesis, per fratrem Raymundum de Marolio militem quondam, tunc locumtenentem preceptoris Pictavie, in festo Omnium Sanctorum proxime preterito fuerunt xx anni vel circa, presentibus fratribus Guillelmo le Chandelier de Sancto Guillelmo deu Desert Lodunensis, Petro de Montuhac Engolismensis diocesis, quos credit vivere; Gerardo la Vernha preceptore Petragoricini, Arnaudo de Badalhac, et quibusdam aliis servientibus deffunctis, in hunc modum: nam exposito quod volebant esse in servicio Dei et ordinis et servi esclavi Terre Sancte, et petita caritate ordinis, fuit eis responsum quod bene deliberarent, quia oporteret eos abdicare a se propriam voluntatem et subjici aliene, et multa dura et aspera sustinere; et cum ipsi dixissent quod omnia sustinerent et pro eorum recepcione instarent, poscito ab eis quod non erant matrimonio, alteri religioni nec debitis que solvere non possent obligati, nec excommunicati, nec servilis condicionis, nec habebant infirmitatem latentem, fecit eos vovere et jurare quod essent obedientes Deo et ordini, Magistro ordinis et preceptoribus eorum, quod viverent sine proprio, et servarent castitatem et bonos usus et bonas consuetudines qui tunc erant in ordine, et qui in posterum imponerentur per presbiteros ordinis, et quod essent servi et esclavi Terre Sancte, et impositis eis mantellis, receptor et astantes fuerunt eos osculati in ore; et instruxit eos quot *Pater noster* dicerent pro horis suis, et qualiter regerent se in ordine, plures casus exponentes propter quos poterant incurrere diversas penas et perdere domum, et dixit eis quod ab aliis fratribus ordinis possent in posterum amplius informari. Requisitus si ipse vel aliquis predictorum receptorum cum eo fuerint ducti ad partem per receptorem vel alium, respondit quod non, et quod nullum illicitum vel inhonestum tunc vel post intervenit in recepcionibus supradictis. Et per eumdem modum vidit recipi fratres Guillelmum de Madito militem quondam, Ademarum Balotel servientem, deffunctos, simul in quadam camera domus Templi de Vilagast Pictavensis diocesis, in instanti estate erunt XIIII anni vel circa, per fratrem Gaufredum de Vilzero militem quondam, tunc visitatorem citra mare, presentibus Guillelmo de Blere tunc preceptore de Chausilho, qui detinetur apud Caynonem Pictavensis diocesis, et Geraldo quondam la Vernha, et Guillelmo Chandelier, predictis, et quibusdam aliis de quorum nominibus non recordatur. Vidit eciam recipi fratrem Johannem Folhi servientem, de Podio Revelli Pictavensis diocesis, qui detinetur Turonis, dominica in Ramis palmorum proxima erunt septem anni vel circa, in capella domus Templi de Podio Revelli, per dictum fratrem Guillemum de Blere, presentibus fratribus Bartholomeo de Podio Revelli, teste supra jurato sed nondum examinato, et Johanne Criando de terra Vindocinii quondam, cujus cognomen ignorat; plurium recepcionibus non recolit se fuisse. Requisitus si se obtulerat deffensioni ordinis, respondit quod non, sed bene venerat propter predicta una cum aliis usque Parisius.

Requisitus si sic deposuerat prece, precepto, timore, amore, odio, vel temporali comodo habito vel habendo, respondit quod non, sed pro veritate dicenda; cui fuit injunctum quod non revelaret hanc suam deposicionem, quousque attestaciones fuerint publicate.

Frater Hunbaudus de la Boyssada serviens, Lemovicensis diocesis, adductus pro teste ad presenciam eorumdem dominorum commissariorum, tactis sacrosanctis Evangeliis, juravit dicere veritatem in isto negocio, secundum formam aliorum testium superius registratam, expositam et vulgarizatam eidem; et non detinebatur captus, nec ferebat mantellum ordinis neque barbam, quia post ejus capcionem voluntarie ipsum dimiserat et radi fecerat sibi barbam; xxv annorum vel circa, cum quo inquisitum fuerat per fratres predicatores inquisitores, sed nondum erat absolutus nec reconciliatus. Lectis autem et diligenter expositis sibi omnibus et singulis articulis, respondit se nescire, nec credere, nec audivisse dici de contentis in eis nisi quod sequitur. Dixit namque se fuisse receptum, in festo Omnium Sanctorum proximo preterito fuerunt sex anni, in capella domus Templi de Blandesio Lemovicensis diocesis, per fratrem Humbertum de Comborino militem quondam, preceptorem tunc de Pulhaco, presentibus fratribus Petro de Remeys presbitero, Guillelmo de Chambonent, Guidone de la Chastareda et Aymerico de Copiac militibus, Guillelmo Calabru preceptore de Viveriis, Guillelmo Brivatz et Guillelmo de Podio Vinali servientibus, Lemovicensis diocesis, vivis, in hunc modum : nam petito per receptorem a fratribus predictis in capitulo congregatis si sciebant in eo aliquid impedimentum, et concordato quod eum reciperent, dicti fratres Guillelmus de Calabru et Guillelmus de Podio Vinali, missi ad eum in quadam camera, predixerunt ei quod bene deliberaret ante ingressum, quia oporteret eum a se abdicare propriam voluntatem et subjici aliene, et multa dura et aspera sustinere; et cum respondisset quod omnia sustineret, et instructus ab eis peciisset a receptore panem et aquam et societatem ordinis sibi concedi, et obtulisset se velle fieri servum esclavum ordinis, fecit eum vovere et jurare super quemdam librum, apertum, in quo erat ymago Crucifixi, quod non revelaret secreta capitulorum, et quod servaret usus et consuetudines qui tunc erant in ordine et qui in posterum imponerentur per Magistrum, et quod acquireret ordini quibuscumque modis, non exprimendo licitis vel illicitis, et quod servaret castitatem, obedienciam, et viveret sine proprio. Quo facto, dictus receptor in presencia omnium predictorum precepit ei quod spueret ter supra dictam ymaginem; et cum ipse testis responderet quod hoc nullo modo faceret, dixit ei quod hoc oportebat eum facere, quia ita faciebant alii et hoc erat de punctis ordinis, et quod faceret predicta et non curaret, quia non propter hoc minus valeret; et tunc ipse testis spuit ter supra dictam ymaginem. Quo facto, imposuit sibi mantellum, dicto presbitero dicente quasdam oraciones, et receptor et omnes astantes fuerunt eum osculati in ore. Et per eumdem modum vidit recipi, per dictum fratrem Guillelmum de Chambonent, fratrem Stephanum de Closis servientem, Lemovicensis diocesis, qui detinetur apud Riomum in Alvernia, per quindecim dies post recepcionem ipsius testis, in eadem capella, presentibus predictis presbitero, Guillelmo la Chastaneda, Aymerico de Copiaco militibus, Guillelmo Brivatz et Guillelmo de Podio Vinali. Plures non vidit recipi, nec alia illicita intervenerunt in dictis receptionibus vel post, et credit quod eadem intervenirent communiter in recepcionibus aliorum vel post, et forte plura; quia audivit dici a dictis Guillelmo Bruivatz et Guillelmo de Podio Vinali pluries ante capcionem eorum, in dicto loco de Blandesio, quod magis voluissent toto tempore vite eorum stetisse ad panem et aquam quam quia erant Templarii, et quod hoc melius fuisset eis et quibusdam aliis Templariis, sed causam noluerunt ei exprimere. Dixerunt tamen quod postquam fratres steterant decem annis in ordine, explicabantur eis plura ex punctis ordinis quam prius, et ipse bene sciret si tamen in ordine viveret. Item, dixit quod bene credebat ecclesiasticis sacramentis, et credit quod alii fratres ordinis eodem modo crederent, et quod eorum sacerdotes debite celebrarent. Jurabant ordinem non exire. Statim pro professis habebantur. Clandestine recipiebantur, ex quo erat suspicio contra eos. Milites et alii qui alii cingebantur super camisias cum quibus jacebant quibusdam cordulis in penitencia, sed ipsi testi non fuit preceptum quod dictas cordulas portaret, nec portavit, nec scit nec audivit dici quod dicte cordule tangerent capita ydolorum, nec quod ydola adorarent. Qui noluissent facere illicita confessata per eum, credit quod fuissent carceri mancipati. Injungebatur eis per sacramentum ne revelarent secreta capitulorum nec modum recepcionis; qui revelassent, puniti fuissent, et mantellum perdidissent. Injungebatur eis ne confiterentur nisi sacerdotibus ordinis. Fratres scientes errores et corrigere valentes fuerunt negligentes quia non correxerunt eos nec denunciaverunt Ecclesie. Audivit dici quod ab antiquo fiebant omni die elemosine generales in domibus ordinis, et quod magnus Magister qui nunc est ordinaverat ne daretur nisi ter in ebdomada, propter negocia que eis incumbebant, et quod propter restitucionem dictarum elemosinarum paciebatur ordo, contra quem nunc grandia scandala, suspicio et infamia sunt exorta; et credit quod confessata per eum essent nota fratribus ordinis, et quod magnus Magister et alii eadem sint confessi. Non obtulerat se deffensioni dicti ordinis.

Requisitus si sic deposuerat prece, precepto, amore, odio, vel temporali comodo habito vel habendo, respondit quod non, sed pro veritate dicenda; cui fuit injunctum quod non revelaret hanc suam deposicionem, quousque attestaciones fuerint publicate.

Acta fuerunt hec dictis die et loco, presentibus magistro Amisio, me Floriamonte Dondedei, et aliis notariis supra ultimo nominatis.

Post hec, die Lune post *Letare Jerusalem,* que fuit XXII dicti mensis Marcii, convenerunt dicti domini Mimatensis et Lemovicensis episcopi, et archidiaconus Tridentinus, aliis legitime excusatis, in domo domini Petri de Sabaudia archiepiscopi Lugdunensis, ante domum fratrum Minorum de Parisius, et fuit ibidem adductus ad presenciam eorumdem frater de Monte Trichardi serviens, Turonensis diocesis, preceptor domus Templi de Malo Leone Pictavensis diocesis, mantellum ordinis et barbam defferens, sexagenarius vel circa, cum quo inquisitum fuerat, absolutus et reconciliatus per officialem Turonensem. Lectis et diligenter expositis sibi omnibus et singulis articulis, respondit se nescire, nec credere, nec audivisse dici de contentis in eis nisi quod sequitur. Videlicet quod nunquam viderat, nec sciverat, nec audiverat dici ante capcionem eorum quod fierent abnegaciones, dogmatizaciones, vituperia crucis, oscula inhonesta, crimen sodomiticum, adoraciones cati et ydolorum, absoluciones per laicos eorumdem, vel aliqua illicita circa sacramentum altaris vel alia sacramenta, vel aliqua alia illicita vel inhonesta inervenirent in recepcione fratrum ordinis vel post. Requisitus si credebat quod in aliquibus partibus intervenirent alia illicita que dictus papa in litteris patentibus fatetur magnum Magistrum et alios fuisse confessos; et hoc eciam dixit se fuisse confessum se credere coram officiali predicto, et ex hoc absolutum et reconciliatum fuisse. Item, dixit quod jurabant ordinem non exire. Statim pro professis habebantur. Clandestine recipiebantur, nullis presentibus nisi fratribus ordinis, ex quo credit quod esset suspicio mala contra eos. Credit quod in partibus Francie reciperentur fratres ordinis uniformiter et bene, sicut ipse fuit receptus et vidit alios recipi; et quod in aliquibus aliis partibus reciperentur sicut Magister dicitur confiteri. Injungebatur eis per sacramentum quod non revelarent secreta capitulorum, de modo recepcionis in speciali nulla habita mencione; qui revelassent, ad panem et aquam positi fuissent. In signum castitatis cingebantur super camisias cum quibus jacebant cordulis unde volebant assumptis; si qui erant fratres scientes errores esse in ordine; fuerunt negligentes quia non correxerunt eos nec denunciaverunt Ecclesie. In capitulis quibus affuit audivit precipi in virtute obediencie quod elemosiné debite fierent in ordine, et deffendebatur quod non acquirerent injuste ordini, et vidit dictas elemosinas et hospitalitatem convenienter fieri et servari in domibus ordinis in quibus extitit commoratus. Vidit quod aliquando post mediam noctem surgebant, et dictis matutinis, sermone per aliquem religiosum facto et missa celebrata, eorum capitulia tenebantur januis clausis; et providebatur ne audiretur exterius quod interius agebatur. Ordinata per Magistrum servasset totus ordo, contra quem nunc grandia scandala, suspicio et infamia sunt exorta. Illicita illis qui ea faciebant erant nota. Requisitus ubi, quando, a quo et qualiter receptus fuerat et alios recipi viderat, respondit se fuisse receptum in capella domus Templi de Monte Gauguerii Pictavensis diocesis, in instanti festo Ascensionis Domini erunt XLI anni, per fratrem Johannem Francisci militem quondam, presentibus fratribus Reginaldo Bertrandi milite, preceptore dicte domus, Petro de Valle Gordonis preceptore de Ouson, et Petro Normanni et Roberto de Chesac servientibus, deffunctis, in hunc modum : nam cum peciisset caritatem et societatem ordinis, et obtulisset se velle fieri servum esclavum Terre Sancte et ordinis, et responsum ei fuisset quod bene deliberaret, quia oporteret eum a se abdicare propriam voluntatem et subjici aliene, et multa dura et aspera sustinere; finaliter cum dictus receptor deliberasset eum recipere, poscito ab eo sine juramento quod non erat servilis condicionis, nec excommunicatus, nec matrimonio, alteri religioni nec debitis que non posset solvere obligatus, nec habebat infirmitatem latentem, fecit eum vovere et jurare castitatem, obedienciam, vivere sine proprio, et servare bonos usus et bonas consuetudines qui tunc erant in ordine, et qui in posterum imponerentur cum consilio proborum ordinis; et imposito sibi mantello, receptor et alius miles fuerunt eum osculati in ore; et eo instructo quot *Pater noster* pro horis suis diceret et qualiter se in ordine regeret, recesserunt; et per eundem modum vidit recipi infrascriptos, videlicet fratres Guaufredum Goumar militem quondam Xantonensis diocesis, et Johannem de Ruans, testem supra juratum sed nondum examinatum, servientem similiter, circa instans festum beati Barnabe erunt XII anni vel circa, in capella domus Templi de Ouso, per fratrem Petrum de Villaribus quondam, tunc preceptorem Pictavie, presentibus fratribus Guillelmo deu Liege preceptore de Rupella, teste supra examinato, Petro de Turonis et Guillelmo de Blere, qui detinebatur apud Caynonem Pictavensis diocesis, Gerardo de Anguihaco, alias cognominato Judicis, teste ante eri examinato, et pluribus aliis. Vidit eciam recipi fratrem Salomonem, presbiterum de Xantonia, cujus cognomen ignorat, quem credit vivere in capella domus Templi de Campo Gilonis Pictavensis diocesis, per fratrem Guillelmum de Blere preceptorem dicte domus, in instanti festo Ramorum palmorum erunt X anni vel circa, presentibus fratribus Roberto de Chesat, et quibusdam aliis de quorum nominibus non recordatur. Vidit eciam recipi insimul fratres Petrum de Chastanhatz Engolismensis, et Robertum lo Chamalent Aurelianensis, ut credit, diocesium, servientes deffunctos, in capella domus de Espaucis Pictavensis diocesis, per fratrem Petrum de Madico militem quondam, tunc locum tenentem visitatoris, erunt XXI vel XXII anni in instanti tempore Paschali, presentibus fratribus Guillelmo de Terrellis milite, Johanne Anglico Remensi, testibus supra examinatis, Johanne de Chesaco quondam serviente. Plurium recepcionibus se non recolit adfuisse, nec scit, nec credit, nec audivit dici quod in eis vel post interveniret aliquid inhonestum.

Requisitus si sic deposuerat prece, precepto, timore, amore, odio, vel comodo temporali habito vel habendo, respondit quod non, sed pro veritate dicenda; cui fuit injunctum quod non revelaret hanc suam deposicionem, quousque attestaciones fuerint publicate; et non obtulerat se ad deffensionem dicti ordinis, et intelligebat latinum.

Frater Johannes Durandi Lemovicensis diocesis, preceptor domus Templi de Codria Pictavensis diocesis, testis supra juratus, defferens mantellum ordinis et barbam, quinquagenarius vel circa, cum quo inquisitum fuerat, absolutus et reconciliatus per officialem Pictavensem; lectis et diligenter expositis sibi omnibus et singulis articulis, respondit se nescire, nec credere, nec audivisse dici de contentis in eis nisi quod sequitur. Dixit enim quod in recepcionibus sua et aliorum quos vidit recipi non intervenerunt nec injuncta fuerunt abnegaciones et dogmatizaciones, vituperia crucis, oscula inhonesta, crimen sodomiticum, nec vidit nec audivit dici quod adoraciones cati et ydolorum fierent in ordine, nec absoluciones per laicos eorum, nec quod fratres ordinis essent increduli ecclesiasticis sacramentis, quibus ipse credebat, nec quod eorum sacerdotes indebite et contra formam Ecclesie celebrarent, nec quod hoc preciperetur eis. Jurabant ordinem non exire. Statim pro professis habebantur. Clandestine recipiebantur, nullis presentibus nisi fratribus ordinis. Cordulis cingebantur in signum castitatis super camisias cum quibus jacebant, et ipsas cordulas assumebant unde volebant. Requisitus si credit quod fratres ordinis reciperentur uniformiter in ordine, respondit quod ante capcionem credebat quod omnes reciperentur uniformiter et bene, secundum quod ipse fuit receptus et vidit alios recipi; sed post capcionem eorum, credidit et credit quod diversimode reciperentur, propter confessionem Magistri et aliorum deponencium quod aliqua illicita interveniebant in ipsis recepcionibus vel post. Injungebatur eis per sacramentum ne revelarent secreta capitulorum, de modo recepcionis speciali non habita mencione. Si revelassent, nescit qualiter puniti fuissent; absque licencia non poterant nisi sacerdotibus ordinis confiteri. Fratres scientes errores fuerunt negligentes quia non correxerunt eos nec denunciaverunt Ecclesie. In domibus ordinis in quibus exstitit commoratus vidit elemosinas et hospitalitatem convenienter fieri et servari; et deffendi ne acquirerent indebite ordini; et dicebatur quod, si acquirerent indebite, eorum anime gravarentur. Januis clausis, nullis presentibus nisi fratribus ordinis, eorum capitulia tenebantur. Ordinata per Magistrum cum conventu servasset totus ordo, contra quem nunc grandia scandala, suspicio et infamia sunt exorta. Credit quod, si illicita fiebant in ordine, essent nota illis qui ea faciebant. Non obtulerat se ad deffensionem ordinis. Requisitus ubi, quando et qualiter receptus fuerat et quos recipi viderat, respondit se fuisse receptum in capella domus Templi de Molendinis Pictavensis diocesis, in instanti festo Pentecostes erunt XXII anni vel circa, per fratrem Amblardum militem quondam Vienensem, tunc preceptorem Pictavie, presentibus fratribus Johanne de Sancto Benedicto preceptore de Insula Bochardi, teste supra examinato, Matheo Velbier Turonensis, Gerardo de Nonay Vienensis diocesium servientibus, deffunctis, in hunc modum : nam cum peciisset panem et aquam ordinis, et responsum ei fuisset quod bene deliberaret, quia oporteret eum abdicare a se propriam voluntatem et subjici aliene, et multa dura et aspera sustinere, et ipse respondisset quod omnia sustineret, finaliter poscito per juramentum ab eo quod non erat servilis condicionis, matrimonio, alteri religioni vel debitis que non posset solvere obligatus, nec habebat infirmitatem latentem, fecit eum jurare supra quemdam librum quod servaret bonos usus et bonas consuetudines que tunc erant in ordine, et qui in posterum imponerentur per presbiteros ordinis, et quod esset servus esclavus ordinis, et vovit castitatem, obedienciam, vivere sine proprio; et recepit eum, patrem et matrem, fratrem et sororem suos ad beneficia ordinis; et imposito sibi mantello, receptor et omnes astantes fuerunt eum osculati in ore. Deinde fuit instructus ab eodem receptore quot *Pater noster* diceret pro horis suis, qualiter regeret se in ordine, et fuerunt ei expositi casus propter quos poterat incurrere diversas penas; et eadem in omnibus et per omnia vidit servari in recepcione fratris Mathei Velhier predicti, qui fuit similiter et ab eodem et eisdem presentibus receptus cum eo; et in recepcionibus infrascriptorum, scilicet fratrum Guaufredi Gommerii militis, et cujusdam alterius militis de circa Petrusiam Lemovicensis diocesis, cujus nomen et cognomen ignorat, deffunctorum; Johannis de Ruans, testis jurati sed nondum examinati, et cujusdam alterius servientis Picardi deffuncti, cujus nomen et cognomen ignorat, qui quatuor simul recepti fuerunt in capella domus Templi de Ouso Pictavensis diocesis, circa instans festum beati Barnabe erunt octo anni vel circa, per fratrem Gaufredum de Gonavilla militem, preceptorem Pictavie, presentibus fratribus Guillelmo deu Liege preceptore de Rupella, teste supra examinato, Johanne de Turonis preceptore de Banes Xantonensis diocesis, qui detinetur in Turonia; Guillelmo de Blere preceptore de Campo Gilonis, qui detinetur apud Caynonem; Johanne preceptore dicte domus de Oyson, cujus cognomen ignorat; Matheo de Stagno preceptore de Rochos prope Pictavam, et pluribus aliis vivis et deffunctis. Vidit eciam recipi fratrem Petrum de Sancto Benedicto, testem supra juratum sed nondum examinatum, in capella domus Templi de Insula Bochardi, per fratrem Petrum de Madico milite, quondam tenentem locum visitatoris, sunt xvi anni vel circa, presentibus fratribus Hugone de Narsaco preceptore de Espaucis Xantonensis diocesis, qui detinetur Xantonis, dicto fratre Johanne de Sancto Benedicto, avunculo predicti fratris Petri de Sancto Benedicto deffuncto, teste supra examinato. Vidit eciam recipi fratrem Gaufredum de Tenten, Turonensis diocesis;

testem supra examinatum, in capella domus Templi de Insula Bochardi, per dictum fratrem Johannem de Sancto Benedicto, presentibus fratribus Petro de Sancto Benedicto, et Andrea carpentario dicte domus, deffuncto. Plurium recepcionibus non recolit se adfuisse, nec scit, nec credit, nec audivit dici quod in dictis recepcionibus vel post aliquid intervenerit inhonestum. Requisitus si vidit aliquem ex dictis receptis duci ad partem post mantellum eis traditum vel ante, respondit quod non.

Requisitus si sic deposuerat prece, precepto, timore, amore, odio, vel temporali comodo habito vel habendo, respondit quod non; sed pro veritate dicenda; cui fuit injunctum quod non revelaret hanc suam deposicionem, quousque attestaciones fuerint publicate.

Frater Johannes de Ruivans preceptor domus Templi de Landa Blancha, Pictavensis diocesis serviens, testis supra juratus, mantellum ordinis et barbam defferens, quadragenarius vel circa, cum quo inquisitum fuerat, absolutus et reconciliatus per officialem Pictavensem, lectis et diligenter sibi expositis omnibus et singulis articulis, respondit quod nunquam viderat recipi in ordine nisi fratres Gaufredum Gommerii militem, qui ivit ultra mare et postmodum non rediit, et quondam alium militem, cujus nomen et cognomen ignorat, sed credit quod esset de Lemovicensi diocesi; et Baudoynum nepotem fratris Martini preceptoris de Maloleone, testis hodie examinati, qui similiter recepti fuerunt una cum ipso teste; in capella domus Templi de Cuso Pictavensis diocesis, circa instans festum beati Barnabe erunt x anni vel circa, per fratrem Petrum de Villaribus militem quondam, preceptorem tunc Pictavie, presentibus fratribus Martino et Johanne Durandi, testibus proximo examinatis, et Baudoyno de Cheli milite; qui transfretavit, de cujus vita vel morte non habet certitudinem; et Audeberto preceptore de Cuso, qui detinetur, ut credit, apud Niorcium; et Guillelmo de Blere, qui detinetur apud Caynonem, Johanne de Sancto Benedicto, teste supra examinato, et Johanne de Ruans avunculo ipsius testis, deffunctis, in quorum quidem recepcionibus vel post nichil fuit actum nec dictum de illicitis in articulis contentis nec aliquid aliud inhonestum; sed per eos requisitis societate, pane et aqua ordinis frequenter, et deliberacione habita, eis concessis, eis pro suis recepcionibus instantibus, predicto quod bene deliberarent, quia oporteret eos à se abdicare proprias voluntates et subjici alienis, et multa dura et aspera sustinere; finaliter poscito ab eis quod non habebant infirmitates latentes, nec erant debitis que solvere non possent, nec matrimonio, nec alteri religioni obligati, fecit eis vovere et jurare castitatem, obedienciam, vivere sine proprio, et servare bonos usus et bonas consuetudines ordinis. Et impositis primo militibus, postmodum servientibus, mantellis, fuit eos osculatus in ore, et instruxit eos quot *Pater noster* dicerent pro horis suis, et qualiter regerent se in ordine. Requisitus si scit, credit vel audivit dici quod illicita contenta in articulis vel alia, seu aliqua ex eis intervenirent in recepcionibus aliorum fratrum dicti ordinis vel post, respondit se nescire, nec audiverat dici ante capcionem eorum; sed post capcionem, audivit dici magnum Magistrum et alios contrarium fuisse confessos, et propter hoc, dixit se nescire quod credat super hoc, an dicta illicita intervenirent vel non; nec scit aliud de contentis in dictis articulis nisi predicta et illud quod sequitur : nam dixit quod bene credebat ecclesiasticis sacramentis, et credit quod alii fratres ordinis eodem modo crederent, et quod eorum sacerdotes debite celebrarent. Jurabant ordinem non exire. Statim pro professis habebantur. Clandestine recipiebantur, ex quo credit quod esset suspicio contra eos. Cordulis unde volebant assumptis cingebantur propter honestatem super camisias cum quibus jacebant. Injungebatur eis per sacramentum quod non revelarent secreta capitulorum, de modo recepcionis speciali non habita mencione. Quamdiu poterant invenire sacerdotes ordinis, non poterant absque eorum licencia, aliis confiteri. Si qui erant fratres scientes errores in ordine, fuerunt negligentes quia non correxerunt eos nec denunciaverunt Ecclesie. De mandato superiorum ordinis vidit elemosinas et hospitalitatem convenienter fieri et servari in domibus ordinis in quibus exstitit commoratus, et capituli clam teneri, custode posito, ne audirentur exterius que interius agebantur. Ordinata per Magistrum cum conventu servasset totus ordo, contra quem nunc grandia scandala, suspicio et infamia sunt exorta; ad cujus deffensionem se non obtulerat. Nec sic deposuerat prece, precepto, timore, amore, odio, vel temporali comodo habito vel habendo, sed pro veritate dicenda, ut dixit; cui fuit injunctum quod non revelaret hanc suam deposicionem, quousque attestaciones fuerint publicate.

Acta fuerunt hec die et loco predictis, presentibus magistro Amisio, me Florimonte Dondedei, et aliis notariis supra ultimo nominatis.

Post hec, die Martis sequenti, que fuit XXIII dies dicti mensis Marcii, fuit adductus ad presenciam eorumdem dominorum commissariorum et domini Mathei, in eadem domo domini Petri de Sabaudia, frater Petrus de Sancto Benedicto serviens, Aurelianensis diocesis, testis supra juratus, ut deponeret dictum suum; quadragenarius vel circa, mantellum ordinis et barbam defferens, cum quo inquisitum fuerat, absolutus et reconciliatus per dominum archiepiscopum Turonensem. Lectis autem et diligenter expositis sibi omnibus et singulis articulis, respondit se nescire, nec credere, nec audivisse dici de contentis in eis nisi quod sequitur. Ipse quidem fuit receptus in capella domus Templi de Insula Bochardi Pictavensis diocesis, sunt XXI anni vel circa, per fratrem Petrum de Madico quondam militem, tunc locum tenentem visitatoris, presentibus fratribus Johanne Durandi eri examinato, Hugone de Narsac preceptore de Espaucis, quem credit vivere, et Johanne de Sancto Benedicto avunculo ipsius testis, deffuncto, teste supra examinato, in hunc modum : nam cum peciisset panem et aquam et societatem fratrum ordinis, et responso eidem quod bene deliberaret, quia oporteret eum abdicare a se propriam voluntatem, et multa sustinere de quibus non cogitabat, ac responso per eum quod ipse, cum

Dei adjutorio, bene omnia sustineret, dictus receptor, poscito ab eo quod non habebat infirmitatem latentem, nec erat debitis que non posset solvere neque alteri religioni vel matrimonio obligatus, fecit eum vovere et jurare castitatem, obedienciam et vivere sine proprio. Quo facto, imposuit ei mantellum, et tam ipse quam alii astantes osculati fuerunt eum in ore. Postmodum instruxit eum quot *Pater noster* diceret pro horis suis, et qualiter regeret se et haberet in ordine. Requisitus si abnegaciones, dogmatizaciones, vituperia crucis, oscula inhonesta, vel alia illicita in dictis articulis contenta, vel aliqua ex eis intervenirent in dicta recepcione sua vel post, et si de peccato sodomitico fuit sibi aliquid dictum vel tactum, respondit per juramentum suum quod non. Requisitus si scit, credit vel audivit dici quod dicta illicita vel aliqua ex eis vel alia intervenerunt in recepcionibus aliorum fratrum vel post, dixit se nescire; credit tamen quod in recepcionibus aliquorum intervenirent illa illicita que magnus Magister et alii fratres ordinis dicuntur fuisse confessi. Requisitus si vidit alios recipi in ordine, dixit quod sic, videlicet : fratrem Matheum de Insula Bochardi quondam servientem, qui fuit receptus in capella domus Templi de Insula Bochardi, circa festum Epiphanie proximo preteritum fuerunt sexdecim anni vel circa, per dictum fratrem Johannem de Sancto Benedicto, presentibus fratribus Johanne Durandi predicto, et Guillelmo de Munac serviente, Turonensis diocesis, quem credit vivere. Item vidit recipi fratrem Gaufridum de Tencen Turonensis diocesis, testem supra examinatum, per dictum fratrem Johannem de Sancto Benedicto, in quadam camera domus Templi de Insula Bochardi, in instanti festo Ascensionis Domini erunt xv anni vel circa, presentibus fratribus Johanne Durandi, et Guillelmo Munac predictis, ac Gerardo de Nonay quondam Viennensis diocesis. Vidit eciam recipi fratrem Guillelmum de Sancto Benedicto, consanguineum ipsius testis, qui detinetur Turonis, in capella domus Templi de Molendinis Pictavensis diocesis, per dictum fratrem Johannem de Sancto Benedicto, circa festum beati Hilarii proximo preteritum fuerunt quinque anni vel circa, presentibus fratribus Guillelmo de Blere preceptore de Campo Gilonis Pictavensis diocesis, qui detinetur apud Caynonem; Andrea de Monte Laudato, teste supra jurato nondum examinato, et dicto Guaufredo de Tencen, et Johanne Picardi, qui detinetur Turonis, servientibus; plurium recepcionibus non recolit se adfuisse. In predictorum autem recepcionibus vel post non vidit aliquid illicitum fieri vel injungi, nec credit quod factum fuerit. Credit ecclesiasticis sacramentis, credens eciam quod alii crederent, et quod eorum sacerdotes debite celebrarent. Juravit quod non exiret ordinem, et vidit quod alii quos vidit recipi idem jurarent. Statim pro professis habebantur. Clandestine recipiebantur, nullis presentibus nisi fratribus, ex quo mala suspicio habebatur contra eos. Nunquam audivit loqui de ydolis, sed cordulis cingebantur bene super camisias cum quibus jacebant. Credit quod diversimodo reciperentur in ordine, propter illa que de recepcione sua et illorum quos vidit recipi supra deposuit, propter illa illicita que magnus Magister et alii confessi fuisse dicuntur. Juravit, et alii quos vidit recipi juraverunt, quod non revelarent secreta capitulorum, non facta mencione speciali de modo recepcionis, credens quod omnes alii hoc idem jurarent, et quod; si revelarent, fuissent puniti, nescit qualiter. Qui sciebant errores esse in ordine negligentes fuerunt quia non correxerunt nec denunciaverunt Ecclesie. Elemosinas et hospitalitatem vidit convenienter fieri et servari in domibus ordinis in quibus fuit moratus. Injungebatur eis quod juste et licite acquirerent ordini, non autem per nefas. Audivit dici quod clam tenebantur capitula, nullis scilicet presentibus nisi fratribus ordinis. Ordinata per Magistrum cum conventu suo servata fuissent in ordine. Grandia scandala, suspicio et infamia nunc exorta sunt contra ordinem propter predicta. Illicita credit esse nota fratribus qui fecerunt et qui viderunt fieri. Ad deffensionem ordinis se non obtulerat.

Requisitus si sic deposuerat prece, precepto, timore, amore, odio, vel temporali comodo habito vel habendo, respondit quod non, sed pro veritate dicenda; cui fuit injunctum quod non revelaret hanc suam deposicionem, quousque attestaciones fuerint publicate; et fuit protestatus ante deposicionem suam quod non intendebat recedere a deposicione per eum facta coram domino archiepiscopo memorato.

Frater Petrus de Monte Chalveti serviens, Lugdunensis diocesis, testis supra juratus, mantellum ordinis et barbam defferens, etatis quadraginta quinque annorum vel circa, cum quo inquisitum fuerat, absolutus et reconciliatus per dominum archiepiscopum Turonensem, lectis et diligenter expositis sibi omnibus et singulis articulis, respondit se nescire, nec credere, nec audivisse dici de contentis in eis nisi quod sequitur. Dixit enim se fuisse receptum in capella domus de Belleyo Eduensis diocesis, sunt modo xx anni vel circa, per fratrem Geraldum de Sanzeto militem quondam, Lemovicensis diocesis tunc, preceptorem Lemovicinii et Alvernie, presentibus fratribus Guillelmo Arnaudi Lemovicensis, Guidone et Hugone de Monbalho Claramontensis, et Stephano de Valle Eduensis diocesis, servientibus deffunctis, ut credit, in hunc modum; nam cum peciisset flexis genibus panem et aquam et societatem fratrum ordinis ter, tandem dictus receptor concessit eidem, et fecit eum vovere et jurare castitatem, et vivere sine proprio, servare bonos usus et bonas consuetudines que tunc erant et in posterum imponerentur in ordine. etquod non revelaret secreta capitulorum. Quo facto, dictus receptor imposuit sibi mantellum, et tam ipse quam alii astantes fuerunt eum osculati in ore. Deinde instruxit eum quot *Pater noster* diceret pro horis suis, et qualiter se regeret in ordine, dicens idem testis quod in dicta recepcione sua nulla illicita intervenerunt. Postmodum autem, dimidio anno elapso vel circa, predictus frater Guido de Monbalho preceptor domus Templi de Lammens Eduensis diocesis, vocavit dictum testem in dicta domo morantem ad cameram suam, nullis aliis presentibus, dicens ei quod ipse nondum erat Templarius, precipiens ei quod abnegaret Deum; et cum ipse diceret se nullo modo hoc facturum, dixit sibi dictus preceptor quod oportebat eum abnegare, alioquin poneret eum in malo loco, et tunc ipse testis abnegavit Deum ore non corde. Deinde precepit ei quod spueret super crucem mantelli ipsius testis, et dictus testis spuit non supra sed juxta dictam crucem ad terram. Requisitus si alia illicita tunc vel alias fuerunt sibi injuncta vel facta, respondit quod non. Requisitus si scit vel credit quod predicta illicita in dictis articulis contenta vel aliqua ex eis intervenerint in recepcionibus aliorum vel post, respondit se nescire; credit tamen quod confessata per eum intervenirent in recepcionibus aliorum vel post. Requisitus si vidit recipi alium vel alios in ordine, respondit se vidisse unum solum recipi, videlicet fratrem Gerardum quondam de Bonart servientem, Eduensis diocesis, in capella predicte domus de Belleyo, circa festum Nativitatis Domini proximo preteritum fuerunt decem anni vel circa; quem recepit frater Guillelmus Geandi miles, preceptor dicte domus, presentibus fratribus Stephano Marreu, Hugone de Bonart, quondam fratre dicti recepti, Martino Curbita et Guillelmo de la Toyssoniera, quos credit vivere; in cujus Gerardi recepcione non vidit aliquid illicitum fieri vel injungi. Credit tamen quod postea per dictum receptorem vel alium illicita confessata per eum fuerint injuncta dicto Gerardo et facta per eum. Item, dixit se credere ecclesiasticis sacramentis, et quod alii fratres ordinis eodem modo crederent, et quod eorum sacerdotes debite celebrarent. Jurabant ordinem non exire. Statim pro professis habebantur. Clandestine recipiebantur, ex quo credit quod esset suspicio contra eos. Cordulis unde volebant assumptis cingebantur super camisias cum quibus jacebant, in signum castitatis. Credit quod graviter puniti fuissent recusantes facere illicita confessata per eum, vel secreta capitulorum aut modum recepcionis sue revelantes. Absque licencia non poterant nisi sacerdotibus ordinis confiteri. Fratres scientes errores esse in ordine fuerunt negligentes quia non correxerunt nec denunciaverunt Ecclesie. Elemosinas et hospitalitatem in domibus ordinis in quibus exstitit commoratus convenienter vidit fieri, et audivit dici quod capitula aliquando post mediam noctem et aliquando de die, januis clausis, nullis presentibus nisi fratribus ordinis, tenebantur; in quo ordine servatum fuisset quod magnus Magister cum conventu ordinasset. Credit quod errores confessatos per eum longo tempore, nescit tamen quanto, in ordine durasse, et fratribus ordinis manifestos fuisse, et quod vera sunt que magnus Magister et alii in licteris apostolicis nominati dicuntur fuisse confessi de erroribus supradictis. Item, dixit se fuisse confessum de predictis erroribus confessatis per eum fratri Guischardo de Sancto Saturnino, quondam ordinis Minorum conventuali tunc de Caro Leto Matisconensis diocesis, in ecclesia sancte Fidis Eduensis diocesis, infra duos menses post abnegacionem et spuicionem per eum factas; a quo absolutus exstitit, et jejunavit sextas ferias per annum, sicut imposuit ei.

Requisitus si sic deposuit prece, precepto, timore, amore, odio, vel temporali comodo habito vel habendo, respondit quod non, sed pro veritate dicenda; et non obtulerat se ad deffensionem ordinis, et fuit protestatus ante deposicionem suam quod non intendebat recedere a deposicione per eum facta coram dicto domino archiepiscopo Turonensi; et fuit sibi injunctum quod non revelaret hanc suam deposicionem, quousque attestaciones fuerint publicate.

Frater Bartholomæus de Podio Revelli serviens carrugarius, Pictavensis diocesis, testis supra juratus, quadragenarius vel circa, mantellum et barbam defferens, cum quo inquisitum fuerat, absolutus et reconciliatus per officialem Pictavensem, lectis et diligenter expositis sibi omnibus et singulis articulis, respondit se nunquam vidisse, scivisse vel audivisse dici ante capcionem eorum quod in recepcionibus fratrum ordinis vel post intervenirent abnegaciones, dogmatizaciones, opprobria crucis, oscula inhonesta, crimen sodomiticum, adoraciones cati vel ydolorum, vel quod essent increduli ecclesiasticis sacramentis, quibus ipse bene credebat, vel quod eorum sacerdotes contra formam Ecclesie celebrarent, vel quod eorum laici absolverent vel possent absolvere a peccatis, adiciens quod in recepcione sua et in recepcione fratris Johannis Folhi servientis detenti Turonis, quem vidit recipi, vel post, nichil intervenit illicitum.

Requisitus ubi, quando, a quo et qualiter ipse et dictus Johannes recepti fuerant, respondit se fuisse receptum in capella domus Templi de Podio Revelli Pictavensis diocesis, et per fratrem Guillelmum de Blere preceptorem dicte domus, qui detinetur apud Caynonem, dominica post instans festum nativitatis beati Johannis Baptiste erunt xi anni vel circa; presentibus fratribus Guillelmo Charbonen, Guafredo Prioris et Raymondo Pogneuz servientibus, deffunctis, in hunc modum : nam cum peciisset caritatem et societatem fratrum ordinis, et responsum fuisset ei quod grandem rem petebat, et quod bene deliberaret, tandem ipso instante se recipi, dictus receptor, annuens votis ejus, fecit eum vovere et jurare castitatem, obedienciam, et vivere sine proprio, et servare bona et elemosinas ordinis; quo facto, imposuit sibi mantellum, et tam ipse quam alii astantes osculati fuerunt eum in ore. Dictus vero Johannes receptus fuit in eadem capella et per eumdem receptorem, in proximo festo Annunciacionis Dominice erunt octo anni vel circa, presentibus fratribus Gerardo Judicis de Auginhaco, teste supra examinato, Johanne de Ussayo, et Guillelmo lo Breto servientibus, deffunctis; in cujus Johannis recepcione predicta licita facta in sua recepcione servata fuerunt. Requisitus si scit vel credit quod predicta illicita in articulis contenta, vel aliqua ex eis, aut aliqua alia intervenirent in recepcionibus aliorum vel post, dixit se nescire; credit tamen, propter illa que magnus Magister et alii in litteris apostolicis nominati confessi fuisse dicuntur, quod in aliquorum recepcionibus aliqua illicita intervenirent. Jurabant quod non exirent ordinem, et statim pro professis habebantur. Clandestine recipiebantur, scilicet nullis presentibus nisi fratribus ordinis, et credit quod ex hoc habebatur mala suspicio contra eos. De ydolis non audivit loqui, sed cordulis cingebantur assumptis unde volebant, in signum castitatis. Qui revelassent secreta capitulorum puniti fuissent, sed nescit qualiter. Absque licencia non poterant confiteri aliis quam sacerdotibus ordinis, et hoc fuit sibi injunctum. Magnus Magister et alii qui sciebant errores negligentes fuerunt quia non correxerunt eos nec denunciaverunt

Ecclesie. Elemosinas et hospitalitatem vidit convenienter fieri et servari in domibus ordinis in quibus fuit conversatus. Nescit qualiter tenebantur capitulia, quia non interfuit nec de hoc inquisivit. Ordinata per Magistrum cum conventu servata fuissent in ordine, contra quem nunc scandala grandia, suspicio et infamia sunt modo exorta.

Requisitus si sic deposuit prece, precepto, timore, amore, odio, vel temporali comodo habito vel habendo, respondit quod non, sed pro veritate dicenda; cui fuit injunctum quod non revelaret hanc suam deposicionem, quousque attestaciones fuerint publicate; et non obtulerat se ad deffensionem ordinis.

Acta fuerunt hec die et loco predictis, presentibus magistro Amisio, me Floriamonte Dondedei, et aliis notariis supra ultimo nominatis. Dictus tamen Matheus predictus non interfuit examinacioni dicti fratris Bartholomæi, se excusans.

Post hec, die Mercurii sequenti, que fuit xxiiii dies dicti mensis Marcii, fuit adductus ad presenciam eorumdem dominorum commissariorum, in domo predicta domini Petri de Sabaudia, frater auditus de Monte Laudato serviens, Turonensis diocesis, testis supra juratus, mantellum ordinis et barbam defferens, quadragenarius vel circa, cum quo inquisitum fuerat, absolutus et reconciliatus per dominum archiepiscopum Turonensem. Lectis autem et diligenter expositis sibi omnibus et singulis articulis, protestacione premissa quod non intendit recedere a deposicione per eum facta coram dicto domino archiepiscopo, respondit se nescire, nec credere, nec audivisse dici de contentis in eis nisi quod sequitur. Dixit nempe se fuisse receptum, circa instans festum nativitatis sancti Johannis Baptiste erunt circiter xviii anni, in capella domus Templi Angavensis, per fratrem Petrum de Mandito quondam, tunc locum tenentem visitatoris, presentibus fratribus Raginaldo Bertrandi milite, et Stephano de Ambasia preceptore dicte domus, avunculo ipsius testis, deffunctis, in hunc modum : nam cum frequenter peciisset panem et aquam ordinis, et obtulisset se velle fieri servum esclavum Terre Sancte, et pluries ei responsum fuisset quod bene deliberaret, quia oporteret eum abdicare a se propriam voluntatem et subici aliene, et multa dura et aspera sustinere, finaliter ipso teste instante et dicente quod omnia sustineret, dixit quod recipiebat eum ad honorem Dei et beate Marie, et fecit eum vovere et jurare supra quemdam librum apertum quod servaret bonos usus et bonas consuetudines ordinis, et quod esset servus esclavus ordinis, castitatem, obedienciam, et vivere sine proprio; et imposito ei mantello, receptor, sed non astantes, fuit osculatus eum in ore. Deinde dixit et precepit ei in presencia predictorum quod abnegaret Jhesum ter, de Christo non habita mencione, nec quod esset de punctis ordinis, sed dixit quod hoc debebat facere, et ipse testis tunc abnegavit ter Jhesum ore non corde, quia cogitabat quod loqueretur de Jhesu Christo, ut dixit. Postea precepit ei quod spueret super quamdam crucem ligneam veterem in qua nulla erat ymago Crucifixi, nescit per quem ibi allatam, et ipse spuit juxta non supra eam. De aliis illicitis contentis in articulis non fuit ei locutus, nec credit quod in ordine fiant, sed credit quod abnegacio et spuicio supradicte intervenirent communiter in recepcionibus aliorum, quia secundum modum predictum vidit recipi fratrem Guillelmum de Sancto Benedicto, in capella domus Templi de Molendinis Pictavensis diocesis, per fratrem Johannem de Sancto Benedicto, testem supra examinatum, circa festum Nativitatis Domini proximo preteritum fuerunt IIII^{or} anni vel circa, presentibus fratribus Guillelmo de Blere, preceptore de Campo Gilonis, qui detinetur apud Caynonem, Petro de Sancto Benedicto, teste supra examinato, et Johanne Picardi, qui detinetur Turonis, servientibus, et credit quod dicti errores fuerint introducti in ordine ab illis qui fuerunt ultra mare, et quod intervenirent in dictis recepcionibus, quia magnus Magister et alii hoc dicuntur fuisse confessi. Item, dixit se credere ecclesiasticis sacramentis, et quod alii fratres eodem modo crederent, et quod eorum sacerdotes debite celebrarent. Statim pro professis habebantur, et juravit ordinem non exire absque licencia superioris nisi pro arciori religione vel Cartusiensium, credens quod alii idem jurarent. Clandestine recipiebantur, nullis presentibus nisi fratribus ordinis, ex quo credit quod esset suspicio contra eos. Cordulis unde volebant assumptis cingebantur super camisias cum quibus jacebant. Injungebatur eis per sacramentum quod non revelarent secreta capitulorum; de modo recepcionis speciali non habita mencione. Quamdiu habere poterant sacerdotes ordinis, non debebant aliis absque eorum licencia confiteri. Fratres scientes errores predictos fuerunt negligentes quia non correxerunt eos nec denunciaverunt Ecclesie. Elemosinas et hospitalitatem vidit convenienter fieri et servari in domibus ordinis in quibus exstitit commoratus, et per predictum fratrem Johannem de Sancto Benedicto fuit ei preceptum quod dictas elemosinas et hospitalitatem bene servaret in periculum anime sue. Preceptum fuit ei quod modis debitis procuraret ordinis incrementum. Credit quod illud quod magnus Magister cum conventu ordinasset servasset totus ordo, contra quem nunc grandia scandala, suspicio et infamia sunt exorta; cujus fratribus credit quod essent nota confessata per eum : que non deposuit prece, precepto, timore, amore, odio, vel temporali comodo habito vel habendo, sed pro veritate dicenda, ut dixit; cui fuit injunctum quod non revelaret hanc suam deposicionem, quousque attestaciones fuerint publicate; et se non obtulerat ad deffensionem ordinis.

Frater Raynaudus Larchier serviens, Turonensis diocesis, testis supra juratus, triginta octo annorum vel circa, non defferens mantellum ordinis, quia ipsum dimiserat vetustate consumptum, postmodum radi fecerat sibi barbam, cum quo inquisitum fuerat, absolutus et reconciliatus per officialem Pictavensem, lectis et diligenter expositis sibi omnibus et singulis articulis, protestacione premissa quod non intendit recedere a deposicione per eum facta coram dicto officiali, respondit quod non viderat recipi in ordine nisi fratrem Nicolaum Rosselli servientem, deffunctum, quem recepit frater Stephanus Enrici quondam, tunc preceptor domus Templi de Clisson

Nannatesis diocesis, in capella dicte domus, sunt circiter sex anni, presente fratre Guillelmo de Bosco Ferrici, commoranti in dicta domo de Clisson, et ipso teste, in hunc modum : nam cum requisivisset panem et aquam ordinis, et ei concessa fuissent, et vovisset et jurasset servare bonos usus et bonas consuetudines ordinis, et quod esset servus esclavus dicti ordinis, castitatem et obedienciam, et vivere sine proprio, et imposuisset ei mantellum, et omnes osculati fuissent eum in ore; fecit eum iter abnegare Jhesum, de Christo nulla habita mencione, et precepit quod spueret super quamdam crucem ligneam in qua non erat ymago Crucifixi, nescit per quem allatam; et dictus Nicolaus spuit juxta eam, et receptor fuit osculatus ipsum Nicolaum in humero ex parte anteriori et posteriori super vestes; et per eumdem modum dixit eidem testi se fuisse receptum in dicta capella, circa festum Omnium Sanctorum proxime preteritum fuerunt circiter decem et octo anni, per fratrem Oliverium Flameni militem quondam, preceptorem tunc de Malo Leone, presentibus fratribus Stephano Enrici predicto et Johanne de Sancto Maxencio servientibus, deffunctis, et credit quod per eumdem modum reciperentur communiter omnes alii in ordine, et quod nulla alia illicita intervenirent in recepcionibus aliorum vel post, plura nesciens de contentis in dictis articulis, nec alia credens esse vera de contentis in eis nisi hoc quod sequitur. Nam dixit se credere ecclesiasticis sacramentis, et quod alii fratres ordinis eodem modo crederent, et quod eorum sacerdotes debite celebrarent. Juravit ipse et dictus Nicolaus ordinem non exire, credens quod alii idem jurarent, et dictum fuit eis quod statim pro professis habebantur. Clandestine recipiebantur, nullis presentibus nisi fratribus ordinis, ex quo credit quod esset suspicio contra eos. Cordulis unde volebant assumptis cingebantur super camisias cum quibus jacebant. Injungebatur eis per sacramentum ne revelarent secreta capitulorum, eciam fratribus qui non adfuerant, de modo recepcionis speciali non habita mencione; qui revelassent graviter puniti fuissent, sed nescit qualiter. Quamdiu habere poterant sacerdotes ordinis, non debebant aliis confiteri. Fratres ordinis quibus credit dictos errores manifestos fuisse, fuerunt negligentes quia non correxerunt eos nec denunciaverunt Ecclesie. De mandato superiorum vidit elemosinas et hospitalitatem convenienter fieri et servari in domibus ordinis in quibus extitit commoratus, et deffendebatur eis ne indebite acquirerent ordini. Audivit dici quod clam eorum capitulia tenebantur, et quod previdebatur ne audirent exterius quod interius agebatur. Credit quod ordinata per Magistrum cum conventu fuissent servata in toto ordine, contra quem nunc grandia scandala, suspicio et infamia sunt exorta, et quod dictus Magister confessus fuerit abnegacionem et spuicionem predictas.

Requisitus si sic deposuerat prece, precepto, timore, amore, odio, vel temporali comodo habito vel habendo, respondit quod non, sed pro veritate dicenda; cui fuit injunctum quod non revelaret hanc suam deposicionem, quousque attestaciones fuerint publicate; et non obtulerat se ad deffensionem ordinis, et intelligebat latinum.

Post hec, redierunt ad presenciam eorumdem dominorum commissariorum predicti fratres Martinus de Monte Trichardi, Johannes Durandi et Johannes de Ruans, testes ante erri examinati sigillatim. Et dictus Martinus, juramento per eum prestito de veritate dicenda, dixit se errasse in deposicione per eum facta coram dictis dominis commissariis et mentitum fuisse, et conseruit quod in recepcione sua abnegaverat Jhesum de mandato receptoris sui, in presencia fratrum qui adfuerunt dicte recepcioni sue, et quod dictus receptor precepit ei quod spueret super quamdam crucem ligneam in qua non erat ymago Crucifixi, allatam ibi per fratrem Robertum de Chasat, et ipse spuit non super sed juxta. In aliis dixit se nolle aliquid immutare in sua deposicione predicta, et dixit quod predicta confessus fuerat coram officiali Pictavensi. Requisitus per sacramentum suum quare non dixerat ista predictis dominis commissariis in prima deposicione sua, respondit quod propter stultitiam et nescientiam suam. Requisitus si de hoc locutus fuerat alicui alteri, respondit quod non. Requisitus si fuerat per aliquem inductus ad dicendum predicta, respondit quod non, nec quod aliquis ei fuerat comminatus.

Predictus frater Johannes Durandi dixit coram dictis dominis commissariis se fuisse mentitum coram eis in alia sua deposicione facta coram eis; et juramento per eum prestito, dixit quod in recepcione sua abnegavit Jhesum ore non corde, de mandato receptoris sui, presentibus et viventibus fratribus Gerardo de Nonay et Hugone de Narsac, in quorum eciam presencia precepit ei quod spueret super quamdam crucem ligneam in qua non erat ymago Crucifixi, nescit per quem allatam, ibidem positam, et ipse testis spuit non supra sed juxta eam. Requisitus quid processit de predictis abnegacione et spuicione, respondit se non recordari. Requisitus si revelaverat alicui suam deposicionem factam coram dictis dominis commissariis, respondit quod non. Requisitus si predicta spuicio et abnegacio fuerunt precepta et facta in recepcionibus illorum quibus deposuit se adfuisse, respondit quod sic. Audivit precipi, non tamen vidit fieri, quia longe et in recedendo erat propter occupaciones quas habebat in recepcionibus fratrum Guaufredi Gommar et alterius militis qui simul recepti fuerunt, et credit quod eadem intervenirent communiter in recepcionibus aliorum vel post. Alia non vult inmutare in sua deposicione predicta, ut dixit, sed perseverare in ea. Requisitus si fuerat per aliquem inductus ad dicendum ista, respondit quod non. Requisitus quare hoc non dixerat quando primo deposuit coram dictis dominis commissariis, respondit quod credebat sufficere, quia predicta deposuerat coram dicto officiali Pictavensi, et quod celaverat ista propter fatuitatem suam.

Predictus frater Johannes de Ruans coram predictis dominis commissariis constitutus, juramento ipsius prestito per eumdem de veritate dicenda, dixit se fuisse confessum coram officiali Pictavensi quod spuerat supra crucem, et quod abnegaverat Deum, et quod ita fiebat in ordine, et quod credebat confessionem magni Magistri et aliorum nominatorum in licteris apostolicis esse veram. Cui confessioni per eum facte coram dicto officiali dixit se velle stare, et mentitum fuisse in hoc coram dictis dominis commissariis, et quia non dixerat eis quod predicta abnegacio et spuicio intervenerant in recepcionibus trium qui fuerunt recepti cum eo; sed in aliis volebat perseverare in deposicione coram eis facta, hoc excepto quod credit quod communiter in ordine intervenirent dicta illicita in recepcionibus aliorum vel post, quia magnus Magister et alii plures hoc fuerunt confessi. Requisitus quare celaverat ista in deposicione sua facta coram dictis dominis commissariis, respondit quod propter fatuitatem suam. Requisitus si revelaverat deposicionem suam alicui, respondit quod non. Requisitus si fuerat per aliquem inductus ad dicendum predicta, respondit quod non, et quod nulle mine fuerant sibi illate, sed proprio motu dixerat predicta, quia viderat se errasse.

Acta fuerunt hec dictis die et loco, presentibus magistro Amisio, me Floriamonte Dondedei et aliis notariis supra ultimo nominatis.

Post hec, die Veneris sequenti, in crastinum Annunciacionis beate Marie, que fuit xxvi dies dicti mensis Marcii, fuerunt adducti ad presenciam eorumdem dominorum Mimatensis et Lemovicensis episcoporum et archidiaconi Tridentini, aliis excusatis, pro testibus, in dicta domo domini Petri de Sabaudia, fratres Egidius de Lovencort, et Johannes de Gaenes Ambianensis, Guido de Bellavilla Meldensis, Anricus de Compendio Suessionensis, Oddo de Buris Lingonensis, et Philippus Griselli Noviomensis diocesum, servientes. Qui protestacione premissa quod non intendebant recedere a deposicionibus per eos factis coram suis ordinariis, et quod si coram ipsis dominis commissariis aliquid plus vel minus dicerent, quod eis non prejudicet, juraverunt, tactis sacrosanctis Evangeliis, dicere in isto negocio plenam et meram veritatem, secundum formam juramenti aliorum testium superius registratam, expositam et vulgarizatam eisdem.

Quo facto, domino Matheo veniente et presente cum aliis dominis commissariis, dictus Odo de Buris serviens, xxviii annorum vel circa, mantellum non deferens, quia ipsum dimiserat in concilio Senonensi, in quo absolutus et reconciliatus fuerat per dominum episcopum Parisiensem, qui inquisiverat cum eodem, lectis et diligenter expositis sibi omnibus, et singulis articulis, respondit se nescire, nec credere, nec audivisse dici de contentis in eis nisi quod sequitur. Dixit nempe se fuisse receptum, circa instans festum beati Dionisii, erunt octo anni, in capella domus Templi de Villa Moso Altisiodorensis diocesis, per fratrem Guillelmum de Lurs militem, preceptorem dicte domus, qui affugit quando alii capiebantur, presentibus fratribus Hugone de Rocha, alias de Cava, milite Guillelmo Villani et Stephano de Sancto Questo, et Guillelmo Guilheu, et Anrico de Biches servientibus, quos credit esse mortuos, preter dictum Stephanum, in hunc modum : nam petitis, prout instructus fuerat, pane et aqua ordinis, et ei concessis, prestito cum eo per juramentum quod non erat excommunicatus, nec habebat infirmitatem latentem, nec aliquid dederat vel promiserat quod in ordine reciperetur, et quod non erat debitis que solvere non posset, alteri religioni vel matrimonio obligatus, fecit eum vovere et jurare castitatem, obedienciam, et vivere sine proprio, quod esset servus esclavus Terre Sancte, et quod semper esset obediens Ecclesie. Quo facto, associavit eum ad honorem Dei, beate Marie et omnium sanctorum, beneficiis ordinis, et imposito sibi mantello, ipse et astantes osculati fuerunt eum in ore. Instruens eum quot *Pater noster* diceret pro horis suis, et qualiter regeret se in ordine. Post que dicti fratres Hugo et Guillelmus Guilhon duxerunt ipsum testem retro altare ad exuendum vestes seculares et induendum vestes religionis ; quibus indutis, dictus Hugo precepit eidem testi quod abnegaret Jhesum Christum : et cum ipse testis diceret se nullo modo facturum, dictus Guillelmus dixit ei quod bene poterat hoc facere, quia in patria sua abnegabant cencies pro una pulice, et tunc negavit ore non corde. Postea precepit ei dictus Hugo quod spueret super quamdam crucem ligneam, factam de duobus baculis, in qua nulla erat ymago Crucifixi ; et cum ipse testis responderet se nullo modo facturum et fleret, fuit ei dictus Hugo comminatus, quod ipse lueret nisi faceret, et tunc ipse testis spuit juxta dictam crucem. Cum autem receptor qui cum aliis remanserat in dicta capella audivisset ipsum testem flentem, dixit predictis Hugo et Guillelmo quod dimitterent eum, quia facerent eum alienari a sensu nisi dimitterent, et tunc dimiserunt eum, et predictus receptor tradidit ipsi testi quemdam parvum librum in quo erat scripta regula eorum; in quo quidem libro nichil legit nec invenit illicitum. Cum autem post aliquos dies fuisset conquestus de predictis dicto receptori, respondit ei quod non curaret, quia pro trufa fecerat supradicta. Requisitus si scit, credit vel audivit dici quod dicta illicita vel aliqua alia illicita intervenirent in recepcionibus aliorum fratrum ordinis vel post, respondit quod non, quia non continebatur in dicta regula, et quia vidit fratrem Hugonem de Bozcesel militem Viennensem, qui esse dicitur ultra mare, per fratrem Guillelmum de Lurs predictum recipi in dicta capella, circa instans festum Pasche erunt vii anni, presentibus fratribus Guillelmo Gibon, qui detinetur Parisius, Symon Lobrege et Guillelmo Villani predicto; in cujus recepcione vel post non vidit, nec scivit, nec audivit dici aliquid intervenisse illicitum; de quo eciam postmodum interrogavit dictum fratrem Hugonem, qui respondit ei quod nichil illicitum intervenerat in dicta sua recepcione vel post. Item, dixit se bene credere ecclesiasticis sacramentis, et quod eorum sacerdotes debite celebrarent; et vidit in die Veneris sancta crucem devote et reverenter in ordine adorari; et hoc per superiores suos precipiebatur eisdem. Statim pro professis habebantur. Clandestine recipiebantur, nullis presentibus nisi fratribus ordinis, ex quo credit quod esset suspicio contra eos. Ordinem Cartusiensium intrare poterant. Cordulas quibus cingebantur super camisias cum quibus jacebant assumebant unde volebant. Injungebatur eis per sacramentum ne revelarent secreta capitulorum, de modo recepcionis in speciali non habita mencione. Qui revelassent puniti fuissent, nescit qualiter. Si qui erant fratres scientes esse errores in ordine, fuerunt negligentes quia non correxerunt eos nec denunciaverunt

Ecclesie. Ex precepto superiorum vidit elemosinas et hospitalitatem convenienter fieri et servari in domibus ordinis in quibus exstitit commoratus, et audivit deffendi ne indebite acquirerent ordini. Statutum factum a Magistro ne uteretur certis cibariis in sexta feria servavit ordo, contra quem nunc grandia scandala, suspicio et infamia sunt exorta, et contra quem dictus Magister aliqua dicitur fuisse confessus; ad cujus ordinis defensionem se obtulerat.

Requisitus si sic deposuerat prece, precepto, timore, amore, odio, vel temporali comodo habito vel habendo, respondit quod non, sed pro veritate dicenda; cui fuit injunctum quod non revelaret hanc suam deposicionem, quousque attestaciones fuerint publicate.

Frater Egidius de Lovencort serviens, Ambianensis diocesis, testis supra juratus, LV annorum vel circa, qui mantellum vetustate consumptum dimiserat, postmodum radi fecerat sibi barbam, et in consilio Remensi absolutus et reconciliatus fuerat per dominum archiepiscopum Remensem qui inquisiverat cum eodem. Lectis et diligenter expositis sibi omnibus et singulis articulis, repetita protestacione predicta, respondit se nescire, nec credere, nec audivisse adici de contentis in eis nisi quod sequitur. Dixit nempe quod ipse et frater Arnulphus serviens, cujus cognomen et patriam ignorat et an vivat, fuerunt simul recepti, in crastinum instantis festi nativitatis Johannis Baptiste erunt x anni, in capella domus Templi de Mormancio Lingonensis diocesis, per fratrem Laurencium de Belna tunc preceptorem dicte domus, presentibus fratribus Guidone lo Masso et Durando cujus cognomen ignorat et an sint vivi, et quibusdam aliis de quibus non recolit, in hunc modum : nam cum peciisset panem et aquam et societatem ordinis et eis concessisset, fecit eos vovere et jurare castitatem, obedienciam, vivere sine proprio et servare bonos usus et bonas consuetudines ordinis; et impositis eis mantellis, fuerunt eos omnes osculati in ore : et instructis quot *Pater noster* dicerent pro horis suis, et qualiter se in ordine regerent, recesserunt. Elapsis vero sex vel septem diebus, dictus receptor vocavit ipsum testem ad cameram suam, una cum dicto Guidone lo Masso, nullis aliis presentibus, et dixit ei quod, ex quo erat frater eorum, oportebat eum abnegare Deum vel Jhesum Christum, sed non plene recolit si expressit Deum vel Jhesum Christum ; et cum ipse testis responderet se nullo modo abnegaturus, dixit ei quod hoc oportebat eum facere, quia sic erat in ordine fieri consuetum, et tunc ipse testis abnegavit Deum vel Jhesum Christum ore non corde, ut dixit. Post que precepit ei quod spueret super quamdam crucem ligneam in qua erat ymago Crucifixi, et ipse testis noluit spuere supra, sed spuit juxta. Alia illicita non intervenerunt in dictis recepcionibus nec post ; nec credit quod dicta illicita vel alia intervenirent in recepcionibus aliorum vel post, quia non vidit nec audivit dici ; et fuit locutus cum fratre Radulpho de Frisa preceptore, de Veteri Villa Ambianensis diocesis, de cujus vita vel morte non habet certitudinem, si ipse in recepcione sua fecerat predicta illicita vel alia ; per quem fuit sibi responsum quod non, et quod nunquam audiverat dici nec credebat quod in ordine fierent predicta illicita, et mirabatur de hiis que dictus testis dixerat indebite facta fuisse post suam recepcionem. Item dixit se bene credere ecclesiasticis sacramentis, et quod alii fratres ordinis eodem modo crederent, et quod eorum sacerdotes debite celebrarent. Statim pro professis habebantur. Clandestine recipiebantur, nullis presentibus nisi fratribus ordinis. Cordulis unde volebant assumptis cingebantur super camisias cum quibus jacebant. Injunctum fuit eis ne revelarent secreta capitulorum ; credit quod aliis idem injungeretur, et qui revelassent puniti fuissent, sed nescit qualiter. Injunctum fuit eis quod confiterentur sacerdotibus ordinis ; non tamen fuit inhibitum quod non confiterentur aliis. Si qui erant qui scirent errores esse in ordine, negligentes fuerunt quia non correxerunt nec denunciaverunt Ecclesie. Elemosinas et hospitalitatem vidit convenienter fieri et servari in domibus ordinis in quibus fuit conversatus. Totus ordo servasset quod per magnum Magistrum cum conventu ordinatum fuisset. Grandia scandala, suspicio et infamia contra ordinem sunt exorta, contra quem audivit magnum Magistrum et alios aliquos errores fuisse confessos. Ad ordinis deffensionem se non obtulerat.

Requisitus si sic deposuerat prece, precepto, timore, amore, odio, vel temporali comodo habito vel habendo, respondit quod non, sed pro veritate dicenda; cui fuit injunctum quod non revelaret hanc suam deposicionem, quousque attestaciones fuerint publicate.

Frater Guido de Bella Villa serviens, Meldensis diocesis, testis supra juratus, xxiiii^{or} annorum vel circa, qui mantellum dimiserat in concilio Remensi, cum quo inquisitum fuerat, absolutus et reconciliatus per dominum episcopum Suessionensem, lectis et diligenter expositis sibi omnibus et singulis articulis, respondit quod nullum alium viderat in ordine recipi, nec interfuerat capitulis eorum, unde nesciebat, nec audiverat dici, nec credebat de contentis in dictis articulis nisi quod sequitur. Dixit nempe se fuisse receptum, in hac media quadragessima fuerunt quinque anni, in capella domus Templi de Latinihaco Sicco Meldensis diocesis, per fratrem Radulphum de Taverniaco preceptorem dicte domus, testem supra examinatum, presentibus fratribus Guillelmo d'Ormont presbytero, Guillelmo de Crene, Guillelmo de Sancto Dionisio, et Humberto Valhant qui affugit tempore capcionis, de quorum vita vel morte non habet certitudinem, in hunc modum : nam cum peciisset pluries panem et aquam, et societatem fratrum ordinis, et responsum fuisset ei quod bene deliberaret quia multa dura erant in ordine, tandem ipso instante, concessit eidem dictus receptor, et fecit eum vovere et jurare castitatem, obedienciam, vivere sine proprio, et quod servaret bonos usus et bonas consuetudines ordinis. Quo facto, imposuit sibi mantellum, et ipse et alii astantes fuerunt osculati eum in ore. Postmodum instruxit eum quot *Pater noster* diceret pro horis suis, et qualiter haberet se et regeret in ordine. Deinde precepit ei, in presencia aliorum, quod abnegaret Deum; et cum ipse testis resisteret et hoc facere recusaret, dictus receptor dixit ei quod hoc oportebat eum facere, quia talia erant puncta dicti ordinis; et tunc ipse testis abnegavit Deum ore non corde. Deinde dixit ei quod, secundum dicta puncta, poterat carnaliter commisceri fratribus ordinis et ipsi cum eo, et hoc debebat pati; ipse tamen nunquam fecit nec fuit requisitus, nec credit quod in ordine fieret. Post que precepit ei quod spueret super quamdam crucem ligneam, in qua non erat ymago, per dictum receptorem de retro altari assumptam; et cum ipse testis diceret se hoc non facturum, dictus receptor dixit quod hoc oportebat eum facere, quia hoc erat de punctis ordinis; et tunc ipse testis spuit non supra sed juxta dictam crucem. Requisitus si alia illicita in predictis articulis contenta aut alia intervenerant in recepcione sua vel post, dixit quod non. Requisitus si credit quod predicta illicita confessata per eum vel alia intervenirent in recepcionibus aliorum vel post, dixit quod de confessatis per eum pocius se credere quod sic quod contrarium, quia fuit sibi ita preceptum, nec credit in hiis se fuisse solum. Item, dixit se credere ecclesiasticis sacramentis, credens quod alii fratres ordinis eodem modo crederent, et quod eorum sacerdotes debite celebrarent. Fuit sibi dictum quod statim habebatur pro professo, sed non juravit quod non exiret ordinem. Clam fuit receptus, nullis presentibus nisi fratribus ordinis, credens eciam quod alii ita reciperentur. Instructum fuit quod non revelaret secreta capitulorum, de modo receptionis non facta alia mencione, credens quod aliis idem injungeretur; quod si revelassent puniti fuissent, sed nescit qualiter. Cordulis cingebantur assumptis unde volebant. Qui sciebant dictos errores esse in ordine negligentes fuerunt qui non correxerunt eos nec denunciaverunt Ecclesie. Elemosinas et hospitalitatem vidit convenienter fieri et servari in domibus ordinis in quibus fuit conversatus. Ordinata per Magistrum cum conventu suo servata fuissent in toto ordine, in contra quem grandia scandala, suspicio et infamia sunt exorta. Illicita confessata per eum credit esse nota fratribus ordinis, contra quem audivit dici magnum Magistrum et alios aliquos errores fuisse confessos. Ordinis deffensioni obtulerat se, non quod vellet eum deffendere de confessatis per eum, sed de aliis que imponuntur eidem.

Requisitus si sic deposuerat prece, precepto, timore, amore, odio, vel temporali comodo habito vel habendo, respondit quod non, sed pro veritate dicenda; cui fuit injunctum quod non revelaret hanc suam deposicionem, quousque attestationes fuerint publicate.

Acta fuerunt hec die et loco predictis, presentibus magistro Amisio, me Floriamonte Dondedei, et aliis notariis supra ultimo nominatis, hoc salvo quod dictus magister Hugo non interfuit recepcioni juramenti dictorum testium hodie juratorum.

Post hec, die Sabati sequenti, que fuit xxvii dies dicti mensis Marcii, fuit adductus ad presenciam eorumdem dominorum commissariorum, in domo predicta domini Petri de Sabaudia, frater Johannes de Canes serviens, Ambianensis diocesis, testis supra juratus, xx annorum vel circa, qui in concilio Remensi, in quo per dominum archiepiscopum Remensem absolutus et reconciliatus fuerat, mantellum dimiserat. Protestacione premissa quod non intendit recedere a deposicione per eum facta coram dicto domino archiepiscopo, lectis et diligenter expositis sibi omnibus et singulis articulis, respondit quod non steterat in ordine, nisi per dimidium annum ante capcionem eorum, nec aliquem alium viderat recipi in ordine memorato, unde nesciebat, nec credebat; nec audiverat dici de contentis in dictis articulis nisi quod sequitur. Dixit nempe se fuisse receptum in capella domus Templi de Nuylhi Belvacensis diocesis, per fratrem Radulphum de Gisiaco, testem supra examinatum, presentibus fratribus Johanne de Nans presbitero, quem credit obiisse, Petro, nepote fratris Hugonis de Penrando, militis, et Radulpho de Conpendio serviente, quos credit vivere; a quo receptore pane et aqua ordinis requisitis, et predicto quod bene deliberaret, sibi concessis, prestito quod non erat alteri religioni, matrimonio vel debitis que non posset solvere obligatus, nec excommunicatus, nec servilis conditionis, et quod non habebat infirmitatem latentem, fecit eum vovere castitatem, obedienciam, vivere sine proprio; et imposito sibi mantello, ipse et omnes astantes fuerunt eum osculati in ore; et instruxit eum quot *Pater noster* diceret pro horis suis, et qualiter regeret se in ordine. Postque omnibus recedentibus de capella, vocavit ipsum testem solum ad quamdam cameram, et clauso ostio, precepit ei quod abnegaret Deum; et cum ipse testis respondisset se hoc nullo modo facturum, dixit ei quod hoc oportebat eum facere, quia erat de punctis religionis, et tunc ipse testis abnegavit Deum ore non corde, ut dixit. Deinde ostendit ei quamdam crucem ligneam depictam, nescit per quem allatam, et precepit ei quod spueret super eam, et ipse testis, timens sibi et dolens et flens, spuit non super sed juxta eam, ut dixit. Postmodum dixit ei dictus receptor quod, secundum dicta puncta, poterat carnaliter commisceri fratribus ordinis et ipsi cum eo; hoc tamen non fecit nec fuit requisitus, nec credit quod in ordine fieret; credit tamen quod predicta illicita confessata per eum intervenirent communiter in recepcionibus aliorum; hoc tamen aliter nescit. Item, dixit se credere quod fratres ordinis crederent ecclesiasticis sacramentis, quibus ipse credebat, et quod eorum sacerdotes debite celebrarent. Dictum fuit ei in recepcione sua quod statim pro professo habebatur. Clandestine recipiebantur, nullis presentibus nisi fratribus ordinis, ex quo credit quod esset suspicio contra eos. Cordulis unde volebant assumptis cingebantur super camisias cum quibus jacebant. Juravit quod non revelaret secreta capitulorum nec modum sue receptionis; si revelassent, nescit qualiter puniti fuissent. Fratres scientes errores fuerunt negligentes quia non correxerunt eos nec denunciaverunt Ecclesie. Elemosinas et hospitalitatem vidit convenienter fieri et servari in domibus ordinis in quibus exstitit commoratus. Ordinata a Magistro cum conventu servasset totus ordo, contra quem nunc grandia scandala, suspicio et infamia sunt exorta, et contra quem magnus Magister et alii dicuntur alia fuisse confessi; ad cujus ordinis deffensionem se obtulerat.

— Requisitus si sic deposuerat prece, precepto, timore, amore, odio, vel temporali comodo habito vel habendo, respondit quod non, sed pro veritate dicenda; cui fuit injunctum quod non revelaret hanc suam deposicionem, quousque attestationes fuerint publicate.

Frater Anricus de Conpendio serviens, Suessionensis diocesis, testis supra juratus, quadraginta sex annorum vel circa, qui mantellum dimiserat in concilio Remensi et postmodum radi fecerat sibi barbam, cum quo inquisitum fuerat, absolutus et reconciliatus per dominum archiepiscopum Remensem, lectis et diligenter expositis sibi omnibus et singulis articulis, protestatione premissa quod non intendit recedere a deposicione per eum facta coram dicto domino archiepiscopo, respondit se nescire, nec credere, nec audivisse dici de contentis in eis nisi quod sequitur. Dixit nempe se fuisse receptum, sunt circiter xxx anni, in capella domus Templi de Bellincuria Belvacensis diocesis, per fratrem Johannem lo Franceys militem quondam, preceptorem tunc Francie, presentibus fratribus Raynaudo de Codu, et Raynaudo de Argenvilla militibus, et Bartholomeo de Gay serviente, deffunctis; a quo receptore petitis pane et aqua ordinis et sibi concessis, prestito quod non habebat infirmitatem latentem, nec erat excommunicatus, nec matrimonio, alteri religioni vel debitis que solvere non posset obligatus, fecit eum vovere et jurare castitatem, obedienciam, vivere sine proprio, et servare bonos usus et bonas consuetudines ordinis; et imposito sibi mantello, receptor et astantes fuerunt osculati eum in ore; et instruxit eum quot *Pater noster* diceret pro horis suis, et qualiter regeret se in ordine. Sumpto vero prandio, vocavit ipsum testem solum ad quamdam cameram; et clauso ostio, precepit ei quod negaret quamdam crucem ligneam, nescit per quem allatam, in qua non erat ymago Crucifixi, et ipse testis; multum dolens, negavit dictam crucem ore non corde, quia dixit ei quod hoc erat de punctis ordinis, secundum quem eciam poterat carnaliter commisceri fratribus ordinis et ipsi cum eo; hoc tamen non fecit nec credit quod in ordine fieret. Credit tamen quod in receptionibus aliorum vel post intervenirent illicita confessata per eum. Requisitus si viderat aliquos recipi in ordine, respondit quod multos viderat recipi, quorum non habebat noticiam, in quorum recepcionibus vel post nichil vidit nec scivit fieri illicitum; credit tamen quod post fuit factum et dictum quod deposuit se fecisse et sibi dictum fuisse. Item, dixit se credere quod fratres ordinis crederent ecclesiasticis sacramentis, quibus ipse credit, et quod eorum sacerdotes debite celebrarent. Jurabant ordinem non exire. Clandestine recipiebantur, nullis presentibus nisi fratribus ordinis, ex quo credit quod esset suspicio contra eos. Super camisias cum quibus jacebant cingebantur cordulis supradictis, unde valebant assumptis. Deffendebatur eis per sacramentum ne revelarent capitulorum secreta nec recepcionis modum, et qui revelassent graviter puniti fuissent. Fratres scientes errores fuerunt negligentes quia non correxerunt eos nec denunciaverunt Ecclesie. Decimam partem et ultra panis dabant amore Dei, et elemosinas et hospitalitatem vidit convenienter fieri et servari in domibus ordinis in quibus exstitit commoratus. Capitulia singularia vidit teneri clauso ostio, nullis presentibus nisi fratribus ordinis; in quo servata fuissent licita per Magistrum cum conventu ordinata; contra quem ordinem nunc grandia scandala, suspicio et infamia sunt exorta; cujus fratribus credit fuisse nota illicita per eum confessata....

Requisitus si sic deposuerat prece, precepto, timore, amore, odio, vel temporali comodo habito vel habendo, respondit quod non, sed pro veritate dicenda; cui fuit injunctum quod non revellaret hanc suam deposicionem, quousque attestaciones fuerint publicate; et non obtulerat se ad deffensionem ordinis.

Frater Philippus Grisselli serviens, Noviomensis diocesis, testis supra juratus, xxxv annorum vel circa, qui, postquam absolutus et reconciliatus fuit per dominum episcopum Parisiensem, mantellum dimiserat et radi fecerat sibi barbam; lectis et diligenter expositis sibi omnibus et singulis articulis, repetita protestacione quod non intendit recedere a deposicione per eum facta coram dicto domino episcopo

Parisiensi, respondit se non vidisse recipi aliquem alium in ordine nec interfuisse capitulis eorumdem, et ideo se nescire, nec credere, nec audivisse dici de contentis in ipsis articulis nisi quod sequitur. Dixit enim se fuisse receptum, in instanti media quadragessima nunc preterita fuerunt XI anni vel circa, in capella domus Templi de Castellorio Noviomensis diocesis, per fratrem Garinum quondam de Grandi Villarii, presentibus fratribus Johanne Godardi et Petro Bergerio servientibus, deffunctis, in hunc modum : nam petitis flexis genibus pane et aqua et societate fratrum ordinis et ei concessis, dictus receptor fecit eum vovere et jurare castitatem, obedienciam, vivere sine proprio, et servare bonos usus et bonas consuetudines qui tunc erant et qui imponerentur in ordine, et quod non interesset in loco in quo aliquis nobilis exheredaretur injuste. Quo facto, imposuit sibi mantellum, et tam ipse receptor quam alii astantes fuerunt eum osculati in ore. Quibus sic actis, dicti fratres Johannes Godandi et Petrus Bergerius duxerunt eum ad quamdam grangiam dicte domus, et ibi dictus Johannes Godandi precepit ei quod abnegaret Deum; et cum ipse testis diceret se hoc nullo modo facturum, dictus Johannes comminatus fuit ei quod eum poneret in tali loco in quo non videret solem neque lunam, et tunc ipse testis, stupefactus et timore ductus, abnegavit Deum ore non corde. Deinde precepit ei dictus Johannes quod spueret super quamdam crucem ligneam quam ipse Johannes tenebat in manu, in qua nulla erat ymago; et cum ipse testis hoc facere recusaret, demum dicto Johanne comminante sibi quod nisi hoc faceret, poneret eum in carcere, ipse testis spuit juxta dictam crucem non supra. Requisitus si alia illicita fuerunt tunc vel post dicta sibi vel facta, respondit quod non. Requisitus si credit quod predicta illicita confessata per eum vel alia intervenirent in recepcionibus aliorum vel post, respondit se nescire quod credat vel discredat. Item, dixit se credere ecclesiasticis sacramentis, credens quod alii fratres eodem modo crederent, et quod eorum sacerdotes debite celebrarent. Juravit et credit quod alii jurarent ordinem non exire, et statim pro professis habebantur. Clam recipiebantur nullis scilicet presentibus nisi fratribus ordinis. Cordulis cingebantur super camisias cum quibus jacebant, quas sumebant unde volebant. Injunctum fuit ei per dictum fratrem Johannem Godandi ne revelaret secreta capitulorum nec illa que dicta et facta fuerunt in dicta grangia. Si qui erant qui scirent errores esse in ordine, negligentes fuerunt quia non correxerunt eos nec denunciaverunt Ecclesie. Elemosinas et hospitalitatem vidit fieri et servari convenienter in domibus ordinis in quibus fuit conversatus. Grandia scandala, suspicio et infamia nunc sunt exorta contra ordinem, ad cujus deffensionem, sicut simplex, se obtulerat.

Requisitus si sic deposuerat prece, precepto, timore, amore, odio, vel temporali comodo habito vel habendo, respondit quod non, sed pro veritate dicenda; cui fuit injunctum quod non revelaret hanc suam deposicionem, quousque attestaciones fuerint publicate.

Acta fuerunt hec dictis die et loco, presentibus magistro Amisio, me Floriamonte Dondedei, et aliis notariis supra ultimo nominatis.

Post hec, die Lune sequenti, qui fuit xxviiii dies dicti mensis Marcii, fuerunt adducti pro testibus, in domo predicta domini Petri de Sabaudia, ad presenciam dictorum dominorum commissariorum, Mimatensis et Lemovicensis episcoporum et archidiaconi Tridentini, aliis excusatis, fratres Bertrandus de Villaribus preceptor de Rupe Sancti Pauli Petragoricensis, Guillelmus Textoris curatus de Sellis Claramontensis, presbiteri; Guillelmus de Mazayas Claramontensis, Guido la Chastaneda Lemovicensis, milites; Johannes de Mendaco preceptor Marchie, Johannes Senandi preceptor Folhose, Johannes Adam preceptor Turrete, Hugo Charnerii preceptor de Sancto Porciano Claramontensis, Rogerius la Rocha Bituricensis, et Bertrandus de Ansonio Claramontensis diocesium, servientes; qui, tactis sacrosanctis Evangeliis, juraverunt dicere in isto negocio plenam et meram veritatem, secundum formam juramenti aliorum testium superius registratam, expositam et vulgarizatam eisdem; et fuerunt protestati quod non intendunt recedere a deposicionibus suis per eos factis coram domino episcopo Claramontensi.

Quo facto, dictus frater Bertrandus de Villaribus, de diocesi Lemovicensi oriundus, preceptor de Rupe Sancti Pauli, quadragenarius vel circa, absolutus et reconciliatus per dominum Claramontensem episcopum, qui inquisiverat cum eo, mantellum ordinis defferens, lectis et diligenter expositis sibi omnibus et singulis articulis, respondit se nescire, nec credere, nec audivisse de contentis in ipsis articulis nisi quod sequitur. Dixit enim se fuisse receptum in capella domus Templi de Paulhaco Lemovicensis diocesis, circa instans festum nativitatis beati Johannis Baptiste erunt XVIII anni vel circa, per fratrem Gerardum de Sanzeto militem quondam, tunc preceptorem Alvernie, presentibus fratribus Johanne de Sancto Hilario tunc preceptore dicte domus, Gerardo de Briva tunc preceptore de Montibus, Gerardo de Sancto Martineto, Petro Reynaudi tunc preceptore domus de Buxeria Raspit Lemovicensis diocesis, deffunctis, in hunc modum : nam ante omnia fecerunt eum jurare quod non revelaret secreta capitulorum, et postmodum vovere et jurare castitatem, obedienciam, et vivere sine proprio. Deinde allata nescit per quem quadam cruce metallina, in qua erat ymago Crucifixi, quam tenebat idem receptor in manu sua, precepit eidem testi quod abnegaret Jhesum Christum et quod spueret super dictam ymaginem, et ipse testis stupefactus, quia juvenis erat, abnegavit Jhesum Christum ore non corde, et spuit juxta dictam crucem, non supra, ut dixit. Item, dixit eidem testi quod carnaliter poterat commisceri fratribus ordinis et ipsi cum eo, et dedit ei licenciam quod in ordine posset promoveri ad sacerdocium, et precepit quod, quando missam celebraret, obmitteret illa verba canonis : *Hoc est enim corpus meum.* Deinde fuit osculatus idem receptor predictum testem in umbilico in carne nuda, et dixit ei in presencia predictorum quod supradicta omnia illicita erant in ordine fieri consueta, et imposuit ei mantellum; et credit quod predicta illicita intervenirent communiter in recepcionibus aliorum fratrum ordinis vel post, quia vidit recipi infrascriptos, in quorum recepcionibus intervenerunt predicta illicita, excepto hoc quod illi qui non fuit presbiter non fuit preceptum quod obmitteret dicta verba canonis; videlicet : fratrem Gerardum de Rupe Apis Lemovicensis diocesis, qui nunc est presbiter et detinetur in Lemovicinio, quem recepit frater Petrus de Madito quondam, preceptor tunc Alvernie, in capella domus Templi de Bela Chassanha Lemovicensis diocesis, presentibus fratribus Guillelmo de Arzaco preceptore tunc domus, serviente, Stephano la Vernha deffuncto, Guidone d'Arsaco serviente, qui aufugit in capcione aliorum, circa instans festum Magdalene erunt xii anni vel circa, et insuper Guillelmum Aymerici, servientem vivum, ut credit, qui fuit receptus, sunt septem anni vel circa, in capella domus Templi de Lobertz Lemovicensis diocesis, per fratrem Humbertum de Comborino militem quondam, presentibus fratribus Guillelmo Aymerici avunculo dicti Guillelmi, preceptore de Champeus, qui detinetur in Lemovicinio, Guidone de Preyssac milite, qui tempore capcionis eorum erat in Chipro, et Guillelmo de Preyssac milite quondam, tunc preceptore dicte domus; plurium recepcionibus non adfuerat, sicut dixit. Item, dixit quod de aliis illicitis vel inhonestis non fuit locutum eidem in sua recepcione vel post, nec dictis duobus quos vidit recipi, quod ipse scivit vel audivit dici. Requisitus si predicta illicita intervenerunt, in recepcione sua et aliorum quos vidit recipi, ante tradicionem mantelli vel post, respondit quod ante tradicionem mantelli. Item, dixit quod nunquam obmiserat verba canonis celebrando missam, nec scit nec audivit dici quod alii presbiteri ordinis obmitterent, nec quod alii fratres ordinis essent increduli ecclesiasticis sacramentis, nec quod carnaliter commiscerentur. Audivit dici post capcionem eorum et fratres aliquos ordinis confiteri quod aliquando recepti osculabantur receptores in ano. Item, dixit se vidisse et audivisse, in terminacione capitulorum, quod frater laicus tenens capitulum dicebat talia verba, quando aliqui fratres confitebantur vel commendabantur in capitulis percussisse alios fratres vel fecisse aliquas inobediencias : « Ego absolvo vos auctoritate Magistri nostri, qui habet super hoc potestatem a Papa. » Requisitus de nominibus illorum per quos vidit fieri supradicta, et de locis et capitulis in quibus fiebant predicta, respondit quod fratres Petrus de Mandito, Gerardus de Sanzeta, et Raymundus de Marolio preceptores Alvernie successive, dicebant et faciebant predicta quando tenebant eorum capitulia in dicto loco de Paulhaco; non tamen recolit de fratribus quos absolverunt. Requisitus si fratres ordinis credebant esse absoluti de peccatis eorum de quibus erant convicti vel que publice fuerant confessi coram predictis laicis per absolucionem eorum, respondit se audivisse a pluribus fratribus ordinis, de quorum nominibus non recordatur, quod absoluti esse credebant propter predicta, et quod non credebant quod ulterius esset eis necessaria absolucio sacerdotis, licet ipse testis argueret eos contrarium asserendo. Item, dixit quod jurabant ordinem non exire, et quod statim pro professis habebantur; et recipiebantur clandestine, nullis presentibus nisi fratribus ordinis, ex quo credit quod esset suspicio contra eos. Cordulis unde volebant assumptis cingebantur, ex precepto superiorum, super camisias cum quibus jacebant. Injungebatur eis, per sacramentum et sub pena carceris, quod non revelarent secreta capitulorum eciam illis fratribus qui non adfuerant in eisdem, de modo recepcionis in speciali non habita mencione. Injungebatur eis ne confiterentur nisi sacerdotibus ordinis, quibus absentibus poterant confiteri fratribus carmelitis. Item, dixit quod de dictis illicitis confessatis per eum fuit confessus, infra biennium a recepcione sua, Lemovicis, fratri Hugoni de Camalicis ordinis Minorum deffuncto, a quo absolutus exstitit, sed non recolit quam penitenciam injunxit ei. Item, dixit quod fratres scientes errores predictos fuerunt negligentes quia non correxerunt eos nec denunciaverunt Ecclesie, et credit quod dicti errores essent manifesti Magistro, superioribus et aliis fratribus ordinis, et qui ex eorum ordinacione servarentur in ordine. Elemosinas et hospitalitatem aliqui servabant et faciebant bene in ordine, et aliqui male. Capitulia quibus adfuit vidit teneri aliquando de die et aliquando de nocte, nullis presentibus nisi fratribus ordinis, januis clausis, proviso ne audiretur exterius quod interius agebatur. Ordinata per Magistrum cum conventu servasset totus ordo, contra quem nunc grandia scandala, suspicio et infamia sunt exorta, et credit quod dicti errores confessati per eum essent in dicto ordine ante ejus recepcionem, et quod eos magnus Magister et alii sint confessi.

Requisitus si sic deposuerat prece, precepto, timore, amore, odio, vel temporali comodo habito vel habendo, respondit quod non, sed pro veritate dicenda; cui fuit injunctum quod non revelaret hanc suam deposicionem, quousque attestaciones fuerint publicate; et non obtulerat se ad deffensionem ordinis.

Frater Guillelmus de Masayas miles, Claramontensis diocesis, testis supra juratus, mantellum ordinis et barbam defferens, quinquagenarius vel circa, cum quo inquisitum fuerat, absolutus et reconciliatus per dominum episcopum Claramontensem, lectis et diligenter expositis sibi omnibus et singulis articulis, respondit quod nunquam viderat aliquem alium recipi in ordine, nec interfuerat capitulis eorumdem, nec fuerat in ordine, nisi per annum cum dimidio vel circa ante capcionem eorum, quia fuerat receptus in instanti festo Assumpcionis beate Marie erunt quinque anni: prius tamen fuerat donatus eorum per xx^{ti} annos vel circa, unde nesciebat, nec credebat, nec audiverat dici de contentis in dictis articulis nisi quod sequitur. Dixit enim se fuisse receptum in capella domus Templi de Sellis Claramontensis diocesis, per fratrem Bertrandum de Sartiges militem, tunc preceptorem de Carlaco, qui est unus de IIII^{or} assumptis in isto processu ad deffensionem ordinis, presentibus fratribus Guillelmo Textoris presbitero, teste hodie jurato sed nondum examinato, Petro Alteyraco, Durando Charnerii, et Guillelmo servientibus Riomi in Alvernia detentis, et Martino et aliis quorum cognomina ignorat, deffunctis, in hunc modum : nam petitis pane et aqua ordinis et sibi concessis, dictus receptor fecit eum vovere et jurare castitatem, obedienciam, vivere sine proprio, et imposito sibi mantello, ipse receptor et alii fratres astantes fuerunt eum osculati in ore. Deinde allata nescit per quem quadam cruce metallina in qua erat ymago Crucifixi, que erat collocata prope altare, precepit ei in presencia aliorum quod abnegaret Crucifixum, et quod spueret super ipsum, quia hoc erat in ordine fieri consuetum, et tunc ipse testis abnegavit dictum Crucifixum, et spuit non supra sed juxta ipsam, predicta faciens ore non corde, ut dixit. Dixit insuper ei in presencia predictorum quod, secundum dictam consuetudinem ordinis, poterat aliis fratribus ordinis ipsius carnaliter commisceri et ipsi cum eo; hoc tamen non fecit nec credit quod in ordine fieret; de quibus fuit infra tres septimanas confessus apud Sanctum Florum, in quadam domo in qua hospitabatur, cuidam fratri Minori cujus nomen et cognomen ignorat, a quo absolutus exstitit, et jejunavit sextas ferias per annum, sicut imposuit ei; et credit quod dicta illicita confessata per eum intervenirent communiter in recepcionibus aliorum vel post. Alia illicita non intervenerunt in dicta sua recepcione nec post. Item, dixit se credere quod fratres ordinis crederent ecclesiasticis sacramentis, quibus ipse bene credebat, et quod eorum sacerdotes debite celebrarent. Item, dixit se audivisse dici a fratribus ordinis, ante capcionem eorum, quod laici tenentes capitulia in eorum terminacione dicebant in effectu talia verba: « De hiis que obmisistis dicere propter timorem discipline ordinis, nos absolvimus vos ex tali potestate qualem habemus. » Non tamen recolit a quibus audivit, nec credit quod propter hoc crederent fratres ordinis absoluti esse a peccatis. Jurabant ordinem non exire. Statim pro professis habebantur. Clandestine recipiebantur, nullis presentibus nisi fratribus ordinis, ex quo credit quod esset suspicio contra eos. Cordulis unde volebant assumptis cingebantur super camisias cum quibus jacebant. Audivit dici a fratribus ordinis, de quibus non habet memoriam, quod recusantes facere illicita confessata per eum fuissent incarcerati. Injungebatur eis per sacramentum ne revelarent secreta capitulorum, de modo recepcionis speciali non habita mencione; qui revelassent habitum perdidissent, seu alias graviter puniti fuissent. Fratres scientes errores fuerunt negligentes quia non correxerunt eos nec denunciaverunt Ecclesie. Elemosinas et hospitalitatem, et luminaria ecclesiarum, et jejunia consueta vidit convenienter fieri et servari in domibus ordinis in quibus exstitit commoratus. Ordinata per Magistrum cum conventu servasset totus ordo, contra quem nunc grandia scandala, suspicio et infamia sunt exorta; cujus fratribus credit quod essent nota confessata per eum; et audivit dici magnum Magistrum et alios eadem fuisse confessos.

Requisitus si sic deposuerat prece, precepto, timore, amore, odio, vel temporali comodo habito vel habendo, respondit quod non, sed pro veritate dicenda; cui fuit injunctum quod non revelaret hanc suam deposicionem, quousque attestaciones fuerint publicate; et non obtulerat se ad deffensionem ordinis.

Frater Guido de la Chastaneda miles, Lemovicensis diocesis, testis supra juratus, mantellum ordinis et barbam defferens, triginta annorum vel circa, cum quo inquisitum fuerat, absolutus et reconciliatus per dominum episcopum Claramontensem, lectis et diligenter expositis sibi omnibus et singulis articulis, respondit se nescire, nec credere, nec audivisse dici de contentis in eis nisi quod sequitur : videlicet quod ipse receptus fuerat in capella domus Templi de Paulhaco Lemovicensis diocesis, in instanti mense septembris, erunt quinque anni, ut sibi videtur, per fratrem Ymbertum de Comborino militem quondam, preceptorem dicte domus, presentibus fratribus Stephano las Gorsolas, teste supra examinato, Guidone de Malo Monte milite, et Guidone Bruratz serviente, qui detinetur in Lemovicinio et quondam presbitero, ac aliis de quibus non recolit; a quo receptore petita societate ordinis et sibi concessa, fecit eum jurare quod non revelaret secreta capitulorum.

Et post multa alia sibi dicta de quibus bene non recolit, fuit ibidem allata, nescit per quem, quedam crux metalina in qua erat ymago Crucifixi; et dictus receptor petiit ab eodem teste si credebat in illum qui representabatur per dictam ymaginem; quo respondente quod sic, dixit ei in presencia predictorum quod non debebat in eum credere, et precepit quod abnegaret et quod spueret super ymaginem supradictam, non exprimendo si erant predicta de punctis ordinis vel non, sed dicendo quod hoc oportebat facere eum; et tunc ipse testis abnegavit, et spuit non supra sed juxta dictam ymaginem, supradicta faciens ore non corde, ut dixit. Post que dixit dictus receptor eidem testi quod oscularetur ipsum testem in umbilico; et dum ipse testis levaret vestes suas, fratres astantes dixerunt quod sufficiebat, et non fuit ibi osculatus eum. Post que dixit ei quod, secundum consuetudinem ordinis, poterat carnaliter commisceri fratribus ordinis et ipsi cum eo; hoc tamen non fecit nec fuit requisitus, nec credit quod in ordine fieret. Requisitus si credit quod predicta confessata per eum intervenirent communiter in recepcionibus aliorum fratrum ordinis, respondit quod sic, quia vidit quod intervenerunt in recepcione Hymbardi de la Beyssata servientis, testis supra examinati, quem vidit cum dictis illicitis recipi, in capella domus Templi de Blandesio Lemovicensis diocesis, per fratrem Hymbertum de Comborio supradictum, infra mensem vel circa a recepcione ipsius testis, presentibus fratribus Petro Remeyo presbitero et curato dicte domus, et pluribus aliis de quibus non recolit, et fuerunt sibi plures nominati per dictos dominos commissarios, et specialiter frater Guillelmus de Chambonent miles, unus de IIII^{or} ad deffensionem ordinis assumptis, quem dictus Hymbertus deposuit sue recepcioni adfuisse, et respondit dictus testis se non recordari plurium; recepcionibus non adfuerat, nec allia illicita intervenerant in dicta recepcione sua vel post, nec in recepcione dicti Hinbaudi, quod ipse sciverit vel audiverit dici. Item, dixit quod ipse bene credebat ecclesiasticis sacramentis, credens quod alii fratres ordinis in eis crederent, et quod eorum sacerdotes debite celebrarent. Audivit dici quod laici tenentes eorum capitulia faciebant in eorum terminacione aliquas absoluciones, nescit si a penis vel a peccatis, non tamen credit quod possent absolvere a peccatis. Jurabant ordinem non exire; statim pro professis habebantur. Clandestine recipiebantur, nullis presentibus nisi fratribus ipsius ordinis, ex quo credit quod esset suspicio contra eos. In ejus recepcione fuit sibi tradita quedam cordula qua super camisiam cingeretur. Injunctum fuit ei ne revelaret secreta capitulorum, de modo recepcionis speciali non habita mencione. Qui revelassent, graviter, sed nescit qualiter, puniti fuissent. Fratres scientes errores negligentes fuerunt quia non correxerunt eos nec denunciaverunt Ecclesie. In aliquibus locis ordinis elemosine et hospitalitas melius quam in aliis servabantur. Ordinata per Magistrum cum conventu servasset totus ordo, contra quem nunc grandia scandala, suspicio et infamia sunt exorta; cujus fratribus credit quod essent nota illicita confessata per eum, et quod magnus Magister et alii eadem sint confessi.

Requisitus si sic deposuerat prece, precepto, timore, amore, odio, vel temporali comodo habito vel habendo, respondit quod non, sed pro veritate dicenda; cui fuit injunctum quod non revelaret hanc suam deposicionem, quousque attestaciones fuerint publicate; et non obtulerat se ad deffensionem ordinis.

Acta fuerunt hec dictis die et loco, presentibus magistro Amisio, me Floriamonte Dondedei, et aliis notariis supra ultimo nominatis, hoc salvo quod dictus magister Hugo non interfuit juramento testium hodie juratorum.

Post hec, die Martis sequenti, que fuit penultima dies dicti mensis Marcii, fuit adductus ad presenciam dictorum dominorum episcoporum et archidiaconi Tridentini, aliis legitime excusatis, in domo predicta domini Petri de Sabaudia, frater Guillelmus Textoris presbiter, curatus ecclesie de Cellis Claramontensis diocesis, testis supra juratus, ut deponeret dictum suum; octuagenarius vel circa, mantellum ordinis defferens, absolutus et reconciliatus per dominum episcopum Claramontensem, qui inquisiverat cum eodem. Lectis autem et diligenter expositis sibi omnibus et singulis articulis, respondit se nescire, nec credere, nec audivisse dici de contentis in eis nisi quod sequitur. Dixit enim se fuisse receptum in capella dicte domus Templi de Sellis, circa instans festum nativitatis beati Johannis Baptiste erunt circiter VIII anni, per fratrem Hymbertum Blanchi militem, preceptorem Alvernie, qui in Anglia detinetur, presentibus fratribus Bernardi Charnerii, quem credit vivere, Durando Charnerii, et Geraldo Sudre Claramontensis diocesis, deffunctis, in eum modum : nam fecit dictus receptor eum vovere et jurare castitatem, obedienciam, et vivere sine proprio, et quod non revelaret secreta capitulorum, nec dimitteret ordinem pro alio; et imposito sibi mantello, fuit eum osculatus in ore, sed non astantes. Deinde allata per dictum receptorem quadam cruce lignea in qua erat ymago Crucifixi, precepit ei quod spueret super eam, dicens dictus receptor quod hoc debebat facere secundum consuetudinem ordinis; et tunc ipse testis spuit non supra sed juxta eam. Primo tamen preceperat ei quod abnegaret Jhesum, dicens eciam quod hoc facere debebat secundum dictam consuetudinem ordinis, et ipse testis abnegavit Jhesum ore non corde, quia jam habebat mantellum et ipsum dimittere non poterat, sicut dixit. Alia illicita non intervenerunt in dicta sua recepcione nec post, et credit quod eadem intervenirent communiter in recepcionibus aliorum fratrum dicti ordinis vel post, quia ipse fecit predicta, et quia vidit recipi fratrem Guillelmum de Masayes militem, testem eri examinatum, per fratrem Bertrandum de Sartiges militem, ad deffensionem ordinis assumptum, in dicta capella, sunt circiter anni, presentibus fratribus Stephano, de Glotonis Lemovicensis, Guillelmo Aprilis et Petro de Alteyraco Claramontensis diocesium, servientibus, apud Riomum dicte diocesis detentis, et vidit et audivit ipse testis, una cum predictis tribus fratribus, quando dictus frater Bertrandus, post tradicionem mantelli et emissionem votorum, precepit eidem fratri Guillelmo de Mazaies quod abnegaret Jhesum, et quod spueret super quamdam crucem quam credit esse illam juxta quam ipse testis spuerat; non tamen recordatur, si dictus frater Guillelmus abnegavit Jhesum et spuit super vel juxta dictam crucem; pocius tamen credit quod sic quam contrarium. Plurium recepcionibus non adfuerat, sicut dixit. Item, dixit quod in ordine celebrabat secundum formam Ecclesie, et credit quod alii sacerdotes ordinis eodem modo celebrarent, nec scivit nec audivit contrarium precipi. Credit eciam quod alii fratres ordinis bene crederent ecclesiasticis sacramentis. Statim pro professis habebantur. Clandestine recipiebantur, nullis presentibus nisi fratribus ordinis, ex quo credit esset suspicio contra eos. Cordulis unde volebant assumptis cingebantur, de mandato superiorum, super camisias cum quibus jacebant. Injungebatur per sacramentum ne revelarent secreta capitulorum nec modum recepcionis, eciam illis fratribus qui non adfuerant, et si contrarium fecissent, puniti fuissent, sed nescit qualiter. Item, dixit quod de predictis abnegacione et spuicione per eum factis fuit, infra octo dies a recepcione sua et antequam celebraret, confessus Durando Ancomi presbitero seculari quondam, tunc commoranti in parochia de Sellis, qui noluit eum absolvere propter immanitatem criminis, remittens eum ad judicium discrecioris; propter quod idem testis fuit, infra alios octo dies, de predictis confessus apud Sanctum Florum cuidam fratri Minori, cujus nomen et cognomen ignorat, et quem mortuum esse audivit, a quo absolutus extitit, et jejunavit in pane et aqua sextas ferias per unum annum, sicut imposuit ei. Fratres scientes errores fuerunt negligentes quia non correxerunt eos nec denunciaverunt Ecclesie. Elemosinas et hospitalitatem vidit convenienter fieri et servari in dicta domo in qua extitit commoratus, et precipiebatur eis quod juste acquirerent ordini. Ordinata per Magistrum cum conventu servasset totus ordo, et audivit dici frequenter a fratribus ordinis, de quibus non recolit, quod errores confessati per eum fuerunt introducti in ordine post obitum fratris Guillelmi de Bello Joco Magistri ordinis, contra quem nunc grandia scandala, suspicio et infamia sunt exorta; cujus ordinis fratribus credit quod essent nota confessata per eum, et quod eadem magnus Magister et alii sint confessi.

Requisitus si sic deposuerat prece, precepto, timore, amore, odio, vel temporali comodo habito vel habendo, respondit quod non, sed pro veritate dicenda; cui fuit injunctum quod non revelaret hanc suam deposicionem, quousque attestaciones fuerint publicate; et non obtulerat se ad deffensionem dicti ordinis.

Post que prefati domini commissarii fecerunt redire ad presenciam eorumdem fratrem Egidium de Rotangi presbiterum, testem supra examinatum, ut scirent cum eo si reduxerat ad memoriam suam se plures recepisse vel plurium recepcionibus interfuisse quam supra deposuit; et hoc fecerunt idem domini commissarii quia requisiti fuerant, per inquisitores contra ordinem et fratres Templi in Anglia deputatos, quod inquirerent cum eo de recepcione fratris Johannis de Scot, dicti de Sotton Anglici, qui dicebatur fuisse receptus in Pontivo apud Grandem Silvam, quam iidem inquisitores vocant Grossum opus. Per quem quidem Egidium fuit responsum, in virtute juramenti prestiti per eumdem, se adfuisse recepcioni dicti fratris Johannis, sunt circiter xv anni, et fuit receptus per fratrem Johannem de Nova Villa servientem quondam, tunc preceptorem ballivie de Pontivo, circa horam prandii, in capella dicte domus de Grandi Silva, presentibus fratribus Petro de Limecuria quondam preceptore dicte domus, ut ei videtur, et Radulpho Anglici, qui fuerat mercerius ante ingressum ordinis, preceptore tunc domus Oysimont Ambianensis diocesis, et quodam alio fratre agricola dicte domus de Grandi Silva, de cujus nomine et cognomine non recordatur, sed vulgariter vocabatur Petrus Poyle-Castel, deffunctis; in cujus quidem Johannis recepcione vel post non vidit, nec scivit, nec audivit dici aliquid illicitum vel inhonestum intervenisse; et fuit receptus, ut videtur eidem testi, in hunc modum : nam cum peciisset panem et aquam et societatem ordinis, et obtulisset se velle fieri servum esclavum ordinis et Terre Sancte si ad eam perveniret, et finaliter ei concessa fuissent, prestito ab eo per juramentum quod non erat servilis condicionis, nec excommunicatus, nec alteri religioni, vel matrimonio, debitis que solvere non posset obligatus, nec habebat infirmitatem latentem, nec dederat nec promiserat aliquid quod in dicto ordine reciperetur, fecit eum dictus receptor vovere et jurare castitatem, obedienciam, et vivere sine proprio, et quod pro posse suo juvaret ad acquirendum Terram Sanctam. Post que dictus receptor associavit eum et patrem et matrem suos beneficiis ordinis, et imponens ei mantellum, fuit una cum omnibus astantibus eum osculatus in ore ; et instruxit eum quot *Pater noster* diceret pro horis suis, et qualiter regeret se in ordine, et qualiter jaceret, exponens ei diversos casus propter quos poterat incurrere diversas penas secundum ordinis disciplinam, et postmodum recesserunt. Requisitus si interfuerat recepcioni alicujus alterius Anglici, Scoti vel Ybernici, et si viderat aliquem ex eis interfuisse recepcionibus quibus ipse testis adfuerat, et si viderat aliquem recipi per fratrem Himbertum Blanchi militem, preceptorem Alvernie, respondit quod non, nec unquam viderat dictum fratrem Himbertum, nisi semel, in dicta domo d'Oysimont, cum dictus frater Himbertus proficisceretur in Angliam. Cui fuit injunctum per dictos dominos commissarios, in virtute juramenti prestiti per eumdem, quod non revelaret hanc suam deposicionem, quousque attestaciones fuerint publicate.

Frater Johannes de Menat serviens, preceptor domus Templi de Marchia Claramontensis diocesis, testis supra juratus, quinquagenarius vel circa, mantellum ordinis et barbam defferens, cum quo inquisitum fuerat, absolutus et reconciliatus per dominum episcopum Claramontensem, lectis et diligenter expositis sibi omnibus et singulis articulis, respondit se nescire, nec credere, nec audivisse dici de contentis in eis nisi quod sequitur. Dixit nempe se fuisse receptum in capella domus Templi de Marchia, circa instans festum beati Bartholomei erunt triginta duo anni vel circa, per fratrem Gerardum de Sanzeto militem quondam, preceptorem tunc Alvernie, presentibus fratribus Durando Malras presbitero, Gerardo de Briva, Petro de Quadrivio, deffunctis, et Ademaro la Burgieyra Lemovicensis diocesis, quem credit vivere, in hunc modum : nam petita societate ordinis et ei concessa, fecit eum jurare quod non revelaret secreta capitulorum, et vovere castitatem, obedienciam, et vivere sine proprio, et precepit ei quod servaret bonos usus et bonas consuetudines ordinis; et imposito sibi mantello, dicti receptor et astantes fuerunt eum osculati in ore. Post que, allata nescit per quem quadam cruce metallina in qua erat ymago Crucifixi et collocata coram ipso receptore in terra, precepit ei quod spueret super eam, et ipse testis, qui tunc juvenis erat, spuit non supra sed juxta eam. Deinde precepit ei quod abnegaret Jhesum, et ipse testis abnegavit eum ore non corde, quia propter juventutem suam nesciebat resistere nec audebat. Postmodum dixit ei quod poterat aliis fratribus ordinis carnaliter commisceri et ipsi cum eo; et hoc tamen non fecit nec fuit requisitus, nec credit quod in ordine fieret. Audivit tamen dici quod quidam presbiter ordinis mortuus perpetrabat dictum crimen cum personis qui non erant de ordine, et credit quod predicta illicita confessata per eum intervenirent communiter in recepcionibus aliorum fratrum ordinis, quia vidit et audivit quod intervenerunt in recepcione fratris Guillelmi Raynerii servientis, Claramontensis diocesis, apud Riomum detenti, qui fuit receptus in dicta capella, circa instans festum nativitatis beati Johannis Baptiste erunt circiter decem anni, per fratrem Gerardum de Villaribus militem, tunc preceptorem Francie, qui affugit, presentibus fratribus Stephano de Rivo, Petro de Quadrivio, deffunctis, et Petro de Montinhaco Claramontensis diocesis, quem credit vivere, et in recepcione dicti Petri de Montinhaco, quem primo viderat recipi in dicta capella, sunt circiter XIII anni, per fratrem Gerardum de Briva tunc preceptorem dicte domus, de cujus vita vel morte non habet certitudinem, presentibus fratribus Francone de Montinhaco avunculo dicti Petri, Guillelmo de Mancio servientibus, deffunctis; plurium recepcionibus dixit se non adfuisse. Item, dixit quod bene credebat ecclesiasticis sacramentis, et credit quod alii fratres ordinis eodem modo crederent, et quod eorum sacerdotes debite celebrarent. In terminacione capitulorum particularium et provincialium quibus adfuit, vidit et audivit quod laici capitulia tenentes absolvebant, auctoritate domini Pape, fratres ordinis ab inobedienciis eorum, et dicebant quod de peccatis occultis confiterentur sacerdotibus; et predicta vidit et audivit fieri per fratrem P. de Madito, locum tenentem preceptoris Alvernie, quando tenebat capitulia in dicta domo de Marchia. Requisitus si, per absolucionem dictorum laicorum et remissionem dictarum inobedienciarum, fratres ordinis credebant esse abluti a peccatis venialibus vel mortalibus ex inobedienciis descendentibus, respondit se credere quod sic, quia erant simplices. Item, dixit quod in eorum recepcionibus jurabant ordinem non exire, et quod statim pro professis habebantur; et clandestine recipiebantur, nullis presentibus nisi fratribus ordinis, ex quo credit quod esset suspicio contra eos. Et frequenter fuit petitum ab eo per seculares quod revelaret eis modum sue recepcionis, et ipse nolebat eis revelare, quia juraverat non revelare secreta capitulorum; licet de modo recepcionis non fuisset facta mencio specialis; et quia credit quod si ipse vel alius revelasset, graviter punitus fuisset. De mandato superiorum cingebantur, super camisias suas cum quibus jacebant, cordulis sumptis unde volebant. Absque licencia superiorum non poterant aliis quam sacerdotibus ordinis confiteri, et hoc injungebatur eisdem. Fratres scientes errores fuerunt negligentes quia non correxerunt eos nec denunciaverunt Ecclesie, dicens ipse testis quod peccatum detinebat eos. Elemosinas et hospitalitatem vidit convenienter fieri et servari in domibus ordinis in quibus extitit commoratus. Jurabant servare jura ordinis. Capitulia vidit teneri aliquando ante auroram, januis clausis, nullis presentibus nisi fratribus ordinis, et previdebatur ne audiretur exterius quod interius agebatur. Ordinata per Magistrum cum conventu servabat ordo, contra quem nunc grandia scandala, suspicio et infamia sunt exorta; cujus fratribus credit nota fuisse confessata per eum, et magnum Magistrum et alios eadem fuisse confessos.

Requisitus si sic deposuerat prece, precepto, timore, amore, odio, vel temporali comodo habito vel habendo, respondit quod non, sed pro veritate dicenda; cui fuit injunctum quod non revelaret hanc suam deposicionem, quousque attestaciones fuerint publicate; et non obtulerat se ad deffensionem ordinis supradicti.

Acta fuerunt hec predictis die et loco, presentibus magistro Amisio, me Floriamonte Dondedei et aliis notariis supra ultimo nominatis.

Post hec, die Mercurii sequenti, que fuit ultima dies dicti mensis Marcii, fuit adductus ad presenciam dictorum dominorum commissariorum et domini Mathei, in domo predicta domini Petri de Sabaudia, frater Johannes Senandi serviens, preceptor domus Templi de Folhosa Claramontensis diocesis, testis supra juratus, ut deponeret dictum suum, quinquagenarius vel circa, mantellum ordinis et barbam defferens, cum quo inquisitum fuerat, absolutus et reconciliatus per dominum episcopum Claramontensem. Qui, protestacione premissa quod non intendit recedere a deposicione per eum facta coram domino Claramontensi episcopo memorato, lectis et diligenter expositis sibi omnibus et singulis articulis, respondit se nescire, nec credere, nec audivisse dici de contentis in eis nisi quod sequitur. Dixit enim se fuisse receptum in quadam camera domus Templi Montis Ferrandi Claramontensis diocesis, prima dominica post instans festum Pentecostes erunt triginta duo anni vel circa, per fratrem Raymondum de Dumo militem quondam, presentibus fratribus Petro Nicolai, Petro Vinha servientibus, et Johanne Blanc presbitero, deffunctis, in hunc modum: nam cum peciisset panem et aquam et societatem ordinis, et obtulisset se velle fieri servum esclavum Terre Sancte, finaliter fecit eum vovere et jurare quod esset obediens omnibus preceptoribus qui proponerentur eidem, et quod servaret castitatem, obedienciam, et viveret sine proprio, et quod servaret bonos usus et bonas consuetudines que tunc erant in ordine et que in posterum imponerentur de consilio presbiterorum ordinis, et quod non revelaret secreta capitulorum; et imposito sibi mantello, receptor et astantes fuerunt eum osculati in ore. Postmodum allata per dominum receptorem quadam cruce metallina in qua erat ymago Crucifixi, peciit ab eo dictus receptor, in presencia aliorum, si credebat in illum qui representabatur per dictam crucem; et cum ipse testis respondisset quod sic, dixit ei quod non credebat in eum, quia falsus propheta fuerat, et precepit ei quod abnegaret eum et quod spueret super dictam crucem; et dictus testis, stupefactus et valde dolens in corde suo, abnegavit ore non corde, et spuit non supra sed juxta dictam crucem. Postmodum dictus receptor fuit eum osculatus in carne nuda circa umbilicum, et dixit ei quod, quando esset in loco in quo fratres haberent penuriam lectorum, poterat jacere cum aliis fratribus et carnaliter commisceri cum eis et ipsi cum eo; hoc tamen non fecit nec audivit dici quod fieret in ordine, nisi per unum presbiterum mortuum, qui diffamatus erat quia abutebatur pueris secularibus. Alia illicita non intervenerunt in dicta sua recepcione nec post, et credit quod eadem intervenirent communiter et ubique in recepcionibus aliorum fratrum ordinis vel post, et quod majores et alii fratres ordinis ista scirent, quia fuit locutus cum pluribus ex eis; et specialiter cum fratre Petro de Madit milite quondam, cui multum displicebant predicta, per quem fuit sibi responsum quod non esset nimis curiosus in inquirendo de predictis; nam cum esset frater serviens, qui servientes contempnebantur a militibus, debebat esse surdus, mutus et cecus, et idem responderunt sibi multi alii de ordine, sicut dixit. Requisitus si viderat alios recipi in ordine, respondit quod sic, fratrem Guillelmum de Asonio servientem quondam, Claramontensis diocesis, tempore pape Martini quarti, in capella domus Templi Sancti Mathei de Urbe veteri, per fratrem Guillelmum Charnerii servientem, qui fuerat ostiarius domini pape Nicolai tercii, presentibus fratribus Gerardo de Boschacelis Claramontensis diocesis quondam, et quibusdam aliis ytalicis de quorum nominibus et cognominibus non recolit. In cujus recepcione fuerunt servata omnia illicita que deposuit intervenisse in sua, ex quo idem testis, qui prius non adverterat, propter ejus juventutem, dicta illicita facta per eum, et qui non credebat usque tunc quod predicta illicita intervenirent in recepcionibus aliorum, ad cor reductus, fuit confessus de predictis illicitis cuidam fratri ordinis sancti Augustini, penitenciario dicti domini pape Martini, cujus nomen et cognomen ignorat. A quo exstitit absolutus, et imposuit ei quod jejunaret quinta feria in pane et aqua per annum, et quod non perseveraret in dicto errore, et quod transfretaret quam prius posset; que omnia complevit, ut dixit. Ultra mare vero existens, vidit recipi secundum eumdem modum confessatum per eum, in quadam camera domus Templi de Sydone, fratrem Durandum Lastic servientem de Alvernia, qui detinetur apud Riomum, sunt circiter xxiii anni, per fratrem Ademarum de Peyruza diocesis Ruthenensis, militem quondam, preceptorem tunc dicte domus, presentibus quatuor viginti fratribus et ultra, inter quos erant fratres Petrus de Rubeo Lacu Claramontensis diocesis, Raymundus de Spinasso provincialis, Aymericus Satomes de Cathalonia milites, qui omnes potuerunt videre et audire quomodo predicta illicita agebantur. Vidit eciam per eumdem modum recipi fratrem Durandum Charnerii servientem, Claramontensis diocesis, qui detinetur apud Riomum, in quadam camera domus Templi de Sellis dicte Claramontensis diocesis, per fratrem Petrum de Madito predictum, qui flebat quando precipiebat predicta illicita fieri, et sunt xiiii anni vel circa; et adfuerunt fratres Robertus Charnerii, qui adfugit in capcione aliorum, et Durandus Charnerii preceptor dicte domus, serviens, propinquus dicti Durandi, et Gubertus presbiter, curatus tunc dicte domus, deffuncti. Vidit eciam per eumdem modum recipi, sunt xxv anni vel circa, in capella domus Templi de Sydone, fratrem Guillelmum Flamengum militem, cujus cognomen ignorat, de cujus vita vel morte non habet certitudinem, per dictum fratrem Ademarum de Peyruza, presentibus quasi omnibus qui adfuerant in recepcione predicti fratris Durandi Lastic. Plurium recepcionibus se non recolit adfuisse, quia ex industria subtrahebat se, pro eo quia sibi displicebant predicta, et ex eadem causa obmisit recipere fratrem Odonem de Belna servientem, quem frater Hugo de Penrando mandaverat litteratorie recipi per eumdem, qui tunc erat preceptor de Cabilone. Item, dixit se audivisse in civitate Nicociensi, ab ore magni Magistri qui nunc est, quod ipse extirparet aliqua que erant in ordine sibi displicencia, ex quibus dubitabat quod finaliter male accideret ordini, et hoc fuit illo anno quo civitas Aconensis fuit perdita, et predicta dixit dictus Magister in capitulo generali, in quo erant circiter quadringinti fratres, inter quos erant dictus frater Durandus Lastic, Hugo de Salhens de Alvernia, et Berbo de Lur Burgundus, deffuncti. Item, dixit quod bene credebat ecclesiasticis sacramentis, et credit quod alii fratres communiter eodem modo crederent, et quod eorum sacerdotes debite celebrarent. Item, dixit quod in terminacione capitulorum laicus tenens capitulum dicebat quod, ex potestate quam habebat a domino Papa, ipse parcebat eis et ipsi parcerent sibi, et per dictam remissionem credit ipse testis quod essent absoluti ab inobedienciis, ut si non surrexissent ad matutinum, vel si verberassent familiam vel consimilia, non tamen credit quod propter hoc essent absoluti a peccatis, nec credit quod alii fratres ordinis crederent propter hoc esse absoluti a peccatis. Item, dixit frequenter se audivisse improperari eis a secularibus quod se deosculabantur in ano, nec tamen credit quod dictum osculum fieret, sed quia, quando fiebant preces in capitulis eorumdem, omnes fratres in ipsis capitulis existentes stabant prostrati, capite et manibus inclinatis ad terram, et cruribus et dorso elevatis aliquantulum plus, et unus sic stabat post alium, et opinatur idem testis quod aliqui, videntes forte per rimulas et foramina ostiorum eos sic stantes, presumpserunt et dixerunt quod faciebant dictum osculum inhonestum, et quod eorum dictum facile secuta fuerit multitudo. Jurabant ordinem non exire; statim pro professis habebantur. Clandestine recipiebantur, nullis presentibus nisi fratribus ordinis, ex quo credit quod esset suspicio contra eos, potissime quia nolebant nec audebant modum sue recepcionis eciam amicis suis specialibus revelare ; et ipse fuit frequenter requisitus super hoc a multis amicis suis, quibus noluit revelare. Cordulis unde volebant assumptis cingebantur super camisias cum quibus jacebant; non tamen scivit nec audivit dici quod tangerent capita ydolorum, nec quod ydola adorarent. Et quia dixit quod fuerat commoratus in dicta civitate Sydonis per quinque annos, fuit interrogatus specialiter de capite de quo supra deposuerat magister Antonius Sicci de Vercellis, et de aliis contentis in deposicione dicti magistri Antonii; respondit se nihil scire de capite supradicto nec audivisse dici ; dixit tamen quod dicta civitas Sydonis fuerat empta per Templarios, et quod Julianus, qui fuerat de dominis dicte civitatis, intraverat ordinem eorum et postmodum aposthataverat, et ad magnam devenerat paupertatem, et audiverat dici in partibus illis, sed non recordatur a quibus, quod quidam ex progenitoribus dicti Juliani adamaverat quamdam domizellam in partibus illis, et quod post ejus mortem eam exhimari fecerat et concubuerat cum eadem. Item, dixit quod jurabant non revelare secreta capitulorum, de modo recepcionis in speciali non habita mencione. Qui revelassent, domum perdidissent. Secundum statuta ordinis eorum debebant eorum sacerdotibus confiteri, et sine eorum licencia non poterant aliis confiteri. Fratres scientes errores fuerunt negligentes quia non correxerunt eos nec denunciaverunt Ecclesie. Elemosinas et hospitalitatem vidit convenienter fieri et servari in domibus ordinis in quibus exstitit commoratus. Jurabant servare bona ordinis et acquirere debito modo, et deffendebatur eis quod non exheredarent vicinias eorum; multi tamen ex dictis fratribus ordinis abutebantur litteris apostolicis et multos vexabant cum eis, quod fuit frequenter per ipsum testem reprehensum, et fuit in periculo eciam quia reprehendebat predicta. Eorum capitulia clam tenebantur; nullis presentibus nisi fratribus ordinis, et providebatur ne audiretur exterius quod interius agebatur, et aliquando tenebantur ante diem. Ordinata per Magistrum cum conventu servasset totus ordo, contra quem grandia scandala, suspicio et infamia sunt propter predicta exorta, et audivit dici magnum Magistrum et alios recognovisse illicita per ipsum testem confessata.

Requisitus si sic deposuerat prece, precepto, timore, amore, odio, vel temporali comodo habito vel habendo, respondit quod non, sed pro veritate dicenda; cui fuit injunctum quod non revelaret hanc suam deposicionem, quousque attestaciones fuerint publicate; et non obtulerat se ad deffensionem ordinis, et intelligebat latinum.

Frater Johannes Adam preceptor de Tunreta Claramontensis diocesis, serviens, testis juratus, xxxiiii^{or} annorum vel circa, mantellum et barbam defferens, cum quo inquisitum fuerat, absolutus et reconciliatus per dominum episcopum Claramontensem, lectis et diligenter expositis sibi omnibus et singulis articulis, respondit se nescire, nec credere, nec audivisse dici de contentis in eis nisi quod sequitur. Dixit nempe se fuisse receptum in capella domus Templi de Bella Cassanha Lemovicensis diocesis, per fratrem Petrum de Madit militem quondam, in instanti festo Ascensionis Domini erunt xiiii anni vel circa, presentibus fratribus Stephano Lavernha presbitero, curato dicte domus, Helia Vigerii, Guillelmo Bonifacii de Lemovicinio, de quorum vita vel morte non habet certitudinem, in hunc modum : nam cum peciisset societatem ordinis et ei concessa fuisset, dictus receptor fecit eum vovere castitatem, obedienciam, et vivere sine proprio; et imposito sibi mantello, idem receptor et astantes osculati fuerunt eum in ore. Postmodum fecit eum jurare quod non revelaret secreta capitulorum, eciam illis fratribus qui non adfuissent in eis; et allata per ipsum receptorem quadam cruce metallina in qua erat ymago Crucifixi, precepit ei quod abnegaret Jhesum Christum et quod spueret super dictam crucem, quia secundum consuetudinem ordinis debebat facere predicta; et tunc ipse testis, qui juvenis erat et resistere non audebat, ut dixit, abnegavit Jhesum Christum ore non corde, et spuit non supra sed juxta dictam crucem. Postmodum fuit osculatus ipsum testem circa umbilicum super vestes, et dixit ei quod, secunda puncta ordinis, poterat aliis fratribus ordinis carnaliter commisceri et ipsi cum eo ; hoc tamen non fecit, nec credit quod in ordine fieret. Credit tamen quod communiter et ubique reciperentur fratres ordinis secundum modum predictum, quia secundum eumdem modum vidit recipi fratrem Bartholomeum de Pratimi militem quondam, Lemovicensis diocesis, in capella domus Templi de Ulmo Tuandi Bituricensis diocesis, per dictum fratrem Petrum de Madito, circa instans festum nativitatis beati Johannis Baptiste erunt decem anni, presentibus fratribus Johanne del Soc et Aymerico Gerardi Bituricensis diocesis, servientibus, quos credit vivere; plurium recepcionibus non adfuerat, sicut dixit. Item, dixit se bene credere ecclesiasticis sacramentis, et quod alii fratres ordinis eodem modo crederent, et quod eorum sacerdotes debite celebrarent. Audivit quod laici eorum tenentes capitulia absolvebant fratres ab inobedienciis eorum. Jurabant ordinem non exire. Statim pro professis habebantur. Clandestine recipiebantur, nullis presentibus nisi fratribus ordinis, ex quo credit quod esset suspicio contra eos. Cordulis unde volebant assumptis cingebantur super camisias cum quibus jacebant. Credit quod nolentes facere predicta illicita vel alia, aut secreta capitulorum revelantes, fuissent graviter puniti. Absque licencia non poterant aliis quam sacerdotibus ordinis, vel in eorum deffectu, Carmelitis, confiteri, et si neminem eorum haberent, poterant aliis confiteri. Fratres scientes errores fuerunt negligentes quia non correxerunt eos nec denunciaverunt Ecclesie. Audivit dici quod ab antiquo fiebant singulis diebus elemosine in ordine in aliquibus domibus, et quod postmodum fuerat ordinatum quod non fierent nisi ter in septimana. Clam eorum capitula tenebantur, aliquando ante diem, positis interdum custodibus ne audiretur exterius quod interius agebatur. Ordinata per Magistrum cum conventu servasset totus ordo, contra quem nunc grandia scandala, suspicio et infamia sunt exorta, cujus fratribus credit quod essent nota confessata per eum, et quod eadem magnus Magister et alii sint confessi. Et fuit protestatus quod non intendit recedere a deposicione per eum facta coram dicto domino episcopo Claramontensi.

Requisitus si sic deposuerat prece, precepto, timore, amore, odio, vel temporali comodo habito vel habendo, respondit quod non, sed pro veritate dicenda; cui fuit injunctum quod non revelaret hanc suam deposicionem, quousque attestaciones fuerint publicate; et non obtulerat se ad deffensionem ordinis, et intelligebat latinum.

Acta fuerunt hec die et loco predictis, presentibus magistro Amisio, me Floriamonte Dondedei et aliis notariis supra ultimo nominatis.

Post hec, die Jovis, que fuit prima dies mensis Aprilis, fuit adductus ad presenciam eorumdem dominorum commissariorum, in dicta domo domini Petri de Sabaudia, frater Hugo Charnerii serviens, preceptor domus Templi de Sancto Porciano Claramontensis diocesis, testis supra juratus, ut deponeret dictum suum, mantellum ordinis et barbam defferens, quadraginta quinque annorum vel circa, cum quo inquisitum fuerat, absolutus et reconciliatus per dominum episcopum Claramontensem. Lectis autem et diligenter expositis sibi omnibus et singulis articulis, respondit se nescire, nec credere, nec audivisse dici de contentis in eis nisi quod sequitur. Et protestacione premissa quod non intendit recedere a deposicione per eum facta coram dicto domino episcopo Claramontensi, dixit se fuisse receptum in capella domus Templi de Chambo Claramontensis diocesis, circa instans festum nativitatis sancti Johannis Baptiste erunt circiter xxx anni, per fratrem Petrum de Dumo militem quondam, preceptorem Alvernie, presentibus fratribus Bernardo presbytero, cujus cognomen ignorat, Guillelmo Charnerii, avunculo ipsius testis, et Aymerico del Chier servientibus, deffunctis, in hunc modum: nam petita societate ordinis et sibi concessa, dictus receptor fecit eum vovere et jurare castitatem, obedienciam, vivere sine proprio, et servare bonos usus et bonas consuetudines ordinis, et quod pro acquisitione regni Jerosolyme faceret posse suum; et quod non esset in loco in quo aliquis christianus exheredaretur injuste, et quod non revelaret secreta capitulorum ordinis; quo facto, imposuit sibi mantellum, et ipse et astantes osculati fuerunt eum in ore. Deinde allata quadam cruce metallina in qua erat ymago Crucifixi per dictum presbiterum, interrogavit ipsum testem dictus receptor si credebat in illum qui representabatur per dictam ymaginem Crucifixi; quo respondente quod sic, dixit ei quod non debebat credere, quia falsus propheta fuerat, et precepit ei quod abnegaret eum et spueret supra crucem predictam; et tunc ipse testis, non audens nec sciens resistere, cum esset multum juvenis, dolens tamen, abnegavit ore non corde, et spuit juxta non supra dictam crucem. Postmodum dixit ei quod poterat commisceri carnaliter cum fratribus ordinis et ipsi cum eo; ipse tamen non fecit nec fuit unquam requisitus, nec credit quod illud peccatum perpetraretur in ordine. Requisitus si alia inhonesta in dictis articulis contenta aut alia intervenirent in dicta sua recepcione vel post, respondit quod non recordetur. Requisitus si credit quod illicita confessata per eum intervenirent communiter in recepcionibus aliorum fratrum vel post, respondit se credere quod sic, quia vidit recipi, sunt xxvi anni vel circa, ultra mare, in quadam camera domus Templi de Tortosa, fratrem Johannem lo Test de Apulia servientem, de cujus vita vel morte non habet certitudinem, per fratrem Ademarum de Peyruza militem, quondam castellanum de Tortossa, presentibus fratribus Johanne de Acon, Johanne de Nivernis servientibus, Bertrando Amblardi et Bertrando de Savinhac militibus, deffunctis, et pluribus aliis quos credit obiisse. Vidit eciam recipi in capella domus Templi de la Ransioyra Claramontensis diocesis, sunt circiter xx^{ti} anni, fratrem Stephanum de Rialhac servientem, Claramontensis diocesis, qui transfretavit, quem recipit frater Aymericus Georgii preceptor dicte domus, qui affugit quando alii capti fuerunt, presentibus fratribus Roberto de Salitanhac Claramontensis, et Georgio del Saphet Ruthenensis diocesium, servientibus, qui vivebant tempore capcionis, in quorum recepcionibus vidit quod intervenirent licita et illicita confessata per eum. Plurium recepcionibus se adfuisse non recolit, nec ipse recepit aliquem. Item, dixit se credere quod fratres ordinis crederent ecclesiasticis sacramentis, quibus ipse credebat, et quod eorum sacerdotes debite celebrarent. Item, dixit quod in diffinicionibus capituliorum preceptor laicus qui presidebat dicebat : « De hiis que obmitetis dicere, ob verecundiam carnis vel timorem justicie, facimus vobis illam indulgenciam quam possumus, et rogamus Deum, et vos rogate quod, sicut indulsit Magdalene peccata sua, ita indulgeat vobis et nobis. » Requisitus si per talem absolucionem credebat se esse absolutus a peccatis, respondit quod non, sed solum a disciplinis ordinis, que infligebantur propter excessus quos committebant interdum. Requisitus a quibus audivit fieri predictam absolucionem, dixit quod vidit fieri ultra mare per dictum fratrem Ademarum de Peyrucza, et in Alvernia per fratrem Petrum de Dumo predictum. Ipse et alii quos vidit recipi juraverunt non exire dictum ordinem, credens quod alii communiter hoc jurarent. Statim pro professis habebantur. Clandestine recipiebantur, ex quo credit quod esset mala suspicio contra eos. Cordulis cingebantur super camisias cum quibus jacebant, quas assumebant unde volebant. De ydolis nichil scivit nec audivit. Audivit tamen dici ultra mare et citra, non recordatur a quibus, quod maiores ordinis habebant aliqua occulta in ordine que non revelabantur inferioribus ordinis. Qui revelassent secreta capitulorum vel modum recepcionis sue graviter puniti fuissent, sed nescit qualiter. Quamdiu habebant copiam sacerdotum ordinis, non poterant aliis confiteri, et ita precipiebatur in ordine. Fratres scientes errores fuerunt negligentes, quia non correxerunt eos nec denunciaverunt Ecclesie. Elemosinas et hospitalitatem vidit convenienter fieri et servari in domibus ordinis in quibus extitit commoratus. Injungebatur eis quod procurarent utilitatem ordinis, sed ne injuste acquirerent inhibebatur expresse. Quandoque tenebantur capitulia in aurora, nullis presentibus nisi fratribus, et providebatur quod ea que agebantur interius, exterius non audirentur. Ordinata per magnum Magistrum cum conventu servata fuissent in ordine, contra quem propter predicta grandia scandala, suspicio et infamia sunt exorta. Confessata per eum credit quod essent nota fratribus ordinis, contra quem audivit dici magnum Magistrum et alios aliquos errores fuisse confessos, credens quod illos de quibus ipse supra deposuit.

Requisitus si sic deposuerat prece, precepto, timore, odio, vel comodo temporali habito vel habendo, respondit quod non, sed pro veritate dicenda; cui fuit injunctum quod non revelaret hanc suam deposicionem, quousque attestaciones fuerint publicate; et non obtulerat se ad deffensionem dicti ordinis.

Frater Bernardus de Alsonio serviens, Claramontensis diocesis, testis supra juratus, mantellum ordinis et barbam defferens, sexagenarius vel circa, cum quo inquisitum fuerat, absolutus et reconciliatus per dominum episcopum Claramontensem, lectis et diligenter expositis sibi omnibus et singulis articulis, respondit se nichil scire, nec credere, nec audivisse dici de contentis nisi quod sequitur. Dixit enim se fuisse receptum, sunt circiter xxv anni, in capella domus Templi de Brandisio in Apulia, per fratrem Guillelmum de Noset militem quondam provincialem, locumtenentem preceptoris Apulie, presentibus fratribus Guillelmo de Beriant Claramontensis diocesis, Jacobo de Ancona et Vassalio de Marsilia servientibus, deffunctis, in hunc modum : nam petita societate fratrum ordinis, et post multas exortaciones sibi factas, concessa eidem, dictus receptor fecit eum jurare quod non revelaret secreta capituliorum ordinis, vovere et jurare castitatem, obedienciam, et vivere sine proprio, et servare bonos usus et bonas consuetudines que tunc erant et in posterum imponerentur in ordine, et juvare secundum posse suum ad acquirendum regnum Jherosolyme, et quod non esset in loco in quo aliquis exheredaretur injuste, nec dimitteret ordinem pro meliori vel deteriori. Quo facto imposuit sibi mantellum, et ipse et astantes osculati fuerunt eum in ore. Deinde allata quadam cruce per unum de fratribus, nescit per quem, lignea sicut credit, in qua erat ymago Crucifixi depicta, precepit ei dictus receptor quod spueret super dictam crucem, quia ita debebat facere, et ipse testis spuit juxta non super dictam crucem. Postmodum precepit ei quod abnegaret Jhesum; et cum ipse recusaret hoc facere, dictus receptor dixit ei quod ita-debebat facere, alia causa non expressa, et tunc ipse testis abnegavit Jhesum ore non corde et multum dolens. Postea dixit ei quod poterat carnaliter commisceri fratribus ordinis et ipsi cum eo; hoc tamen non fecit nec fuit requisitus, nec credit quod dictum peccatum perpetraretur in ordine. Post hec dictus receptor osculatus fuit ipsum testem circa umbilicum supra vestes, dicens idem testis quod predicta acta fuerunt et dicta in presencia astancium predictorum. Requisitus si alia inhonesta intervenerunt in dicta sua recepcione vel post, respondit quod non. Requisitus si scit, credit, vel audivit dici quod predicta illicita confessata per eum aut alia inhonesta intervenirent communiter in recepcionibus aliorum vel saltem post, respondit quia vidit recipi in ordine fratrem Robertum de Bluoys Claramontensis diocesis, servientem, de cujus vita vel morte non habet certitudinem, quem recepit frater Ademarus de Peyrucza miles quondam, ultra mare, in capella domus Templi de Sydone, presentibus Johanne Senandi, teste eri examinato, et quibusdam aliis de quibus non recolit, sunt bene xx^{ti} anni vel circa. Item, vidit recipi fratrem Petrum de Viena in capella domus Templi Tripolitani, sunt bene xxiii anni vel circa, per fratrem Gerardum Fabrisacot militem, quondam preceptorem dicte domus, presentibus fratribus Radulpho, nacione Picardo, serviente, et pluribus aliis de quibus non recolit, et de quorum vita vel morte non habet certitudinem. Item, vidit recipi in capella domus Templi de Folhosa Claramontensis diocesis, sunt octo anni vel circa, fratrem Johannem Atgerii servientem, dicte Claramontensis diocesis, qui aufugit quando alii capti fuerunt, quem recepit frater Humbertus Blancti miles, qui detinetur in Anglia, presente dicto Johanne Senandi et Stephano de Cellario, qui detinetur Riomi, in quorum recepcionibus vidit quod predicta licita et illicita confessata per eum intervenerunt et servata fuerunt; plurium recepcionibus non recolit se adfuisse. Item, dixit se credere quod fratres ordinis crederent sacramentis ecclesiasticis, quibus ipse bene credebat, et quod eorum sacerdotes debite celebrarent. In terminacione capituliorum, laicus presidens dicebat fratribus hoc modo : « De hiis que obmititis dicere, ob verecundiam carnis vel ob timorem justicie domus, faciat vobis Deus talem indulgenciam qualem fecit Magdalene de peccatis suis, et rogate Deum quod indulgeat vobis et nobis, et nos eciam rogamus quod indulgeat vobis et nobis. » Requisitus si per talem absolucionem credebant esse absoluti a peccatis, respondit quod ipse non credebat, nec credit quod alii crederent nisi confiterentur sacerdotibus. Predicta autem audivit in capitulis que tenebantur ultra mare per dictum fratrem Ademarum de Peyrucza, et in Alvernia, in capitulis que tenebantur per dictum fratrem Humbertum Blancti. Statim pro professis habebantur. Clam recipiebantur, nullis presentibus nisi fratribus ordinis, ex quo credit quod esset suspicio mala contra eos. Cordulis cingebantur super camisias cum quibus jacebant; nescit tamen nec credit quod tangerent capita ydolorum. Qui revelassent secreta capituliorum puniti fuissent, sed nescit qualiter. Fratres scientes errores negligentes fuerunt, quia non correxerunt et non denunciaverunt Ecclesie. Elemosinas et hospitalitatem vidit convenienter fieri et servari, ultra mare et extra, in domibus ordinis in quibus fuit commoratus. Vidit quod clam tenebantur capitulia, januis clausis, et providebatur quod non audiretur exterius quod interius agebatur. Servata fuissent in ordine ea que magnus Magister cum conventu suo statuisset et ordinasset. Grandia scandala, suspicio et infamia propter predicta contra ordinem sunt exorta. Illicita confessata per eum credit quod essent nota fratribus ordinis, contra quem audivit dici magnum Magistrum et alios aliquos errores, nescit tamen quos, fuisse confessos.

Requisitus si sic deposuerat prece, precepto, timore, amore, odio, vel temporali comodo habito vel habendo, respondit quod non, sed pro veritate dicenda; cui fuit injunctum quod non revelaret hanc suam deposicionem, quousque attestaciones fuerint publicate; et non obtulerat se ad deffensionem ordinis supradicti.

Frater Rogerius de Rupe serviens, Bituricensis diocesis, testis supra juratus, mantellum ordinis et barbam defferens, quinquagenarius vel circa, cum quo fuerat inquisitum, absolutus et reconciliatus per dominum episcopum Claramontensem, lectis et diligenter expositis sibi omnibus et singulis articulis, respondit, protestacione premissa quod non intendit recedere a deposicione per eum facta coram dicto domino episcopo Claramontensi, se nescire, nec credere, nec audivisse dici de contentis in eis nisi quod sequitur. Dixit enim se fuisse receptum in capella domus Templi de las Mayhez Bituricensis diocesis, circa instans festum Pasche erunt circiter xxx^a anni, per fratrem Petrum de Faus presbiterum quondam, qui recepit eum de mandato fratris Franconis de Bort quondam militis, presentibus fratribus Guillelmo de Petralevata Lemovicensis diocesis, quem credit vivere, et Guillelmo Arnaudi, et Vicencio, cujus cognomen ignorat, servientibus deffunctis, in hunc modum : nam petitis caritate et societate fratrum ordinis, et post multas exortaciones sibi concessis, prescito cum ipso per juramentum quod non erat servilis condicionis, nec matrimonio, vel alteri religioni, seu debitis que non posset solvere obligatus, nec habebat latentem infirmitatem, dictus receptor fecit eum vovere et jurare castitatem, obedienciam, vivere sine proprio, et quod servaret bonos usus et bonas consuetudines, et elemosinas et jura ordinis. Quo facto imposuit sibi mantellum, et ostensa sibi quadam cruce lignea, ut sibi videtur, in qua erat ymago Crucifixi depicta, quam idem receptor tenebat in manu, precepit ei quod spueret super eam, quia hoc erat de preceptis ordinis, et tunc ipse testis spuit juxta dictam crucem non supra, dicens idem testis quod dictus receptor dixit ei quod non debebat credere in dictam crucem nec in Crucifixum. Item, dixit quod dictus receptor dixit ei quod poterat commisceri carnaliter fratribus ordinis et ipsi cum eo; ipse tamen hoc non fecit nec fuit requisitus, nec credit quod illud peccatum committeretur in ordine. Deinde dictus receptor fuit osculatus ipsum testem in ordine et circa umbilicum super vestes, et astantes postea fuerunt eum osculati in ore. Requisitus si alia inhonesta intervenerunt in sua recepcione vel post, respondit quod non. Requisitus si predicta illicita confessata per eum aut alia inhonesta interveniebant in recepcionibus aliorum vel post, respondit se credere quod illicita confessata per eum communiter intervenirent in recepcionibus aliorum vel post, quia vidit recipi in ordine fratrem Guillelmum Galabrii servientem, preceptorem de Viveriis Lemovicensis diocesis, in capella domus predicte de las Mayhez, infra octo dies a tempore recepcionis ipsius testis, per eumdem presbiterum et presentibus illis qui adfuerunt recepcioni ipsius testis. Item, vidit recipi quemdam alium fratrem de Borbonesio, cujus nomen et cognomen ignorat, in capella domus Templi de Cambarello Lemovicensis diocesis, sunt x anni vel circa, per fratrem Petrum de Quasto Drunio serviente, quondam preceptorem dicte domus, presentibus fratribus Johanne de Gentils et Guillelmo Lancelot servientibus, Lemovicensis diocesis, de quorum vita vel morte non habet certitudinem: in quorum recepcionibus vidit precipi, fieri et servari licita et illicita que in recepcione sua deposuit intervenisse. Item, dixit se credere ecclesiasticis sacramentis, credens quod alii crederent, et quod eorum sacerdotes debite celebrarent. Juravit, et alii quos vidit recipi juraverunt quod non exirent ordinem, credens quod alii communiter hoc jurarent. Statim habebantur pro professis. Clam recipiebantur, nullis presentibus nisi fratribus ordinis, et januis clausis. Cordulis cingebantur super camisias cum quibus jacebant et assumptis unde volebant. Injungebatur per juramentum ne revelarent modum recepcionis, et qui revelassent dictum modum vel alia secreta puniti fuissent, sed nescit qualiter. Quamdiu habebant copiam sacerdotum ordinis, non debebant ex precepto aliis confiteri. Fratres scientes errores fuerunt negligentes, quia non correxerunt et non denunciaverunt Ecclesie. Elemosinas et hospitalitatem convenienter vidit fieri et servari in domibus ordinis in quibus fuit conversatus; audivit tamen dici, non recordatur a quibus, quod magnus Magister precepit restringi elemosinas in aliquibus locis, non tamen audivit nec credit fuisse restrictas. Audivit eciam dici quod clam tenebantur capitulia, et summo mane, et ante diem quandoque, et providebatur bene quod non audirentur exterius ea que interius agebantur. Ordinaciones facte per Magistrum cum conventu suo servate fuissent in ordine, contra quem grandia scandala, suspicio et infamia sunt exorta; et illicita confessata per eum credit esse nota fratribus ordinis, contra quem audivit dici magnum Magistrum et alios aliquos errores, nescit quos, fuisse confessos.

Requisitus si sic deposuerat prece, precepto, timore, amore, odio, vel temporali comodo habito vel habendo, respondit quod non, sed pro veritate dicenda; cui fuit injunctum quod non revelaret hanc suam deposicionem, quousque attestaciones fuerint publicate; et non obtulerat se ad deffensionem ordinis.

Et ibidem fratres Renardus de Bort miles Lemovicensis, Bernardus Ademari miles, Durandus Passerion, Petrus Almavini, et Raymundus Amalini Ruthenensis, Guigo de Rupe Talhada presbiter Aniciensis, Petrus Gontandi Lodovensis, Bertrandus Boni Hominis Caturcensis, et Guibertus Rogerii Claramontensis diocesium, adducti pro testibus ad presenciam eorumdem dominorum commissariorum, protestacione premissa quod non intendunt recedere a deposicionibus suis per eos alias factis coram ordinariis, et quod si plus vel minus dicerent coram ipsis dominis commissariis, quod eis non prejudicet, juraverunt, tactis sacrosanctis Evangeliis, dicere in isto negocio totam plenam et meram veritatem, secundum formam juramenti aliorum testium superius registratam, expositam et vulgarizatam eisdem.

Acta fuerunt hec dictis die et loco, presentibus magistro Amisio, me Floriamonte Dondedei, et aliis notariis supra ultimo nominatis.

Post hec, die Veneris sequenti, que fuit 11 dies mensis aprilis, fuit adductus ad presenciam dictorum dominorum commissariorum, in domo predicta domini Petri de Sabaudia, frater Renardus de Bort miles, preceptor domus Templi de Podio Nucis Lemovicensis diocesis, testis supra juratus, ut deponeret dictum suum, quinquaginta quinque annorum vel circa, mantellum ordinis et barbam defferens, nondum absolutus nec reconciliatus per aliquem. Lectis autem et diligenter sibi expositis omnibus et singulis articulis, respondit se nescire, nec credere, nec audivisse dici de contentis in eis nisi quod sequitur. Ipse quidem fuit receptus in capella domus Templi de Bella Chassanha Lemovicensis diocesis, per fratrem Franconem de Bort militem quondam, avunculum ipsius testis, in secunda Dominica Quadragessime nuper lapsa fuerunt xxxv anni vel circa, presentibus fratribus Rogerio de Bort, patre ipsius testis, milite, Guillelmo de Arsac, Dionisio de Castris et Boneto de Rupe servientibus, deffunctis, in hunc modum : nam cum peciisset se admitti ad fraternitatem ordinis, dictus receptor, prescito per juramentum ab eo quod non erat religioni alteri vel matrimonio obligatus, non excommunicatus, et quod non habebat infirmitatem latentem, fecit eum vovere et jurare castitatem, obedienciam, vivere sine proprio, et servare bonos usus et bonas consuetudines que tunc erant et in posterum imponerentur in ordine, et servare bona et elemosinas ordinis, et quod pro posse suo juvaret ad acquirendum regnum Jherosolime. Quo facto imposuit sibi mantellum, et ipse et astantes fuerunt eum osculati in ore, et instruxit eum de aliquibus; et de pluribus instruxisset eum, ut dicebat idem receptor, sed propter vicecomitem de Venthedorio et multos alios nobiles de foris expectantes supersedit. Precepit tamen ei quod super quamdam crucem metallinam in qua erat ymago Crucifixi, allatam ibi nescit per quem, spueret; et cum dictus testis stuperet de hoc, dictus receptor dixit ei : « Faciatis audacter, quia nichil de (hoc) constat, » dicens submissa voce quod spueret juxta crucem, et tunc dictus testis spuit non supra crucem, sed a latere ad terram. Requisitus si alia inhonesta intervenerunt in dicta sua recepcione vel post, respondit quod non. Requisitus si credit quod dicta spuicio confessata per eum vel alia inhonesta intervenerunt in recepcionibus aliorum vel post, respondit se nichil scire, quia nunquam vidit, sed credit quod spuicio confessata per eum preciperetur eis. Requisitus si viderat aliquos alios recipi in ordine, respondit quod sic, fratrem Bertrandum de Sartiges militem, ad ordinis deffensionem assumptum, in quadam camera domus Templi de Tortosa ultra mare, per fratrem Adeum de Peyrucza quondam, tunc castellanum dicte domus, presentibus fratribus Hugone de Nays, Visiano de Moret militibus, deffunctis, et pluribus aliis de quibus non recordatur. In cujus recepcione non intervenerunt dicta illicita vel alia, quia, dum recipiebatur, fuit clamatum ad arma, propter insultum quem tunc Sarraceni fecerant contra eos, et dicta die et nocte fuerunt in exercicio armorum contra dictos Sarracenos, et credit quod, nisi dictum impedimentum intervenisset, fuisset preceptum eidem Bertrando quod spueret super crucem, sicut preceptum fuerat ipsi testi, et idem credit quod preciperetur omnibus aliis fratribus in recepcionibus eorumdem; hoc tamen aliter nescit, nec credit quod alia illicita intervenirent in dictis recepcionibus aliorum vel post. Audivit tamen frequenter inproperari sibi et aliis fratribus ordinis jocose ab Hospitalariis quod in eorum recepcionibus osculabantur tantum in ano. Item, dixit quod bene credebat ecclesiasticis sacramentis, credens quod alii fratres ordinis eodem modo crederent, et quod eorum sacerdotes debite celebrarent. In terminacionibus capituliorum, laici qui ea tenebant remittebant fratribus; ex potestate quam habebant a Magistro, inobediencias eorum, et precipiebant quod de peccatis eorum confiterentur sacerdotibus ordinis, qui habebant super eos majorem potestatem quam alii, vel aliis religiosis aut secularibus. Promitebant ordinem non exire. Statim pro professis habebantur. Clandestine recipiebantur, nullis presentibus nisi fratribus ordinis, ex quo credit quod esset suspicio contra eos. Cordulis unde volebant assumptis cingebantur super camisias cum quibus jacebant. Injungebatur eis per sacramentum ne revelarent secreta capituliorum, de modo recepcionis in speciali non habita mencione, et qui ea revelassent graviter puniti fuissent. Fratres scientes errores fuerunt negligentes, quia non correxerunt eos nec denunciaverunt Ecclesie. Elemosinas et hospitalitatem vidit convenienter fieri et servari in domibus ordinis in quibus extitit commoratus. Precipiebatur eis quod deffenderent bona et jura ordinis suo posse. Eorum capitulia clam, januis clausis, tenebantur, aliquando de nocte, ut cicius possent recedere in eisdem capitulis existentes. Ordinata per Magistrum cum conventu servasset totus ordo, contra quem nunc grandia scandala, suspicio et infamia sunt exorta; cujus fratribus credit quod essent nota confessata per eum. Et audivit dici magnum Magistrum et alios aliqua fuisse confessos contra dictum ordinem, ad cujus deffensionem se obtulerat.

Requisitus si sic deposuerat prece, precepto, timore, amore, odio, vel temporali comodo, habito vel habendo, respondit quod non, sed pro veritate dicenda; cui fuit injunctum quod non revelaret hanc suam deposicionem, quousque attestaciones fuerint publicate.

Frater Guigo de Ruppe Talhata presbiter, preceptor domus Templi de Drulha diocesis Ruthenensis, testis supra juratus, xxx[a] annorum vel circa, mantellum defferens, cum quo inquisitum fuerat, absolutus et reconciliatus per dominum episcopum Ruthenensem, lectis et diligenter expositis sibi omnibus et singulis articulis, respondit se nescire, nec credere, nec audivisse dici de contentis in eis nisi quod sequitur. Dixit enim se fuisse receptum circa instans festum beati Dionisii erunt x anni in capella domus Templi Aniciensis, per fratrem Guigonem Ademari militem quondam, presentibus fratribus Bernardo Usclas presbitero, Guillelmo preceptore de Bocelis, Guillelmo de Castro Novo, commorante in dicta domo, et Johanne l'Alvernhatz servientibus, de quorum vita vel morte non habet certitudinem, in hunc modum : nam concordato cum dictis fratribus per dictum receptorem quod eum reciperent, fecit eum vovere et jurare castitatem, obedienciam, et vivere sine proprio, et imposuit ei mantellum, in nomine Patris et Filii et Spiritus Sancti, dicto presbitero dicente psalmum Ecclesie *Quam bonum*, et quasdam oraciones, et aspergente aquam benedictam supra ipsum; et dictus receptor et astantes fuerunt eum osculati in ore. Deinde allata quadam cruce alba, nescit si metallina vel lignea vel de panno, in qua non erat ymago Crucifixi, nescit per quem, et in terra posita, precepit ei quod spueret super eam, et ipse testis spuit non supra sed juxta. Deinde precepit ei quod oscularetur eum in ano et in umbilico, et fuit eum osculatus in locis predictis in carne nuda. Dixit eciam ei quod carnaliter poterat commisceri aliis fratribus ordinis et ipsi cum eo; hoc tamen non fecit, nec credit quod in ordine fieret. Credit tamen quod predicta illicita confessata per eum, facta et dicta in presencia predictorum, intervenirent communiter in recepcionibus aliorum fratrum ordinis vel post, licet viderit duos recipi, in quorum recepcionibus nichil illicitum intervenerit, quod ipse sciverit vel audiverit dici, videlicet fratrem Guigonem de Namans militem, detentum in diocesi Ruthenensi, quem recepit frater Hugo de Penrando, in quadam capella domus Templi de Montilio Ademari, sunt sex anni vel circa, presentibus dicto fratre Guidone Ademari et fratre Iacobo de Mallavalle serviente, quem credit vivere, et ibidem, et per eumdem, et eodem modo, et eisdem presentibus, fuit receptus frater Mondetus de Fara miles, de Montilio Ademari, qui detinetur Parisius. Item, dixit quod in dicto ordine celebrabat secundum formam Ecclesie, et credit quod alii sacerdotes ordinis eodem modo celebrarent. Contrarium tamen fuit sibi preceptum per dictum receptorem, quia dixit quod erat in ordine consuetum quod obmitterent illa verba : *Hoc est enim corpus meum.* Audivit dici a preceptoribus ordinis laicis, de quorum nominibus non recolit, quod ipsi poterant absolvere, secundum eorum privilegia, fratres ab inobedienciis eorum ; dictus tamen testis non credit quod propter dictam absolucionem debuissent obmittere confessionem. Jurabant ordinem non exire; statim pro professis habebantur. Clandestine recipiebantur, nullis presentibus nisi fratribus ordinis, ex quo credit quod esset suspicio contra eos. Cordulis unde volebant assumptis cingebantur, ex precepto superiorum, super camisias cum quibus jacebant. Injungebatur eis per sacramentum ne predicta illicita revelarent; et si revelassent, credit quod domum perdidissent. Fratres scientes errores fuerunt negligentes, quia non correxerunt eos nec denunciaverunt Ecclesie. In domibus ordinis in quibus extitit commoratus, vidit elemosinas et hospitalitatem convenienter fieri et servari, et capitulia clam, nullis presentibus nisi fratribus ordinis, teneri, januis clausis, aliquando de nocte, post matutinum, sermone per aliquem religiossum facto, et aliquando de die. Ordinata per Magistrum cum conventu servasset totus ordo, contra quem nunc grandia scandala, suspicio et infamia sunt exorta. Cujus fratribus credit quod essent nota confessata per eum. Et audivit dici magnum Magistrum et alios aliqua fuisse confessos contra dictum ordinem, ad cujus deffensionem se non obtulerat.

Requisitus si sic deposuerat prece, precepto, timore, amore, odio, vel temporali comodo habito vel habendo, respondit quod non, sed pro veritate dicenda; cui fuit injunctum quod non revelaret hanc suam deposicionem, quousque attestaciones fuerint publicate.

Acta fuerunt hec dictis die et loco, presentibus magistro Amisio, me Floriamonte Dondedei, et aliis notariis supra ultimo nominatis.

Post hec, die sabati sequenti, que fuit III dies dicti mensis aprilis, fuit adductus ad presenciam eorumdem dominorum episcoporum Mimatensis et Lemovicensis et archidiaconi Tridentini, aliis excusatis, in domo predicta domini Petri de Sabaudia, frater Bernardus Ademari miles, Ruthenensis diocesis, testis supra juratus, ut deponeret dictum suum, quinquagenarius vel circa, mantellum et barbam defferens, cum quo inquisitum fuerat, absolutus et reconciliatus per dominum episcopum Ruthenensem. Lectis autem et diligenter expositis sibi omnibus et singulis articulis, respondit se nichil scire, nec credere, nec audivisse dici de contentis in eis nisi quod sequitur. Dixit nempe se fuisse receptum in capella domus Templi de Vaor Albiensis diocesis, circa instans festum Pentecostes erunt circiter triginta anni, per fratrem Petrum Guaufredi militem quondam, preceptorem tunc dicte domus, presentibus fratribus Bernardo Ysarii et Guillelmo Petri militibus, et Bernardo Darbus serviente, deffunctis, in hunc modum : nam cum requisivisset societatem ordinis et finaliter ei concessa fuisset, imposuit dictus receptor sibi mantellum, quodam presbitero assistente, cujus nomen et cognomen ignorat, dicente quasdam oraciones, et omnes astantes fuerunt eum osculati in ore. Postmodum fecit eum vovere et jurare quod esset obediens omnibus superioribus suis, et quod servaret castitatem, et viveret sine proprio, et quod non revelaret secreta capitulorum. Deinde precepit ei dictus receptor quod spueret super quamdam crucem in terra positam, nescit per quem allatam nec qualis esset, pocius tamen credit quod esset metallina quam alia, et ipse testis spuit non super sed juxta eam. Deinde precepit ei dictus receptor quod oscularetur eum in anca in carne nuda, et certis astantibus levantibus ejus vestes, fuit in dicta anca osculatus eumdem. Post que dixit ei quod poterat cum aliis fratribus ordinis carnaliter commisceri et ipsi cum eo; hoc tamen non fecit, nec scit nec audivit dici quod in ordine fieret; nec dixit ei dictus receptor vel alius quod predicta essent de punctis ordinis vel in ordine fieri consueta. Credit tamen quod predicta illicita et non alia intervenirent communiter in recepcionibus fratrum ordinis vel post, pro eo quia sibi dictum et preceptum fuit quod faceret supradicta, et quia vidit et audivit quod intervenerunt in recepcione fratris Deodati Hugonis Ruthenensis diocesis, servientis, qui affugit in capcione aliorum, et fuerat receptus in capella domus Templi de Spelieu dicte diocesis, sunt circiter octo anni, per fratrem Guigonem Ademari militem quondam, visitatorem tunc Provincie, presentibus fratribus tribus vel IIII^{or} deffunctis, de quorum nominibus non recolit, inter quos fuit quidam miles nepos fratris Ademari de Peyrucza dicte diocesis. Item, dixit se credere quod fratres ordinis bene crederent ecclesiasticis sacramentis, quibus ipse credebat, et quod eorum sacerdotes debite celebrarent. Jurabant ordinem non exire. Statim pro professis habebantur, propter quod fecit dicta illicita sicut dixit, quia aliter non fecisset predicta. Clandestine recipiebantur, nullis presentibus nisi sacerdotibus ordinis, ex quo credit quod esset suspicio contra eos.

Cordulas unde volebant assumptas portabant super camisias cum quibus jacebant. Credit quod predicta illicita facere recusantes, vel ea aut secreta capituliorum revelantes, graviter, sed nescit qualiter, puniti fuissent. Absque licencia non poterant aliis quam sacerdotibus ordinis confiteri. Fratres quos credit scivisse dictos errores negligentes fuerunt, quia non correxerunt eos nec denunciaverunt Ecclesie. In domibus ordinis in quibus extitit commoratus vidit elemosinas et hospitalitatem convenienter fieri et servari; et semel in Monte Pessulano capitulum, post mediam noctem, sermone per unum religiossum facto, clam per fratrem quemdam Rossolinum teneri, januis clausis, nullis presentibus nisi fratribus ordinis antedicti, in quo servatum fuisset quod magnus Magister cum conventu statuisset. Contra quem ordinem nunc grandia scandala, suspicio et infamia sunt exorta, et contra quem audivit dici magnum Magistrum et alios aliqua fuisse confessos; ad cujus ordinis deffensionem se non obtulerat.

Requisitus si sic deposuerat prece, precepto, timore, amore, odio, vel temporali comodo habito vel habendo, respondit quod non, sed pro veritate dicenda; cui fuit injunctum quod non revelaret hanc suam deposicionem, quousque attestaciones fuerint publicate.

Frater Petrus Gotandi preceptor domus de la Gavalaria diocesis Ruthenensis, serviens, testis supra juratus, mantellum et barbam defferens, quinquagenarius vel circa, cum quo inquisitum fuerat, absolutus et reconciliatus per dominum episcopum Ruthenensem, protestacione premissa quod non intendit recedere a deposicione per eum facta coram dicto domino episcopo, lectis et diligenter expositis sibi omnibus et singulis articulis, respondit se nescire, nec credere, nec audivisse dici de contentis in eis nisi quod sequitur. Dixit nempe se et fratrem Raymundum Bernandi servientem, diocesis Lodovensis, quondam fuisse receptos in capella domus Templi Sancte Eulalie dicte diocesis, octava die post instans festum Pentecostes erunt circiter XXII anni, per fratrem Petrum Raymundi militem quondam, preceptorem tunc dicte domus, presentibus fratribus Aymerico Ada presbitero, Berengario de Rogas et Raymundo Palcort militibus, deffunctis, et quibusdam aliis de quibus non recolit, in hunc modum : nam cum requisivissent societatem ordinis, et deliberato consilio finaliter eis concessisset, et fecisset eos rogare Deum et beatam Mariam qui dirigerent eos, et prescivisset ab eis per juramentum quod non erant matrimonio, alteri religioni vel debitis que solvere non possent obligati, nec habebant infirmitates latentes, fecit eos vovere et jurare super quemdam librum castitatem, obedienciam, et vivere sine proprio, et quod suo posse servarent fratres et bona ordinis, et quod non revelarent secreta capitulorum, et servarent bonos usus et bonas consuetudines ordinis; et imposuit eis mantellos dicendo psalmum *Ecce quam bonum*, et dicto presbitero dicente quasdam oraciones et aspergente aquam benedictam super eos, et omnes astantes fuerunt eos osculati in ore. Postmodum allata nescit per quem quadam cruce metallina, in qua non vidit ymaginem Crucifixi, in terra posita, precepit eis quod spuerent super eam, et ipse testis spuit, et postmodum dictus Raymundus; spuerunt non super sed juxta dictam crucem, quia dixit quod predicta erant de punctis ordinis, et quod secundum ea poterant carnaliter commisceri aliis fratribus ordinis et ipsi cum eis; hoc tamen non fecit ipse testis, nec credit quod in ordine fieret. Precepit eciam dictus receptor eis quod oscularentur eum in ano et in umbilico, et ipsi osculati fuerunt eum in anca et umbilico super carnem nudam, et credit quod predicta illicita et non alia intervenirent communiter et ubique in recepcionibus aliorum fratrum ordinis, quia vidit per eumdem modum recipi fratrem Bernandum de Bort militem, qui aufugit in capcione aliorum, in dicta capella, sunt circiter octo anni, per fratrem Bernardum de Rocha militem Provincie, preceptorem Provincie, qui detinetur, ut credit, ultra Rodanum, presentibus fratribus Bernardo Ginebaudi milite, preceptore dicte domus, Guillelmo Roca et Raymundo Penaria servientibus, detentis apud Naiac in

Ruthicinio; plurium recepcionibus se non recolit adfuisse. Item, dixit se credere quod fratres ordinis crederent sacramentis ecclesiasticis, quibus ipse credebat, et quod eorum sacerdotes debite celebrarent. Preceptores laici remittebant aliquas ordinis disciplinas, et sacerdotes absolvebant eos a peccatis. Jurabant ordinem non exire; statim pro professis habebantur. Clandestine recipiebantur, quod ipsi testi et pluribus alii presbiteris ordinis displicebat, ex quo credit quod esset suspicio contra eos. In signum castitatis et devocionis cingebantur, super camisias cum quibus jacebant, cordulis sumptis unde volebant. Injungebatur eis per sacramentum ne revelarent secreta capitulorum, de modo recepcionis in speciali non habita mencione. Qui revelassent vel predicta illicita per eum confessata facere recusassent, credit quod graviter puniti fuissent. Injungebatur eis quod absque licencia non confiterentur aliis quam sacerdotibus ordinis. Fratres quibus credit nota fuisse illicita confessata per eum fuerunt negligentes, quia non correxerunt ea nec denunciaverunt Ecclesie. In domibus ordinis, in quibus extitit commoratus, vidit elemosinas et hospitalitatem convenienter fieri et servari, et audivit dici quod clam eorum generalia capitulia aliquando tenebantur de nocte, post factum sermonem, nullis presentibus nisi fratribus ordinis, in quo servatum fuisset quod magnus Magister cum conventu statuisset; ex quo credit aliquos fratres ordinis exivisse propter ejus austeritatem et illicita supradicta, propter que grandia scandala, suspicio et infamia sunt exorta contra dictum ordinem; contra quem dictus Magister et alii dicuntur aliqua fuisse confessi; ad cujus ordinis deffensionem se non obtulerat.

Requisitus si sic deposuerat prece, precepto, timore, amore, odio, vel temporali comodo habito vel habendo, respondit quod non, sed pro veritate dicenda; cui fuit injunctum quod non revelaret hanc suam deposicionem, quousque attestaciones fuerint publicate.

Frater Durandus Passarion serviens, preceptor domus de la Clau Ruthenensis diocesis, testis supra juratus, quinquagenarius vel circa, mantellum et barbam defferens, cum quo inquisitum fuerat, absolutus et reconciliatus per dominum episcopum Ruthenensem, lectis et diligenter expositis sibi omnibus et singulis articulis, respondit se nescire, nec credere, nec audivisse dici de contentis in eis nisi quod sequitur. Dixit namque se fuisse receptum, circa instans festum Pasche erunt circiter xx^i anni, in capella domus Templi Sancte Eulalie Ruthenensis diocesis, per fratrem Hugonem de Sances militem quondam, preceptorem tunc dicte domus, presentibus fratribus Raymundo Peyroneti camerario, Bernardo de Sancto Verano, et Deodato Corvi servientibus, deffunctis, in hunc modum : nam cum requisivisset fraternitatem ordinis, et obtulisset se velle fieri servum esclavum ejusdem, et deliberacione habita ei concessa fuisset, et de mandato receptoris et aliorum rogasset Deum ut dirigeret eum, fecit eum vovere et jurare super quemdam librum castitatem, obedienciam, et vivere sine proprio, et servare bonos usus et bonas consuetudines ordinis; et imposito sibi mantello, in nomine Patris et Filii et Spiritus Sancti, et dicto versiculo *Ecce quam bonum*, et aqua benedicta aspersa super eum, dictus receptor et astantes fuerunt eum osculati in ore. Deinde allata, nescit per quem, quadam cruce metallina in qua non erat ymago Crucifixi et in terram posita, precepit ei dictus receptor quod spueret super eam; et ipse testis, nimium perterritus et stupefactus, spuit non super sed juxta eam; et de mandato ejusdem receptoris, fuit eum osculatus super carnem nudam in umbilico et in ancha. Post que dixit ei idem receptor quod poterat aliis fratribus ordinis carnaliter commisceri et ipsi cum eo; hoc tamen non fecit, nec credit quod in ordine fieret; sed credit quod dicta illicita intervenirent communiter et ubique in recepcionibus aliorum fratrum ordinis vel post, quia vidit per eumdem modum recipi fratrem Guillelmum Alamani de Spelho servientem, detentum in Ruthicinio, per fratrem Guigonem Ademari militem quondam, in dicta capella, circa instans festum Pentecostes erunt circiter quinque anni, presentibus fratribus Guigone de Rupe Talhada presbitero., teste eri examinato, Petro Gotandi hodie examinato, ut credit, Guillelmo Calador presbitero, et Berengario Geraldi, detentis apud Naiac Ruthenensis diocesis; et insuper fratrem Petrum Bastida servientem quondam, Ruthenensis diocesis, qui fuit receptus in dicta capella, sunt circiter xv anni, per dictum fratrem Hugonem de Sances, presentibus dictis fratribus Raymundo Peyroneti et Bernardo de Sancto Verano, deffunctis, et dicto Petro Gotandi, ut credit; plurium recepcionibus se non recolit adfuisse. Item, dixit quod bene credebat ecclesiasticis sacramentis, credens quod alii fratres eodem modo crederent, et quod eorum sacerdotes debite celebrarent. Statim pro professis habebantur. Jurabant ordinem non exire. Clandestine recipiebantur, nullis presentibus nisi fratribus ordinis, ex quo credit quod esset suspicio contra eos. Cordulis unde volebant assumptis cingebantur super camisias cum quibus jacebant. Injungebatur eis per sacramentum ne revelarent secreta capitulorum, de modo recepcionis speciali non habita mencione. Qui revelassent graviter puniti fuissent. Absque licencia non poterant aliis quam sacerdotibus ordinis confiteri. Illicita confessata per eum credit quod essent nota fratribus ordinis, et quod negligentes fuerunt in eis corrigendis. Elemosinas et hospitalitatem vidit convenienter fieri et servari in domibus ordinis in quibus extitit commoratus. Quod magnus Magister cum conventu statuisset totus ordo servasset, contra quem nunc grandia scandala, suspicio et infamia sunt exorta. Non obtulerat se ad deffensionem ordinis.

Requisitus si sic deposuerat prece, precepto, timore, amore, odio, vel temporali comodo habito vel habendo, respondit quod non, sed pro veritate dicenda; cui fuit injunctum quod non revelaret hanc suam deposicionem, quousque attestaciones fuerint publicate.

Frater Bernardus Boni Hominis preceptor domus Templi de Albinhaco Ruthenensis diocesis, serviens, quadraginta quinque annorum vel circa, testis supra juratus, habitum ordinis et barbam defferens, cum quo inquisitum fuerat, absolutus et reconciliatus per dominum episcopum Ruthenensem, lectis et diligenter expositis sibi omnibus et singulis articulis, respondit se nescire, nec credere, nec audivisse dici de contentis in eis nisi quod sequitur. Dixit namque se fuisse receptum, in instanti mense septembris erunt xx^i anni vel circa, in quadam camera domus Templi de Monte Pessulano, per fratrem Poncium de Broet militem quondam, tunc preceptorem Provincie, presentibus fratribus Bernardo de Conbito milite, quem credit esse captum ultra Rodanum, et Guillelmo d'Arsi milite quondam, et Guillelmo del Rane preceptore dicte domus, detento, ut credit, apud Alestum, et Raymundo Guillermi de Benca milite, Parisius detento, ut credit, et quibusdam aliis de quibus non recolit, in hunc modum : nam petita societate fratrum ordinis, cum diceret se paratum abdicare a se propriam voluntatem et velle esse servum esclavum ordinis, prescito per juramentum suum quod non erat servilis condicionis, nec erat alteri religioni, nec matrimonio, nec debitis que non posset solvere obligatus, nec latentem infirmitatem habebat, dictus receptor fecit eum vovere et jurare castitatem, obedienciam, et vivere sine proprio. Quo facto imposuit sibi mantellum, dicendo : « In nomine Patris et Filii et Spiritus Sancti; » fratre Bernardo Borret presbitero, qui eciam dicte recepcioni adfuit, dicente psalmum *Ecce quam bonum,* et aspergente aquam benedictam super eum, et receptor et alii fuerunt eum osculati in ore. Deinde ostensa sibi quadam cruce ad terram supra quoddam tapetum posita, nescit per quem allata, nec recordatur si erat in ea aliqua ymago, idem receptor precepit ei quod spueret super dictam crucem, et ipse testis, stupefactus et perterritus, spuit supra dictam crucem, cum dolore tamen cordis. Postmodum precepit ei quod oscularetur eum in umbilico, et ipse testis osculatus fuit eum ibi vel circa, in carne nuda. Deinde precepit ei quod oscularetur eum in dorso, et ipse fuit eum osculatus super zonam, non in carne nuda. Requisitus si alia inhonesta intervenerunt in dicta sua recepcione vel post, respondit quod non. Requisitus si credit quod predicta illicita confessata per eum aut alia inhonesta intervenirent communiter in recepcionibus aliorum seu post, respondit se credere quod sic de confessatis per eum, quia vidit per eumdem modum recipi quemdam fratrem, cujus nomen et cognomen ignorat, in quadam camera domus Templi de Nicia, sunt XVIII anni vel circa, per dictum receptorem suum, presentibus dictis duobus fratribus dicte Baylie et Niciensis, quorum nomina et cognomina ignorat; plurium recepcionibus non adfuit. Item, dixit quod bene credebat ecclesiasticis sacramentis, et credit quod alii fratres ordinis eodem modo crederent, et quod eorum sacerdotes debite celebrarent. Statim pro professis habebantur, et jurabant ordinem non exire. Clandestine recipiebantur, nullis presentibus nisi fratribus ordinis, ex quo credit quod esset suspicio contra eos. Cordulis sumptis unde volebant cingebantur super camisias cum quibus jacebant. Injungebatur eis per sacramentum quod non revelarent secreta capituliorum, de modo recepcionis speciali non habita mencione; qui revelassent, habitum perdidissent, et aliter puniti essent. Absque licencia non poterant aliis quam sacerdotibus ordinis confiteri. Credit quod illicita confessata per eum essent nota fratribus ordinis, et quod negligentes fuerunt in eis corrigendis. In domibus ordinis in quibus extitit commoratus, vidit elemosinas et hospitalitatem convenienter fieri et servari; et audivit precipi quod bona et jura ordinis debite conservarent, et quod eorum capitulia, clam, nullis presentibus nisi fratribus, tenebantur, et ponebantur custodes ne ab eorum familiaribus vel aliis exterius audirentur que interius agebantur. Ordinata per Magistrum cum conventu servasset totus ordo, contra quem nunc grandia scandala, suspicio et infamia sunt exorta, et contra quem idem Magister et alii aliqua dicuntur fuisse confessi; ad cujus ordinis defensionem se non obtulerat.

Requisitus si sic deposuerat prece, precepto, timore, amore, odio, vel temporali comodo habito vel habendo, respondit quod non, sed pro veritate dicenda; cui fuit injunctum quod non revelaret hanc suam deposicionem, quousque attestaciones fuerint publicate.

Et ibidem fratres Petrus de Turonis preceptor de Frotay ejusdem diocesis, Matheus de Montelupello Lugdunensis, Petrus de Lanneis Macloviensis, Bartholomeus Bartholeti Xantonensis, Guillelmus de Plexeyo Ebroicensis, Guillelmus Talheboys Xantonensis, Gaufredus de Monchanson Claromontensis, Arnaudus Brucgeon Engolismensis, Johannes Picardi Belvacensis, Audebertus de Porta preceptor domus d'Auson, Pictavensis, et Parisius de Buris Lingonensis diocesium, adducti pro testibus ad presenciam eorumdem dominorum commissariorum, premissa protestacione quod non intendunt recedere a deposicionibus alias per eos factis coram ordinariis et prelatis suis, et quod si plus vel minus dicerent quod eis non prejudicet, juraverunt, tactis sacrosanctis Evangeliis, dicere in isto negocio totam, plenam et meram veritatem, secundum formam juramenti aliorum testium superius registratam, expositam et vulgarizatam eisdem.

Acta fuerunt hec die et loco predictis, presentibus magistro Amisio, me Floriamonte Dondedei, et aliis notariis supra ultimo nominatis.

Post hec, die Lune sequenti, que fuit quinta dies mensis aprilis, fuit adductus ad presenciam eorumdem dominorum commissariorum et domini Mathei, in domo predicta domini Petri de Sabaudia, frater Petrus Amalini serviens et bergerius, Ruthenensis diocesis, testis supra juratus, quadraginta octo annorum vel circa, mantellum ordinis et barbam defferens, cum quo inquisitum fuerat, absolutus et reconciliatus per dominum episcopum Ruthenensem, qui receptus fuerat in capella domus Templi Sancte Eulalie dicte diocesis, per fratrem Poncium de Broeto militem quondam, in carniprivio preterito fuerunt circiter xx^{ti} anni, presentibus fratribus Guigone Ademari milite, preceptore dicte domus, et Aymerico Calador presbitero, deffunctis; et qui in eadem capella viderat recipi, per dictum fratrem Guigonem, fratrem Deodatum Gavalda dicti loci Sancte Eulalie, sunt circiter xv anni, presentibus dicto presbitero et ipso teste, qui plurium recepcionibus non adfuerat nec capitulis eorum. Lectis et diligenter expositis sibi omnibus et singulis articulis, respondit se nescire, nec credere, nec audivisse dici de contentis in eis nisi quod sequitur. Videlicet quod in recepcione sua, cum requisivisset panem et aquam ordinis, et sibi concessa fuissent, et prescivisset per juramentum ab eo quod non erat excommunicatus, matrimonio, alteri religioni, vel debitis que non posset solvere obligatus, et quod non habebat infirmitatem latentem, fecit eum dictus receptor vovere et jurare castitatem, obedienciam, et vivere sine proprio, et associavit eum beneficiis ordinis, precipiens quod servaret bonos usus et bonas consuetudines ordinis; et imposito sibi mantello, dictus receptor et presbiter osculati fuerunt eum in ore. Quo facto precepit ei quod spueret super quamdam crucem metallinam, in qua erat ymago Crucifixi, et stabat juxta altare, et ipse testis spuit non supra sed juxta eam. Dixit eciam ei quod poterat fratribus ordinis carnaliter commisceri et ipsi cum eo. Alia illicita non intervenerunt in dicta sua recepcione nec post, nec vidit, nec scivit, nec audivit dici quod intervenerunt predicta illicita vel alia in recepcione dicti Deodati vel aliorum vel post; credit tamen quod uniformiter reciperentur ubique et secundum modum quem deposuerat se fuisse receptum, et ideo credit quod ita fuit factum in recepcione sua. Item, dixit quod ipse credebat ecclesiasticis sacramentis, credens quod alii fratres ordinis eodem modo crederent, et quod eorum sacerdotes debite celebrarent. Juraverunt ipse et dictus Deodatus ordinem non exire, et credit quod alii idem jurarent. Statim pro professis habebantur. Clandestine recipiebantur, nullis presentibus nisi fratribus ordinis. Cordulis unde volebant assumptis cingebantur super camisias cum quibus jacebant. Juraverunt ipse et dictus Deodatus non revelare secreta capituliorum nec modum sue recepcionis, et credit quod idem jurarent alii. Qui revelassent puniti fuissent, sed nescit qualiter. Injunctum fuit ei quod non confiteretur nisi sacerdotibus ordinis, quamdiu posset eos habere. Fratres scientes illicita confessata per eum fuerunt negligentes, quia non correxerunt ea nec denunciaverunt Ecclesie, et credit quod omnes ea scirent. In dicta domo Sancte Eulalie, in qua extitit commoratus, vidit elemosinas et hospitalitatem et luminaria ecclesie convenienter fieri et servari; et dicti fratres Poncius et Guigo deffenderunt ipsi testi et aliis fratribus in dicta domo commorantibus ne indebite acquirerent aliena, et omnes curialitates concedebantur eis, et incurialitates vetabantur. Capitulum celebratum pro recepcione dicti Deodati vidit de die, clam, nullis presentibus nisi fratribus ordinis, teneri. Credit quod ordinata per Magistrum cum conventu fuissent servata, in toto ordine, contra quem nunc grandia scandala, suspicio et infamia sunt exorta, et contra quem magnus Magister et alii dicuntur aliqua fuisse confessi.

Requisitus si sic deposuerat prece, precepto, timore, amore, odio, vel temporali comodo habito vel habendo, respondit quod non, sed pro veritate dicenda; cui fuit injunctum quod non revelaret hanc suam deposicionem, quousque attestaciones fuerint publicate; et non obtulerat se ad deffensionem dicti ordinis.

Frater Raymundus Amalvini serviens, Ruthenensis diocesis, testis supra juratus, quadragenarius vel circa, mantellum ordinis et barbam defferens, cum quo inquisitum fuerat, absolutus et reconciliatus per dominum episcopum Ruthenensem, qui receptus fuerat in capella Sancte Eulalie dicte diocesis, per fratrem Poncium de Broheto militem quondam, in hieme preterita fuerunt XIII anni vel circa, presentibus fratribus Rancerio de Lemovicinio milite, Othone preceptore Tholosano, cujus cognomen ignorat, quos credit vivere; Guigone Ademari milite, et Raymundo Bermundi tunc camerario dicti loci, servientibus deffunctis, et qui nullum alium viderat recipi in ordine, nec adfuerat generalibus capitulis eorumdem. Lectis et diligenter expositis sibi omnibus et singulis articulis, respondit se nichil scire nec credere, nec audivisse dici de contentis in eis nisi quod sequitur. Videlicet quod in ejus recepcione receptor, cum concessisset eum recipere, dixit quod, in nomine Patris et Filii et Spiritus Sancti, et ad honorem Dei et beate Marie, recipiebat eum, et fecit eum vovere et jurare castitatem, obedienciam, et vivere sine proprio, et servare bonos usus et bonas consuetudines ordinis, et quod non revelaret secreta capitulorum; et imposito sibi mantello, receptor et omnes astantes osculati fuerunt eum in ore. Postea precepit ei quod oscularetur ipsum receptorem in anca et in umbilico, camisia intermedia, et fuit eum inibi osculatus. Precepit eciam ei quod abnegaret la propheta (sic). Requisitus quid intelligebat per prophetam, respondit se nescire si Jhesum Christum vel quem, quia juvenis erat; tamen abnegavit prophetam ore non corde, habens de hoc remorsum consciencie, quia audiverat dici quod Judei vocabant Deum nostrum prophetam. Dixit eciam ei quod poterat fratribus ordinis carnaliter commisceri et ipsi cum eo; hoc tamen non fecit, nec credit quod fieret in ordine. Precepit ei quod spueret super quamdam crucem sculptam in quodam lapide juxta locum in quo legebatur epistola, et ipse testis spuit non supra sed juxta; et est sciendum quod dictus testis deposuit supradicta multum tepide et remisse : et cum exhortaretur per dictos dominos commissarios ad veritatem dicendam cum securitate, dixit quod nolebat perdere personam. Requisitus si scit, credit, vel audivit dici quod dicta illicita vel alia intervenirent communiter in recepcionibus aliorum fratrum ordinis vel post, respondit quod non. Item dixit se credere quod fratres ordinis crederent ecclesiasticis sacramentis, quibus ipse credebat, et quod eorum sacerdotes debite celebrarent. Promisit ordinem non exire, credens quod alii idem promitterent. Statim pro professis habebantur. Clandestine recipiebantur, nullis presentibus nisi fratribus ordinis. Cordulis unde volebant assumptis cingebantur super camisias cum quibus jacebant. Injungebatur eis quod non confiterentur aliis quam sacerdotibus ordinis, quamdiu copiam habere poterant eorumdem. Precipiebatur eis quod non revelarent modum sue recepcionis illis qui non erant de ordine eorum. Qui revelassent vel secreta capituliorum, puniti fuissent, sed nescit qualiter. Si qui erant fratres scientes errores esse in ordine, fuerunt negligentes, quia non correxerunt eos nec denunciaverunt Ecclesie. In domibus ordinis in quibus extitit commoratus, vidit elemosinas et hospitalitatem convenienter fieri et servari, et dictus receptor precepit ei quod conservaret elemosinas et bona ordinis; et inhibebatur ei, sub periculo anime sue, quod non acquireret indebite ordini. In dicta domo Sancte Eulalie vidit tria vel quatuor capitulia, clam, nullis presentibus nisi fratribus ordinis, de die teneri; et audivit dici quod generalia capitulia aliquando incohabantur de nocte, et terminabantur in terciis. Credit quod ordinata per Magistrum cum conventu fuissent servata in toto ordine, contra quem nunc grandia scandala, suspicio et infamia sunt exorta, et audivit dici magnum Magistrum et alios aliqua contra ipsum ordinem fuisse confessos; ad cujus deffensionem se non obtulerat.

Requisitus si sic deposuerat prece, precepto, timore, amore, odio, vel temporali comodo habito vel habendo, respondit quod non, sed pro veritate dicenda; cui fuit injunctum quod non revelaret hanc suam deposicionem, quousque attestaciones fuerint publicate.

Frater Girbertus Rogerii serviens, preceptor domus Templi de la Glayola Ruthenensis diocesis, testis supra juratus, quadraginta quinque annorum vel circa, mantellum et barbam defferens, cum quo inquisitum fuerat, absolutus et reconciliatus per dominum episcopum Ruthenensem, et receptus extiterat in capella domus Templi de la Drulha Ruthenensis diocesis, circa festum beati Blasii proximo preteritum fuerunt circiter XVIII anni, per fratrem Poncium de Broeto militem quondam, presentibus fratribus Guillelmo de Boculis presbitero, Ratherio de Sancto Vincencio milite, deffunctis, ut credit, et Othone Samniada serviente, diocesis Ruthenensis, quem credit vivere; alios non vidit recipi nec interfuit capitulis eorum. Lectis autem et diligenter expositis sibi omnibus et singulis articulis, protestacione premissa quod non intendit recedere a deposicione per eum facta coram dicto domino episcopo Ruthenensi, respondit quod in dicta sua recepcione vel post non intervenerat aliquid illicitum vel inhonestum, nisi hoc duntaxat quod dictum receptorem suum, de mandato ipsius, fuit osculatus in umbilico super carnem nudam. Cum fecisset eum primo vovere et jurare castitatem, obedienciam, et vivere sine proprio, servare bonos usus et bonas consuetudines ordinis, et imposuisset ei mantellum, et fuisset eum osculatus in ore una cum astantibus, dixit ei insuper quod fratribus ordinis poterat carnaliter commisceri et ipsi cum eo; hoc tamen non fecit, nec audivit dici quod dicta illicita vel alia intervenirent in recepcionibus aliorum fratrum vel post; nec scit quod credat super hoc, prout respondit requisitus, adjiciens se non credere quod vera sint aliqua de contentis in dictis articulis, nisi ea que super deposuit, et que sequuntur. Dixit enim quod ipse bene credebat ecclesiasticis sacramentis, et credit quod alii fratres ordinis eodem modo crederent, et quod eorum sacerdotes debite celebrarent. Dictum fuit ei in recepcione sua quod statim pro professis habebantur, et quod ordinem exire non poterant. Clandestine recipiebantur, nullis presentibus nisi fratribus ordinis, ex quo credit quod esset suspicio contra eos. Cordulis unde volebant assumptis se cingebant super camisias cum quibus jacebant. Promittebant non revelare secreta capituliorum nec modum sue recepcionis, et dicebatur eis quod, si revelarent, habitum perderent. Injungebatur eis quod quamdiu possent habere fratres ordinis, non confiterentur aliis. Si qui erant fratres scientes illicita confessata per eum, fuerunt negligentes, quia non correxerunt eos nec denunciaverunt Ecclesie. In domibus ordinis in quibus extitit commoratus, vidit et audivit elemosinas et hospitalitatem convenienter fieri et servari, et deffendi ne ex certa sciencia indebite acquirerent ordini; et capitulia clam teneri, nullis presentibus nisi fratribus ordinis, qui servasset quod de consilio conventus statuisset Magister ordinis, contra quem nunc grandia scandala, suspicio et infamia sunt exorta. Et audivit dici dictum Magistrum et alios aliqua fuisse confessos contra dictum ordinem, ad cujus deffensionem se non obtulerat.

Requisitus si sic deposuerat prece, precepto, timore, amore, odio, vel temporali comodo habito vel habendo, respondit quod non, sed pro veritate dicenda; cui fuit injunctum quod non revelaret hanc suam deposicionem, quousque attestaciones fuerint publicate.

Frater Audebertus de Porta serviens, preceptor domus Templi de Auson Pictavensis diocesis, testis supra juratus, quinquagenarius vel circa, non defferens mantellum ordinis, quia ipsum dimiserat post concilium Senonense, et radi fecerat sibi barbam, cum quo inquisitum fuerat, absolutus et reconciliatus per officialem Pictavensem, protestacione premissa quod non intendit recedere a deposicione per eum facta coram dicto officiali, lectis et diligenter expositis sibi omnibus et singulis articulis, respondit se nescire, nec credere, nec audivisse dici de contentis in eis nisi quod sequitur. Dixit enim se fuisse receptum, in instanti vigillia Pasche erunt circiter triginta quinque anni, in capella domus Templi de Dompuho Xantonensis diocesis, per fratrem Odonem Borrelli militem quondam, presentibus fratribus Johanne Bormant serviente, detento apud Loches Turonensis diocesis, Johanne deu Sac et Guillelmo Bocuni servientibus, deffunctis, in hunc modum : nam cum peciisset panem et aquam et societatem ordinis, et ei concessisset receptor, quia dederat ordini decem libras reddituales, credens quod aliter non recepisset eundem, et fecisset eum vovere et jurare castitatem, obedienciam, et vivere sine proprio, et quod servaret bonos usus et bonas consuetudines ordinis, et quod non revelaret secreta capitulorum, et imposuisset ei mantellum, et ipse et astantes osculati fuissent eumdem in ore, et instruxisset eum quot *Pater noster* diceret pro horis suis, et quod jaceret cum pannis lineis, una cordula unde vellet assumpta cinctus, et qualiter regeret se in ordine, recesserunt, et nulla illicita vel inhonesta intervenerunt in dicta sua recepcione vel post, nec scit, nec credit, nec audivit dici quod intervenirent in recepcionibus aliorum vel post : quia viderat recipi per eumdem modum fratrem Stephanum Anglici, in dicta capella de Auson, qui detinetur Pictavis, sunt v anni vel circa, per fratrem Johannem de Sancto Benedicto quondam, teste supra examinato, presentibus fratribus Matheo de Garucto presbitero et Guillelmo Barloti, detentis apud Sanctum Maxencium Pictavensis diocesis, Petro laboratore dicte domus de Auson, detento Pictavis, servientibus. Viderat eciam recipi fratres Guillelmum Gavant et duos alios milites, quorum nomina et cognomina ignorat, insimul et eodem modo, in capella dicte domus de Auson, sunt circiter xxviii anni, per fratrem Amblardum militem quondam, preceptorem Pictavie, presentibus fratribus Guillelmo Bertrandi et pluribus aliis deffunctis. Item, dixit quod bene credebat ecclesiasticis sacramentis, et credit quod alii fratres ordinis eodem modo crederent, et quod eorum sacerdotes debite celebrarent. Jurabant ordinem non exire. Statim pro professis habebantur. Clandestine recipiebantur, nullis presentibus nisi fratribus ordinis. Si qui erant fratres scientes aliquos errores esse in ordine, fuerunt negligentes, quia non correxerunt eos nec denunciaverunt Ecclesie. Helemosinas et hospitalitatem vidit convenienter fieri et servari in domibus ordinis in quibus extitit commoratus, et capitulia clam teneri, nullis presentibus nisi fratribus ordinis, post missam, valde tempestive, ut possent absque caloribus equitare. Ordinata per Magistrum cum conventu servasset totus ordo, contra quem nunc grandia scandala, suspicio et infamia sunt exorta, et contra quem audivit dici magnum Magistrum et alios aliqua fuisse confessos; et flevit multum in sua deposicione, et peciit quod esset salva sibi vita sua, et dixit quod alia fuerat confessus coram officiali predicto, et quod fuerat ante tortus.

Requisitus si sic deposuerat prece, precepto, timore, amore, odio, vel temporali comodo habito vel habendo, respondit quod non, sed pro veritate dicenda; cui fuit injunctum quod non revelaret hanc suam deposicionem, quousque attestaciones fuerint publicate.

Frater Petrus de Turonis serviens, preceptor domus Templi de Frotay Turonensis diocesis, testis supra juratus, mantellum ordinis et barbam defferens, quadragenarius octo annorum vel circa, cum quo fuerat inquisitum, absolutus et reconciliatus per dominum archiepiscopum Turonensem, lectis et diligenter expositis sibi omnibus et singulis articulis, respondit se nescire, nec credere, nec audivisse dici de contentis in dictis articulis nisi quod sequitur. Dixit enim, protestacione premissa quod non intendit recedere a deposicione per eum facta coram dicto domino archiepiscopo, quod ipse fuerat receptus in capella dicte domus de Frotay, in festo beate Katherine proximo preterito fuerunt xxv anni vel circa, per fratrem Johannem de Soday militem quondam, preceptorem dicte domus, presentibus fratribus Adam clavigero dicte domus, Hymberto Boysso et Petro Faugeyro servientibus, deffunctis, et in hunc modum : nam cum requisivisset frequenter panem et aquam et societatem ordinis, et obtulisset se velle fieri servum esclavum Dei, beate Marie et ordinis, et predicto ei quod bene deliberaret supra dicta, ei concessisset dictus receptor, fecit eum vovere et jurare castitatem, obedienciam, vivere sine proprio, et quod servaret bonos usus qui tunc erant in ordine, et qui imponerentur cum consilio proborum ordinis; et imposito ei mantello, ipse et fratres astantes fuerunt eum osculati in ore; et eo instructo qualiter regeret se in ordine, dictus receptor, certis remanentibus in capella, vocans ipsum testem retro altare, precepit ei quod abnegaret Deum, et ipse abnegavit dolens, ore non corde, ut dixit. Deinde precepit ei quod spueret super quamdam crucem ligneam in qua non erat ymago Crucifixi, in terram positam, et ipse testis spuit non supra sed juxta eam. Postea dixit ei quod poterat fratribus ordinis carnaliter commisceri et ipsi cum eo; hoc tamen non fecit, nec credit quod in ordine fieret. Dixit tamen dictus receptor eidem testi quod predicta erant de punctis ordinis, et dixit idem testis se credere quod aliqui reciperentur secundum modum predictum et aliqui non, quia audivit dici ab aliquibus fratribus ordinis quod predicta illicita intervenirent in recepcionibus eorum vel post, et ab aliis contrarium : de dictorum tamen fratrum nominibus non recordatur. Requisitus si viderat aliquos alios recipi in ordine, respondit quod sic : fratrem Matheum Ganant militem quondam, Turonensem, in dicta capella d'Auson, sunt circiter decem et octo anni, per magistrum Pictavie quondam; et credit quod esset frater Amblardus, presentibus, ut sibi videtur, fratribus Guillelmo deu Liege preceptore Rupelle, teste supra examinato, et pluribus aliis de quibus non recordatur. Alios non recolit se vidisse recipi, nec vidit, nec audivit dici, nec scivit quod in recepcione dicti fratris monachi vel post intervenerit aliquid illicitum. Item, dixit se credere quod fratres ordinis crederent ecclesiasticis sacramentis, quibus ipse credebat, et quod eorum sacerdotes debite celebrarent. Statim pro professis habebantur. Jurabant ordinem non exire. Clandestine recipiebantur, nullis presentibus nisi fratribus ordinis. Cordulis unde volebant assumptis se cingebant super camisias cum quibus jacebant. Jurabant non revelare secreta capitulorum, de modo recepcionis speciali non habita mencione. Qui revelassent puniti fuissent, sed nescit qualiter. Quamdiu poterant habere sacerdotes ordinis, non poterant aliis confiteri. Si qui erant fratres scientes errores fuerunt negligentes, quia non correxerunt eos nec denunciaverunt Ecclesie. Elemosinas et hospitalitatem vidit convenienter fieri et servari in domibus ordinis in quibus exstitit commoratus, et capitulia clam teneri, nullis presentibus nisi fratribus ordinis, aliquando ante diem. Ordinata per Magistrum cum conventu servasset totus ordo, contra quem nunc grandia scandala, suspicio et infamia sunt exorta, et credit quod aliqui ex fratribus ordinis scirent secreta illicita confessata per eum, et aliqui non; et vidit quasdam licteras apostolicas, in quibus continetur dictum Magistrum et alios aliqua contra ordinem fuisse confessos; ad cujus deffensionem se non obtulerat.

Requisitus si sic deposuerat prece, precepto, timore, amore, odio, vel temporali comodo habito vel habendo, respondit quod non, sed pro veritate dicenda; cui fuit injunctum quod non revelaret hanc suam deposicionem quousque attestaciones fuerint publicate.

Acta fuerunt hec dictis die et loco, presentibus magistro Amisio, me Floriamonte Dondedei, et aliis notariis supra ultimo nominatis. Dictus tamen dominus Matheus non interfuit examinacioni testis supra ultimo examinati.

Post hec, die Martis sequenti, que fuit VI dies dicti mensis aprilis, fuit adductus ad presenciam dictorum dominorum commissariorum et domini Mathei, in domo predicta domini Petri de Sabaudia, frater Matheus de Monte Lupello presbiter, Lugdunensis diocesis, testis supra juratus, quinquagenarius vel circa, qui mantellum voluntarie dimiserat, et absolutus et reconciliatus fuerat per dominum archiepiscopum Turonensem, qui inquisiverat cum eodem. Lectis autem et diligenter expositis sibi omnibus et singulis articulis, respondit quod non viderat aliquem alium recipi in ordine nisi fratrem Johannem de Buris agricolam, de cujus vita vel morte non habet certitudinem. Qui receptus fuerat una cum ipso teste, per fratrem Petrum de Buris quondam, preceptorem tunc ballivie de Buris Lingonensis diocesis, in capella domus Templi d'Onse diocesis Eduensis, prima die hujus quadragessime fuerunt circiter XVIII anni, presentibus fratribus Dominico d'Espalhe Lingonensis diocesis, qui fuit captus cum aliis, Guillelmo de Anone, Guillelmo celerario dicte domus, de cujus cognomine non recolit, servientibus, quos credit obiisse : unde nesciebat, nec credebat, nec audiverat dici de contentis in eis nisi quod sequitur. Dixit enim quod cum ipse et dictus Johannes de Buris requisivissent panem et aquam et societatem ordinis cum instancia, et eis concessa fuissent, fecit eos vovere et jurare castitatem, obedienciam, et vivere sine proprio, servare bonos usus et bonas consuetudines, elemosinas et bona ordinis, et non revelare secreta capituliorum nec modum recepcionis eorum, et quod non exirent ordinem sine licencia superiorum suorum; et impositis eis mantellis, receptor et astantes fuerunt eos osculati in ore, et dictus receptor instruxit eos qualiter regerent se in ordine, et quod jacerent lineis cinctis super eos cordulis unde volebant assumptis. Postea precepit eis quod abnegarent Deum vel Jhesum Christum, sed non plene recolit quod eorum expressit; et cum ipse testis, qui erat presbiter, super hoc causaretur, dixit ei quod hoc oportebat eum facere, ex quo promiserat obedire, et erat professus et juraverat ordinem non exire. Et tunc ipse testis, ita dolens, ut dixit, quam tunc voluisset natus non fuisse, abnegavit Deum vel Jhesum Christum ore non corde, et dictus Johannes post eum. Deinde precepit eis quod spuerent super quamdam crucem ligneam, in qua non erat ymago Crucifixi, in terra positam, et quod eam conculcaretur; et ipse testis primo, cum magno dolore cordis, et dictus Johannes post eum, spuerunt non supra sed juxta dictam crucem, sed non conculcaverunt eam. Alia illicita non intervenerunt in dictis recepcionibus eorum nec post, et credit quod eadem illicita et licita intervenirent communiter et ubique in recepcionibus aliorum vel post. Dixit insuper quod, post abnegacionem et spuicionem predictas, dictus receptor duxit predictum Johannem de Buris ad quamdam cameram, ut indueret vestes religionis, sed non credit quod alia illicita intervenirent. Item, dixit quod in ordine existens celebrabat secundum formam Ecclesie, nec contrarium fuit ei preceptum, nec audivit quod preciperetur aliis, nec quod fratres ordinis essent increduli ecclesiasticis sacramentis. Clandestine recipiebantur, nullis presentibus nisi fratribus ordinis, ex quo credit quod esset suspicio contra eos. Credit quod carceri mancipati fuissent qui predicta illicita facere noluissent, vel ea aut secreta capituliorum revelassent. Dicebatur eis quod sacerdotes ordinis habebant, ex privilegiis apostolicis, talem potestatem super fratres ordinis qualem abbas in monachos suos, et ideo, quamdiu dictos sacerdotes habere poterant, non debebant absque eorum licencia aliis confiteri. Fratres scientes dicta illicita confessata per eum, que erant eis nota, ut credit, fuerunt negligentes, quia non correxerunt ea nec denunciaverunt Ecclesie. In domibus ordinis in quibus exstitit commoratus, vidit elemosinas et hospitalitatem convenienter fieri et servari, et capitulia clam teneri, nullis presentibus nisi fratribus ordinis, in quo servatum fuisset quod magnus Magister cum conventu statuisset; contra quem quidem ordinem nunc grandia scandala, suspicio et infamia sunt exorta; et credit dictum Magistrum et alios fuisse confessos illicita confessata per eum; et non obtulerat se ad deffensionem ordinis.

Requisitus si sic deposuerat prece, precepto, timore, amore, odio, vel temporali comodo habito vel habendo, respondit quod non, sed pro veritate dicenda; cui fuit injunctum quod non revelaret hanc suam deposicionem, quousque attestaciones fuerint publicate; et fuit protestatus, cum deponeret, quod non intendebat recedere a deposicione per eum facta coram dicto domino archiepiscopo Turonensi.

Frater Parisius de Buris serviens, Lingonensis diocesis, testis supra juratus, quinquagenarius vel circa, qui, ad requisicionem unius servientis custodis sui, mantellum dimiserat et radi fecerat sibi barbam, cum quo inquisitum fuerat, absolutus et reconciliatus per dominum episcopum Aurelianensem, Senonis sede vacante, lectis et diligenter expositis sibi omnibus et singulis articulis, respondit quod nullum alium viderat recipi in ordine, et fuerat in una domo ordinis solitaria viginti tribus annis continuis commoratus, unde nesciebat, nec credebat, nec audiverat dici de contentis in eis nisi quod sequitur : Dixit enim se fuisse receptum, in festo Purificacionis beate Marie proximo preterito fuerunt circiter xxvi anni, in capella domus Templi de Faverniaco Lingonensis diocesis, per fratrem Gaufridum de Lugduno presbiterum, presentibus fratribus Diderio de Buris, Guido Chiflet de Volenis, Petro Bocharii, et Dominico cujus cognomen ignorat, servientibus deffunctis, in hunc modum : nam cum requisivisset panem et aquam ordinis, et deliberacione habita finaliter ei concessi fuissent, dictus receptor fecit eum vovere et jurare castitatem, obedienciam, et quod non retineret proprium ultra quatuor denarios, nec auferret alienum, quia nullus ex fratribus ordinis ageret penitenciam pro eo, et quod non interesset loco in quo aliquis exheredaretur injuste; et imposito sibi mantello, ipse et receptor et astantes osculati fuerunt cum in ore, et instruxit eum quod jaceret cum pannis lineis, una cordula cinctus, et qualiter regeret se in ordine. Postmodum dixit ei quod non turbaretur nec terreretur de hiis que dicerent eidem, et allata quadam cruce lignea in qua non erat ymago Crucifixi, nescit per quem, precepit ei dictus Guido Chifleti quod spueret supra dictam crucem; et ipse testis, cum aliquantulum recessisset, finaliter cum ei diceretur quod oportebat eum obedire, spuit non supra sed juxta eam. Deinde dixit ei quod, si aliqui famuli ordinis venirent ad locum in quo ipse testis esset, et haberent penuriam lectorum, quod recolligeret eos in lecto suo, non tamen intellexit dictus testis in hoc aliquid illicitum. Alia inhonesta non intervenerunt in dicta sua recepcione nec post, nec credit, quia non vidit, nec audivit dici, quod dicta illicita vel alia intervenirent in recepcionibus aliorum fratrum ordinis vel post. Item, dixit quod bene credebat ecclesiasticis sacramentis, et credit quod alii fratres ordinis eodem modo crederent, et quod eorum sacerdotes debite celebrarent; et preceptum fuit ipsi testi quod conveniret ad divina, quando audiret pulsari campanam. Statim pro professis habebantur. Clandestine recipiebantur, nullis presentibus nisi fratribus ordinis. In domo de Corti in qua fuit commoratus, vidit elemosinas convenienter fieri.

Requisitus si sic deposuerat prece, precepto, timore, amore, odio, vel temporali comodo habito vel habendo, respondit quod non, sed pro veritate dicenda; cui fuit injunctum quod non revelaret hanc suam deposicionem, quousque attestaciones fuerint publicate; et non obtulerat se ad deffensionem ordinis, sicut dixit.

Frater Guillelmus de Vernegia miles, Lemovicensis diocesis, adductus pro teste ad presenciam eorumdem dominorum commissariorum, juravit, tactis sacrosanctis Evangeliis, dicere in isto negocio veritatem, secundum formam juramenti aliorum testium superius registratam, expositam et vulgarizatam eidem : et non defferebat mantellum ordinis, quia voluntarie ipsum dimiserat post capcionem aliorum, et radi fecerat sibi barbam, et voluntarie venerat ad presenciam inquisitorum Parisius, et inquisiverunt cum eo, sed nondum erat absolutus nec reconciliatus per aliquem prelatum, et est triginta annorum vel circa. Lectis autem et diligenter expositis sibi omnibus et singulis articulis, respondit quod non steterat in ordine nisi per annum vel parum plus, nec viderat recipi nisi unum alium, unde nesciebat, nec credebat, nec audiverat dici de contentis in ipsis articulis nisi quod sequitur : Dixit enim se fuisse receptum in instanti festo Assumptionis beate Marie erunt quinque anni, per fratrem Humbertum de Corbonio militem quondam, in capella domus Templi de Foresta Lemovicensis diocesis, presentibus Hugone de Lata Petra serviente, qui auffugit, Bertrando de Vassinhac milite, qui transfretavit, Vincencio presbitero quondam, cujus cognomen ignorat, et Humbando lo Berroyer serviente, deffuncto, in hunc modum : nam cum peciisset, prout instructus fuerat, beneficium ordinis, et ei concessum fuisset, fecerunt eum vovere et jurare super quemdam librum apertum, in quo erat ymago Crucifixi, castitatem, obedienciam, et vivere sine proprio, et quod non revelaret secreta capituliorum ; et imposito sibi per dictum receptorem mantello, ipse receptor peciit ab eo si credebat in illum qui representabatur per dictam ymaginem Crucifixi : quo respondente quod sic, dixit ei quod non crederet in eum, et precepit quod spueret super dictam ymaginem ; et ipse testis, valde stupefactus et turbatus, spuit super dictum librum, dicens quod tunc vellet amisisse pugnum. Deinde dixit ei quod cum fratribus ordinis poterat carnaliter commisceri et ipsi cum eo ; hoc tamen non fecit, nec credit quod in ordine committeretur dictum peccatum sodomiticum. Post que dictus receptor et fratres astantes fuerunt eum osculati in ore, et credit quod dicta licita et illicita confessata per eum intervenirent communiter et ubique in recepcionibus aliorum vel post, quia non credit quod modum singularem servaverint in sua recepcione, et quia vidit et audivit quod dicta licita et illicita confessata per eum intervenirent in recepcione fratris Oliverii de Manso Sereno servientis, Lemovicensis diocesis, qui fuit captus una cum aliis et receptus in capella domus Templi de Bilda Bituricensis diocesis, quasi dimidium annum post recepcionem ipsius testis, per fratrem Raymundum de Vassinhac militem, testem supra examinatum, presentibus fratribus Johanne de Fontenay, qui fuit captus apud Exordium, Bertrando, qui morabatur in dicta domo de Bilda de Petragoricinio, qui aufugit de carcere, et Bernardo la Brossa de Briva, et Clemente de Sancto Hilario presbitero, Lemovicensis diocesis, qui fuit captus apud Brugeriam Templi Bituricensis diocesis, quos credit vivere, et Guillelmo Arnaudi preceptore de Madiis quondam. Item, dixit se credere quod fratres ordinis crederent ecclesiasticis sacramentis, quibus ipse credebat, et quod eorum sacerdotes debite celebrarent. Statim pro professis habebantur, et jurabant ordinem non exire. Clandestine recipiebantur, nullis presentibus nisi fratribus ordinis, ex quo credit quod esset suspicio contra eos. Cordulis unde volebant assumptis cingebantur super camisias cum quibus jacebant. Jurabant non revelare secreta capituliorum, de modo recepcionis speciali non habita mencione; qui revelassent incarcerati fuissent. Absque licencia non poterant aliis quam sacerdotibus ordinis confiteri. Fratres quibus credit nota fuisse illicita confessata per eum fuerunt negligentes, quia non correxerunt ea nec denunciaverunt Ecclesie. In domibus ordinis in quibus extitit commoratus, vidit elemosinas et hospitalitatem convenienter fieri et servari, et precipiebatur eis quod elemosinas et bona ordinis debite conservarent. Audivit dici quod clam, nullis presentibus nisi fratribus ordinis, eorum capitulia tenebantur. Ordinata per Magistrum cum conventu servasset totus ordo, contra quem nunc grandia scandala, suspicio et infamia sunt exorta. Audivit dici magnum Magistrum et alios aliqua fuisse confessos contra ordinem, ad cujus deffensionem se non obtulerat.

Requisitus si sic deposuerat prece, precepto, timore, amore, odio, vel temporali comodo habito vel habendo, respondit quod non, sed pro veritate dicenda; cui fuit injunctum quod non revelaret hanc suam deposicionem, quousque attestaciones fuerint publicate.

Frater Gaufredus de Montchausit serviens, Claramontensis diocesis, testis supra juratus, mantellum et barbam defferens, triginta quinque annorum vel circa, cum quo inquisitum fuerat, absolutus et reconciliatus per dominum archiepiscopum Turonensem, lectis et diligenter sibi omnibus et singulis articulis, respondit quod nullum alium viderat recipi in ordine, unde nesciebat, nec credebat, nec audiverat dici de contentis in dictis articulis nisi quod sequitur: Dixit enim se fuisse receptum, in festo Purificacionis beate Marie proximo preterito fuerunt circiter XIIII anni, in grangia Templi de Montilio Claramontensis diocesis, per fratrem Dalmacium Gili militem quondam, presentibus fratribus Golfero Garini presbitero, Petro Vinee et Andrea Jacobi servientibus, quos credit vivere, in hunc modum: nam cum requisivisset panem et aquam ordinis, et ei concessi fuissent, fecit dictus receptor eum vovere et jurare super quemdam librum apertum castitatem, obedienciam, vivere sine proprio, non revelare secreta capitulorum, servare elemosinas et bona ordinis, et debite acquirere ordini suo posse; et imposito sibi mantello, dictus receptor et astantes fuerunt eum osculati in ore. Et dictus receptor, post predictum osculum oris, fuit osculatus ipsum testem in umbilico in carne nuda et in anca pannis intermediis, et allata ibidem quadam cruce lignea, nescit per quem, in qua non erat ymago Crucifixi, posita super terram, precepit ei dictus receptor quod spueret super eam; et ipse testis non spuit supra sed juxta. Alia illicita non intervenerunt in dicta sua recepcione vel post, quod recordetur, et credit quod eadem licita et illicita intervenirent communiter et ubique in recepcionibus aliorum vel post, et audivit dici a fratre Guillelmo la Gayta de Burgondia, in prisione Matisconensi, quod dicta illicita intervenerant in recepcione sua. Item, dixit se credere quod fratres ordinis crederent ecclesiasticis sacramentis, quibus ipse credebat, et quod eorum sacerdotes debite celebrarent. Statim pro professis habebantur, et credit quod jurarent ordinem non exire. Clandestine recipiebantur, nullis presentibus nisi fratribus ordinis. Cordulis unde volebant assumptis cingebantur super camisias cum quibus jacebant. Injungebatur eis per sacramentum quod ne revelarent secreta capituliorum nec modum recepcionis sue. Fratres scientes errores negligentes fuerunt, quia non correxerunt eos nec denunciaverunt Ecclesie. Elemosinas et hospitalitatem vidit convenienter fieri et servari in domibus ordinis in quibus exstitit commoratus. Eorum capitulia clam tenebantur, nullis presentibus nisi fratribus ordinis, in quo servatum fuisset quod magnus Magister cum conventu statuisset. Nunc grandia scandala, suspicio et infamia sunt exorta contra dictum ordinem, contra quem dictus Magister et alii dicuntur aliqua fuisse confessi; ad cujus ordinis deffensionem se non obtulerat: et protestatus fuit, circa principium deposicionis sue, quod non intendebat recedere a deposicione per eum facta coram dicto domino archiepiscopo Turonensi.

Requisitus si sic deposuerat prece, precepto, timore, amore, odio, vel temporali comodo habito vel habendo, respondit quod non, sed pro veritate dicenda; cui fuit injunctum quod non revelaret hanc suam deposicionem, quousque attestaciones fuerint publicate.

Frater Guillelmus Talheboys serviens, Xantonensis diocesis, testis supra juratus, qui mantellum dimiserat vetustate consumptum, et barbam fecerat sibi radi, absolutus et reconciliatus fuerat per dictum archiepiscopum Turonensem, qui inquisiverat cum eodem, quadraginta quinque annorum vel circa, protestacione premissa quod non intendit recedere a deposicione per eum facta coram dicto domino archiepiscopo, lectis et diligenter expositis sibi omnibus et singulis articulis, respondit quod nullum alium viderat recipi in ordine, unde nesciebat, nec credebat, nec audiverat dici de contentis in dictis articulis, nisi quod sequitur : Dixit namque se fuisse receptum in capella domus Templi de Bello Videre Bituricensis diocesis, in festo Apostolorum Petri et Pauli instanti erunt circiter XII anni, per fratrem Johannem Pileti quondam servientem, preceptorem tunc de Ulmo Tuandi, presentibus fratribus Guillelmo Talbeboys serviente, avunculo ipsius testis, Gerardo Crosat presbitero, et duobus aliis deffunctis in hunc modum : nam cum instructus requisivisset caritatem domus pluries, et ei finaliter concessa fuisset, dictus receptor imposuit sibi mantellum, et ipse et astantes osculati fuerunt eum in ore. Post que dictus receptor fecit eum vovere et jurare castitatem et obedienciam, et vivere sine proprio, servare bonos usus et bonas consuetudines ordinis. Deinde allata nescit per quem ex dictis fratribus quadam cruce lignea, ut sibi videtur, in qua non erat ymago Crucifixi, precepit ei quod abnegaret Deum, et spueret super dictam crucem, et ipse testis abnegavit Deum, et spuit juxta dictam crucem ore non corde, ut dixit, nec declaravit sibi quod illa essent de punctis ordinis vel in ipso ordine consueta. Alia illicita non recolit intervenisse in dicta sua recepcione nec post, credens quod eadem licita et illicita communiter et ubique intervenirent in recepcionibus aliorum vel post. Item, dixit se bene credere ecclesiasticis sacramentis, et quod alii fratres ordinis eodem modo crederent, et quod eorum sacerdotes debite celebrarent. In recepcione sua promisit non exire dictum ordinem, nisi pro arciori, et fuit ei dictum quod statim pro professo habebatur. Clandestine recipiebantur, nullis presentibus nisi fratribus ordinis, ex quo credit quod esset suspicio contra eos. Cordulis unde volebant assumptis cingebantur super camisias cum quibus jacebant. Injungebatur eis quod non revelarent secreta capituliorum; qui revelassent habitum perdidissent. Quamdiu habere poterant sacerdotes ordinis, non debebant confiteri aliis. Fratres quibus credit nota fuisse illicita confessata per eum fuerunt negligentes, quia non correxerunt ea nec denunciaverunt Ecclesie. Elemosinas et hospitalitatem vidit convenienter fieri et servari in domibus ordinis in quibus exstitit commoratus. Audivit dici quod clam, nullis presentibus nisi fratribus ordinis, eorum capitulia tenebantur. Ordinata per Magistrum cum conventu servasset totus ordo, contra quem nunc grandia scandala, suspicio et infamia sunt exorta, et contra quem dictus Magister et alii dicuntur aliqua fuisse confessi; ad cujus ordinis deffensionem se non obtulerat.

Requisitus si sic deposuerat prece, precepto, timore, amore, odio, vel temporali comodo habito vel habendo, respondit quod non, sed pro veritate dicenda; cui fuit injunctum quod non revelaret hanc suam deposicionem, quousque attestaciones fuerint publicate.

Acta fuerunt hec dictis die et loco, presentibus magistro Amisio, me Floriamonte Dondedei, et aliis notariis supra ultimo nominatis.

Post hec, die Mercurii sequenti, que fuit dies VII dicti mensis aprilis, fuit adductus ad presenciam eorumdem dominorum commissariorum, in domo predicta domini Petri de Sabaudia, frater Guillelmus de Plexeyo serviens, Ebroicensis diocesis, testis supra juratus, ut deponeret dictum suum, quinquagenarius vel circa, mantellum ordinis et barbam defferens, absolutus et reconciliatus per dominum archiepiscopum Turonensem, qui inquisiverat cum eodem; et protestacione premissa quod non intendit recedere a deposicione per eum facta coram dicto domino archiepiscopo, lectis et diligenter expositis sibi omnibus et singulis articulis, respondit se nescire, nec credere, nec audivisse dici de contentis in eis nisi quod sequitur : Dixit namque se fuisse receptum in capella domus Templi de Arvilla Carnotensis diocesis, in presenti Quadragessima fuerunt circiter XXI anni, per fratrem Guillelmum Gandi militem quondam, tunc preceptorem baillivie Carnotensis, presentibus fratribus Roberto Grunhet, Stephano Besci, militibus, et Stephano de Plexeyo serviente, deffunctis, in hunc modum : nam cum requisivisset panem et aquam ordinis, et receptor ei concessisset, fecit eum jurare quod servaret bonos usus et bonas consuetudines, elemosinas et bona ordinis, et vovere castitatem, obedienciam, et vivere sine proprio. Ante tamen dictum juramentum et votum, imposuerat sibi mantellum, et fecerat eum osculari ymaginem Crucifixi in quodam libro depictam et crucem mantelli, et receptor et omnes fratres astantes osculati fuerunt eum in ore. Post que omnia dictus receptor precepit ei, in presencia predictorum, quod abnegaret Jhesum; et cum ipse testis restitisset, finaliter abnegavit Jhesum ore non corde. Deinde allata nescit per quem quadam cruce lignea in qua non erat pictura nec ymago Crucifixi, precepit ei quod spueret super dictam crucem, sed ipse testis spuit non supra sed juxta. Alia illicita non intervenerunt in dicta sua recepcione nec post, nec scit, nec credit quod dicta illicita vel alia intervenirent in recepcionibus aliorum fratrum ordinis nec post, quia vidit multos recipi, nec scit, nec audivit dici quod aliquid illicitum intervenerit in eorum recepcionibus vel post: videlicet tres milites simul, quorum nomina et cognomina ignorat, quorum unus erat de Turonensi, alius de Pictavensi, alius de Bituricensi diocesibus, et fuerunt recepti, in instanti mense augusti erunt circiter xi anni, in capella domus Templi de Frotay Turonensis diocesis, per fratrem Gaufredum de Gonavilla preceptorem Pictavie, qui fuit examinatus per dominos cardinales, presentibus fratribus Matheo de Stagno preceptore de Roches Xantonensis diocesis, detento apud Niortum, Johanne de Sancto Benedicto, teste supra examinato, et dicto Stephano de Plexeyo fratre ejusdem testis, deffunctis. Vidit eciam recipi, in capella domus Templi Aurelianensis, fratrem Dionisium presbiterum, Carnotensis diocesis, cujus cognomen ignorat, quem credit vivere, per dictum fratrem Guillelmum Gandi, sunt circiter xii anni, presentibus fratribus Symone de Feritate preceptore Aurelianensi, et aliis de quibus non recolit. Vidit eciam recipi ibidem, circa idem tempus, et per eumdem fratrem, Gerardum lo Retondeur servientem, de Aurelianis, presentibus fratribus Dionisio et Stephano de Plexeyo predictis; plurium recepcionibus non recolit adfuisse. Item, dixit se bene credere ecclesiasticis sacramentis, credens quod alii fratres ordinis eodem modo crederent, et quod eorum sacerdotes debite celebrarent. Statim pro professis habebantur. Clandestine recipiebantur, nullis presentibus nisi fratribus ordinis. Cordulis unde volebant assumptis cingebantur super camisias cum quibus jacebant. Deffendebatur eis ne revelarent secreta capituliorum illis qui non adfuerant in eisdem, de modo recepcionis in speciali non habita mencione, et credit quod qui revelassent punit fuissent, sed nescit qualiter. Quamdiu habere poterant sacerdotes ordinis, non debebant confiteri aliis. Elemosinas et hospitalitatem vidit convenienter fieri et servari in domibus ordinis in quibus extitit commoratus, et deffendebatur eis ne indebite acquirerent ordini. Eorum capitulia clam, nullis presentibus nisi fratribus ordinis, tenebantur, aliquando ante diem, ut possent intendere negociis eorum. Licita ordinata per Magistrum cum conventu servasset totus ordo, contra quem nunc grandia scandala, suspicio et infamia sunt exorta, et contra quem dictus Magister et alii dicuntur aliqua fuisse confessi; ad cujus ordinis deffensionem se non obtulerat.

Requisitus si sic deposuerat prece, precepto, timore, amore, odio, vel temporali comodo habito vel habendo, respondit quod illicita confessata per eum dixerat ob metum persone sue quem habebat, et eadem confessus fuerat coram dicto domino archiepiscopo Turonensi, ut dixit, cum diu fuisset in carcere detentus postquam primo negaverat predicta coram dicto domino archiepiscopo Turonensi; non tamen fuerat questionatus. Postea tamen dixit quod predicta dixerat pro veritate dicenda, et quia vera fuerant. Cui fuit injunctum quod non revelaret hanc suam deposicionem, quousque attestaciones fuerint publicate.

Frater Bartholomeus Bartholeti serviens, Xantonensis diocesis, testis supra juratus, mantellum ordinis et barbam defferens, quinquagenarius vel circa, cum quo inquisitum fuerat, absolutus et reconciliatus per officialem Pictavensem, lectis et diligenter expositis sibi omnibus et singulis articulis, respondit se nescire, nec credere, nec audivisse dici de contentis in eis nisi quod sequitur: Dixit namque se fuisse receptum in capella domus Templi de Bernayo Xantonensis diocesis, in instante mense septembris erunt circiter XXVIII anni, per fratrem Amblardum de Viena quondam, tunc preceptorem Pictavie, presentibus fratribus Guillelmo deu Liege preceptore de Rupella, teste supra examinato, Bartholomeo Saligat et Petro Maynardi servientibus, deffunctis, in hunc modum : nam cum instructus peciisset instanter panem et aquam ordinis, et receptor ei concessisset, fecit eum vovere et jurare super quemdam librum castitatem, obedienciam, et vivere sine proprio; et imposito sibi mantello, ipse et astantes fuerunt eum osculati in ore, et frater Michael presbiter quondam, qui eciam aderat, dicebat quasdam oraciones. Deinde ipse receptor traxit ipsum testem ad cornu altaris, et dixit ei submissa voce, ita quod non credit quod alii astantes audiverint, quod oportebat ipsum abnegare Jhesum et spuere super crucem quamdam ligneam, in qua non erat ymago Crucifixi, inhibi existentem, et ipse testis noluit abnegare nec spuere, sicut dixit, nec de aliquo alio illicito fuit ei facta mencio, et credit quod eadem dicerent aliis in recepcionibus eorum vel post, et quod ipsi non abnegarent nec spuerent; nullum tamen alium vidit recipi in ordine. Item, dixit se bene credere ecclesiasticis sacramentis, credens quod alii fratres ordinis eodem modo crederent, et quod eorum sacerdotes debite celebrarent. Statim pro professis habebantur. Clandestine recipiebantur, nullis presentibus nisi fratribus ordinis. Cordulis unde volebant assumptis cingebantur super camisias cum quibus jacebant. Injungebatur eis ne revelarent secreta capitulorum. Quamdiu habere poterant sacerdotes ordinis, non debebant aliis absque licencia confiteri. Si qui erant fratres scientes errores esse in ordine fuerunt negligentes, quia non correxerunt eos nec denunciaverunt Ecclesie. In domibus ordinis in quibus extitit commoratus, vidit elemosinas et hospitalitatem convenienter fieri et servari. Ordinata per Magistrum cum conventu servasset totus ordo, contra quem nunc grandia scandala, suspicio et infamia sunt exorta, et contra quem dictus Magister et alii aliqua dicuntur fuisse confessi; ad cujus ordinis deffensionem se obtulerat.

Requisitus si sic deposuerat prece, precepto, timore, amore, odio, vel temporali comodo habito vel habendo, respondit quod non, sed pro veritate dicenda; cui fuit injunctum quod non revelaret hanc suam deposicionem, quousque attestaciones fuerint publicate.

Item, dixit quod, cum esset gravatus debitis, dedit se et bona sua, que erant bene valoris mille librarum Turonensium, dicto ordini, et tamen ordo postea non satisfecit creditoribus suis, quod ipse scivit, dicens se credere quod non recepissent eum in ordine nisi dedisset bona sua.

Frater Petrus de Lanoys serviens, Macloviensis diocesis, testis supra juratus, quadragenarius vel circa, mantellum ordinis et barbam defferens, cum quo inquisitum fuerat, absolutus et reconciliatus per officialem Pictavensem, protestacione premissa quod non intendit recedere a deposicione per eum facta coram dicto officiali, lectis et diligenter expositis sibi omnibus et singulis articulis, respondit quod nullum alium viderat recipi in ordine, nec adfuerat generalibus capitulis eorumdem, unde nesciebat, nec credebat, nec audiverat dici de contentis in eis nisi quod sequitur : Dixit nempe se fuisse receptum in capella domus Templi de Lannoys, circa festum Omnium Sanctorum proximo preteritum fuerunt circiter XIII anni per fratrem Petrum de Villaribus militem quondam, presentibus fratribus Hugone Ponhet de Alvernia, quem credit vivere, Guillelmo Battan et Johanne de Fangeriis servientibus, deffunctis, in hunc modum : nam cum instanter requisivisset a dicto receptore panem et aquam ordinis, et ei concessisset, et prescivisset ab eo per juramentum quod non erat matrimonio, alteri religioni, vel debitis que non posset solvere obligatus, nec habebat infirmitatem latentem, fecit eum vovere et jurare castitatem, obedienciam, vivere sine proprio, servare bonos usus et bonas consuetudines ordinis, et juvaret pro posse suo ad acquirendum Terram sanctam, et imposito sibi mantello, receptor et astantes osculati fuerunt eum in ore. Post que idem receptor precepit eidem testi, in presencia aliorum, quod abnegaret ter Jhesum, et ipse testis abnegavit ter Jhesum ore non corde, ut dixit. Postmodum precepit ei quod spueret ter super quamdam crucem ligneam in terra positam, nescit per quem allatam, in qua non erat ymago Crucifixi, et ipse testis noluit spuere supra, sed spuit ter juxta eam. Post que idem receptor osculatus fuit ipsum testem in carne nuda in pectore, et dixit ei quod predicta erant de punctis ordinis. Alia illicita non intervenerunt in dicta sua recepcione nec post, et credit quod eadem licita et illicita confessata per eum intervenirent communiter et ubique in recepcionibus aliorum fratrum ordinis vel post. Item, dixit se credere quod fratres dicti ordinis bene crederent ecclesiasticis sacramentis, quibus ipse credebat, et quod eorum sacerdotes debite celebrarent. Clandestine recipiebantur, nullis presentibus nisi fratribus ordinis. Cordulis unde volebant assumptis cingebantur super camisias cum quibus jacebant, ex precepto superiorum suorum. Injunctum fuit in recepcione sua quod non revelaret modum sue recepcionis. Fratres scientes errores fuerunt negligentes, quia non correxerunt eos nec denunciaverunt Ecclesie. Elemosinas et hospitalitatem vidit convenienter fieri et servari in domibus ordinis in quibus exstitit commoratus. Ordinata per Magistrum cum conventu servasset totus ordo, ut credit, contra quem nunc grandia scandala, suspicio et infamia sunt exorta, et contra quem idem Magister et alii aliqua dicuntur fuisse confessi; ad cujus ordinis deffensionem se non obtulerat.

Requisitus si sic deposuerat prece, precepto, timore, amore, odio, vel temporali comodo habito vel habendo, respondit quod non, sed pro veritate dicenda; cui fuit injunctum quod non revelaret hanc suam deposicionem, quousque attestaciones fuerint publicate.

Frater Arnaudus Breion de Goerta serviens, Engolismensis diocesis, testis supra juratus, mantellum ordinis et barbam defferens, quinquagenarius vel circa, cum quo inquisitum fuerat, absolutus et reconciliatus per officialem Pictavensem, lectis et diligenter expositis sibi omnibus et singulis articulis, respondit se nescire, nec credere, nec audivisse dici de contentis in eis nisi quod sequitur : Dixit namque se fuisse receptum in capella domus Templi de Banes

Xantonensis diocesis, per fratrem Petrum de Madito militem quondam, circa festum Nativitatis Domini proximo preteritum fuerunt circiter xiii anni, presentibus fratribus Petro Danbon, et Gerardo de la Vernha, preceptore Petragoricensi, et Guillelmo de Planis servientibus, deffunctis, in hunc modum : nam cum peciisset panem et aquam ordinis, et ei concessi fuissent, fecit eum dictus receptor vovere et jurare castitatem, obedienciam, et vivere sine proprio, et imposito sibi mantello, receptor et astantes osculati fuerunt eum in ore. Post que idem receptor precepit ei, in presencia aliorum, quod spueret in terram, juxta quamdam crucem ligneam in terra positam, in qua non erat ymago Crucifixi, nescit per quem allatam, et ipse testis spuit in terram juxta dictam crucem. Requisitus si idem receptor vel alii dixerunt ei quod spueret in despectum dicte crucis vel Crucifixi, vel aliquid aliud illicitum vel inhonestum, respondit quod non, et quod non credit quod aliquid illicitum vel inhonestum interveniret in recepcionibus aliorum fratrum ordinis vel post, quia non audivit dici nec vidit aliquem alium recipi. Item, dixit se bene credere ecclesiasticis sacramentis, et quod alii fratres ordinis eodem modo crederent, et quod eorum sacerdotes debite celebrarent. Clandestine recipiebantur, nullis presentibus nisi fratribus ordinis. Audivit dici ante quam intraret dictum ordinem, ab Arnaudo de Aurifolio de Coerel Engolismensis diocesis, patruo ipsius testis, deffuncto, in quadam taberna ville de Goerta, quod dictus Arnaudus audiverat dici a quibusdam aliis secularibus, quorum nomina et cognomina ignorat, quod in domo Templi de Rupella erat quoddam ydolum, sed nescivit declarare dictus testis amplius de circumstanciis dicti ydoli, nec recordabatur qui fuerant presentes cum dictus Arnaudus dixit sibi predicta, sed postmodum nichil intellexit de dicto ydolo vel de aliis, nec investigavit, ut dixit. Cordulis unde volebant assumptis cingebantur super camisias cum quibus jacebant. Injungebatur eis quod non revelarent secreta capituliorum nec modum recepcionis sue; qui revelassent puniti fuissent, sed nescit qualiter. Si qui erant fratres scientes errores esse in ordine, fuerunt negligentes, quia non correxerunt eos nec denunciaverunt Ecclesie; non tamen credit quod in dicto ordine essent errores. Audivit dici quod eorum capitulia clam tenebantur apud Auso, nullis presentibus nisi fratribus ordinis, aliquando de nocte. Ordinata per magnum Magistrum cum conventu servasset totus ordo, contra quem nunc grandia scandala, suspicio et infamia sunt exorta, et contra quem audivit dici magnum Magistrum et alios aliqua fuisse confessos; ad cujus ordinis deffensionem se non obtulerat.

Requisitus si sic deposuerat prece, precepto, timore, amore, odio, vel temporali comodo habito vel habendo, respondit quod non, sed pro veritate dicenda; cui fuit injunctum quod non revelaret hanc suam deposicionem, quousque attestaciones fuerint publicate.

Acta fuerunt hec dictis die et loco, presente magistro Amisio, excepta ultima deposicione, cui non interfuit, et presentibus me Floriamonte Dondedei, Bernardo Filioli, Guillelmo Radulphi, Bernardo Humbaldi et Hugo Nicolai notariis supradictis.

Post hec, die Lune post octabas Pasche, que fuit xviiii dicti mensis aprilis, convenerunt dicti domini Mimatensis et Lemovicensis episcopi, Matheus et archidiaconus Tridentinus, aliis supra excusatis, in domo predicta domini Petri de Sabaudia, et fuerunt ibidem adducti pro testibus, ad presenciam eorumdem, fratres Bartholomeus Bocherii miles, Carnotensis diocesis, qui natus fuerat in diocesi Ruthenensi, et Radulphus Louveti serviens, Ebroicensis diocesis, qui, tactis sacrosanctis Evangeliis, juraverunt dicere in isto negocio plenam et meram veritatem, secundum formam juramenti aliorum testium superius registratam, expositam et vulgarizatam eisdem.

Quo facto, dictus frater Bartholomeus, non defferens mantellum ordinis, quia ipsum voluntarie dimiserat tercia die post capcionem suam, et radi fecerat sibi barbam, sexagenarius vel circa, cum quo inquisitum fuerat, absolutus et reconciliatus per dominum episcopum Parisiensem, qui aposthataverat de dicto ordine propter levitates suas decem annis vel circa, et ad ipsum ordinem redierat ante capcionem suam et aliorum per VIII annos vel circa, lectis et diligenter expositis sibi omnibus et singulis articulis, respondit se nichil scire, nec credere, nec audivisse dici de contentis in eis nisi quod sequitur : videlicet quod ipse receptus fuerat in magna capella domus Templi Parisiensis, die Mercurii post Pascha proximo preteritum fuerunt XLI anni, per fratrem Amalricum de Rocha militem quondam, preceptorem tunc Francie, presentibus fratribus Galtero de Esta, Galtero de la Sonciera, et Jacobo de Rupelhi, militibus, et Humberto thesaurario tunc Templi Parisiensis, et Johanne de Turno subthesaurario, servientibus deffunctis, in hunc modum : nam cum frequenter et instanter requisivisset panem et aquam, societatem et pauperem vestitum ordinis, et predicto sibi quod bene deliberaret, quia dura erat religio eorumdem, et quod rogaret Deum et beatam Mariam ut dirigerent eum, predicta sibi concessa fuissent, fecit eum vovere et jurare dictus receptor castitatem, obedienciam, vivere sine proprio, et servare bonos usus et bonas consuetudines qui tunc erant in ordine, et qui in posterum imponerentur cum consilio proborum ordinis; et imposito sibi mantello, ipse receptor et astantes fuerunt eum osculati in ore. Deinde instruxit eum quod jaceret cum pannis lineis, una corda unde volebant assumpta cinctus, et qualiter regeret se in ordine. Postea duxit eum solum ad parvam capellam Templi, ut indueret ibi vestes religionis; quibus indutis, dixit ei quod abnegaret Jhesum Christum; et cum dictus testis responderet quod hoc non facere posset et stupefactus, dixit ei dictus receptor quod saltem abnegaret ore non corde, quia ita faciebant alii fratres ordinis, et tunc ipse testis abnegavit Jhesum Christum ore non corde, ut dixit. Post que precepit ei quod spueret super quamdam crucem ligneam, in quodam sedili nescit per quem positam, in qua nulla erat ymago Crucifixi, et ipse testis spuit non supra sed juxta eam. Postmodum ostendit eidem testi quoddam capud quod erat super altare dicte parve capelle positum, nescit per quem, juxta santuarium et vascula reliquiarum, et dixit ei quod in necessitatibus suis invocaret dictum capud. Requisitus quale erat dictum capud, dixit quod erat ad instar capitis Templi cum birreto et barba cana et longa, sed non fuit ymaginatus si dictum capud erat metallinum, ligneum, vel osseum, vel humanum, nec expressit ei dictus receptor cujus esset dictum capud, nec postmodum vidit dictum capud, nec ante viderat, licet postmodum fuerat centies in dicta capella, ut arbitratur. Requisitus si idem testis habuit intencionem tunc quod dictum capud esset bonum, respondit quod non; imo visum fuit sibi quod nichil valeret, et quod non posset eum juvare. Item, dixit quod dictus receptor fuit osculatus ipsum testem in umbilico super vestes. Alia illicita non intervenerunt in recepcione sua vel post. Requisitus si sciebat, credebat, vel audiverat dici quod dicta illicita vel alia intervenirent communiter in recepcionibus aliorum fratrum ordinis, respondit quod nesciebat; credebat tamen quod abnegarent Jhesum Christum sicut ipse abnegaverat, et quod preciperetur eis quod spuerent super crucem; et hoc eciam audivit dici a dicto fratre Galtero da la Sanciera apud Villam-Dei Carnotensis diocesis, quasi per quinque annos post recepcionem suam, cum ipse testis, conquirendo de dictis illicitis, loqueretur cum dicto fratre Galtero, qui dixit quod confiteretur de dictis illicitis, et ageret penitenciam, et non cogitaret plus de eis, et ageret ut bonus homo, quia ita fiebat in ordine. Requisitus si viderat aliquos recipi ultra mare, ubi fuerat quatuor mensibus in Castro Peregrini, ut dixit, respondit quod non; citra tamen mare vidit recipi circa duodecim, in quorum recepcionibus nichil vidit fieri vel dici illicitum; sed quia post dictas recepciones ducebantur per receptores soli ad alia loca, in quibus induebant vestes religionis, suspicatur et credit quod ibi facerent abnegacionem et spuicionem predictas. Requisitus quod nominaret illos quos viderat recipi, dixit quod viderat recipi duos fratres servientes, quorum nomina et cognomina ignorat, in capella domus Templi de Ranevilla Ebroicensis diocesis, per fratrem Philippum Agate, testem supra examinatum, sunt XIIII anni elapsi, presentibus fratribus Rogerio preceptore dicte domus, Anrico Anglico et aliis deffunctis. Vidit eciam recipi fratrem Matheum Raynaudi quondam Normanum, servientem, in dicta capella, per dictum fratrem Philippum, sunt circiter xv anni, presentibus sex vel septem fratribus, quorum nomina et cognomina ignorat; et prius viderat in eodem loco recipi, sunt circiter xxii anni, fratrem Albinum diocesis Ebroicensis, servientem quondam, cujus cognomen ignorat, per fratrem Andream de Saquenvilla quondam, tunc preceptorem Normanie, non recolit quibus presentibus nec de nominibus aliorum quos vidit recipi, quia nullus ex eis vivit quod sciat. Item, dixit quod ipse bene credebat ecclesiasticis sacramentis, et credit quod alii fratres ordinis eodem modo crederent, et quod eorum sacerdotes debite celebrarent. Jurabant ordinem non exire absque licencia superioris eorum, qui posset eam dare. Clandestine recipiebantur, nullis presentibus nisi fratribus ordinis. Absque licencia non poterant confiteri aliis quam fratribus sacerdotibus ordinis, quamdiu eos habere poterant. Fratres scientes errores et habentes potestatem corrigendi eos fuerunt negligentes, quia non correxerunt eos nec denunciaverunt Ecclesie. Elemosinas et hospitalitatem vidit aliquando restringi in aliquibus domibus ordinis propter paupertatem; alias servabantur et fiebant convenienter elemosine et hospitalitas supradicte. Eorum capitulia vidit aliquando teneri de nocte, et aliquando de die, clam, nullis presentibus nisi fratribus ordinis, et ponebantur custodes ne audirentur exterius que interius agebantur. Ordinata per Magistrum cum conventu servasset totus ordo, contra quem nunc grandia scandala, suspicio et infamia sunt exorta. Quem quidem ordinem dixit principaliter se exivisse propter predicta illicita, nec reversus fuisset ad dictum ordinem, nisi timuisset quod fuisset incarceratus perpetuo si Templarii eum capere potuissent, et nisi ejus amici ad redeundum compulissent eumdem; nec ausus fuisset redire, nisi dominus rex Francie pro ejus reconciliacione intercessisset. Credit quod illicita confessata per eum essent nota fratribus ordinis, et quod dictus Magister et alii eadem illicita vel alia sint confessi contra dictum ordinem, ad cujus deffensionem se non obtulerat.

Requisitus si sic deposuerat prece, precepto, timore, amore, odio, vel temporali comodo habito vel habendo, respondit quod non, sed pro veritate dicenda; cui fuit injunctum quod non revelaret hanc suam deposicionem, quousque attestaciones fuerint publicate.

Post hec, frater Petrus de Palude Lugdunensis diocesis, ordinis Predicatorum, baccalarius in theologia, qui dicebatur aliquid scire de contentis in dictis articulis, juravit, tactis sacrosanctis Evangeliis, dicere veritatem in negocio isto, secundum formam juramenti aliorum testium superius registratam, lectam eidem, secundum quod recordabatur. Lectis autem sibi omnibus et singulis articulis, respondit se nescire, nec credere, nec audivisse dici de contentis in eis nisi quod sequitur : videlicet quod interfuerat examinacionibus multorum Templariorum, quorum aliqui confitebantur multos ex erroribus contentis in dictis articulis, et aliqui alii eos omnino diffitebantur, et ex multis argumentis videbatur ei quod major fides esset adhibenda negantibus quam confitentibus. Audivit tamen multa narrari a multis qui examinabant dictos Templarios, multa confessata coram eis, ex quibus narracionibus et aliis credebat quod illicita contenta in dictis articulis, vel major pars ex eis, intervenirent in recepcionibus aliquorum ex fratribus ordinis vel post, et non in recepcionibus aliorum nec post; et audivit narrari quod ab inicio, quando ordo Templariorum inceptus fuerat, duo equitantes super unum equum in prelio ultra mare, quorum primus sessor recummendavit se Jhesu Christo, et fuit vulneratus in prelio ; alter vero post eum equitans, quem credit fuisse dyabolum transformatum in forma humana, dixit quod ipse recummendabat se illi qui melius juvare poterat, et cum non fuisset in prelio vulneratus, reprehenderet alium quod recummendaverat se Jhesu Christo, et dixit ei quod, si volebat sibi credere, multiplicaretur et ditaretur Ordo; et audivit, nescit tamen a quibus, quod primus qui fuerat vulneratus fuit seductus a dicto dyabolo in forma humana transformato, et quod exinde habuerunt ortum errores predicti; et vidit frequenter in picturis duos barbatos in uno equo equitantes, et credit quod representarent predictos duos. Dixit insuper se audivisse narrari, non recolit a quibus, quod, cum quondam Magister ordinis Templi diucius fuisset aflictus in carceribus Soldani, fuit demissus, promissione per eum facta quod errores contenti in dictis articulis vel aliqui ex eis introducerentur per eum in ordine supradicto, et ipse Soldanus et ejus successores haberent dictum ordinem recommandatum, et quod temporaliter subvenirent eisdem Templariis et ordini eorumdem. Verumtamen si dicte narraciones vere sint, vel non, dixit se idem testis ignorare, adjiciens quod in substancia nesciebat plus de contentis in articulis memoratis.

Frater Radulphus Louveti predictus, testis hodie juratus, qui mantellum voluntarie post capcionem suam dimiserat et radi fecerat sibi barbam, xxx^a annorum vel circa, cum quo inquisitum fuerat, absolutus et reconciliatus per dominum episcopum Parisiensem, lectis et diligenter expositis sibi omnibus et singulis articulis, respondit quod nullum alium viderat recipi in ordine, nec fuerat in eo nisi per iiii^{or} menses ante capcionem eorum, unde nesciebat, nec credebat, nec audiverat dici de contentis in eis nisi quod sequitur : videlicet quod ipse receptus fuerat per fratrem Philippum Agate, testem supra examinatum, in capella domus Templi Sancti Stephani de Renavilla Ebroicensis diocesis, presentibus fratribus Matheo Raynaudi, Richardo Fabri et Guillelmo Caletensi, servientibus, quos credit vivere, in hunc modum : nam cumpeciisset panem et aquam ordinis, et ei concessisset dictus receptor, fecit eum vovere et jurare castitatem, obedienciam, vivere sine proprio, et servare bonos usus et bonas consuetudines ordinis, et imposito sibi mantello, ipse receptor et astantes fuerunt eum osculati in ore; et eo instructo qualiter regeret se in ordine, precepit ei dictus receptor, in presencia aliorum, quod negaret Deum, et cum ipse testis respondisset quod hoc nullo modo faceret, dixit ei quod, ex quo promiserat obedire, oportebat eum abnegare, quia ita faciebant alii fratres ordinis; et tunc ipse testis abnegavit Deum ore non corde, ut dixit. Postea precepit ei quod spueret super quamdam crucem ligneam, nescit per quem allatam, in qua nulla erat ymago Crucifixi, et ipse testis spuit non supra sed juxta eam. Dixit insuper quod dictus receptor fuit eum osculatus in pectore super vestes, et quod alia illicita non intervenerunt in dicta sua recepcione nec post, et credit quod eadem et non alia intervenirent in recepcionibus aliorum fratrum ordinis vel post. Item, dixit quod bene credebat ecclesiasticis sacramentis, et credit quod alii fratres ordinis eodem modo crederent, et quod eorum sacerdotes debite celebrarent. Jurabant ordinem non exire. Clandestine recipiebantur, nullis presentibus nisi fratribus ordinis, ex quo credit quod esset suspicio contra eos. Cordulis unde volebant assumptis cingebantur super camisias cum quibus jacebant. Jurabant non revelare secreta capituliorum nec modum sue recepcionis; si revelassent, ad panem et aquam diucius puniti fuissent. Fratres ordinis quos credit scivisse errores confessatos per eum fuerunt negligentes, quia non correxerunt eos nec denunciaverunt Ecclesie. Elemosinas et hospitalitatem vidit convenienter fieri et servari in domibus ordinis in quibus extitit commoratus, et fuit sibi preceptum quod debite acquireret ordini, in quo servatum fuisset, ut credit, quod Magister cum conventu statuisset. Grandia scandala, suspicio et infamia sunt exorta nunc contra ordinem, a quo ipse testis propter dicta illicita recedere proponebat ante capcionem suam, ut dixit; contra quem dictus Magister et alii dicuntur aliqua fuisse confessi; ad cujus ordinis defensionem se non obtulerat.

Requisitus si sic deposuerat prece, precepto, timore, amore, odio, vel temporali comodo habito vel habendo, respondit quod non, sed pro veritate dicenda; cui fuit injunctum quod non revelaret hanc suam deposicionem, quousque attestaciones fuerint publicate.

Acta fuerunt hec dictis die et loco, presentibus magistro Amisio, me Floriamonte Dondedei, et aliis notariis supra ultimo nominatis, hoc salvo, me non interfuisse juramento dictorum fratrum Bartholomei et Radulphi, nec magister Amisius examinacioni fratris Radulphi, prout michi in dicto loco et presentibus retulerunt.

Post hec, die Veneris, in crastinum beati Johannis ante portam Latinam, que fuit septima dies mensis maii, convenerunt in domo predicta domini Petri de Sabaudia, prefati domini Narbonensis archiepiscopus, Mimatensis et Lemovicensis episcopi, Matheus et archidiaconus Tridentinus, et fuerunt adducti pro testibus ad presenciam eorumdem fratres Hugo de Narzac preceptor de Espaneis Xantonensis, Guillelmus de Sermoya Engolismensis, Petrus de Nobiliaco Lemovicensis, Guillelmus Audeberti Petragoricensis, Helias de Chasac alias dictus Cotati, Petrus de Vernhia, et Petrus Geraldi alias dictus de Meleduno, Xantonensis diocesium, servientes, missi ad requisicionem dictorum dominorum commissariorum per reverendum in Christo patrem dominum Guidonem, Dei gracia episcopum Xantonensem, cum ejus litteris, quarum tenor inferius est insertus. Qui, tactis sacrosanctis Evangeliis, juraverunt dicere in isto negocio plenam et meram veritatem, secundum formam juramenti aliorum testium superius registratam, expositam et vulgarizatam eisdem. Quo juramento recepto, dictus dominus archiepiscopus, excusans se ut supra, recessit. Tenor vero dictarum litterarum talis est : « Reverendis in Christo patribus ac dominis spiritualibus, dominis Dei providencia archiepiscopo Narbonensi, Lemovicensi et Mimatensi episcopis, ac dominis Matheo de Neapoli sedis apostolice notario, majoris Caleti Rothomagensis et Johanni de Mantua domini Pape capellano Tridentine ecclesiarum archidiaconis, Guido, Dei permissione ecclesie Xantonensis minister, cum omni obediencia et subjectione, se ipsum. Juxta vestrarum seriem litterarum, quas die Veneris post octabam Pasche recepimus circa solis occassum, vestre mittimus reverencie septem Templarios, quos de speciali mandato domini nostri summi pontificis tenebamus; duo vero, qui diucius infirmi periculosse fuerunt, propter impotenciam remanserunt, quia regii servientes, quos ad videndum eos in carcerem fecimus introduci, nobis vive vocis oraculo retulerunt, et fratres eciam qui mittuntur jurejurando firmarunt, quod ipsi sine periculo morti sire non poterant nec portari; unde super hoc nos habere dignemini excusatos. Datum in testimonio sigilli nostri, die Dominica post octabas Pasche, Xantonis, anno Domini millesimo ccc° xi°. Nomina vero illorum qui mittuntur sunt hec : frater Guillelmus de Sorolme, frater Hugo preceptor domus deus Espanez, frater Guillelmus Audebon, frater Petrus de Nolhac, frater Petrus de Molendino, frater Helias Gotati, frater Petrus la Vernha. Item, nomina illorum qui infirmi remanserunt sunt hec : frater Hugo preceptor domus de Syomac, frater Petrus Auriol. »

Post que immediate coram aliis dominis commissariis predictis dictus frater Guillelmus de Soromina, mantellum ordinis et barbam defferens, xxx^a annorum vel circa, cum quo inquisitum fuerat, absolutus et reconciliatus per dictum dominum episcopum Xantonensem, lectis et diligenter expositis sibi omnibus et singulis articulis, respondit se nescire, nec credere, nec audivisse dici de contentis in eis nisi quod sequitur, quia non interfuerat capitulis eorum, nec vidit aliquem alium recipi in ordine, licet interfuerit quando duo Picardi, quorum nomina et cognomina ignorat, requisiverunt Andegavis se recipi in ordine, sed recessit propter officia que gerebat ante votum emissum per eos et ante tradicionem mantelli, et nescit quod ibi actum fuit. Dixit autem se fuisse receptum per fratrem Oliverium Flamentum militem quondam, in quadam camera domus Templi de Castro Bernardi Xantonensis diocesis, in octabis Pasche proximo preteriti fuerunt octo anni vel circa, presentibus fratribus Bartholomeo Morleti tunc preceptore domus de Dompno Engolismensis diocesis, Arnuldo de Aldingena, cujus cognomen ignorat, quos credit vivere, et Hugo de Narzac, teste hodie jurato, qui adfuit principio recepcionis sue sed non fini, qui recedens recommendavit ipsum testem dicto receptori, dicens quod de eo faceret sicut de suo, et Guillelmo Bergerii quondam servientibus, in hunc modum : nam cum instructus peciisset ter cum instancia sibi concedi panem et aquam, societatem et vestitum ordinis, et dictus receptor ei concessisset, fecit eum vovere et jurare super quemdam librum apertum castitatem, obedienciam, vivere sine proprio, et quod obediret omnibus preceptoribus qui proponerentur eidem, et servare precepta eorum quecumque essent; et imposito sibi mantello, ipse receptor et astantes fuerunt eum osculati in ore, et eo instructo de observancia jejuniorum ordinis et de aliis licitis, dictus receptor dixit ei : « Tu jurasti obedire omnibus preceptoribus tuis et preceptis que tibi fierent; ego volo probare si servabis quod jurasti : unde precipio tibi quod abneges Deum. » Et cum ipse testis esset stupefactus de dicto precepto, et respiceret circumstantes, dictus Arnaudus subridens dixit ei : « Vade, facias hoc secure. » Et tunc dicto receptore dicente quod multa dicuntur ore quibus non consentitur corde, et quod abnegaret, ipse testis abnegavit Deum dolens, ore non corde, ut dixit. Post que immediate fecit eum jurare super dictum librum quod acquireret ordini quibuscumque modis posset, non declarando licitis vel illicitis. Alia illicita non intervenerunt in dicta sua recepcione vel post. Dixit tamen quod predictus frater Arnaudus dixit ei, post predictam recepcionem suam, quod amicos habuerat in dicta sua recepcione, quia multa alia intervenissent in dicta recepcione sua, quod non audebat idem frater Arnaudus revelare sibi, nisi predictos amicos ibi habuisset; ex quibus quidem verbis et propter abnegacionem predictam, dictus testis, turbatus et religionem habens suspectam, dimisit habitum, et infra annum a recepcione sua exivit dictum ordinem; sed in crastinum fuit captus, et ad suasionem fratris Petri Theobaldi preceptoris tunc de Castro Bernardi, qui fecerat eum capi, et fratris Petri de Banes presbiteri quondam, qui absolvit eum, remansit in dicto ordine, quia permiserat sibi quod, si volebat remanere in dicto ordine et bene facere, non revelaret recessum suum predictum. Requisitus si scit, credit, vel audivit dici quod dicta abnegacio confessata per eum interveniret communiter in recepcionibus aliorum fratrum ordinis vel post, vel aliquid aliud illicitum, respondit se credere quod alii abnegarent, de aliis illicitis aliud nesciens; credit tamen quod, propter verba predicta sibi dicta a dicto fratre Arnaudo, et propter illa que multi ex fratribus ordinis sunt confessi, quod alia illicita intervenirent in recepcionibus aliorum vel post. Item, dixit quod in die Veneris Sancta devote et reverenter adorabant crucem, et quod ipse bene credebat ecclesiasticis sacramentis, et credit quod alii fratres ordinis eodem modo crederent, et quod eorum sacerdotes debite celebrarent. In ejus tamen recepcione dictus receptor dixit ei quod absque licencia sui superioris non susciperet aliquem infantem de sacro fonte. Item, dixit se audivisse dici a fratribus ordinis quod preceptores tenentes capitulia imponebant disciplinas, et presbiteri absolvebant a peccatis. Juravit ordinem non exire, et credit quod idem jurarent, et quia exiverat, fuit a perjurio absolutus. Clandestine recipiebantur, ex quo credit quod esset suspicio contra eos. Cordulis unde volebant assumptis per penitenciam cingebantur super pannos lineos cum quibus jacebant. Injungebatur eis per sacramentum ne revelarent secreta capituliorum nec modum recepcionis illis qui non adfuerant, et qui contrarium fecissent incarcerati fuissent. Dicebatur eis quod, quamdiu poterant habere facultatem confitendi sacerdotibus ordinis, non debebant aliis absque eorum licencia confiteri. Fratres scientes errores esse in ordine, quos credit fuisse introductos a Magistro et de sciencia aliorum fratrum ordinis, fuerunt negligentes, quia non correxerunt eos nec denunciaverunt Ecclesie, et credit quod ubique uniformiter reciperentur. Precipiebatur eis per preceptores eorum quod debite servarent elemosinas et hospitalitatem, et ornarent capellas, et reverenter senes ordinis. Audivit dici quod eorum capitulia clam tenebantur, nullis presentibus nisi fratribus ordinis, et quod providebatur ne videretur vel audiretur exterius quod interius agebatur. Credit quod ordinata per Magistrum cum conventu fuissent servata in ordine, contra quem propter predicta nunc grandia scandala, suspicio et infamia sunt exorta. Credit quod illicita que interveniebant in recepcionibus fratrum ordinis vel post essent communiter nota fratribus ordinis ante eorum capcionem, sed non extraneis, et quod magnus Magister et alii confessi fuerint illa que littere apostolice continent eos confessos fuisse. Non obtulerat se ad deffensionem ordinis.

Requisitus si sic deposuerat timore, amore, odio, vel temporali comodo habito vel habendo, respondit quod non, sed pro veritate dicenda, et ad exoneracionem consciencie sue; cui fuit injunctum quod non revelaret hanc suam deposicionem, quousque attestaciones fuerint publicate.

Acta fuerint hec dictis die et loco, presentibus me Floriamonte Dondedei, Bernardo Filiholi, Guillelmo Radulphi, Bernardo Humbaldi et Hugo Nicolai notariis supra dictis.

Post hec, die Sabbati sequenti, que fuit VIII dies dicti mensis maii, fuit adductus ad presenciam eorumdem dominorum commissariorum, in domo predicta, frater Guillelmus Audenbon serviens, Petragoricensis diocesis, testis supra juratus, ut deponeret dictum suum, triginta annorum vel circa, mantellum ordinis et barbam defferens, cum quo inquisitum fuerat, absolutus et reconciliatus per dominum episcopum Xantonensem. Lectis autem et diligenter expositis sibi omnibus et singulis articulis, respondit se nescire, nec credere, nec audivisse dici de contentis in eis nisi quod sequitur, quia non steterat in ordine ante capcionem eorum, nisi per annum cum dimidio vel circa, nec videret recipi nisi unum alium. Ipse autem fuerat receptus, ut dixit, in capella domus Templi de Syourac Xantonensis diocesis, prima Dominica Quadragessime proximo preterite fuerunt V anni vel circa, per fratrem Guaufredum de Gonavilla preceptorem Acquitanie, presentibus fratribus Hugone Raynaudi preceptore dicte domus, qui detinetur Xantonis, Guillelmo Candelarii preceptore domus deu Deffes, qui detinetur apud Sanctum Johannem Angeliaci, Petrum de Montinhaco preceptorem de Castro Bernardi, in dicto loco Sancti Johannis detento, et quibusdam aliis de quorum nominibus non recordatur, in hunc modum : nam post multas bonas exhortaciones, dictus receptor fecit eum vovere et jurare super quoddam missale castitatem, obedienciam, vivere sine proprio, et servare bonos usus et bonas consuetudines, et non revelare secreta ordinis. Post que imposito sibi mantello, ipse et astantes osculati fuerunt eum in ore; et allata ibidem quadam cruce cuprea de altare, per quemdam fratrem servientem quem non noverat assumpta, in qua erat ymago Crucifixi, peciit ab eo dictus receptor si credebat in illum qui representabatur per illam ymaginem, et si credebat quod ille esset Deus. Quo respondente quod sic, dixerunt dictus receptor et astantes quod hoc non crederet, et quod abnegaret Deum et crucem, et spueret super eam; et tunc ipse testis, propter infestacionem eorum, abnegavit illum qui representabatur per ipsam crucem et ipsam crucem ore non corde, ut dixit, non tamen spuere voluit super dictam crucem. Postmodum dictus receptor, tenens in gremio suo involutum nescit quod, cupreum tamen erat, visus fuit velle quod idem testis adoraret seu oscularetur illud; hoc tamen idem receptor ore non expressit, sed facto ad hoc tendere videbatur. Ipse autem testis, penitens de hiis que fecerat, sicut dixit, surgens, recessit ab eis, non exiens capellam predictam, et ipsi fuerunt locuti ad invicem nescit quod, et non induxerunt nec compulerunt eum tunc nec post ad illud illicitum faciendum. Dixit tamen ei dictus receptor quod cingeretur una cordula, quam ei quidam ex eis tradidit, super pannos lineos cum quibus jacere debebat; non tamen scivit, nec audivit dici quod dicta cordula tangeret aliqua capita ydolorum nec predictam rem cupream, nec scit quod de dicta re cuprea fuit actum, licet pecierit a fratre Arnaudo Corradelli, quodam homine antiquo, qui adfuit recepcioni sue, et morabatur in dicta domo, quod esset illud cupreum, per quem fuit sibi responsum quod nichil ad ipsum testem. Requisitus de nomine illius quem viderat recipi, et ubi, quando et a quo receptus fuerat, respondit quod vocabatur Galhardus, cujus cognomen ignorat, erat tamen de Burdegalensi diocesi oriundus. Quem idem receptor recepit in eadem capella, presentibus astantibus supra nominatis, infra dimidium annum a recepcione ipsius testis; voto tamen emisso per dictum Galhardum et mantello sibi tradito, dictus testis, de mandato dicti receptoris, recessit, ut prepararet mensam, et nescit quod ex tunc egerunt. Credit tamen quod fecerunt eum abnegare, sicut fecerant ipsum testem, et mandaverunt quod spueret super crucem sicut mandaverant ipsi testi, et quod communiter et ubique idem servaretur in recepcionibus aliorum. Item, dixit quod ipse bene credebat ecclesiasticis sacramentis, credens quod alii fratres ordinis eodem modo crederent, et quod eorum sacerdotes debite celebrarent; non tamen credit quod dictus receptor qui fecit predicta fieri esset bonus christianus, nec quod faceret bona intencione predicta. Juravit ordinem non exire, credens quod alii idem jurarent. Clandestine recipiebantur, nullis presentibus nisi fratribus ordinis, ex quo credit quod esset suspicio contra eos. Credit quod revelantes secreta capituliorum puniti fuissent. Fratres quos credit scivisse errores predictos fuerunt negligentes, quia non correxerunt eos nec denunciaverunt Ecclesie. Elemosinas et hospitalitatem vidit in dicta domo in qua receptus fuit et moratus convenienter fieri et servari, et fuit ei dictum quod acquireret ordini, non declarando per fas vel nefas. Credit quod ordinata per Magistrum cum conventu, si fuissent bona, servasset totus ordo, contra quem propter predicta nunc grandia scandala, suspicio et infamia sunt exorta, et contra quem magnus Magister et alii dicuntur aliqua fuisse confessi; ad cujus deffensionem ordinis se non obtulerat, nec fuerat ultra mare.

Requisitus si sic deposuerat prece, precepto, timore, amore, odio, vel temporali comodo habito vel habendo, respondit quod non, sed pro veritate dicenda; cui fuit injunctum quod non revelaret hanc suam deposicionem, quousque attestaciones fuerint publicate; et intelligebat latinum.

Frater Hugo de Narsac serviens, preceptor domus Templi de Espans Xantonensis diocesis, testis supra juratus, mantellum ordinis et barbam defferens, quadragenarius vel circa, cum quo inquisitum fuerat, absolutus et reconciliatus per dominum episcopum Xantonensem, lectis et diligenter expositis sibi omnibus et singulis articulis, respondit se nescire, nec credere, nec audivisse dici de contentis in eis nisi quod sequitur : videlicet quod in recepcionibus fratrum ordinis, post aliquas bonas exhortaciones, et post votum et juramentum factum per eos quod servarent castitatem, obedienciam, et viverent sine proprio, et post tradicionem mantelli et osculum oris, faciebant dictos fratres communiter abnegare Deum, et hoc precipiebatur eis, quia juraverant obedire omnibus preceptoribus suis et preceptis que eis fierent, unde ne reputarentur perjuri et inobedientes, abnegabant Deum. Verumptamen aliquando supersedebant ab hoc, quando recipiebantur, multum potentes et nobiles, et habebant multos de amicis suis secum, ne possent ista divulgari. Requisitus quomodo sciebat predicta, respondit quod ipse receptus fuerat secundum modum predictum, in capella domus Templi de Dempuho Xantonensis diocesis, in octaba Resurrectionis Dominice proximo preterite fuerunt xxv anni vel circa, per fratrem Petrum de Banhol quondam, preceptorem tunc dicte domus, presentibus fratribus Bernardo Calho, Petro Fulcandi et Johanne Daussac, servientibus deffunctis. Prima tamen die recepcionis sue, nec eciam ex tunc fere per duos menses, non fecit predicta, sed elapsis duobus mensibus vel circa, cum supervenisset ad dictam domum frater Johannes Io. Frances quondam, preceptor tunc Pictavie, et scivisset cum receptore quod ipse testis non fecerat abnegacionem predictam, quia expectaverat ad hoc faciendum dictum preceptorem, ut dicebat, dictus preceptor, convocato capitulio intra dictam capellam, et clauso ostio dicte capelle, precepit eidem testi quod abnegaret Deum ; et quia ipse testis juraverat obedire quibuscumque preceptis que sibi fierent et preceptoribus suis, et quod non dimitteret ordinem pro meliori vel pejori, abnegavit Deum ore, non corde, in presencia dicti receptoris, et aliorum qui adfuerant recepcioni sue, et fratris Mathie de Stampis quondam servientis dicti preceptoris. Aliqua tamen alia illicita non dixit nec precepit eidem preceptor predictus. Dixit eciam quod ex tunc frequenter habuerat voluntatem ordinem propter hoc specialiter exeundi, sed non audebat, quia timebat quod caperetur ab eis, et quod sibi personale periculum immineret. Item, dixit quod ipse receperat fratrem Arneum de Britannia presbiterum quondam, in capella domus Templi Andegavensis, sunt circiter xii anni, presentibus fratribus Mathia Velhardi de Castro Raynaudi Turonensis diocesis, Marcilio cujus cognomen ignorat, deffunctis, et Guillelmo de Munac Turonensis diocesis, quem credit vivere, servientibus, in quorum presencia, prima die recepcionis, fecit eum, post tradicionem mantelli, abnegacionem facere supradictam, de quo fuit idem presbiter multum turbatus.

Requisitus quare fecit fieri predictam abnegacionem, respondit quod pro eo quia communiter fiebat in ordine, et quia sibi videtur quod frater Petrus de Villaribus miles quondam, tunc preceptor Pictavie, preceperat eidem testi quod, quando reciperet fratres, faceret fieri abnegacionem predictam. Item, dixit quod plures recepisset, nisi consciencia remordisset eum de hoc quod illicite agebatur in recepcionibus predictis, et quia frequenter fiebant per symoniam, data peccunia vel aliis equipolentibus. Dixit eciam quod secundum modum predictum viderat in ordine recipi multos, in capitulis celebratis apud Ausonem Pictavensis diocesis et in aliis locis, et nominavit dictum fratrem Guillelmum de Munac, quem vidit recipi in capella domus Templi de Balo Turonensis diocesis, sunt xvi anni et ultra, per fratrem Amblardum de Vienesio quondam, preceptorem tunc Pictavie, presentibus fratribus Thoma de Verrone quondam, et aliis de quibus non recordatur; de nominibus aliorum quos secundum modum predictum vidit recipi dixit presencialiter se non recordari. Item, dixit se interfuisse recepcionibus fratris Guillelmi de Sorolme, testis heri examinati; sed tradito sibi mantello recessit, quia cogitabat quod fieret abnegacio predicta, et recommendavit eum receptori dicti Guillelmi, qui attinebat eidem testi; et fratrum Hugonis de Anesio Turonensis diocesis, et Guillelmi Juyto ejusdem diocesis militum, receptorum insimul in capella domus Templi de Auson in capitulio generali, sunt XVI anni elapsi, per dictum fratrem Amblardum, ut sibi videtur, presentibus preceptoribus et fratribus qui consueverunt ad dictum capitulum convenire; et fratris Hugonis de Relheyo ejusdem diocesis militis, recepti apud Auso in capitulio generali, per dictum fratrem Gaufredum, per unum annum vel circa ante capcionem eorum, nec non et cujusdam alterius fratris militis, cujus nomen et cognomen ignorat, filii domine de Cloye Pictavensis diocesis, recepti in dicto loco de Auso, in dicto capitulio in quo receptus fuerat dictus Hugo; sed propter nobilitatem et potenciam dictorum quatuor militum et amicorum eorumdem, non fecerunt abnegacionem predictam, nec fuit preceptum eisdem, nec aliqua alia illicita intervenerunt in recepcionibus eorum nec post, quod ipse sciverit vel audiverit dici. Requisitus si scit, credit, vel audiverit dici quod aliqua alia illicita preter dictam abnegacionem intervenirent in recepcionibus fratrum ordinis vel post, respondit quod communiter precipiebatur eis quod acquirerent ordini quibuscumque modis possent, et licet non declararent licitis vel illicitis, verba tamen predicta imminebant (?) hoc, et de facto frequenter servabant quomodo poterant. Item, dixit se vidisse quod fratres Johannes Godelli de Turonis, et quidam alius serviens stulti, minxerunt semel in pede cujusdam crucis lignee erecte in cimitterio dicte domus de Balo; et cum ipse testis reprehendisset eos de hoc, quia erant ibi alia loca propinqua in quibus poterant mingere, et quia videbantur industriosse hoc facere in despectum crucis, responderunt ei quod ipse habebat facere de hoc, et quod nichil ad eum. Audivit dici de aliis fratribus ordinis quod facerent aliqua opprobria cruci, nec quod hoc preciperetur eisdem. Item, dixit se frequenter audivisse dici a multis fratribus venientibus de ultra mare, sed non recolit a quibus, quod frater Jacobus magnus Magister ordinis, ultra mare existens, commitebat crimen sodomiticum cum quodam valeto camerario suo, quem multum diligebat, vocato Georgio, qui fuit submersus ex insperato in presencia dicti Magistri et aliorum, transeundo quamdam aquam in riparia Januensi, et credit ipse testis quod fuerit ultio divina propter peccatum predictum, quo eciam dicebantur abuti alii majores ordinis ultra mare; et inter alios erat de hoc multum diffamatus frater Sicardus de Rupe miles, preceptor Burdegale quondam; non tamen vidit, vel audivit dici ipse tamen testis, nec credit quod ex preceptis vel statutis ordinis dictum peccatum perpetrarent inter eos, vel quod eis esse licitum diceretur. Item, dixit se audivisse dici a dicto receptore suo, in recepcione sua, qui precepit ei quod abnegaret Deum, quod propter dictam abnegacionem plus in bonis temporalibus habundaret, et idem aliis dicebatur. Item, dixit quod ipse bene credebat ecclesiasticis sacramentis, sed de aliis si crederent ignorat; sed videbantur credere, et aliqui plus, et alii minus. Credit eciam quod eorum sacerdotes debite celebrarent, et quod eorum missalia essent talia, qualia sunt ecclesie. Item, dixit se audivisse dici in ordine quod magnus Magister habebat privilegium a Papa, propter quod dabat sacerdotibus ordinis potestatem absolvendi fratres a peccatis eorum, et propter quod ipse Magister et alii preceptores laici absolvebant fratres ab inobedienciis eorum. Item, dixit se audivisse dici frequenter a multis fratribus ordinis, de quorum nominibus non recordatur, quod dictus frater Jacobus Magister ordinis, quando recipiebat aliquos, faciebat se osculari ab eis non solum in ore, sed eciam in umbilico et retro in spina dorsi in carne nuda. Item, dixit quod jurabant ordinem non exire. Clandestine recipiebantur, nullis presentibus nisi fratribus ordinis, ex quo credit quod esset suspicio contra eos. Propter honestatem cingebantur cordulis super panos lineos cum quibus jacebant; et jurabant non revelare secreta capituliorum; et qui revelasset fuisset reputatus inobediens et excommunicatus, et perdidisset mantellum. Inhibebatur eis ne absque licencia confiterentur aliis quam sacerdotibus ordinis. Fratres ordinis quibus credit predictos errores notos fuisse fuerunt negligentes, quia non correxerunt eos nec denunciaverunt Ecclesie. Elemosinas et hospitalitatem vidit in aliquibus domibus ordinis satis convenienter fieri, et in aliis restringi. Eorum capitulia generalia clam tenebantur, frequentius ante diem quam de die, nullis presentibus nisi fratribus ordinis, et providebatur ne audiretur exterius quod interius agebatur. Credit quod dicti errores diu duraverunt in ordine, et quod ortum habuerint ultra mare, ubi frequenter conversabantur cum Saracenis, et frater Guillelmus de Bello Jocco Magister quondam ordinis, et frater Matheus lo Sauvacge miles, contraxerunt magnam amiciciam cum soldano et Sarracenis, et dictus frater Matheus conversabatur inter eos, et prefatus frater Guillelmus habebat aliquos Sarracenos ad stipendia sua quando volebat, et dicebant quod hoc faciebant propter majorem securitatem eorum; sed alii de hoc obloquebantur. Ordinata per Magistrum cum conventu servasset totus ordo, contra quem propter predicta nunc grandia scandala, suspicio et infamia sunt exorta, et contra quem dictus Magister et alii dicuntur aliqua fuisse confessi; ad cujus ordinis deffensionem se non obtulerat, nec fuerat ultra mare.

Requisitus si sic deposuerat prece, precepto, timore, amore, odio, vel temporali comodo habito vel habendo, respondit quod non, sed pro veritate dicenda; cui fuit injunctum quod non revelaret hanc suam deposicionem, quousque attestaciones fuerint publicate; et intelligebat latinum.

Acta fuerunt hec dictis die et loco, presentibus magistro Amisio, me Floriamonte Dondedei, et aliis notariis supra ultimo nominatis.

Post hec, die Lune sequenti, que fuit x dies dicti mensis maii, fuit adductus ad presenciam eorumdem dominorum commissariorum, in domo predicta domini Petri de Sabaudia, frater Helias Costati serviens, Xantonensis diocesis, testis supra juratus, ut deponeret dictum suum, sexagenarius vel circa, mantellum ordinis et barbam defferens, cum quo inquisitum fuerat, absolutus et reconciliatus per dominum episcopum Xantonensem. Lectis autem et diligenter expositis sibi omnibus et singulis articulis, respondit se nescire, nec credere, nec audivisse dici de contentis in eis nisi quod sequitur: quia non vocabatur ad concilia eorum, pro eo quod erat simplex, et habebat curam molendinorum. Dixit autem se fuisse receptum, in festo Pasche proximo preterito fuerunt xxv anni vel circa, in quadam camera domus Templi de Espanas Xantonensis diocesis, per fratrem Amblardum de Vienesio militem, quondam preceptorem, presentibus fratribus Jacobo de Noian preceptore dicte domus, et Roberto de patria dicti Jacobi, cujus cognomen ignorat, serviente, de quorum vita vel morte non habet certitudinem, et quibusdam aliis deffunctis. A quo receptore peciit instanter panem et aquam ordinis; quibus concessis eidem, fecit eum dictus receptor vovere et jurare castitatem, obedienciam, vivere sine proprio, et imposito ei mantello, ipse et omnes astantes osculati fuerunt in ore; et de abnegacione, obprobriis crucis et aliis illicitis in articulis contentis, nec tunc nec post fuit facta mencio eidem; nec scit, nec vidit, nec audivit dici quod aliquid illicitum interveniret in recepcione fratris Petri Geraldi de Mursac servientis, Xantonensis diocesis, testis supra jurati sed nondum examinati, quem vidit recipi in capella dicte domus de Espaneis, per fratrem Theobaldum de Turonia, militem quondam, in isto tempore Paschali sunt circiter XIIII anni, presentibus fratribus Petro Auriol, detento Xantonis, Guillelmo de Serie et Johanne de Mursac servientibus, deffunctis; nec in recepcione dicti Roberti, qui fuit similiter ab eodem et per eundem modum ac eisdem presentibus receptus, cum ipso teste; nec credit quod aliqua illicita intervenirent in recepcionibus aliorum fratrum ordinis nec post, quia non vidit, nec scivit, nec audivit dici ante capcionem eorum, licet aliqua illicita dicat se fuisse confessum coram dicto domino episcopo Xantonensi, propter carceris asperitatem, et propter terrorem qui ab aliis quam a dicto domino episcopo inferebatur eidem. Item, dixit quod ipse bene credebat ecclesiasticis sacramentis, et credit quod alii fratres ordinis eodem modo crederent, et quod eorum sacerdotes debite celebrarent, et dixit quod ter communicabant in anno, scilicet in Paschate, Pentecoste et Nativitate. Juravit ordinem non exire. Clandestine recipiebantur, nullis presentibus nisi fratribus ordinis, ex quo potest esse suspicio que erat contra eos. Cordulis unde volebant assumptis per penitenciam cingebantur super camisias cum quibus jacebant. Preceptum fuit quod confiteretur fratribus sacerdotibus ordinis, et credit quod ubique fratres reciperentur licite, sicut deposuit se fuisse receptum. Elemosinas et hospitalitatem vidit convenienter fieri et servari in domibus ordinis in quibus extitit commoratus. Credit quod ordinata per Magistrum cum conventu, si fuissent bona et licita, servasset totus ordo, contra quem nunc indebite, ut credit, grandia scandala, suspicio et infamia sunt exorta. Audivit tamen dici quod dictus Magister et aliqui alii aliqua illicita fuerunt contra ordinem confessi, et credit quod fuerint mentiti; et non obtulerat se ad deffensionem ordinis, et non fuerat ultra mare.

Requisitus si sic deposuerat prece, precepto, timore, amore, odio, vel temporali comodo habito vel habendo, respondit quod non, sed pro veritate dicenda; cui fuit injunctum quod non revelaret hanc suam deposicionem, quousque attestaciones fuerint publicate.

Frater Petrus Geraldi de Mursac serviens, Xantonensis diocesis, testis supra juratus, XLVIII annorum vel circa, mantellum ordinis et barbam defferens, cum quo inquisitum fuerat, absolutus et reconciliatus per dominum episcopum Xantonensem, lectis et diligenter expositis sibi omnibus et singulis articulis, respondit se nescire, nec credere, nec audivisse dici de contentis in eis nisi quod sequitur: dixit nempe fuisse receptum, in festo Nativitatis Domini proximo preterito fuerunt XIII anni vel circa, in capella domus Templi de Enspaneis Xantonensis diocesis, per fratrem Theobaldum, militem quondam, preceptorem tunc dicte domus, presentibus fratribus Helia Costati, teste proximo examinato, ut sibi videtur, et aliquibus aliis deffunctis, in hunc modum : nam cum requisivisset instanter societatem proborum ordinis, et sibi concessa fuisset, dictusque receptor fecit eum vovere et jurare castitatem, obedienciam, vivere sine proprio, quod esset servus esclavus ordinis, et quod non revelaret secreta capituliorum; et imposito sibi mantello, ipse et astantes fuerunt eum osculati in ore. Quo facto idem receptor dixit ei in presencia aliorum quod, ex quo promiserat obedire, volebat et precipiebat quod abnegaret Deum et eciam crucem; et ipso teste respondente quod hoc nullo modo faceret, dixit quod oportebat eum facere, quia ita erat consuetum fieri in ordine, et tunc ipse testis abnegavit ore non corde, ut dixit. Requisitus de dicta cruce, ubi et qualis erat, respondit quod erat erecta supra altare, et videbatur argentea deaurata. Item, dixit quod post predicta dictus receptor, extrahens de sinu suo quamdam parvam ymaginem de leone vel de auro, que videbatur habere effigiem muliebrem, dixit ei quod crederet in eam, et haberet in ea fiduciam, et bene sibi esset. Requisitus si declaravit ei cujus esset dicta ymago, vel si hoc scit, respondit quod non, nec ex tunc vidit eam, quia immediate dictus receptor reposuit eam in sinu suo; pocius tamen credit quod representaret aliquam malam rem quam bonam, propter abnegacionem predictam quam pecierat. Item, dixit quod, cum predicta acta fuissent, dictus Raynaudus miles dixit si facerent fieri per ipsum testem osculum turpe, et dictus receptor dixit quod supersederent tunc, quia alias fieret. Alia illicita non intervenerunt in dicta sua recepcione nec post. Item, dixit quod per eumdem modum vidit recipi fratrem Arnaudum servientem quondam, Engolismensis diocesis, ut credit, cujus cognomen ignorat in quadam camera ejusdem loci et per eumdem receptorem, sunt circiter novem anni, presentibus fratribus Guillelmo de Motone detento apud Rupellam, Petro Auriol, detento Senonis; et Guillelmo de Minac Engolismensis, ut credit, diocesis, quem credit vivere, Johanne Costati quondam fratre dicti Helie Cotati, et predicto Raynaudo Bertrandi milite; quare credit quod per eundem modum ubique fratres dicti ordinis reciperentur. Item, dixit quod ipse bene credebat ecclesiasticis sacramentis, credens quod aliqui ex aliis fratribus ordinis eodem modo crederent, sed non credit quod alii qui faciebant predicta fieri essent boni Christiani. Credit eciam quod eorum sacerdotes debite celebrarent. Jurabant ordinem non exire; statim pro professis habebantur. Clandestine recipiebantur, nullis presentibus nisi fratribus ordinis, ex quo credit quod esset suspicio contra eos. Audivit dici ab aliquibus fratribus ordinis quod aliqui ex fratribus existentibus ultra mare perpetrabant crimen sodomiticum, non tamen audivit dici quod fas esset eisdem secundum ordinis constituta. Cordulis unde volebant assumptis cingebantur super camisias cum quibus jacebant. Injungebatur eis per sacramentum ne revelarent secreta capituliorum nec modum recepcionis sue, et qui revelassent, vel predicta illicita facere noluissent, graviter puniti fuissent. Inhibitum fuit ei per preceptorem domus de Espaneis quod non confiteretur nisi sacerdotibus ordinis, sed hoc non servabatur. Cujus ordinis fratres quos credit scivisse errores confessatos per eum fuerunt negligentes, quia non correxerunt eos nec denunciaverunt Ecclesie. Elemosinas et hospitalitatem vidit convenienter fieri et servari in domibus ordinis in quibus extitit commoratus, et audivit dici quod eorum capitulia clam tenebantur, nullis presentibus nisi fratribus ordinis, et aliquando tempestive. Frequenter indebite acquirebant ordini, sed non precipiebatur eisdem. Credit quod ordinata per Magistrum cum conventu fuissent servata in toto ordine, contra quem nunc grandia scandala, suspicio et infamia sunt exorta; a quo libenter exivisset propter predicta confessata per eum et propter asperitates ordinis, nisi timuisset capi, et sibi periculum immineret. Audivit dici dictum Magistrum et alios aliqua fuisse confessos contra ordinem, ad cujus deffensionem se non obtulerat, nec fuerat ultra mare.

Requisitus si sic deposuerat prece, precepto, timore, amore, odio, vel temporali comodo habito vel habendo, respondit quod non, sed pro veritate dicenda; cui fuit injunctum quod non revelaret hanc suam deposicionem, quousque attestaciones fuerint publicate.

Frater Petrus de Nobiliaco serviens, Lemovicensis diocesis, testis supra juratus, mantellum ordinis et barbam defferens, quinquagenarius vel circa, cum quo inquisitum fuerat, absolutus et reconciliatus per dominum episcopum Xantonensem, lectis et diligenter expositis sibi omnibus et singulis articulis, respondit se nescire, nec credere, nec audivisse dici de contentis in eis nisi quod sequitur : Dixit nempe se fuisse receptum in capella domus Templi Burdegalensis, per fratrem Heliam Audemari presbiterum quondam, in festo Omnium Sanctorum proximo preterito fuerunt circiter xx^{ti} anni, presentibus fratribus Helia Ayri quondam milite, Xantonensis, Petro Daubo Vienensis, et Petro de Castelione Burdegalensis diocesium, servientibus deffunctis, a quo receptore peciit se recipi ad dictum ordinem, et prescito ab eo per juramentum quod non erat matrimonio, vel alteri religioni obligatus, nec excommunicatus, nec servilis condicionis, nec habebat infirmitatem latentem, fecit eum vovere et jurare castitatem, obedienciam, et vivere sine proprio, et servare bonos usus qui tunc erant in ordine, et que in posterum imponerentur; et imposito sibi mantello, receptor et omnes astantes fuerunt eum osculati in ore. Post que precepit ei dictus receptor, in presencia predictorum, quod abnegaret Deum ore non corde, et ipse testis obedivit ei; non tamen sibi expressit quod hoc esset de punctis ordinis, nec fecit ei ipse vel alius de alio illicito mencionem. Requisitus si scit, credit, vel audivit dici quod fratres ordinis communiter abnegarent Deum in recepcionibus suis vel post, vel facerent alia illicita contenta in articulis, respondit se pocius credere quod non quam quod sic, quia non vidit dicta illicita fieri, nec audivit dici quod fierent, et tamen interfuerat recepcioni duorum fratrum de Lingua Galligana, quorum quislibet vocabatur Johannes, sed eorum cognomina ignorat. Qui fuerunt recepti per fratrem Gaufredum de Bonavilla preceptorem Pictavie, in instanti festo Assumpcionis beate Marie erunt circiter xii anni, in capella domus Templi Andegavensis, presentibus fratribus Theobaldo servienti dicti preceptoris, et multis aliis quorum non habebat noticiam, quia inibi venerat a casu. Item, dixit quod bene credebat ecclesiasticis sacramentis, et credit quod alii fratres ordinis eodem modo crederent, et quod eorum sacerdotes debite celebrarent. Item, dixit se audivisse dici in dicto ordine et credere quod, antequam haberent sacerdotes in ordine, eorum preceptores laici absolvebant alios fratres ordinis a peccatis auctoritate apostolica; sed postmodum postquam habuerunt sacerdotes, non audivit dici quod absolverent dicti laici preceptores. Jurabant ordinem non exire; statim pro professis habebantur. Clandestine recipiebantur, nullis presentibus nisi fratribus ordinis, ex quo credit quod esset suspicio contra eos. Deffendebatur eis crimen sodomiticum, et si qui convicti fuissent dictum crimen perpetrasse, fuissent ab ordine exclusi. Ultra mare dixit se fuisse sex annis commoratus antequam esset frater ordinis, in servicio fratris G. de Sanzeto quondam militis dicti ordinis, tempore fratris Guillelmi de Bello Joco Magistri tunc ordinis; et de capite de quo deposuit supra magister Anthonius Sycti de Vercellis, et de ydolis nullam audivit fieri mencionem. Dixit tamen quod dictus frater Guillelmus habebat magnam amiciciam cum soldano et Saracenis, quia aliter non potuissent ipse vel ordo tunc ultra mare remansisse. Cordulis unde volebant assumptis cingebantur super camisias cum quibus jacebant. Per sacramentum injungebatur eis quod non revelarent secreta capituliorum, de modo recepcionis speciali non habita mencione. Qui revelassent ad panem et aquam et alias graviter puniti fuissent. Elemosinas et hospitalitatem juxta facultatem domorum in quibus extitit commoratus vidit convenienter fieri et servari, et capitulia generalia, sermone facto, tempestive teneri apud Auso Pictavensis diocesis, januis clausis, nullis presentibus nisi fratribus ordinis, et providebatur ne audirentur exterius que interius agebantur. Ordinata per Magistrum cum conventu servasset totus ordo, contra quem nunc propter predicta grandia scandala, suspicio et infamia sunt exorta, et contra quem Magister et alii dicuntur aliqua fuisse confessi; ad cujus ordinis deffensionem se non obtulerat. Nec sic deposuerat prece, precepto, timore, amore, odio, vel temporali comodo habito vel habendo, sed pro veritate dicenda, ut dixit; cui fuit injunctum quod non revelaret hanc suam deposicionem, quousque attestaciones fuerint publicate.

Acta fuerunt hec die et loco predictis, presentibus magistro Amisio, me Floriamonte Dondedei, et aliis notariis supra ultimo nominatis.

Post hec, die Martis sequenti, que fuit xi dies dicti mensis maii, fuit adductus ad presenciam eorumdem dominorum commissariorum, in domo predicta domini Petri de Sabaudia, frater Petrus la Vernha serviens, Xantonensis diocesis, testis supra juratus, ut deponeret dictum suum, quinquagenarius et ultra, mantellum ordinis et barbam defferens, cum quo inquisitum fuerat, absolutus et reconciliatus per dominum episcopum Xantonensem. Lectis autem et diligenter expositis sibi omnibus et singulis articulis, respondit se nescire, nec credere, nec audivisse dici de contentis in eis nisi quod sequitur, quia non vidit alium recipi in ordine, nec interfuerat capitulis eorum. Ipse autem receptus fuerat, circa festum beati Michaelis proximo preteritum fuerunt circiter xx^{ti} anni, in capella domus Templi de Frotay Turonensis diocesis, per fratrem Gerardum de Nonay servientem quondam, preceptorem tunc dicte domus, presentibus fratribus Adam et Helia, quorum cognomina ignorat, et aliis deffunctis, in hunc modum : nam cum peciisset instanter societatem ordinis, et ei concessa fuisset, dictus receptor fecit eum vovere et jurare super quemdam librum castitatem, obedienciam, vivere sine proprio, servare bonos usus qui tunc erant in ordine, et qui in posterum imponerentur, et non revelare secreta capitulorum, et quod non dimitteret ordinem pro forciori vel debiliori; et imposito sibi ad honorem Dei et beate Marie mantello, receptor et omnes astantes fuerunt eum osculati in ore; et instruxit eum qualiter regeret se in ordine, et dictus receptor precepit ei quod oscularetur ipsum receptorem in carne nuda inter scapulas, quod fecit. Postea precepit ei quod abnegaret Deum in presencia aliquorum ex eis qui astabant, non declarando quod hoc esset de punctis ordinis nec consuetum in ordine fieri, et ipse testis abnegavit Deum ore, non corde, ut dixit. Aliquid aliud illicitum non intervenit in dicta sua recepcione vel post, nec quid agebatur in recepcionibus aliorum vel post, credit tamen pocius quod abnegarent communiter Deum, sicut deposuit se fecisse, quam contrarium. Item, dixit quod ipse bene credebat ecclesiasticis sacramentis, credens quod alii fratres ordinis eodem modo crederent, et quod eorum sacerdotes debite celebrarent. Audivit dici quod laici eorum capitulia tenentes auctoritate apostolica absolvebant fratres generaliter, et pro peccatis remittebant eos absolvendos ad sacerdotes ordinis eorum. Clandestine recipiebantur, nullis presentibus nisi fratribus ordinis. Cordulis unde volebant assumptis cingebantur super camisias cum quibus jacebant. Fratres scientes errores fuerunt negligentes, quia non correxerunt eos. Elemosinam et hospitalitatem vidit convenienter fieri et servari in domibus ordinis in quibus extitit commoratus, et precipiebatur eis quod bene servarent elemosinas ordinis, et inhibebatur ne degererent propter bona ordini acquirenda. Ordinata per Magistrum cum conventu servasset totus ordo, contra quem nunc propter predicta grandia scandala, suspicio et infamia sunt exorta, et credit quod fratres ordinis scirent quod abnegacio fieret in ordine confessata per eum, et audivit dici Magistrum et alios aliqua contra dictum ordinem fuisse confessos; ad cujus deffensionem se non obtulerat, nec fuerat ultra mare.

Requisitus si sic deposuerat prece, precepto, timore, amore, odio, vel temporali comodo habito vel habendo, respondit quod non, sed pro veritate dicenda; cui fuit injunctum quod non revelaret hanc suam deposicionem, quousque attestaciones fuerint publicate.

Post hec fuerunt adducti pro testibus ad presenciam eorumdem dominorum commissariorum fratres Guido de Rupe presbiter, Hugo de Fauro miles, Guido las Chassandas, Jordanus Pauta, Boso de Masualier et Petrus Piffandi servientes, Lemovicensis diocesis. Qui tactis sacrosanctis evangeliis juraverunt dicere in isto negocio plenam et meram veritatem, secundum formam juramenti aliorum testium superius registratam, expositam et vulgarizatam eisdem.

Eadem die predicti domini commissarii fecerunt venire ad presenciam suam Guillelmum Pidoye administratorem et custodem bonorum Templi, in cujus et consociorum ejus potestate dicebantur esse reliquie et capse reliquiarum que tempore capcionis Templariorum invente fuerunt in domo Templi Parisiensis, et precepit ei, sicut alias preceptum fuerat per eosdem dominos commissarios et mandatum sibi, et magistro Guillelmo de Gisorcio, et Raynerio Bordono, consociis suis in administracione et custodia supradictis, quod defferrent ad eos omnia capita metallina vel lignea que per eos inventa fuerant in dicta domo Templi. Per quem allatum fuit eis quoddam magnum capud argenteum deauratum pulcrum, figuram muliebrem habens, intra quod erant ossa unius capitis, involuta et consuta in quodam panno lineo albo, syndone rubea superposita, et erat ibi quedam cedula consuta in qua erat scriptum capud LVIII^m, et dicta ossa assimilabantur ossibus capitis parvi muliebris, et dicebatur ab aliquibus quod erat capud unius undecim millium virginum. Alia capita dixit idem Guillelmus Pidoye se non invenisse in domo Templi predicta. Post que dicti domini commissarii fecerunt venire ad presenciam eorum fratrem Guillelmum de Arbleyo olim elemosinarium regis, testem supra examinatum, qui deposuerat inter alia se vidisse quoddam capud in capitulis eorum generalibus, cui reverenciam exhibebant, et erat barbatum, et credebat esse ydolum quod dicebantur adorare; et ostenderunt eidem fratri Guillelmo dictum capud, ad sciendum si erat illud capud de quo idem frater Guillelmus deposuerat, et respondit quod non, nec erat certus si alias viderat dictum capud in domo Templi.

Acta fuerunt hec dictis die et loco, presentibus magistro Amisio, me Floriamonte Dondedei, et aliis notariis supra ultimo nominatis.

Post hec, die Mercurii sequenti, que fuit XII dies dicti mensis Maii, fuit adductus ad presenciam eorumdem dominorum commissariorum, in domo predicta domini Petri de Sabaudia, frater Guido de Rupe presbiter Lemovicensis diocesis, testis supra juratus, ut deponeret dictum suum, xxx annorum et ultra, mantellum ordinis non defferens, quia ipsum dimiserat vetustate consumptum, cum quo inquisitum fuerat, absolutus et reconciliatus per dominum Lemovicensem episcopum. Lectis autem et diligenter expositis sibi omnibus et singulis articulis, respondit quod nullum alium viderat recipi in ordine, nec capitulis interfuerat eorumdem, unde nesciebat, nec credebat, nec audiverat dici de contentis in dictis articulis nisi quod sequitur: dixit nempe se fuisse receptum in quadam camera domus Templi de Bella Chassanha Lemovicensis diocesis, per fratrem Petrum de Madito militem quondam, preceptorem tunc Lemovicinii, in hac estate erunt x vel xi anni, presentibus fratribus Bertrando de Villaribus presbitero, preceptore de Rupe Sancti Pauli, Guidone Delphini milite, testibus supra examinatis, Stephano la Vernha quondam presbitero, et Petro de Ermenco in Alvernia serviente, de cujus vita vel morte non habet certitudinem. A quo quidem receptore cum peciisset ter panem et aquam et societatem ordinis, et obtulisset se velle fieri servum esclavum ordinis, ac ei concessisset, imposuit sibi mantellum, et ipse et astantes osculati fuerunt eum in ore. Post que fecit eum vovere et jurare castitatem, obedienciam, et vivere sine proprio, et servare bonos usus et bonas consuetudines ordinis. Quo facto dictus receptor traxit ipsum testem ad angulum dicte camere, et precepit ei quod abnegaret ter Deum, non exprimendo aliquam causam propter quam deberet abnegare, nec quod esset de punctis ordinis; et ipse testis abnegavit ter Deum ore, non corde, ut dixit, cum magno fletu. Aliqua alia illicita non intervenerunt in dicta sua recepcione nec post, et predictam abnegacionem potuerunt audire supradicti in camera existentes, et credit quod alii fratres ordinis communiter et ubique Deum similiter abnegarent. Item, dixit quod crucem multum venerabantur, specialiter in die Veneris sancta, et eam reverenter, nudis pedibus, adorabant, et credit quod bene crederent ecclesiasticis sacramentis, quibus ipse credit, et quod eorum sacerdotes, sicut et ipse testis faciebat, debite et secundum formam Ecclesie celebrarent. Statim pro professis habebantur. Clandestine recipiebantur, nullis presentibus nisi fratribus ordinis, ex quo credit quod esset suspicio contra eos. Cordulis unde volebant assumptis cingebantur super camisias cum quibus jacebant. Jurabant non revelare secreta capituliorum, eciam fratribus qui non adfuerant in eisdem, de modo recepcionis speciali non habita mencione; et qui revelassent, puniti fuissent, et habitum perdidissent, ut credit. Injungebatur eis quod quamdiu poterant confiteri sacerdotibus ordinis, non confiterentur aliis. Fratres quibus credit notam fuisse abnegacionem confessatam per eum fuerunt negligentes, quia non correxerunt nec denunciaverunt Ecclesie. Elemosinas et hospitalitatem vidit convenienter fieri et servari in domibus ordinis in quibus extitit commoratus, et precipiebatur eis quod debite acquirerent ordini. Audivit dici quod eorum capitulia clam tenebantur, nullis presentibus nisi fratribus ordinis, januis domus in qua tenebatur capitulum clausis. Ordinata per Magistrum cum conventu servasset totus ordo, contra quem nunc grandia scandala, suspicio et infamia sunt exorta, et contra quem dictus Magister et alii aliqua dicuntur fuisse confessi; ad cujus ordinis deffensionem se non obtulerat, nec fuerat ultra mare.

Requisitus si sic deposuerat prece, precepto, timore, amore, odio, vel temporali comodo habito vel habendo, respondit quod non, sed pro veritate dicenda; cui fuit injunctum quod non revelaret hanc suam deposicionem, quousque attestaciones fuerint publicate.

Frater Hugo de Fauro miles, Lemovicensis diocesis, testis supra juratus, quinquagenarius vel circa, non defferens mantellum ordinis, quia ipsum dimiserat vetustate consumptum, barbam tamen defferebat, cum quo inquisitum fuerat, absolutus et reconciliatus per dominum Lemovicensem episcopum, lectis et diligenter expositis sibi omnibus et singulis articulis, respondit se nescire, nec credere, nec audivisse dici de contentis in eis nisi quod sequitur. Dixit nempe se et fratres Amblardum d'Aitz Lemovicensis diocesis, captum in Paganismo, et Radulphum de Maynilio Claromontensis diocesis, quondam milites, et Johannem Fabri presbiterum quondam, Lemovicensis diocesis, fuisse simul receptos in capella domus Templi de Bella Chassana Lemovicensis diocesis, per fratrem Franconem de Bort militem quondam, in festo beati Martini yemalis proxime preterito fuerunt circiter xxv anni, presentibus fratribus Johanne las Chassandas, Dionisio de Castris, et pluribus aliis quos omnes dixit obiisse in hunc modum : nam cùm instructi ab aliis fratribus requisivissent, amore Dei, sibi concedi societatem, panem et aquam, et quod reciperentur in servos esclavos ordinis, et jurassent quod non habebant infirmitatem latentem, nec erant alteri religioni vel matrimonio nec debitis que non possent solvere obligati nec excommunicati, fecit eum vovere et jurare castitatem, obedienciam, vivere sine proprio et servare consuetudines ordinis, et quod pro posse suo juvarent ad acquirendum Terram sanctam, et acquisitam deffenderent. Quo facto, imposuit eis mantellos, concedens eis victum et vestitum, et ipse et astantes fuerunt eos osculati in ore. Deinde instruxit eos quot *Pater noster* dicerent pro horis suis, et qualiter se haberent et regerent in ordine. Postmodum dicti fratres Johannes et Dionisius vocaverunt dictum presbiterum cui primo mantellus fuerat impositus retro altare, post modicam horam vocaverunt dictum Amblardum, prefatum presbiterum remittentes. Postea paulo post remictentes dictum Amblardum, vocaverunt dictum Radulphum, et nescit, quia non vidit nec audivit, quid fuit ibi actum vel dictum; sed parum post remictentes dictum Radulphum, vocaverunt ipsum testem, dicentes quod consuetudo erat in ordine quod fratres dicti ordinis abnegarent Jhesum Christum. Unde cum ipse jurasset servare consuetudines ordinis, precepit ei dictus frater Johannes quod abnegaret Jhesum Christum, et ipse testis, multum stupefactus, abnegavit Jhesum Christum ore, non corde, ut dixit. Alia illicita non intervenerunt in dicta sua receptione vel post. Requisitus si scit, credit vel audivit dici quod dicti tres fratres fecerunt, et quod alii fratres ordinis communiter facerent abnegacionem predictam ubique, respondit se nescire; credebat tamen quod sic. Requisitus, cum dicatur fuisse ultra mare xiiii annis, si ibi vel citra mare viderat aliquos alios recipi, respondit quod ultra mare nullum viderat recipi, quia pauci recipiebantur in conventu, pro eo quod difficile erat illos de conventu in recepcionibus concordare, et aliquando, quando erant aliqui recipiendi, mittebant eos in castra vel insullas (*sic*) circumadjacentes, in quibus erant pauci fratres, ut reciperentur ibidem cicius, liberius et cum concordia fratrum; et audivit dici quod illis temporibus quibus ipse erat ultra mare, fuit receptus frater Hugo de Sayset miles de Alvernia, apud Tortosam, per fratrem Petrum de Sivriaco militem castellanum de Tortossa; et frater Jordanus miles de Burgondia fuit receptus per eumdem, in eodem loco, post aliquot tempus. Citra mare autem vidit recipi fratrem Andream de Venthodoro militem quondam de Lemovicinio, captum apud Tortosis per Saracenos, in dicta capella de Bella Chassanha, per fratrem Humbertum de Conborino militem quondam, circa instans festum Assumpcionis beate Marie erunt octo anni vel circa, presentibus fratribus Galtero de Montengrier milite, quem audivit esse detentum Avinioni, Borzone Cocta, qui detinetur apud Riomum in Alvernia, et Guidone d'Arzac, qui auffugit, servientibus; et cum fecisset vota sua et fuisset inductus, fuit preceptum eidem testi per dictum receptorem quod duceret dictum Andream ad quamdam cameram dicte capelle contiguam, ut loqueretur cum eo; et ipse testis dixit eidem receptori quod mitteret alium, et non ivit, quia non placebat ei facere vel precipere aliquid illicitum; et tunc, ad preceptum dicti receptoris, dicti fratres Guido et Bozo duxerunt dictum Andream, et nescit quid egerunt ibidem : credit tamen quod eum facerent abnegare Jhesum Christum. Item, dixit quod in die Veneris sancta devote et reverenter adorabant crucem, et quod ipse bene credebat ecclesiasticis sacramentis, et credit quod alii fratres ordinis eodem modo crederent, et quod eorum sacerdotes debite celebrarent. Laici capitulia tenentes imponebant disciplinas et penas fratribus delinquentibus quorum excessus publicassent in capitulio; sed de predictis precipiebatur eis quod confiterentur sacerdotibus ordinis. Jurabant ordinem non exire, et statim pro professis habebantur. Clandestine recipiebantur, nullis presentibus nisi fratribus ordinis, quod ipsi testi plurimum displicebat, quia ex hoc erat murmur et suspicio contra eos, et aliqui seculares dicebant quod se osculabantur in ano. Audivit dici quod duo fratres ordinis, commorantes in Castro Peregrini, erant de crimine sodomitico diffamati; et cum hoc pervenisset ad Magistrum, mandavit eos capi, et unus illorum fuit interfectus cum fugeret, et alter fuit perpetuo carceri mancipatus. Cordulis unde volebant assumptis cingebantur in signum castitatis, ex precepto beati Bernardi, super camisias cum quibus jacebant, sed nescit nec audivit dici quod tangerent capita ydolorum. Item, dixit quod civitas Sydonis fuerat empta per fratrem Thomam Beraudi tunc Magistrum ordinis, sed non audivit dici quod aliquis dominus dicte civitatis fuerit frater ordinis eorum. Narravit autem post destructionem Acon, cum esset in Chipro, se audivisse dici a domino Johanne de Tanis milite seculari, baylivo regio civitatis de Limasso, quod quidam nobilis adamaverat quondam domizellam de castro de Maraclea comitatus Tripolitani, et cum in vita sua non potuisset habere eam, audito quod erat mortua, fecit eam exhumari, et concubuit cum eadem, et postmodum amputavit sibi capud, et vox quedam insonuit quod custodiret bene dictum capud, quia quidquid capud videret totum destrueretur et dissiparetur. Et cooperto dicto capite et reposito in quodam scrinio, cum dictus nobilis haberet odio Grifones, qui morabantur in terra Chipri et locis circumpositis, discooperiens dictum capud, exposuit ipsum civitatibus et castris dictorum Grifonum, et omnes subito corruerunt. Quo reposito in dicto scrinio et prius cooperto, cum processu temporis per mare proficisceretur versus Constantinopolim ut destrueret eam, quedam vetula nutrix dicti nobilis, clave dicti scrinii furtim sibi subrepta, ut scire posset quid in ipso scrinio quod dictus nobilis habebat multum carum repositum erat, aperto dicto scrinio et capite discooperto, tempestate subito imminente, dicta navis submersa extitit cum existentibus in eadem, quibusdam nautis exceptis qui per suam industriam evaserunt, et predicta narraverunt. Et dicebatur quod extunc non fuerint pisces in illa parte maris in qua predicta contingerunt; non tamen audivit dici quod dictum capud ad ordinem Templariorum pervenerit, nec aliud capud de quo deposuit magister Anthonius de Vercellis. Injungebatur eis per sacramentum ne revelarent secreta capituliorum, eciam fratribus qui non adfuerant in eisdem, de modo recepcionis speciali non habita mencione; et qui revelassent, secundum statuta ordinis domum perdidissent. Superiores ordinis qui potuerant corrigere errores fuerunt negligentes, quia non correxerunt eos nec denunciaverunt Ecclesie. Elemosinas et hospitalitatem vidit convenienter fieri et servari in domibus ordinis in quibus exstitit commoratus. In regula eorum inhibebatur ne aliquis frater ordinis interesset loco in quo aliquis exheredaretur injuste, et contrarium facientes puniebantur. Eorum capitulia tenebantur de die, januis clausis, nullis presentibus nisi fratribus ordinis, et providebatur ne audiretur exterius quod interius agebatur. Ordinata per Magistrum cum conventu servasset totus ordo, in quo dicti errores dicuntur fuisse per quendam Magistrum Burgundum introducti, nescit quando, nec quis fuerit. Nunc grandia scandala, suspicio et infamia sunt exorta contra dictum ordinem, cujus fratres credit quod scirent abnegacionem predictam, et quod eam Magister et alii sint confessi; et dixit quod dictus Magister, cum esset discordia ultra mare in conventu eorum de creacione Magistri, et provinciales Lemovicinii et Alvergnie, qui faciebant majorem partem conventus, vellent habere in Magistrum fratrem Hugonem de Penrando, et minor pars dictum Magistrum, prefatus Magister juravit, coram Magistro Hospitalis qui tunc erat, et coram domino Odone de Grandi Sono milite, et pluribus aliis, quod ipse consentiret in dictum fratrem Hugonem, et quod ipse nolebat esse Magister. Et cum ex hoc major pars consensisset quod ipse fieret magnus preceptor, qui fieri consuevit post obitum Magistri dictus Magister; cùm tractaretur postea quod dictus frater Hugo fieret magnus Magister, mandavit eis quod, ex quo facerent capam, id est ipsum magnum preceptorem, facerent capucium, id est ipsum magnum Magistrum, quia vellent aut nollent ipse esset Magister, et sic per impressionem factus fuit.

Requisitus si sic deposuerat prece, precepto, timore, amore, odio, vel temporali comodo habito vel habendo, respondit quod non, sed pro veritate dicenda; cui fuit injunctum quod non revelaret hanc suam deposicionem, quousque attestaciones fuerint publicate; et intelligebat Latinum.

Acta fuerunt hec dictis die et loco, presentibus magistro Amisio, me Floriamonte Dondedei, et aliis notariis supra ultimo nominatis.

Post hec, die Jovis sequenti, que fuit xiii dies dicti mensis maii, fuit adductus ad presenciam eorumdem dominorum commissariorum, in domo predicta domini Petri de Sabaudia, frater Guido las Chaussandas serviens, Lemovicensis diocesis, testis supra juratus, ut deponeret dictum suum, quadragenarius vel circa, barbam sed non mantellum defferens, quia ipsum dimiserat vetustate consumptum, cum quo inquisitum fuerat, absolutus et reconciliatus per dominum episcopum Lemovicensem. Lectis autem et diligenter expositis sibi omnibus et singulis articulis, respondit quod nullum alium viderat in ordine recipi, nec interfuerat capitulis eorumdem, unde nesciebat, nec credebat, nec audiverat dici de contentis in dictis articulis nisi quod sequitur: dixit enim se fuisse receptum in capella domus Templi de Paulhaco Lemovicensis diocesis, circa instans festum beati Martini hiemalis erunt circiter xx anni, per fratrem Gerardum de Sanzeto militem quondam, presentibus fratribus Berrardo Audierii et Petro Raynaudi, avunculo ipsius testis, servientibus deffunctis; a quo receptore, instructus per alios, peciit panem et aquam ordinis, et cum ei concessisset, fecit eum vovere et jurare castitatem, obedienciam, vivere sine proprio, servare bonos usus et bonas consuetudines ordinis, non revelare secreta capituliorum et non dimittere dictum ordinem pro aliquo alio; et imposito sibi mantello, ipse receptor et astantes fuerunt eum osculati in ore, et ipse testis fuit osculatus ipsum testem in humero, ex parte anteriori, super vestes. Postmodum dictus frater Berrardus traxit ipsum testem retro cortinas altaris, et dixit ei, ita submisse quod alii in capella existentes non poterant audire, quod ipse testis debebat ter spuere super terram et ter abnegare Jhesum; et cum ei precepisset quod hoc faceret, ipse testis spuit ter, et ter Jhesum abnegavit ore, non corde, credens quod alii fratres ordinis communiter et ubique idem facerent; sed alia illicita non intervenerunt in dicta sua recepcione nec post. Item, dixit quod ipse bene credebat ecclesiasticis sacramentis, credens quod alii fratres ordinis eodem modo crederent, et quod eorum sacerdotes debite celebrarent. Clandestine recipiebantur, nullis presentibus nisi fratribus ordinis, ex quo credit quod esset suspicio contra eos. Cordulis unde volebant assumptis cingebantur super camisias cum quibus jacebant. Qui revelassent secreta capituliorum eciam fratribus ordinis qui non adfuerant in eisdem, domum perdidissent. Fratres ordinis quibus credit notas fuisse abnegacionem et spuicionem predictas fuerunt negligentes, quia non correxerunt nec denunciaverunt Ecclesie. Elemosinas et hospitalitatem ex precepto superiorum ordinis vidit convenienter fieri et servari in domibus ordinis in quibus extitit commoratus, et deffendebatur eis ne indebite acquirerent ordini. Capitulia generalia vidit de die teneri, nullis presentibus nisi fratribus ordinis, januis clausis. Ordinata per Magistrum cum conventu servasset totus ordo, contra quem nunc grandia scandala, suspicio et infamia sunt exorta, et credit quod magnus Magister et alii dictam abnegacionem et spuicionem sint confessi. Non obtulerat se ad deffensionem ordinis, nec fuerat ultra mare.

Requisitus si sic deposuerat prece, precepto, timore, amore, odio, vel temporali comodo habito vel habendo, respondit quod non, sed pro veritate dicenda; cui fuit injunctum quod non revelaret hanc suam deposicionem, quousque attestaciones fuerint publicate ; et intelligebat Latinum.

Frater Jordanus Pauta serviens, Lemovicensis diocesis, testis supra juratus, xxxª annorum vel circa, barbam sed non mantellum defferens, quia ipsum dimiserat vetustate consumptum, cum quo inquisitum fuerat, absolutus et reconciliatus per dominum Lemovicensem episcopum, lectis et diligenter expositis sibi omnibus et singulis articulis, respondit quod nullum alium viderat recipi in ordine, nec interfuerat capitulis eorum, unde nesciebat qualiter alii recipiebantur in ordine. Credebat tamen quod reciperentur sicut ipse fuit receptus, circa instans festum Assumpcionis beate Marie erunt v anni, in capella domus Templi de Paulhaco Lemovicensis diocesis, per fratrem Humbertum de Conborino militem quondam, presentibus fratribus Helia Aymerici, detento in Pictavia, Roberto Guillelmi preceptore de Podio Bonino, detento in Lemovicinio, servientibus, et Guillelmo de Preyssac milite quondam. A quo receptore peciit panem et aquam et societatem ordinis, quibus sibi concessis, fecit eum vovere et jurare castitatem, obedienciam, vivere sine proprio, servare bonos usus et bonas consuetudines ordinis, non revelare secreta capituliorum, et pro alio ordine non dimittere ordinem supradictum, et quod esset servus et esclavus ordinis; et imposito sibi mantello, ipse receptor et astantes fuerunt osculati in ore, et dictus testis fuit eciam osculatus ipsum receptorem in humero, ex parte anteriori, super vestes. Post que precepit ei in presencia aliorum quod abnegaret ter Jhesum, et ipse testis abnegavit ter Jhesum, quia dictus receptor dixit ei quod eum similiter alii fratres ordinis abnegabant; et hoc dixit se fecisse ore, non corde, et quod alia illicita non intervenerunt in dicta sua recepcione nec post, nec credit quod intervenirent in recepcionibus aliorum vel post. Item, dixit quod in die Veneris sancta devote et reverenter adorabant crucem, et quod ipse bene credebat ecclesiasticis sacramentis, et credit quod alii fratres ordinis eodem modo crederent, et quod eorum sacerdotes debite celebrarent. Clandestine recipiebantur, nullis presentibus nisi fratribus ordinis, ex quo credit quod esset suspicio contra eos. Ex ordinacione beati Bernardi cingebantur cordulis unde volebant assumptis super camisias cum quibus jacebant. Juravit non revelare modum sue recepcionis; et qui hoc revelasset vel secreta capituliorum, compeditus et incarceratus fuisset. Fratres ordinis quos credit scivisse abnegacionem predictam que fiebat in ordine fuerunt negligentes, quia non correxerunt eam nec denunciaverunt Ecclesie. Elemosinas et hospitalitatem vidit convenienter fieri et servari in domibus ordinis in quibus extitit commoratus. Juravit conservare bona ordinis et ei pro posse acquirere, sed non fuit ei preceptum nec declaratum quod acquireret per nefas vel indebite. Ordinata per Magistrum cum conventu servasset totus ordo, in quo dicta abnegacio non fuit introducta ab antiquo, sicut audivit dici, nescit a quibus; contra quem ordinem nunc grandia scandala, suspicio et infamia sunt exorta; et credit quod dictus Magister et alii abnegacionem de qua deposuit sint confessi. Plura dixit se nescire, nec credere, nec audivisse dici de contentis in articulis memoratis.

Requisitus si sic deposuerat prece, precepto, timore, amore, odio, vel temporali comodo habito vel habendo, respondit quod non, sed pro veritate dicenda; cui fuit injunctum quod non revelaret hanc suam deposicionem, quousque attestaciones fuerint publicate; et non obtulerat se ad deffensionem ordinis, nec fuerat ultra mare.

Frater Bosco de Masualier serviens, Lemovicensis diocesis, testis supra juratus, barbam sed non mantellum defferens, quia ipsum dimiserat vetustate consumptum, quinquagenarius et ultra, cum quo inquisitum fuerat, absolutus et reconciliatus per dominum episcopum Lemovicensem, lectis et diligenter expositis sibi omnibus et singulis articulis, respondit se nescire, nec credere, nec audivisse dici de contentis in eis nisi quod sequitur : videlicet quod ipse receptus fuerat in capella domus Templi de Paulhaco Lemovicensis diocesis, per fratrem Franconem de Bort militem quondam, circa instans festum Ascensionis Domini erunt xxvii anni, presentibus fratribus Johanne las Chaussadas preceptore dicte domus, Dionisio de Castris et Ademaro la Brugieyra servientibus, deffunctis; a quo receptore, instructus per alios, peciit panem et aquam et societatem ordinis; et cum ei predictum fuisset quod bene deliberaret, quia oporteret eum multa dura et aspera sustinere, et finaliter ei predicta concessisset, fecit eum vovere et jurare castitatem, obedienciam, et vivere sine proprio, servare bonos usus et bonas consuetudines ordinis, non revelare secreta capitulorum nec modum recepcionis sue, et quod dictum ordinem non dimitteret pro alio; et imposito sibi mantello et aqua benedicta aspersa super eum per fratrem P. de Remeys presbiterum, qui eciam aderat, quem credit vivere, et dicto psalmo Ecclesie *Quam bonum,* receptor et astantes fuerunt eum osculati in ore, et ipse testis fuit eciam osculatus receptorem retro in humero super vestes. Post que, instructo ipso teste qualiter regeret se in ordine, precepit dictus receptor eidem testi, in presencia aliorum, quod abnegaret Jhesum, et ipse testis abnegavit Jhesum ore, non corde. Deinde duxit ipsum testem ad angulum dicte capelle, ex parte dextra, intra altare et chorum, et dixit ei quod spueret in dicto loco, quia ibi erat quedam crux, quam tamen ipse testis non vidit, quia locus erat obscurus, et ipse testis spuit in dicto loco; non tamen declaravit ei quod predicta essent de punctis ordinis. Alia illicita non intervenerunt in dicta sua recepcione nec post, et de dictis illicitis dixit se fuisse confessum; nescit cui. Item, dixit quod sunt circiter xxii anni quod ipse testis, quia frequenter audiverat cantari *Jhesu salvator seculi,* peciit secreto a fratre P. Dalbo quondam, preceptore tunc domus Templi de Ulmo Tuandi Bituricensis diocesis, antiquo homine, quare precipiebatur fratribus ordinis quod abnegarent Jhesum, cum hoc malum esset, quia dictus hypnus dicebat quod erat salvator seculi et filius Virginis Marie; et dictus frater Petrus respondit ei quod non esset curiosus ad inquirendum de hoc, quia ex hoc posset incurrere indignacionem fratrum et superiorum ordinis, et quod iret ad comedendum, quia non erat inceptum in eo, et intelligebatur de quodam propheta, quod longum esset ennarare; et ipse testis dixit quod quidam erat propheta qui vocabatur Josue, adjiciens quod nullo modo ausus esset petere de predictis a superioribus suis. Requisitus si predicta illicita communiter et ubique intervenicbant in recepcionibus aliorum fratrum ordinis vel post, respondit se credere quod sic, sed hoc aliter nesciebat, quia non viderat fieri, licet viderit aliquos recipi in ordine supradicto, et specialiter fratrem Bertrandum de Villaribus preceptorem de Rupe Sancti Pauli, testem supra examinatum, in predicta capella de Paulhaco, per dictum fratrem Johannem las Chausadas, sunt circiter xx anni, presentibus fratribus Dionisio predicto, Petro Raynaudi, et Gerardo de Sancto Martineto, in dicta domo residentibus, deffunctis; et fratrem Aymericum de Masualier juniorem servientem, Lemovicensis diocesis, quem receperat frater Aymericus de Masualier senior, avunculus dicti Aymerici, preceptor tunc domus Templi Mansi Dei de Lobertz Lemovicensis diocesis, in capella dicte domus, sunt circiter xv anni, presentibus fratribus Guillelmo Aymerici preceptore domus Templi de Champens Lemovicensis diocesis, detento in Lemovicinio, et Arnaudo de Brolio quondam de Pictavia serviente; sed voto emisso per predictos et imposito eis mantello, ipse testis recessit, quia receptores dicebant quod recederent qui recedere volebant et officia gerebant; et ideo nescit quod extunc agebant, sed credit quod abnegacionem et spuicionem facerent supradictas. Plurium recepcionibus se non recolit adfuisse. Item, dixit quod in die Veneris sancta devote et reverenter adorabant crucem, et quod confitebantur sacerdotibus ordinis et communicabant ter in anno; et credit quod bene crederent ecclesiasticis sacramentis, quibus ipse bene credebat, et quod eorum sacerdotes debite celebrarent. Clandestine recipiebantur, nullis presentibus nisi fratribus ordinis, ex quo multi murmurabant contra eos; et ipse testis frequenter dixit fratribus ordinis quod multum fuisset expediens ordini quod eorum recepciones fierent publice, in capitulis generalibus eorumdem, in presencia prelatorum, religiosorum et aliorum. Ex ordinacione beati Bernardi cingebantur, in signum castitatis, cordulis unde volebant assumptis, super camisias cum quibus jacebant. Revelantes secreta capitulorum et modum recepcionis incarcerati et puniti fuissent. Quamdiu poterant confiteri sacerdotibus ordinis eorum, non debebant absque eorum licencia aliis confiteri. Fratres ordinis quibus communiter credit notas fuisse abnegacionem et spuicionem predictas [quas credit ortum habuisse ultra mare, sed nescit quando, audivit tamen quod non ab antiquo] negligentes fuerunt, quia non correxerunt nec denunciaverunt ecclesie. Elemosinas et hospitalitatem vidit convenienter fieri et servari in domibus ordinis in quibus extitit commoratus. Precipiebatur eis per sacramentum quod bene servarent bona ordinis, et quod ei debite acquirerent. Audivit dici quod eorum capitulia generalia tenebantur post missam et sermonem, tempestive, nullis presentibus nisi fratribus ordinis, et providebatur ne audirentur exterius que interius agebantur. Ordinata per Magistrum cum conventu servasset totus ordo, contra quem nunc grandia scandala, suspicio et infamia sunt exorta; et credit quod dictus Magister et alii abnegacionem et spuicionem de quibus deposuit sint confessi. Non obtulerat se ad deffensionem ordinis, nec fuerat ultra mare.

Requisitus si sic deposuerat prece, precepto, timore, amore, odio, vel temporali comodo habito vel habendo, respondit quod non, sed pro veritate dicenda; cui fuit injunctum quod non revelaret hanc suam deposicionem, quousque attestaciones fuerint publicate.

Frater Petrus Pufandi serviens, Lemovicensis diocesis, testis supra juratus, quadraginta trium annorum vel circa, barbam sed non mantellum defferens, quia ipsum dimiserat vetustate consumptum, cum quo inquisitum fuerat, absolutus et reconciliatus per dominum Lemovicensem episcopum, lectis et diligenter expositis sibi omnibus et singulis articulis, respondit quod nullum alium viderat recipi in ordine, nec fuerat ultra mare, nec adfuerat capitulis eorumdem, et ideo nesciebat quod servabatur in recepcionibus aliorum, sed credit quod communiter reciperentur sicut deposuit se fuisse receptum a fratre Gerardo de Sanzeto milite quondam, in hac estate erunt circiter xxx^a anni, in capella domus Templi de Manso dicti de Lobertz Lemovicensis diocesis, presentibus fratribus Helia de Brigolio, Seguino de Stanhac et Johanne Arestan servientibus, Lemovicensis diocesis, deffunctis. A quo receptore peciit panem et aquam et societatem ordinis; quibus ei concessis fecit eum vovere et jurare castitatem, obedienciam, vivere sine proprio, servare bonos usus et bonas consuetudines ordinis, et non revelare secreta capituliorum, de modo recepcionis speciali non habita mencione; et imposito sibi mantello, receptor et astantes fuerunt eum osculati in ore, et ipse testis fuit osculatus dictum receptorem in humero, a parte anteriori, super vestes. Post que instructo ipso teste quot *Pater noster* pro horis suis diceret, et qualiter in ordine se regeret, dicti fratres Seguinus et Helias, de mandato dicti receptoris, duxerunt ipsum testem seorsum in eadem capella, subtus campanile, et preceperunt eidem submissa voce quod spueret ter super terram, ostenso sibi loco spuicionis, in quo idem testis non vidit aliquod signum crucis, nec de cruce predicta Seguinus et Helias fecerunt sibi aliquam mencionem, nec quare deberet spuere expresserunt : et ipse testis, ad mandatum eorum, spuit ibi ter. Postea precepit ei idem Helias quod abnegaret Jhesum, et ipse testis abnegavit Jhesum ore, non corde, ut dixit, quia dixit ei quod ita debebat facere, non tamen declaravit quare deberet hoc facere, nec ipse testis, quia erat multum juvenis, hoc inquisivit. Item, dixit quod in die Veneris sancta devote et reverenter adorabant crucem, et quod ipse bene credebat ecclesiasticis sacramentis, et credit quod alii fratres ordinis eodem modo crederent, et quod eorum sacerdotes debite celebrarent. Statim pro professis habebantur. Clandestine recipiebantur, nullis presentibus nisi fratribus ordinis, ex quo credit quod esset suspicio contra eos. Cordulis unde volebant assumptis cingebantur super camisias cum quibus jacebant, ex ordinacione beati Bernardi. Injungebatur eis quod absque licencia non confiterentur aliis quam sacerdotibus ordinis, cujus fratres, quibus credit notas fuisse abnegacionem et spuicionem predictas, fuerunt negligentes, quia non correxerunt nec denunciaverunt Ecclesie. Elemosinas et hospitalitatem vidit convenienter fieri et servari in domibus ordinis in quibus extitit commoratus, et precipiebatur eis quod bene conservarent bona ordinis, et quod debite acquirerent ei. Audivit dici quod eorum capitulia generalia in aurora aliquando tenebantur, clandestine, nullis presentibus nisi fratribus ordinis. Credit quod ordinata per Magistrum cum conventu fuissent servata in toto ordine, et quod nunc grandia scandala, suspicio et infamia exorta sint contra ipsum, et quod dictus Magister et alii abnegacionem et spuicionem de quibus ipse testis deposuit sint confessi. Plura de contentis in dictis articulis dixit se nescire, nec credere, nec audivisse dici.

Requisitus si sic deposuerat prece, precepto, timore, amore, odio, vel temporali comodo habito vel habendo, respondit quod non, sed pro veritate dicenda; cui fuit injunctum quod non revelaret hanc suam deposicionem, quousque attestaciones fuerint publicate; et non obtulerat se ad deffensionem ordinis.

Acta fuerunt hec dictis die et loco, presentibus magistro Amisio, me Floriamonte Dondedei, et aliis notariis supra ultimo nominatis.

Post hec, die Mercurii et vigilia festi Ascencionis Domini, que fuit xviiii dies dicti mensis maii, convenerunt domini Mimatensis et Lemovicensis episcopi, Matheus de Neapoli et archidiaconus Tridentinus, aliis ut supra excusatis, in dicta domo domini Petri de Sabaudia, et fuerunt ibidem adducti pro testibus ad presenciam eorumdem fratres Hugo de Janzac, Guillelmus Aprilis, Petrus Maurini, Durandus Charnerii, Petrus Blavi, Stephanus de Cellario, Michael de Podio, Petrus Bonafont Claramontensis, Johannes Sarraceni Bituricensis, et Stephanus Glotonis Lemovicensis diocesium, servientes. Qui tactis sacrosanctis evangeliis juraverunt dicere in isto negocio plenam et meram veritatem, secundum formam juramenti aliorum testium superius registratam, expositam et vulgarizatam eisdem; et fuerunt protestati ante juramentum predictum quod non intendunt recedere a deposicionibus per eos alias factis coram domino episcopo Claramontensi, et si quid plus vel minus dicerent, quod non prejudicet eis. Quo facto, dictus frater Hugo de Jansac, quadragenarius vel circa, qui mantellum voluntarie dimiserat et radi fecerat sibi barbam, cum quo inquisitum fuerat, absolutus et reconciliatus per dominum episcopum Claromontensem, lectis et diligenter expositis sibi omnibus et singulis articulis, respondit se nescire, nec credere, nec audivisse dici de contentis in eis nisi quod sequitur: videlicet quod ipse receptus fuerat per fratrem Petrum de Madito militem quondam, in capella domus Templi de Folhos diocesis Xantonensis, circa medium Augustum instantem erunt xx anni, presentibus fratribus Ysarno de Petragoricinio serviente, cujus cognomen ignorat, Stephano de Monte Acuto Claramontensis diocesis, quos credit vivere; Guillelmo Pictavini preceptore de Castro Bernardi, et Roberto Guideti servientibus, deffunctis. A quo receptore petita societate ordinis et ei concessa, fecit eum vovere et jurare castitatem, obedienciam, vivere sine proprio, servare bonos usus qui tunc erant in ordine et qui in posterum imponerentur de consilio proborum ordinis, non revelare secreta capituliorum, et quod non dimitteret ordinem pro forciori vel debiliori. Post que precepit ei idem receptor, in presencia aliorum, quod abnegaret Deum, quia hoc erat ex precepto ordinis, et ipse testis, qui juvenis erat tunc, ut dixit, abnegavit Deum ore, non corde. Deinde allata nescit per quem ex dictis fratribus quadam cruce metallina in qua erat ymago Crucifixi, et in gremio ejusdem receptoris collocata, precepit eidem testi quod spueret super dictam crucem, et ipse testis non spuit supra sed juxta. Postmodum dixit ei quod fratribus ordinis poterat carnaliter commisceri, et ipsi cum eo; hoc tamen non fecit, nec fuit requisitus, nec credit quod in ordine fieret. Quo facto, idem receptor fuit osculatus ipsum testem in umbilico super vestes, et postmodum imposuit sibi mantellum, sed nec ipse receptor nec astantes, quod ipse recolat, fuerunt ipsum testem osculati in ore. Alia illicita non intervenerunt in dicta sua recepcione nec post. Requisitus si predicta illicita interveniebant communiter et ubique in recepcionibus aliorum vel post, respondit quod sic, et quod ipse secundum predictum modum receperat fratrem Petrum de Nuce servientem, Turonensis diocesis, quem credit vivere, in capella domus Templi de Nuce dicte diocesis, sunt circiter XIII anni, presentibus fratribus Galtero de Biso Bituricensis et Andrea Bernii Macloviensis diocesium, deffunctis, ut credit. Requisitus quare fecerat predicta fieri, respondit quod pro eo quia dictus receptor dixerat ei quod predicta illicita debebant fieri ex precepto ordinis. Item, dixit quod per eundem modum viderat recipi fratrem Gerardum de Folhos Xantonensis diocesis servientem, de cujus vita vel morte non habet certitudinem, in capella dicte domus de Folhos, per fratrem Petrum de Turonis preceptorem de Fretay Turonensis diocesis, sunt circiter x anni, presentibus fratribus Petro de Asiniaco, et Stephano de Monte Acuto predicto, et Guillelmo de Bissac servientibus, de quorum vita vel morte non habet certitudinem. Vidit eciam per eundem modum recipi fratrem Petrum et nepotem fratris Guillelmi Juyto militis, cujus cognomen ignorat; erat tamen miles, et fuit receptus in capitulo generali, in capella domus Templi de Auso Pictavensis diocesis, non recolit bene per quem, sunt circiter xv anni, et fuerunt presentes frater Guillelmus du Leige preceptor de Rupella, et frater Johannes de Sancto Benedicto, testes supra examinati, et dictus Guillelmus Juytos, avunculus ipsius Petri. Vidit eciam per eundem modum recipi quemdam militem, cujus nomen et cognomen ignorat, qui fuit in servicio dicti preceptoris de Rupella, et fuit receptus in dicto capitulo de Auso cum dicto Petro, per eundem et eisdem presentibus; plurium recepcionibus non recolit se adfuisse. Item, dixit quod in die Veneris sancta reverenter et devote adorabant crucem, et quod ipse bene credebat ecclesiasticis sacramentis, et credit quod alii fratres ordinis eodem modo crederent, et quod eorum sacerdotes debite celebrarent. Clandestine recipiebantur, nullis presentibus nisi fratribus ordinis, ex quo credit quod esset suspicio contra eos. Cordulis unde volebant assumptis cingebantur super camisias cum quibus jacebant. Qui revelassent secreta capituliorum, graviter puniti fuissent. Fratres ordinis qui sciebant dictos errores fuerunt negligentes, quia non correxerunt eos nec denunciaverunt Ecclesie. Ex precepto superiorum suorum fiebat elemosina generalis ter in ebdomada omnibus venientibus et cotidie peregrinis, et precipiebatur quod eorum capellas bene tenerent ornatas, et quod non acquirerent indebite ordini. Capitulia vidit teneri, missa celebrata, in aurora, januis clausis, et providebatur ne audiretur exterius quod interius agebatur. Ordinata per Magistrum cum conventu servasset totus ordo, contra quem nunc grandia scandala, suspicio et infamia sunt exorta; et audivit dici a fratribus Geraldo la Vernha preceptore de Petragoricinio, et Petro Daubo tunc preceptore in Vienesio, servientibus deffunctis, sunt circiter vii anni, dum simul equitarent de Villagast apud Civray Pictavensis diocesis, quod dicti errores non duraverant longo tempore in ordine, et quod, si Deo placeret, corrigerent, et credit ipse testis quod alii fratres ordinis communiter scirent dictos errores confessatos per eum, et quod Magister et alii fratres ordinis eadem sint confessi. Non obtulerat se ad deffensionem ordinis, nec fuerat ultra mare.

Requisitus si sic deposuerat prece, precepto, timore, amore, odio, vel temporali comodo habito vel habendo, respondit quod non, sed pro veritate dicenda; cui fuit injunctum quod non revelaret hanc suam deposicionem, quousque attestaciones fuerint publicate; et intelligebat Latinum.

Frater Guillelmus Aprilis serviens, Claramontensis diocesis, testis supra juratus, sexagenarius vel circa, qui habitum voluntarie dimiserat et radi fecerat sibi barbam, cum quo inquisitum fuerat, absolutus et reconciliatus per dominum episcopum Claramontensem, lectis et diligenter expositis sibi omnibus et singulis articulis, respondit se nescire, nec credere, nec audivisse dici de contentis in eis nisi quod sequitur: videlicet quod ipse testis fuerat receptus in capella domus Templi de Barleta in Apulia, sunt circiter xxxv anni, per fratrem Petrum de Griferio militem quondam de Arvernia, presentibus fratribus Petro de Malbec et Guillelmo Guinamant Arvernigenis servientibus, deffunctis. A quo receptore requisivit societatem ordinis; qua concessa, fecit eum vovere et jurare castitatem, obedienciam, vivere sine proprio, servare bonos usus qui tunc erant in ordine et qui in posterum imponerentur per Magistrum, non revelare secreta capituliorum, de ejus recepcione in speciali non habita mencione, et quod non dimitteret ordinem pro meliori vel pejori; et imposito sibi mantello, ipse receptor fuit osculatus dictum testem in umbilico super vestes, et ipse testis astantes in ore. Post que instructo ipso teste per dictum receptorem quot *Pater noster* pro horis suis diceret, dictus receptor precepit eidem testi, in presencia aliorum, quod abnegaret Jhesum, et ipse testis abnegavit Jhesum ore, non corde. Deinde allata per fratrem Ypolitum presbyterum, qui eciam dicte recepcioni aderat, quadam cruce metallina parva in qua nulla erat ymago Crucifixi, dictus receptor precepit eidem testi quod spueret super dictam crucem, et ipse testis non spuit supra sed juxta; et per eundem modum, et ab eodem et in eodem loco fuit receptus una cum eo supradictus frater Guillelmus Guinamant, qui decessit in capcione Acon, sed alia illicita non intervenerunt in dictis eorum recepcionibus nec post. Per eundem eciam modum vidit recipi, per fratrem Guidonem Dalphini militem, testem supra examinatum, fratrem Guillelmum Aynardi servientem, in capella domus Templi de Cellis Claramontensis diocesis, per annum vel circa ante capcionem eorum, presentibus fratribus Guillelmo Mazayas milite, Guillelmo Textoris presbitero, testibus supra examinatis. Plurium recepcionibus non recolit se adfuisse ultra mare, ubi fuit septem annis, nec citra; credit tamen quod communiter et ubique reciperentur secundum modum confessatum per eum. Item, dixit quod ipse bene credebat ecclesiasticis sacramentis, credens quod alii fratres ordinis eodem modo crederent, et quod eorum sacerdotes debite celebrarent. Clandestine recipiebantur, nullis presentibus nisi fratribus ordinis, ex quo credit quod esset suspicio contra eos. Cordulis unde volebant assumptis cingebantur super camisias cum quibus jacebant, non tamen audivit quod tangerent capita ydolorum; nec ultra mare, nec citra, audivit fieri mencionem de capitibus de quibus deposuerant magister Antonius de Vercellis et frater Hugo de Fauro; audivit tamen communiter dici ultra mare quod antiquitus, antequam essent instituti ordines Templi et Hospitalis, apparebat interdum in mari, in gurgite vocato de Setalias, quoddam capud post cujus apparicionem periclitabantur naves in dicto gurgite existentes. Si qui revelassent secreta capituliorum, graviter puniti fuissent, et dicebatur in ordine quod absque licencia non poterant aliis quam sacerdotibus ordinis confiteri; cujus ordinis fratribus credit notos fuisse errores confessatos per eum, in quorum correccione fuerunt negligentes, et quia non denunciaverunt Ecclesie. Elemosinas et hospitalitatem vidit convenienter fieri et servari in domibus ordinis in quibus extitit commoratus, et inhibebatur eis ne illicite acquirerent ordini. Audivit dici quod eorum capitulia clam tenebantur, nullis presentibus nisi fratribus ordinis. Ordinata per Magistrum cum conventu servasset totus ordo, contra quem nunc grandia scandala, suspicio et infamia sunt exorta. Non obtulerat se ad deffensionem ordinis.

Requisitus si sic deposuerat prece, precepto, timore, amore, odio, vel temporali comodo habito vel habendo, respondit quod non, sed pro veritate dicenda; cui fuit injunctum quod non revelaret hanc suam deposicionem, quousque attestaciones fuerint publicate.

Frater Petrus Maurini serviens, Claramontensis diocesis, testis supra juratus, quinquagenarius vel circa, qui voluntarie mantellum dimiserat et radi fecerat sibi barbam, cum quo inquisitum fuerat, absolutus et reconciliatus per dominum episcopum Claramontensem, lectis et diligenter expositis sibi omnibus et singulis articulis, respondit se nescire, nec credere, nec audivisse dici de contentis in eis nisi quod sequitur: videlicet quod ipse receptus fuerat ultra mare, in quadam camera domus Templi de Castro Peregrini, per fratrem Theobaldum Galdi militem quondam, tunc preceptorem dicti loci, circa instans festum nativitatis beati Johannis Baptiste erant circiter xxv anni, presentibus fratribus Petro Meravillas Gallico, et Nayssement de Lenda Cathalano, et Guillelmo de Novas Provinciali, et Adam de Valencourt de Belna militibus, ac Jacobo de Garda Guarini serviente, Mimatensis diocesis, deffunctis, ut credit. A quo receptore ipse testis, qui fuerat portenarius dicti Castri Peregrini, peciit societatem ordinis; qua concessa, fecit eum vovere et jurare castitatem, obedienciam, vivere sine proprio, servare bonos usus qui tunc erant in ordine et qui in posterum imponerentur, non revelare secreta capituliorum, de modo recepcionis in speciali non habita mencione, non dimittere ordinem pro alio, et quod acquireret super Sarracenos quibuscumque modis posset; et imposito sibi mantello, dictus receptor fuit osculatus ipsum testem in umbilico super vestes. Post que dictus receptor precepit ei quod abnegaret Jhesum Christum, et ipso teste respondente qualiter abnegaret dominum Deum nostrum, dixit ei quod, ex quo alligatus erat ordini, oporteba teum hoc facere; et tunc ipse testis abnegavit ore, non corde. Deinde allata nescit per quem ex astantibus quadam cruce metallina, in qua erat ymago Crucifixi, precepit ei quod spueret super eam, et ipse testis spuit non supra sed juxta. Postmodum dixit ei quod fratribus ordinis poterat carnaliter commisceri, et ipsi cum eo; hoc tamen non fecit, nec fuit requisitus, nec credit quod in ordine fieret. Et per eundem modum vidit recipi, in quadam camera domus Templi de Jussiaco Bituricensis diocesis, sunt circiter x anni, fratrem Petrum Bergerium dicte Bituricensis diocesis, per fratrem Guidonem Dalphini militem, testem supra examinatum, presente fratre Raynaldo de Bordes preceptore tunc dicte domus; sed alia illicita non intervenerunt in dictis recepcionibus nec post, quod ipse sciverit, nec plures vidit recipi; credit tamen quod communiter et ubique reciperentur secundum modum predictum confessatum per eum. Item, dixit quod ipse bene credebat ecclesiasticis sacramentis, credens quod alii eodem modo crederent, et quod eorum sacerdotes debite celebrarent. Clandestine recipiebantur, nullis presentibus nisi fratribus ordinis, ex quo credit quod esset suspicio contra eos. In cujus recepcione fuit sibi tradita quedam cordula cum qua cingeretur super camisiam cum qua jacere debebat. Cum autem processu temporis, elapsis duobus vel tribus annis, audivisset dici in dicto Castro Peregrini, a fratre Petro de Vienna milite, quod in thesauro Templi erat quoddam capud quo tangebantur cordule predicte, ipse testis noluit ex tunc portare dictam cordulam. Requisitus quare, respondit quod dubitabat de dicto capite an esset bonum vel malum. Requisitus si audierat prius vel post dici quod aliquod malum capud vel ydolum esset in dicto ordine, respondit quod non, adjiciens quod dictus Petrus dixerat ei quod predictum capud erat sancti Petri vel sancti Blasii ; de aliis capitibus de quibus deposuerunt magister Anthonius de Vercellis et frater Hugo de Fauro non audiverat fieri mencionem, ut dixit. Item, dixit quod illi qui noluissent facere illicita confessata per eum, vel ea revelassent aut secreta capituliorum, fuissent incarcerati et graviter puniti. Item, dixit quod elapsis tribus annis vel circa post recepcionem suam, fuit confessus de predictis illicitis de quibus deposuit, in dicto Castro Peregrini, fratri Petro de Caturco ordinis fratrum Minorum, episcopo de Gibelet, quem credit vivere, et absolutus ab eo, et imposita ei penitencia quod jejunaret sextis feriis per annum in pane et aqua, quod et fecit; et dictus episcopus fuit de predictis plurimum admiratus et stupefactus. Fratres ordinis quibus credit notos fuisse errores confessatos per eum fuerunt negligentes, quia non correxerunt eos nec denunciaverunt Ecclesie. Elemosinas et hospitalitatem vidit convenienter fieri et servari in domibus ordinis in quibus extitit commoratus, et audivit dici quod eorum capitulia clam tenebantur, nullis presentibus nisi fratribus ordinis. Ordinata per Magistrum cum conventu servasset totus ordo, contra quem nunc propter predicta grandia scandala, suspicio et infamia sunt exorta, et credit quod Magister et alii sint confessi illicita confessata per eum. Non obtulerat se ad deffensionem ordinis.

Requisitus si sic deposuerat prece, precepto, timore, amore, odio, vel temporali comodo habito vel habendo, respondit quod non, sed pro veritate dicenda; cui fuit injunctum quod non revelaret hanc suam deposicionem, quousque attestaciones fuerint publicate.

Acta fuerunt hec die et loco predictis, presentibus magistro Amisio, me Floriamonte Dondedei, et aliis notariis supra ultimo nominatis.

Post hec, die Veneris in crastinum Ascensionis, que fuit XXI dies dicti mensis maii, fuit adductus ad presenciam predictorum dominorum commissariorum, in dicta domo domini Petri de Sabaudia, frater Durandus Charnerii serviens, Claromontensis diocesis, testis supra juratus, ut deponeret dictum suum, XXX annorum vel circa, qui habitum voluntarie dimiserat et radi fecerat sibi barbam, cum quo inquisitum fuerat, absolutus et reconciliatus per dominum episcopum Claromontensem. Lectis autem et diligenter expositis sibi omnibus et singulis articulis, respondit se nescire, nec credere, nec audivisse dici de contentis in eis nisi quod sequitur : videlicet quod ipse receptus fuerat, in Paschate proximo preterita fuerunt VIII anni, per fratrem Petrum de Madico quondam, in quadam camera domus Templi de Cellis Claromontensis diocesis, presentibus fratribus Johanne Senandi et Hugone Charnerii, testibus supra examinatis, et Humberto Charnerii, qui aufugit in capcione aliorum, et Durando Charnerii defuncto. A quo receptore petita societate ordinis et ei concessa, fecit eum vovere et jurare supra quemdam librum castitatem, obedienciam, vivere sine proprio, servare bonos usus qui tunc erant in ordine et qui in posterum imponerentur per Magistrum cum concilio presbiterorum ordinis; et imposito sibi mantello, receptor fuit osculatus ipsum testem in umbilico supra vestes, et testis ipsum et alios astantes in ore. Post que dictus receptor dixit ei quod ex precepto ordinis debebat abnegare Jhesum, et ipse testis abnegavit ore, non corde. Deinde allata quadam cruce lignea in qua erat ymago Crucifixi per fratrem Guisbertum de Carlato presbyterum, defunctum, qui eciam adherat, et supra quoddam scamnum collocata, precepit ei dictus receptor quod spueret supra eam; et cum ipse testis respondisset quod hoc malum erat, dictus receptor tacuit, et ipse testis spuit non supra sed juxta dictam crucem. Post que dixit ei quod, secundum dicta precepta ordinis, poterat carnaliter commisceri fratribus ordinis, et ipsi cum eo; hoc tamen non fecit, nec fuit requisitus, nec credit quod in ordine fieret. Credit tamen quod dicta illicita, acta et dicta in presencia aliorum qui adherant, et non alia intervenirent communiter et ubique in recepcionibus aliorum fratrum ordinis vel post, quia per eundem modum vidit recipi, in quadam camera domus Templi de la Folhosa dicte Claromontensis diocesis, per prefatum receptorem fratrem Petrum Moncelli servientem, dicte diocesis, detentum apud Riomum, circa instans festum Pentecostes erunt vi vel vii anni, presentibus dicto fratre Johanne Senandi, ad cujus instanciam recipiebatur, et fratribus Guillelmo Vivayrol de Arvernia, quem credit vivere, et quibusdam aliis de quibus non recolit. Item, dixit se audivisse dici a dicto fratre Durando Charnerii, avunculo suo, in predicta camera de Cellis, elapsis duobus mensibus vel circa post recepcionem ipsius testis, nullis aliis presentibus, cum ipse testis peteret ab eo quod informaret eum de punctis religionis, quod Jhesus non fuerat passus nec crucifixus pro peccatis nostris, sed pro suis; de quo idem testis fuit vehementer turbatus contra dictum avunculum suum, ut dixit. Et dictus avunculus dixit ei, cum ipse testis reprehenderet eum, quare posuerat ipsum in tali religione, quod taceret quia satis haberet de infortunio, et ipse testis respondit quod tempestive inceperunt sibi dicta infortunia evenire. Item, dixit quod ipse bene credebat ecclesiasticis sacramentis, et credit quod alii fratres ordinis eodem modo crederent, et quod eorum sacerdotes debite celebrarent. Jurabant ordinem non exire; statim pro professis habebantur. Clandestine recipiebantur, nullis presentibus nisi fratribus ordinis, ex quo credit quod esset suspicio contra eos. Cordulis unde volebant assumptis cingebantur super camisias cum quibus jacebant. Qui noluissent facere predicta illicita confessata per eum, vel revelassent secreta capituliorum, que ipse et dictus Petrus Moncelli, impositis mantellis, juraverunt non revelare, incarcerati vel alias graviter puniti fuissent, ut credit. Absque licencia non poterant aliis quam sacerdotibus ordinis confiteri, prout audivit dici. Fratres scientes dictos errores fuerunt negligentes, quia non correxerunt eos nec denunciaverunt Ecclesie. Elemosinam et hospitalitatem vidit convenienter fieri et servari in domibus ordinis in quibus exstitit commoratus. Precipiebatur eis quod debite acquirerent ordini, et audivit dici quod eorum capitulia clam tenebantur, nullis presentibus nisi fratribus ordinis. Ordinata per Magistrum cum conventu servasset totus ordo, contra quem propter predicta nunc grandia scandala, suspicio et infamia sunt exorta. Credit quod illicita confessata per eum essent nota fratribus ordinis, et quod Magister et alii eadem sint confessi. Non obtulerat se' ad deffensionem ordinis, nec fuerat ultra mare.

Requisitus si sic deposuerat prece, precepto, timore, amore, odio, vel temporali comodo habito vel habendo, respondit quod non, sed pro veritate dicenda; cui fuit injunctum quod non revelaret hanc suam deposicionem, quousque attestaciones fuerint publicate.

Frater Stephanus de Cellario serviens, Claramontensis diocesis, testis supra juratus, XLV annorum vel circa, qui mantellum voluntarie dimiserat et radi fecerat sibi barbam, cum quo inquisitum fuerat, absolutus et reconciliatus per dominum episcopum Claramontensem, lectis et diligenter expositis sibi omnibus et singulis articulis, respondit se nescire, nec credere, nec audivisse dici de contentis in eis nisi quod sequitur : videlicet quod volebat se tenere in confessione per eum facta coram dicto domino episcopo Claramontensi, et quod ipse et fratres Stephanus de Boce et Guido Moteti milites de Arvernia, defuncti ultra mare, fuerunt simul recepti in quadam insula prope Massiliam, in capella domus Templi dicte insule, per fratrem Gaufredum de Vicheyo milite quondam, sunt circiter XXIII anni, presentibus fratribus Petro de Brolio serviente, quem credit vivere, Petro de Madico milite, Petro Charboneli et Quone de Brueco servientibus, deffunctis, in hunc modum : nam petita ab eis societate ordinis et ei concessa, receptor fecit eos vovere et jurare castitatem, obedienciam, vivere sine proprio, et servare bonos usus qui tunc erant in ordine et qui in posterum imponerentur; et impositis mantellis primodictis militibus et postmodum ipsi testi, receptor fuit osculatus eos in umbilico super vestes, ipsi tamen, quod recolat, non fuerunt osculati ipsum receptorem nec alios astantes in ore. Deinde precepit eis quod abnegaret Deum vel Jhesum, et ipse testis fecit hoc ore, non corde; et credit quod eodem modo ore non corde abnegaverunt dicti milites. Deinde allata nescit per quem quadam cruce, nescit quali, precepit eis quod spuerent supra eam, et spuerunt non supra sed juxta eam. Dixit eis insuper quod fratribus ordinis poterant carnaliter commisceri, et ipsi cum eis, et quod predicta omnia facta et dicta in presencia aliorum erant et fiebant ex precepto ordinis. Alia illicita non intervenerunt in dictis recepcionibus nec post, et credit quod eadem et non alia intervenerunt communiter et ubique in recepcionibus aliorum fratrum ordinis vel post : quia vidit secundum modum confessatum per eum recipi fratrem Johannem de Monte Marlhone militem quondam, in capella domus Templi de Chanat Claromontensis diocesis, sunt circiter xx^{ti} anni, per fratrem Hugonem Saycelli militem, de cujus vita vel morte non habet certitudinem, presentibus fratribus Raymundo Vinee et Petro Pothayro servientibus, deffunctis, et Petro Blavi, teste supra jurato, post hunc examinato. Vidit eciam recipi per eumdem modum fratrem Galterum de Massi militem, detentum Parisius, in dicta capella domus Templi de Folhosa, circiter per annum ante capcionem eorum, per quemdam militem cujus nomen et cognomen ignorat, presentibus fratribus Johanne Senandi et B. de Alsonio, testibus supra examinatis, et eciam Durando Charnerii, teste proximo examinato, ut sibi videtur. Plurium recepcionibus non recolit affuisse, licet fuit ultra mare quater vel quinquies tanquam messagerius ordinis, postquam fuit in ordine, sed modicum morabatur ibidem. Item, dixit quod in die Veneris sancta, lotis et nudis pedibus, reverenter et devote adorabat crucem, et quod ipse bene credebat ecclesiasticis sacramentis, credens quod alii fratres ordinis eodem modo crederent, et quod eorum sacerdotes debite celebrarent. Jurabant ordinem non exire; statim pro professis habebantur. Clandestine recipiebantur, nullis presentibus nisi fratribus ordinis, ex quo credit quod esset suspicio contra eos. Cordulis unde volebant assumptis cingebantur super camisias cum quibus jacebant. Jurabant non revelare secreta capituliorum, de modo recepcionis in speciali non habita mencione; et qui revelassent, graviter puniti fuissent. Quamdiu poterant confiteri sacerdotibus ordinis, non debebant confiteri aliis. Fratres ordinis scientes dictos errores fuerunt negligentes, quia non correxerunt eos nec denunciaverunt Ecclesie. Elemosinam et hospitalitatem vidit convenienter fieri et servari in domibus ordinis in quibus exstitit commoratus, et audivit dici quod eorum capitulia secrete tenebantur. Ordinata per Magistrum cum conventu servasset totus ordo, contra quem nunc grandia scandala propter predicta, suspicio et infamia sunt exorta, adjiciens quod fratres superiores ordinis erant valde superbi et elati; et credit quod confessata per eum essent nota fratribus ordinis, et audivit dici quod Magister et alii aliqua confessi sunt contra ordinem, ad cujus deffensionem se non obtulerat.

Requisitus si sic deposuerat prece, precepto, timore, amore, odio, vel temporali comodo habito vel habendo, respondit quod non, sed pro veritate dicenda; cui fuit injunctum quod non revelaret hanc suam deposicionem, quousque attestaciones fuerint publicate.

Frater Petrus Blavi serviens, Claromontensis diocesis, testis supra juratus, qui voluntarie habitum dimiserat et radi fecerat sibi barbam, quadragenarius vel circa, cum quo inquisitum fuerat, absolutus et reconciliatus per dominum episcopum Claromontensem, lectis et diligenter expositis sibi omnibus et singulis articulis, respondit se nescire, nec credere, nec audivisse dici de contentis in eis nisi quod sequitur : videlicet quod ipse receptus fuerat in capella domus Templi de Chanac Claromontensis diocesis, Dominica ante instans festum beati Martini hiemalis erunt circiter XIX anni, per fratrem Hugonem Saycelli militem, detentum, ut credit, apud Exodunum Bituricensis diocesis, presentibus fratribus Aymerico Delcheyr preceptore de Rauseria, Bertrando de Chanrois preceptore Montisferandi, Petro Porchayro et R. Vinee servientibus, deffunctis. A quo receptore requisita societate ordinis et ei concessa, prestito per juramentum quod non erat alteri religioni, nec matrimonio, nec debitis que non posset solvere obligatus, nec erat excommunicatus, nec habebat infirmitatem latentem, fecit eum vovere et jurare quod non revelaret secreta capituliorum nec precepta ordinis, quod servaret castitatem, obedienciam, et viveret sine proprio, servaret bonos usus et bonas consuetudines ordinis que tunc erant et que in posterum imponerentur per Magistrum et presbiteros ordinis, quod juraret pro posse suo ad acquirendum Terram sanctam, et quod non dimitteret dictum ordinem pro alio. Quo facto, dixit ei quod bene deliberaret, quia, ex quo habuisset mantellum, non posset retrocedere; et cum ipse testis instaret pro recepcione sua, imposuit sibi mantellum in nomine Patris et Filii et Spiritus Sancti, ad honorem Dei et beate Marie et omnium sanctorum, et receptor et omnes astantes fuerunt eum osculati in ore. Post que dixit ei receptor quod, ex quo alligatus erat ordini, oportebat quod sciret secreta eorum, et dixit ei quod ex precepto ordinis debebat abnegare Deum, precipiens ei quod abnegaret; et ipse testis, ex hoc exterritus, abnegavit Deum ore, non corde, ut dixit. Deinde allata per dictum fratrem Petrum quadam cruce metallina in qua erat ymago Crucifixi, precipit ei quod spueret supra dictam crucem, et ipse testis noluit spuere supra, sed juxta spuit. Post que dixit ei quod secundum dicta precepta ordinis poterat carnaliter commisceri fratribus ordinis, et ipsi cum eo ; hoc tamen non fecit, nec fuit requisitus, nec credit quod in ordine fieret. Alia illicita non intervenerunt in dicta sua recepcione nec post, et credit quod eadem illicita et non alia communiter et ubique intervenirent in recepcionibus aliorum fratrum ordinis vel post, quia intervenerant in sua, et quia per eundem modum vidit recipi fratrem Johannem de Monte Morlhone quondam militem, in dicta capella de Charnaco, sunt circiter xvi anni, per dictum fratrem Hugonem Saycelli, presentibus dictis quatuor fratribus qui adfuerant sue recepcioni, et fratre Stephano de Cellario, teste proximo examinato; plurium recepcionibus se non recolit affuisse. Item, dixit quod ipse bene credebat ecclesiasticis sacramentis, credens quod alii fratres ordinis eodem modo crederent, et quod eorum sacerdotes debite celebrarent. Clandestine recipiebantur, nullis presentibus nisi fratribus ordinis, ex quo murmurabant plurimi contra eos. Cordulis unde volebant assumptis cingebantur super camisias cum quibus jacebant. Credit quod nolentes facere predicta illicita confessata per eum, et quod ea vel secreta capitulorum revelantes, duro carceri mancipati fuissent. Injungebatur eis quod non confiterentur nisi sacerdotibus ordinis, et in eorum deffectu, Carmelitis. Fratres ordinis quibus credit nota fuisse illicita confessata per eum fuerunt negligentes, quia non correxerunt nec denunciaverunt Ecclesie. Elemosinam ter in ebdomada omnibus advenientibus et qualibet die peregrinis, et hospitalitatem vidit convenienter fieri et servari in domibus ordinis in quibus extitit commoratus. Precipiebatur eis quod debite acquirerent ordini. Audivit dici quod eorum capitulia clam et secrete tenebantur, aliquando de nocte, aliquando de die. Ordinata per Magistrum cum conventu servasset totus ordo, in quo dicti errores dicuntur fuisse introducti ultra mare, et non durasse ultra tempus iiii^{or} Magistrorum ultimorum, contra quem ordinem nunc grandia scandala, suspicio et infamia sunt exorta propter predicta, propter que credit aliquos dictum ordinem exivisse, et quod Magister et alii eadem sint confessi. Non obtulerat se ad deffensionem ordinis, nec fuerat ultra mare.

Requisitus si sic deposuerat prece, precepto, timore, amore, odio, vel temporali comodo habito vel habendo, respondit quod non, sed pro veritate dicenda; cui fuit injunctum quod non revelaret hanc suam deposicionem, quousque attestaciones fuerint publicate.

Frater Petrus de Bono Fonte.serviens, Claromontensis diocesis, testis supra juratus, quadragenarius vel circa, qui voluntarie mantellum dimiserat et radi fecerat sibi barbam, cum quo inquisitum fuerat, absolutus et reconciliatus per dominum episcopum Claromontensem, lectis et diligenter expositis sibi omnibus et singulis articulis, respondit se nescire, nec credere, nec audivisse dici de contentis in eis nisi quod sequitur, quia non interfuerat capitulis eorum, nec aliquem alium viderat recipi in ordine, nec fuerat ultra mare. Dixit autem se fuisse receptum in quadam camera domus Templi de Marchia Claromontensis diocesis, per fratrem Ymbertum Blanchi militem, detentum in Anglia, circa instans festum Omnium Sanctorum erunt VII anni, presentibus fratribus Michaele de Podio, teste supra jurato sed nondum examinato, Johanne Roberti presbitero de Arvernia, detento, ut credit, apud Exodunum Bituricensis diocesis, Durando de Lastic, detento apud Riomum. A quo receptore petitis pane et aqua ac societate ordinis et ei concessis, fecit eum vovere et jurare castitatem, obedienciam, vivere sine proprio, servare bonos usus et bonas consuetudines que tunc erant in ordine et que in posterum imponerentur cum consilio presbiterorum ordinis, et non revelare secreta capituliorum et ordinis, sub pena perdendi habitum et incarceracionis, de modo recepcionis sue non revelando speciali habita mencione; et imposito ei mantello, receptor fuit eum osculatus in ore, et postmodum in pectore super vestes, et dicti fratres Durandus et Michael et Johannes presbiter fuerunt eum osculati in ore. Post que idem receptor dixit ei in presencia aliorum quod oportebat eum abnegare Deum, de quo ipse testis fuit turbatus et stupefactus; abnegavit tamen Deum ore, non corde, ut dixit. Deinde allata per dictum presbiterum quadam cruce metallina in qua erat ymago Crucifixi, precepit ei dictus receptor quod spueret supra eam, et ipse noluit spuere supra, sed spuit juxta eam. Dixit insuper quod, secundum precepta dicte religionis, poterat carnaliter commisceri fratribus ordinis, et ipsi cum eo; hoc tamen non fecit, nec fuit requisitus, nec credit quod in ordine fieret. Dixit eciam quod sibi tradita fuit per dictum receptorem una cordula, et preceptum quod cingeret se de ea supra camisiam cum qua jaceret. Postmodum elapsis VIII diebus vel circa, cum dictus presbiter et ipse irent spaciatum versus molendinum eorum dicti loci, dixit ei dictus presbiter quod dicte cordule cum quibus cingebantur tangebant ultra mare quoddam capud, non declarando quale capud esset, et dictus testis, propter predicta illicita que ei injuncta fuerunt et que fecerat, suspicans dictum capud esse malum, abjecit dictam cordulam, et ex tunc non portavit dictam cordulam; nec de capitibus et de idolis de quibus agitur in articulis non audivit fieri mencionem nisi cum inquirebatur cum eo, et postquam captus fuit; et credit quod communiter et ubique dicta illicita et non alia intervenirent in recepcionibus aliorum fratrum ordinis vel post, quia non credit quod talis novitas facta fuerit sibi soli. Item, dixit quod in die Veneris sancta adorabant reverenter et devote, nudis pedibus, crucem, et quod ipse bene credebat ecclesiasticis sacramentis, credens quod alii fratres ordinis eodem modo crederent, et quod eorum sacerdotes debite celebrarent. Juravit ordinem non exire pro meliori vel pejori, credens quod alii eodem modo jurarent. Clandestine recipiebantur, nullis presentibus nisi fratribus ordinis, ex quo credit quod esset suspicio contra eos. Credit quod qui noluissent facere predicta illicita confessata per eum, male tractati fuissent, et quod negligentes fuerunt qui predicta sciebant, quia non correxerunt nec denunciaverunt Ecclesie, et credit quod eis essent nota predicta. Elemosinam et hospitalitatem vidit convenienter fieri et servari in domibus ordinis in quibus extitit commoratus. Contra Sarracenos poterant acquirere quibuscumque modis. Audivit dici quod eorum capitulia clam tenebantur, nullis presentibus nisi fratribus ordinis. Ordinata per Magistrum cum conventu servasset totus ordo, contra quem propter predicta nunc grandia scandala, suspicio et infamia sunt exorta; et audivit dici quod magnus Magister et alii aliqua confessi sunt contra dictum ordinem, ad cujus deffensionem se non obtulerat.

Requisitus si sic deposuerat prece, precepto, timore, amore, odio, vel temporali comodo habito vel habendo, respondit quod non, sed pro veritate dicenda; cui fuit injunctum quod non revelaret hanc suam deposicionem, quousque attestaciones fuerint publicate.

Frater Johannes Sarraceni serviens, Bituricensis diocesis, testis supra juratus, LV annorum vel circa, qui voluntarie mantellum dimiserat et radi fecerat sibi barbam, cum quo inquisitum fuerat, absolutus et reconciliatus per dominum episcopum Claromontensem, lectis et diligenter expositis sibi omnibus et singulis articulis, respondit se nescire, nec credere, nec audivisse dici de contentis in eis nisi quod sequitur: videlicet quod ipse receptus fuerat in capella domus Templi de Turreta Claromontensis diocesis, circa instans festum beati Martini hiemalis erunt circiter x anni, per fratrem Humbertum Blanchi militem, detentum in Anglia, presentibus fratribus Johanne de Menac preceptore de Marchia, teste supra examinato, Bonito presbitero de Alvernia, Hugone de Borneto et Stephano de Sanzeto servientibus, deffunctis. A quo receptore petitis pane et aqua ordinis et ei concessis, fecit eum vovere et jurare castitatem, obedienciam, vivere sine proprio, servare bonos usus et bonas consuetudines que tunc erant in ordine et que in posterum imponerentur cum consilio presbiterorum ordinis, non revelare secreta capituliorum; et prestito per ejus juramentum quod non erat obligatus alteri religioni, nec matrimonio, nec debitis, et quod non erat excommunicatus, nec habebat infirmitatem latentem, nec dederat nec promiserat aliquid quod in ordine reciperetur, receptor imposuit sibi mantellum, et ipse et omnes astantes fuerunt eum osculati in ore. Postque dictus receptor precepit ei quod abnegaret Deum, quia hoc erat de preceptis ordinis, et ipse testis, qui habebat mantellum et non poterat retrocedere, abnegavit Deum, ore, non corde, turbatus et dolens, ut dixit. Deinde allata per dictum presbiterum quadam cruce lignea in qua erat ymago Crucifixi depicta, ante eos collocata, precepit ei spuere supra dictam crucem, et ipse testis spuit juxta, non supra. Postmodum dixit ei dictus receptor quod secundum puncta dicti ordinis poterat aliis fratribus ordinis carnaliter commisceri, et ipsi cum eo; hoc tamen non fecit, nec fuit requisitus, nec credit quod in ordine fieret. Alia illicita non intervenerunt in dicta sua recepcione nec post, et credit quod eadem illicita et non alia intervenerunt communiter et ubique in recepcionibus aliorum vel post. Nullum alium tamen vidit recipi, nec fuit ultra mare, nec interfuit capitulis eorumdem. Item, dixit quod ipse bene credebat ecclesiasticis sacramentis, credens quod alii fratres ordinis eodem modo crederent, et quod eorum sacerdotes debite celebrarent. Juravit ordinem non exire, credens quod alii idem jurarent. Clandestine recipiebantur, nullis presentibus nisi fratribus ordinis, ex quo credit quod esset suspicio contra eos. Cordulis unde volebant assumptis cingebantur super camisias cum quibus jacebant. Predicta illicita confessata per eum facere recusantes et secreta capituliorum vel modum recepcionis revelantes fuissent graviter puniti, ut credit. Fratres ordinis quibus credit nota fuisse dicta illicita confessata per eum fuerunt negligentes, quia non correxerunt nec denunciaverunt Ecclesie. Elemosinam et hospitalitatem vidit convenienter fieri et servari in domibus ordinis in quibus exstitit commoratus. Audivit dici quod eorum capitulia, januis clausis, post matutinum, nullis presentibus nisi fratribus ordinis, tenebantur. Ordinata per Magistrum cum conventu servasset totus ordo, contra quem nunc grandia scandala, suspicio et infamia sunt exorta. Et ipse testis, propter dicta illicita confessata per eum et propter asperitates ordinis, libenter exivisset dictum ordinem, nisi sibi timuisset de excommunicacione et carcere, et dixit quod magis voluisset, in crastinum sue recepcionis, fuisse mortuus, quam quia fecerat illicita supradicta.

Requisitus si sic deposuerat prece, precepto, timore, amore, odio, vel temporali comodo habito vel habendo, respondit quod non, sed pro veritate dicenda; cui fuit injunctum quod non revelaret hanc suam deposicionem, quousque attestaciones fuerint publicate; et non obtulerat se ad deffensionem ordinis memorati.

Acta fuerunt hec predictis die et loco, et predictus dominus archidiaconus Tridentinus qui in mane interfuerat examinacioni trium testium, excusavit se quia post dormicionem non potuit interesse examinacioni aliorum duorum ultimo examinatorum, et voluit quod examinarentur per alios dominos commissarios, prout retulerunt Petrus Cavalerii et Petrus de Breno, domicelli dictorum dominorum episcoporum missi propter hoc specialiter ad eum; in presencia magistri Amisii ac mei Floriamonti, et aliorum notariorum supra ultimo nominatorum.

Post hec die sabbati sequenti, que fuit xxii dies dicti mensis maii, fuit adductus ad presenciam eorumdem dominorum commissariorum, in domo predicta domini Petri de Sabaudia, frater Michael de Podio serviens, Claromontensis diocesis, testis supra juratus, quinquagenarius et ultra, qui mantellum voluntarie dimiserat et radi fecerat sibi barbam, cum quo inquisitum fuerat, absolutus et reconciliatus per dominum episcopum Claromontensem; et fuit protestatus quod non intendebat recedere a deposicione per eum facta coram dicto domino episcopo Claromontensi. Lectis autem et diligenter expositis sibi omnibus et singulis articulis, respondit se nescire, nec credere, nec audivisse dici de contentis in eis nisi quod sequitur: videlicet quod ipse receptus fuerat in quadam camera domus Templi de Ysde Claromontensis diocesis, circa instans festum nativitatis beati Johannis Baptiste erunt circiter xxviii anni, per fratrem Geraldum de Salzeto militem quondam, presentibus fratribus Petro Vinee, Guillelmo Arnaldi servientibus, deffunctis, et Stephano

Ortoli presbitero, qui recessit de dicto ordine, nescit ex qua causa, de cujus vita vel morte non habet certitudinem. A quo receptore petita societate ordinis et ei concessa, fecit eum vovere et jurare castitatem, obedienciam, vivere sine proprio, servare bonos usus et bonas consuetudines que tunc erant in ordine et que in posterum imponerentur cum consilio presbiterorum ordinis, quod non dimitterent dictum ordinem pro meliori vel pejori, quod daret operam suum (secundum?) posse ad recuperandum Terram sanctam, et quod transfretaret quando preciperetur eidem, et quod non revelaret secreta capitulorum nec modum sue recepcionis, predicto sibi quod, si contrarium faceret, incarceraretur; et imposito sibi mantello, receptor fuit eum osculatus in ore et in pectore super vestes, et astantes in ore. Post que, allata quadam cruce metallina in qua erat ymago Crucifixi per dictum presbiterum, receptor precepit eidem testi quod abnegaret Crucifixum, et spueret super eum, et ipse testis abnegavit dictum Crucifixum, et spuit non supra sed juxta ipsum, et hoc fecit dolens, ut dixit, ore, non corde. Deinde dixit idem testis se audivisse a fratribus ordinis, non recolit a quibus, quod poterat fratribus ordinis carnaliter commisceri, et ipsi cum eo, et quod hoc erat de punctis ordinis. Ipse tamen hoc non fecit, nec fuit requisitus, nec credit quod in ordine fieret, sed credit quod dixerint mendacium; receptor tamen non dixit ei istud, sed de abnegacione et spuicione, et quod erant de punctis ordinis, et credit quod dicta abnegacio et spuicio et non alia illicita intervenirent communiter et ubique in recepcionibus aliorum fratrum ordinis, quia ista et non alia illicita intervenerunt in recepcione sua, et quia vidit per dictum modum recipi fratrem Petrum de Bono Fonte, testem heri examinatum, in quadam camera domus Templi de Marchia Claromontensis diocesis, per fratrem Humbertum Blanchi militem, sunt circiter quinque anni, presentibus fratribus Johanne de Menat, teste supra examinato, et Johanne Roberti presbitero, detento apud Exodunum Bituricensis diocesis; et fratrem Petrum Poyntet bergerium de Bituria, servientem, de cujus vita vel morte non habet certitudinem, receptum per fratrem Guidonem Dalphini militem, testem supra examinatum, in capella domus Templi de Jussi Bituricensis diocesis, sunt circiter ix anni, presentibus fratribus Johanne de Monat presbitero, detento apud Riomum in Arvernia, Petro Maurini, teste supra examinato, et Raymundo Vinet serviente, deffuncto. Plurium recepcionibus non recolit se affuisse. Item, dixit quod ipse bene credebat ecclesiasticis sacramentis, credens quod alii fratres ordinis eodem modo crederent, et quod eorum sacerdotes debite celebrarent. Clandestine recipiebantur, nullis presentibus nisi fratribus ordinis, ex quo credit quod esset suspicio contra eos. Cordulis unde volebant assumptis cingebantur super camisias cum quibus jacebant. Injungebatur eis quod non confiterentur nisi fratribus presbiteris ordinis, sed hoc non servabatur. Fratres ordinis quos credit scivisse illicita confessata per eum fuerunt negligentes, quia non correxerunt ea nec denunciaverunt Ecclesie. Elemosinam et hospitalitatem vidit convenienter fieri et servari in domibus ordinis in quibus exstitit commoratus, et deffendebatur eis ne injuste acquirerent ordini. Audivit dici quod eorum capitulia clam tenebantur. Ordinata per Magistrum cum conventu servasset totus ordo, contra quem nunc propter predicta grandia scandala, suspicio et infamia sunt exorta. Audivit dici Magistrum et alios aliqua fuisse confessos contra ordinem, ad cujus deffensionem se non obtulerat, nec fuerat ultra mare.

Requisitus si sic deposuerat prece, precepto, timore, amore, odio, vel temporali comodo habito vel habendo, respondit quod non, sed pro veritate dicenda; cui fuit injunctum quod non revelaret hanc suam deposicionem, quousque attestaciones fuerint publicate.

Frater Stephanus de Glotonis serviens, Lemovicensis diocesis, supra juratus, quadragenarius vel circa, qui voluntarie mantellum dimiserat et radi fecerat sibi barbam, cum quo inquisitum fuerat, absolutus et reconciliatus per dominum episcopum Claromontensem, lectis et diligenter expositis sibi omnibus et singulis articulis, respondit se nescire, nec credere, nec audivisse dici de contentis in eis nisi quod sequitur : videlicet quod ipse receptus fuerat in capella domus Templi de Bella Chassana Lemovicensis diocesis, circa instans festum beati Martini hiemalis erunt circiter XXI anni, per fratrem Franconem de Bort militem quondam, presentibus fratribus Matheo de Molendinis, Bonito de Ussello, Guidone de Chambaret, et Hugone de Chambanas servientibus, deffunctis, ut credit. A quo receptore petita societate ordinis et ei concessa, fecit eum vovere et jurare castitatem, obedienciam, vivere sine proprio, servare bonos usus et bonas consuetudines ordinis que tunc erant in ordine et que in posterum imponerentur per Magistrum cum consilio presbiterorum ordinis, non revelare secreta capituliorum nec modum sue recepcionis, et quod non dimitteret ordinem dictum pro meliori vel pejori; et imposito sibi mantello, ipse testis fuit osculatus ipsum testem in ore, nec alibi. Postea allata quadam cruce lignea, nescit per quem, nec si in ea erat ymago Crucifixi, dictus receptor precepit ei quod spueret supra dictam crucem, et quod abnegaret Jhesum, et ipse testis non spuit supra sed juxta dictam crucem, et abnegavit Jhesum ore, non corde, ut dixit, adjiciens per dictum receptorem dictum fuisse eidem quod aliis fratribus ordinis poterat carnaliter commisceri, et ipsi cum eo ; hoc tamen non fecit, nec fuit requisitus, nec credit quod fieret in ordine; et credit quod predicta illicita et non alia intervenirent communiter et ubique in recepcionibus aliorum, quia hec et non alia illicita intervenerunt in recepcione sua; et quia per eumdem modum viderat recipi, per fratrem Petrum de Madico militem quondam, sunt circiter XII anni; fratrem Stephanum Jarrossa presbiterum, Claromontensis diocesis, tunc detentum in diocesi Parisiensi, in capella domus Templi de Posgia Lemovicensis diocesis, presentibus fratribus Dionisio de Castris, Stephano de Briudeu et Fulcone de Vernegia servientibus, deffunctis; plurium recepcionibus se non recolit affuisse. Item, dixit quod in die Veneris sancta adorabant devote et reverenter, nudis pedibus, crucem, et quod ipse bene credebat ecclesiasticis sacramentis, credens quod alii fratres ordinis eodem modo crederent, et quod eorum sacerdotes debite celebrarent. Clandestine recipiebantur, nullis presentibus nisi fratribus ordinis, ex quo credit quod esset suspicio contra eos. Cordulis unde volebant assumptis cingebantur super camisias cum quibus jacebant. Nolentes facere predicta illicita confessata per eum fuissent incarcerati, ut audivit dici, et qui revelassent secreta capituliorum, graviter puniti fuissent. Fratres quos credit scivisse errores confessatos per eum fuerunt negligentes, quia non correxerunt eos nec denunciaverunt Ecclesie. Elemosinam et hospitalitatem vidit convenienter fieri et servari in domibus ordinis in quibus exstitit commoratus. Audivit dici quod eorum capitulia clam tenebantur. Credit quod totus ordo servasset ordinata per Magistrum cum conventu, et quod nunc grandia scandala, suspicio et infamia sunt exorta contra ordinem, contra quem dictus Magister et alii dicuntur aliqua fuisse confessi; ad cujus ordinis deffensionem se non obtulerat, nec fuerat ultra mare.

Requisitus si sic deposuerat prece, precepto, timore, amore, odio, vel temporali comodo habito vel habendo, respondit quod non, sed pro veritate dicenda; cui fuit injunctum quod non revelaret hanc suam deposicionem, quousque attestaciones fuerint publicate; et videbatur esse valde simplex, intelligebat tamen Latinum.

Post hec fuerunt adducti pro testibus, ad presenciam eorumdem dominorum commissariorum, fratres Johannes de Noviomo, Bertrandus Guasc Ruthenensis et Guillelmus Cardalhac Convenarum diocesium, servientes, qui tactis sacrosanctis evangeliis juraverunt dicere veritatem plenam et meram in isto negocio, secundum formam juramenti aliorum testium superius registratam, expositam et vulgarizatam eisdem.

Quo facto, dictus frater Guillelmus de Cardalhac, mantellum defferens, barbam rasam habens, xxxv annorum vel circa, cum quo inquisitum fuerat per dominum episcopum Parisiensem, lectis et diligenter expositis sibi omnibus et singulis articulis, respondit se nescire, nec credere, nec audivisse dici de contentis in eis nisi quod sequitur : videlicet quod ipse receptus fuerat in quadam camera domus Templi de Bendra diocesis Convenarum, circa instans festum Omnium Sanctorum erunt circiter XIII anni, per fratrem Senebrunum de Prani militem, de cujus vita vel morte non habet certitudinem, preceptorem tunc de Montsannes ejusdem diocesis, presentibus fratribus Arnaldo de Bucourt quondam, Dominico de Linhac et Petro de Bisors servientibus, de quorum vita vel morte non habet certitudinem. A quo receptore petita societate ordinis et sibi concessa, prestito quod erat bonus Christianus, et quod servabat fidem Romanæ ecclesie, fecit eum vovere et jurare castitatem, obedienciam, vivere sine proprio, servare bonos usus et bonas consuetudines que tunc erant in ordine et que in posterum imponerentur, et quod nichil injuste acquireret ordini, et quod acquisita pro posse suo deffenderet, et quod si non posset deffendere, suis superioribus nunciaret, quod non exiret ordinem, et quod non revelaret secreta capituliorum, de modo recepcionis in speciali non habita mencione ; et imposito sibi mantello, receptor et astantes fuerunt eum osculati in ore. Post que dicti fratres Dominicus et Arnaldus, et quidem alius frater serviens qui adherat, cujus nomen et cognomen ignorat, duxerunt ipsum testem ad aliam cameram, ut indueret vestes religionis : quibus indutis, fuit allata per dictum Dominicum quedam crux lignea antiqua, in qua non bene apparebat ymago Crucifixi, et precepit eidem testi quod abnegaret Deum, et ipse testis respondit quod hoc nullo modo faceret. Postea precepit ei quod spueret supra dictam crucem, et ipse respondit quod hoc nullo modo faceret ; et tunc dictus Dominicus et alii dixerunt ei quod hoc oportebat eum facere, quia tales erant consuetudines ordinis quas ipse juraverat observare ; et cum ipse testis responderet quod hoc nullo modo faceret, quia non erant boni usus et bone consuetudines nec tenebantur ad hoc faciendum, dictus Dominicus cum una manu arripuit eum ad vestes supra pectus, et evaginato ense, ipse et alii duo astantes dixerunt ei quod, aut predicta faceret, vel infortunium eveniret eidem, et tunc ipse testis, dicto timore ductus, spuit non super sed juxta dictam crucem, sed Deum noluit abnegare : et dum sic contenderent, et predicta comminarentur eidem, prefatus receptor, contencione audita, superveniens et intrans cameram, precepit quod dimitterent eum. Alia illicita non intervenerunt in dicta sua recepcione nec post, et quia nullum alium vidit recipi nec interfuit capitulis eorumdem, nescit si ista vel alia interveniebant communiter et ubique in recepcionibus aliorum vel post; nescit quod super hoc credat. Item, dixit quod infra dimidium annum a recepcione sua fuit de predictis confessus domino episcopo Tarvensi, in ecclesia domus Templi de Bordellas diocesis Tarvensis, qui ad dictam ecclesiam visitandam accesserat, et fuit absolutus ab eo. Item, dixit quod ipse bene credebat ecclesiasticis sacramentis, credens quod alii fratres ordinis eodem modo crederent, et quod eorum sacerdotes debite celebrarent. Clandestine recipiebantur, nullis presentibus nisi fratribus ordinis, ex quo credit quod esset mala suspicio contra eos. Cordulis unde volebant assumptis cingebantur super camisias cum quibus jacebant ad restringendum carnes. Audivit dici quod qui revelasset secreta capituliorum, perdidisset domum. Si qui erant fratres ordinis scientes in eo esse errores fuerunt negligentes, quia non correxerunt eos nec denunciaverunt Ecclesie. Elemosinam et hospitalitatem vidit convenienter fieri et servari in domibus ordinis in quibus exstitit commoratus. Audivit dici quod eorum capitulia clam tenebantur. Ordinata per Magistrum cum conventu servasset totus ordo, contra quem nunc propter predicta grandia scandala, suspicio et infamia sunt exorta; non fuit ultra mare, et obtulerat se ad deffensionem ordinis.

Requisitus si sic deposuerat prece, precepto, timore, amore, odio, vel temporali comodo habito vel habendo, respondit quod non, sed pro veritate dicenda; cui fuit injunctum quod non revelaret hanc suam deposicionem, quousque attestaciones fuerint publicate.

Frater Bertrandus Guasc serviens, Ruthenensis diocesis, testis supra juratus, quinquagenarius vel circa, mantellum defferens, barbam rasam habens, cum quo inquisitum fuerat per dominum episcopum Parisiensem, lectis et diligenter expositis sibi omnibus et singulis articulis, respondit quod nunquam viderat aliquem alium recipi in ordine, unde nesciebat, nec credebat, nec audiverat dici de contentis in eis nisi quod sequitur : videlicet quod, illo anno quo Acon fuit perditum, ipse testis fuit receptus ultra mare, in capella domus Templi de Sydone, per fratrem Ademarum de Perussa militem quondam, presentibus circiter XL fratribus, inter quos erant fratres Ricardus et Raymundus Stephani, Guillelmus de Ruppe, Raymundus d'Espinasses milites, Petrus Tarassone de Lingua Occitana serviens, quos credit esse in Chipro. A quo receptore, cum ipse testis fuisset peregrinus ultra mare et defficerent sibi expense, requisivit per se et per amicos suos se ad dictum ordinem recipi; et cum ei responsum fuisset quod bene deliberaret, quia oporteret eum a se abdicare propriam voluntatem, et multa dura et aspera sustinere, et ipse respondisset quod bene omnia sustineret, concessit dictus receptor, de voluntate aliorum, quod reciperet eum, prestito prius per juramentum ab eo quod erat bonus Christianus, et quod non erat excommunicatus, nec habebat infirmitatem latentem, nec erat alteri religioni, matrimonio nec debitis que non posset solvere obligatus; et dixit ei quod, si aliquid ex predictis impedimentis ex post facto reperiretur in eo, expelleretur de ordine supradicto. Post que fecit cum vovere et jurare castitatem, obedienciam, vivere sine proprio, servare bonos usus et bonas consuetudines que tunc erant in ordine et que in posterum imponerentur per Magistrum cum consilio presbiterorum ordinis, et non revelaret secreta capituliorum, de modo recepcionis speciali non habita mencione; et imposito sibi mantello, receptor et astantes fratres de Lingua Occitana fuerunt in ore osculati eumdem. Post que dictus receptor instruxit eum quot *Pater noster* diceret pro horis suis, et qualiter regeret se in ordine. Quo facto, frater Raynerius Lorgni miles Gallicanus et tres fratres servientes, quorum nomina et cognomina ignorat, dixerunt eidem testi sedenti coram dicto receptore, quod surgeret, quia ducerent eum ad induendum vestes religionis; et cum duxissent eum ad sacristiam propinquam dicte ecclesie, et induisset dictas vestes,

33.

predictus frater Raynerius precepit eidem testi quod abnegaret Deum ; et cum ipse testis respondisset quod hoc nullo modo faceret, dixit ei dictus Raynerius quod oportebat eum facere, quia talis erat consuetudo ordinis, et ipse juraverat servare usus et consuetudines ordinis; et cum ipse testis adhuc contradiceret, dictus Raynerius, arrepto quodam ense de capite lecti qui erat in dicta sacristia, et eo evaginato, dixit ei quod, aut predicta faceret, aut mala morte moreretur; et interim Sarraceni invaserunt dictam civitatem Sydonem, et fuit clamatum ad arma, et capitulium fuit separatum, et dictus Raynerius et alii tres, volentes una cum aliis ad arma currere, fecerunt ipsum testem jurare quod predicta non revelaret : et ita non abnegavit, nec aliquid illicitum egit, sed exiverunt contra Sarracenos, et fuerunt interfecti viginti ex ipsis Sarracenis. Cum autem regressi fuissent a dicto conflictu, et predictus testis peteret a dicto fratre Raynerio quare fecerat supradicta, respondit quod ad probandum eumdem et causa joci seu truphe, nec scit, nec credit, nec audivit dici ante capcionem eorum, ultra mare nec citra mare, quod aliqua illicita intervenerunt in recepcionibus fratrum ordinis vel post, nec quod haberent ydola nec capita ydolorum de quibus agitur in articulis, et de quibus deposuerunt magister Antonius de Vercellis et frater Hugo de Fauro. In signum tamen castitatis cingebantur cordulis super camisias cum quibus jacebant. Item, dixit quod bene credebat ecclesiasticis sacramentis, credens quod alii fratres ordinis eodem modo crederent, et quod eorum sacerdotes debite celebrarent. Clandestine recipiebantur, nullis presentibus nisi fratribus ordinis, quod displicebat ipsi testi, et credit quod ex hoc esset suspicio contra eos, et quod perdidisset habitum, qui secreta capitulorum revelasset. Si qui erant fratres scientes errores esse in ordine, male fecerunt, quia non correxerunt eos nec denunciaverunt Ecclesie. Decimam partem panis dabant amore Dei, et elemosinam et hospitalitatem debite servabant. Inhibebatur eis ne in fraudem dominorum temporalium et pedagiorum eis debitorum ducerent cum suis animalia aliena, et si contrarium fecissent, habitum perdidissent. Inhibebatur eis ne indebite acquirerent ordini. Eorum generalia capitulia, sermone facto, celebrabant tempestive, nullis presentibus nisi fratribus ordinis, et providebatur ne audiretur exterius quod interius agebatur. Ordinata per Magistrum cum conventu servasset totus ordo, contra quem nunc propter predicta grandia scandala, suspicio et infamia sunt exorta, et contra quem Magister et alii dicuntur aliqua fuisse confessi; ad cujus ordinis defensionem se obtulerat, et intelligebat Latinum.

Requisitus si sic deposuerat prece, precepto, timore, amore, odio, vel temporali comodo habito vel habendo, respondit quod non, sed pro veritate dicenda; cui fuit injunctum quod non revelaret hanc suam deposicionem, quousque attestaciones fuerint publicate.

Frater Johannes de Noviomo serviens, testis supra juratus, octogenarius vel circa, qui mantellum in concilio Senonensi dimiserat et postmodum radi fecerat sibi barbam, et in dicto concilio absolutus et reconciliatus fuerat, lectis et diligenter expositis sibi omnibus et singulis articulis, respondit quod volebat persistere in deposicione per ipsum facta in dicto concilio, et quod nesciebat, nec credebat, nec audiverat dici de contentis in dictis articulis nisi quod sequitur: videlicet quod ipse receptus fuerat in capella domus Templi de Puteolis juxta Laudunum, per fratrem Petrum Normanum militem quondam, tunc preceptorem de Laudunesio, in instanti Quadragesima erunt circiter XXVIII anni, presentibus fratribus Guillelmo Normani presbitero dicte domus, Petro Bergerii serviente, deffunctis, in hunc modum: nam petita societate ordinis et ei concessa, dictus receptor fecit eum vovere et jurare castitatem, obedienciam, vivere sine proprio, servare bonos usus et bonas consuetudines ordinis, non revelare secreta capitulorum, de modo recepcionis speciali non habita mencione, et quod non exiret dictum ordinem; et prestito ab eo per juramentum quod non erat excommunicatus, nec alteri religioni nec matrimonio nec debitis que non posset solvere obligatus, nec habebat infirmitatem latentem, imposuit sibi mantellum, et ipse et astantes fuerunt eum osculati in ore; et instruxit eum quot *Pater noster* diceret pro horis suis, et qualiter regeret se in ordine, et quod bene servaret elemosinas ordinis. Postea dictus receptor precepit ei quod abnegaret Deum, et ipse testis abnegavit ore, non corde. Deinde precepit ei quod spueret contra crucem que erat in altari erecta, et ipse noluit spuere. Aliquid aliud illicitum non intervenit in dicta sua recepcione nec post, et pocius credit quod predicta illicita vel alia non intervenerunt in recepcionibus aliorum fratrum ordinis vel post quam contrarium, quia non vidit, nec scivit, nec audivit dici ante capcionem eorum, licet viderit recipi fratrem Petrum de Gressibus servientem, Ambianensis diocesis, de cujus vita vel morte non habet certitudinem, in capella domus Templi de Montesart Noviomensis diocesis, per fratrem Guarinum de Grandevillarii servientem quondam, preceptorem tunc de Pontivo, sunt circiter VII anni, presentibus fratribus Arberto presbitero dicte domus, Picardo, cujus cognomen ignorat, et Roberto de Sarnoy preceptore dicte domus. Item, dixit quod ipse bene credebat ecclesiasticis sacramentis, credens quod alii fratres ordinis eodem modo crederent, et quod eorum sacerdotes debite celebrarent. Clandestine recipiebantur, nullis presentibus nisi fratribus ordinis, et statim pro professis habebantur. Cordulis unde volebant assumptis cingebantur super camisias cum quibus jacebant. Injungebatur eis quod absque necessitate non confiterentur nisi sacerdotibus ordinis. Si qui erant fratres scientes errores esse in ordine, fuerunt negligentes, quia non correxerunt eos nec denunciaverunt Ecclesie. Elemosinam et hospitalitatem vidit convenienter fieri et servari in domibus ordinis in quibus exstitit commoratus. Ordinata per Magistrum cum conventu servasset totus ordo, contra quem nunc propter predicta grandia scandala, suspicio et infamia sunt exorta; ad cujus ordinis deffensionem se obtulerat, et non fuit ultra mare.

Requisitus si sic deposuerat prece, precepto, timore, amore, odio, vel temporali comodo habito vel habendo, respondit quod non, sed pro veritate dicenda ; cui fuit injunctum quod non revelaret hanc suam deposicionem, quousque attestaciones fuerint publicate.

Acta fuerunt hec die et loco predictis, presentibus magistro Amisio, me Floriamonte Dondedei, et aliis notariis supra ultimo nominatis.

Post hec, die Mercurii sequenti, que fuit xxvi dies dicti mensis maii, fuerunt adducti pro testibus ad presenciam eorumdem dominorum commissariorum, in domo predicta domini Petri de Sabaudia, fratres Johannes de Chali et Petrus de Moydies Vienensis et Raynaldus Belli Pili de Capella de Daminhie Cabilonensis diocesium, servientes. Qui tactis sacrosanctis evangeliis juraverunt in isto negocio dicere meram et plenam veritatem, secundum formam juramenti aliorum testium superius registratam, expositam et vulgarizatam eisdem.

Quo facto, dictus frater Johannes de Chali, vestes radiatas deferens, cum quibus captus fuisse dicebatur dum fugeret, aliorum capcione audita, barbam rasam habens, xxx annorum vel circa, cum quo inquisitum fuerat, absolutus et reconciliatus per dominum episcopum Matisconensem, lectis et diligenter expositis sibi omnibus et singulis articulis, respondit se nescire, nec credere, nec audivisse dici de contentis in eis nisi quod sequitur : videlicet quod ipse receptus fuerat in quadam camera domus Templi de Buris Lingonensis diocesis, circa instans festum Nativitatis Domini erunt x anni, per fratrem Hugonem de Penrando visitatorem Francie, presentibus fratribus Stephano de Volenis, quem credit vivere, Aymone Duzelet, ut sibi videtur, qui transfretavit et postmodum non rediit, servientibus, Poncio de Grandi Campo et Ricardo de Botincuria militibus, deffunctis, in hunc modum : nam petita ter societate ordinis et ei concessa, fecit eum dictus receptor vovere et jurare castitatem, obedienciam, vivere sine proprio, et quod non revelaret secreta capituliorum, nec aliquid quod tunc fieret vel diceret ei, predicto quod, si revelaret, poneretur in carcere, in quo cito moreretur vel nunquam de eo exiret; et imposito sibi mantello, receptor et alii fuerunt eum osculati in ore, et ipse testis fuit osculatus dictum receptorem in umbilico supra vestes. Postque dictus receptor, allata nescit per quem quadam cruce metallina in qua erat ymago Crucifixi, precepit ei quod abnegaret Deum et dictam crucem; et cum dictus testis responderet quod hoc nullo modo faceret, dixit ei dictus receptor quod, ex quo alligatus erat eis, oportebat eum facere supra dicta, et si non faceret, poneretur in tali loco in quo nunquam forsitan videret pedes suos, quia hoc erat de punctis religionis; et tunc ipse testis abnegavit Deum et dictam crucem ore, non corde, ut dixit. Postea dixit ei dictus receptor in presencia aliorum quod non crederet sacramento misse, et inhibuit ei ne aliquem de sacro fonte susciperet, et quod domum in qua mulier jaceret in puerperio non intraret, et quod non offerret ad missam. Alia illicita quod recolat non intervenerunt in dicta sua recepcione nec post, credens quod communiter et ubique reciperentur alii fratres in ordine secundum modum confessatum per eum, quia vidit per dictum modum recipi fratrem Johannem cognominatum de Monte Belletout, ut sibi videtur, Matisconensis diocesis servientem, deffunctum, ut credit, in dicta capella de Buris, per fratrem Petrum de Civreyo servientem quondam, sunt circiter octo anni, presente fratre Janseranda presbitero, curato de Buris; et videtur eciam sibi quod interfuit frater Hugo de Frey serviens, quos presbiterum et Hugonem credit vivere et non fuisse captos. Plures non vidit recipi, nec interfuit generalibus capitulis eorumdem. Item, dixit quod sibi videbatur, sed non plene recordatur de hoc, quod dictus receptor precepit eidem testi in recepcione sua quod conculcaret dictam crucem, sed ipse testis non conculcavit eam; et audivit dici a multis fratribus ordinis, de quibus non recolit, quod de precepto conculcande crucis satis faciliter pertransiebant quando receptus respondebat quod nolebat conculcare eam, ita quod de xx^{ti} non conculcabat unus. Item, dixit quod ipse bene credebat ecclesiasticis sacramentis, et quod jurabant ordinem non exire. Clandestine recipiebantur, nullis presentibus nisi fratribus ordinis, ex quo credit quod esset suspicio contra eos. Cordulis unde volebant assumptis cingebantur super camisias cum quibus jacebant. Credit quod nolentes facere illicita confessata per eum, vel ea aut secreta capituliorum revelantes, perpetuo incarcerati fuissent. Injungebatur eis quod absque licencia non confiterentur aliis quam sacerdotibus ordinis. Fratres ordinis quibus credit nota fuisse illicita confessata per eum, fuerunt negligentes, quia non correxerunt, nec denunciaverunt Ecclesie. Elemosinam et hospitalitatem vidit convenienter fieri et servari in domibus ordinis in quibus exstitit commoratus. Clam eorum capitulia tenebantur, nullis presentibus nisi fratribus ordinis. Ordinata per Magistrum cum conventu servasset totus ordo, contra quem propter predicta nunc grandia scandala, suspicio et infamia sunt exorta; ad cujus ordinis deffensionem se non obtulerat, nec fuerat ultra mare.

Requisitus si sic deposuerat prece, precepto, timore, amore, odio, vel temporali comodo habito vel habendo, respondit quod non, sed pro veritate dicenda; cui fuit injunctum quod non revelaret hanc suam deposicionem, quousque attestaciones fuerint publicate. Requisitus quare fugerat in capcione aliorum, respondit quod propter timorem dicte capcionis; et quia voluntarius erat et fuerat, per longa tempora ante, ad exeundum dictum ordinem propter predicta illicita confessata per eum, et exivisset ante capcionem, nisi timuisset captus fuisse ab eis.

Frater Petrus de Modies serviens, Vienensis diocesis, testis supra juratus, vestes radiatas deferens, quia cum eis captus fuerat una cum teste predicto, jam est annus vel circa, cum aufugisset, aliorum capcione audita, et habebat barbam rasam, quadragenarius vel circa, cum quo inquisitum fuerat per dominum episcopum Matisconensem, lectis et diligenter expositis sibi omnibus et singulis articulis, respondit se nescire, nec credere, nec audivisse dici de contentis in eis nisi quod sequitur : videlicet quod ipse receptus fuerat in capella domus Templi de Tauris Lingonensis diocesis, circa instans festum Nativitatis Domini erunt VIII anni, per fratrem Stephanum de Espalhi serviente quondam, presentibus fratribus Hugone de Cabilone milite, avunculo ipsius testis, qui aufugit in capcione aliorum, Petro Grangero, Petro de Castellione servientibus, et Symone de Jemvilla presbitero, defunctis. A quo receptore petita societate ordinis et concessa, fecit eum vovere et jurare castitatem, obedienciam, et vivere sine proprio, et non revelare secreta capituliorum nec illa que dicerentur eidem; et imposito sibi mantello, receptor et omnes astantes fuerunt eum osculati in ore, et ipse testis fuit osculatus eundem receptorem in umbilico in carne nuda. Post que allata per dictum presbiterum de altari quadam cruce metallina in qua erat ymago Crucifixi, supra quoddam scamnum collocata, dictus receptor peciit ab eodem teste si credebat in illum qui representabatur per dictam ymaginem; et eo respondente quod sic, dixit ei quod non crederet in eum, et quod ipsum abnegaret, quia hoc erat de punctis dicte religionis. Cum autem ipse testis refragaretur, dictus receptor dixit ei quod abnegaret secure, quia capellanus predictus poterat eum absolvere, et dictus frater Petrus de Castelione suasit ei quod faceret predicta, et tunc ipse testis abnegavit Jhesum ore, non corde; sed ad mandatum eorum noluit spuere supra dictam crucem, ut dixit. Postmodum dixit ei dictus receptor quod non crederet sacramentis altaris, nec esset in loco in quo aliquis baptizaretur vel mulier jaceret de puerperio, nec quod offerret ad missam, nec confiterentur nisi sacerdotibus ordinis eorum. Alia illicita non recolit affuisse in dicta sua recepcione nec post, credens quod eadem et non alia intervenirent communiter et ubique in recepcionibus aliorum fratrum ordinis vel post, quia per eundem modum vidit in dicta capella, sunt circiter VI anni, recipi fratrem Falconem de Milli militem, qui aufugit in capcione aliorum consanguineorum ejusdem testis, per fratrem Johannem de Mars militem quondam, presentibus fratribus Arberto de Villa-super-terram serviente, et Arberto presbitero, curato de Arenteriis Lingonensis diocesis, et Viardo de la Telaria preceptore domus Templi de la Telaria, qui fuerunt capti una cum aliis Templariis, de quorum vita vel morte non habet certitudinem. Item, dixit preceptum sibi fuisse per dictum receptorem in recepcione sua quod conculcaret crucem, sed ipse eam noluit conculcare. Item, dixit quod ipse bene credebat ecclesiasticis sacramentis, credens quod alii fratres ordinis eodem modo crederent, et quod eorum sacerdotes debite celebrarent. Jurabant ordinem non exire; statim pro professis habebantur. Clandestine recipiebantur, nullis presentibus nisi fratribus ordinis, ex quo credit quod esset suspicio contra eos. Cordulis unde volebant assumptis cingebantur super camisias cum quibus jacebant. Credit quod recusantes facere illicita confessata per eum, vel ea aut secreta capituliorum revelantes, in tali carcere positi fuissent in quo parum vixissent. Fratres ordinis quibus credit nota fuisse confessata per eum fuerunt negligentes, quia non correxerunt, nec denunciaverunt Ecclesie. Elemosinam et hospitalitatem vidit convenienter fieri et servari in dicta domo in qua fuit receptus, sed non fuit in aliis domibus ordinis. Defendebatur eis ne interessent loco in quo aliquis Christianus exheredaretur injuste. Ordinata per Magistrum cum conventu servasset totus ordo, contra quem nunc propter predicta grandia scandala, suspicio et infamia sunt exorta; ad cujus ordinis deffensionem se non obtulerat, nec fuerat ultra mare.

Requisitus si sic deposuerat prece, precepto, timore, amore, odio, vel temporali comodo habito vel habendo, respondit quod non, sed pro veritate dicenda; cui fuit injunctum quod non revelaret hanc suam deposicionem, quousque attestaciones fuerint publicate; et intelligebat Latinum.

Frater Raynaldus Belli Pili serviens, Cabilonensis diocesis, testis supra juratus, quinquagenarius vel circa, qui voluntarie mantellum dimiserat, et radi fecerat sibi barbam de voluntate preceptoris sui, sub quo morabatur in ducatu Lotharingie, in domo Templi de Villencourt, post capcionem aliorum fratrum in regno Francie, cum quo nundum inquisitum fuerat per aliquem prelatum, ut dixit, lectis et diligenter expositis sibi omnibus et singulis articulis, respondit se nescire, nec credere, nec audivisse dici de contentis in eis nisi quod sequitur : videlicet quod ipse receptus fuerat in capella domus Templi de Paganis Trecensis diocesis, in instanti festo Omnium Sanctorum, erunt circiter XIII anni, per fratrem Johannem de Mars preceptorem tunc dicte domus, presentibus fratribus pluribus mortuis, inter quos fuerunt fratres Petrus de Trecis et Symon de Bretenay, in hunc modum : nam cum requisivisset instanter et ter sibi concedi panem et aquam ordinis, et eidem predictum fuisset quod bene deliberaret, quia oporteret eum multa dura et aspera sustinere, finaliter eo pro dicta recepcione instante, fecit eidem receptor vovere et jurare castitatem, obedienciam, et vivere sine proprio ; et imposito sibi mantello, receptor et astantes fuerunt eum osculati in ore, et ipse testis receptorem in umbilico in carne nuda. Post que precepit ei dictus receptor quod abnegaret crucem depictam in quodam libro, et ipse testis abnegavit ore, non corde, ad admonicionem cujusdam presbiteri qui adherat, cujus nomen et cognomen ignorat; per quem fuit ei dictum quod auctoritate domini pappe poterat absolvere eum. Postmodum dictus receptor precepit ei quod conculcaret dictam crucem, et ipse noluit conculcare. Alia illicita non recolit affuisse in dicta sua recepcione nec post, nec scit si dicta illicita vel alia interveniebant in recepcionibus aliorum vel post. Credit tamen pocius quod sic quam contrarium, quanquam nihil illicitum viderit fieri, superveniens in recepcione fratris Gerardi de Virencourt servientis post tradicionem mantelli ei factam, recepti in capella domus Templi de Virencourt Tullensis diocesis, per fratrem Aymonem deu Zelet, sunt nunc circiter VIIII anni, presentibus fratribus Alberico de Noouroy Bisuncio, cujus cognomen ignorat, et pluribus aliis deffunctis; aliorum recepcionibus se non recolit affuisse. Item, dixit quod ipse bene credebat ecclesiasticis sacramentis, credens quod alii fratres ordinis eodem modo crederent, et quod eorum sacerdotes debite celebrarent. Statim pro professis habebantur, et dicebatur eis quod excommunicati fuissent si ex tunc ordinem exivissent. Clandestine recipiebantur, nullis presentibus nisi fratribus ordinis, ex quo credit quod juste vel injuste haberetur suspicio contra eos. Cordulis unde volebant assumptis cingebantur super camisias cum quibus jacebant, sed de ydolis et capitibus ydolorum, et de aliis capitibus de quibus deposuerunt magister Anthonius de Vercellis et frater Hugo de Fauro, non audivit ultra mare, ubi fuit sex annis antequam intrasset ordinem Templi, nec citra fieri aliquam mencionem. Promisit non revelare secreta capitulorum; si revelasset, credit quod punitus fuisset. Absque licencia non poterant aliis quam sacerdotibus ordinis confiteri. Fratres scientes errores confessatos per eum fuerunt negligentes, quia non correxerunt eos, nec denunciaverunt Ecclesie. Elemosinam et hospitalitatem vidit convenienter fieri et servari in domibus ordinis in quibus exstitit commoratus. Ordinata per Magistrum cum conventu servasset, ut credit, totus ordo, contra quem nunc propter predicta grandia scandala, suspicio et infamia sunt exorta; et audivit dici quod Magister et alii confessi sunt aliqua contra ordinem, ad cujus deffensionem se non obtulerat.

Requisitus si sic deposuerat prece, precepto, timore, amore, odio, vel temporali comodo habito vel habendo, respondit quod non, sed pro veritate dicenda; cui fuit injunctum quod non revelaret hanc suam deposicionem, quousque attestaciones fuerint publicate.

Acta fuerunt hec die in loco predictis, presentibus magistro Amisio, me Floriamonte Dondedei, et aliis notariis supra ultimo nominatis.

Post hec, cum prefati domini commissarii vellent finem imponere inquisicioni presenti et concludere in eadem, et negocium remittere domino Pappe, juxta formam commissionis facte eisdem, et, ut dixerunt, scripsissent reverendo patri in Christo domino G. Dei gracia Bajocensi episcopo, eorum college, tunc in Romana curia existenti, ut certificaretur cum dicto domino Papa, an hoc placeret eidem, et idem dominus Bajocensis rescripsisset eisdem quod acta per dictos dominos commissarios super presenti inquisicione ad negocii instruccionem satis eidem domino Pape, et aliquibus dominis cardinalibus ad hoc deputatis specialiter per eum, sufficere videbantur, nisi de receptis ultra mare possent adhuc informacionem recipere pleniorem, dictusque dominus Bajocensis de Romana curia rediisset, et esset cum domino rege Francie illustri apud Pontissaram, ubi parlamentum regium tenebatur, una cum reverendo patre domino G. Dei gracia archiepiscopo Narbonensi, collega eorum, et dicti domini archiepiscopus et episcopus Bajocensis non possent convenienter parlamentum regium dimittere supradictum, et pro premissis explendis Parisius accedere, ubi inquisicionis hujusmodi processus fuerat incoatus et eciam prosecutus, prefati domini episcopi Lemovicensis et Mimatensis, Matheus de Neapoli et archidiaconus Tridentinus, ad preces et requisicionem predicti domini regis, ad cujus eciam instanciam, ut dicebant, distulerant finem imponere in predictis, quousque idem dominus Bajocensis et alii predicti domini regii nuncii de Romana curia rediissent, contulerunt se personaliter die sabbati post Pentecosten, que fuit quinta dies mensis Junii, ad abbaciam regalem prope Pontissaram, ad conferendum de predictis cum dominis rege, archiepiscopo et episcopo supradictis, in loco existentibus memorato; et habita inter se collacione et deliberacione diligenti, prefati domini archiepiscopus et episcopi, Matheus de Neapoli et archidiaconus Tridentinus considerato quod, per attestaciones ducentorum triginta et unius testium, per quorum aliquos deponebatur de recepcionibus factis ultra mare in presenti inquisicione, et aliorum in diversis mundi partibus examinatorum, contra ordinem et pro ipso, una cum septuaginta duobus examinatis per dictum dominum Pappam et aliquos dominos cardinales in regno Francie, poterant reperiri ea que reperirentur per plures, si adhuc administrarentur dominis commissariis antedictis et examinarentur per eos; actendentes insuper quod plures testes tunc non offerebantur eis, per quos possent informari de recepcionibus factis ultra mare, et quod per reverendum in Christo patrem dominum Stephanum, Dei gracia tituli Sancti Ciriaci in Termis presbiterum cardinalem, scriptum fuerat dominis Lemovicensi et Mimatensi predictis, ut dicebant, quod processum mitterent celeriter antedictum; pensantes eciam quod generale concilium instabat, et quod voluntas domini Pappe et dicti domini regis eciam concurrebat ad finem hujusmodi imponendum, decreverunt imponere finem negocio supradicto, et in quantum in ipsis fuit imposuerunt, potissime cum nec eciam plures testes administrarentur eisdem, ordinantes remittere ipsum negocium et processum domino Pappe, per viros venerabiles et discretos magistros Chatardum de Penna Varia canonicum Sancti Juniani, et Petrum de Aureliaco licenciatos in legibus, cum patentibus eorum litteris sigillis suis sigillatis, continencie infrascripte :

« Sanctissimo patri dominoque suo domino Clementi, divina providente clemencia sacrosancte ac universalis Ecclesie summo pontifici, devoti vestri capellani, Narbonensis archiepiscopus, Bajocensis, Mimatensis et Lemovicensis episcopi, Matheus de Neapoli notarius Majoris Caleti Rothomagensis, et Johannes de Nantua capellanus Vestri, Tridentine ecclesiarum archidiaconi, ad inquirendum contra Templariorum ordinem in regno Francie, una cum venerabilibus viris dominis Guillelmo Agarni Aquensi preposito, et Johanne de Monte Lauro Magalonensi archidiacono, cum illa clausula quod, si predictis exequendis omnes nequiremus interesse, septem, sex, quinque, quatuor vel tres ex nobis, dum tamen duo adessent prelati, exequeremur predicta, a sanctitate vestra deputati, pedum oscula beatorum. Noscat beatitudo vestra, pater sanctissime, per nos omnes, dictis Preposito ab inicio negocii, et Magalonensi archidiacono post examinacionem decem et septem testium legitime excusatis, in dicta inquisicione, cum quanta fide, diligencia et acceleracione, servata commissionis forma, potuimus, fuisse processum. In qua quidem inquisicione ducentos triginta et unum testes a venerabili viro N. Preposito Pictavensi reverendi in Christo patris domini Petri Dei gracia Penestrini, et provido viro Johanne de Jemvilla serviente armorum domini regis Francie illustris, dicti domini regis auctoritate; ad custodiam Templariorum in dicto regno deputatis, nobis de diversis provinciis administratos, qui alias examinati contra ordinem non fuerunt, recepimus, et juramento prestito per eosdem supra articulis in commissione contentis, omnes simul quando adesse potuimus, et prefatis nobilibus Narbonensi archiepiscopo et Bajocensi episcopo pro negociis regiis aliquando ex necessitate absentibus, legitime tamen excusatis, nos Mimatensis et Lemovicensis episcopi, notarius et archidiaconus Tridentinus predicti, examinavimus diligenter, quinque tabellionibus publicis et interdum pluribus in dicta examinacione et in toto processu presentibus, per quos dictum processum grossari, in formam publicam redigi et eorum signis signari fecimus. Ipsum quoque processum per duos ex dictis tabellionibus, et per unum in papiro, sub eodem tenore et collacione diligenti habita, scriptum, sanctitati vestre sub nostris interclussum sigillis, sigillo mei Bajocensis episcopi qui habeo ad meam redire diocesim, excepto, duximus per discretos viros magistros Chatardum de Penna Varia canonicum Sancti Juniani diocesis Lemovicensis, et Petrum de Aureliaco licenciatos in legibus, latores presencium transmittendum; et ex superabondanti cautela, dictum processum, per unum ex dictis tabellionibus in formam publicam redactum, deposuimus in Thesaurario beate Marie Parisiensis, absque beatitudinis vestre litteris specialibus nemini exhibendum; et nichilominus nos Narbonensis, Mimatensis, Lemovicensis, notarius et archidiaconus Tridentinus antedicti, tabellionum nostrorum penes nos retinuimus prothocolla, una cum dicto processu deposito, omnium nostrorum clausa sigillis, ne contenta in dicto processu ante sanctitatis vestre ordinacionem valeant publicari. Conservet Altissimus feliciter et longeve Ecclesie sancte sue clemenciam vestram, que ecclesias nobis commissas et nos suos in ejus dignetur habere gracia propensius commendatos. Scripta in abbacia regali prope Pontisseram Parisiensis diocesis, anno Domini millesimo ccc° undecimo, indictione nona, pontificatus vestri anno sexto, die quinta mensis Junii.

Acta fuerunt hec die et loco predictis, presentibus nobili ac potenti viro domino Guidone comite Sancti Pauli, ac domino Guillelmo de Plesiano domini regis Francie milite, ac venerabilibus viris domino Guafrido de Plaxeyo domini pape notario, ac magistro Amisio de Aurelianis, et me Floriamonte de Nantua, Bernardo Filholi, Guillelmo Radulphi, Bernardo Humbaldi et Hugone Nicolai notariis suprascriptis. Deo gracias, amen.

Et ego Floriamons Dondedei de Nantua clericus, apostolica et imperiali auctoritate notarius publicus, in hujus modi negocio per dictos dominos commissarios adhibitus, predictis processibus, prout continetur, in ducentis et decem et novem foliis cum dimidio supra positis, scriptis manu mea, et signis discretorum virorum magistrorum Bernardi Filholi, Guillelmi Radulphi, Bernardi Humbaldi, et Hugonis Nicolai notariorum publicorum, per quaternos, quintenos seu sexternos in principio et in fine signatis, in quorum quidem foliorum paginis singulis sunt communiter quadraginta vel circa linee, presentem processum, annis, indictione, pontificatu, diebus et locis predictis, prout est superius specificatum et singulariter declaratum, de mandato dictorum dominorum commissariorum, prout adfuerunt, propria manu scripsi, et in hanc publicam formam in hoc libro de papiro redegi et signavi signo meo consueto, et nichilominus infrascripti notarii signaverunt.

Et ego Guillelmus Radulphi de Sancto Floro Claromontensis diocesis, clericus publicus, auctoritate sacrosancte Romane notarius, predictis processibus supra per dictum Floriamontem scriptis et designatis, [*presens interfui?*] una cum dictis Floriamonte, Bernardo Filioli, Hugone Nicolai et Bernardo Umbaldi notariis antedictis, prout supra specificatum est et singulariter declaratum, et de mandato dictorum dominorum commissariorum, prout affuerunt, hic me subscripsi, et signum meum apposui consuetum.

Et ego Bernardus Umbaldi de Barchinona clericus, domini regis Francie illustris auctoritate notarius publicus, predictis processibus, supra per dictum Floriamontem scriptis et designatis, presens interfui, una cum dicto Hugone et Bernardo Filholi, Guillelmo Radulphi notariis predictis, prout supra specificatum est et singulariter declaratum, et de mandato dictorum dominorum commissariorum, prout adfuerunt, hic me subscripsi, et signum meum supra apposui consuetum.

Et ego Bernardus Filholus clericus, Lemovicensis diocesis, auctoritate apostolica publicus notarius, predictis processibus, supra per dictum Floriamontem scriptis et designatis, presens interfui; una cum dictis Hugone et Bernardo Umbaldi, Guillelmo Radulphi, et Floriamonte notariis antedictis, prout supra specificatum est et singulariter declaratum, et de mandato dictorum dominorum commissariorum, prout adfuerunt, hic me subscripsi, et signum meum apposui consuetum.

Ac ego Hugo de Eugubio clericus sacrosancte Romane ecclesie, et imperiali auctoritate notarius publicus, predictis processibus, supra per dictum Floriamontem scriptis et designatis, presens interfui, una cum dictis Bernardo Filholi, Guillelmo Radulphi, Bernardo Umbaldi, et Floriamonte notariis antedictis, prout supra specificatum et singulariter declaratum, et de mandato dictorum dominorum commissariorum, prout affuerunt, hic me subscripsi, et signum meum apposui consuetum.

INTERROGATOIRE

SUBI AU TEMPLE DE PARIS

PAR CENT QUARANTE TEMPLIERS,

DEVANT LE FRÈRE GUILLAUME DE PARIS,

INQUISITEUR DE LA FOI EN FRANCE

(DU 19 OCTOBRE AU 24 NOVEMBRE 1307).

Archives nationales, Trésor des chartes, J, 413.

In Christi nomine, amen. Pateat universis, per hoc presens publicum instrumentum, quod anno Domini millesimo ccc° septimo, indicione sexta, pontificatus sanctissimi patris et domini Clementis, divina providencia pape quinti, anno secundo, die xix^a Octobris, in religiosi et honesti viri fratris Guillermi de Parisius, ordinis Predicatorum, inquisitoris heretice pravitatis in regno Francie, auctoritate apostolica deputati in domo milicie Templi Parisius, pro inquirendo contra quasdam personas eidem delatas super dicto crimine existentis, et in nostrum notariorum publicorum et testium infrascriptorum presencia personaliter constitutus frater Johannes de Fouilleyo ordinis milicie Templi presbyter, juratus ad sancta Dei Evangelia eidem preposita et ab eo tacta dicere in causa fidei, de se et aliis personis ejusdem ordinis, plenam, puram et integram veritatem; et interrogatus de tempore recepcionis sue et modo ejusdem, dixit idem frater Johannes, sponte et sine coactione, ut dicebat per juramentum suum, quod die Lune ante instans Carniprevium vel circa erunt tres anni quod fuit receptus, in predicta domo Parisius, in ordine predicto, per fratrem Johannem, tunc thesaurarium Templi Parisiensis, presentibus fratre Johanne de Tere et aliis de quorum nominibus non recolit. Qui thesaurarius eum recipiens, presentibus aliis fratribus, fecit promictere multas observancias ordinis et jurare tenere, et servare statuta et secreta ordinis et nonnulla alia que in ordinibus fieri consue[*verunt et speci*]aliter quod de dicto ordine ex tunc in antea non exiret. Et hiis factis, et mantello sibi ad collum posito, quidam frater de cujus nomine non recolit, quia [. . . .]rat, duxit eum ad partem, videlicet ad quamdam capellam prope locum in quo fuerat receptus, aliis fratribus remanentibus in loco recepcionis, et dixit quod oportebat negare Deum. Qui receptus dixit quod nullo modo hoc faceret, dicens tamen quod libenter negaret Deum quem pagani colunt. Et tunc idem frater arripuit eum ad pectus per vestes, dicens ei quod ipse erat totus eorum, cum jurasset se de dicto ordine non exire, et quod nisi hoc faceret, ipse poneret eum in tali prisione de qua amodo non exiret. Et tunc idem frater Johannes dirigens verba sua ad dictum fratrem, dixit : « Nego te; » intelligens de dicto fratre. Sed ipse postea revertens ad cor habuit deliberationem et consilium cum defuncto magistro Bonifacio Lombardo, quondam advocato Parisius jurisperito, super hoc, et utrum posset de ordine predicto exire; et licet eidem ad plenum nesciret consulere, tamen de ipsius consilio idem frater Johannes fecit unam protestacionem in curia officialis Parisius, sede tunc vacante, quod dictus ordo sibi non placebat, et quod libenter exiret de eo, si auderet vel posset : super quo extant lictere sigillo predicti officialis sigillate, ut dixit; et hoc alias confessus fuit reverendo patri domino episcopo Parisiensi, qui nunc est, qui episcopus eidem, quatinus poterat et ad eum pertinebat, injuncta sibi penitencia salutari, beneficium absolucionis impendit, ut dixit.

Acta sunt hec Parisius, in dictis domibus Templi, in camera dicti fratris Johannis, presentibus discretis viris et religiosis, fratre Reginaldo priore de Pissiaco, magistris Reginaldo de Albigniaco Majoris et Petro Barrer, Sancti Ursini Bituricensium ecclesiarum canonicis, et pluribus aliis testibus ad hec vocatis et rogatis.

Deinde anno, indicione, pontificatu, anno et die predictis, in quodam alio loco dictarum domorum, in dicta domini inquisitoris, nostrorum notariorum et testium infrascriptorum presencia personaliter constitutus frater Raynerus de Larchent, eodem modo juratus de se et aliis, in dicta causa fidei, plenam, puram et integram dicere veritatem, et interrogatus de tempore et modo recepcionis sue, dixit per juramentum suum quod receptus fuit apud Bellum Visum in Gastinesio Senonensis diocesis, per fratrem Johannem de Turno thesaurarium tunc temporis Templi Parisiensis, viginti sex annis vel circa elapsis. Et confessus fuit et dixit per juramentum suum quod, post multas promissiones factas de statutis et secretis dicti ordinis observandis et clamide sibi posita ad collum, ipse, de precepto recipientis, osculatus fuit dictum recipientem primo in fine spine dorsi, secundo in umbilico et tertio in ore. Et postea prefatus recipiens fecit eum abnegare semel crucem sibi ostensam, et prepositam ab ipso recipiente nomine seu racione ejus qui fuit in ea crucifixus, videlicet dominus Jhesus Christus, et ter spuere supra eam. Et decantaverunt recipiens et alii fratres dicti ordinis qui ad hoc erant presentes psalmum *Ecce quam bonum et quam jocundum habitare fratres in unum!* Et dixit ille qui loquitur, per juramentum suum, quod intencionis sue erat quod cantabant illum psalmum, et hoc preceperunt sibi illa intencione quod unus haberet rem carnaliter cum alio. Interrogatus utrum viderit quoddam capud quod adoratur, ut dicitur, a fratribus dicti ordinis existentibus in capitulis generalibus, dixit per juramentum suum quod sic, duodecim vicibus in duodecim capitulis, et specialiter in capitulo quod fuit Parisius, die Martis post festum apostolorum Petri et Pauli ultimo preteritum. Interrogatus quale erat, dixit quod est quoddam capud cum barba quod adorant, osculantur et vocant salvatorem suum. Interrogatus ubi esset, respondit quod nescit ubi sit, vel ubi custoditur. Credit tamen quod magnus Magister ordinis, vel ille qui tenet capitulum, custodit illud. Quo facto, dictus dominus inquisitor peciit ab eo, per juramentum suum tactis sacrosanctis Evangeliis iterum factum, utrum in deposicione sua propter tormenta, vel metum tormentorum, vel aliqua alia causa, aliquam veritatem tacuisset, vel falsitatem immiscuisset vel dixisset; qui respondit, per suum predictum juramentum, quod non, immo puram veritatem dixerat et meram.

Actum presentibus dicto fratre R. priore de Pissiaco, et Guillelmo de Hangesto, et aliis testibus ad hoc vocatis.

Item frater Reginaldus de Tremblayo presbiter, prior dicte domus Templi Parisius, in dicti domini inquisitoris, nostrum notariorum publicorum et testium infrascriptorum presencia personaliter constitutus, anno, indicione, pontificatu, anno et die predictis, in dictis domibus Templi Parisius, juratus eodem modo de se et de aliis, in dicta causa fidei, plenam, puram et integram dicere veritatem, et interrogatus de tempore et modo recepcionis sue, dixit per juramentum suum quod fuit receptus in predicta domo Parisius, viginti annis vel circa elapsis, per fratrem Johannem de Turno thesaurarium tunc temporis dicte domus, presentibus predicto fratre Remundo de Larchent et quibusdam aliis fratribus ipsius ordinis, de quorum nominibus non recolit. Et confessus fuit per juramentum et recognovit quod, eo recepto, mantello ad collum sibi tradito, et promissione facta de statutis et secretis ordinis observandis, ipse qui loquitur, de mandato et precepto dicti recipientis, negavit Christum, et spuit supra crucem clamidis sue semel; dicens, per juramentum suum super hoc a dicto domino inquisitore repetitum, et iterum prestitum ab ipso priore, quod id quod confessus est verum est, et quod aliud quam veritatem vi, vel metu prisionis aut tormenti, non dixit.

Actum presentibus dictis fratre Reginaldo, priore de Pissiaco, Guillelmo de Hangesto, et aliis testibus ad hoc vocatis et rogatis.

Item anno, indicione, pontificatu, anno et die predictis, in dicta domo Templi Parisius, in dicti domini inquisitoris, nostrum notariorum publicorum et testium infrascriptorum presencia personaliter constitutus frater Guido Delphinus miles, juratus eodem modo de se et de aliis et dicta causa fidei plenam, puram et integram dicere veritatem, et interrogatus de tempore et modo recepcionis sue, dixit per juramentum suum, quod receptus fuit in ordine predicto in Arvernia, in quadam domo dicti ordinis vocata la Vausete, viginti sex annis vel circa elapsis, per fratrem Franconem de Bornio, una cum duobus aliis fratribus capellanis qui fuerunt recepti cum eo per dictum fratrem Franconem. Et confessus fuit et recognovit per juramentum suum quod, eo recepto, promissione ab eo facta de statutis, consuetudinibus et secretis ordinis observandis, et mantello sibi ad collum posito, predictus recipiens duxit eum ad quemdam locum obscurum, et, ostensa sibi cruce, precepit sibi quod abnegaret prophetam qui passus fuit in ea, et ter spueret supra eam. Qui existens tunc undecim annorum solummodo, ut dicebat, abnegavit prophetam predictum ter, et qualibet vice spuit supra dictam crucem. Postea idem recipiens precepit sibi quod abstineret a mulieribus, et conmisceret se cum aliis fratribus, si vellet, et eos similiter admitteret secum ad hoc. Tamen ipse qui loquitur dixit quod hoc non fecit, nec permisit; dicens quod ipsemet aliquos recepit fratres, sed ipse non fecit per istum modum, nec fieri mandavit.

Interrogatus de osculo, dixit per juramentum suum quod osculatus fuit receptorem suum in ore solummodo, et dixit, per juramentum suum iterum prestitum, quod ea quæ dixit sunt vera, et quod vi, vel metu prisionis aut tormenti, non dixit aliud quam veritatem, nec in predicta confessione sua immiscuit falsitatem.

Actum presentibus dictis fratre Reginaldo priore de Pissiaco, et Guillelmo de Hangesto, et aliis testibus ad hoc vocatis.

Item anno, indicione, pontificatu, anno et die predictis, in dictis domibus Templi Parisius, in dicti domini inquisitoris, nostrum notariorum publicorum et testium infrascriptorum presencia personaliter constitutus frater Johannes de Nivella, juratus eodem modo de se et de aliis, in dicta causa fidei, plenam, puram et integram dicere veritatem, et interrogatus de tempore et modo recepcionis sue, dixit per juramentum suum quod biennio vel circa elapso receptus fuit Capue, per fratrem Symonem preceptorem domus illius loci, presente fratre Johanne capellano dicti ordinis. Et dixit per juramentum suum et recognovit quod eo recepto, promissione ab eo facta de statutis et secretis ordinis observandis, et mantello sibi ad collum posito, ipse osculatus fuit recipientem, primo in ore et secundo in umbilico, et tercio retro in fine spine dorsi; dicens per juramentum suum eciam quod recipiens, preposita sibi cruce, precepit sibi quod abnegaret eam ter, et ter spueret supra eam. Que predicta fecit; sed non recordatur utrum recipiens dixit sibi quod faceret hoc nomine vel racione ipsius qui passus fuit in ea, aut in despectu ejusdem. Quo facto idem inquisitor peciit ab eo, per juramentum suum tactis sacrosanctis Evangeliis iterum factum, utrum in deposicione sua, propter tormenta, vel metu tormentorum, vel aliqua alia causa, aliquam veritatem tacuisset, vel falsitatem immiscuisset aut dixisset. Qui respondit per juramentum suum quod non; immo puram veritatem dixerat et meram.

Actum presentibus dictis fratre Reginaldo priore de Pissiaco, ordinis Predicatorum; magistro Reginaldo de Albigniaco Bituricensi canonico; Guillelmo de Hangesto seniore; Guillelmo de Choque cive Parisiensi; et Guillelmo de Hangesto, et pluribus aliis testibus ad hoc vocatis et rogatis. Anno, indicione, pontificatu, anno et die quibus supra.

Et ego Amisius de Aurelianis dictus le Ratif, clericus sacrosancte Romane Ecclesie, notarius publicus, premissis juramentorum prestationibus, confessionibus seu deposicionibus et omnibus aliis, prout superius sunt expressa, una cum suprascriptis testibus et magistro Gaufrido dicto Chalop, notario publico, presens interfui, ac, de mandato inquisitoris predicti, huic instrumento publico me subscripsi in testimonium premissorum, illudque signo meo solito signavi rogatus.

Et ego Gaufridus Enguelor dictus Chalop, clericus Dolensis diocesis, apostolica auctoritate notarius publicus, premissis omnibus et singulis, una cum dictis magistro Amisio de Aurelianis, eadem auctoritate notario publico, et testibus suprascriptis, presens interfui, et in testimonium premissorum me subscripsi premissis in hac et precedenti peciis simul sutis contentis, et signum meum apposui consuetum vocatus et rogatus.

In Christi nomine amen. Pateat universis, per hoc presens publicum instrumentum, quod anno Domini millesimo ccc° septimo, indicione sexta, mense octobri, vicesima die ejusdem mensis, pontificatus sanctissimi patris domini Clementis divina providentia pape quinti anno secundo, in religiosi viri et honesti fratris Guillelmi de Parisius ordinis Predicatorum, inquisitoris heretice pravitatis in regno Francie, auctoritate apostolica deputati in domo milicie Templi Parisius pro inquirendo contra quasdam personas ibidem existentes, eidem delatas super dicto crimine existentis, nostrum publicorum notariorum et infrascriptorum testium presencia personaliter constitutus frater Petrus de Tortavilla, frater serviens dicti ordinis milicie Templi, etatis quinquaginta annorum vel circa, ut dicebat, juratus ad sancta Dei Evangelia, eidem preposita et ab ipso tacta, dicere in causa fidei, tam de se quam de aliis, plenam, puram et integram veritatem. Et interrogatus de tempore et modo recepcionis sue, dixit per juramentum suum quod viginti sex anni sunt elapsi quod receptus fuit in domo de Furchis Senonensis diocesis, per fratrem Johannem de Turno defunctum, tunc thesaurarium Templi Parisius, presentibus fratre Petro dicto de Cormeliis vel de Turno, non recordatur bene de quo, et quibusdam aliis de quorum nominibus non recolit. Interrogatus de modo recepcionis sue, dixit per juramentum suum quod primo fecerunt eum promittere multas observancias dicti ordinis, et jurare servare statuta ordinis; et, hoc facto, recipiens fecit eidem indui mantellum ordinis. Quo facto, idem recipiens duxit eum ad quemdam locum alium et secretum, et, ostensa eidem cruce in qua erat depicta ymago Jhesu Christi, precepit eidem quod abnegaret eum cujus erat ymago, et spueret supra crucem. Quam abnegacionem et spuicionem fecit ter de precepto suo; dicens etiam qui loquitur quod, de precepto ipsius recipientis osculatus fuit eum in fine spine dorsi, postea in umbilico, et tertio in ore. Dixit eciam per juramentum suum quod post hec idem recipiens dixit eidem quod poterat se commiscere carnaliter cum aliis fratribus, et alii cum eo, si vellent. Dixit tamen per juramentum suum quod nunquam fecit.

Interrogatus si nunquam vidit aliquos fratres recipi in dicto ordine, dixit per juramentum suum quod sic plures Parisius.

Interrogatus utrum per istum modum reciperentur, dixit per juramentum suum quod sic.

Interrogatus quomodo scit, dixit quod vidit.

Interrogatus utrum viderit quoddam capud quod adoratur, ut dicitur, a dictis fratribus, dixit quod non, quia nunquam fuit in capitulis eorum generalibus.

Item anno, indictione, pontificatu, anno, mense et die predictis, in ipsius inquisitoris, nostrum notariorum publicorum et infrascriptorum testium presencia constitutus frater Matheus de Bosco Audemari Belvacensis diocesis, magister domus de Clichiaco, eodem modo juratus, et interrogatus de tempore et modo recepcionis sue, dixit per juramentum suum quod receptus fuit apud Latigniaçum Siccum Meldensis diocesis, per fratrem Johannem de Turno tunc thesaurarium Templi Parisius, presentibus fratre Johanne de Besencuria et fratre Nicolao Flamingo, fratribus ordinis predicti, et quibusdam aliis de quorum nominibus non recolit.

Interrogatus quomodo fuit receptus, dixit per juramentum suum quod expositis eidem multis preceptis et observanciis dicti ordinis, et statutis et secretis, que observare promisit et tenere, posuerunt ad collum suum mantellum ordinis; et tunc recipiens duxit eum ad partem, et, ostensa sibi quadam cruce in qua erat depicta ymago Domini nostri Jhesu Christi crucifixi, quesivit ab eo utrum crederet an ille cujus ymago erat ibi depicta esset Deus, et ipse qui loquitur respondit quod bene credebat quod sic. Et tunc dixit dictus recipiens quod oportebat quod eum abnegaret; et ipse respondit quod aliquo modo non faceret. Et tunc dictus recipiens posuit eum in quodam carcere, in quo stetit usque ad vesperas. Et cum vidisset quod esset in periculo mortis, petivit quod exiret, et faceret voluntatem ejus. Et tunc, liberatus de carcere, abnegavit ter Jhesum Christum; sed non recolit quod spuerit supra crucem : et propter hoc non recolit, ut dixit, quod erat ita turbatus et territus propter illam abnegacionem, quod vix sciebat quid faciebat. Dixit tamen idem qui loquitur, per juramentum suum, quod, de precepto dicti recipientis, osculatus fuit eum in umbilico et in ore. Quo facto, dixit sibi recipiens quod si aliquis calor naturalis moveret eum ad libidinem exercendam, faceret secum jacere unum de fratribus suis et haberet rem cum eo, et permitteret hoc idem similiter sibi fieri ab aliis fratribus. Dixit tamen, per juramentum suum, quod hoc nunquam fecit.

Interrogatus de supradicto capite si aliquid sciret de eodem, dixit per juramentum suum quod non, quia nunquam fuit in capitulis eorumdem, licet hoc pluries requisivisset. Dixit eciam ipse qui loquitur, per juramentum suum, quod ipse et fratres Johannes de Besencourt, Johannes de Jonvignie, Radulphus de Hardevillier, Johannes de Trocheincourt, Petrus de Sausauley, Reginaldus de Argivilla et Bernardus de Sommereux fratres ipsius ordinis, condixerant inter se longo tempore antea, quod irent ad Sedem Apostolicam, petituri absolutionem de predictis et licenciam transferendi se ad alium ordinem. Dixit eciam per juramentum suum quod cum ipse faceret ter in septimana celebrari in quadam capella domus sue, frater Hugo de Paraudo visitator Francie, ad locum predictum declinans, calicem et omnia ornamenta que erant in capella predicta asportavit, et inhibuit ei ne amplius faceret celebrari. Requisiti vero predicti fratres Petrus de Tortavilla et Matheus, videlicet quilibet eorum per se et singulariter per juramentum suum, utrum vi, timore, vel minis aut alia quacumque causa, in deposicione sua dixissent aut immiscuissent aliquam falsitatem, dixerunt, scilicet quilibet eorum singulariter per se, per juramentum suum, quod non; immo plenam et meram veritatem dixerant, sine aliqua falsitate.

Item anno, indictione, mense, die, pontificatu et anno predictis, in dicti inquisitoris, nostrum notariorum et testium infrascriptorum presencia personaliter constitutus frater Johannes de Tortavilla frater dicti ordinis, etatis triginta annorum vel circa, ut dicebat; eodem modo juratus, et requisitus de tempore et modo sue recepcionis, dixit per juramentum suum quod septem anni sunt elapsi vel circa quod fuit receptus apud Savigniacum Senonensis diocesis, per fratrem Girardum de Villaribus tunc magistrum seu visitatorem Francie generalem, presentibus pluribus fratribus dicti ordinis, de quorum nominibus non recolit; et dixit per juramentum suum quod, post multas promissiones ab eo factas de observandis statutis, consuetudinibus et secretis ordinis, fuit sibi apportata crux in qua erat depicta ymago Jhesu Christi, et tunc precepit sibi dictus magister qui recepit eum quod ter spueret supra dictam crucem et ymaginem, quod fecit de precepto suo; et postea, de precepto ejusdem recipientis, osculatus fuit eum in inferiori parte spine dorsi, secundo in umbilico, et tertio in ore; et dixit per juramentum suum quod, hoc facto, recipiens precepit ei quod haberet rem cum fratribus ordinis, si vellet, et propter hoc credens sibi licere sine peccato, bis immiscuit se carnaliter cum quodam qui vocatur frater Guillermus, dicti ordinis, sed nescit ubi moratur nunc. Dixit eciam quod intelligebat racionem predicti mandati sibi facti, quod si illud vicium commisisset cum alio qui non esset de ordine, peccatum fecisset, sed non cum illis de ordine.

Requisitus per juramentum suum utrum vi, vel metu tormentorum, vel timore alicujus pene, seu alia quacumque de causa, aliquam falsitatem dixisset vel immiscuisset in sua deposicione, vel veritatem tacuisset, dixit per juramentum suum quod non, sed puram et meram veritatem dixerat sine falsitate.

Item frater Terricus de Remis preceptor domus de Pruneyo Ebroicensis diocesis, etatis quinquaginta annorum vel circa, anno, indicione, mense, die, pontificatu et anno predictis, in dicti inquisitoris, nostrum notariorum et testium infrascriptorum presencia personaliter constitutus, eodem modo juratus dicere de se et de aliis in causa fidei veritatem, et interrogatus de tempore et modo sue recepcionis, dixit per juramentum suum quod receptus fuit Remis, per fratrem Johannem le Verjus, de mandato fratris Arnulphi de Wissemale, viginti octo anni vel circa sunt elapsi, presentibus fratre Richardo de Remis, ejusdem ordinis, et aliis de quibus non recolit. Dixit eciam per juramentum suum quod eo recepto et clamide sibi tradita, post multa precepta dicti ordinis sibi facta super observanciis ordinis, magister recipiens fecit se per eum osculari in fine spine dorsi sui, postea in umbilico, et postea in ore, et aportata cruce, fecit eum abnegare eam ter, et Christum qui in ea passus fuerat, et precepit sibi quod non haberet rem cum mulieribus, dicens sibi quod satis erant de hominibus, dando sibi licenciam, secundum quod sibi videbatur, quod haberet rem carnaliter cum hominibus.

Requisitus per juramentum suum utrum vi, vel metu tormentorum, vel timore alicujus pene, seu alia quacumque de causa, aliquam falsitatem dixisset, vel veritatem tacuisset, dixit per juramentum suum quod non, immo meram et puram veritatem dixit, propter salutem anime sue.

Item anno, indicione, mense, die, pontificatu et anno predictis, in predicti inquisitoris, nostrum notariorum et testium infrascriptorum presencia personaliter constitutus frater Johannes de Sancto Lupo magister domus de Soisiaco juxta Taverniacum, quinquaginta annorum vel circa, ut dicebat, eodem modo juratus dicere de se et aliis in causa fidei puram et integram veritatem, et interrogatus de tempore et modo recepcionis sue in ordine Templariorum, dixit per juramentum suum quod viginti anni sunt elapsi quod receptus fuit apud Latigniacum Siccum, per quemdam fratrem dicti ordinis qui vocabatur frater Nicolaus Flamingus, et fuit receptus de mandato fratris Johannis de Turno tunc thesaurarii Parisius, presentibus tunc fratribus Radulpho de Hardeviller, et fratre Deodato, et quibusdam aliis fratribus dicti ordinis, de quorum nominibus non recordatur, et fuit cum eo receptus frater Johannes de Bafemont. Dixit eciam per juramentum suum quod, post multas promissiones ab ipsis receptis factas, super quibusdam observanciis dicti ordinis, fuit traditum mantellum illi qui loquitur, et postea fuit per duos fratres ductus ad partem, et fuit compulsus per eos abnegare Jhesum Christum cujus ymago erat depicta in quadam cruce que tenebatur coram eo, et spuere semel supra crucem predictam. Dixit eciam per juramentum suum quod fuit sibi injunctum per eos quod non haberet rem cum mulieribus, sed si continere non posset, commisceret se carnaliter cum hominibus. Dixit tamen per juramentum quod nunquam fecit.

Interrogatus si omnes alii recipiuntur per istum modum, dixit per juramentum suum quod nescit, quia nunquam vidit aliquem recipi; tamen credit quod sic recipiuntur alii. Requisitus de predicto capite, dixit per juramentum suum quod nunquam vidit illud.

Interrogatus per juramentum suum utrum vi, vel metu tormentorum, vel timore alicujus pene, seu aliqua quacumque de causa, aliquam falsitatem dixisset, vel veritatem tacuisset, dixit per juramentum suum quod non, immo veram et meram veritatem dixit, propter salutem anime sue.

Item anno, indicione, mense, die, pontificatu et anno predictis, in dicta inquisitoris, nostrum notariorum et infrascriptorum testium presencia personaliter constitutus frater Theobaldus de Bafemont Carnotensis diocesis, frater dicti ordinis, et dispensator dicte domus Templi Parisius, etatis triginta annorum vel circa, ut dicebat, eodem modo juratus de se et aliis in causa fidei dicere veritatem, et interrogatus de tempore et modo sue recepcionis, dixit per juramentum suum quod septem anni sunt elapsi vel circa quod ipse fuit receptus in domo de Malo Repastu juxta Trapas, per fratrem Guidonem preceptorem Carnotensis, presentibus quodam fratre nacionis Picardorum, vocato Petro Picardo, clavigerio dicte domus, et quibusdam aliis de quorum nominibus non recolit. Dixit eciam per juramentum suum quod, post multas promissiones per eum factas de observando statuta et secreta ordinis, fuit receptus, et positum fuit ad collum suum mantellum ordinis, et per illum qui recepit eum fuit ductus ad partem, et fuit eidem exhibita quedam crux cum effigie Jhesu Christi. Tunc idem recipiens precepit ei quod abnegaret illum qui passus fuit in illa cruce; tunc de precepto suo abnegavit Jhesum Christum ter, et qualibet vice spuit supra crucem. Dixit eciam ille qui loquitur per juramentum suum quod de precepto illius recipientis osculatus fuit eum in umbilico et in ore. Quo facto, precepit eidem quod omnino abstineret a mulieribus, et si calor naturalis moveret eum, poterat se carnaliter commiscere cum viris fratribus dicti ordinis.

Interrogatus per juramentum suum, utrum omnes alii recipiantur per istum modum, dixit quod nescit pro certo, quia nunquam vidit aliquem recipi; sed credit quod non fuit aliter sibi factum quam aliis.

Interrogatus de capite de quo fit supra mencio, respondit per juramentum suum se nichil scire. Interrogatus per juramentum suum utrum vi tormentorum, vel metu, minis aut aliqua alia de causa, dixisset aut immiscuisset in deposicione sua aliquam falsitatem, aut tacuisset aliquam veritatem, dixit per juramentum suum quod non, immo dixerat puram et meram veritatem, propter salutem anime sue.

Acta sunt hec anno, indicione, mense, die, pontificatu, anno et loco predictis, presentibus religiosis viris et discretis fratribus Reginaldo de Albigniaco priore de Pisciaco, Reginaldo de Credolio ordinis Predicatorum; magistris Reginaldo de Foresta Laudunensis, Reginaldo de Albigniaco Bituricensis, et Guillermo de Dolis Dolensis ecclesiarum canonicis, et pluribus aliis clericis et laicis, testibus ad hoc vocatis et rogatis.

In Christi nomine amen. Pateat universis per hoc presens publicum instrumentum quod anno Domini millesimo ccc° vii°, indicione sexta, mense octobris, vicesima prima die ejusdem mensis, pontificatus sanctissimi patris domini Clementis divina providencia pape quinti anno secundo, in religiosi viri et honesti fratris Guillermi de Parisius ordinis Predicatorum, inquisitoris heretice pravitatis in regno Francie, auctoritate apostolica deputati in domo milicie Templi Parisiensis pro inquirendo contra quasdam personas ibidem existentes, eidem delatas super dicto crimine existentis, nostrum publicorum notariorum et infrascriptorum testium presencia personaliter constitutus frater Guillelmus de Giaco Bisuntinensis diocesis, frater serviens de domo et familia majoris Magistri Templi, prepositus harnesiis et animalibus suis, etatis xxx annorum vel circa, ut dicebat, juratus ad sancta Dei Evangelia eidem preposita et ab ipso tacta dicere in causa fidei tam de se quam de aliis plenam, puram et integram veritatem, et interrogatus de tempore et modo recepcionis sue, dixit per juramentum suum quod quatuor annis vel circa elapsis receptus fuit apud Marsiliam per fratrem Symonem de Quinciaco, presentibus fratre Gaufrido de Charnaio et quibusdam aliis fratribus dicti Templi qui sunt in Cipro.

Item dixit per juramentum suum quod, post multas promissiones ab eo factas de statutis et secretis ordinis observandis, osculatus fuit recipientem in ore, in umbilico et in fine spine dorsi, et aportata sibi cruce, fecerunt eum ter spuere super eam in despectu, et ea intencione ut recipiens, ipse qui loquitur et alii fratres presentes despicerent crucem. Et dixit quod fuerunt duo anni inter festum Penthecostes et nativitatem beati Johannis Baptiste, quod ipse vidit in Cipro, in villa de Limecon, capud illud quod adorant.

Interrogatus utrum recipiens dederit ei licenciam habendi rem cum mulieribus, dixit quod ipsi prohibent, sed non prohibent de hominibus. Et dixit quod major Magister dicti Templi habuit rem cum eo carnaliter ter in una nocte, in Cipro. Requisitus per juramentum suum utrum vi, vel metu tormentorum, vel timore alicujus pene, seu aliqua alia quacumque de causa, aliquam falsitatem dixisset vel immiscuisset in deposicione sua, dixit per juramentum suum quod non, et quod puram et meram dixerat veritatem.

Item anno, indicione, mense, pontificatu, anno et loco predictis, dicta vicesima prima die ejusdem mensis octobris, in dicti inquisitoris, nostrum notariorum et infrascriptorum testium presencia personaliter constitutus frater Gerardus de Gauche miles dicti ordinis, Ruthenensis diocesis, preceptor domus de Bastito diocesis Caturcensis, etatis quadraginta quinque annorum vel circa, ut dicebat, testis juratus ad sancta Dei Evangelia ab eo personaliter tacta dicere, in causa fidei, de se et aliis veritatem, et requisitus de tempore et modo sue receptionis, dixit per juramentum suum quod in festo apostolorum Petri et Pauli erunt ix anni, quod fuit receptus per fratrem Guigonem Ademari preceptorem Provincie, presentibus fratribus Gerardo Barascii et Bertrando de Longua Valle militibus, qui fuerunt recepti cum ipso, et fratre Raymundo Roberti preceptore de Bastito, defuncto. Dixit etiam per juramentum suum quod idem recipiens fecit sibi aportari quamdam crucem parvam, et tunc precepit ei quod abnegaret eum cujus imago erat in cruce; et tunc ipse abnegavit ore, nunquam tamen abnegavit corde. Dixit eciam per juramentum suum quod idem recipiens eidem precepit quod spueret supra crucem, sed non fecit, ut dixit; sed utrum alii qui cum eo fuerunt recepti spuerunt supra dictam crucem non percepit, quia totus erat territus et turbatus de hoc quod precipiebatur sibi; quod mirum erat. Dixit eciam per juramentum suum quod idem recipiens precepit quod si aliqui de ordine vellent se commiscere carnaliter cum eo, quod permitteret, et ita tenebantur eum admittere ad hoc, et quod non erat peccatum. Sed dixit per juramentum suum quod nunquam fecit, nec fuit requisitus, nec scivit quod aliquis de ordine hoc faceret. Requisitus utrum fuit osculatus ipsum receptorem, dixit per juramentum suum quod sic solummodo in ore. Requisitus si vidit recipi aliquos alios fratres, dixit per juramentum suum quod vidit unum recipi per eumdem preceptorem, et per istum modum fuit receptus. Requisitus quare tantum tardavit dicere veritatem, respondit per juramentum suum quod tantum tardaverat dicere veritatem propter timorem persone, et quia nolebat amittere statum quem habebat magnum in ordine, et pro eo ne fratres dicerent quod esset primus per quem ordo confunderetur et adnichilaretur. Respondit per juramentum suum utrum vi, aut metu tormentorum vel carceris, aliquam falsitatem dixisset, aut veritatem tacuisset in sua deposicione, dixit per juramentum suum quod non, immo puram pro salute anime sue dixerat veritatem.

Item anno, indicione, mense, die, pontificatu et loco predictis, in dicti inquisitoris, nostrum notariorum et infrascriptorum testium presencia personaliter constitutus frater Robertus de Supra Villam de Ysis Sagiensis diocesis, etatis quinquaginta annorum vel circa, ut dicebat, testis eodem modo juratus de se et aliis in causa fidei dicere veritatem; et interrogatus de tempore et modo sue recepcionis, dixit per juramentum suum quod receptus fuit in festo beati Dionisii fuerunt viginti quatuor anni elapsi, Parisius, in capella domus Templi, per fratrem Johannem de Turno tunc thesaurarium Parisiensem, et quod fuerunt cum eo recepti frater G. Canis defunctus, et quatuor alii qui omnes sunt mortui; et dixit quod aportato libro recipiens fecit eum jurare statuta quedam ordinis observare et osculari librum, et postea idem recipiens ostensa sibi cruce cum ymagine Christi existentis in dicto libro, precepit ei quod abnegaret Christum, quod fecit, ut dixit.

Interrogatus quociens abnegavit, dixit per juramentum suum quod semel, et semel spuit supra crucem et ymaginem. Dixit tamen quod credit quod fecisset eum abnegare et spuere pluries, sed plures fuerunt recepti cum eo, videlicet quinque, ut videtur sibi, et ut recipiens expediret se, non fecit eum abnegare et spuere nisi semel, et erat hora prandii.

Interrogatus utrum alii fuerant per similem modum recepti, dixit quod nescit, quia statim duxerunt eum extra capellam, ut indueretur vestibus ordinis.

Interrogatus utrum omnes alii qui recipiuntur sint per eumdem modum recepti, dixit quod credit firmiter quod sic. Dixit eciam per juramentum suum quod ille qui eum recepit dixit sibi et aliis qui fuerunt recepti cum eo, quod si aliquis calor naturalis moveret eum ad coeundum, quod melius erat quod fratres sui ordinis scirent secreta sua quam mulieres, et credit quod per hoc injungeretur sibi quod ipse et alii fratres commiscerent se carnaliter adinvicem. Dixit eciam per juramentum suum quod de premissis dolens et contrictus confessus fuit hoc penitenciario bone memorie domini Renulphi tunc episcopi Parisiensis, qui vocabatur frater Nicolaus, qui eum de predictis, quatenus poterat et ad eum pertinebat, absolvit, ut dixit, et injunxit sibi penitenciam salutarem, et nichilominus quia adhuc habebat conscienciam scrupulosam, misit quemdam nepotem suum ad curiam Romanam anno quo fuit indulgencia generalis, et tradidit sibi factum suum in scriptis, ut faceret eum absolvi, qui nepos suus fuit mortuus in illa via in redeundo, et nescit si impetravit absolucionem suam predictam. Requisitus per juramentum suum utrum vi, aut metu tormentorum aut carceris, aliquam falsitatem dixisset, aut veritatem tacuisset in sua deposicione, dixit per juramentum suum quod non, immo puram pro salute anime sue dixerat veritatem.

Item anno, indicione, mense, die, pontificatu et loco predictis, in dicti inquisitoris, nostrum notariorum et infrascriptorum testium presencia personaliter constitutus frater Petrus Brocart Parisiensis diocesis, agricola dicte domus Templi Parisiensis, etatis quinquaginta annorum vel circa, ut dicebat, testis eodem modo juratus de se et de aliis in causa fidei dicere veritatem, et interrogatus de tempore et modo sue recepcionis, dixit per juramentum suum quod quindecim anni vel circa sunt elapsi quod fuit receptus in domo de Malo Repastu, per fratrem Johannem de Oratorio preceptorem dicte domus de Malo Repastu, presentibus fratre Odone de Coulon, magistro bergerio dicte domus, et quibusdam aliis mortuis nunc, de quorum nominibus non recordatur. Dixit eciam per juramentum suum quod, aportato libro, dictus recipiens fecit eum jurare servare statuta ordinis, et quod, hoc facto, dictus recipiens fecit sibi aportari quamdam crucem, et fecit ipsum fratrem Petrum spuere ter supra eam in despectu ipsius crucis. Interrogatus de osculo, dixit per juramentum suum quod idem recipiens fecit osculari se ab eo in fine spine dorsi et postea in umbilico, et precepit ei quod si aliquis de fratribus dicti ordinis vellet se cum eo carnaliter commiscere, quod hoc permitteret, et hoc idem faceret cum aliis, si vellet.

Requisitus per juramentum suum utrum vi, vel metu tormentorum vel carceris, aut aliqua alia de causa, falsitatem dixisset, aut veritatem tacuisset in deposicione sua, dixit per juramentum suum quod non, immo meram et integram pro salute anime sue dixerat veritatem.

Item anno, indicione, mense, die, pontificatu et loco predictis, in dicti inquisitoris, nostrum notariorum et infrascriptorum testium presencia personaliter constitutus frater Petrus de Safet oriundus in Acon, serviens dicti ordinis, et constitutus in domo majoris Magistri ordinis Templariorum super garnisionibus dicte domus, testis eodem modo juratus de se et aliis in causa fidei puram, meram et integram dicere veritatem.

Interrogatus de tempore et modo sue recepcionis, dixit per juramentum suum quod quatuor anni vel quinque sunt elapsi vel circa quod ipse fuit receptus in dicto ordine per dictum majorem Magistrum, in civitate Nicociensi, presentibus fratre Petro de Boucli ejusdem ordinis, fratre Gaufrido Picardo, socio magistri predicti, et pluribus aliis de quorum nominibus non recolit. Dixit eciam et per juramentum suum quod post multas promissiones de observandis statutis et secretis dicti ordinis ab eo factas, et mantello sibi ad collum posito, dictus recipiens ostendit sibi crucem in qua erat ymago Jhesu Christi depicta, et de precepto dicti recipientis spuit ter supra eam. Dixit tamen per juramentum suum quod credit quod intencio dicti recipientis esset quod hoc faceret in contemptu Christi; tamen non recordatur quod hoc sibi dixerit oretenus, et hoc pretermisit, ut credit, quia tempus erat prandendi.

Interrogatus de osculo, dixit per juramentum suum quod osculatus fuit dictum recipientem de mandato ipsius in fine spine dorsi et in ore. Dixit eciam per juramentum suum quod idem Magister precepit et inhibuit sibi quod omnino abstineret a mulieribus, et quod non denegaret fratribus dicti ordinis aliquid quod ab eo super hoc peterent. Unde dixit per juramentum suum quod contingit, cum quadam nocte exiret de camera dicti Magistri quidam frater dicti ordinis Yspanus, qui vocabatur Martinus Martini, vocavit eum, et abusus fuit eo carnaliter; et hoc non fuit sibi ausus denegare, propter preceptum quod sibi fecerat dictus Magister.

Requisitus per juramentum suum utrum vi, vel metu, aut aliqua alia de causa, falsitatem dixisset, aut tacuisset veritatem in sua deposicione, dixit per juramentum suum quod non, immo puram et integram pro salute anime sue dixerat veritatem.

Item anno, indicione, mense, die, pontificatu et loco predictis, in dicti inquisitoris, nostrum notariorum et infrascriptorum testium presencia personaliter constitutus frater Gaufridus de Charneio miles dicti ordinis, et preceptor totius Normannie, etatis quinquaginta sex annorum vel circa, ut dicebat, testis eodem modo juratus de se et aliis in causa fidei puram, meram et integram dicere veritatem, et interrogatus de tempore et modo sue recepcionis, dixit per juramentum suum quod sunt bene triginta septem vel triginta octo anni elapsi vel circa quod fuit receptus in ordine Templariorum apud Stampas, per fratrem Amalricum de Rocha, presentibus fratre Johanne Francisco preceptore Parisiensi et quibusdam aliis qui mortui sunt. Dixit eciam per juramentum suum quod, ipso recepto et mantello ad collum posito, aportata fuit sibi quedam crux in qua erat ymago Jhesu Christi, et dixit sibi idem receptor quod non crederet in illum cujus ymago erat ibi depicta, quia falsus propheta erat, nec erat Deus. Et tunc fecit dictus recipiens ipsum abnegare Jhesum Christum ter, ore et non corde, ut dixit. Requisitus utrum spuerit supra ipsam ymaginem, dixit per juramentum suum quod non recordatur, et credit quod hoc fuit ista de causa quia festinabant se. Interrogatus de osculo, dixit per juramentum suum quod osculatus fuit magistrum recipientem ipsum in umbilico; et audivit dici a fratre Gerardo de Sauzeto preceptore Arvernie, qui dixit fratribus existentibus in capitulo quod tenebat, quod melius erat se commiscere cum fratribus ordinis quam libidinem exercere cum mulieribus; sed nunquam fecit, nec fuit requisitus, ut dixit.

Requisitus per juramentum suum utrum receperit vel fecerit aliquos fratres in ordine predicto, dixit per juramentum suum quod sic. Dixit eciam per juramentum suum quod primum quem recepit in ordine, recepit per illum modum per quem fuit receptus; et omnes alios quos recepit, sine aliqua abnegacione vel spuicione vel aliquo inhonesto, secundum prima statuta ordinis recepit; quia jam percipiebat quod ille modus per quem fuit receptus erat nephandus et prophanus, et contra fidem catholicam.

Interrogatus utrum vi, vel metu tormentorum vel carceris, vel alia de causa, aliquam falsitatem immiscuerit, aut veritatem tacuerit in deposicione sua, dixit per juramentum suum quod non; immo puram et integram pro salute anime sue dixerat veritatem.

Item anno, indicione, mense, pontificatu, anno et loco predictis, vicesima secunda die ejusdem mensis octobris, in dicti inquisitoris, nostrum notariorum et infrascriptorum testium presencia personaliter constitutus frater Guillermus de Chalou Regine clavigerius domus de la Trace juxta Soisiacum, etatis triginta quatuor annorum vel circa, ut dicebat; eodem modo juratus de se et aliis in causa fidei plenam, puram et integram dicere veritatem, et interrogatus de tempore et modo sue recepcionis, dixit per juramentum suum quod fuit receptus in domo de Saucayo in baillivia Stampensi, per fratrem Johannem thesaurarium Parisiensem qui nunc est, circa instans festum Nativitatis Domini erunt quatuor anni, presentibus fratre Roberto preceptore de Saucayo, et preceptore de Stampis, cujus cognomen est de Chantuille, sed de suo proprio nomine non recordatur, ut dicit. Dixit eciam per juramentum suum quod, eo recepto et clamide ad collum posita, et juramento ab eo prestito quod observaret inter cetera secreta dicti ordinis, dicti preceptores duxerunt eum ad partem, et, ostensa sibi quadam cruce cum effigie Jhesu Christi in quadam missali, dixerunt sibi et preceperunt quod abnegaret Jhesum Christum, et spueret supra crucem ter. Qui respondit, ut dixit, quod nullo modo faceret, cum esset Christianus. Et fuit territus plus quam unquam fuit in vita sua; et statim unus eorum accepit eum per gutur, dicens quod oportebat quod hoc faceret, vel moreretur. Et tunc ipse metu mortis, ut dixit per juramentum suum, abnegavit ter Jhesum Christum ore, sed non corde, ut dixit. Quo facto, dixit per juramentum suum quod fecerunt eum jurare dicti preceptores castitatem quantum ad mulieres, dicentes ei quod si aliquis calor naturalis moveret eum, quod poterat se refrigescere cum aliquo de fratribus ordinis; sed dixit per juramentum suum quod nunquam immiscuit se cum aliquo homine.

Interrogatus de osculo, dixit per juramentum suum quod osculatus fuit recipientem et alios fratres presentes in ore solum, et tunc recipiens dixit : « Satis est, eamus pransum. »

Interrogatus utrum vi, vel metu, vel metu tormentorum vel carceris, vel alia de causa, aliquam falsitatem immiscuerit, aut veritatem tacuerit in sua deposicione, dixit per juramentum suum quod non; imo pro salute anime sue puram et integram dixerat veritatem.

Item frater Guillermus de Biceyo Lingonensis diocesis, capellanus majoris Magistri dicti ordinis, eodem modo juratus et interrogatus de tempore et modo sue recepcionis, dixit per juramentum suum quod duodecim anni vel circa sunt elapsi quod ipse fuit receptus apud Espeilleyum dicte diocesis Lingonensis, per fratrem Hugonem de Paraudo preceptorem tunc ballivie Francie, presentibus fratre Stephano capellano dicte domus. Dixit eciam per juramentum suum quod, post multas promissiones de statutis et secretis dicti ordinis observandis factas ab eo, mantellum fuit sibi positum ad collum, et osculatus fuit idem receptus recipientem in ore et postea in fine spine dorsi. Dixit eciam per juramentum suum quod dictus recipiens precepit sibi quod abnegaret dictum Jhesum Christum, et ter spueret supra crucem, despiciendo Dominum Jhesum Christum qui passus fuit in ea; que fecit ore, et non corde; sicut dixit.

Interrogatus utrum aliud fuit sibi injunctum, dixit per juramentum suum quod sic; nam dixit per juramentum suum quod dictus recipiens precepit sibi quod si aliquis fratrum dicti ordinis vellet rem habere carnaliter cum eo, quod ipse permitteret; sed ipse nunquam permisit, ut dixit.

Interrogatus utrum esset presbyter cum intravit ordinem predictum, dixit per juramentum suum quod sic.

Interrogatus per juramentum suum utrum vi, vel metu tormentorum vel carceris, aut alia quacumque de causa, aliquam falsitatem immiscuerit, aut veritatem tacuerit in sua deposicione, dixit per juramentum suum quod non; immo pro salute anime sue puram dixerat veritatem.

Item Richardus de Caprosia ordinis Templariorum, testis eodem modo juratus et interrogatus de modo sue recepcionis, dixit per juramentum suum quod receptus fuit Parisius per fratrem Hugonem de Paraudo, presentibus priore fratre Renero de Larchent et preceptore dicte domus, et quibusdam aliis fratribus dicti ordinis. Dixit eciam per juramentum suum quod, eo recepto et mantello sibi tradito, ac juramento prestito quod servaret statuta et secreta dicti ordinis, predicti ostenderunt sibi crucem et ymaginem Jhesu Christi in quodam missali, et preceperunt ei quod abnegaret Deum cujus ymaginem videbat, et quod ter spueret supra crucem : que fecit ore, sed non corde, sicut dixit.

Interrogatus de osculo, dixit per juramentum suum quod osculatus fuit recipientem in ore, et non alibi.

Interrogatus utrum vi, vel metu tormentorum aut carceris, aliquam falsitatem immiscuerit, aut veritatem tacuerit in sua deposicione, dixit per juramentum suum quod non; immo pro salute anime sue puram dixerat veritatem.

Item frater Gancherius de Lienticuria preceptor Remensis, etatis quinquaginta annorum, ut dicebat, testis eodem modo juratus et interrogatus de tempore et modo sue recepcionis, dixit per juramentum suum quod receptus fuit Parisius, triginta quatuor vel triginta quinque anni sunt elapsi vel circa, per fratrem Amalricum de Ruppe tunc preceptorem Francie. Dixit eciam idem receptus quod, ipso recepto et mantello sibi tradito, et juramento ab eo prestito inter cetera quod observaret statuta et secreta ipsius ordinis, duo fratres, de quorum nominibus non recolit, qui sunt mortui, duxerunt eum ad partem., et, ostensa sibi quadam cruce cum effigie Jhesu Christi, preceperunt ei quod abnegaret Christum, et spueret supra crucem et effigiem Christi in ea depictam. Quod ipse aliquandiu facere recusavit, ut dixit; et tandem compulerunt eum abnegare Christum et spuere supra dictam crucem; quod non fecit corde, sicut dixit, licet ore. Dixit eciam per juramentum suum quod statim osculatus fuit dictum recipientem in umbilico et in ore solummodo. Et dixit eciam dictus frater G. quod dictus recipiens dixit sibi quod ipse et alii fratres debebant se adinvicem juvare. Requisitus de quo juvamine intelligebant, dixit per juramentum suum quod credit quod intelligebant quod commiscerent se adinvicem carnaliter; tamen non expressit verbo. Requisitus si unquam vidit unum capud quod consuevit portari ad capitula et exhibi fratribus, dixit quod vidit ipsum bis Parisius in duobus capitulis, et dixit per juramentum suum quod vidit illud capud per fratres dicti ordinis adorari.

Interrogatus si umquam fecit vel recepit aliquos fratres in ordine, dixit per juramentum suum quod sic duos, quorum unus vocatur Pictavinus, presbyter; de nomine alterius non recordatur bene. Interrogatus utrum fecit et recepit illos per illum modum per quem fuit receptus, dixit quod sic, quia si aliter fecisset, positus fuisset in carcere perpetuo, si alii scivissent.

Interrogatus utrum vi, vel metu carceris aut tormentorum, aut alia de causa, aliquam falsitatem immiscuisset, aut tacuisset veritatem in sua deposicione, dixit per juramentum suum quod non; immo puram et integram dixerat veritatem propter salutem anime sue.

Item frater Guillermus de Herbleyo elemosinarius domini Regis, etatis quadraginta annorum vel circa, ut dicebat, eodem modo juratus et interrogatus de tempore et modo sue recepcionis, dixit per juramentum suum quod fuit receptus viginti anni fuerunt elapsi in festo sancti Michaelis nuper preterito, apud Furcas in Gastinesio diocesis Senonensis, per fratrem Johannem de Turno thesaurarium quondam Templi Parisius, presente fratre Roberto preceptore tunc dicte domus, nunc defuncto; et fratre Petro de Cormeliis tunc preceptore de Savigneio. Dixit eciam per juramentum suum quod, post multas promissiones de statutis, observanciis et secretis dicti ordinis observandis per eum factas, et mantello sibi tradito, dictus recipiens duxit eum ad partem, et ostendit sibi crucem cum effigie Christi depictam in quodam missali. Et dixit sibi dictus recipiens quod abnegaret Christum cujus ymaginem sibi ostendebat ter, et ter spueret supra crucem et supra Christum. Quod facere perterritus, aliquandiu, sicut dixit, facere denegavit; sed quia recipiens dicebat sibi quod hoc erat de statutis ordinis, et eum ad hoc instantissime compellebat, dictas abnegacionem et spuicionem ore fecit, licet non corde, sicut dixit.

Interrogatus de osculo, dixit per juramentum suum quod cum ipse obligaret se ad facienda oscula in fine spine dorsi et alibi, secundum morem et ritum ordinis, dictus recipiens et alii fratres pepercerunt sibi quod non faceret. Dixit eciam per juramentum suum quod preceptum fuit sibi quod si aliquis calor naturalis moveret eum, quod ipse commisceret se cum aliquo de fratribus, et similiter permicteret fratres dicti ordinis commiscere cum eo, quia sicut erat eis obligatus, ita ipsi erant sibi obligati ad hoc faciendum.

Requisitus de capite quod consuevit, ut dicitur, aportari ad capitula et adorari, dixit per juramentum suum quod vidit illud in duobus capitulis que tenuit frater Hugo de Paraudo visitator Francie. Et vidit fratres adorare illud; et ipsemet fingebat illud adorare, sed nunquam fecit corde, ut dixit. Et credit quod capud illud sit ligneum, argentatum et deauratum foris. Interrogatus cujus speciei est dictum capud, dixit per juramentum suum quod videtur sibi quod habet barbam seu similitudinem barbe.

Interrogatus utrum vi, vel metu tormentorum aut carceris, aut aliqua alia de causa, aliquam falsitatem immiscuerit seu dixerit, aut veritatem tacuerit in sua deposicione; dixit per juramentum suum quod non; immo plenam, meram et integram, propter salutem anime sue, dixerat veritatem.

Acta sunt hec anno, indicione, mense, pontificatu, diebus et loco predictis, presentibus religiosis et honestis viris fratribus Reginaldo priore de Pissiaco, Reginaldo de Credolio ordinis Predicatorum, et discretis viris Clemente de Castellione Nivernensis, et magistro Reginaldo de Albigniaco Bituricensis ecclesiarum canonicis, et pluribus aliis clericis et laicis, testibus ad hec vocatis specialiter et rogatis.

Et ego Amisius de Aureliano dictus le Ratif, clericus sacrosancte Romane ecclesie, notarius publicus, premissis juramentorum prestacionibus et confessionibus, et omnibus aliis et singulis, prout in carta seu pecia presenti et precedentibus meo signo signatis plenius continentur, una cum scriptis testibus et magistris Gaufrido Enguelor dicto Chalop, Johanne de Pruvino et Eveno Phili notariis publicis, presens interfui, ac de mandato inquisitoris predicti huic instrumento me subscripsi in testimonium premissorum, illudque signo meo solito signavi rogatus.

Et ego Gaufridus Enguelor dictus Chalop, clericus Dolensis diocesis, apostolica auctoritate notarius publicus, premissis omnibus et singulis in hoc et quinque aliis immediate precedentibus peciis, simul sutis, contentis et signo meo signatis, una cum magistris Amisio de Aureliano predicto, Johanne de Pruvino et Eveno Phili, eadem auctoritate notariis publicis, et testibus suprascriptis, presens interfui, et, de mandato dicti inquisitoris, me subscripsi, et signum meum apposui consuetum vocatus et rogatus.

Et ego Evenus Phily de Sancto Nicasio clericus, apostolica publicus auctoritate notarius, premissis juramentorum prestacionibus, confessionibus et premissis omnibus in hac presenti carta et precedentibus contentis, signo meo signatis, una cum notariis publicis et testibus supradictis, presens interfui, et, de mandato dicti inquisitoris, hic me suscripsi, et una cum signis et subscriptis dictorum notariorum signum meum consuetum apposui rogatus.

In Christi nomine amen. Pateat universis, per hoc presens publicum instrumentum, quod anno Domini millesimo trecentesimo septimo, indicione sexta, pontificatus sanctissimi patris et domini domini Clementis divina providentia pape quinti anno secundo, die Lune ante festum apostolorum Symonis et Jude, videlicet XXIII die octobris, quod in venerabilis et religiosi viri fratris Guillermi de Parisius ordinis fratrum Predicatorum, inquisitoris heretice pravitatis in regno Francie auctoritate apostolica deputati, nostrum notariorum publicorum et testium infrascriptorum presencia, frater Guillermus de Varnage miles, morans in domo de Belda Bituricensis diocesis, etatis viginti duorum vel viginti trium annorum vel circa, personaliter constitutus ut de se et de aliis predicti ordinis milicie Templi eidem inquisitori delatis super dicto crimine diceret veritatem, et [interrogatus?] de tempore et modo recepcionis sue, dixit per juramentum suum quod fuit receptus in domo de Foresta juxta Agirandam Lemovicensis diocesis, per fratrem Raymundum de Vassignac nunc preceptorem de Belda, sex anni vel circa sunt elapsi, presentibus fratribus Hugone de la Depere et Ymbaudo Berruer dicti ordinis, et quibusdam aliis qui sunt mortui. Et dixit per juramentum suum quod, eo recepto, juramento ab eo prestito inter cetera de statutis et secretis ordinis observandis, et ostensa sibi cruce cum effigie Jhesu Christi in quodam libro existente, recipiens quesivit ab eo cujus credebat esse illam effigiem; et ipse qui loquitur respondit quod Domini Jhesu Christi. Et tunc recipiens dixit sibi quod oportebat quod abnegaret eum, et spueret supra crucem et ymaginem predictas ter. Qui, licet invitus et turbatus ultra quam credibile esset, abnegavit eum semel, et spuit ter supra crucem et ymaginem predictas; hoc faciens, ut dicit, timore ipsorum; et de hoc tantum doluit et fuit turbatus, quod pluries exivisset ordinem, nisi esset propter timorem amicorum suorum, ne crederent quod ipse exivisset ordinem propter aliquam aliam malam causam.

Item dixit per juramentum suum quod recipiens injunxit sibi quod abstineret a mulieribus omnino, et quod si vellet accedere ad fratres suos et commiscere se cum eis, quod non negarent sibi lectum, sed nunquam fecit, ut dixit.

Item dixit per juramentum suum quod dixerunt sibi inter cetera quod unum erat de statutis ordinis ipsorum, quod si aliquis fratrum ipsius ordinis revelaret alteri aliquod de peccatis vel delictis alicujus fratris sui sibi revelatum ab eo, quantumcumque grave esset, ipse qui detegeret peccatum seu delictum hujusmodi sibi revelatum sustineret et haberet penam quam delinquens deberet pro dicto delicto sustinere.

Item dixit per juramentum suum, adhuc a dicto domino inquisitore repetitum et prestitum ab eodem fratre Guillelmo, quod ipse vi, vel metu carceris aut tormenti, non dixit aliud quam veritatem, nec premissis immiscuit aliquam falsitatem, sed puram veritatem dixit pro salute anime sue.

Actum loco, anno, indicione, pontificatu, anno et die predictis, presentibus testibus proximo infrascriptis.

Item frater Hymbaudus de Laboyssade, etatis viginti duorum annorum vel circa, in dicti domini inquisitoris, nostrum notariorum publicorum et testium infrascriptorum presencia personaliter constitutus, juratus similiter et requisitus per juramentum suum de tempore et modo recepcionis sue, ac de se et aliis ejusdem ordinis in causa fidei dicere veritatem, dixit per juramentum suum quod receptus fuit tres anni sunt elapsi vel circa, in domo de Bliandays Lemovicensis diocesis, per fratrem Hymbertum de Comborz preceptorem de Poillac, presentibus fratribus Guillelmo Galebrun preceptore nunc de Viveriis, Guillelmo de Podio Vivaut fratre serviente dicti ordinis, et quibusdam aliis. Et dixit per juramentum suum quod, eo recepto, mantello sibi tradito, et juramento ab eo prestito inter cetera de statutis et secretis ordinis observandis, ac ostensa sibi cruce depicta cum effigie Jhesu Christi in quodam libro, recipiens quesivit ab eo cujus credebat quod esset illa ymago. Et ipse respondit quod Domini Jhesu Christi. Et tunc recipiens dixit ei quod oportebat quod eum abnegaret, et spueret supra ipsam ymaginem ter. Et cum hoc facere recusaret, fratres predicti ordinis presentes dixerunt sibi quod oportebat quod hoc faceret; et tunc ipse, licet invitus, abnegavit ter, et qualibet vice spuit supra crucem; sed hoc non fecit corde, licet ore, ut dixit.

Item dixit per juramentum quod recipiens precepit sibi quod abstineret a mulieribus, et quod si aliquis fratrum vellet se commiscere cum eo, quod hoc permitteret; et ipsemet similiter commisceret se cum eis, si vellet, et super hoc dabat ei licenciam; dicens quod dixerunt sibi quod statutum est unum dicti ordinis, quod si aliquis fratrum ipsorum revelat alicui alii secretum peccatum seu delictum alterius fratris sui sibi ab eo revelatum, ipse punitur et sustinet penam quam delinquens qui sibi hoc revelavit sustinere deberet.

Item dixit per juramentum suum, adhuc a dicto domino inquisitore repetitum et prestitum ab eodem fratre Hymberto, quod ipse vi, vel metu carceris vel tormenti, non dixit aliud quam veritatem, nec premissis immiscuit aliquam falsitatem, sed puram veritatem dixit pro salute anime sue.

Facte autem sunt hec confessiones et deposiciones a dictis fratribus Guillelmo et Hymberto ordinis milicie Templi, juramentis ab ipsorum quolibet, ut premittitur, prestitis, Parisius, in domibus fratrum Predicatorum; in presencia, ut premittitur, et camera dicti domini inquisitoris, anno, indicione, pontificatu, anno et die predictis, presentibus discretis et religiosis viris priore dicti loci, fratribus Herveo Natalis magistro in theologia, Petro de Condeto, Reginaldo de Credolio et Johanne de Sancto Vincencio predicti ordinis fratrum Predicatorum, testibus ad hec vocatis et rogatis.

Et ego Amisius de Aureliano dictus le Ratif, clericus, sacrosancte Romane ecclesie auctoritate notarius publicus, premissis juramentorum prestacionibus et confessionibus et omnibus aliis et singulis, prout in carta seu pecia presenti et precedentibus signo meo signatis plenius continentur, una cum suprascriptis testibus et magistro Gaufrido Enguelor dicto Chalop, notario publico, presens interfui, ac, de mandato inquisitoris predicti, in hoc publico instrumento me subscripsi in testimonium premissorum, illudque signo meo solito signavi rogatus.

Et ego Gaufridus Enguelor dictus Chalop, clericus Dolensis diocesis, apostolica auctoritate notarius publicus, premissis omnibus et singulis in hac pecia contentis, una cum dictis testibus ac magistro Amisio notario publico, presens interfui, in testimonium premissorum me subscripsi, et signum meum apposui consuetum vocatus et rogatus.

In Christi nomine amen. Pateat universis per hoc presens publicum instrumentum quod anno Domini millesimo trecentesimo septimo, indicione sexta, mense octobris, vicesima quarta die ejusdem mensis, pontificatus sanctissimi patris domini Clementis divina providencia pape quinti anno secundo, in religiosi viri et honesti fratris Guillermi de Parisius ordinis Predicatorum, inquisitoris heretice pravitatis in regno Francie auctoritate apostolica deputati, in domo milicie Templi Parisius pro inquirendo contra quasdam personas ibidem existentes eidem delatas super dicto crimine existentis, nostrum publicorum notariorum et infrascriptorum presencia personaliter constitutus frater Jacobus de Molay major Magister ordinis milicie Templi, juratus ad sancta Dei Evangelia, eidem preposita et ab ipso corporaliter tacta, dicere de se et aliis in causa fidei plenam, meram et integram veritatem, et interrogatus de tempore et modo recepcionis sue, dixit per juramentum suum quod XLII anni sunt elapsi quod fuit receptus apud Belnam Eduensis diocesis, per fratrem Ymbertum de Parado militem, presentibus fratribus Amalrico de Ruppe et pluribus aliis fratribus de quorum nominibus non recolit. Dixit eciam per juramentum suum quod, post multas promissiones ab eo factas super observanciis et statutis dicti ordinis, posuerunt mantellum ad collum suum. Et fecit dictus recipiens apportari in presencia sua quamdam crucem eneam in qua erat figura crucifixi, et dicit sibi et precepit quod abnegaret Christum cujus figura erat ibi. Qui, licet invitus, fecit; et tunc precepit sibi idem recipiens quod spueret supra eam, et spuit ad terram.

Interrogatus quociens, dixit per juramentum suum quod non spuit nisi semel, et de hoc bene recordatur. Interrogatus, cum vovit castitatem, si sibi fuit aliquid dictum quod commisceret se carnaliter cum fratribus, dixit per juramentum suum quod non, nec unquam fecit. Requisitus per juramentum suum utrum alii fratres dicti ordinis per illum modum recipiantur, dixit quod credit quod non fuerit sibi aliquid factum quod non fiat aliis; tamen dixit quod paucos fecit. Dixit tamen per juramentum suum quod postquam receperat illos quos fecit, precipiebat quibusdam de astantibus ibi quod ducerent eos ad partem, et facerent eis id quod debebant. Tamen dixit per juramentum suum quod intencionis sue erat quod facerent et preciperent illud eis quod sibi fuerat factum, et per illum modum reciperentur. Requisitus utrum vi, vel metu tormentorum vel carceris, aut alia de causa, aliquam falsitatem dixerit vel immiscuerit in deposicione sua, aut tacuerit veritatem, dixit per juramentum suum quod non; immo dixit puram veritatem propter salutem anime sue.

Item anno, indicione, pontificatu, anno, mense et die predictis, in ipsius inquisitoris, nostrum notariorum publicorum et infrascriptorum presencia constitutus frater Johannes de Cugy custos molendini Parisius, Belvacensis diocesis, LIIII annorum, juratus eodem modo dicere de se et aliis in causa fidei veritatem, et interrogatus de tempore et modo sue recepcionis, dixit per juramentum suum quod fuit receptus in domo Parisiensi, ix sunt anni, per fratrem Hugonem de Paraudo, presente fratre Guidone preceptore Carnotensi, et quibusdam aliis de quorum nominibus non recolit. Et dixit eciam quod, eo recepto et facta promissione de statutis et secretis ipsius ordinis observandis, dictus recipiens posuit sibi mantellum ad collum, et postea duxit eum retro quoddam altare, aliis remanentibus et dispersis per capellam; tunc fecit se osculari ab ipso recepto primo in ore et post in fine spine dorsi, tercio in umbilico, et postea fecit sibi osculari librum. Dixit eciam per juramentum suum quod, ostensa sibi quadam cruce in qua erat ymago crucifixi, peciit ab eo utrum crederet in illum cujus ymago ibi erat. Qui, licet responderit quod sic, nichilominus compulsus fuit per eum ad abnegandum Christum, quod invitus fecit; sed ipse minabatur sibi quod nisi faceret, ipse poneret eum in carcere perpetuo : et fecit eum jurare quod hoc nunquam alicui revelaret. Dixit eciam per juramentum suum quod si posset evadere, non fecisset. Dixit eciam per juramentum suum quod fecit eum bis spuere supra crucem; et tercia vice non spuit supra crucem, sed ad terram. Dixit eciam per juramentum suum quod dictus recipiens dixit sibi quod cum oportebat ipsum interdum se absentare et ire ad multas diversas partes, si contingeret quod aliqua voluntas vel aliquis motus carnalis moveret eum, posset habere rem cum aliquo de sociis suis fratribus, et non cum mulieribus. Requisitus utrum credat quod omnes alii ita recipiantur, dixit per juramentum suum quod credit quod sic.

Interrogatus per juramentum suum utrum vi, vel metu carceris vel tormentorum, aut alia de causa, aliquam falsitatem dixerit vel immiscuerit in deposicione sua, aut tacuerit veritatem, dixit per juramentum suum quod non; immo dixit puram veritatem propter salutem anime sue.

Item frater Petrus de Arblayo Parisiensis diocesis, etatis xliiii^{or} annorum, ut dicebat, eodem modo juratus de se et aliis in causa fidei dicere veritatem, requisitus de tempore et modo recepcionis sue, dixit per juramentum suum quod annus est elapsus quod receptus fuit apud Soysiacum, per fratrem Johannem thesaurarium, presente fratre Radulpho receptore Campanie, et aliis fratribus dicte domus de quorum nominibus non recolit. Dixit eciam quod, post multas promissiones de observandis statutis et secretis ordinis, fuit sibi traditum mantellum ordinis ad collum, et tunc osculatus fuit receptorem suum et omnes alios fratres. Et hoc facto, thesaurarius et dictus receptor duxerunt eum ad partem, et ostenderunt sibi quamdam crucem in qua erat ymago Jhesu Christi depicta, et fecerunt eum abnegare bis Christum et spuere supra crucem bis. Et dixit per juramentum suum quod, de precepto recipientis, osculatus fuit eum in inferiori parte spine dorsi, in umbilico et in ore.

Item dixit per juramentum suum quod idem recipiens dixit et precepit sibi quod si non posset continere, quod commisceret se carnaliter cum sociis suis. Tamen dixit per juramentum suum quod nunquam commiscuit se cum aliquo, nec aliquis cum eo.

Interrogatus utrum vi, vel metu tormentorum vel carceris, aut alia de causa, in deposicione sua dixerit aut immiscuerit aliquam falsitatem, aut tacuerit veritatem, dixit per juramentum suum quod non; immo dixit puram veritatem propter salutem anime sue.

Item frater Johannes de Elemosina prope Pontisaram, claviger domus de Malo Repastu, etatis xxxii annorum, ut dicebat, eodem modo juratus de se et aliis in causa fidei dicere veritatem. Requisitus de tempore et modo recepcionis sue, dixit per juramentum suum quod fuit receptus Parisius, per fratrem Johannem de Turno tunc thesaurarium Parisius, quinque sunt anni elapsi, presentibus fratre Guillermo de Arblayo elemosinario regis, et quibusdam aliis de quorum nominibus non recolit. Dixit eciam per juramentum suum quod, post multas promissiones quas fecit de observandis statutis dicti ordinis, apportata fuit ante eum quedam crux enea in qua erat ymago Jhesu Christi, et peciit ab eo dictus recipiens utrum crederet quod ille cujus erat ymago esset Deus, et ipse dixit quod sic. Tunc fecit eum abnegare Christum ter et ter spuere : videlicet bis supra crucem et ultimo spuit supra terram, fingens quod spueret supra crucem. Dixit eciam per juramentum suum quod ille recipiens fecit sibi promittere votum castitatis quantum ad mulieres; sed dixit sibi quod si vellet et indigeret, commisceret se cum sociis suis. Dixit tamen quod nunquam se immiscuit. Requisitus utrum vi, vel metu carceris vel tormentorum, aut alia quacumque de causa, dixerit aut immiscuerit aliquam falsitatem, aut tacuerit veritatem, dixit per juramentum suum quod non; immo quod dixit puram et meram veritatem propter salutem anime sue.

Item frater Petrus de Sivre filius domini Acherii de Sivre militis, etatis sexdecim vel xvii annorum, miles dicti ordinis, morans apud Latigniacum Siccum, juratus de se et aliis in causa fidei dicere veritatem, et interrogatus de tempore et modo sue recepcionis, dixit per juramentum suum quod receptus fuit Parisius, in die Cinerum erit annus, per fratrem Hugonem de Paraudo visitatorem Francie, in camera ipsius. Et dixit per juramentum suum quod postquam juravit servare statuta ordinis, et mantello ad collum suum posito, idem frater Hugo portavit et tenuit ante eum quamdam crucem in qua erat depicta ymago Jhesu Christi, et peciit ab eo utrum crederet in eum cujus ymaginem videbat. Qui respondit quod sic : tunc dixit sibi quod male credebat, et fecit eum abnegare Jhesum Christum ter et spuere qualibet vice supra crucem.

Interrogatus de osculo, dixit per juramentum suum quod osculatus fuit in umbilico et in ore solum. Requisitus utrum aliquis sibi injunxit quod commisceret se cum sociis suis, dixit per juramentum suum quod nunquam fuit sibi dictum vel injunctum.

Requisitus utrum vi, aut metu tormentorum, carceris, aut aliqua alia causa, in sua deposicione dixerit falsitatem, dixit per juramentum suum quod non; immo puram et meram dixerat veritatem.

Item frater Thomas de Quesneyo prope Britolium, etatis xliii annorum vel circa, testis eodem modo juratus de se et aliis in causa fidei dicere veritatem, et requisitus de tempore et modo recepcionis sue in dicto ordine, dixit per juramentum suum quod viii anni sunt vel circa quod fuit receptus apud Soisyacum Meldensis diocesis, per fratrem Hugonem de Paraudo, presentibus fratre Nicolao Flammingo et quibusdam aliis de quorum nominibus non recolit. Dixit eciam per juramentum suum quod, post multas promissiones factas per eum de observandis statutis et secretis ordinis, quidam frater vocatus frater Galterius de Brabancia duxit eum retro altare, et, ostensa sibi quadam cruce in qua erat ymago Jhesu Christi, peciit ab eo utrum crederet in eo cujus erat ymago depicta ibi; et respondit quod sic; et tunc, vellet, nollet, fecit eum idem recipiens abnegare Jhesum Christum et spuere ter : videlicet bis supra crucem, et tercia vice spuit ad terram, fingens spuere super crucem. Interrogatus utrum alii fratres dicti ordinis recipiantur simili modo, dixit quod credit quod sic. Interrogatus quare credit, dixit quod credit pro eo quod fuit ita receptus. Interrogatus quid fuit sibi dictum cum vovit castitatem, dixit per juramentum suum quod fuit sibi injunctum quod commisceret se cum aliis fratribus, si indigeret, et hoc idem permitteret aliis.

Interrogatus utrum vi, vel metu tormentorum, carceris, aut aliqua alia causa, in sua deposicione dixerit falsitatem, dixit per juramentum suum quod non, immo puram et meram dixerit veritatem.

Item frater Nicolaus de Capella, etatis quinquaginta annorum vel circa, eodem modo juratus de se et aliis in causa fidei dicere veritatem, et requisitus de tempore et modo recepcionis sue in dicto ordine, dixit per juramentum suum quod fuit receptus in domo de Bello Visu Senonensis diocesis, viginti anni sunt elapsi, per fratrem J. de Turno tunc thesaurarium Parisiensem, presentibus fratribus Johanne dicto Le Grant de Laigneville, et quibusdam aliis qui defuncti sunt. Dixit tamen per juramentum suum quod, post aliquas promissiones factas de statutis et secretis dicti ordinis observandis, fuit mantellum sibi positum ad collum, et recipiens ostendit sibi crucem quamdam in qua erat ymago Jhesu Christi crucifixi, et peciit ab eo utrum crederet in eo cujus ymago ibi erat; et ipse respondit quod sic. Et tunc fuit compulsus per eum, ut dixit, abnegare Jhesum Christum et spuere ter. Dixit eciam per juramentum quod osculatus fuit dictum receptorem in umbilico et in ore. Dixit eciam per juramentum suum requisitus quod, in emissione voti castitatis, fuit sibi dictum quod si aliquis calor naturalis moveret eum, refrigeret sese cum aliis fratribus suis, et hoc pateretur de aliis. Interrogatus utrum vi, vel timore tormentorum, carceris, aut aliqua alia causa, in sua deposicione dixerit falsitatem, dixit per juramentum suum quod non; immo puram et meram dixit veritatem.

Item anno, indicione, mense, pontificatu, anno et loco predictis, vicesima quinta die octobris, in dicti inquisitoris, nostrum notariorum et infrascriptorum testium presencia personaliter constitutus frater Johannes de Crotoy, etatis quinquaginta sex annorum, preceptor domus de Senevieres Meldensis diocesis, eodem modo de se et aliis dicere veritatem in causa fidei; et requisitus de tempore et modo recepcionis sue, dixit per juramentum suum quod xxvi anni sunt elapsi quod fuit receptus apud Montem Suessionensem, per fratrem Herveum de Villa Petrosa militem dicti ordinis, presentibus fratre Baldouino de Theri milite dicti ordinis, et quibusdam aliis de quorum nominibus non recolit. Dixit eciam per juramentum suum quod, post multas promissiones de observandis statutis dicti ordinis, ille qui recepit eum ostendit sibi ymaginem Jhesu Christi crucifixi in libro, et peciit ab eo utrum crederet in eum cujus figura erat in libro; qui respondit quod sic. Et tunc dixit sibi recipiens quod fatue credebat, et fecit eum ter abnegare Jhesum Christum et ter spuere. Dixit tamen quod cavebat sibi quantum poterat ne spueret supra crucem; fingebat tamen quod spueret supra crucem. Dixit tamen per juramentum suum quod precepit sibi idem recipiens quod omnino absti- neret se a mulieribus; tamen si necessitas carnis urgeret eum, posset se carnaliter cum fratribus commiscere. Requisitus de osculo, dixit per juramentum suum quod osculatus fuit in umbilico et in ore. Requisitus utrum vi, vel metu tormentorum vel carceris, aut aliqua alia causa, in sua deposicione dixerit falsitatem, dixit per juramentum suum quod non, immo puram et meram dixerit veritatem.

Item frater Johannes de Verreria frater serviens, juratus eodem modo de se et aliis in causa fidei dicere veritatem, et interrogatus de tempore et modo sue recepcionis, dixit per juramentum suum quod triginta anni sunt elapsi quod fuit receptus in domo de Malo Repastu, per fratrem J. Francisci militem dicti ordinis, presentibus fratre Radulpho de Triangulo fratre dicti ordinis, et quibusdam aliis de quorum nominibus non recolit. Dixit eciam, quod, [post] multas promissiones factas de observandis statutis dicti ordinis, aportata fuit quedam crux in qua erat ymago crucifixi; et fecit illum recipiens ter abnegare illum cujus ymago erat ibi depicta, et ter spuere : bis supra crucem et semel ad terram. Dixit eciam per juramentum suum quod precepit sibi quod abstineret se a mulieribus, et commisceret se cum hominibus. Interrogatus de osculo, dixit per juramentum suum quod osculatus fuit recipientem in fine spine dorsi semel, et semel in umbilico, et semel in ore. Requisitus utrum vi, vel metu tormentorum vel carceris, aut alia de causa, in deposicione sua dixerit falsitatem, dixit per juramentum suum quod non; immo puram et meram dixerat veritatem.

Item frater Egidius d'Espernaut sur Aisne diocesis Suessionensis, etatis sexaginta annorum, preceptor domus d'Amblers, juratus eodem modo de se et aliis in causa fidei dicere veritatem, et interrogatus de tempore et modo recepcionis sue, dixit per juramentum suum quod XXI anni sunt quod fuit receptus in domo Montis Suessionensis, per fratrem Arnulphum de Wissemalle, presentibus fratre Radulpho de Mersin et quibusdam aliis fratribus de quorum nominibus non recolit. Dixit eciam per juramentum suum quod, post multas promissiones factas ab eo de observandis statutis dicti ordinis, quidam fratres, quorum unus vocabatur frater Baldoinnus de Theri, et alius frater Johannes le Verjus, duxerunt eum ad quamdam aliam partem, et ostenderunt sibi quamdam crucem in quodam missali in qua erat figura Jhesu Christi depicta, et pecierunt ab eo utrum crederet in illum cujus ymago erat ibi; respondit quod sic, et tunc dixerunt quod male credebat, et preceperunt quod abnegaret Christum ; quod fecit ter, et ter spuit supra crucem, de mandato eorum.

Item dixit per juramentum suum quod injunctum fuit sibi quod abstineret se omnino a mulieribus, sed audacter commisceret se cum fratribus suis, et hoc pateretur ab aliis fratribus. Interrogatus de osculo, dixit per juramentum suum quod osculatus fuit recipientem in umbilico et in ore solum. Requisitus etiam utrum vi, vel metu tormentorum vel carceris, aut aliqua alia causa, in deposicione sua dixit falsitatem, dixit per juramentum suum quod non; immo puram et meram dixerat veritatem.

Item frater Johannes Ducis de Taverniaco preceptor domus de Ivriaco, etatis quinquaginta annorum vel circa, eodem modo juratus de se et aliis in causa fidei dicere veritatem, et interrogatus de tempore et modo recepcionis sue, dixit per juramentum suum quod viginti octo anni sunt elapsi quod fuit receptus Parisius per quemdam fratrem vocatum Monachum Gaudi, preceptorem terre ultramarine, et illa die qua fuit receptus fuerunt recepti quindecim fratres cum eo. Dixit eciam per juramentum suum quod ille qui recepit eum post multas promissiones factas de statutis et aliis observanciis dicti ordinis observandis, recipiens fecit sibi aportari unum missale super quo juravit servare predicta statuta et observancias; posuit mantellum ad collum suum, et peciit ab eo utrum crederet in Jhesum Christum, cujus imago erat depicta in dicto missali, et ipse respondit quod sic, et tunc fecit eum abnegare ter Jhesum Christum, et spuere ter super crucem. Dicit eciam per juramentum suum quod idem recipiens precepit quod abstineret se omnino a mulieribus, et si indigeret, poterat se commiscere cum fratribus suis, et hoc idem pateretur de aliis fratribus. Interrogatus de capite de quo supra fit mencio, dixit per juramentum suum quod vidit illud sex vicibus in sex capitulis, et adoravit. Requisitus per juramentum suum qui tenebat capitula, dixit per juramentum suum quod frater G. de Bellojoco tunc Magister, et frater Hugo de Parando aliquociens. Requisitus per juramentum suum utrum illi qui cum eo fuerunt recepti modo predicto fuerunt recepti, dixit per juramentum suum quod credit quod illi et omnes alii sunt et fuerunt recepti per istum modum. Requisitus eciam utrum vi, vel metu tormentorum vel carceris, aut aliqua alia causa, in deposicione sua dixerit falsitatem, dixit per juramentum suum quod non; immo puram et meram dixerat veritatem.

Item anno, indicione, mense, pontificatu, anno et loco predictis, vicesima sexta die octobris, in dicti inquisitoris, nostrum notariorum et infrascriptorum testium presencia personaliter constitutus frater Johannes le Moine de Queuvres Suessionensis diocesis, morans apud Latigniacum Siccum, etatis quadraginta annorum, ut dicit, eodem modo juratus de se et aliis in causa fidei dicere veritatem, et interrogatus de tempore et modo recepcionis sue, dixit per juramentum suum quod bene sunt quatuor decem anni vel circa quod fuit receptus apud Chevrutum in Bria juxta Coulommiers Senonensis diocesis, per fratrem Hugonem de Pruvino preceptorem de Bria, de mandato fratris Hugonis de Paraudo preceptorem tunc Francie, presente fratre Philippo de Haya et quodam alio fratre vocato Remigio, qui nunc moratur, ut credit, in domo Montis Suessionensis. Dixit eciam per juramentum suum quod, post multas promissiones de statutis et observanciis dicti ordinis observandis, idem recipiens precepit sibi quod si calor naturalis moveret eum, quod non commisceret se cum mulieribus, sed quod commisceret se cum fratribus suis, et hoc pateretur de aliis fratribus. Dixit eciam per juramentum suum quod recipiens, ipso ducto ad partem, fecit aportare quandam crucem in qua erat ymago Jhesu Christi, et peciit ab eo utrum crederet quod ille cujus ymago erat ibi esset Deus; qui dixit per juramentum suum quod respondit quod sic, et tunc dictus recipiens fecit eum Jhesum Christum, cujus ymago erat ibi, abnegare ter, et qualibet vice spuere. Requisitus de osculo, dixit per juramentum suum quod osculatus fuit eum bis solummodo, videlicet semel in umbilico, et semel in ore. Requisitus de capite de quo fit supra mencio, dixit quod nichil scit, et quod nunquam fuit in capitulis. Et dixit per juramentum suum quod ipse et quidam frater dicti ordinis vocatus frater Henricus Flamingus condixerant inter se quod irent ad sedem apostolicam ad impetrandum absolucionem suam et licenciam transeundi ad aliam religionem. Requisitus utrum vi, vel metu tormentorum vel carceris, aut aliqua alia causa, in sua deposicione dixit falsitatem, dixit per juramentum suum quod non; immo puram et meram dixerat veritatem.

Item frater Johannes de Turno thesaurarius Templi Parisiensis, etatis quinquaginta quinque annorum vel circa, juratus eodem modo de se et aliis in causa fidei dicere veritatem, et interrogatus de tempore et modo recepcionis sue, dixit per juramentum suum quod ipse fuerit receptus in domo de Malo Repastu, per fratrem Johannem de Turno predecessorem suum thesaurarium Templi Parisiensis quondam, triginta duo anni sunt elapsi vel circa, presente fratre Guillelmo de Forgia et quibusdam aliis de quorum nominibus non recolit. Dixit eciam per juramentum suum quod, post multas promissiones de statutis et secretis dicti ordinis observandis factas, dictus recipiens duxit ipsum retro altare, et ostendit sibi crucem quamdam in qua erat depicta ymago Jhesu Christi crucifixi, et peciit utrum crederet in illum cujus erat imago picta ibi, qui respondit quod sic; et postea, de mandato dicti recipientis, abnegavit Jhesum Christum semel tantum, et spuit supra crucem semel. Dixit eciam per juramentum suum quod idem recipiens eumdem receptum osculatus fuit post predicta ter, scilicet: primo in fine spine dorsi, secundo in umbilico, et tercio in ore. Requisitus de voto castitatis quid fuit sibi injunctum, dixit per juramentum suum quod inhibitum fuerit sibi ne cognosceret mulieres, sed si aliquis calor naturalis moveret eum, poterat se commiscere cum fratribus suis, et hoc similiter pateretur de eis; dixit tamen per juramentum suum quod nunquam fecit, nec vidit aliquem qui faceret. Requisitus per juramentum suum utrum illos fratres quos recepit modo quo fuit receptus receperit, dixit quod sic. Requisitus de capite de quo fit mencio supra, dixit per juramentum suum quod vidit semel quoddam capud depictum in quadam assere, quod ipse adoravit in quodam capitulo, et alii similiter. Requisitus utrum vi, vel metu tormentorum aut carceris, aliqua alia causa, in sua deposicione dixerit falsitatem, dixit per juramentum suum quod non, immo puram et meram recognovit veritatem.

Acta sunt hec anno, indicione, mense, pontificatu, loco et diebus predictis, presente religioso fratre Reginaldo de Credolio ordinis Predicatorum, nobilibus viris domino Hugone de Cella milite, ac Guillelmo de Choques civitate Parisiensi, et pluribus aliis testibus, ad premissa, dictis diebus vicesima quarta, vicesima quinta et vicesima sexta octobris acta, vocatis specialiter et rogatis.

Et ego Amisius de Aureliano dictus le Ratif, clericus, sacrosancte Romane ecclesie auctoritate notarius publicus, premissis confessionibus et omnibus aliis et singulis, prout in presenti carta seu pecia et in precedentibus signo meo signatis plenius continentur, una cum suprascriptis testibus et magistris Johanne de Pruvino, Gaufrido Enguelor dicto Chalop, Eveno Phili et Jacobo de Virtuto publicis notariis, presens interfui, et, de mandato dicti inquisitoris, huic instrumento me subscripsi in testimonium premissorum, illudque meo signo solito signavi rogatus.

Et ego Gaufridus-Enguelor dictus Chalop, clericus Dolensis diocesis, apostolica auctoritate notarius publicus, premissis omnibus et singulis actis, dicta die xxiiii^a octobris, presens una cum dictis testibus et notariis publicis hic subscriptis, presens interfui, in testimonium premissorum me subscripsi, et signum meum apposui consuetum vocatus et rogatus.

Et ego Evenus Phily de Sancto Nicasio clericus Corisopitensis diocesis, apostolica publicus auctoritate notarius, premissis omnibus et singulis, prout in presenti carta et in precedentibus signo meo signatis plenius continentur, una cum testibus predictis ac suprascriptis notariis, presens interfui, hic me subscripsi, et una cum signis et subscripcionibus ipsorum notariorum signum meum apposui rogatus.

Et ego Jacobus de Virtuto clericus Cathalaunensis diocesis, publicus imperiali auctoritate notarius, premissis confessionibus et omnibus aliis et singulis, prout in tribus cartis seu peciis immediate precedentibus signo meo signatis plenius continentur, una cum suprascriptis testibus et magistris Amisio de Aureliano, Johanne de Pruvino, Gaufrido Enguelor dicto Chalop et Eveno Phili publicis notariis, presens interfui, et de mandato dicti inquisitoris huic instrumento me subscripsi in testimonium premissorum, signoque meo solito signavi rogatus.

In nomine Domini amen. Anno ejusdem millesimo trecentesimo septimo, indicione sexta, mense octobris, vicesima septima die ejusdem mensis, pontificatus sanctissimi patris domini Clementis divina providencia pappe quinti anno secundo, per presens publicum instrumentum pateat universis quod in religiosi et honesti viri fratris Guillelmi de Sancto Evurcio prioris conventus Predicatorum Parisius, commissarii, religiosi et honesti viri fratris Guillermi de Parisius inquisitoris heretice pravitatis in regno Francie, auctoritate apostolica deputati, nostrum notariorum publicorum et infrascriptorum testium presencia, in domo Templi Parisiensis, personaliter constitutus frater Bernardus de Brocia custos domus de Sarnay, etatis quinquaginta annorum, ut dicebat, testis juratus de se et aliis in causa fidei dicere veritatem, dixit per juramentum suum quod receptus fuit in domo de Malo Repastu, per fratrem Johannem de Turno thesaurarium tunc Parisiensem, decem anni sunt elapsi vel circa, dixit eciam per juramentum suum quod, post multas promissiones de statutis et secretis ordinis observandis, et mantello sibi ad collum posito, ille qui recepit eum precepit sibi quod oscularetur eum in umbilico, quod fecit, et postea in ore; quo facto, ostendit sibi quamdam crucem in qua erat ymago Jhesu Christi, et fecit eum abnegare Jhesum Christum et spuere semel super crucem. Dixit eciam per juramentum suum quod dictus recipiens precepit sibi quod omnino abstineret a mulieribus, sed dabat sibi licenciam commiscendi se carnaliter cum fratribus suis, et quod pateretur de sociis suis hoc. Idem requisitus de capite de quo fit mencio supra, dixit per juramentum suum quod nichil scit. Requisitus utrum vi, vel metu carceris vel tormentorum, dixit aliquam falsitatem vel immiscuerit in deposicione sua, dixit per juramentum suum quod non; immo dixit veritatem.

Item frater Petrus de Grumesnil Belvacensis diocesis, presbyter dicti ordinis, etatis xxvii annorum vel circiter, juratus eodem modo, et interrogatus de tempore et modo sue recepcionis, dixit per juramentum suum quod fuit receptus apud Sommerens, in instanti festo Omnium Sanctorum erunt quatuor anni vel circa, et fuit receptus per fratrem Robertum de Sancto Pantaleone, presentibus domino Auberto dicti ordinis presbytero, et fratre Guillelmo de Montemorencio. Dixit eciam per juramentum suum quod, post multas promissiones de observandis statutis dicti ordinis factas, dictus recipiens precepit sibi quod oscularetur eum in umbilico, et postea in ore. Dixit eciam per juramentum suum quod dictus recipiens ostendit sibi quamdam crucem eneam in qua erat ymago Jhesu Christi crucifixi, et peciit ab eo utrum crederet in eum cujus ymago erat ibi, qui respondit quod sic, et tunc ipse dixit : Oportet quod tu abneges eum ter. Et tunc ipse abnegavit ter, et spuit semel supra crucem, et ore tantum modo, et non corde. Dixit eciam per juramentum suum quod dictus recipiens precepit sibi quod omnino abstineret a mulieribus, et si aliquis calor naturalis moveret eum, quod commisceret se cum fratribus suis. Dixit tamen quod nunquam fecit, nec ab eo fuit petitum. Dixit eciam per juramentum suum quod de capite nichil scit. Requisitus utrum vi, vel metu carceris vel tormentorum, dixerit aliquam falsitatem vel immiscuerit in deposicione sua, dixit per juramentum suum quod non, immo dixit veritatem. Presentibus domino Petro de Blevon, fratre Amodeo ordinis Sancti Augustini, bachalario in theologia, priore Sancti Augustini Parisiensis, magistro Johanne de Crespeio, P. de Pruneto, fratre Johanne de Ruella ordinis Predicatorum.

Item frater Thomas de Breele presbyter dicti ordinis, etatis xxx annorum vel circa, juratus eodem modo et requisitus dicto tempore et modo sue recepcionis, dixit per juramentum suum quod fuit receptus in domo templi Attrebatensis, octo anni sunt elapsi, per fratrem Guillermum Normannum preceptorem ballivie, presentibus fratre Petro de Sacco, fratre Symone dicte domus, et quibusdam aliis de quorum nominibus non recolit. Dixit eciam per juramentum suum quod propter multas observancias dicti ordinis, et posito sibi mantello ad collum, dictus recipiens ostendit sibi quamdam crucem ligneam in qua erat ymago Jhesu Christi depicta, et precepit sibi in virtute obediencie quod ter spueret super crucem in despectu ejus qui passus fuerat in ea, et quod negaret eum, quod facere recusavit quantum potuit, et tamen hoc fecit finaliter, ductus timore ne incarceraretur. Dixit eciam per juramentum suum quod osculatus fuit dictum receptorem in umbilico et in ore solum. Dixit eciam per juramentum suum quod dictus receptor injunxit sibi quod si aliquis calor naturalis moveret eum, quod commisceret se cum fratribus suis, et quod hoc pateretur de aliis fratribus suis. Dixit tamen quod nunquam fecit, nec fuit requisitus. De capite, dixit quod nichil scit. Requisitus utrum vi, vel metu carceris vel tormentorum, aliquam dixerit falsitatem veli mmiscuerit in deposicione sua, dixit per juramentum suum quod non; immo dixit veritatem.

Item frater Guido de Oratorio, frater dicti ordinis serviens, preceptor domus de Sablonnieres, etatis sexaginta decem annorum vel circa, juratus eodem modo et requisitus de tempore et modo sue recepcionis, dixit per juramentum suum quod fuit receptus apud Moisiacum Meldensis diocesis, illo anno quo fuit ultimum concilium Lugduni, per fratrem Petrum Normanum militem, magistrum de Alneio, presentibus fratre Alberto Grognay milite, et quibusdam aliis de quorum nominibus non recolit. Dixit eciam per juramentum suum quod, post promissiones de observando statuta ordinis, fuit receptus, et postea idem receptor asportavit sibi unam crucem in qua erat ymago Jhesu Christi, et fecit eum spuere ter super crucem in despectu crucis. Requisitus de osculo, dixit per juramentum suum quod osculatus fuit eum in fine spine dorsi et in umbilico et in ore. Dixit eciam per juramentum suum quod injunctum fuit sibi quod si calor naturalis moveret eum, quod commisceret se cum fratribus suis, et hoc pateretur de fratribus suis. Requisitus utrum vi, vel metu carceris vel tormentorum, aliquam dixerit falsitatem vel immiscuerit in deposicione sua, dixit per juramentum suum quod non; immo dixit veritatem.

Item frater Radulphus Quarre ordinis predicti, etatis triginta quinque annorum vel circa, juratus eodem modo, et requisitus de tempore et modo recepcionis sue, dixit per juramentum suum quod receptus fuit Parisius, per fratrem Johannem thesaurarium Parisiensem qui nunc est, quatuor anni sunt elapsi. Dixit per juramentum suum quod recipiens, post multas promissiones de observandis statutis ordinis, posuit sibi mantellum ad collum, et postea ostendit sibi quamdam crucem in qua erat ymago Jhesu Christi, et precepit ei quod abnegaret illum cujus ymago erat ibi, et quod spueret ter supra crucem, quod fecit. Requisitus de osculo, dixit per juramentum suum quod osculatus fuit recipientem ter, primo in fine spine dorsi, secundo in umbilico, et tercio in ore. Dixit eciam per juramentum suum quod injunctum fuit sibi quod si calor naturalis moveret eum, quod commisceret se cum fratribus suis, et hoc pateretur de fratribus suis. Requisitus utrum vi, vel metu carceris vel tormentorum, aliquam dixerit falsitatem vel immiscuerit in deposicione sua, dixit per juramentum suum quod non; immo dixit veritatem.

Item dicta die, scilicet Veneris ante festum Symonis et Jude, frater Parisetus de Bures Lingonensis diocesis, frater bergerius apud Latigniacum Siccum, etatis quadraginta quinque annorum vel circa, juratus eodem modo, et requisitus de tempore et modo suæ recepcionis, dixit per juramentum suum quod fuit receptus in domo Boni Loci Trecensis diocesis, per fratrem Ymbertum militem dicti ordinis, tresdecim anni sunt elapsi. Dixit eciam per juramentum suum quod, post multas promissiones de statutis et observanciis dicti ordinis factas, et mantello sibi ad collum posito, dictus recipiens precepit sibi quod oscularetur eum in umbilico; quod fecit. Dixit eciam per juramentum suum quod in presencia omnium ibidem assistencium ostendit sibi quamdam crucem, et peciit ab eo idem recipiens utrum crederet in illo qui passus fuerat in cruce, et ipse dixit quod sic, et tunc ille precepit sibi quod abnegaret Jhesum Christum ter, et quod spueret ter supra crucem, et hoc ipse fecit ter. Dixit eciam per juramentum suum quod injunxit sibi dictus receptor quod, si calor naturalis moveret eum, commisceret se cum sociis suis, et hoc a sociis suis pateretur. Tamen dixit per juramentum suum quod nunquam fecit. Requisitus utrum vi, vel metu carceris vel tormentorum, aliquam dixerit falsitatem vel immiscuerit in deposicione sua, dixit per juramentum suum quod non, immo dixit veritatem.

Item frater Guillelmus de Yvriaco frater serviens dicti ordinis, etatis sexaginta annorum et amplius, ut dicebat, juratus eodem modo et requisitus de tempore et modo sue recepcionis, dixit per juramentum suum quod fuit receptus apud Yvriacum in Veuquecinio, per fratrem Ymbertum thesaurarium tunc Parisius, et dixit quod quadraginta anni sunt quod fuit receptus, non recordatur de nominibus presencium, quia mortui sunt. Dixit eciam per juramentum suum quod, post multas observancias dicti ordinis factas, dictus receptor precepit sibi quod oscularetur eum in ore et in umbilico, quod fecit. Et injunxit sibi quod, si calor naturalis moveret eum, commisceret se cum fratribus suis, et hoc pateretur de aliis fratribus. Dixit eciam per juramentum suum quod dictus recipiens ostendit sibi quamdam crucem, et fecit eum super crucem spuere ter et ter abnegare Jhesum Christum, et fecit, ut dixit, invitus. Requisitus utrum vi, vel metu carceris vel tormentorum, aliquam dixerit falsitatem vel immiscuerit in deposicione sua, dixit per juramentum suum quod non; immo dixit veritatem.

Item frater Odo de Latigniaco Sicco, etatis quinquaginta annorum vel circa, ut dicebat, juratus eodem modo et requisitus de tempore et modo sue recepcionis, dixit per juramentum suum quod fuit receptus apud Latigniacum Siccum, viginti duo anni vel circa sunt, per fratrem Nicolaum Flamingum, presentibus fratre Nicolao de Puiseus, fratre N. de Laignevilla, et quibusdam aliis de quorum nominibus non recolit. Dixit eciam per juramentum suum quod, post multas promissiones de statutis dicti ordinis factas, et posito mantello ad collum, injunctum fuit sibi per recipientem predictum quod omnino se abstineret a mulieribus, et si calor naturalis moveret eum, quod commisceret se cum hominibus. Dixit eciam per juramentum suum quod dictus recipiens precepit sibi quod abnegaret Deum, et quod spueret supra crucem, et ipse Jhesum Christum negavit semel tantum, et spuit similiter semel; et postea osculatus fuit eum in ore solummodo. Per juramentum suum, dixit tamen, quod fuit sibi preceptum quod oscularetur eum alibi, videlicet in fine spine dorsi et in umbilico, et ipse non fecit, nec facere voluit. Requisitus utrum vi, vel metu carceris vel tormentorum, aliquam dixerit falsitatem vel immiscuerit in deposicione sua, dixit per juramentum suum quod non; immo dixit veritatem.

Item frater Guillermus de Monteforti Amalrici, alias dictus le Berchier, etatis quinquaginta annorum vel circa, ut dixit, eodem modo juratus et requisitus de tempore et modo sue recepcionis, dixit per juramentum suum quod triginta anni sunt elapsi quod fuit receptus per fratrem Nicolaum Flamingum, apud Latigniacum Siccum, presentibus fratre Nicolao de Berniaco, et quibusdam aliis de quorum nominibus non recolit. Dixit eciam per juramentum suum quod, post multas promissiones de statutis dicti ordinis observandis, dictus receptor ostendit sibi quamdam crucem in qua erat depicta ymago Jhesu Christi, et fecit eum abnegare ter et spuere ter supra crucem. Dixit eciam per juramentum suum quod idem receptor precepit sibi quod omnino abstineret a commiscione mulierum, et si contingeret quod vellet explere libidinem suam, hoc faceret cum aliquo de fratribus suis, et non cum mulieribus. Requisitus utrum vi, vel metu carceris vel tormentorum, aliquam dixerit falsitatem vel immiscuerit in deposicione sua, dixit per juramentum suum quod non; immo dixit veritatem.

Item frater Stephanus de Domont dicti ordinis, etatis quinquaginta annorum, juratus eodem modo et requisitus de tempore et modo sue recepcionis, dixit per juramentum suum quod ipse fuit receptus apud Castelier in Viromandia, viginti anni sunt elapsi vel circa, per fratrem Johannem de Maimbressi militem dicti ordinis. Dixit eciam per juramentum suum quod, post multas promissiones dicti ordinis, dictus recipiens precepit sibi et injunxit quod omnino abstineret se a mulieribus, et quod, si calor naturalis moveret eum, commisceret se cum fratribus suis. Dixit eciam per juramentum suum quod dictus recipiens ostendit sibi quamdam crucem in quodam missali in qua erat ymago Jhesu Christi, et fecit eum ter negare Jhesum Christum, et spuere ter supra ymaginem. Interrogatus de osculo, dixit per juramentum suum quod osculatus fuit eum in fine spine dorsi et in umbilico. Dixit eciam per juramentum suum quod vidit recipi quemdam fratrem vocatum Robertum, nepotem fratris Garini de Grandivillari, et dixit per juramentum suum quod eodem modo fuit receptus per avunculum predictum fratrem Garinum. Requisitus qualiter scit quod ita fuit receptus, dixit quod presens erat, et vidit. Requisitus utrum vi, vel metu carceris vel tormentorum, aliquam dixerit falsitatem vel immiscuerit in deposicione sua, dixit per juramentum suum quod non; immo dixit veritatem.

Item frater Bernardus de Parisius presbyter dicti ordinis, etatis quinquaginta annorum, juratus eodem modo et requisitus de tempore et modo sue recepcionis, dixit per juramentum suum quod fuit receptus apud Latigniacum Siccum, per fratrem Radulphum de Gisi dicti ordinis, receptorem Campanie, in septimana post Cineres erit annus, presentibus fratre Petro de Sivre milite dicti ordinis, et quodam capellano vocato fratre Petro. Dixit eciam per juramentum suum quod recipientem osculatus fuit in umbilico; et postea dixit per juramentum suum quod, ostenso sibi quodam missali in quo erat crux, et in quo erat depicta ymago Jhesu Christi, precepit sibi quod abnegaret illum cujus ymago representabatur ibi, qui licet invitus abnegavit ore, licet non corde, ut asserit, immo doluit quantum potuit. Requisitus utrum spueret supra crucem, dixit quod sic, bis. Requisitus utrum osculatus fuerit recipientem alibi quam in ore, dixit quod sic in umbilico et in ore, et non alibi, ut dixit. Dixit eciam quod dictus recipiens precepit sibi quod omnino abstineret a cognicione mulierum; volebat tamen et injungebat quod, si vellet implere suam libidinem, posset cum uno de suis fratribus commiscere. Dixit tamen per juramentum quod nunquam accidit sic, nec unquam fuit requisitus. Requisitus utrum vi, vel metu carceris vel tormentorum, aliquam dixerit falsitatem vel immiscuerit in deposicione sua, dixit per juramentum suum quod non; immo dixit veritatem.

Item frater Jacobus de Rubeomonte grangiarius de Sommeurens, etatis sexaginta decem annorum, juratus eodem modo et requisitus de tempore et modo sue recepcionis, dixit per juramentum suum quod receptus fuit apud Parisius, per fratrem Franconem de Bornio preceptorem Provincie, quadraginta anni sunt elapsi vel circa, presentibus fratre Hugone de Paraudo et pluribus aliis de quorum nominibus non recolit. Dixit eciam per juramentum suum quod, post multas promissiones de statutis et observanciis dicti ordinis factas, dictus receptus ipsum receptorem osculatus fuit in umbilico tantum semel. Dixit eciam per juramentum suum quod precepit sibi dictus recipiens quod spueret supra crucem, quod fecit contra voluntatem suam; fecit tamen, quia injungebatur sibi in virtute obediencie promisse ab eo. Dixit tamen per juramentum suum quod receptor precepit sibi quod omnino abstineret a mulieribus, et quod commisceret se cum aliquo de fratribus suis si indigeret, et hoc pateretur ab aliis. Requisitus utrum vi, vel metu carceris vel tormentorum, aliquam dixerit falsitatem vel immiscuerit in deposicione sua, dixit per juramentum suum quod non; immo dixit veritatem.

Item frater Arnulphus de Fontanis subtus Montem Desiderii, etatis sexaginta annorum vel circa, juratus eodem modo et requisitus de tempore et modo sue recepcionis, dixit per juramentum suum quod fuit receptus apud Soissiacum, circa instans festum Crucis celebrate erunt quindecim anni, per fratrem Johannem de Turno thesaurarium Parisiensem. Dixit eciam per juramentum suum quod per receptorem suum fuit sibi ostensa quedam crux in qua erat ymago Jhesu Christi picta; et dixit per juramentum suum quod dictus recipiens fecit ipsum dictum Jhesum Christum abnegare ter et ter spuere supra crucem. Dixit eciam per juramentum suum quod injunctum fuit sibi quod abstineret se a mulieribus, et commisceret se cum fratribus suis, si indigeret. Requisitus utrum vi, vel metu carceris vel tormentorum, aliquam dixerit falsitatem vel immiscuerit in deposicione sua, dixit per juramentum suum quod non; immo dixit veritatem.

Acta fuerunt hec anno, indicione, mense, die, pontificatu, anno et loco predictis, presentibus fratre Johanne de Ruella ordinis Predicatorum, magistris Reginaldo de Albigniaco Bituricensi canonico, Guillelmo de Choques cive Parisiensi, et pluribus aliis clericis et laicis, testibus ad hoc vocatis specialiter et rogatis.

Et ego Amisius de Aureliano dictus le Ratif, clericus, sacrosancte Romane ecclesie auctoritate notarius publicus, premissis confessionibus et omnibus aliis et singulis, prout in presenti carta seu pecia et precedentibus signo meo signatis continentur, una cum suprascriptis testibus et magistris Johanne de Pruvino et Jacobo de Virtuto notariis publicis, presens interfui, et, de mandato predicti commissarii, in hoc instrumento me subscripsi in testimonium premissorum, illudque signo meo solito signavi rogatus.

Et ego Jacobus de Virtuto clericus Cathalaunensis diocesis, publicus imperiali auctoritate notarius, premissis confessionibus et omnibus aliis et singulis, prout in presenti carta seu pecia et duabus precedentibus signo meo signatis continentur, una cum suprascriptis testibus et magistris Amisio de Aureliano et Johanne de Pruvino notariis publicis, presens interfui, et, de mandato predicti commissarii, huic instrumento me subscripsi in testimonium premissorum, illudque signo meo solito signavi rogatus.

In Christi nomine amen. Pateat universis per hoc presens publicum instrumentum, quod anno Domini millesimo ccc° septimo, indicione sexta, pontificatus sanctissimi patris et domini domini Clementis divina Providencia pape quinti anno secundo, die Veneris in vigilia apostolorum Symonis et Jude, videlicet xxvii die octobris, in presencia religiosi viri fratris Nicolai de Anisiaco ordinis Predicatorum, commissarii dati a venerabili et religioso viro fratre Guillelmo de Parisius predicti ordinis Predicatorum, inquisitore heretice pravitatis in regno Francie auctoritate apostolica deputato, Parisius, in domo Templi, pro inquirendo contra personas eidem inquisitori delatas, super dicto crimine existentes, mei notarii publici et testium subscriptorum presencia personaliter constitutus frater Michael de Sancto Mannyo Ambianensis diocesis, claviger in domo de Latigniaco Sicco, quinquagenarius vel circa, juratus ad sancta Dei Evangelia eidem preposita, et ab eo corporaliter tacta, dicere in causa fidei de se et de aliis personis sui ordinis plenam et integram veritatem, et interrogatus de tempore et modo recepcionis sue, dixit per juramentum suum quod bene sunt xxiii anni vel circa elapsi, quod ipse fuit receptus in domo de Monte Suessionis, per fratrem Henricum de Villa Petrosa militem, magistrum ballivie Suessionensis, et fuerunt presentes in dicta recepcione frater Arnulphus de Villa Saverii, frater Henricus bergerius illius ordinis, et plures alii de quorum nominibus non recolit.

Item dixit per juramentum suum quod, post juramentum ab eo prestitum de statutis et secretis ordinis observandis, magister predictus qui eum recepit posuit sibi mantellum ad collum, et postea ipse osculatus fuit ipsum recipientem, de mandato ejusdem, et alios fratres in ore, et deinde recipiens fecit apportari quamdam crucem cum effigie Jhesu Christi, et injunxit sibi, in virtute obediencie, quod abnegaret illum cujus ymago erat in ea ter, et ter spueret supra crucem; et tunc ipse qui loquitur fuit multum territus, et admirando, dixit recipienti: Domine, pro Deo caveatis quod vos dicitis; dicens ei: Domine, quomodo faciam ego hoc? Et recipiens adhuc sibi precepit, in virtute obediencie, quod hoc faceret, et tunc ipse qui loquitur, licet invitus, ore, sed non corde, ut dicit, ter abnegavit eum, et ter spuit supra crucem et ymaginem predictam.

Item dixit quod recipiens fecit se osculari ab eo in umbilico. Item dixit per juramentum quod recipiens precepit ei quod abstineret a mulieribus, et quod si calor naturalis moveret eum, quod ipse iret ad fratres suos, et ipsos similiter admitteret ad mutuum concubitum; sed ipse nunquam fecit, nec super hoc fuit requisitus.

Item requisitus, dixit per juramentum quod nichil scit de capite quod dicuntur adorare, quia nunquam fuit in capitulis generalibus, ut dicit.

Item dixit per juramentum adhuc ab eo super hoc prestitum, quod vi, vel metu carceris aut tormenti, non dixit aliud quam veritatem, nec premissis immiscuit aliquam falsitatem, et quod puram veritatem dixit pro salute anime sue.

Item frater Adam marescalcus in domo de Monte Suessionis, predicti ordinis milicie Templi, quadragenarius vel circa, eodem modo constitutus, juratus et interrogatus, dixit per juramentum quod, post tres dies infra instantem Natalem Domini erunt tres anni elapsi, ipse fuit receptus in dicta domo de Monte Suessionis, per fratrem Girardum de Villaribus militem, magistrum ballivie Suessionensis, presentibus fratre Guillelmo de Platea et fratre Roberto capellano dicte domus.

Item dixit per juramentum suum quod, post juramentum ab eo prestitum de statutis et secretis ordinis observandis, et mantello sibi a recipiente ad collum posito, osculatus fuit recipientem et alios fratres. Et postea recipiens duxit eum ad partem, et ostendit sibi unam crucem cum ymagine Jhesu Christi, et quesivit ab eo cujus esset ymago illa, et ipse respondit quod Jhesu Christi; et recipiens dixit sibi quod oportebat quod abnegaret eum, et spueret supra eam. Et tunc ipse fuit multum territus et in tantam admirationem raptus, quod vix sciebat quid faciebat; et recipiens injunxit sibi, in virtute obediencie, quod hoc faceret, dicens quod hoc erat de statutis ordinis; et tunc ipse qui loquitur, licet invitus, ore, sed tamen non corde, ut dicit, abnegavit eum ter, et spuit ter supra crucem et ymaginem predictas, dicens quod libentius dimisisset mantellum et recessisset, si ausus fuisset.

Item dixit quod recipiens fecit se osculari ab ipso in umbilico.

Item dixit per juramentum quod receptor predictus injunxit sibi quod abstineret a mulieribus, et quod, si calor naturalis moveret eum, accederet ad fratres suos, et eos similiter admitteret ad mutuum concubitum. Dixit tamen per juramentum quod nunquam fecit, nec fuit super hoc ab aliquo requisitus, sed credit per juramentum quod alii fratres ita recipiantur : nunquam tamen fuit in recepcione alicujus.

Item dixit per juramentum quod nunquam vidit capud quod adorare dicuntur.

Item dixit, per juramentum super hoc ab eo adhuc prestitum, quod vi, vel metu carceris aut tormenti, non dixit aliud quam veritatem, nec premissis immiscuit aliquam falsitatem, et quod puram veritatem dixit pro salute anime sue.

Item frater Nicolaus de Puteolis prope Luparam Parisiensis diocesis, custos domus de Messelent, etatis quinquaginta annorum vel circa, eodem modo juratus et interrogatus, dixit per juramentum suum quod bene sunt viginti tres anni vel circa elapsi quod fuit receptus in domo de Yvriaco in Veuqesino Parisiensi, per fratrem Johannem de Turno tunc temporis thesaurarium Templi Parisiensis, presentibus fratre Roberto de Plesseyo et quatuor aliis qui jam sunt mortui.

Item dixit per juramentum suum quod, post juramentum ab eo prestitum de statutis, consuetudinibus, obediencia et secretis ordinis observandis, recipiens posuit sibi et firmavit mantellum ad collum, et quod ipse qui loquitur osculatus fuit recipientem predictum et alios fratres, de mandato ejusdem, in ore. Et postea predictus thesaurarius qui eum recepit, traxit eum ad partem, et fecit se osculari ab eo in umbilico et in fine spine dorsi. Et postea ostendit sibi in quodam libro crucem depictam cum effigie Jhesu Christi, et precepit sibi, in virtute obediencie, quod spueret ter supra crucem et ymaginem predictas, in despectu prophete qui fuit in dicta cruce crucifixus; et tunc ipse qui loquitur super ipsas crucem et ymaginem spuit ter, credens hoc esse de statutis ordinis, que adhuc ignorabat.

Item dixit quod receptor predictus sibi precepit quod abstineret a mulieribus, et quod si calor naturalis moveret eum, quod ipse et fratres sui se commiscerent adinvicem carnaliter, si esset aliquis qui hoc vellet facere; quod nunquam fecit, nec fuit super hoc requisitus, ut dicit.

Item dixit quod nichil scit de capite quod adorare dicuntur, et credit quod alii fratres dicti ordinis simili modo recipiantur.

Item dixit, per juramentum suum super hoc ab eo adhuc prestitum, quod vi, vel metu carceris aut tormenti, non dixit aliud quam veritatem, nec premissis immiscuit aliquam falsitatem, et quod puram veritatem dixit pro salute anime sue.

Item frater Robertus de Sarnaco Belvacensis diocesis, preceptor domus de Mortuofonte Suessionensis diocesis, predicti ordinis milicie Templi, quadragenarius vel circa, eodem modo constitutus, juratus et interrogatus, dixit per juramentum suum quod in festo sancti Andree instante erunt novem anni vel circa, quod fuit receptus in domo de Berneval Ambianensis diocesis, per fratrem Garinum de Magno Villari magistrum de Pontivo, presentibus defunctis J. de Cernay, fratre Laurencio senescallo dicte domus, fratre Petro de Limecourt, et aliis de quorum nominibus non recolit.

Item dixit per juramentum suum quod, post juramentum prestitum ab eo de statutis et secretis ordinis observandis, recipiens posuit sibi mantellum ad collum, et osculatus fuit ipsum in ore, et similiter, de mandato recipientis, osculatus fuit alios fratres.

Item dixit per juramentum quod recipiens ostendit sibi crucem cum effigie Jhesu Christi depictam in quodam libro, et dixit sibi quod oportebat ac sibi injunxit in virtute obediencie quod abnegaret crucem in qua erat effigies predicta ter, et ter spueret supra eam; quod fecit ore, licet invitus, et non corde, et plus voluisset tunc esse Rome quam hoc fecisse, et postea recipiens fecit se osculari ab ipso recepto in umbilico.

Item dixit per juramentum suum quod recipiens injunxit sibi, in virtute obediencie, quod abstineret a mulieribus, et dedit sibi licenciam quod si calor naturalis moveret eum, quod ipse accederet ad fratres suos, et eos admitteret ad mutuum concubitum; sed nunquam fecit, ut dicit.

Item dixit quod credit quod alii fratres dicti ordinis simili modo recipiantur, tamen ipse non fuit in recepcione alicujus.

Item dixit, per juramentum suum ab eo super hoc iterum prestitum, quod vi, vel metu carceris aut tormenti, seu alia causa, non dixit aliud quam veritatem, nec premissis immiscuit aliquam falsitatem, et quod puram veritatem dixit pro salute anime sue.

Item frater Odo de Wirmis Belvacensis diocesis, magister carpentarius in domo Templi Parisiensis, sexagenarius vel circa, eodem modo constitutus, juratus et interrogatus, dixit per juramentum suum ab eo super hoc prestitum, quod bene sunt XVI anni vel circa elapsi quam fuit receptus in domo Parisiensi, per fratrem Johannem de Turno tunc temporis thesaurarium Templi Parisiensis, presentibus fratre Guidone preceptore Carnotense, fratre Petro preceptore domus Parisiensis, et aliis de quorum nominibus non recolit.

Item dixit per juramentum suum quod eo recepto, juramento ab ipso prestito de statutis et secretis ordinis observandis, aportata ibi cruce cum effigie Jhesu Christi, recipiens peciit ab eo si credebat quod esset JhesusChristus cujus ymago ibi erat, et ipse responditqu od sic, et tunc idem recipiens precepit ei et injunxit, in virtute obediencie, quod abnegaret ter illum cujus ymago erat ibi, et ter spueret supra eam, propter quod ipse fuit multum territus, et finaliter ipse ore, sed non corde, ut dicit, abnegavit ter ipsum cujus ymago erat ibi, et ter spuit supra crucem et ymaginem predictas.

Item dixit per juramentum quod osculatus fuit eumdem recipientem, de precepto ejusdem, in umbilico.

Item dixit per juramentum suum quod recipiens precepit sibi quod abstineret a mulieribus, et quod si calor naturalis moveret eum, quod haberet rem carnaliter cum fratribus suis, et similiter eos ad concubitum admitteret. Sed ipse nunquam fecit, ut dicit, nec super hoc extitit requisitus. Dicens quod multociens fuit sibi preceptum et inhibitum ab illo qui tenebat capitulum quod nullo modo revelaret predicta secreta ordinis.

Item dixit per juramentum suum quod vidit recipi simili modo fratrem Petrum, natum prope Yvriacum, agricolam domus de Orengi, et fratrem Johannem ejus fratrem morantem in domo de Puteolis juxta Luparas, et abnegare et spuere sicut supra.

Item dixit, per juramentum suum ab eo super hoc iterum prestitum, quod vi, vel metu carceris aut tormenti, seu alia causa, non dixit aliud quam veritatem, nec premissis immiscuit aliquam falsitatem, et quod puram veritatem dixit pro salute anime sue. Facte autem fuerunt confessiones et deposiciones hec a dictis quinque fratribus immediate precedentibus singulariter, ut premittitur, juramentis ab ipsorum quolibet ut supra dicitur prestitis, in presencia dicti fratris N. commissarii predicti domini inquisitoris prefati, loco, anno, indicione, pontificatu, anno et die predictis, presentibus religiosis viris fratribus Raymundo de Tholosa et Rogerio de Apulia ordinis Heremitarum Sancti Augustini, et domino Clemente de Castellione canonico Nivernensi, testibus ad hoc vocatis et rogatis.

Et ego Gaufridus Enguelor dictus Chalop, clericus Dolensis diocesis, apostolica auctoritate notarius publicus, premissis omnibus et singulis dicta xxvii die octobris actis, in hac supra et in precedenti peciis simul sutis contentis, presens una cum immediate suprascriptis testibus interfui, et in testimonium premissorum me subscripsi, et signum meum apposui consuetum vocatus et rogatus.

Anno Domini millesimo ccc° septimo, indicione sexta, die Veneris, in vigilia sanctorum Symonis et Jude, pontificatus sanctissimi Patris ac domini nostri domini Clementis divina Providencia pappe quinti anno secundo, in presencia religiosi et honesti viri fratris Durandi de Sancto Porciano ordinis fratrum Predicatorum, commissarii in causa fidei a religioso et honesto viro fratre Guillelmo de Parisius domini pappe capellano, illustris regis Francie confessore, ac inquisitore heretice pravitatis in regno Francie auctoritate apostolica deputato, ac in mei notarii et testium infrascriptorum ad hoc vocatorum specialiter et rogatorum personaliter constitutus, frater Guillelmus de Hermont presbyter ordinis milicie Templi, etatis viginti octo annorum vel circiter, ut dicebat, receptus per fratrem Johannem de Turno thesaurarium quondam dicti Templi, requisitus per suum juramentum ad sancta Dei Evangelia corporaliter ab eo tacta prestitum, quod deponeret meram et puram veritatem sine aliqua falsitate in causa fidei de se et de aliis, que dictus inquisitor duxerit requirenda, et primo requisitus de loco in quo fuit receptus, dixit per juramentum suum quod apud Latigniacum Siccum, et sunt sex anni elapsi postquam fuit receptus, et stetit in dicto ordine. Requisitus qui fuerunt in recepcione ejus, dixit per juramentum suum quod frater Radulphus de Grandi Villari et alii quidam fratres qui sunt jam mortui. Requisitus de modo recepcionis sue, dicit per juramentum suum quod, post multas promissiones de observanciis dicte religionis, et recepto mantello, preceptum fuit ei a dicto thesaurario quod abstineret se a mulieribus, et si urgeretur aliquo calore carnali, poterat commisceri cum fratribus dicti ordinis. Deinde oblata fuit sibi quedam crux, et petitum fuit ab ipso quem representabat ipsa crux. Qui respondit quod crucem Domini nostri Jhesu Christi, et peciit dictus thesaurarius si credebat in eum : qui respondit quod sic; et tunc dixit sibi quod male credebat, nec salvari poterat in hac fide, qui fuit falsus propheta; et tunc injunxit sibi, virtute obediencie, quod in despectu ipsius Christi spueret ter supra crucem, et hec primo renuit facere. Dictus frater Radulphus de Grandi Villari propter hoc accepit eum violenter per pectus, dicendo sibi quod oportebat quod hoc faceret, alioquin tanquam inobediens in perpetuo carcere poneretur. Tunc ipse coactus et perterritus, finxit spuere ter supra crucem, et spuit in terram. Deinde osculatus fuit dictum recipientem primo in ore, deinde in umbilico, et requisitus ab eo quod oscularetur tercio eum in fine spine dorsi, omnino hoc facere recusavit. Requisitus de capite, respondit quod nichil scit. Deinde dixit quod ea que deposuit sunt vera et sine aliqua falsitate, nec ea deposuit nec vi, nec metu pene, nec alia de causa, sed ad expediendam conscienciam suam, presentibus religiosis viris fratribus Gregorio de Luca, Johanne de Marchia Aconitana bachelario in theologia, ordinis Sancti Augustini, et fratre Richardo de Anglia ejusdem ordinis, et venerabilibus et discretis viris magistro Reginaldo de Albigniaco succentore Bituricensi, et domino Reginaldo de Royaco domini nostri regis thesaurario, testibus ad hoc vocatis specialiter et rogatis.

Item frater Petrus de Blesis presbyter dicti ordinis, etatis quinquaginta quinque annorum vel circiter, ut dicit, eodem modo juratus et requisitus, ut dicit, eodem modo juratus et requisitus ut supra, dicit quod fuit receptus octo anni sunt elapsi apud Savigniacum Templi, per dictum thesaurarium Templi quondam, presentibus fratre Radulpho de Hordivillari, et aliis fratribus dicti ordinis de quorum nominibus ad presens non recolit. Et post multas obligationes et promissiones de observanciis dicti ordinis, recepto mantello a dicto thesaurario, ductus fuit per quemdam fratrem de cujus nomine non recolit ad dormitorium dicte domus, qui sibi ostendit quamdam crucem in qua erat ymago Jhesus crucifixi; qui dixit ei quod abnegaret illum cujus erat ymago, et in despectu illius spueret ter supra crucem : qui abnegavit semel ore, sed non corde, et spuit ter supra crucem.

Item recognovit quod vovit continere a mulieribus; sed precepit dictus recipiens seu thesaurarius quod, si temptaretur carnaliter, poterat commisceri cum fratribus dicti ordinis, et exhibere se aliis, si super hoc requireretur ab eisdem : nunquam tamen hoc sibi accidit. Et dixit quod osculatus fuit dictum recipientem primo in ore, postea, revoluto supertunicali, in umbilico super tunicam ipsius thesaurarii. Et dixit quod ea que deposuit sunt vera, nec propter metum aliquem vel alia de causa deposuit, sed pro salute anime sue.

Item frater Michel de Fles, juratus ut supra, etatis quinquaginta quatuor annorum vel circiter, ut dicebat, requisitus per juramentum suum ut supra, dicit quod fuit receptus sunt viginti duo anni in domo de Druerya Ambianensis diocesis, per fratrem Guiardum de Cannoys, de mandato fratris Johannis de Turno tunc thesaurarii, presentibus fratribus Radulpho dicto Moyses, Guillelmo dicto le Bryes, qui adhuc vivit, ut credit, et pluribus aliis jam defunctis; et dicit quod, post multas promissiones de observanciis dicti ordinis, et recepto mantello, osculatus fuit recipientem primo in ore, deinde in umbilico nudo et non alibi.

Item aportata fuit ibi quedam crux, sed non recolit utrum esset ibi aliqua ymago vel non, et fecit eum abnegare crucem ter et crucifixionem, et spuere ter supra eam : nunquam negavit corde, ut dicit.

Item recognovit quod vovit continere a mulieribus. Fuit tamen eidem dictum quod si forte moveretur carnaliter, quod licitum erat ei commisceri cum fratribus dicti ordinis. Requisitus de ydola, dicit quod nichil scit. Dicit eciam quod ea que deposuit vera sunt, nec propter aliqua tormenta, nec alia de causa deposuit ea que deposuit, sed pro salute anime sue. Presentibus testibus supradictis ac religiosis viris fratribus Lamberto de Merdo, Nicolao de Sicca Villa, Matheo de

Montibus in Hanonia, et Philippo de Parisius ordinis Sancti Guillelmi, testibus ad hoc vocatis specialiter et rogatis.

Et ego Evenus Phily de Sancto Nicasio clericus Corisopitensis diocesis, apostolica publicus auctoritate notarius, premissis omnibus et singulis in presenti et precedenti cartis simul sutis, et signo meo consueto signatis contentis, una cum testibus suprascriptis, presens interfui, me subscripsi, et signum meum solitum hic apposui rogatus, in testimonium premissorum.

In Christi nomine amen. Pateat universis per hoc presens publicum instrumentum, quod anno Domini millesimo ccc° septimo, indicione sexta, pontificatus sanctissimi Patris et domini domini Clementis divina pappe quinti anno secundo, die Jovis in crastino festi Omnium Sanctorum, scilicet secunda die novembris, in religiosi et honesti viri fratris Nicolai de Anessiaco ordinis fratrum Predicatorum, commissarii dati a religioso viro et honesto fratre Guillelmo de Parisius dicti ordinis, inquisitore heretice pravitatis in regno Francie auctoritate apostolica deputato, nostrum notariorum publicorum et testium infrascriptorum presencia personaliter constitutus frater Johannes de Basemont miles, etatis viginti quinque annorum vel circa, morans in domo de Prunayo juxta Meduntam, juratus ad sancta Dei Evangelia, tacta corporaliter ab eodem, de se et aliis sui ordinis super dicto crimine delatis in causa fidei dicere veritatem. Et interrogatus, per juramentum suum, de tempore et modo recepcionis sue, dixit per juramentum suum, quod fuit receptus Parisius per Hugonem de Paraudo visitatorem Francie, in festo instantis Purificacionis beate Marie vel circa erit annus, presentibus fratre Johanne de Foylleyo, fratre Oliverio de Penna, et aliis de quorum nominibus non recolit. Et dixit per juramentum suum quod, post promissionem ab eo factam de observandis statutis et secretis ordinis, fuit sibi positum mantellum ad collum, et preposita sibi cruce in qua erat ymago Jhesu Christi, recipiens petivit ab eo utrum crederet in eum cujus ymago erat ibi, et ipse qui loquitur dixit quod sic; et tunc predictus recipiens sibi dixit quod oportebat quod abnegaret eum cujus ymago erat ibi ter, et ter spueret supra crucem et ymaginem easdem, et precepit sibi quod hoc faceret; et tunc ipse qui loquitur negavit ter, et ter spuit supra crucem et ymaginem predictas, et hec fecit ore, sed non corde, ut dixit. Item dixit per juramentum suum, quod osculatus fuit dictum recipientem in umbilico et in ore, et non alibi; et precepit sibi et dixit dictus recipiens quod si calor naturalis moveret eum, quod ipse accederet ad fratres suos, et haberet rem cum eis; sed ipse nunquam fecit, ut dixit.

Item requisitus per juramentum, utrum vi, vel metu carceris aut tormentorum, dixerit aliud quam veritatem, dixit per juramentum suum quod non, et quod puram veritatem dixit pro salute anime sue.

Item anno, indicione, pontificatu, anno et die predictis, frater Johannes de Amblanvilla preceptor de Puteolis, quinquagenarius vel circa, eodem modo constitutus, juratus et interrogatus, dixit per juramentum suum quod bene sunt tres anni vel circa elapsi quod fuit receptus in grangia de Messelent, per fratrem Hugonem de Paraudo visitatorem Francie, presentibus fratre Johanne preceptore de Yvriaco in Weuquesino, et fratre Petro morante apud Barne.

Item dixit per juramentum quod predictus recipiens fecit eum jurare servare statuta et secreta ordinis, et posuit sibi mantellum ad collum, et postea ostensa sibi cruce cum effigie Jhesu Christi in quodam missali, recipiens quesivit ab eo si credebat quod esset Jhesus Christus cujus ymago erat ibi, et ipse qui loquitur respondit quod sic; et tunc idem recipiens precepit sibi quod abnegaret ter eum, et ter spueret supra crucem et ymaginem predictas, et tunc ipse qui loquitur negavit eum ter ore, sed non corde, ut dixit; et finxit ter se spuere supra crucem et ymaginem predictas, sed spuit ad terram, ut dixit.

Item dixit quod, de precepto recipientis, ipse osculatus fuit ipsum recipientem in ore, in umbilico et retro, subtus zonam, versus finem spine dorsi.

Item dixit per juramentum quod recipiens precepit sibi quod abstineret a mulieribus, et iret ad fratres suos, ad habendum rem cum eis, si calor naturalis moveret eum.

Item dixit per juramentum quod vi, vel metu carceris aut tormentorum, non dixit aliud quam veritatem, nec in premissis immiscuit aliquam falsitatem, aut subticuit veritatem, et quod puram veritatem dixit pro salute anime sue.

Item anno, indicione, pontificatu, anno et die predictis, frater Radulphus de Bretencuria, etatis xxvi annorum vel circa, eodem modo constitutus, juratus et interrogatus, dixit per juramentum suum quod fuit receptus Parisius, per fratrem Hugonem de Paraudo visitatorem Francie, in festo Beati Johannis Baptiste ultimo preterito fuerunt quinque anni, presentibus fratre Johanne de Turno quondam elemosinario domini regis, fratre Stephano Paton, Johanne Bras-de-Fer, Richardo Bescot, Richardo de Caprosia quadrifico dicti ordinis in domo Templi Parisiensis.

Item dixit per juramentum suum quod recipiens fecit eum jurare servare statuta et secreta ordinis, et posuit sibi mantellum ad collum, et osculatus fuit eum in ore, et postea ostendit sibi crucem in quodam libro, sed non recolit utrum erat in ea ymago Jhesu Christi vel non, et dixit quod recipiens precepit sibi quod abnegaret illum qui passus fuerat in dicta cruce, et ter spueret supra eam; et ipse qui loquitur dixit quod non faceret, et tunc recipiens adhuc sibi injunxit, in virtute obediencie, quod hoc faceret, dicens sibi quod hoc faceret. Et tunc ipse qui loquitur, videns quod janue ecclesie erant clause supra eum, et quod multi erant ibi fratres dicti ordinis quibus resistere non poterat, abnegavit eum qui passus fuit in dicta cruce semel, et spuit ad terram, fingens se spuere supra crucem, et hoc fecit ore, sed non corde.

Item dixit per juramentum suum quod recipiens dixit sibi quod si calor naturalis moveret eum, quod melius erat pro honestate ordinis quod ipse iret ad fratres suos, et haberet rem cum eis et ipsi secum, quam ipse faceret aliud.

Item dixit per juramentum quod vi, vel metu carceris aut tormentorum, non dixit aliud quam veritatem, nec in premissis immiscuit aliquam falsitatem, aut subticuit veritatem, et quod puram veritatem dixit pro salute anime sue.

Item anno, indicione, pontificatu, anno et die quibus supra, frater Petrus de Villari Ade, etatis quadraginta quinque annorum vel circa, preceptor domus de Oratorio super Autonem, eodem modo constitutus, juratus et interrogatus, dixit per juramentum suum quod fuit receptus in domo de Laignevilla in Belvacinio, per fratrem Nicolaum preceptorem de Latigniaco Sicco, de mandato defuncti fratris Johannis de Turno, bene sunt viginti duo anni elapsi vel circa, presentibus fratre Johanni de Laignevilla presbitero, et aliis dicti ordinis qui sunt mortui.

Item dixit per juramentum suum quod, post juramentum prestitum et promissionem factam ab eo de statutis et secretis ordinis observandis, recipiens posuit sibi mantellum ad collum, et ostensa sibi quadam cruce lignea cum effigie Jhesu Christi, recipiens precepit sibi quod abnegaret illum qui passus fuerat in ea, et ipse qui loquitur recusavit hoc facere tunc : propter quod recipiens fecit eum poni in carcere per totam illam diem et noctem sequentem, et die crastina ipse qui loquitur extractus de carcere, propter metum dicti carceris, de mandato recipientis, abnegavit illum qui passus fuit in dicta cruce ter; et cum recipiens preciperet sibi quod spueret supra crucem et imaginem predictas, ipse finxit se spuere supra crucem et ymaginem predictas, et spuit ad terram.

Item dixit quod osculatus fuit recipientem in ore et in umbilico solum.

Item dixit per juramentum suum quod vidit fratrem Petrum de Blesis capellanum dicti ordinis, per fratrem Johannem de Turno, et fratrem dictum Touzsains, per fratrem Radulphum de Gisi, et alios de quorum nominibus non recolit, recipi eodem modo, ut sibi videtur.

Item dixit per juramentum quod vi, vel metu carceris aut tormentorum, non dixit aliud quam veritatem, nec in premissis immiscuit aliquam falsitatem, aut subticuit veritatem, et quod puram veritatem dixit pro salute anime sue.

Facte autem sunt confessiones seu deposiciones hec a dictis quatuor fratribus Johanne, Johanne, Radulpho et Petro ordinis milicie Templi, juramentis prius ab eis ut premittitur prestitis, Parisius, in domibus Templi, anno, indicione, pontificatu, anno et die predictis, presentibus fratribus Terrico de Amella, Bernardo de Molartico et Reginaldo de Jardo ordinis fratrum Predicatorum, testibus ad premissa vocatis et rogatis.

Et ego Amisius de Aureliano dictus le Ratif, clericus, sacrosancte Romane ecclesie auctoritate notarius publicus, premissis confessionibus et omnibus aliis, prout in hac et precedentibus peciis signo meo signatis continentur, una cum suprascriptis testibus et magistro Gaufrido Enguelor dicto Chalop, publico notario, presens interfui, ac, de mandato dicti commissarii, huic instrumento me subscripsi in testimonium premissorum, illudque signo meo solito signavi rogatus.

Et ego Gaufridus Enguelor dictus Chalop, clericus Dolensis diocesis, apostolica auctoritate notarius publicus, premissis omnibus et singulis in hac et precedenti peciis simul sutis et signo meo signatis, presens, una cum dicto magistro Amisio notario publico, et testibus suprascriptis, interfui, me subscripsi, et signum meum apposui consuetum vocatus et rogatus.

In nomine Domini amen. Pateat universis per hoc presens publicum instrumentum, quod anno Domini millesimo trecentesimo septimo, indicione sexta, pontificatus sanctissimi patris et domini domini Clementis divina Providencia pappe quinti anno secundo, tercia die novembris, in religiosi et honesti viri fratris Nicolai de Anessiaco ordinis Predicatorum, commissarii fratris Guillelmi de Parisius dicti ordinis, inquisitoris heretice pravitatis in regno Francie auctoritate apostolica deputati, nostrum notariorum publicorum et testium infrascriptorum presencia personaliter constitutus frater dictus Touzsains, etatis triginta duorum annorum, juratus ad sancta Dei Evangelia sibi ostensa, et manu propria tacta, de se et aliis in causa fidei dicere veritatem, et interrogatus de tempore et modo sue recepcionis, dixit per juramentum suum quod receptus fuit apud Laigneville, per fratrem Radulphum de Bria preceptorem ballivie de Moissiaco, annus et dimidius est elapsus vel circa, presentibus fratre Johanne de Furno et Radulpho Goceran dicti ordinis, et quibusdam aliis de quorum nominibus non recolit. Dixit eciam per juramentum suum quod, post multas promissiones de statutis et observanciis dicti ordinis observandis factas ab eo, et mantello sibi posito ad collum, dictus recipiens ostendit sibi crucem in qua erat ymago Jhesu Christi crucifixi, et petivit ab eo dictus recipiens utrum crederet in eum cujus erat ibi figura depicta, qui respondit quod sic, et tunc compulit eum ad abnegandum Jhesum Christum et spuendum ter supra crucem et ymaginem. Interrogatus de voto castitatis, dixit per juramentum suum quod dixit sibi quod omnino abstineret a mulieribus, et si calor naturalis moveret eum, quod commisceret se cum fratribus dicti ordinis. Requisitus de osculo, dixit per juramentum suum quod osculatus fuit dictum recipientem in umbilico et in ore solummodo.

Interrogatus utrum vi, vel metu carceris vel tormentorum, aut aliqua alia de causa, aliquam falsitatem dixerit, aut veritatem tacuerit, dixit per juramentum suum quod non; immo dixit puram veritatem.

Item frater Johannes de Laingnevilla, etatis quinquaginta annorum vel circa, juratus eodem modo de se et aliis in causa fidei plenam et puram ac integram dicere veritatem, et requisitus de tempore ac modo sue recepcionis, dixit per juramentum suum quod receptus fuerit apud Sommerens diocesis Ambianensis, in festo sancti Michaelis fuerunt sexdecim anni, per fratrem Robertum de Sancto Penthaleone preceptorem ballivie de Pontivo, presentibus fratre Auberto capellano dicte domus, preceptoribus de Quesneto et de Garot, fratre Guillelmo de Platea. Dixit eciam per juramentum suum quod, post multas promissiones de observandis statutis et consuetudinibus dicti ordinis factas, dictus recipiens ostendit sibi crucem in quodam missali in qua erat ymago Jhesu Christi, et precepit sibi quod abnegaret Jhesum Christum, et spueret supra crucem, et ipse, de mandato suo, semel abnegavit Jhesum Christum, et semel spuit supra crucem.

Interrogatus de osculo, dixit per juramentum suum quod osculatus fuit in latere et in ore.

Interrogatus de voto castitatis, dixit quod idem recipiens precepit sibi quod omnino abstineret a mulieribus, et commisceret se carnaliter cum aliis fratribus dicti ordinis.

Requisitus utrum vidit recipi aliquos fratres, dixit per juramentum suum quod sic duos, quorum unus vocabatur Anselmus, de nomine alterius non recolit; et fuerunt recepti per dictum fratrem Robertum.

Requisitus utrum per illum modum fuerunt recepti, dixit per juramentum quod sic, et quod hoc vidit.

Requisitus utrum omnes alii per illum modum recipiantur, dixit quod sic, ut credit.

Requisitus utrum vi, vel metu carceris vel tormentorum, dixerit aliquam falsitatem, aut veritatem tacuisset in sua deposicione, dixit per juramentum suum quod non; immo veritatem dixit.

Item frater Robertus de Momboin, etatis quadraginta annorum, juratus eodem modo de se et aliis in causa fidei plenam, puram et integram dicere veritatem, et requisitus de tempore et modo sue recepcionis, dixit per juramentum suum quod fuit receptus in domo de Themis in ballivia de Prunay, per fratrem Symonem de Quinci preceptorem dicte ballivie, sexdecim anni sunt elapsi vel circa; presentibus fratribus Guillelmo de Braie et fratre Egidio Monachi militis, et quibusdam aliis fratribus de quorum nominibus non recolit. Dixit tamen per juramentum suum quod, post multas promissiones factas ab eo de statutis dicti ordinis observandis, et mantello ad collum posito, idem recipiens ostendit sibi quamdam crucem, et precepit sibi quod supra illam spueret, et quod abnegaret signum crucis; et ipse recusavit facere quantum potuit, et tunc dictus recipiens dixit sibi quod, nisi faceret, ipse poneret eum in carcere perpetuo; et tunc fecit compulsus.

Interrogatus de osculo, dixit per juramentum suum quod osculatus fuit dictum recipientem in umbilico et in ore. Dixit eciam per juramentum suum quod precepit sibi quod oscularetur eum in fine spine dorsi, sed noluit. Requisitus de voto castitatis, dixit per juramentum suum quod inhibitum fuit sibi quod non commisceret se cum mulieribus, et quod si calor naturalis moveret eum, quod commisceret se cum fratribus suis, et hoc ab aliis pateretur. Dixit eciam quod nunquam fecit, nec fuit requisitus.

Interrogatus si nunquam vidit aliquos fratres recipi in dicto ordine, dixit quod sic unum, fratrem Philippum de Supere Normanum. Dixit eciam per juramentum suum quod eodem modo vidit eum recipi. Requisitus utrum credit quod alii eodem modo recipiantur, dixit quod credit in veritate quod alii recipiantur ita. Dixit eciam per juramentum suum quod de premissis confessus fuit cuidam fratri ordinis Minorum, qui dixit quod non poterat eum absolvere, et quod oportebat quod iret ad sedem apostolicam.

Requisitus utrum vi, vel metu carceris vel tormentorum, aliquam dixerit falsitatem aut immiscuerit in deposicione sua, dixit per juramentum suum quod non; immo dixit veritatem.

Item frater Matheus des Quesnoi, etatis triginta duorum annorum, juratus eodem modo et requisitus de tempore et modo sue recepcionis, dixit per juramentum suum quod receptus fuit apud Soisiacum, sexdecim anni sunt elapsi, per fratrem Johannem de Turno tunc thesaurarium Templi Parisiensis, presentibus fratre Radulpho de Hardiviller et quibusdam aliis mortuis, de quorum nominibus non recolit. Dixit eciam per juramentum suum quod, post multas promissiones de observandis statutis et secretis dicti ordinis, et mantello ad collum posito, aportata fuit sibi quedam crux, et precepit sibi quod abnegaret Jhesum Christum, et quod spueret supra crucem; et quia noluit facere, fuit in prisione per triduum in pane et aqua. Et tunc, timore mortis, abnegavit Jhesum Christum, et spuit supra crucem. Requisitus de osculo, dixit per juramentum suum quod osculatus fuit eum in umbilico et in ore solummodo. Dixit eciam per juramentum suum quod injunctum fuit sibi quod omnino abstineret a mulieribus, et quod si calor naturalis moveret eum, quod commisceret se cum fratribus suis, et hoc idem ab aliis pateretur. Dixit eciam per juramentum suum quod credit quod alii eodem modo recipiantur.

Interrogatus utrum vi, vel metu carceris vel tormentorum, aliquam dixerit falsitatem aut immiscuerit in deposicione sua, dixit per juramentum quod non; immo dixit veritatem.

Item frater Reginaldus de Fontanis, etatis triginta annorum vel circa, juratus eodem modo et requisitus de tempore et modo sue recepcionis, dixit per juramentum suum quod fuit receptus in domo de Coloribus in Ota, per fratrem H. de Paraudo, decem anni sunt, presentibus fratre Hugone de Chalou nepote dicti fratris H. de Paraudo, et quibusdam aliis de quorum nominibus non recolit. Dixit eciam per juramentum suum quod, post multas promissiones de statutis et secretis dicti ordinis observandis factas, dictus recipiens ostendit sibi crucem in quodam missali, et precepit sibi quod Jhesum Christum abnegaret, et quod spueret supra crucem, qui fecit predicta. Dixit eciam per juramentum suum quod osculatus fuit dictum recipientem in ore et in umbilico et in fine spine dorsi. Dixit eciam per juramentum suum quod injunctum fuit sibi quod omnino abstineret a mulieribus, et si calor naturalis moveret eum, commisceret se cum aliis fratribus, et hoc idem de aliis fratribus pateretur. Dixit et per juramentum suum quod credit quod omnes alii simili modo recipiantur.

Requisitus utrum vi, vel metu carceris vel tormentorum, aliquam dixerit falsitatem aut immiscuerit in deposicione sua, dixit per juramentum suum quod non; immo dixit puram veritatem.

Item frater Galterus de Bures diocesis Lingonensis, etatis XXII annorum, juratus eodem modo et requisitus de tempore et modo sue recepcionis, dixit per juramentum suum quod fuit receptus in domo de Aurelaves diocesis Trecensis, per fratrem H. de Paraudo, septem anni sunt, presentibus fratre Gerardo de Saires et fratre Johanne Laugembe, et quibusdam aliis de quorum nominibus non recolit. Dixit eciam per juramentum suum quod, post multas promissiones factas ab eo de statutis et secretis dicti ordinis observandis, et mantello sibi ad collum posito, aportata fuit sibi quedam crux, et dixit sibi dictus recipiens si credebat in eum qui passus fuerat in cruce, et ipse dixit quod sic; et tunc dictus recipiens precepit sibi quod abnegaret Jhesum Christum, et spueret supra crucem. Dixit per juramentum suum quod abnegavit, et spuit semel supra crucem, et postea osculatus fuit dictum recipientem in umbilico et in ore. Interrogatus de voto castitatis, dixit per juramentum suum quod injunctum fuit sibi ut omnino abstineret a mulieribus, et si calor naturalis moveret eum, quod commisceret se carnaliter cum fratribus suis, et hoc pateretur de aliis, sed numquam fecit, nec ab aliquo fuit requisitus, ut dixit. Interrogatus utrum vi, vel metu carceris aut tormentorum, aliquam dixerit falsitatem vel immiscuerit in deposicione sua, dixit per juramentum suum quod non; immo dixit puram et meram veritatem.

Item frater Petrus de Monte Seudi, etatis triginta annorum, juratus eodem modo de se et aliis in causa fidei dicere veritatem, et interrogatus de tempore et modo sue recepcionis, dixit per juramentum suum quod fuit receptus apud Savigniacum, per fratrem Johannem de Turno thesaurarium Templi Parisiensis, die Martis instanti post festum beati Martini erit annus, presentibus fratre Petro de Cormeliis et fratre Johanne preceptore domus de Chalou Regine. Dixit eciam per juramentum suum quod, post multas promissiones ab eo factas de statutis et observanciis dicti ordinis observandis, et mantello sibi ad collum posito, dictus recipiens ostendit sibi crucem in qua erat ymago Jhesu Christi, et precepit sibi pluries quod abnegaret Jhesum Christum, et quod spueret supra crucem. Dixit eciam per juramentum suum quod per violenciam et contra voluntatem suam abnegavit semel ore, et non corde, et non videtur sibi quod spueret supra crucem. Interrogatus de osculo, dixit per juramentum suum quod osculatus fuit recipientem in umbilico et in ore. Dixit eciam per juramentum suum quod dictum fuit sibi quod si urgeretur calore naturali, quod commisceret se cum fratribus dicti ordinis. Dixit tamen per juramentum suum quod nunquam fecit, nec ab aliquo fuit requisitus. Dixit eciam per juramentum suum quod credit quod omnes alii tali modo recipiantur. Interrogatus utrum vi tormentorum, vel metu carceris, vel alia causa, dixit aliquam falsitatem vel immiscuerit in deposicione sua, dixit per juramentum suum quod non; immo dixit puram veritatem.

Item frater Johannes de Cormeliis, etatis sexaginta annorum, juratus eodem modo de se et aliis in causa fidei dicere veritatem, et interrogatus de tempore et modo sue recepcionis, dixit per juramentum suum quod receptus fuit apud Bellum Visum in Gastinesio Senonensis diocesis, tresdecim anni sunt elapsi, per fratrem Radulphum de Hardiviller, presentibus fratribus Petro Picardi et Guillelmo agricola dicte domus, et quibusdam aliis de quorum nominibus non recolit. Dixit eciam per juramentum suum quod, post multas promissiones de observandis secretis et statutis dicti ordinis factas, aportata fuit sibi quedam crux in qua erat depicta imago Jhesu Christi, et tunc precepit sibi dictus recipiens quod abnegaret Jhesum Christum cujus imago erat ibi, et spueret supra crucem bis; quod ipse fecit, ut dixit. Dixit eciam per juramentum suum quod osculatus fuit dictum recipientem in umbilico et in ore solum. Dixit eciam per juramentum suum quod prohibitum fuit sibi ne commisceret se cum mulieribus, immo, si calor naturalis moveret eum, quod commisceret se cum fratribus suis, et hoc idem de aliis pateretur. Interrogatus utrum vi, vel metu carceris aut tormentorum, aliquam dixerit falsitatem vel immiscuerit in deposicione sua, dixit per juramentum suum quod non; immo dixit puram et meram veritatem.

Item frater Galterus de Bailleul, etatis sexaginta annorum, juratus eodem modo de se et aliis in causa fidei dicere veritatem, et interrogatus de tempore et modo sue recepcionis, dixit per juramentum suum quod fuit receptus apud Montem Suessionis, per fratrem Arnulphum de Wisemale, viginti quatuor anni sunt elapsi, presentibus fratre Thierrico de Vaubellain et fratre Arnulpho de Ville Savoir, et quibusdam aliis de quorum nominibus non recolit. Dixit eciam per juramentum suum quod, post multas promissiones factas ab eo de statutis et secretis dicti ordinis observandis, dictus recipiens ostendit sibi quamdam crucem ligneam in qua erat ymago Jhesu Christi, et precepit sibi dictus recipiens quod abnegaret Christum cujus ymago erat ibi, et quod spueret supra crucem, quod ipse fecit ter. Interrogatus de osculo, dixit per juramentum suum quod osculatus fuit recipientem in umbilico et in ore. Dixit eciam per juramentum quod preceptum fuit a dicto recipiente quod omnino abstineret a mulieribus, et si calor naturalis moveret eum, quod commisceret se cum aliis fratribus suis, et hoc idem de aliis pateretur. Dixit tamen quod nunquam fecit, nec fuit requisitus. Interrogatus utrum vi, vel metu carceris aut tormentorum, aliquam dixerit falsitatem vel immiscuerit in deposicione sua, dixit per juramentum suum quod non; immo dixit puram veritatem.

Item frater Richardus Leobardi, etatis triginta annorum vel circa, ut dixit, juratus eodem modo de se et aliis in causa fidei dicere veritatem, et interrogatus de tempore et modo sue recepcionis, dixit per juramentum suum quod fuit receptus apud Breteville la Rabel, per fratrem Andream de Saqueinville preceptorem ballivie Normannie, presentibus fratre Symone Poitel et fratre Guillelmo Mot, et quibusdam aliis de quorum nominibus non recolit. Dixit eciam per juramentum suum quod, post multas promissiones de statutis et secretis dicti ordinis observandis, et mantello ad collum posito, aportata fuit sibi quedam crux enea in qua erat imago Jhesu Christi, et tunc precepit sibi dictus recipiens quod Jhesum Christum abnegaret, et quod spueret supra crucem, quod fecit semel tantummodo. Interrogatus de voto castitatis, dixit per juramentum suum quod preceptum fuit sibi quod omnino abstineret a mulieribus, et si calor naturalis urgeret eum, quod commisceret se carnaliter cum aliis fratribus dicti ordinis; sed numquam fecit, ut dixit.

Interrogatus utrum vi, vel metu carceris aut tormentorum, aliquam dixit falsitatem vel immiscuerit in deposicione sua, dixit per juramentum suum quod non; immo dixit veritatem.

Acta sunt hec anno, indicione, mense, die et pontificatu predictis, presentibus fratribus Tierrico de Amella, Bernardo de Molartico, Reginaldo de Jars ordinis Predicatorum, magistris Reginaldo de Albigniaco Bituricensis, et Johanne de Crepiaco Silvanectensis ecclesiarum canonicis, et pluribus aliis clericis et laicis, testibus ad hoc vocatis et rogatis.

Et ego Amisius de Aureliano dictus le Ratif, clericus, sacrosancte Romane ecclesie auctoritate notarius publicus, premissis omnibus et singulis, prout in hac et precedenti peciis meo signo signatis continentur, una cum suprascriptis testibus et magistris Gaufrido Enguelor dicto Chalop, Eveno Phili et Jacobo de Virtuto publicis notariis presens interfui, ac, de mandato dicti commissarii, in hoc instrumento me subscripsi in testimonium premissorum, illudque signo meo solito signavi rogatus.

Et ego Jacobus de Virtuto clericus Cathalaunensis diocesis, publicus imperiali auctoritate notarius, premissis confessionibus et omnibus aliis, prout in precedenti continentur, una cum suprascriptis testibus et magistris Amisio, Gaufrido et Eveno notariis publicis presens interfui, et, de mandato dicti commissarii, hic me subscripsi in testimonium premissorum, signumque meum solitum apposui rogatus.

Et ego Gaufridus Enguelor dictus Chalop, clericus Dolensis diocesis, apostolica auctoritate notarius publicus, premissa dicta die novembris acta, presens una cum dictis notariis hic subscriptis et testibus interfui, me subscripsi, et signum meum apposui consuetum rogatus.

Et ego Evenus Phili de Sancto Nicasio clericus Corisopitensis diocesis, apostolica publicus auctoritate notarius, premissis omnibus in presenti et precedenti cartis contentis interfui, hic me subscripsi, et una cum singulis notariis suprascriptis signum meum apposui rogatus.

In Christi nomine amen. Pateat universis quod anno Domini millesimo trecentesimo septimo, indictione sexta, pontificatus sanctissimi patris et domini domini Clementis divina providencia pappe quinti anno secundo, die Martis post festum Omnium Sanctorum, scilicet septima die novembris, in religiosi et honesti viri fratris Nicolai de Anessiaco ordinis fratrum Predicatorum, commissarii dati a religioso et honesto viro fratre Guillelmo de Parisius ejusdem ordinis, inquisitore heretice pravitatis in regno Francie auctoritate apostolica deputato, nostrum notariorum publicorum et testium infrascriptorum presencia personaliter constitutus frater Petrus de Bononia presbyter et generalis procurator totius ordinis milicie Templi, etatis quadraginta quatuor annorum vel circa, juratus ad sancta Dei Evangelia, et requisitus de se et aliis dicti ordinis milicie Templi super dicto crimine delatis dicere veritatem, dixit per juramentum suum quod bene sunt xxv anni vel circa quod fuit receptus Bononie, per fratrem Guillelmum de Novis preceptorem tunc in Lombardia, presentibus fratre Petro Mutine et fratre Jacobo Bononie tunc preceptoribus, et aliis de quorum nominibus non recolit.

Jam dixit per juramentum suum quod, eo recepto, et post juramentum ab eo prestitum de statutis et secretis ordinis observandis, et post mantellum sibi positum ad collum, recipiens traxit eum ad partem, et ostendit sibi quamdam crucem ligneam cum ymagine crucifixi, et precepit sibi quod abnegaret eum cujus ymago erat ibi, et ter spueret supra crucem; que fecit idem frater Petrus.

Item dixit per juramentum quod recipiens dixit sibi quod si temptatio carnis stimularet eum, quod ipse bene poterat se commiscere cum fratribus ordinis sui, et ipsi secum sine peccato. Sed ipse nunquam credidit nec credit, ut dixit, quin hoc sit peccatum horribile, et dixit quod nunquam commisit illud peccatum.

Item osculatus fuit recipientem in ore, in umbilico et in vili parte inferiori.

Item dixit quod vidit fratrem Artusium militem secum, et postea plures alios fratres dicti ordinis per illum eumdem modum recipi in ordine predicto.

Item dixit per juramentum suum quod vi, vel metu tormentorum vel alias non dixit aliud quam veritatem, nec in premissis immiscuit aliquam falsitatem, sed meram veritatem dixit pro salute anime sue.

Item frater Johannes de Sancto Remino Suessionensis diocesis, morans cum preceptore Pictavensi, etatis XXVI annorum vel circa, eodem modo constitutus, juratus et requisitus, dixit per juramentum suum quod bene sunt quinque anni vel circa elapsi quod fuit receptus in domo de Rochis juxta Lezigniacum Pictavensis diocesis, per fratrem Balduinum de Chiri militem, preceptorem dicte domus de Rochis, presentibus fratre Audeberto de Porta et fratribus Matheo et Johanne sociis, in dicta domo, nec pluribus quod recolat.

Item dixit per juramentum suum quod, eo recepto, juramento prestito ab eodem de statutis et secretis ordinis observandis, et mantello sibi ad collum posito, recipiens traxit eum ad partem, et ostendit sibi ymaginem crucifixi depictam in cruce in quodam libro, et precepit sibi et injunxit quod spueret ter super eam : quod fecit ore, sed non corde, ut dixit.

Item dixit per juramentum quod recipiens precepit sibi quod oscularetur eum in ore et in fine spine dorsi : quod fecit invitus tamen de parte inferiori.

Item dixit quod prefatus recipiens precepit sibi quod si fratres sui ordinis vellent habere rem carnaliter cum eo, quod ipse admitteret eos ad hoc, dicens dictus recipiens quod ipse receptus bene poterat similiter habere rem cum eis, si vellet; sed ipse nunquam fecit, ut dixit.

Item dixit quod credit quod alii fratres dicti ordinis modo simili recipiantur.

Item dixit per juramentum suum quod vi, vel metu tormentorum vel alias non dixit aliud quam veritatem, nec in premissis immiscuit aliquam falsitatem, et quod meram veritatem dixit pro salute anime sue.

Item frater Constancius de Biciaco la Coste, morans Pruvini, et venditor vinorum domus Templi dicti loci, quadragenarius vel circa, eodem modo constitutus, juratus et requisitus, dixit per juramentum suum quod bene sunt XIII anni vel circa elapsi, quod fuit receptus in domo Templi Cabilonensis, per fratrem Odonem de Castro Novo preceptorem ballivie Cabilonensis, presentibus fratribus Guillelmo dispensatore tunc temporis, et Stephano de Buris bergerio dicte domus, qui, ut credit, sunt mortui, et quibusdam aliis.

Item dixit per juramentum suum quod, eo recepto, juramento prestito ab eodem de statutis et secretis ordinis observandis, et mantello sibi ad collum posito, recipiens ostendit sibi quamdam crucem argenteam cum ymagine crucifixi, precipiens sibi quod abnegaret eum cujus ymago erat ibi ter, et ter spueret supra eam ; et cum hoc facere recusaret, recipiens et alii fratres acceperunt eum per caput per scapulas, et alibi per corpus, et compulerunt eum spuere supra crucem et ymaginem predictas ter, dicentes sibi quod hoc erat statutum ordinis. Sed ipse noluit abnegare, nec predictam spuicionem fecit ex corde, ut dixit; et dixit per juramentum suum quod ipse pocius voluisset quod nunquam fuisset ordo Templi; sed ipse remansit in eo, pro eo quod habebat aliquos amicos in eodem ordine qui fecerunt eum recipi, quos ipse modo propter factum hujusmodi sibi non reputat amicos.

Item dixit per juramentum suum quod recipiens fecit se osculari ab eo in ore et in umbilico, et precepit sibi quod oscularetur eum in parte posteriori in fine spine dorsi, sed ipse noluit facere.

Item dixit quod credit quod alii fratres dicti ordinis modo simili recipiantur.

Item dixit per juramentum suum quod vi, vel metu tormentorum vel alias non dixit aliud quam veritatem, nec in premissis immiscuit aliquam falsitatem, et quod meram veritatem dixit pro salute anime sue.

Item frater Jacobus de Crumellis, etatis XLV annorum vel circa, morans et procurans in domo Suessionensis, eodem modo constitutus, juratus et requisitus, dixit per juramentum suum quod in festo beati Bartholomei ultimo preteriti, fuerunt octo anni quod fuit receptus in dicta domo per fratrem Johannem de Cernayo preceptorem tunc dicte domus, presentibus fratre Gerardo milite dicti ordinis, fratre Roberto capellano dicte domus et quibusdam aliis.

Item dixit per juramentum suum quod, eo recepto, juramento prestito ab eodem de statutis et secretis ordinis observandis, dictus miles posuit sibi mantellum ad collum de mandato preceptoris predicti, et tunc dictus frater Johannes posuit omnes alios fratres extra ecclesiam, et retinuit ipsum qui loquitur in ecclesia, et clausit eam, et duxit eumdem fratrem Jacobum retro altare, et ostendit sibi quamdam crucem ligneam cum effigie Jhesu Christi, dicens sibi : Quem credis tu quod sit iste cujus ymaginem vides hic? Et ipse qui loquitur sibi respondit quod erat ymago Jhesu Christi qui passus fuerat in ea pro nobis et aliis peccatoribus redimendis, et quod credebat in eum; et tunc predictus recipiens dixit sibi quod male credebat, et quod oportebat secundum statuta ordinis quod eum abnegaret ter, et ter spueret supra crucem et ymaginem predictas; precipiens sibi quod hoc faceret, dicens eidem qui loquitur quod tanta erat obediencia sui ordinis, quod oportebat quod ipse qui loquitur et alii fratres ordinis facerent quicquid preceptores sui sibi preciperent quantumcumque essent viles, etiam si essent porcharii; et tunc ipse qui loquitur abnegavit eum cujus imago erat in dicta cruce ter, et ter spuit supra eam.

Item dixit per juramentum quod fecit eum exui vestes, et osculatus fuit eumdem receptum in fine spine dorsi et in umbilico et in ore.

Item dixit quod credit quod alii fratres dicti ordinis recipiuntur per eumdem modum.

Item dixit per juramentum suum quod vi, vel metu tormentorum vel alias non dixit aliud quam veritatem, nec in premissis immiscuit aliquam falsitatem, et quod puram veritatem dixit pro salute anime sue.

Item frater Ansellus de Rocheria miles, Cathalanensis diocesis, etatis XXV annorum vel circa, constitutus, juratus et requisitus eodem modo, dixit per juramentum suum quod in instanti Nativitate Domini erunt XII anni, quod fuit receptus per fratrem Bellum de Ly militem, preceptorem ballivie Cathalanensis, presentibus fratre Hymberto de Cremi et fratre Hugone Cochet milite, qui fuit receptus cum eo, et aliis de quorum nominibus non recolit.

Item dixit per juramentum suum quod, eo recepto, juramento prestito ab eodem de statutis et secretis ordinis observandis, et mantello sibi ad collum posito, recipiens ostensa sibi cruce cum effigie crucifixi, precepit sibi quod abnegaret eum ter, et ter spueret supra crucem et ymaginem predictas; quas abnegacionem et spuicionem ipse fecit semel, ex ore, sed non corde, ut dicit.

Dixit eciam quod osculatus fuit dictum recipientem in ore solum.

Item dixit per juramentum suum quod recipiens precepit sibi quod exponeret se fratribus suis, si vellent rem habere cum eo, et hoc idem eis faceret, si vellet; sed ipse dixit per juramentum suum quod dixit idem recipienti quod nunquam precepto hujusmodi obediret, nec illud peccatum commisit, ut dicit.

Item dixit quod credit quod alii fratres dicti ordinis recipiuntur per eumdem modum.

Item dixit per juramentum suum quod vi, vel metu tormentorum vel alias non dixit aliud quam veritatem, nec in premissis immiscuit aliquam falsitatem, et quod puram veritatem dixit pro salute anime sue.

Item frater Radulphus de Grandivillari Ambianensis diocesis, etatis triginta quatuor annorum vel circa, morans et curam gerens aratrorum in domo de Monte Suessionensi, eodem modo constitutus, juratus et requisitus, dixit per juramentum suum quod in festo Nativitatis beate Marie ultimo preterito fuerunt decem anni vel circa, quod fuit receptus in domo de Bosco prope Frainices, per fratrem Garinum de Grandivillari magistrum ballivie Viromandensis, presentibus fratre Johanne de Crevecuer, fratre Petro preceptore, et fratre Petro socio dicte domus de Bosco.

Item dixit per juramentum suum quod, eo recepto, juramento ab eo prestito de statutis et secretis ordinis observandis, et mantello sibi ad collum posito, dictus recipiens duxit eum ad partem retro altare, et ostendit sibi quamdam crucem argenteam cum ymagine crucifixi in eo sculpta, petens ab eo qui loquitur quem crederet esse illum cujus ymago predicta erat in dicta cruce, et ipse qui loquitur respondit quod credebat quod esset Domini Jhesu Christi; ad quod recipiens sibi dixit quod male credebat; dicens quod ipse cujus erat ymago predicta fuerat unus falsus propheta; precipiens sibi quod abnegaret eum ter, et ter spueret supra crucem e ymaginem predictas, et tunc ipse qui loquitur abnegavit ter ipsum cujus ymago predicta erat ibi, et ter spuit; cavens tamen, ut dicit, quantum poterat, ne spueret supra crucem et ymaginem predictas.

Item dixit quod recipiens fecit eum spoliari usque ad camisiam, et osculatus fuit ipsum receptum in fine spine dorsi, in umbilico et demum in ore.

Item dixit per juramentum suum quod recipiens prohibuit sibi consorcium mulierum, precipiens sibi quod si stimulus carnis moveret eum, quod iret ad fratres suos, et ipsos similiter secum admitteret ad concubitum carnalem mutuum.

Item dixit quod credit quod alii fratres dicti ordinis simili modo recipiuntur. Nunquam tamen fuit, ut dicit, in recepcione alicujus.

Item dixit per juramentum suum quod vi, vel metu tormentorum vel alias non dixit aliud quam veritatem, nec in premissis immiscuit aliquam falsitatem, et quod puram veritatem dixit pro salute anime sue.

Item frater Johannes de Pruvino, etatis decem et octo annorum vel circa, morans apud Frenaium diocesis Trecensis, eodem modo constitutus, juratus et requisitus, dixit per juramentum suum quod bene sunt duo anni vel circa elapsi quod fuit receptus in domo de Paiens dicte diocesis, per fratrem Radulphum de Gisiaco receptorem Campanie, presentibus fratre Radulpho Turpini, fratre Bartholomeo de Trecis et quibusdam aliis. Item dixit per juramentum suum quod, eo recepto, juramento ab eo prestito de statutis et secretis ordinis observandis, et mantello ad collum posito, recipiens precepit et fecit se osculari ab eo in ore et in umbilico, per supra vestes; et postea idem recipiens fecit apportari quamdam crucem cum effigie crucifixi domini Jhesu-Christi, et precepit sibi quod abnegaret eum ter, et spueret ter supra crucem, et ipse qui loquitur dixit quod nullo modo faceret; et tunc dictus frater Radulphus fecit eum poni in carcere, in quo fuit per octo dies ad panem et aquam, et postea ipse de carcere clamavit quod ponerent eum extra, et ipse faceret quicquid vellent, et tunc ipse extractus de carcere abnegavit eum ter ore, et non corde, ut dicit, et spuit ter ad terram, sed non supra, quia hoc faciebat valde invitus, ut dicit.

Item dicit quod credit quod alii fratres dicti ordinis modo simili recipiuntur.

Item dixit per juramentum suum quod vi, vel metu tormentorum vel alias non dixit aliud quam veritatem, nec in premissis immiscuit aliquam falsitatem, et quod puram veritatem dixit pro salute anime sue.

Item frater Reginaldus preceptor domus Templi Aurelianensis, etatis triginta sex annorum vel circa, eodem modo constitutus, juratus et requisitus, dixit per juramentum suum quod bene sunt quindecim anni elapsi vel circa quod ipse fuit receptus in domo Templi de Pruvino, in quadam capella dicti loci, circa meridiem, per fratrem Godefredum tenentem locum preceptoris ballivie de Bria, presentibus fratre quodam qui vocabatur Hugo, et aliis de quorum nominibus non recolit, qui sunt omnes mortui.

Item dixit per juramentum suum quod, multis parentibus et amicis suis et quam pluribus aliis existentibus et expectantibus ad ostia dicte capelle et circa ipsam capellam que clausa erat, recipiens ipse qui loquitur et alii fratres dicti ordinis erant in ipsa capella inclusi pro recepcione predicta, et dixit per juramentum suum quod, eo recepto, juramento ab eo prestito de statutis et secretis ordinis observandis, et mantello sibi ad collum posito, quidam de dictis fratribus de cujus nomine non recolit ostendit sibi in quodam missali crucem depictam cum ymagine Jhesu Christi in ea existente, et quesivit ab eo per hec verba : Credis tu in eum? Et ipse qui loquitur respondit quod non ; et statim quidam alius de fratribus predictis presentibus qui vocabatur Hugo, prout recolit, dixit sibi hec verba : Tu bene dicis, quia ipse est unus falsus propheta. Et ipse qui loquitur intelligebat in corde suo, ut dicit, quod non credebat in ymaginem predictam, sed in eum cujus erat ymago predicta ; et tunc quidam alius de dictis fratribus dixit dicto fratri qui sic locutus fuerat dicto recepto :

45.

Tace, tace; bene instruemus eum alias de statutis ordinis nostri. Et credit ipse qui loquitur quod dimiserunt tunc detegere sibi et eum instruere propter astantes circa capellam predictam, et quia tarde erat, et sic recesserunt. Et dicit per juramentum suum quod propter dicta verba sibi dicta in recepcione predicta, ipse tantum fuit turbatus, quod nichil comedit in prandio illa die; et postea intra tres dies sequentes vel circa infirmitas invasit eum, que duravit sibi usque ad Adventum, ita quod nichil aliud sibi postea fecerunt fieri, prout dicit, nec convaluit usque tunc; et comedit carnes propter debilitatem per totum Adventum. Dixit eciam per juramentum suum quod ea que in recepcione sua sibi facta fuerunt et dicta ipse confessus fuit postea fratri Nicolao ordinis Predicatorum, moranti tunc in conventu Compendii, qui habebat, ut dicit, potestatem domini archiepiscopi Remensis, qui sibi dixit quod displicebat sibi quod idem qui loquitur intraverat dictum ordinem milicie Templi, et proposuit multociens ipse qui loquitur, ut dicit, intrare ordinem dictorum fratrum Predicatorum.

Item dixit per juramentum suum quod nunquam vidit, nec audivit dici vel legi statuta predicti ordinis milicie Templi, nec ea voluerunt sibi ostendere illi qui ea habebant, licet hec pluries requisierit, nisi a duobus mensibus citra, videlicet Pictavis, ubi ostenderunt sibi solum capitulum faciens mencionem de presbyteris. Et dixit quod ipse propter predicta habet vehemens argumentum et presumpcionem quod illi de dicto ordine milicie Templi qui confessi sunt errores sibi impositos dixerunt et deposuerunt veritatem.

Item dixit per juramentum suum quod vi, vel metu tormentorum vel alias non dixit aliud quam veritatem, nec in premissis immiscuit aliquam falsitatem; et quod puram veritatem dixit pro salute anime sue.

Facte sunt hec confessiones seu deposiciones dictorum octo immediate precedencium fratrum ordinis milicie Templi, juramentis prius ab eis, ut premittitur, prestitis, Parisius in domo Templi, anno, indictione, pontificatu, anno et die predictis, presentibus religiosis et discretis viris fratribus Hugone de Noalhis, Guillelmo Durandi ordinis Predicatorum, magistro Reginaldo de Albigniaco succentore Bituricensi, et domino Hugone de Cella milite, testibus ad hec vocatis et rogatis.

Et ego Evenus Phili de Sancto Nicasio clericus Corisopitensis diocesis, apostolica publicus auctoritate notarius, premissis omnibus in presenti et precedenti carta simul sutis, signo meo signatis, contentis, presens interfui, et ea scribi feci, me subscripsi, et signum solitum hic apposui rogatus, cum signo notariorum infrascriptorum.

Et ego Gaufredus Enguelor dictus Chalop, clericus Dolensis diocesis, apostolica auctoritate notarius publicus, premissis omnibus et singulis dicta septima die novembris actis, in duabus precedentibus peciis simul sutis signo meo signatis contentis, presens una cum dictis magistro Eveno notario publico et testibus suprascriptis interfui, me subscripsi, et signum meum apposui consuetum vocatus et rogatus.

In nomine Domini amen. Anno ejusdem Domini millesimo ccc° septimo, indicione sexta, mense novembris, ejusdem mensis septima die, pontificatus sanctissimi patris et domini domini Clementis divina providencia pappe quinti anno secundo, in religiosi viri et honesti fratris Guillelmi de Parisiis ordinis Predicatorum, inquisitoris heretice pravitatis auctoritate apostolica in regno Francie deputati, in domo milicie Templi Parisiensis, pro inquirendo contra quasdam personas dicti ordinis eidem delatas super dicto crimine existentis, nostrum notariorum publicorum et infrascriptorum testium presencia personaliter constitutus frater Jacobus Ducis, etatis triginta quinque annorum, ut dixit, juratus ad sancta Dei Evangelia, ab eo corporaliter tacta, in causa fidei de se et aliis dicere veritatem; et requisitus de tempore et modo sue recepcionis, dixit per suum juramentum quod fuit receptus apud Bures Lingonensis diocesis, decem vel duodecim anni sunt elapsi, per fratrem Petrum de Sivre preceptorem ballivie de Bures, non recordatur de nominibus presencium. Dixit etiam per juramentum suum quod dictus preceptor, post multas promissiones ab eo factas de observandis statutis et secretis dicti ordinis, et mantello sibi ad collum posito, dictus preceptor apportavit sibi quoddam missale in quo erat crux cum effigie Jhesu Christi, et petivit ab eo utrum crederet in eum cujus effigies erat ibi; et ipse respondit quod sic; et tunc precepit sibi quod negaret eum, et quod spueret super crucem et effigiem predictam, qui licet negasset quantum potuit, tamen fecit de precepto et mandato ipsius qui ei minabatur. Requisitus de osculo, dixit per juramentum suum quod osculatus fuit dictum recipientem in umbilico et in ore tantum.

Requisitus utrum vi, vel metu carceris seu tormentorum, aut alia de causa, aliquam dixerit falsitatem aut immiscuerit in deposicione sua, aut tacuerit veritatem, dixit per juramentum suum quod non; nec aliqua violencia fuit facta, sed puram veritatem dixerat.

Item frater Johannes de Valle Bellaudi, etatis quadraginta annorum, juratus eodem modo de se et aliis in causa fidei dicere veritatem, et interrogatus de tempore et modo sue recepcionis, dixit per juramentum suum quod fuit receptus apud Montem Suessionensem, quatuordecim anni erunt in instanti festo Nativitatis Domini, per fratrem Nicolaum de Sancto Albano preceptorem ballivie dicte domus, presentibus fratre Johanne de Villaribus et fratre Michaele de Balainviler milite dicti ordinis, et quibusdam aliis de quorum nominibus non recolit. Dixit eciam per juramentum quod, post multas promissiones de statutis et secretis dicti ordinis observandis factas ab eo, dictus receptor duxit eum retro altare, et ostendit sibi quamdam crucem in qua erat depicta ymago Jhesu Christi, et petivit ab eo utrum crederet in eum cujus ymago erat ibi; et ipse respondit sibi quod sic; et tunc dixit sibi quod male credebat, et quod fuerat quidam falsus propheta ; et fecit eum abnegare ter dictum prophetam, et precepit sibi quod spueret supra crucem. Sed noluit, imo spuit juxta eam, fingens quod supra eam spueret, et dixit quod abnegacionem hujusmodi fecit ore, et non corde. Requisitus de osculo, dixit per juramentum suum quod dictus recipiens fecit eum spoliari, et osculatus fuit eum in posteriori parte spine dorsi, in umbilico et in ore. Dixit eciam per juramentum suum quod dictus recipiens precepit sibi quod si aliqui de fratribus dicti ordinis vellent commisceri cum eo carnaliter, quod ipse pateretur, et eciam si indigeret, abuteretur eis, quia non erat peccatum.

Interrogatus utrum vi, vel metu carceris seu tormentorum, aut alia de causa, aliquam dixerit falsitatem aut immiscuerit in deposicione sua, dixit per juramentum suum quod non; imo dixit puram et meram veritatem.

Item frater Raymundus de Fara miles dicti ordinis, etatis xxi anni vel circa, juratus eodem modo, bona voluntate et spontanea de se et aliis in causa fidei dicere veritatem, et interrogatus de tempore et modo sue recepcionis, dixit per juramentum suum quod fuit receptus in domo Templi de Montelio Ademari, per fratrem Hugonem de Peraudo, tres anni sunt vel circa, presentibus fratre Guidone Goemorii et quibusdam aliis de quorum nominibus non recolit. Dixit eciam per juramentum suum quod, post multas promissiones de observandis statutis dicti ordinis ab eo factas, et mantello sibi ad collum posito, dictus recipiens et alii assistentes recesserunt de loco recepcionis, et dixit idem frater Hugo cuidam fratri servienti qui remansit solus cum illo qui loquitur, quod instrueret eum in statutis dicti ordinis; quo facto ille qui remanserat secum ostendit sibi quamdam crucem cum effigie Jhesu Christi, et fecit eum abnegare Jhesum Christum ter et ter spuere supra crucem : quodque fecit ore, et non corde, ut dixit. Dixit eciam per juramentum suum quod precepit sibi quod si fratres dicti ordinis vellent commiscere carnaliter cum eo, quod ipse permitteret, et eciam commisceret se carnaliter si indigeret; dixit tamen per juramentum suum quod nunquam fecit; et credit quod ita fiat aliis sicut fuit sibi factum.

Interrogatus utrum vi, vel metu carceris seu tormentorum, aut alia de causa, aliquam dixerit falsitatem vel immiscuerit in deposicione sua, dixit per juramentum suum quod non; immo dixit puram veritatem.

Item frater G. de Alto Maynillo miles ordinis predicti, etatis viginti quinque annorum vel circa, juratus eodem modo de se et aliis in causa fidei dicere veritatem, et interrogatus de tempore et modo sue recepcionis, dixit per juramentum suum quod fuit receptus in domo de Lauda de Verti, tres anni erunt circa instans festum Nativitatis Domini, per fratrem Guidonem de Foresta militem, preceptorem dicte domus, non recolit de nominibus presencium. Dixit eciam per juramentum suum quod, post multas promissiones ab eo factas de observandis statutis et secretis dicti ordinis, et mantello sibi ad collum posito, dictus recipiens ostendit sibi crucem existentem in mantello, et precepit sibi quod abnegaret Deum, et spueret supra crucem predictam mantelli in despectu Dei, et hoc ipse fecit ore, et non corde, sed non spuit, ut dixit. Dixit eciam per juramentum suum quod dictus recipiens dixit sibi quod si contingeret quod calor urgeret eum ad libidinem, quod melius erat et plus placebat sibi quod commisceret se cum uno fratre quam cum mulieribus. Dixit per juramentum suum quod libenter exivisset de ordine, si fuisset ausus; sed non erat ausus, propter timorem parentum suorum, qui credebant quod ordo esset sanctus et bonus, et fecerant magnas expensas pro parando ipsum ad eundum ultra mare, et ne crederent quod propter defectum cordis refutaret ire ultra mare, et fuit de hoc confessus episcopo Pictavensi, qui tunc temporis erat, videlicet domino Galtero. Requisitus utrum vi, vel metu carceris seu tormentorum, aut alia de causa, aliquam dixerit falsitatem vel immiscuerit in deposicione sua, dixit per juramentum suum quod non; immo dixit puram et meram veritatem.

Acta sunt hec anno, indicione, mense, die, pontificatu et loco predictis, presentibus fratre Guillelmo priore, fratribus Hugone de Noailles, Guillelmo Durandi ordinis et conventus Predicatorum Parisiensium, domino Hugone de Cella milite, et Guillelmo de Choques cive Parisiensi, et pluribus aliis testibus ad hec vocatis specialiter et rogatis.

Et ego Jacobus de Virtuto clericus Cathalaunensis diocesis, publicus imperiali auctoritate notarius, premissis confessionibus et omnibus aliis et singulis, prout in presenti carta seu pecia et immediate precedenti signo meo signatis continentur, una cum suprascriptis testibus et magistris Amisio de Aureliano et Gaufrido Enguelor dicto Chalop, notariis publicis, presens interfui, et, de mandato dicti inquisitoris, huic instrumento me subscripsi in testimonium premissorum, signoque meo signavi rogatus.

Et ego Amisius de Aureliano dictus le Ratif, clericus, sacrosante Romane ecclesie auctoritate notarius publicus, omnibus et singulis in hac et precedentibus peciis signo meo signatis contentis, una cum scriptis testibus et notariis publicis, presens interfui, ac, de mandato dicti inquisitoris, in hoc instrumento me subscripsi in testimonium premissorum, illudque meo signo solito signavi rogatus.

In nomine Domini amen. Anno ejusdem Domini millesimo ccc° septimo, indicione sexta, mense novembri, ejusdem mensis nona die, pontificatus sanctissimi patris et domini domini Clementis divina providencia pape quinti anno secundo, in religiosi viri fratris Nicolai de Anisiaco commissarii fratris Guillelmi de Parisius ordinis Predicatorum, inquisitoris heretice pravitatis auctoritate apostolica in regno Francie deputati, in domo milicie Templi Parisius pro inquirendo contra quasdam personas dicti ordinis existentes, eidem delatas super dicto crimine, existentis, nostrum notariorum publicorum et infrascriptorum testium presencia personaliter constitutus frater Hugo de Paraudo miles dicti ordinis, et visitator Francie, juratus ad sancta

Dei evangelia, ab eo corporaliter tacta, in causa fidei de se et aliis dicere veritatem, et requisitus de tempore et modo sue recepcionis, dixit per juramentum suum quod fuit receptus in domo Templi Lugdunensis, per fratrem Hymbertum de Paraudo patruum suum, in festo Magorum immediate preterito fuerunt quadraginta quatuor anni, presentibus fratre Henrico de Dola et quodam alio fratre vocato Johanne, qui postea fuit preceptor de la Muce, et quibusdam aliis de quorum nominibus non recolit. Dixit eciam per juramentum suum quod, post multas promissiones ab eo factas de observandis statutis et secretis ordinis, positum fuit mantellum ordinis ad collum suum, et predictus Johannes qui postea fuit preceptor de la Muce duxit eum retro quoddam altare, et ostendit eidem quamdam crucem in qua erat imago Jhesu Christi, et precepit sibi quod abnegaret illum cujus ymago ibi representabatur, et spueret supra crucem; et ipse tunc licet invitus Jhesum Christum abnegavit, ore, et non corde, ut dixit. Dixit eciam per juramentum suum quod, non obstante precepto quod fuit sibi factum de spuendo, non spuit supra crucem, ut dixit, et non abnegavit nisi semel. Requisitus utrum osculatus fuisset recipientem, vel ipse recipiens ipsum qui loquitur, dixit per juramentum suum quod sic in ore solummodo. Interrogatus utrum aliquos fratres recepisset, dixit per juramentum suum quod sic pluries. Requisitus per quem modum recipiebat, dixit per juramentum suum quod, postquam promiserant servare statuta et secreta ordinis, et mantellis ad colla ipsorum positis, ducebat eos ad loca secreta, et faciebat se osculari ab eis in inferiori parte spine dorsi, in umbilico et in ore, et postea faciebat apportari crucem in presencia cujuslibet, et dicebat eis quod oportebat de statutis dictis ordinis quod abnegarent crucifixum et crucem ter, et spuerent supra crucem et ymaginem Jhesu Christi; dicens quod, licet hoc eisdem preciperet, non faciebat corde. Requisitus utrum invenisset aliquos qui hoc facere contradicerent, dixit quod sic, tamen finaliter faciebant abnegacionem et spuicionem. Dixit eciam per juramentum suum quod illis quos recipiebat dicebat quod, si aliquis calor naturalis urgeret ipsos ad incontinenciam, dabat eis licenciam refrigerandi se cum aliis fratribus. Dixit tamen quod non precipiebat eis predicta corde, sed ore solum. Requisitus ex quo predicta non precipiebat corde sed ore solum, quare hoc faciebat, respondit per juramentum suum quod hoc faciebat, quia usus erat de statutis ordinis. Requisitus utrum illi qui recepti fuerunt de mandato suo per alios, eodem modo per quem dixit se alios recepisse recepti fuerunt, respondit quod nescit, quia illa que fiunt in capitulis aliquo modo non possunt revelari illis qui non fuerunt presentes, nec sciri ab eis, et ideo nescit si ita recipiebantur. Requisitus utrum crederet quod omnes fratres dicti ordinis per illum modum sint recepti, respondit quod non credebat. Postea tamen dicta die in dicti commissarii, nostrum notariorum et testium infrascriptorum comparens, dixit quod male intellexerat et male responderat, et dixit per juramentum suum quod melius credebat quod omnes reciperentur per illum modum quam per alium, et hoc dicebat suum dictum corrigendo, et ne degeraret. Requisitus de capite de quo supra fit mencio, dixit per juramentum suum quod illud viderat, tenuerat et palpaverat apud Montempessulanum, in quodam capitulo, et ipse et alii fratres presentes illud adoraverant. Dixit tamen quod ore et fingendo adoraverat, et non corde : nescit tamen si alii fratres adorabant corde. Requisitus ubi sit, dixit quod dimisit illud fratri Petro Alemaudin preceptori domus Montispessulani, sed nescit utrum gentes regis illud invenerint. Dixit quod dictum caput habebat quatuor pedes, duos ante ex parte faciei, et duos retro. Requisitus per juramentum suum utrum vi, vel metu tormentorum vel carceris, seu alia de causa, aliquam falsitatem dixisset aut immiscuisset in sua deposicione, aut veritatem tacuisset, dixit per juramentum suum quod non ; immo puram sine aliquo mendacio dixerat veritatem.

Item frater Radulphus de Gysi receptor quondam Campanie, etatis quinquaginta annorum, juratus eodem modo et interrogatus de tempore et modo sue recepcionis, dixit per juramentum suum quod viginti duo anni sunt vel circa quod fuit receptus in domo de Valeia

Trecensis diocesis, per fratrem Hugonem de Paraudo tunc preceptorem de Pailli, presentibus pluribus fratribus dicti ordinis de quibus non recolit ad presens. Dixit eciam per juramentum suum quod, post multas promissiones de statutis et secretis dicti ordinis observandis ab eo factas, et mantello ad collum suum posito, dictus recipiens ostendit sibi ymaginem Jhesu Christi depictam in quodam missali, et precepit sibi quod Jhesum Christum abnegaret, et quod spueret supra crucem et supra ymaginem, et hoc ipse fecit testis plorans invitus, et dixit per juramentum suum quod dictus recipiens osculatus fuit ipsum in tribus locis, videlicet in fine spine dorsi, in umbilico et in ore. Dixit eciam per juramentum suum quod injunctum fuit sibi per ipsum recipientem quod si calor naturalis moveret eum, quod commisceret se cum fratribus dicti ordinis. Interrogatus de capite de quo fit supra mencio, dixit per juramentum suum quod vidit illud in septem capitulis que tenebantur a fratre Hugone de Paraudo et quibusdam aliis. Interrogatus qualiter adoratur, dixit per juramentum suum quod eo ostenso omnes prostrant se ad terram, et amotis capuciis adorant illud. Interrogatus cujus figure est, dixit per juramentum suum quod ita est terribilis figure et aspectus quod videbatur sibi quod esset figura cujusdam demonis, dicendo gallice *d'un maufé*, et quod quocienscumque videbat ipsum tantus timor eum invadebat, quod vix poterat illud respicere nisi cum maximo timore et tremore. Requisitus quare adorabant illud, dixit quod ex quo pejora fecerant abnegando Jhesum Christum, quod bene poterant illud adorare. Dixit tamen per juramentum suum quod nunquam adoravit illud corde. Requisitus utrum recordetur de nominibus illorum qui illud adorabant, dixit quod sic, de nomine fratris Gerardi de Villaribus et cujusdam socii sui fratris servientis.

Requisitus quot fratres receperit, dixit per juramentum suum quod recepit decem vel duodecim. Requisitus utrum per illum modum per quem dixit se fuisse receptum ipsos recepisset, dixit per juramentum suum quod sic, exceptis quibusdam quos noluit osculari in illo vili loco, propter horrorem quem habebat ex hoc, sed in omnibus aliis, quantum ad abnegacionem, spuicionem et alia; eos recepit per illum modum. Requisitus utrum vi, vel metu carceris seu tormentorum, aut alia de causa, aliquam falsitatem dixerit aut immiscuerit in deposicione sua, aut tacuerit veritatem; dixit per juramentum suum quod non, nec aliqua violencia sibi fuit facta, sed puram veritatem dixerat.

Acta sunt hec anno, indicione, mense, die, pontificatu et loco predictis, presentibus religiosis et honestis viris fratribus Laurencio de Nannetis, Johanne de Insula priore Trecensi, et Felice de Fayo ordinis Predicatorum, Johanne de Farreria, Guillelmo de Choques, et Stephano de Matiscone, testibus ad hec vocatis specialiter et rogatis.

Et ego Amisius de Aureliano dictus le Ratif, clericus, sacrosancte Romane ecclesie auctoritate notarius publicus, premissis omnibus et singulis confessionibus in hac et precedentibus peciis simul sutis signo meo signatis contentis, una cum testibus et publicis notariis supra et infrascriptis, presens interfui, ac, de mandato dicti commissarii, huic instrumento me subscripsi in testimonium premissorum, illudque signo meo solito signavi rogatus.

Et ego Jacobus de Virtuto clericus Cathalaunensis diocesis, publicus imperiali auctoritate notarius, premissis omnibus et singulis, prout in presenti carta seu pecia et precedenti simul sutis signo meo signatis continentur, una cum testibus et publicis notariis supra et infrascriptis, presens interfui, me subscripsi, et signum meum solitum apposui rogatus.

Et ego Evenus Phily de Sancto Nicasio clericus Corisopitensis diocesis, apostolica publicus auctoritate notarius, premissis omnibus et singulis, prout in presenti rotulo et precedenti consignatis, signo meo continentur, una cum testibus et supra et infrascriptis notariis, interfui, et signum meum solitum cum signis et subscripcionibus ipsorum notariorum rogatus apposui hic me subscribens.

Item in presencia religiosi viri fratris Laurencii de Nannetis ordinis Predicatorum, commissarii dicti inquisitoris, nostrum notariorum et testium infrascriptorum, anno, indicione, mense, die et pontificatu predictis, frater Ymbertus de Sancto Jorio miles, etatis quadraginta annorum, juratus eodem modo de se et aliis in causa fidei dicere veritatem, et interrogatus de tempore et modo sue recepcionis, dixit per juramentum suum quod receptus fuit apud Novam Villam Cathalaunensis diocesis, novem anni vel circa sunt, per fratrem Johannem Ademari militem dicti ordinis, de precepto fratris Hugonis de Paraudo, presentibus fratre Ymberto de Crimen, ut videtur sibi, et quibusdam aliis de quorum nominibus non recordatur. Dixit eciam per juramentum suum quod, post multas promissiones de statutis et observanciis dicti ordinis observandis factas ab eo, et mantello sibi ad collum posito, dictus recipiens ostendit sibi crucem cum ymagine Christi, et peciit ab eo utrum crederet in eum, et ipse respondit quod sic, et tunc ipse dixit quod de cetero non crederet, et quod spueret supra crucem et imaginem, quod ipse fecit, ut dixit; tamen advertit sibi quod non spueret supra crucem. Interrogatus de osculo, dixit per juramentum suum quod dictus recipiens osculatus fuit eum in fine spine dorsi et in ore. Interrogatus utrum videtur et credit quod alii tali modo recipiantur, dixit per juramentum suum quod credit quod omnes alii fratres recipiantur eodem modo.

Requisitus utrum vi, vel metu carceris seu tormentorum, aut alia de causa, aliquam falsitatem dixerit aut immiscuerit in deposicione sua, aut tacuerit veritatem, dixit per juramentum suum quod non, nec aliqua violencia sibi fuit facta, sed puram veritatem dixerat.

Item frater Johannes de Anisiaco preceptor de Valeia, etatis quadraginta quinque annorum, juratus eodem modo de se et aliis in causa fidei dicere veritatem, et interrogatus de tempore et modo sue recepcionis, dixit per juramentum suum quod fuit receptus in domo de Prunaio diocesis Carnotensis, in instanti Quadragesima erunt viginti tres anni, per fratrem Symonem de Quinci preceptorem ballivie de Prunaio, presentibus fratre Galtero de Ete tenente locum Magistri Francie, et fratre Reginaldo d'Argeville, qui fuit cubicularius pape vel ostiarius, et quibusdam aliis de quorum nominibus non recordatur. Dixit eciam per juramentum suum quod, post multas promissiones de secretis et statutis dicti ordinis ab eo factas observandis, et mantello sibi ad collum posito, dictus recipiens apportavit quamdam crucem in qua erat ymago Jhesu Christi depicta, et precepit sibi quod Jhesum Christum abnegaret, et quod spueret supra crucem, et cum non vellet facere, fratres assistentes dixerunt sibi quod oportebat hoc facere, vel poneretur in carcere perpetuo. Et tunc ore, et non corde, abnegavit Jhesum Christum, et simulavit spuere supra crucem. Interrogatus de osculo, dixit per juramentum suum quod dictus recipiens osculatus fuit ipsum in umbilico et in ore solum. Interrogatus de capite, dixit per juramentum suum quod ipse vidit illud bis Parisius in capitulo portari per fratrem Gerardum de Villaribus, sed nunquam potuit decernere quid erat, quia sedebat a longe, nec erat lumen in capitulo, quod tenebatur quasi media nocte, nisi unus cereus modicus ardens, et propter hoc non potuit bene scire quid erat. Dixit tamen quod non credit quod esset bonum quid. Interrogatus utrum sciret quod omnes reciperentur per illum modum, dixit quod nescit pro certo, quia nunquam vidit fratres recipi, sed credit quod sic; et hoc credit, quia non credit quod aliud fuerit sibi factum quod fiat aliis. Interrogatus utrum vi, vel metu carceris seu tormentorum, aut alia de causa, aliquam falsitatem dixerit aut immiscuerit in deposicione sua, aut tacuerit veritatem, dixit per juramentum suum quod non, nec aliqua violentia sibi fuit facta, sed puram veritatem dixerat.

Item frater Johannes de Sivriaco presbyter, etatis viginti octo annorum vel circa, juratus eodem modo de se et aliis in causa fidei dicere veritatem, et interrogatus de tempore et modo sue recepcionis, dixit per juramentum suum quod fuit receptus apud Joigniacum, per fratrem Johannem Morellum de Belna preceptorem baillivie de Coulours, in festo beati Bartholomei ultimo preterito fuit annus, presente fratre Dominico preceptore de Joigniaco, et pluribus aliis de quorum nominibus non recolit. Dixit eciam per juramentum suum quod, post multas promissiones de statutis et secretis dicti ordinis observandis ab eo factas, dictus recipiens duxit eum retro altare, et tunc osculatus fuit ipsum in fine spine dorsi, et incontinenti cecidit coram eo, et fuit portatus exinde quasi semimortuus; tamen antequam amoveretur, dixit sibi quod tunc non poterat aliud dicere de statutis ordinis, de hiis que debebant fieri secundum statuta ordinis, predicta infirmitate gravatus, et quod alias recuperaret ad hoc faciendum, et dixit eciam per juramentum suum quod, quando venit ad visitandum eum in lecto suo jacentem, audivit eum dicentem aliis quod unam de voluntatibus suis compleverat. Requisitus utrum de predicta osculacione dixerit sociis, dixit quod non, quia nullus erat ausus revelare secreta sua aliis. Interrogatus utrum vi, vel metu carceris seu tormentorum, aut alia de causa, aliquam falsitatem dixerit aut immiscuerit in deposicióne sua, aut tacuerit veritatem, dixit per juramentum suum quod non, nec aliqua violencia sibi fuit facta, sed puram veritatem dixerat.

Item frater Dominicus de Divione custos domus de Joigniaco, etatis quadraginta annorum, juratus eodem modo de se et aliis in causa fidei dicere veritatem, et interrogatus de tempore et modo sue recepcionis, dixit per juramentum suum quod receptus fuit apud Divionem, per fratrem Henricum de Dola, quadraginta quinque anni sunt elapsi vel circa, presentibus fratribus Guillelmo Rougepere patre suo naturali, et dicto Wale fratre suo naturali, fratribus dicti ordinis. Dixit eciam per juramentum suum quod, post multas promissiones de statutis et secretis dicti ordinis observandis ab eo factas, dictus recipiens osculatus fuit ipsum in fine spine dorsi, in umbilico et in ore, et postea precepit sibi quod spueret supra crucem, et ipse invitus spuit supra crucem mantelli sui testis; dixit eciam quod non negavit Christum, nec fuit dictum sibi; et quod voverat castitatem, sine aliquo alio precepto sibi facto. Requisitus utrum vi, vel metu carceris seu tormentorum, aut alia de causa, aliquam dixerit falsitatem aut immiscuerit in deposicione sua, seu tacuerit veritatem, dixit per juramentum suum quod non; immo dixit puram et meram veritatem.

Item frater Johannes de Castro Villari, etatis triginta annorum, juratus eodem modo de se et aliis in causa fidei dicere veritatem, et interrogatus de modo et tempore sue recepcionis, dixit per juramentum suum quod fuit receptus apud Mormentum diocesis Trecensis, per fratrem Laurencium de Belna preceptorem dicte domus, quatuor anni sunt in festo Magdalene instanti proximo preterito, presentibus fratre Juliano capellano dicte domus, et quibusdam aliis de quorum nominibus non recolit. Dixit eciam per juramentum suum quod, post multas promissiones factas ab eo de bonis statutis et observanciis dicti ordinis tenendis, mantellum fuit sibi positum ad collum, et postea dictus recipiens recepit ipsum ad osculum oris et omnes alii fratres existentes ibidem; et nichil aliud fuit sibi injunctum vel preceptum, sicut dixit per juramentum suum. Acta sunt hec anno, indicione, mense, die, pontificatu et loco predictis, presentibus religiosis et honestis viris fratribus Johanne de Insula priore Trecensi, Felice de Fayo ordinis Predicatorum, Johanne de Farreria, Guillelmo de Choques et Stephano de Matiscone, testibus ad hec vocatis specialiter et rogatis.

Et ego Amisius de Aureliano dictus le Ratif, clericus, sacrosancte Romane ecclesie auctoritate notarius publicus, omnibus et singulis in hac et precedentibus peciis simul sutis signo meo signatis contentis, una cum suprascriptis testibus et magistro Jacobo de Virtuto notario publico, presens interfui, ac, de mandato predicti commissarii, in hoc instrumento me subscripsi in testimonium premissorum, illudque signo meo solito signavi rogatus.

Et ego Jacobus de Virtuto clericus Cathalaunensis diocesis, publicus imperiali auctoritate notarius, confessionibus premissis et omnibus aliis et singulis, prout in presenti carta seu pecia supra et precedenti signo meo signatis continentur, presens interfui cum testibus suprascriptis et magistro Amisio de Aureliano notario publico, ac, de mandato predicti commissarii, in hoc instrumento publico me subscripsi in testimonium premissorum, illudque signo meo solito signavi rogatus.

In Christi nomine amen. Pateat universis per hoc presens publicum instrumentum quod anno Domini millesimo trecentesimo septimo, indicione sexta, pontificatus sanctissimi patris et domini domini Clementis divina providentia pape quinti anno secundo, die Jovis post octabam Omnium Sanctorum, scilicet nona die novembris, in presencia religiosi et honesti viri fratris Nicolai de Anessiaco ordinis fratrum Predicatorum, commissarii dati a religioso et honesto viro fratre Guillelmo de Parisius dicti ordinis, inquisitore heretice pravitatis in regno Francie auctoritate apostolica deputato, nostrum notariorum publicorum et testium infrascriptorum presencia personaliter constitutus frater Nicolaus de Sarra dyocesis Trecensis, etatis XXVI annorum vel circa, agricola in domibus de Villaribus Templi Trecensis dyocesis, juratus ad sancta Dei Evangelia tacta corporaliter ab eodem, et requisitus de se et de aliis dicti ordinis super dicto crimine delatis et de modo recepcionis sue dicere in causa fidei veritatem, dixit per juramentum suum quod fuit receptus per fratrem Radulphum de Gisiaco, in crastino festi Assumptionis beate Marie nuper preteriti, in domo de Sanci Trecensis diocesis, presentibus fratre Christiano clavigero domus predicte de Sanci, et fratre Radulpho fratre dicti Baldoini, et fratre Jacobo de Sance. Item dixit per juramentum suum quod, eo recepto, juramento ab eo prestito de statutis et secretis ordinis observandis, et mantello sibi ad collum posito, dictus Radulphus recipiens fecit sibi ostendi quandam crucem depictam in quodam libro cum ymagine crucifixi, dicens sibi quod oportebat quod abnegaret illum cujus effigies erat ibi ter, et ter spueret supra crucem et ymaginem predictas, precipiens sibi quod hoc faceret, et dicens quod hoc erat de statutis ordinis sui; que ipse fecit ore, et non corde, ut dixit. Item dixit quod fratres predicti presentes discooperuerunt ipsum qui loquitur, et dictus frater Radulphus osculatus fuit eum in fine spine dorsi, in umbilico et in ore. Item requisitus per juramentum utrum vi, vel metu tormentorum aut alias aliud dixerit quam veritatem, vel in premissis immiscuerit aliquam falsitatem, dixit per juramentum suum quod non, et quod puram veritatem dixerit pro salute anime sue. Facta autem fuit confessio seu deposicio hec a dicto fratre N. de Cerra [Sarra?], juramento prius prestito, ut premittitur, ab eodem Parisius in domo Templi, in presencia commissarii predicti, anno, indicione, pontificatu, anno et die predictis, presentibus religiosis et discretis viris fratre Guillelmo Durandi, fratre Hugone de Noalhis conventus Parisiensis, et fratre Felice de Foro conventus Trecensis, ordinis Predicatorum, testibus ad hec vocatis et rogatis.

Et ego Gaufridus Enguelor dictus Chalop, Dolensis diocesis, apostolica auctoritate notarius publicus, premissis confessioni et recognicioni factis a dicto N. de Sarra, juramenti prestacioni et omnibus et singulis dicta die Jovis actis, una cum dictis testibus, in presencia dicti fratris N. de Anisiaco, presens interfui, in testimonium premissorum me subscripsi, et signum meum apposui consuetum vocatus et rogatus.

Et ego Evenus Phily de Sancto Nicasio clericus Corisopitensis diocesis, apostolica publicus auctoritate notarius, premissis omnibus in presenti pecia et aliis signo meo signatis contentis, cum magistro Gaufrido Enguelor dicto Chalop, clerico, apostolica publicus auctoritate notarius, suprascriptis interfui presens, et una cum signo et subscripcione ejus signum meum apposui rogatus, hic me subscribens.

In Christi nomine amen. Anno ejusdem Domini millesimo trecentesimo septimo, indicione sexta, mense novembris, ejusdem mensis die decima, pontificatus sanctissimi patris et domini domini Clementis divina providencia pape quinti anno secundo, in religiosi viri et honesti fratris Guillelmi de Parisius ordinis Predicatorum, inquisitoris heretice pravitatis auctoritate apostolica deputati, in domo milicie Templi Parisius, pro inquirendo contra quasdam personas dicti ordinis eidem delatas super dicto crimine existentis, nostrum notariorum publicorum et infrascriptorum testium presencia personaliter constitutus frater Matheus de Attrebato, etatis quadraginta quatuor annorum vel circa, juratus ad sancta Dei Evangelia ab eo corporaliter tacta in causa fidei de se et aliis dicere veritatem, et requisitus de tempore et modo sue recepcionis, dixit per juramentum suum quod receptus fuit duodecim anni sunt Dominica ante festum beati Johannis Baptiste ultimo preteritum, in domo de Saraincourt, per fratrem Thierricum de Boscis preceptorem baillivie de Melleuno, presentibus fratribus Johanne de Cella et Tierrico de Mares et quibusdam aliis de quorum nominibus non recolit. Dixit eciam per juramentum suum quod, post multas promissiones de statutis et secretis dicti ordinis observandis ab eo factas, et mantello ad collum posito, dictus recipiens apportavit quoddam missale in quo erat depicta ymago Jhesu crucifixi, et dixit sibi quod oportebat quod ipse abnegaret Jhesum Christum, et spueret supra crucem, quia alii sic faciebant. Et ipse tunc invitus, ore et non corde, Jhesum Christum abnegavit, et finxit quod spueret ter supra crucem. Interrogatus de osculo, dixit per juramentum suum quod dictus recipiens iterum precepit sibi quod oscularetur eum in fine spine dorsi et in umbilico; et ipse fingens se osculari, posuit genam suam et non os ad illam partem inferiorem. Dixit eciam per juramentum suum quod dictus recipiens dixit sibi quod omnino abstineret se a mulieribus, et si calor naturalis moveret eum, quod commisceret se cum fratribus dicti ordinis, et hoc de aliis pateretur. Dixit eciam per juramentum suum quod pluries peciit et peti fecit a Magistro dicti ordinis, et fecit peti licenciam per fratrem

Bellum de Ely militem dicti ordinis, quod haberet licenciam exeundi de dicto ordine; et dixit per juramentum suum quod dictus frater Hugo de Paraudo, accedens ad Romanam curiam in septimana post festum beati Remigii nuper preteritum, dixit sibi quod dictus ordo diffamatus erat de casibus super dictis erga dominum papam et regem, et ipse, si posset, salvaret corpus suum, et hoc aliis diceret; et tunc peciit ab eo quod traderet litteras suas super hoc, quia alias non crederetur sibi; et ipse respondit quod non haberet, quia non placebat Magistro; et tunc ipse exivit de ordine, et dimisit mantellum ordinis in domo Montis Suessionensis. Interrogatus utrum vi, vel metu carceris seu tormentorum, aut alia de causa, aliquam dixerit falsitatem aut immiscuerit in deposicione sua, dixit per juramentum suum quod non; immo dixit puram et meram veritatem.

Item frater Egidius de Ecci, etatis quinquaginta annorum vel circa, juratus eodem modo de se et aliis in causa fidei dicere veritatem, et interrogatus de tempore et modo sue recepcionis, dixit per juramentum suum quod receptus fuit sex anni sunt in festo Omnium Sanctorum nuper preterito, in domo de Serincourt diocesis Remensis, per fratrem Johannem de Cella preceptorem dicte domus, presentibus fratribus Gerardo de Lauduno et Egidio le Moigne milite dicti ordinis, et quibusdam aliis de quorum nominibus non recolit. Dixit eciam per juramentum suum quod, post multas promissiones de statutis et observanciis dicti ordinis observandis ab eo factas, et mantello ad collum posito, dictus recipiens ostendit sibi in quodam missali crucem et ymaginem Jhesu Christi crucifixi depictam, et precepit sibi quod Jhesum Christum cujus ymago erat ibi abnegaret, et spueret supra crucem et ymaginem, et hoc ipse fecit ter. Dixit eciam per juramentum suum quod dictus recipiens dedit sibi licenciam habitandi cum fratribus dicti ordinis, si calor naturalis moveret eum.

Interrogatus de osculo, dixit per juramentum suum quod osculatus fuit recipientem in ore et in umbilico et in fine spine dorsi; dicens quod pluries de dicto ordine exivisset, si auderet.

Interrogatus utrum vi, vel metu carceris seu tormentorum, aut alia de causa, aliquam dixerit falsitatem aut immiscuerit in deposicione sua, dixit per juramentum suum quod non; immo dixit puram veritatem.

Item frater Raymbaudus de Caron miles dicti ordinis, preceptor Chipri, etatis sexaginta annorum, ut dixit, vel circa, juratus eodem modo de se et aliis in causa fidei dicere veritatem, et interrogatus de tempore et modo sue recepcionis, dixit per juramentum suum quod fuit receptus in domo de Richerenches in comitatu de Venicio, quadraginta tres anni erunt in instanti festo Penthecostes, per fratrem Rocelinum de Forz tunc preceptorem Provincie, militem dicti ordinis. Dixit eciam per juramentum suum quod promisit paupertatem, castitatem et obedienciam servare, et tenere omnes bonos usus ordinis, et laborare pro posse et juvare acquirere regnum Jerusalem, et multas alias bonas promissiones dicti ordinis; et quod nunquam sciverat aliquid malum vel inhonestum in recepcione fratrum nec in ordine, nec audiverat, hoc excepto quod die qua fuit receptus, antequam reciperetur vel indueretur, quidam frater ordinis, in presencia episcopi de Carpentras avunculi sui, ostendit eidem quamdam crucem, et dixit eidem : « Vides tu istum crucifixum; si tu vis recipi in « ordine isto, oportet quod abneges eum; » sed aliud non fuit factum. Eadem tamen die, circa horam nonam, accessit ad presenciam fratris Nicolai de Anessiaco commissarii dicti inquisitoris, et corrigendo dictum suum, dixit per juramentum suum quod ille frater qui, sicut alias deposuit, eidem ostenderat dictam crucem cum effigie Jhesu Christi crucifixi, et ipse qui loquitur, post dictas promissiones, et eo recepto, et juramento ab eo prestito de statutis et secretis dicti ordinis observandis, et mantello ad collum posito, duxit ad partem, et secreto dictam crucem eidem ostendit, et precepit sibi quod abnegaret eum cujus ymago erat in cruce representata, dicens quod erat de statutis ordinis; et hoc ipse qui loquitur fecit ter ore, sed non corde, ut dixit. Dixit eciam per juramentum suum quod dictus frater dixit sibi in secreto quod si calor naturalis moveret eum ad incontinenciam, quod ipse iret ad fratres ordinis, quia multi erant ibi juvenes cum quibus poterat extinguere libidinem suam, et quod similiter reciperet eos ad hoc, si requirerent eum super hoc; sed ipse nunquam fecit, nec fuit super hoc requisitus, ut dixit. Requisitus utrum aliquos fratres fecerit, dixit per juramentum suum quod non. Requisitus utrum credit quod omnes qui in dicto ordine recipiuntur recipiantur per illum modum, dixit quod credit. Interrogatus utrum vi, vel metu carceris seu tormentorum, aut aliqua de causa, aliquam dixerit falsitatem vel immiscuerit in deposicione sua, dixit per juramentum suum quod non; immo dixit puram et meram veritatem.

Item frater Henricus de Hercigni diocesis Laudunensis, etatis quadraginta annorum vel circa, juratus eodem modo de se et aliis in causa fidei dicere veritatem, et interrogatus de tempore et modo sue recepcionis, dixit per juramentum suum quod receptus fuit die Jovis ante instans festum Purificacionis beate Marie Virginis erit annus, in domo de Seraincourt, per fratrem Johannem preceptorem dicte domus, presentibus fratre Roberto bergerio dicte domus, et fratre Christiano fratre dicte domus, et quibusdam aliis de quorum nominibus non recolit. Et dixit per juramentum suum quod multas promissiones fecit de statutis et secretis dicti ordinis observandis, et nichil aliud inhonestum fuit sibi injunctum vel dictum; et dixit quod nichil inhonestum sciebat in dicto ordine.

Item anno, indicione, mense, die et pontificatu predictis, in religiosi viri fratris Nicolai de Anessiaco commissarii predicti inquisitoris heretice pravitatis auctoritate apostolica deputati, nostrum notariorum publicorum et infrascriptorum presencia personaliter constitutus frater Radulphus de Taverniaco custos domus de Villa Dei juxta Malum Repastum, diocesis Carnotensis, etatis quinquaginta sex annorum vel circa, juratus eodem modo de se et aliis in causa fidei dicere veritatem, et interrogatus de tempore et modo sue recepcionis, dixit per juramentum suum quod receptus fuit viginti octo anni sunt elapsi vel circa in domo de Soisiaco diocesis Meldensis, per fratrem Johannem de Turno tunc thesaurarium Parisius, presentibus fratre Johanne de Monte Morenciaco priore Templi Parisiensis, et fratre Johanne preceptore dicte domus de Soisiaco, et pluribus aliis de quorum nominibus non recolit. Dixit eciam per juramentum suum quod, post multas promissiones de statutis et secretis dicti ordinis observandis ab eo factas, et mantello sibi posito ad collum, dictus recipiens ostendit sibi quamdam crucem et ymaginem Jhesu Christi depictam in quodam missali, et dixit sibi, in presencia aliorum fratrum assistencium, quod oportebat ipsum abnegare Creatorem suum Jhesum Christum et spuere supra crucem et ymaginem predictam; et ipse hoc fecit, excepto quod de spuicione nichil cecidit supra crucem, quod posset. Interrogatus de osculo, dixit per juramentum suum quod dictus recipiens precepit sibi quod oscularetur eum in fine spine dorsi; et tunc invitus simulavit quod oscularetur eum ibi, sed tamen non fuit osculatus eum ibi. Interrogatus de voto castitatis, dixit per juramentum suum quod injunctum fuit sibi quod omnino abstineret a mulieribus, et si calor naturalis moveret eum, quod commisceret se cum fratribus dicti ordinis, et hoc idem ab aliis suis fratribus pateretur; nunquam tamen fecit, nec fuit requisitus. Interrogatus si nunquam fuerit in recepcione alicujus fratris, dixit quod sic. Interrogatus si per similem modum dicti recepti fuerint recepti, dixit per juramentum suum quod pluries vidit, et omnes fuerunt recepti per similem modum, et specialiter fratrem Balduynum de Pois. Interrogatus utrum vi, vel metu carceris seu tormentorum, aut alia de causa, aliquam dixerit falsitatem vel immiscuerit in deposicione sua, dixit per juramentum suum quod non; immo dixit puram veritatem. Acta sunt hec anno, indicione, mense, die, pontificatu et loco predictis, presentibus religiosis et honestis viris fratribus Johanne de Archis, G. de Capella et Jacobo de Majoricis de conventu Predicatorum Parisiensium, et pluribus aliis testibus ad hoc vocatis specialiter et rogatis.

Et ego Amisius de Aureliano dictus le Ratif, clericus, sacrosancte Romane Ecclesie auctoritate notarius publicus, premissis confessionibus ac omnibus et singulis aliis, prout in presenti et precedentibus peciis simul sutis signo meo signatis continentur, una cum magistris Gaufrido Enguelor dicto Chalop, Phili et Jacobo de Virtuto notariis publicis, et testibus suprascriptis, presens interfui, ac, de mandato dicti inquisitoris, huic instrumento me subscripsi in testimonium premissorum, illudque signo meo solito signavi rogatus.

Et ego Jacobus de Virtuto clericus Cathalaunensis diocesis, publicus imperiali auctoritate notarius, premissis confessionibus et omnibus aliis, ut in presenti carta seu pecia et precedenti signo meo signatis, una cum supra et infrascriptis testibus et notariis publicis presens interfui, et, de mandato dicti inquisitoris, in hoc instrumento me subscripsi in testimonium premissorum, illudque signo meo solito signavi rogatus.

Et ego Evenus Phily de Sancto Nicasio clericus Corisopitensis diocesis, apostolica publicus auctoritate notarius, premissis confessionibus et omnibus aliis in presenti carta seu pecia et precedenti signo meo signatis, una cum suprascriptis notariis presens interfui, hic me subscripsi, et in junctura presentis carte et subsequentis signum meum apposui rogatus.

In Christi nomine amen. Pateat universis per hoc presens publicum instrumentum quod anno Domini millesmio ccc° septimo, indicione sexta, pontificatus sanctissimi patris et domini domini Clementis divina providencia pape quinti anno secundo, undecima die mensis novembris, in religiosi et honesti viri fratris Nicolai de Anessiaco ordinis fratrum Predicatorum, commissarii dati a religioso et honesto viro fratre Guillelmo de Parisius dicti ordinis, inquisitore heretice pravitatis in regno Francie auctoritate apostolica deputato, nostrum notariorum et testium infrascriptorum presencia personaliter constitutus frater Johannes de Ponte Episcopi, etatis XXIIII^{or} annorum vel circa, senescallus in domo de Montecuria in Viromandia, ordinis milicie Templi, juratus ad sancta Dei Evangelia tacta corporaliter ab eodem, et requisitus de se et aliis dicti ordinis super dicto crimine delatis dicere in causa fidei veritatem, dixit per juramentum suum quod bene sunt sex anni vel circa elapsi quod fuit receptus in domo de Sanci prope Trecas, per fratrem Radulphum de Gisi receptorem Campanie quondam, de mandato fratris Hugonis de Paraudo visitatoris Francie.

Item dixit per juramentum suum quod, eo recepto, juramento ab eo prestito de statutis et secretis ordinis observandis, et mantello ad collum posito, presentibus fratribus Johanne Leujambe, Gaufrido de Trache et quibusdam aliis de quorum nominibus non recolit, dictus frater Radulphus ostendit sibi ad partem quamdam crucem cum ymagine Jhesu Christi crucifixi, et dixit sibi quod oportebat quod eum abnegaret cujus ymago predicta erat ibi ter, precipiens sibi quod hoc faceret, et ter spueret supra crucem. Et ipse recusavit hoc facere aliquantulum, et finaliter ipse abnegavit crucem, sed non crucifixum, nec illum cujus erat ymago predicta, et finxit se spuere semel super crucem, et spuit alibi, quia predicta non faciebat ex corde, licet ore. Et predictas abnegacionem et spuicionem fecit pro eo, ut dixit, quia alii fratres dicti ordinis presentes dicebant sibi quod oportebat quod hoc faceret. Dixit eciam quod dictus recipiens precepit sibi quod oscularetur eum in umbilico, nolens se propter hoc discooperire; et ipse receptus dixit quod non faceret. Et tunc dictus recipiens dimisit eum, quia festinabat se et volebat ire ad dies Trecenses, et precepit aliis fratribus quod ostenderent sibi, et instruerent eum puncta ordinis.

Item dixit per juramentum suum quod ipse confessus fuit predicta infra annum recepcionis sue cuidam fratri ordinis Minorum de Trecis, qui injunxit sibi pro penitencia quod jejunaret omni die Veneris usque ad annum sine camisia.

Item requisitus utrum vi, vel metu carceris aut tormenti, dixerit in premissis vel immiscuerit aliquam falsitatem, vel subticuerit aliquam veritatem, dixit per juramentum quod non, et quod puram veritatem dixit pro salute anime sue.

Facta autem fuit confessio seu deposicio hec a dicto fratre Johanne, juramento ab eodem prius, ut premittitur, prestito, anno, indicione, pontificatu, anno et die predictis, presentibus religiosis et honestis viris fratribus Guillelmo de Capella et Guillelmo de Boz ordinis Predicatorum de conventu Parisiensi, testibus ad hoc vocatis et rogatis.

Et ego Evenus Phily de Sancto Nicasio clericus Corisopitensis diocesis, apostolica publicus auctoritate notarius, premissis omnibus et singulis in presenti carta seu pecia et aliis cartis precedentibus signo meo signatis interfui presens, et una cum signo et subscripcione notarii suprascripti ad premissa presentis signum meum consuetum rogatus apposui, me subscribens.

In nomine Domini amen. Anno Nativitatis ejusdem millesimo trecentesimo septimo, indicione sexta, mense novembris, ejusdem mensis XIII die, pontificatus sanctissimi patris et domini domini Clementis divina providencia pape quinti anno secundo, in religiosi viri fratris Nicolai de Anessiaco commissarii fratris Guillelmi de Parisius inquisitoris heretice pravitatis in regno Francie auctoritate apostolica deputati, nostrum notariorum et testium infrascriptorum presencia personaliter constitutus frater Johannes de Turno elemosinarius regis quondam, etatis lxx annorum vel circa, juratus ad sancta Dei Evangelia eidem preposita, et ab eo corporaliter tacta, de se et aliis in causa fidei plenam et integram dicere veritatem; et interrogatus de tempore et modo sue recepcionis, dixit per juramentum suum quod fuit receptus per fratrem Johannem de Turno quondam thesaurarium Templi Parisiensis, in domo de Sauceya super Yonam, xxxvi anni sunt elapsi, presentibus fratribus Galtero Dacolay et Guillelmo qui fuit elemosinarius ante ipsum, et quibusdam aliis de quorum nominibus non recordatur. Dixit eciam per juramentum suum quod, post multas promissiones ab eo factas de statutis et secretis dicti ordinis observandis, et mantello sibi ad collum posito, dictus recipiens traxit eum ad partem in quadam capella retro altare, et ostendit sibi quamdam crucem de ligno in qua erat ymago Jhesu crucifixi depicta, et precepit quod spueret ter supra dictam crucem et ymaginem; et ipse, de mandato ipsius, finxit quod spueret supra crucem, sed nunquam spuit.

Interrogatus de osculo, dixit per juramentum suum quod finxit osculari dictum recipientem in fine spine dorsi; sed nunquam tetigit illum ibi, et postea osculatus fuit eum in umbilico et in ore. Dixit eciam per juramentum suum quod inhibitum fuit sibi ne cognosceret mulieres; sed si calor naturalis moveret eum, commisceret se cum fratribus suis, et hoc ab aliis pateretur. Dixit tamen quod nunquam fecit, nec fuit requisitus.

Interrogatus utrum aliquos fratres receperit in ordine, dixit per juramentum suum quod sic duos, quorum unus vocabatur Thomas bergerius, et illum recepit per illum modum; et alter frater Petrus de Fontanis, et recepit per illum modum per quem dixit se fuisse receptum. Requisitus utrum vidit aliquos fratres recipi in dicto ordine, dixit quod sic viginti vel circa, et credit quod omnes per similem modum reciperentur. Requisitus utrum vi, vel metu carceris seu tormentorum, aut alia de causa, aliquam dixerit falsitatem aut immiscuerit in deposicione sua, dixit per juramentum suum quod non; immo dixit puram et meram veritatem.

Item frater Matheus de Tabula custos domus de Druelles Ambianensis diocesis, etatis quinquaginta annorum vel circa, juratus eodem modo de se et aliis in causa fidei dicere veritatem, et interrogatus de tempore et modo sue recepcionis, dixit per juramentum suum quod fuit receptus in domo de Fontanis, per visitatorem Francie tunc, decem anni erunt post instans festum Nativitatis Domini vel circa, presentibus fratre Garnero de Compendio et fratre Johanne thesaurario, preceptore dicte domus. Dixit eciam per juramentum suum quod, juramento ab eo prestito de observandis secretis et statutis dicti ordinis, et mantello ad collum posito, dictus recipiens duxit eum retro altare, et ostendit sibi quamdam crucem deargentatam cum ymagine Christi, et precepit sibi quod abnegaret Jhesum Christum et crucem, et spueret super ter; et ipse, de precepto recipientis, tunc Jhesum Christum abnegavit ter, et spuit ter super ymaginem et crucem.

Interrogatus de osculo, dixit per juramentum suum quod dictus recipiens precepit sibi quod levaret vestes suas, et oscularetur eum in inferiori parte spine dorsi; et ibidem osculatus fuit eum, et postea in umbilico et in ore.

Dixit eciam per juramentum suum quod injunctum fuit sibi quod omnino abstineret a mulieribus; et si caro urgeret eum, quod commisceret se carnaliter cum aliis fratribus dicti ordinis, et alios fratres admitteret ad idem, si esset requisitus. Interrogatus si aliquos vidit recipi, dixit quod sic duos : quemdam vidit vocatum fratrem Thomam de Roquencourt per fratrem Gerardum de Sauchons custodem domus de Fontanis; et quemdam alium vocatum Petrum de Fontanis per dictum fratrem Johannem de Turno elemosinarium. Requisitus utrum fuerint recepti per illum modum, dixit per juramentum suum quod, postquam habuerant mantella ad collum, fuerunt ducti per receptorem retro altaria, et ibi stabant, et ideo nescit quid faciebant; credit tamen quod ipsi et omnes alii recipiebantur per illum modum. Requisitus utrum vi, vel metu carceris seu tormentorum, aut alia de causa, aliquam dixerit falsitatem vel immiscuerit in deposicione sua, dixit per juramentum suum quod non; immo puram et meram dixerat veritatem.

Item frater Symon Christiani dispensator domus de Pruvino, etatis xx annorum vel circa, juratus eodem modo de se et aliis in causa fidei dicere veritatem, et interrogatus de tempore et modo sue recepcionis, dixit per juramentum suum quod duo anni erunt in crastino instantis festi Resurrectionis Domini quod fuit receptus in domo Montis Suessionensis, per fratrem Gerardum de Villaribus, presentibus quibusdam fratribus quos non noverat, quia alias ipsos non viderat. Et statim quod fuit inductus et receptus, fuit ductus alibi extra dictam domum. Dixit eciam per juramentum suum quod, post multas promissiones de observandis statutis et secretis dicti ordinis ab eo factas, dictus recipiens existens in quadam camera in qua jacebat infirmus in lecto, postquam habuit mantellum ad collum, ostendit sibi figuram Jhesu Christi depictam in quodam missali, et petivit ab eo utrum crederet in eum cujus figura erat ibi depicta, qui respondit quod sic. Tunc precepit quod spueret supra; qui contradixit quantum potuit : tamen dixit quod ipse faceret, vel compelli faceret eum ad hoc faciendum; et tunc invitus spuit supra crucem et ymaginem, et abnegavit semel Jhésum Christum, ore tantummodo, et non corde. Interrogatus de aliis articulis, dixit per juramentum suum quod nichil aliud fuit sibi dictum, et credit quod hoc fuit illa racione quia tam resisterat in faciendo abnegacionem et spuicionem; quod dictus recipiens erat totus fastiditus et totus fessus tam propter infirmitatem quam propter resistenciam quam fecerat; et precepit quod duceretur ad quamdam domum Brie, et quod sibi instrueret eum alias in preceptis et statutis ordinis. Requisitus utrum alii fratres hoc audirent et viderent, dixit quod bene poterant audire, quia erant in camera ubi hoc fuit factum et dictum.

Interrogatus utrum vi, vel metu carceris seu tormentorum, aut alia de causa, aliquam dixerit falsitatem vel immiscuerit in deposicione sua, dixit per juramentum suum quod non; immo puram et meram dixerat veritatem.

Item frater Gerardus de Galos, etatis quinquaginta annorum, juratus eodem modo de se et aliis in causa fidei dicere veritatem, et interrogatus de tempore et modo sue recepcionis, dixit per juramentum suum quod fuit receptus in domo de Aureliano per fratrem Guillelmum de Stampis preceptorem baillivie de Stampis, xxiiii^{or} anni vel circa, presentibus fratribus Petro de Galea et fratre Johanne de Magno Ponte. Dixit eciam per juramentum suum quod, post multas promissiones ab eo factas de observandis statutis et secretis dicti ordinis, dictus recipiens ostendit sibi quamdam crucem in presencia aliorum fratrum, et petivit ab eo utrum crederet in illum cujus ymago erat ibi; et ipse dixit quod sic. Et tunc dixit sibi quod male credebat, quia erat quoddam falsum ydolum, et precepit sibi quod abnegaret Jhesum Christum, et in despectu ejus spueret supra crucem; quod aliquantulum facere distulit, sed postmodum abnegavit semel, et finxit spuere supra crucem. Dixit eciam per juramentum suum quod dictus recipiens precepit sibi quod eum oscularetur in tribus locis, videlicet in fine spine dorsi, in umbilico et in ore; sed ipse non fuit osculatus eum nisi in umbilico et in ore. Dixit eciam per juramentum suum quod injunctum fuit sibi quod omnino abstineret a mulieribus, et si caro urgeret eum, quod commisceret se cum fratribus dicti ordinis, et hoc ab aliis fratribus pateretur. Dixit tamen quod nunquam fecit, nec fuit requisitus.

Interrogatus utrum aliquos fratres viderit recipi, dixit quod sic unum in domo Parisiensi; et credit per juramentum suum quod simili modo receptus fuit, et omnes alii de ordine recipiuntur, ut credit, per illum modum per quem fuit receptus.

Interrogatus utrum vi, vel metu carceris seu tormentorum, aut alia de causa, aliquam dixerit falsitatem vel immiscuerit in deposicione sua, dixit per juramentum suum quod non; immo puram et meram dixerat veritatem.

Item frater Fulco de Trecis, etatis xxviii annorum vel circa, juratus eodem modo de se et aliis in causa fidei dicere veritatem, et interrogatus de tempore et modo sue recepcionis, dixit per juramentum suum quod fuit receptus in domo de Sanceyo juxta Trecas, decem anni sunt, per fratrem Radulphum receptorem tunc Campanie, presentibus fratre Galtero de Paians et fratre Radulpho de Compendio, et quibusdam aliis de quorum nominibus non recolit. Dixit eciam per juramentum suum quod, post multas promissiones ab eo factas de observandis statutis et secretis dicti ordinis, et mantello sibi ad collum posito, quidam frater de cujus nomine non recolit, ostendit sibi quamdam crucem in qua erat ymago Jhesu Christi depicta, et petivit ab eo utrum crederet in eum cujus ymago erat ibi, et ipse dixit quod sic; et tunc dixit sibi quod non debebat credere in eum, quia falsus propheta erat, et quod non crederet nisi in Deum superiorem, et quod in signum quod non crederet spueret supra crucem; et tunc ipse spuit ter juxta crucem, fingens spuere supra crucem. Et tunc quidam frater astans ibi dixit : « Non faciatis magnam vim de isto, quia nimis juvenis est. » Interrogatus de osculo, dixit per juramentum suum quod ille recipiens precepit sibi quod oscularetur eum in fine spine dorsi, in umbilico et in ore, et, non obstante precepto, dixit per juramentum suum quod non osculatus fuit eum nisi in umbilico et in ore. Dixit eciam per juramentum suum quod prohibuit sibi cohabitacionem mulierum, sed dixit sibi quod lecti fratrum essent communes inter ipsos.

Interrogatus utrum vi, vel metu carceris seu tormentorum, aut alia de causa, aliquam dixerit falsitatem vel immiscuerit in deposicione sua, dixit per juramentum suum quod non; immo dixit puram et meram veritatem.

Item frater Johannes de Chounes, etatis xxxii annorum, juratus eodem modo de se et aliis in causa fidei dicere veritatem, et interrogatus de tempore et modo sue recepcionis, dixit per juramentum suum quod fuit receptus in domo de Chounes per fratrem Symonem de Quinci preceptorem dicte domus, xii anni sunt elapsi, presentibus fratre Galtero de la Sotiere et quibusdam aliis de quorum nominibus non recolit. Dixit eciam per juramentum suum quod, post multas promissiones ab eo factas de observandis statutis et secretis dicti ordinis, et mantello sibi ad collum posito, dictus recipiens ostendit sibi quamdam crucem de ligno cum ymagine Jhesu Christi crucifixi enea elevata super crucem, et petivit ab eo utrum crederet in eum cujus figura erat ibi. Qui respondit quod sic; et tunc dictus recipiens dixit sibi : « Tu male credis, quia quidem falsus propheta est; credas solummodo in Deum celi, et non in istum. » Et ipse dixit : « Credo in Patrem et Filium et Spiritum Sanctum, qui fuit natus de Virgine

Maria. » Et tunc ipse precepit sibi : « Spuas supra istum in despectu ejus. » Et tunc spuit ter; sed cavebat quantum poterat ne spueret supra crucem vel crucifixum. Dixit eciam per juramentum suum quod osculatus fuit recipientem in umbilico et in ore. Interrogatus utrum vi, vel metu carceris seu tormentorum, aut alia de causa, aliquam dixerit falsitatem vel immiscuerit in deposicione sua, dixit per juramentum suum quod non ; immo dixit puram veritatem.

Item frater Galterus de Paians, etatis octoginta annorum vel circa, juratus eodem modo de se et aliis in causa fidei dicere veritatem, et interrogatus de tempore et modo sue recepcionis, dixit per juramentum suum quod fuit receptus in domo de Paians, triginta sex anni erunt in instanti festo Nativitatis Domini, per fratrem Theobaldum de Breteuil, presentibus fratre Thoma Normanno et fratre Symone de Paians et quibusdam aliis de quorum nominibus non recolit. Dixit eciam per juramentum suum quod, post multas promissiones ab eo factas de observandis statutis et secretis dicti ordinis, et mantello sibi ad collum posito, dictus recipiens ostendit sibi quamdam parvam crucem in qua erat ymago Jhesu Christi crucifixi, et petivit ab eo utrum crederet quod esset ymago Jhesu Christi ; et ipse respondit quod sic. Et tunc ipse precepit sibi quod spueret supra crucem ; et spuit semel, et osculatus fuit dictum recipientem in umbilico et in ore. Dixit eciam per juramentum suum quod dictus recipiens sibi denegavit et inhibuit coitum mulierum, et dedit sibi licenciam habitandi carnaliter cum fratribus dicti ordinis. Dixit tamen per juramentum suum quod credit quod omnes alii per similem modum recipiuntur. Interrogatus utrum vi, vel metu carceris seu tormentorum, aut alia de causa, aliquam dixerit falsitatem vel immiscuerit in deposicione sua, dixit per juramentum suum quod non ; immo dixit puram veritatem.

Item frater Johannes dictus de Parisius, etatis viginti quatuor annorum, juratus eodem modo de se et aliis in causa fidei dicere veritatem, et interrogatus de tempore et modo sue recepcionis, dixit per juramentum suum quod receptus fuit, novem anni erunt in festo Nativitatis beati Johannis, in domo Templi Parisiensis, per fratrem Hugonem de Paraudo, presentibus fratribus Gerardo de Villaribus, Guillermo de Lins et fratre Petro de Boucli milite, et quibusdam aliis de quorum nominibus non recolit. Et dixit per juramentum suum quod dictus recipiens fecit eum promittere et jurare multas bonas observancias et statuta dicti ordinis et tenere secreta ordinis, et postea osculatus fuit dictum recipientem et alios fratres in ore. Interrogatus de aliis articulis, nichil dixit. Acta sunt hec anno, indicione, mense, die, pontificatu et loco predictis, presentibus religiosis et honestis viris fratribus Johanne de Archis, Petro Lamberti, Egidio de Galuchiis studentibus in conventu Parisiensis, Guillelmo de Choques cive Parisiensi, et pluribus aliis testibus ad hoc vocatis specialiter et rogatis.

Et ego Amisius de Aureliano dictus le Ratif, clericus, sacrosancte Romane Ecclesie auctoritate notarius publicus, omnibus et singulis, prout in hac et precedentibus peciis signo meo signatis continentur, una cum scriptis testibus notariis publicis presens interfui, ac, de mandato dicti commissarii, in hoc instrumento me subscripsi in testimonium premissorum, illudque meo signo solito signavi rogatus.

Et ego Jacobus de Virtuto clericus Cathalaunensis diocesis, publicus imperiali auctoritate notarius; premissis omnibus et singulis, prout in presenti pecia seu carta et precedentibus plenius continentur, presens interfui cum testibus et notariis supra et infra scriptis, et, de mandato dicti commissarii, hoc instrumentum manu propria scripsi in testimonium premissorum, illudque meo signo solito signavi rogatus.

Et ego Evenus Phily de Sancto Nicasio clericus Corisopitensis diocesis, apostolica publicus auctoritate notarius, premissis in presenti pecia seu carta et precedentibus contentis presens interfui cum testibus et notariis suprascriptis, et una cum signis et subscriptum notariorum ipsorum signum meum consuetum rogatus apposui, hic me subscribens.

In nomine Domini amen. Anno ejusdem millesimo ccc° septimo, indicione sexta, mense novembris, ejusdem mensis die xiiii, pontificatus sanctissimi patris et domini domini Clementis divina providencia pape quinti anno secundo, in presencia religiosi et honesti viri fratris Nicolai de Anessiaco ordinis fratrum Predicatorum, commissarii dati a religioso et honesto viro fratre Guillelmo de Parisius dicti ordinis, inquisitoris heretice pravitatis in regno Francie auctoritate apostolica deputato, existentis in domibus Templi Parisiensis, pro inquirendo contra quasdam personas ordinis milicie Templi eidem supra dicto crimine delatas, nostrum notariorum et testium infrascriptorum, personaliter constitutus frater Egidius de Cheuruto locum tenens preceptoris de Fresnayo juxta Pruvinum, quadragenarius vel circa, juratus ad sancta Dei Evangelia ab eo tacta dicere de se et aliis in causa fidei plenam, puram et integram veritatem; et interrogatus de tempore et modo sue recepcionis, dixit per juramentum suum quod fuit receptus apud Cheurutum, xii anni fuerunt in festo Omnium Sanctorum nuper preterito, per fratrem Radulphum de Gisi receptorem Campanie, presentibus fratribus Henrico de Soupir, Petro de Cheuru et quibusdam aliis de quorum nominibus non recolit. Dixit eciam per juramentum suum quod, post multas promissiones de statutis et secretis dicti ordinis observandis ab eo factas, et mantello sibi ad collum posito, dictus recipiens ostendit sibi quamdam crucem que solet portari ad funera, et peciit ab eo utrum crederet in eum qui passus fuerat in ea, et ipse dixit et respondit quod sic; et postea dictus recipiens precepit sibi quod spueret supra crucem; quod ipse finxit facere; sed tamen aliquid de sputamine non cecidit supra crucem quod posset. Interrogatus de osculo, dixit per juramentum suum quod dictus recipiens traxit eum ad partem, et fecit se osculari ab eo in ore, in umbilico et in fine spine dorsi. Dixit eciam per juramentum suum quod inhibitum fuit sibi ne habitaret cum mulieribus, aut aliquod servicium ab eis acciperet, et injunctum fuit sibi quod si calor naturalis moveret eum, quod commisceret se cum fratribus dicti ordinis, et hoc ab aliis pateretur. Requisitus utrum vidit aliquos fratres recipi, dixit quod sic unum, et vidit quod receptus fuit per illum modum per quem dixit se fuisse receptum, excepto quod non vidit quid factum fuit sibi in abscondito; et dixit per juramentum suum quod credit quod omnes alii fratres de ordine simili modo recipiantur, quia non credit quod novus modus factus fuisset pro eo. Dixit eciam per juramentum suum requisitus quod in sua deposicione vi, metu carceris vel tormentorum, vel alia quacumque de causa, non dixit vel immiscuit falsitatem, sed quod puram et integram dixerat veritatem.

Item frater Johannes de Bersees, etatis xxi annorum, morans apud Feritatem Galcheri, eodem modo juratus, constitutus et interrogatus, dixit per juramentum suum quod receptus fuit in domo de Campo Florito, per fratrem Gerardum de Villaribus preceptorem Francie, ix sunt menses vel circa elapsi, presentibus fratre Lamberto de Toisi, fratre Johanne preceptore de Trefou, et quibusdam aliis de quorum nominibus non recolit. Dixit eciam per juramentum suum quod, post multas promissiones de statutis et secretis ordinis observandis ab eo factas, quidam frater, de cujus nomine non recordatur, aportavit sibi quamdam parvam crucem de ligno, et tunc dictus frater Gerardus petivit ab eo utrum crederet in eum qui passus fuerat in dicta cruce, et ipse dixit quod sic. Et tunc dictus frater dixit sibi quod male credebat, et quod debebat credere solummodo in Deum superiorem, et postea precepit sibi quod Jhesum Christum abnegaret ter, et spueret supra crucem ter, quia talis erat modus ordinis, ut dicebat. Et tunc, de precepto dicti recipientis, Jhesum Christum abnegavit ter, ore et non corde, et finxit spuere ter supra crucem, sed tamen nihil cecidit supra eam. Interrogatus de osculo, dixit per juramentum suum quod dictus recipiens precepit sibi quod oscularetur eum in fine spine dorsi; sed non voluit facere, et tamen post osculatus fuit eum in umbilico et in ore. Dixit eciam per juramentum suum quod dictus recipiens dixit sibi quod lecti fratrum debebant esse communes. Interrogatus utrum vi, vel metu tormentorum aut carceris, in sua deposicione immiscuerit falsitatem, aut subticuerit veritatem, dixit per juramentum suum quod non; immo puram dixit et recognovit veritatem.

Item frater Gaufridus de Fera in Campania, etatis xxx annorum, eodem modo constitutus, juratus et interrogatus, dixit per juramentum suum quod fuit receptus in domo de Pruvino, octo vel novem anni sunt elapsi, per fratrem Radulphum de Gisi receptorem Campanie, presentibus fratribus Herberto de Froumentieres et Henrico Flamain preceptore dicte domus, et quibusdam aliis de quorum nominibus non recolit.

Dixit eciam per juramentum suum quod, post multas promissiones ab eo factas de statutis et observanciis dicti ordinis observandis, et mantello sibi ad collum posito, dictus frater Radulphus traxit eum ad partem, et fecit se osculari ab eo in umbilico, et ostendit sibi quamdam crucem de ligno, et petivit ab eo utrum crederet in eum qui passus fuerat in cruce; et ipse respondit quod bene credebat in Jhesum Christum, filium Virginis Marie, et tunc precepit sibi quod eum abnegaret, sed ipse non voluit abnegare. Et postea precepit sibi quod spueret supra crucem; sed non voluit spuere, immo spuit ad terram juxta crucem. Dixit eciam per juramentum suum quod dictus recipiens dixit sibi quod lecti fratrum debebant esse communes. Interrogatus utrum vi, vel metu tormentorum vel carceris, aliquam dixerit in sua deposicione falsitatem, aut subticuerit veritatem, dixit per juramentum suum quod non; immo puram veritatem dixerat pro salute anime sue.

Item frater Helyas de Jocro, etatis xix annorum vel circa, eodem modo constitutus, juratus et interrogatus, dixit per juramentum suum quod receptus fuerat in domo de Feritate Galcheri, sex anni vel circa sunt elapsi, per fratrem Gerardum de Villaribus tunc preceptorem Francie, presentibus fratribus Radulpho de Gisi et Johanne le Moine, ut videtur sibi, et pluribus aliis de quorum nominibus non recordatur. Dixit eciam per juramentum suum quod, post multas promissiones ab eo factas de statutis et secretis ordinis observandis, et mantello sibi ad collum posito, dictus recipiens traxit eum ad partem retro altare, et ostendit sibi ymaginem in quodam missali; sed erat ita juvenis, quod nesciebat tunc cujus erat ymago; et tunc fuit petitum ab eo utrum crederet in illum cujus erat ymago; et ipse respondit quod credebat in Jhesum Christum et in beatissimam Virginem matrem suam. Et ipse dixit quod male credebat; et ipse semper dicens quod credebat in Jhesum Christum et in gloriosam matrem suam, fuit verberatus ab ipso recipiente acriter, et postea fuit positus in carcere per unam diem sine potu et cibo; et oportuit finaliter (cum dicebant quod male credebat) quod faceret; tunc dixit ex parte Dei, et nichil aliud per juramentum suum; et hoc dixit, quia eum volebant iterum ponere in carcere, quia dicebat quod volebat exire et ire ad domum patris sui.

Interrogatus de osculo, dixit quod ita erat tormentatus per dictos fratres, quod non recolit quod aliud quam dixit fuerit sibi factum seu dictum. Interrogatus utrum vi, vel terrore tormentorum aut carceris, in sua deposicione dixerit aut immiscuerit falsitatem, aut veritatem subticuerit, dixit per juramentum suum quod non, immo quod illud quod dixit verum est.

Item frater Baldoinus de Waben, etatis sexaginta annorum vel circa, eodem modo constitutus, juratus et interrogatus, dixit per juramentum suum quod receptus fuit in domo de Bosco in Viromandia, per fratrem Guarinum de Grandi Villari, die Dominica proximo preterita sunt octo anni, presentibus fratre Odone de Grandi Villari nepote dicti receptoris, fratre Matheo de Tilloy et pluribus aliis de quorum nominibus non recolit. Dixit eciam per juramentum suum quod, post multas promissiones ab eo factas de statutis et secretis ordinis observandis, et mantello sibi ad collum posito, dictus recipiens traxit eum ad partem juxta altare, et fecit se osculari a dicto fratre in umbilico, et post ostendit sibi quamdam crucem parvam ligneam, que solebat portari ad funera familie domus, et precepit sibi quod spueret supra crucem; et ipse fingens spuere supra crucem, spuit ad terram. Dixit eciam per juramentum suum quod dictus recipiens dixit sibi, et precepit quod omnino abstineret a mulieribus, et quod fratres dicti ordinis admitteret ad lectum suum, et similiter iret ad lectos fratrum, si indigeret; et credit postmodum quod esset ea intencione quod habitarent carnaliter unus cum alio. Interrogatus utrum vi, vel metu tormentorum aut carceris, aliquam falsitatem dixerit aut immiscuerit in sua deposicione, aut veritatem tacuerit, dixit per juramentum suum quod non; immo puram dixerat pro salute anime sue veritatem.

Item frater Johannes de Mortuis Fontanis presbyter dicti ordinis, etatis xxxvi annorum vel circa, eodem modo constitutus, juratus et interrogatus, dixit per juramentum suum quod receptus fuit apud Puisieus per fratrem Hugonem de Paraudo, circa festum beati Martini hyemensis nuper preteritum fuerunt septem anni, presentibus fratre Thierrico de Lannoy et quibusdam aliis fratribus de quorum nominibus non recolit. Et dixit per juramentum suum quod, post multas promissiones ab eo factas de statutis et secretis ordinis observandis, dictus recipiens posuit sibi mantellum ad collum, et postea quidam miles de dicto ordine duxit eum retro altare, et aportavit sibi unum missale, et ostendit sibi ymaginem Jhesu Christi crucifixi, et crucem depictam in dicto missali, et precepit sibi quod eum abnegaret, et dixit quod hoc oportebat sibi facere; et tunc ipse qui loquitur, ore et non corde, abnegavit ter Jhesum Christum. Interrogatus de liis articulis, dixit per juramentum suum quod nichil scit, sed bene credit quod omnes alii simili modo recipiantur, quia non credit quod nova lex fieret pro eo.

Item dixit per juramentum suum quod in deposicione sua nichil aliud dixit quam veritatem pro salute anime sue.

Item frater Lambertus Flamingus, etatis septuaginta annorum, ut dicebat, eodem modo constitutus, juratus et interrogatus, dixit per juramentum suum quod fuit receptus apud Tonni prope Pontem Arvernie, in instanti festo Nativitatis Domini erunt triginta duo anni, per fratrem Petrum Normannum preceptorem baillivie Laudunensis, presentibus fratribus Johanne de Sancto Albano, qui fuerat magister passagii, Johanne de Braie et quibusdam aliis fratribus de quorum nominibus non recolit. Dixit eciam per juramentum suum quod, post multas promissiones ab eo factas de statutis et secretis ordinis observandis, et mantello sibi ad collum posito, dictus recipiens aportavit sibi quamdam crucem pictam, et precepit sibi in presencia aliorum fratrum quod Jhesum Christum abnegaret, et spueret supra crucem; et tunc, de precepto dicti recipientis, Jhesum Christum abnegavit ter, et ter, fingens spuere supra crucem, spuit ad terram.

Item dixit per juramentum suum quod dictus recipiens precepit sibi quod oscularetur eum in fine spine dorsi, in umbilico et in ore; et ipse finxit ipsum osculari ibi, sed non tetigit eum nisi in ore. Dixit eciam per juramentum suum quod in emissione voti castitatis data fuit sibi licencia habitandi carnaliter cum fratribus dicti ordinis.

Interrogatus utrum vi, vel metu tormentorum vel carceris, aut alia quacumque de causa, in sua deposicione aliquam dixerit aut immiscuerit falsitatem, dixit per juramentum suum quod non; immo puram et meram dixerat veritatem. Acta sunt hec anno, indicione, mense novembris predicto, die, loco et pontificatu predictis, presentibus fratribus Michaele de Bonellis, Karolo Ymbernico et Petro Lamberti ordinis Predicatorum, ac Guillelmo de Choques cive Parisiensi, testibus ad premissa vocatis specialiter et rogatis.

Et ego Amisius de Aureliano dictus le Ratif, clericus, sacrosancte Romane Ecclesie auctoritate notarius publicus, omnibus et singulis contentis in hac et precedentibus peciis similiter sutis signo meo signatis, una cum scriptis testibus et publicis notariis presens interfui, ac, de mandato predicti commissarii, huic publico instrumento me subscripsi; illudque signo meo solito signavi rogatus.

Et ego Jacobus de Virtuto clericus Cathalaunensis diocesis, publicus imperiali auctoritate notarius, premissis omnibus et singulis, prout in presenti carta seu pecia et precedentibus plenius continentur, una cum testibus et notariis supra et infra scriptis presens interfui, et, ad mandatum et requisicionem dicti commissarii, hoc instrumentum manu propria scripsi in testimonium premissorum, illudque meo signo solito signavi rogatus.

Et ego Evenus Phily de Sancto Nicasio clericus Corisopitensis diocesis, apostolica publicus auctoritate notarius, premissis omnibus et singulis contentis in presenti et precedentibus cartis simul sutis et signo meo signatis, excepta tamen confessione precedentis ultimi testis, presens interfui una cum notariis et testibus subscriptis, et cum signis et subscripcionibus ipsorum notariorum, signum meum rogatus apposui hic me subscribens.

In Christi nomine amen. Pateat universis quod anno Domini millesimo ccc° septimo, indicione sexta, xv die mensis novembris, pontificatus sanctissimi patris et domini domini Clementis divina providentia pape quinti anno secundo, in religiosi et honesti viri fratris Nicolai de Anessiaco ordinis Predicatorum, commissarii dati a religioso et honesto viro fratre Guillelmo de Parisius ejusdem ordinis, inquisitore heretice pravitatis in regno Francie auctoritate apostolica deputato, nostrum notariorum publicorum et testium infrascriptorum presencia personaliter constitutus frater Milo de Sancto Fiacrio presbyter, ordinis milicie Templi, etatis xxiiii annorum vel circa, ut dicebat, juratus ad sancta Dei Evangelia sibi ostensa et manu propria tacta de se et aliis dicti ordinis milicie Templi super dicto crimine delatis dicere veritatem; et interrogatus de tempore et modo sue recepcionis, dixit per juramentum suum quod receptus fuit apud Moysiacum Meldensis diocesis, sex anni sunt elapsi, per fratrem Reginaldum de Argivilla quondam cubicularium pape, presentibus fratribus Alberto capellano dicti ordinis, et Guillelmo de Compendio, et quibusdam aliis de quorum nominibus non recolit. Dixit eciam per juramentum suum quod, post multas promissiones de statutis et secretis dicti ordinis observandis ab eo factas, dictus recipiens aportavit sibi quamdam crucem, et dixit sibi quod oportebat ipsum spuere supra crucem, et quod ita consuetum erat in ordine; et tunc ipse fingens spuere supra crucem, spuit ter ad terram. Interrogatus de voto castitatis, dixit per juramentum suum quod dictus recipiens dixit sibi quod lecti fratrum debebant esse communes, et quod poterant se commiscere carnaliter unus cum alio, et quod omnino debebant a mulieribus abstinere.

Interrogatus de osculo, dixit per juramentum suum quod dictus recipiens traxit eum ad partem in quadam camera retro ecclesiam, et fecit se osculari ab eo in umbilico et in ore. Interrogatus si credit quod omnes alii fratres ordinis simili modo recipiantur, dixit per juramentum suum quod credit, quia non credit novam legem pro se fuisse factam. Requisitus per juramentum suum iterum prestitum utrum vi, vel metu carceris aut tormentorum, aliquam falsitatem immiscuerit in sua deposicione, aut veritatem tacuerit, dixit per juramentum suum quod non; immo puram et integram dixerat veritatem.

Item frater Lambertus de Toysi, etatis quadraginta annorum vel circa, ut dicebat, eodem modo constitutus, juratus et requisitus, dixit per juramentum suum quod receptus fuit in domo de Vinciaco diocesis Eduensis, XIII anni sunt elapsi, per fratrem Petrum de Syvre preceptorem baillivie de Byres, presentibus fratre Reginaldo de Toisiaco patruo suo, fratre Thoma de Buceio et quibusdam aliis de quorum nominibus non recordatur. Et dixit per juramentum suum quod dictus recipiens fecit eum jurare et promictere multas observancias dicti ordinis sanctas et devotas, et secreta et statuta dicti ordinis tenere et observare, quarum aliquas verbotenus enarravit; et postea osculatus fuit dictum recipientem et alios presentes in ore. Interrogatus de aliis articulis, dixit per juramentum suum quod nichil scit.

Item frater Droco de Vivariis custos domus de Barberone, loco preceptoris, etatis quadraginta annorum vel circa, eodem modo constitutus, juratus et interrogatus, dixit per juramentum suum quod receptus fuit in domo Templi de Pruvino, xx anni vel circa sunt elapsi, per fratrem Gerardum presbyterum et preceptorem dicte domus, presentibus fratre Godefredo preceptore dicte ballivie loco fratris Arnulphi de Woisemale, et fratre Hugone receptore telonei ville de Pruvino, et quibusdam aliis de quorum nominibus non recolit. Dixit eciam per juramentum suum quod, post multas promissiones ab eo factas de statutis observandis et secretis dicti ordinis observandis, dictus recipiens ostendit sibi quamdam crucem parvam nigram de ligno, et petivit ab eo utrum crederet in cruce; et ipse dixit et respondit quod bene credebat in eum qui passus fuerat in cruce pro redempcione nostra. Et tunc ipse precepit sibi quod abnegaret crucem et crucifixum; et ipse dixit quod non faceret. Et tunc dictus recipiens dixit sibi : « Spuas supra crucem, quia modus est et usus ordinis nostri; » et tunc ipse fingens spuere supra crucem, spuit ad terram. Dixit et per juramentum suum quod postmodum dictus recipiens traxit eum ad quamdam partem, et, sublevata veste sua, fecit se osculari ab eo in umbilico et postea in ore. Requisitus utrum viderit aliquem recipi in dicto ordine, dixit per juramentum quod sic apud Chevrutum, scilicet fratrem Jacobum de Chamerot, per fratrem Radulphum de Gisi receptorem Campanie; et vidit quod dictus recipiens traxit eum retro altare, sed nescit quid fecit sibi fieri. Credit tamen quod simili modo eum recepisset. Requisitus utrum vi, vel metu tormentorum aut carceris, seu aliqua de causa, aliquam falsitatem immiscuerit in deposicione sua, aut veritatem tacuerit, dixit per juramentum suum quod non; immo puram veritatem dixerat pro salute anime sue.

Item frater Laurencius de Trenay, etatis quadraginta annorum, ut dicebat, eodem modo constitutus, juratus et requisitus, dixit per juramentum suum quod fuit receptus in domo Cursus Gibouin Lingonensis diocesis, sex anni sunt elapsi, per fratrem Stephanum d'Espeilly, presentibus fratre Laurencio de Belna, fratre Christiano quondam barbitonsore visitatoris Francie, et quibusdam aliis de quorum nominibus non recordatur. Dixit eciam per juramentum suum quod, post multas promissiones de observandis statutis, decretis et observanciis dicti ordinis ab eo factas, dictus recipiens aportavit sibi quamdam crucem parvam viridem de ligno, nec videtur sibi quod ibi esset ymago crucifixi; et precepit sibi quod spueret supra crucem ter, quia hic erat modus et usus ordinis Templi; et ipse qui loquitur tunc fingens ter spuere supra crucem, spuit ad terram.

Interrogatus de osculo, dixit per juramentum suum quod dictus recipiens fecit se osculari ab eo in umbilico, sublevatis vestibus suis. Dixit eciam per juramentum suum requisitus quod dictus recipiens dixit sibi quod si calor naturalis moveret eum, quod poterat se commiscere carnaliter cum fratribus dicti ordinis.

Interrogatus utrum vi, aut metu tormentorum vel carceris, seu aliqua alia de causa, aliquam falsitatem immiscuerit in deposicione sua, aut veritatem tacuerit, dixit per juramentum suum quod non; immo puram dixerat veritatem.

Item frater Johannes de Poissons bergerius, etatis XXIX annorum vel circa, ut dicebat, eodem modo constitutus, juratus et interrogatus, dixit per juramentum suum quod fuit receptus in domo de Buxiere Lingonensis diocesis, per fratrem Ymbertum de Vianesio preceptorem baillivie d'Aveleure, presentibus fratribus Stephano de Vianesio, Guillelmo de Gres et Guillelmo de Bures, et quibusdam aliis de quorum nominibus non recolit.

Dixit eciam per juramentum suum quod, post multas promissiones ab eo factas de statutis et observanciis dicti ordinis observandis, dictus recipiens ostendit sibi quamdam crucem discoopertam coloribus pre nimia vetustate, et precepit sibi quod spueret supra eam, quia talis erat modus ordinis, ut dicebat; et ipse tunc fingens ter, de precepto dicti recipientis, spuere supra crucem, spuit ad terram. Et postea dictus recipiens duxit eum in quadam camera juxta capellam, et ablatis vestibus suis, fecit se osculari ab eo in umbilico. Et dixit per juramentum suum requisitus quod injunctum fuit sibi in dicta recepcione sua quod omnino abstineret a mulieribus, et quod si inveniretur cum aliquibus mulieribus, perderet mantellum dicti ordinis et hospicium; et dixit sibi dictus recipiens quod lecti fratrum debebant esse communes. Requisitus dixit per juramentum suum quod credit quod omnes alii fratres dicti ordinis per illum modum sint recepti.

Interrogatus utrum vi, aut metu carceris, tormentorum, aut aliqua alia de causa, aliquam falsitatem immiscuerit in deposicione sua, aut veritatem tacuerit, dixit per juramentum suum quod non; immo puram dixerat et integram veritatem.

Item frater Jacobus le Verjus de Rebes in Bria, morans apud Fresneyum, eodem modo constitutus, juratus et interrogatus, dixit per juramentum suum quod fuit receptus apud Coulommiers in Bria, per fratrem Johannem de Moncellis preceptorem baillivie de Bria, quadraginta anni vel circa sunt elapsi, presentibus fratre Roberto le Fouion preceptore dicte domus, et quibusdam aliis de quorum nominibus non recolit. Dixit eciam per juramentum suum quod, post multas promissiones ab eo factas de statutis et secretis ordinis observandis, dictus recipiens ostendit sibi quamdam crucem veterem de ligno, et dixit sibi quod oportebat quod spueret ter supra crucem; et hoc ipse fecit. Interrogatus de voto castitatis, dixit per juramentum suum quod injunctum fuit sibi quod ipse et alii fratres ordinis jacerent unus cum alio, si indigerent; sed non credit, ut dixit per juramentum suum, quod fuit mala intencione. Interrogatus de osculo, dixit per juramentum suum quod dictus recipiens fecit se osculari ab eo in umbilico; et dixit per juramentum suum requisitus quod plures fratres vidit recipi in dicto ordine per istum modum. Interrogatus utrum vi, aut metu carceris seu tormentorum, aut alia quacumque de causa, aliquam falsitatem immiscuerit, aut veritatem tacuerit in deposicione sua, dixit per juramentum suum quod non; immo puram dixerat veritatem.

Item frater Gaufridus de Gonavilla miles, preceptor Aquitanie et Pictavie, eodem modo constitutus, juratus et interrogatus, dixit per juramentum suum quod fuit receptus in Anglia, Londonis, in domo Templi, per fratrem Robertum de Torteville militem, magistrum tocius Anglie, xxvIII anni sunt elapsi, presentibus fratre Henrico de Torteville et quibusdam aliis de quorum nominibus non recolit. Dixit eciam per juramentum suum quod dictus recipiens fecit sibi jurare servare statuta et bonas consuetudines dicti ordinis que et quas verbotenus enarravit; et postea mantello sibi posito ad collum, recipiens ostendit sibi in quodam missali quamdam crucem cum ymagine Jhesu Christi, et precepit sibi quod abnegaret Christum qui fuit positus in cruce; et ipse totus territus noluit facere, et dixit : « Ha, domine, quare facerem? Ego hoc nullo modo facerem. » Et tunc ipse dixit sibi : « Hoc facias audacter; ego juro tibi in periculo anime mee quod nunquam prejudicabit tibi quantum ad animam et conscienciam; quia modus est ordinis nostri, qui fuit introductus ex promissione cujusdam mali Magistri qui erat in carcere cujusdam soldani, et non poterat evadere nisi juraret quod si evaderet, ipse introduceret istum modum in ordine nostro, quod omnes qui reciperentur de cetero abnegarent Jesum Christum, et ita fuit observatum semper; et propter hoc potes bene facere. » Et tunc ille qui loquitur noluit facere, immo contradixit, et petivit ubi erat avunculus suus et alie bone gentes que ipsum adduxerant illuc; et tunc recipiens dixit sibi : « Recesserunt, et oportet quod facias hoc quod tibi precipio. » Et noluit adhuc facere. Tunc videns recipiens resistanciam suam dixit sibi : « Si velles michi jurare ad sancta Dei Evangelia quod omnibus fratribus ordinis qui hoc peterent a te diceres quod illa que precipio tibi fecisti, ego parcerem tibi in hoc. » Et tunc ipse qui loquitur promisit sibi hoc et juravit, et tunc pepercit sibi hoc salvo quod, cooperta cruce manu dicti recipientis, fecit eum spuere supra manum. Requisitus quare credit quod pepercisset sibi, dixit quod ipse et predictus avunculus suus, qui erat familiaris regis Anglie, multa servicia fecerant ipsi recipienti, et precipue ipse qui loquitur, qui inter servicia pluries introduxerat eum in camera dicti regis Anglie, quando habebat facere cum eo, et racione juramenti quod fecerat se dicturum quod predicta sibi injuncta fecisset. Requisitus quare tardavit dicere tantum, quia alias requisitus fuerat dicere veritatem, dixit quod pro eo quia de dicto peccato fuerat confessus cuidam capellano dicti ordinis, et eciam fuerat contrictus de peccato, et credebat esse veraciter et plenarie absolutus, quia dicitur et tenetur in ordine quod de privilegio Sedis Apostolice capellani dicti ordinis habent potestatem absolvendi fratres a quibuscumque peccatis, et quod credebat quod predicti errores essent emendati et amoti de ordine, vel deberent breviter amoveri. Requisitus utrum aliquos fratres fecit, dixit quod paucos fecit manu propria; et dixit quod paucos fecit propter inconveniencia predicta que oportebat fieri in recepcione eorum; et propter hoc, postquam concesserat eis ordinem, faciebat eos recipi per quosdam preceptores et alios sibi subditos. Dixit tamen per juramentum suum quod manu propria quinque milites fecit. Requisitus utrum fecerit eis abnegare Crucifixum et spuere supra crucem, dixit per juramentum suum quod pepercit eis eo modo quo ille qui receperat eum sibi pepercerat, et contigit quod cum quadam die esset in quadam capella ut audiret missam a quodam fratre vocato Bernardo, existente de dicto ordine, qui jam erat inductus alba, et expectabat alium fratrem, ut credit, ut confiteretur sibi, idem frater Bernardus videns ipsum qui loquitur, dixit sibi : « Domine, sciatis quod quedam machinacio fit contra vos, quia jam est factum quoddam scriptum in quo mandatur et significatur Magistro ordinis et aliis quod in recipiendo fratres ordinis non observatis modum quem observare debetis. » Et tunc cogitavit ipse qui loquitur quod erat propter hoc quod ita pepercerat predictis quos receperat. Dixit eciam per juramentum suum quod, postquam fuit sibi loqutum de abnegando Christum per predictum receptorem, tantum displicuit sibi dictus ordo, quod pluries exivisset, si fuisset ausus; sed timebat de potencia Templariorum; et quod quadam die venit apud Lochias ubi Rex erat, et fuit loqutus Regi in presencia fratris Ytherii de Nantolio prioris Hospitalis in Francia; et habebat in animo quod istum modum recepcionis revelaret Regi, et supplicaret sibi quod daret sibi consilium quid posset facere, et caperet eum in custodia sua, et ipse exiret ordinem; sed postea, considerans quod plures preceptores et alii de ordine multa dederant sibi pro passagio suo, et quod jam habebat pecuniam et bona ordinis, non esset bonum eos ita destruere. Requisitus per juramentum suum unde processit error abnegandi et spuendi supra crucem, respondit per juramentum quod quidam de ordine dicunt quod hoc statuit predictus Magister qui fuit captus in carcere dicti soldani, ut predicitur. Alii dicunt quod hoc fuit ex malis et perversis introduccionibus et statutis fratris Roncelini Magistri quondam ordinis; alii dicunt quod ex malis statutis et doctrinis fratris Thome Berardi quondam dicti ordinis Magistri; alii dicunt quod hoc fit ad instar seu ad memoriam beati Petri qui abnegavit Christum ter. Requisitus de capite de quo supra fit mencio, dixit per juramentum suum quod nunquam vidit illud aut audiverat loqui de eo, usquequo dominus Papa fecit Magistro et ipsi qui loquitur mencionem de hoc Pictavis. Interrogatus utrum vi, vel metu carceris aut tormentorum, vel aliqua de causa, aliquam falsitatem immiscuerit in sua deposicione, aut veritatem tacuerit, dixit per juramentum suum quod non; immo puram et meram dixerat pro salute anime sue veritatem. Acta sunt hec in domo Templi Parisiensis, anno, indicione, die, mense et pontificatu predictis, presentibus religiosis et honestis viris fratribus Petro Lamberti, Guillelmo de Polonia, Nicolao Greco ordinis Predicatorum, Guillelmo de Choques cive Parisiensi, et Raymundo Castellani, et pluribus aliis ad premissa vocatis testibus specialiter et rogatis,

Et ego Evenus Phily de Sancto Nicasio clericus Corisopitensis diocesis, apostolica publicus auctoritate notarius, premissis in presenti carte pecia et precedentibus cartis contentis cum testibus et notariis supra et infrascriptis interfui, et una cum signis ipsorum notariorum signum meum hic rogatus apposui me subscribens.

Et ego Jacobus de Virtuto clericus Cathalaunensis diocesis, publicus imperiali auctoritate notarius, premissis omnibus et singulis, prout in presenti carta seu pecia et precedentibus plenius continentur, una cum testibus et notariis suprascriptis presens interfui, et, ad mandatum et requisicionem dicti commissarii, hoc instrumentum manu propria scripsi in testimonium premissorum, illudque signo meo solito signavi rogatus.

In Christi nomine amen. Pateat universis quod anno Domini millesimo ccc° septimo, indicione sexta, pontificatus sanctissimi domini domini Clementis pape quinti anno secundo, die XVII mensis novembris, in presencia religiosi et honesti viri fratris Guillelmi de Parisius ordinis fratrum Predicatorum, inquisitoris heretice pravitatis in regno Francie auctoritate apostolica deputati, nostrum notariorum et testium infrascriptorum, personaliter constitutus frater Henricus de Supi, sexagenarius vel circa, frater ordinis milicie Templi, juratus ad sancta Dei Evangelia tacta corporaliter ab eodem, et requisitus per juramentum dicere de se et aliis dicti ordinis milicie Templi super dicto crimine heresis delatis, ac de modo recepcionis sue, in causa fidei dicere veritatem, dixit per juramentum suum quod ipse fuit receptus, viginti anni sunt elapsi, in domo Templi Parisiensis, per fratrem Amalricum magistrum tunc Francie, militem, presentibus fratre Huberto thesaurario tunc, et fratre J. de Turno, qui postea fuit thesaurarius. Dixit eciam per juramentum suum quod, post multas promissiones de statutis et secretis ordinis observandis factas ab ipso, et mantello sibi ad collum posito, dictus recipiens, sublevata veste sua, precepit sibi quod oscularetur eum in umbilico; et ipse qui loquitur finxit se ipsum osculari, sed non tetigit carnem suam. Dixit eciam per juramentum suum quod dictus recipiens ostendit sibi quamdam crucem ligneam, et precepit sibi quod abnegaret illum qui fuerat passus in ea, et quod spueret supra crucem; et ipse qui loquitur abnegavit semel, et finxit se spuere supra crucem, sed spuebat ad terram, ut dixit per juramentum suum. Dixit eciam per juramentum suum quod injunctum fuit sibi quod si calor naturalis moveret eum, quod commisceret se cum aliquo de fratribus dicti ordinis, et hoc idem sibi fieri ab aliis fratribus pateretur; et credit per juramentum suum quod alii fratres dicti ordinis recipiuntur per eumdem modum. Interrogatus per juramentum suum utrum ipse vi, vel metu carceris seu tormentorum, aut alias, in premissis immiscuerit aut dixerit aliquam falsitatem, aut subticuerit veritatem, dixit per juramentum suum quod non, et quod puram veritatem dixit et meram.

Actum Parisius in domibus Templi, presentibus religiosis et honestis viris fratribus Nicolao de Anessiaco, Laurencio de Nannetis, Durando de Sancto Porciano, Raginaldo de Credulio, Gossoino de Brabancia, Johanne de Sancto Vincencio, ordinis et conventus fratrum Predicatorum Parisiensium, et discreto viro Symone de Montigniaco baillivo Aurelianensi, testibus ad hoc vocatis et rogatis.

Item anno, indicione et pontificatu predictis, die XIX dicti mensis novembris, in religiosi et honesti viri dicti fratris Laurencii de Nannetis commissarii dicti domini inquisitoris, nostrum notariorum publicorum et testium infrascriptorum presencia personaliter constitutus, frater Boinus predicti ordinis Templi, etatis XXVIII annorum, juratus eodem modo et requisitus dicere de se et de aliis dicti ordinis Templi, et de modo recepcionis sue, in causa fidei veritatem, dixit per juramentum suum quod receptus fuit in domo de Rodolio Cathalaunensis diocesis, quatuor anni erunt in festo instanti Nativitatis Domini, per fratrem Johannem Demar preceptorem dicte domus, presentibus fratribus Johanne de Vaudrueil et quodam alio vocato fratre Guillelmo, et quibusdam aliis de quorum nominibus non recolit.

Dixit eciam per juramentum suum dictus receptus quod, post multas promissiones ab eo factas de statutis et secretis ordinis observandis, et mantello sibi ad collum posito, dictus recipiens duxit eum ad partem, et sublevata veste sua, precepit sibi quod oscularetur eum in umbilico; et quia idem recipiens erat scabiosus in ventre, dictus receptus finxit se osculari eum ibi, sed nunquam tetigit nisi de naso.

Item dixit per juramentum suum quod dictus recipiens ostendit sibi quamdam crucem coloris viridis, ut videbatur sibi, et precepit sibi quod spueret supra eam, quia talis erat modus ordinis, et tunc ipse finxit se spuere supra eam, sed spuit ad terram. Dixit eciam per juramentum suum quod dictus recipiens precepit sibi quod omnino abstineret a mulieribus, et quod lectus suus esset communis fratribus; sed nescit qua intencione dicebat.

Interrogatus per juramentum utrum ipse vi, vel metu carceris seu tormentorum, aut alias, in premissis immiscuerit vel dixerit aliquam falsitatem, aut subticuerit veritatem, dixit per juramentum suum quod non, et quod puram veritatem dixit et meram.

Item anno, indicione, pontificatu et die xix novembris predictis, in dicti fratris Laurencii de Nannetis commissarii domini inquisitoris prefati, nostrum notariorum publicorum et testium infrascriptorum, personaliter constitutus frater Nicolaus de Mesnillio subtus Montem Desiderii, etatis quinquaginta quatuor vel circa, juratus et requisitus eodem modo, dixit per juramentum suum quod xxii anni vel circa erunt in festo Penthecostes proximo futuro, quod ipse fuit receptus in domo de Puisiaus subtus Laudunum, per fratrem Petrum Normannie militem, preceptorem ballivie Laudunensis, presentibus fratre Guillelmo de Braye preceptorem de Moisiaco, et quibusdam aliis de quorum nominibus non recolit; et dixit quod dictus recipiens fecit sibi jurare quod ipse servaret statuta ordinis et secreta, et postea fuit sibi mantellum ad collum positum, et osculatus fuit recipientem et alios fratres in ore, et tunc dictus recipiens precepit fratri Guillelmo de Braye quod alia que oportet fieri in ordine sibi faceret fieri, et tunc idem frater Guillermus aportavit sibi quamdam crucem in qua erat ymago Jhesu Christi, et petivit recipiens cujus ymaginem credebat esse ibi, et ipse respondit quod ymaginem Jhesu Christi; et tunc precepit sibi quod negaret illum cujus figura erat ibi, et spueret ter supra crucem, quia hoc erat modus ordinis, et tunc ipse fecit, ore et non corde. Dixit eciam per juramentum suum quod recipiens fecit se osculari ab eo in umbilico; et postea injunxit sibi quod omnino abstineret a mulieribus, et si calor naturalis urgeret eum ad incontinenciam, quod ipse et alii fratres ordinis refrigescerent se unus cum alio, nec ordo diffamaretur pro mulieribus. Interrogatus per juramentum utrum ipse vi, vel metu carceris aut tormentorum, in premissis immiscuerit aut dixerit aliquam falsitatem, aut subticuerit veritatem, dixit per juramentum suum quod non, et quod puram veritatem dixit et meram.

Item anno, indicione, pontificatu et die XIX predictis, in dicti fratris Laurencii commissarii supradicti, nostrum notariorum publicorum et testium infrascriptorum presencia personaliter constitutus, frater Bertrandus de Montigniaco. Auberici, etatis quinquaginta annorum vel circa, eodem modo juratus, et requisitus per juramentum suum, dixit quod receptus fuit per fratrem Joannem de Sarnayo, in domo Suessionensi, presentibus fratre Gerardo de Argentolio milite, et fratre Remigio de Plosiaco, et quibusdam aliis, octo anni sunt elapsi vel circa. Dixit eciam per juramentum suum quod, post multas promissiones de statutis et secretis ordinis observandis ab eo factas, dictus recipiens, preceptor tunc dicte domus Suessionensis, ostendit sibi quamdam crucem in qua erat ymago Jhesu Christi depicta, et dixit sibi quod non crederet in eum, quia nichil erat, et quod erat quidam falsus propheta, et nichil valebat; immo crederet in Deum Celi superiorem, qui poterat salvare; et precepit eciam quod ipse spueret supra crucem et ymaginem predictam, et tunc ipse qui loquitur finxit se spuere, sed non spuit supra quod posset, immo spuit ad terram. Quo facto dictus recipiens traxit eum ad partem, et levatis vestibus suis a parte anteriori, precepit sibi quod oscularetur eum in umbilico, et hoc ipse fecit. Interrogatus utrum vi, vel metu carceris aut tormentorum, seu alias, in premissis immiscuerit aut dixerit aliquam falsitatem, aut subticuerit veritatem, dixit per juramentum suum quod non, et quod puram veritatem dixit et meram.

Acta sunt hec in dictis domibus Templi, presentibus ad premissa dicta decima nona die novembris acta, religiosis et honestis viris fratre Johanne de Dinancio et Alberto Cathalaunensis diocesis, et conventus fratrum Predicatorum Parisiensium, testibus vocatis et rogatis.

Item anno, indicione, pontificatu, anno et die xx novembris predictis, in dicti domini inquisitoris, nostrum Amisii, Gaufridi, Eveni et Jacobi notariorum publicorum, et testium subscriptorum, personaliter constitutus, juratus et requisitus per juramentum eodem modo frater Nicolaus de Trecis, etatis xxxviii annorum vel circa, dixit per juramentum suum quod fuit receptus in domo de Cheuruto diocesis Meldensis, per fratrem Gerardum de Villers, tunc jacentem et infirmitate detentum in lecto, vi anni vel circa sunt elapsi, presentibus fratre Radulpho de Gisiaco, et fratre Guillelmo fratre serviente dicti fratris Gerardi. Dixit eciam per juramentum suum quod, post multas promissiones de statutis et secretis ordinis observandis ab eo factas, et mantello sibi ad collum posito, dictus frater serviens dicti fratris Gerardi, dixit sibi quod oportebat quod abnegaret Deum, et hoc diceret de ore. Et ipse qui loquitur dixit quod nullo modo faceret; tamen finaliter abnegavit ore, et non corde. Dixit eciam quod postea aportavit sibi quamdam crucem de crucibus que solent esse in ecclesiis, et precepit sibi quod spueret supra eam; et hoc ipse facere aliquandiu recusavit, dicens quod nullo modo spueret; tamen finaliter finxit se spuere supra crucem, sed non spuit, immo spuit ad terram.

Requisitus utrum aliquos fratres viderit recipi, dixit quod sic duos, et sunt recepti per illum modum per fratrem Radulphum de Gisi predictum. Requisitus eciam per juramentum utrum vi, vel metu carceris aut tormentorum, seu alias, in premissis immiscuerit vel dixerit aliquam falsitatem, vel subticuerit veritatem, dixit per juramentum suum quod non, et quod puram veritatem dixit et meram.

Item frater Radulphus de Saltibus, etatis xxxv annorum vel circa, personaliter constitutus in dicti domini inquisitoris, nostrum notariorum et testium subscriptorum presencia, juratus et requisitus per juramentum eodem modo, dixit per juramentum suum quod fuit receptus apud Cheurutum in Bria, per fratrem Radulphum de Gisiaco, septem anni vel circa sunt elapsi, presentibus fratre Morello de Belna, et fratre Remigio tunc preceptore de Columberiis. Dixit eciam per juramentum suum quod, post multas promissiones ab eo factas de statutis et secretis ordinis observandis, et mantello sibi ad collum posito, dictus recipiens ostendit sibi crucem et ymaginem crucifixi depictas in quodam missali, et dixit sibi quod oportebat quod abnegaret illum cujus figura erat ibi, et quod spueret supra crucem et ymaginem. Tamen cavit quantum potuit ne aliquid de sputamine caderet supra. Dixit eciam per juramentum suum quod non osculatus fuit recipientem nisi in ore, et credit quod hec esset racio quia dictus recipiens festinabat se ire ad dies Trecenses. Requisitus per juramentum suum utrum vi, vel metu carceris aut tormentorum, seu alias, in premissis immiscuerit vel dixerit aliquam falsitatem, vel subticuerit veritatem, dixit per juramentum suum quod non, et quod puram veritatem dixit et meram. Acta sunt hec Parisius, in dictis domibus Templi, anno, indicione et die mensis novembris predictis, presentibus religiosis et honestis viris fratribus Nicolao de Anessiaco, Reginaldo de Credolio, socio dicti domini inquisitoris, Gossouino de Brebancia, Emingo de Dacia, ordinis et conventus fratrum Predicatorum Parisiensium, et Guillelmo de Choquis cive Parisiensi, testibus ad hoc vocatis et rogatis.

Item anno, indicione et pontificatu, anno et die xx novembris ejusdem, in religiosi et honesti viri fratris Nicolai de Anessiaco ordinis dictorum Predicatorum, commissarii dicti domini inquisitoris, nostrum notariorum et testium subscriptorum presencia personaliter constitutus et eodem modo juratus et requisitus, frater Albertus de Rumercourt presbyter, etatis septuaginta annorum vel circa, dixit per juramentum suum quod receptus fuit apud Montescourt, tres anni erunt Dominica ante instans Carnisprivium, per fratrem Egidium de Chivre militem, de precepto fratris Roberti de Samayo militis, preceptoris ballivie de Montescourt, presentibus fratre Johanne Watel, fratre Adam de Sarnay, et quibusdam aliis de quorum nominibus non recolit; et dixit per juramentum suum quod idem frater Robertus de Sarnayo ostendit sibi crucem depictam in quodam missali, cum effigie Jhesu Christi, et precepit sibi dictus Robertus quod ipse spueret supra dictam crucem : qui dixit totus territus : « Ha sancta Maria! quare facerem ego hoc? Ego aportavi omnia bona mea intus, videlicet quadraginta libras terre redditualis, et vos vultis quod ego faciam tam mirabile quod nullo modo facerem. » Et tunc ille frater Robertus dixit : « Quia vos estis senex, nos parcemus vobis super hiis et aliis, » et nichil aliud fuit sibi factum, ut dixit per juramentum suum. Dixit eciam per juramentum suum quod si sciret, antequam intraret, quod ordo esset talis, quod non intrasset pro toto mundo; immo plus vellet quod abscisum fuisset sibi caput. Requisitus utrum viderit recipi aliquos fratres, dixit per juramentum suum quod sic quemdam qui vocabatur Egidius de Valenciennes; et recepit eum frater Odo preceptor ballivie Viromendensis, et dixit quod audivit quod dictus recipiens precepit eidem fratri Egidio quod spueret supra quamdam crucem quam ostendit sibi ; et tunc idem Egidius spuit, vel finxit se spuere, sed videbatur eidem qui loquitur quod spueret.

Item requisitus utrum vi, vel metu carceris aut tormentorum, ipse in premissis aliquam immiscuerit vel dixerit falsitatem, vel subticuerit veritatem, dixit per juramentum suum quod non, et quod puram veritatem dixit et meram.

Actum Parisius in domo Templi, dicta die xx novembris, presentibus religiosis viris fratre Gossonio de Brebancia et Ermingo de Dacia ordinis et conventus fratrum Predicatorum Parisiensium, testibus ad hoc vocatis et rogatis.

Et ego Evenus Phily de Sancto Nicasio clericus, apostolica publicus auctoritate notarius, premissis et singulis aliis contentis in duabus cartis seu peciis precedentibus immediate signo meo signatis interfui, una cum supra et infrascriptis notariis, hic me subscripsi, et cum signis ipsorum signum meum apposui rogatus.

Et ego Jacobus de Virtuto clericus Cathalaunensis diocesis, publicus imperiali auctoritate notarius, premissis confessionibus et omnibus aliis et singulis in duabus cartis seu peciis immediate precedentibus simul sutis signo meo signatis contentis, cum testibus et notariis suprascriptis presens fui, ac, de mandato dicti inquisitoris, ea manu propria scripsi, et in testimonium premissorum presens instrumentum signo meo solito signavi rogatus.

In Christi nomine amen. Pateat universis per hoc presens publicum instrumentum quod anno Domini millesimo ccc° septimo, indictione sexta, pontificatus sanctissimi patris et domini domini Clementis divina Providencia pape quinti anno secundo, die martis ante festum sancti Clementis, scilicet xxi die novembris, in religiosi et honesti viri fratris Nicolai de Anessiaco ordinis Predicatorum, commissarii dati a religioso et honesto viro fratre G. de Parisius ejusdem ordinis, inquisitore heretice pravitatis in regno Francie auctoritate apostolica deputato, nostrum notariorum et testium infrascriptorum presencia personaliter constitutus, frater Poncius de Bono Opere ordinis milicie Templi, etatis xxviii annorum vel circa, juratus et requisitus per juramentum ab eo prestitum ad sancta Dei Evangelia tacta corporaliter ab eodem, de se et aliis dicti ordinis super dicto crimine delatis, et de modo sue recepcionis dicere in causa fidei veritatem, dixit per juramentum suum quod circa instans festum Ascensionis Domini erunt quatuor anni quod fuit receptus per fratrem Hugonem de Paraudo visitatorem Francie, in domo de Buris Lingonensis diocesis, presentibus fratre Godefredo de Ranerio, fratre Guidone de Nice et quibusdam aliis de quorum nominibus non recolit. Dixit eciam per juramentum suum quod, post multas promissiones ab eo factas de statutis et secretis ordinis predicti observandis, et mantello sibi ad collum posito, recipiens predictus ostendit sibi quamdam crucem depictam in quodam libro, et quamdam aliam crucem ligneam quam ibi aportari fecit, et peciit ab eo si credebat in eam; et ipse qui loquitur respondit quod sic; et dictus recipiens dixit sibi et precepit quod amplius non crederet, et quod spueret ter supra eam; et idem receptus fingens se spuere supra eam, spuit alibi ad partem. Requisitus utrum erat in ipsa cruce effigies crucifixi, dixit quod non recolit, pro eo quod erat multum territus et turbatus de hiis que sibi dicebantur et precipiebantur, dicens quod semper credidit et credit in eum qui passus fuit, et recepit mortem pro nobis in cruce. Dixit eciam quod ipse, de precepto recipientis, osculatus fuit ipsum recipientem in umbilico et in ore et non alibi, quia predictus recipiens festinabat se, et credit quod alii fratres modo simili recipiantur.

Item requisitus utrum vi, vel metu carceris aut tormentorum, in premissis immiscuerit aut dixerit aliquam falsitatem vel tacuerit veritatem, dixit per juramentum suum quod non, et quod ipse puram veritatem dixit pro salute anime sue.

Item anno, indicione, pontificatu et die predictis, in presencia dicti commissarii, nostrum notariorum et testium infrascriptorum, constitutus, juratus et requisitus eodem modo, frater Radulphus Moyset dicti ordinis Templi, etatis sexaginta quinque annorum vel circa, morans in domo de Castellario juxta Peronam, dixit per juramentum suum quod bene sunt quadraginta quinque anni vel circa elapsi, quod ipse fuit receptus in domo de Bosco ballivie Viromandie, per fratrem Danielem Britonem presbyterum dicti ordinis, et quod, post multas promissiones factas de statutis et secretis ordinis observandis, predictus receptor posuit sibi mantellum ad collum, et quod nichil aliud fuit sibi factum vel dictum quod esset contra Deum aut bonos mores. Dixit tamen per juramentum suum quod vidit recipi fratrem Michaelem de Flers in domo de Fontanis subtus Montem Desiderii, per fratrem Amalricum de Rochis, et tres seu quatuor alios, sed non recolit de nominibus ipsorum, nec recipiencium, nec locorum in quibus recepti sunt, et audivit quod illi qui recipiebant eos precipiebant et faciebant deferri crucem, et precipiebant receptis quod abnegarent crucifixum ter, et ter spuerent supra crucem, et credit quod ipsi recepti hoc faciebant vel saltem alterum de premissis, et credit quod dictus Michael fecit unum de ipsis preceptis sibi factis a dicto Amalrico, sed ipse nescit bene de quo, quia ipse qui loquitur ibat et redibat ad ministrandum in locis predictis, et credit quod dictus Daniel pepercit sibi in premissis que audivit aliis fieri, pro eo quod dictus Daniel nutriverat eum, et erat multum juvenis ipse qui loquitur, et plura non vidit vel audivit quod recolat:

Item requisitus utrum vi, vel metu carceris aut tormentorum, in premissis immiscuerit vel dixerit aliquam falsitatem, vel tacuerit veritatem, dixit per juramentum suum quod non, et quod ipse puram veritatem dixit pro salute anime sue.

Item anno, indicione, pontificatu et die predictis, in dicti commissarii, nostrum notariorum et testium infrascriptorum presencia constitutus, juratus et requisitus eodem modo, frater Stephanus de Romania Remensis diocesis, quinquagenarius vel circa, claviger domus de Prunay dicti ordinis Templi, dixit per juramentum suum quod bene sunt xix anni vel circa elapsi quod ipse fuit receptus in domo de Vifort juxta Castrum Tierrici, ballivie de Bria, per defunctum fratrem Nicolaum de Sancto Albano preceptorem tunc domus de Monte Suessionensi, de mandato fratris Arnulphi de Wisemale, et fuerunt presentes in recepcione sua frater Johannes de Crotay preceptor de Paci, frater Gerardus Agricola et frater Tierricus de Albigniaco preceptor predicte domus de Vifort, nec plures quod recolat. Dixit eciam per juramentum suum quod eo recepto, et post promissiones factas ab eo de statutis et secretis ordinis observandis, et mantello sibi ad collum posito, et aportata quadam cruce lignea per unum de dictis fratribus, recipiens precepit sibi quod spueret supra dictam crucem, dicens sibi quod oportebat quod hoc faceret, et ipse qui loquitur finxit se spuere super eam. Dixit eciam quod recipiens duxit eum ad partem, ad cornu altaris cujusdam capelle in qua recipiebatur, et elevata veste sua, precepit eidem recepto quod oscularetur eum retro in fine spine dorsi, et ipse qui loquitur finxit se hoc facere, sed non fecit. Dixit eciam quod vidit recipi fratrem Guillermum de Sancto Leonardo de Corbigniaco, in domo de Valeia, per fratrem Laurencium de Belna preceptorem de Coulours, in quadam camera dicte domus, dicens quod statim quod mantellum fuit sibi positum ad collum dicti Gerardi, ipse qui loquitur recessit ad parandum mappas pro commestione, et propter hoc nescit quid fuit sibi postea factum vel dictum, tamen credit quod fuit eodem modo receptus, et quod alii fratres dicti ordinis eodem modo recipiantur.

Item requisitus utrum vi, vel metu carceris aut tormentorum, in premissis immiscuerit vel dixerit aliquam falsitatem, vel tacuerit veritatem, dixit per juramentum suum quod non, et quod puram veritatem dixit pro salute anime sue.

Facte autem sunt hec tres immediate precedentes confessiones seu deposiciones prius a quolibet ipsorum confitencium prestito ut premittitur juramento, Parisius in domibus Templi, anno, indicione, pontificatu, anno et die predictis, presentibus fratre Synardo de Dacia et fratre Egidio de Bononia ordinis Predicatorum de conventu Parisiensi; testibus ad hec vocatis et rogatis.

In nomine Domini amen. Anno Nativitatis ejusdem m°ccc° septimo, indicione sexta, mense novembris, die veneris, in festo sancti Crisogoni, scilicet vigesima quarta die, pontificatus sanctissimi patris et domini domini Clementis divina providencia pape quinti anno tercio, in religiosi et honesti viri fratris Nicolai de Anessiaco ordinis Predicatorum, commissarii fratris Guillelmi de Parisius ejusdem ordinis, inquisitoris heretice pravitatis in regno Francie auctoritate apostolica deputati, nostrum notariorum et testium infrascriptorum presencia personaliter constitutus, frater Petrus de Montigniaco diocesis Meldensis, presbiter dicti ordinis, etatis XL annorum, juratus ad sancta Dei Evangelia, eidem preposita et ab eo corporaliter tacta, de se et de aliis in causa fidei dicere veritatem, et interrogatus de tempore et modo sue recepcionis, dixit per juramentum suum quod fuit receptus in domo Templi Parisiensis, per fratrem Hugonem de Paraudo visitatorem Francie, in instanti Quadragesima erunt tres anni, presentibus thesaurario, priore et multis aliis fratribus dicte domus. Dixit eciam per juramentum suum quod, post multas promissiones ab eo factas de observandis statutis et secretis dicti ordinis, quidam frater dicti ordinis aportavit ante eum quamdam crucem ligneam in qua erat figura Jhesu Christi crucifixi, et tunc dictus visitator petivit ab eo utrum crederet in eum cujus ymago erat ibi; et ipse dixit quod sic, et tunc dixit sibi : « Oportet quod tu abneges eum ter, et spuas ter supra crucem. » Quod facere contradixit et denegavit quantum potuit; finaliter, propter minas quas inferebant sibi, fecit ore et non corde, et finxit spuere supra crucem, et spuit ad terram. Dixit eciam per juramentum suum quod osculatus fuit dictum recipientem in ore, et finxit eum osculari in umbilico, super vestes, tamen non tetigit.

Item dixit quod dictus recipiens dixit sibi, omnibus audientibus, quod si calor naturalis moveret eum, dabat ei licenciam habendi rem cum suis fratribus ordinis. Dixit tamen per juramentum suum quod nunquam fecit, nec fuit requisitus.

Item dixit per juramentum suum quod credit quod omnes alii fratres dicti ordinis recipiantur per eumdem modum per quem fuit receptus.

Item dixit per juramentum suum quod vidit duos recipi, unum morantem in domo de Malo Repastu, et fratrem Petrum morantem in domo de Soisiaco, per istum modum per quem fuit receptus.

Interrogatus utrum vi, vel metu carceris seu tormentorum, aut alia de causa, aliquam dixerit falsitatem aut immiscuerit in deposicione sua, dixit per juramentum suum quod non; immo puram et meram dixerat veritatem.

Item frater Guido de Ferreriis presbiter dicti ordinis, etatis quinquaginta annorum, morans apud Ragnicourt diocesis Belvacensis, juratus eodem modo de se et aliis in causa fidei dicere veritatem, et interrogatus de tempore et modo sue recepcionis, dixit per juramentum suum quod receptus fuit apud Laigneville, in capella dicte domus, XII anni sunt elapsi, per fratrem Nicolaum preceptorem de Latigniaco Sicco, presentibus fratribus Reginaldo et Johanne capellanis dicte domus. Dixit eciam per juramentum suum quod, post multas promissiones ab eo factas de observandis statutis et secretis dicti ordinis, dictus recipiens traxit eum ad patrem, aliis remanentibus, et ostendit sibi quamdam crucem ligneam depictam, et precepit sibi quod abnegaret illum qui passus fuerat in cruce, et spueret supra crucem, et ipse tunc invitus negavit ter et spuit ter, supra crucem, ore et non corde. Dixit eciam per juramentum suum quod osculatus fuit dictum recipientem in ore et in umbilico, et precepit sibi dictus recipiens quod oscularetur eum in fine spine dorsi; sed non voluit ipsum ibi osculari. Dixit eciam per juramentum suum quod dictus recipiens dixit sibi quod si calor naturalis moveret eum, poterat se commiscere cum fratribus ordinis. Dixit tamen per juramentum suum quod nunquam fecit, nec fuit requisitus. Interrogatus utrum viderit aliquos fratres recipi, dixit per juramentum suum quod sic fratrem Thomam de Rochancourt, per fratrem Gerardum vicarium preceptoris domus de Fontanis, in dicta domo, et fratrem Johannem Dorviller, per eundem, ut credit, et in eadem domo, et fratrem Petrum de Fontanis, per fratrem Johannem de Turno; et dixit quod recipientes duxerunt ipsos receptos ad partem, et credit quod fuerunt eodem modo recepti.

Interrogatus utrum vi, vel metu carceris seu tormentorum, aut alia de causa, aliquam dixerit falsitatem vel immiscuerit in deposicione sua, dixit per juramentum suum quod non; immo dixit puram et meram veritatem.

Item frater Johannes de Gisi presbiter dicti ordinis, etatis XXVI annorum vel circa, juratus eodem modo de se et aliis in causa fidei dicere veritatem, et interrogatus de tempore et modo sue recepcionis, dixit per juramentum suum quod receptus fuit in domo de Laigneville Belvacensis diocesis, tres anni sunt in festo sanctorum Johannis et Pauli, per fratrem Radulphum de Gisi receptorem Campanie, presentibus fratribus Durando milite dicti ordinis, et Johanne preceptore dicte domus, presbitero. Dixit eciam per juramentum suum quod, post multas promissiones ab eo factas de observandis statutis et secretis dicti ordinis, dictus recipiens ostendit sibi figuram Jhesu Christi depictam in quodam missali, et petivit ab eo utrum crederet in illum cujus figura erat ibi; et ipse dixit quod sic, et tunc dixit sibi quod abnegaret eum ter, et ter spueret supra crucem; et cum ipse hoc facere denegaret, tamen compulit eum ad hoc, dicens quod oportebat quod hoc faceret, et tunc ore et non corde abnegavit ter, et ter finxit spuere supra crucem, sed spuit ad partem.

Item dixit per juramentum suum quod osculatus fuit eum solummodo in ore, licet fuerit requisitus de osculando eum in umbilico; sed assistentes dixerunt quod parceret sibi, quia erat de genere suo et sacerdos.

Item dixit per juramentum suum quod dictus recipiens dedit sibi licenciam habitandi cum fratribus dicti ordinis, si non posset continere; sed dixit per juramentum suum quod nunquam fecit, nec fuit requisitus ab aliquo. Dixit eciam per juramentum suum quod vidit tres recipi per dictum fratrem R. de Gisi, per istum modum per quem dixit se esse receptum, et credit quod omnes alii recipiuntur per illum modum.

Interrogatus utrum vi, vel metu carceris seu tormentorum, aut alia de causa, aliquam dixerit falsitatem vel immiscuerit in deposicione sua; dixit per juramentum suum quod non; immo dixit puram et meram veritatem.

Item frater Petrus de Laigneville dispensator domus des Quenoi, etatis xx annorum vel circa, juratus eodem modo de se et aliis in causa fidei dicere veritatem, et interrogatus de tempore et modo sue recepcionis, dixit per juramentum suum quod fuit receptus in domo de Latigniaco Sicco, in Quadragesima erunt duo anni, per fratrem R. de Gisi, presentibus fratre Huberto preceptore dicte domus, et fratre Nicolao de Salleville, et pluribus aliis de quorum nominibus non recolit. Dixit eciam per juramentum suum quod, post multas promissiones ab eo factas de observandis statutis et secretis dicti ordinis, dictus recipiens aportavit quoddam missale, et ostendit sibi figuram Jhesu Christi crucifixi depictam in eo, et petivit ab eo utrum crederet in eum cujus figura erat ibi depicta, et ipse respondit quod sic, et eciam dixit quod oportebat quod abnegaret eum, et spueret supra crucem et ymaginem; qui contradixit quantum potuit, tum finaliter, quia minabatur eum de ponendo eum in tali carcere quod de cetero non videret pedes suos, fecit abnegacionem semel ore, et non corde, ut dixit, et finxit spuere ter supra ymaginem, sed spuebat ad terram, ut dixit. Dixit eciam per juramentum suum quod osculatus fuit eum in umbilico et in ore solummodo. Dixit eciam per juramentum suum quod dictus recipiens precepit sibi quod si calor naturalis moveret eum ad incontinenciam, quod commisceret se cum fratribus dicti ordinis, et alios admitteret ad idem, si requireretur. Dixit tamen per juramentum suum quod nunquam fecit, nec fuit requisitus.

Item dixit quod cum eo fuit receptus quidam frater nomine Baldoinus, qui per eumdem modum omnino fuit receptus, et credit quod omnes alii simili modo recipiantur. Interrogatus utrum vi, vel metu carceris seu tormentorum, aut alia de causa, aliquam dixerit falsitatem vel immiscuerit in deposicione sua, dixit per juramentum suum quod non; immo puram et meram dixerat veritatem.

Item frater Nicolaus de Ambianis, dictus de Lulli, etatis xxiiii annorum vel circa, juratus eodem modo de se et aliis in causa fidei dicere veritatem, et interrogatus de tempore et modo sue recepcionis, dixit per juramentum suum quod fuit receptus in domo de Correaus diocesis Ambianensis, septem anni sunt elapsi vel circa, per fratrem Gerardum de Villaribus tunc preceptorem Francie, presentibus fratre Tierrico magistro de Laudunesio, fratre Johanne de Sarnay preceptore ballivie de Pontiyo, et quibusdam aliis de quorum nominibus non recolit. Dixit eciam per juramentum suum quod, post multas promissiones de statutis et secretis dicti ordinis ab eo factas, dictus recipiens ostendit sibi crucem depictam in quodam missali cum effigie Jhesu Christi crucifixi, et precepit sibi quod abnegaret Jhesum Christum cujus effigies erat ibi ter, et ipse compulsus ad hoc invitus fecit propter minas et terrores quos inferebant sibi, et finxit se spuere supra ymaginem, sed spuebat ad terram; et dixit per juramentum suum quod nunquam remansisset in ordine, nisi fuisset propter timorem mortis; tantum perhorrebat Templariorum potenciam, quod non erat ausus exire.

Item dixit per juramentum suum quod dictus recipiens requisivit eum quod oscularetur eum in culo, et ipse respondit quod prius permitteret se interfici; tamen osculatus fuit eum in umbilico super vestes, et in ore, de precepto suo, et dixit per juramentum suum quod nichil aliud inhonestum fuit sibi dictum vel factum, et premissa dixit ille qui loquitur cum lacrimis et magnis suspiriis. Interrogatus utrum vi, vel metu carceris seu tormentorum, aut alia de causa, aliquam dixerit falsitatem vel immiscuerit in deposicione sua, per juramentum suum dixit quod non; immo puram et meram dixerat veritatem.

Item frater Thomas de Roquencourt, etatis quinquaginta annorum vel circa, juratus eodem modo de se et de aliis in causa fidei dicere veritatem, et interrogatus de tempore et modo sue recepcionis, dixit per juramentum suum quod receptus fuit in domo de Fontanis, octo anni sunt elapsi, per fratrem Gerardum de Sonions, locum tenentem preceptoris dicte domus, presentibus fratre Guidone de Ferreriis et fratre Michaele de Fles, et quibusdam aliis de quorum nominibus non recolit. Dixit eciam per juramentum suum quod, post multas promissiones de observandis statutis et secretis dicti ordinis ab eo factas, dictus recipiens fecit se osculari ab eo in umbilico et in ore, et postea dictus recipiens aportavit sibi quamdam crucem de ligno, et precepit sibi quod ter spueret supra dictam crucem, et ipse invitus finxit se spuere supra dictam crucem bis, sed spuit juxta crucem ad terram. Dixit eciam per juramentum suum quod dictus recipiens dixit sibi quod si non posset continere, habitaret carnaliter cum fratribus ordinis, sed dixit quod nunquam accidit sibi; et dixit ille qui loquitur quod premissa sunt sibi dicta et facta in presencia omnium assistencium. Dixit eciam per juramentum suum quod vidit unum fratrem recipi in dicto ordine, et credit quod ipse et alii dicti ordinis recepti sunt per istum modum.

Interrogatus utrum vi, vel metu carceris seu tormentorum, aut alia de causa, aliquam dixerit falsitatem aut immiscuerit in deposicione sua, dixit per juramentum suum quod non; immo puram et meram dixerat veritatem.

Item frater Nicolaus de Compendio preceptor domus de Bosco Scuti, etatis quadraginta annorum vel circa, juratus eodem modo de se et aliis in causa fidei dicere veritatem, et interrogatus de tempore et modo sue recepcionis, dixit per juramentum suum quod fuit receptus in domo de Valeia, octo anni sunt elapsi vel circa, per fratrem Raymundum de Gisi receptorem Campanie, presentibus fratribus Gaufrido de Trahi et Johanne de Vernolio, et quibusdam aliis de quorum nominibus non recolit. Dixit eciam per juramentum suum quod, post multas promissiones de statutis et secretis dicti ordinis ab eo factas, dictus recipiens precepit sibi quod spueret supra crucem mantelli sui, quia talis erat modus sue religionis, et ipse miratus et turbatus valde, dixit: « Domine, quomodo facerem hoc quod ego spuerem supra crucem in qua Salvator meus fuit vivus et mortuus? »

Et ipse dixit : « Oportet quod tu spuas et abneges eum, quia talis est modus ordinis nostri, et ita recipiuntur alii. » Tunc dixit : « Quomodo facerem hoc ego? veni huc ut salvarem animam meam, et vos vultis quod abnegem eum qui me creavit. Detis mihi deliberacionem, et ego cogitabo quid faciam. » Et tunc dixerunt omnes astantes ibi quod oportebat quod faceret, quia omnes alii ita recipiuntur, et quod talis est ordo; et tunc ipse invitus spuit supra crucem mantelli dicti receptoris, et abnegavit ore et non corde. Dixit eciam per juramentum quod de hoc fuit confessus cuidam penitenciario episcopi Trecensis qui tunc erat. Dixit eciam per juramentum suum quod dictus recipiens precepit sibi quod oscularetur eum in posteriori parte dorsi, in umbilico et in ore, sed ad preces cujusdam capellani dicti ordinis pepercit sibi quantum ad inferiorem locum, sed osculatus fuit eum in umbilico et in ore.

Item dixit per juramentum suum quod dictus recipiens dixit et precepit sibi quod si non posset continere a libidine, quod commisceret se cum fratribus dicti ordinis, et alios fratres ad hoc reciperet, si eum requirerent. Dixit tamen per juramentum suum quod numquam fecit, nec fuit requisitus. Omnia ista confessus fuit cum magnis suspiriis et lacrimis.

Interrogatus utrum vi, vel metu carceris seu tormentorum, aut alia de causa, aliquam dixerit falsitatem vel immiscuerit in deposicione sua, dixit per juramentum suum quod non; immo puram et meram dixerat veritatem.

Item frater J. de Domo Dei monachorum, diocesis Meldensis, dispensator domus de Sablonieres juxta Castrum Theodorici; etatis xxxv annorum vel circa, ut dicebatur, juratus eodem modo de se et aliis in causa fidei dicere veritatem, et interrogatus de tempore et modo sue recepcionis, dixit per juramentum suum quod fuit receptus in domo de Hubercourt, in instanti festo Nativitatis Domini erunt vi anni vel septem anni, per fratrem R. de Gisi receptorem Campanie, presentibus fratribus Petro preceptore dicte domus, et Petro

Rongemaaille, et quibusdam aliis, de quorum nominibus non recolit. Dixit eciam per juramentum suum quod, post multas promissiones de observandis statutis et secretis dicti ordinis ab eo factas, dictus recipiens precepit sibi quod oscularetur eum retro in umbilico et in ore, et ipse finxit quod oscularetur eum supra vestes retro, et in umbilico, et postea osculatus fuit eum in ore.

Item dixit per juramentum suum quod dictus recipiens ostendit sibi crucem mantelli, et precepit sibi quod spueret supra crucem; quod fecit, et postea ostendit sibi crucem in quodam missali cum ymagine Jhesu Christi, et precepit sibi quod abnegaret Deum cujus ymago erat ibi, et licet renuisset et fleret, tamen finaliter fecit compulsus. Dixit eciam per juramentum suum, quod credit quod omnes alii fratres ita recipiantur, sed non scit veritatem.

Interrogatus utrum vi, vel metu carceris seu tormentorum, aut alia de causa, aliquam dixerit falsitatem vel immiscuerit in deposicione sua, dixit per juramentum suum quod non; immo dixit puram veritatem. Acta sunt hec anno, indicione, mense, die, pontificatu et loco predictis, presentibus religiosis et honestis viris fratribus Gaudefredo Leodiensi, Johanne Bergensi ordinis Predicatorum, in conventu Parisiensi studentibus, et pluribus aliis testibus ad hec vocatis specialiter et rogatis.

Et ego Amisius de Aureliano dictus le Ratif, clericus sacrosancte Romané Ecclesie auctoritate notarius publicus, premissis confessionibus et omnibus aliis et singulis, prout in hac et precedentibus peciis simul sutis et signo meo signatis plenius continentur, una cum testibus et publicis notariis supra et infrascriptis presens interfui, ac, de mandato inquisitoris et commissariorum suprascriptorum, in hac et aliis precedentibus instrumentis me subscripsi in testimonium premissorum, eaque signo meo solito signavi rogatus.

Et ego Jacobus de Virtuto clericus Cathalaunensis diocesis, publicus imperiali auctoritate notarius, premissis omnibus et singulis confessionibus, et aliis prout in hac et precedentibus peciis simul sutis signo meo signatis plenius continentur, una cum testibus et notariis publicis supra et infrascriptis presens interfui, ac, de mandato predicti inquisitoris et supradictorum commissariorum suorum, in hoc et aliis publicis instrumentis precedentibus me subscripsi in testimonium premissorum, eaque signo meo consueto signavi rogatus.

Et ego Evenus Phily de Sancto Nicasio clericus Corisopitensis diocesis, apostolica publicus auctoritate notarius, premissis omnibus et singulis in hac presenti et aliis omnibus cartarum peciis simul sutis signoque meo signatis contentis, una cum testibus et notariis publicis supra et infrascriptis presens interfui, ac, de mandato inquisitoris et commissariorum suprascriptorum, hic et aliis instrumentis me subscripsi, et signum meum solitum apposui rogatus in testimonium premissorum.

INTERROGATOIRE

DES TEMPLIERS DU DIOCÈSE D'ELNE

(ROUSSILLON).

1310 (NOUVEAU STYLE).

Raymundus[1] *miseracione divina Elnensis episcopus, etc. Recepimus quasdam litteras reverendi in Christo patris domini* Egidii *divina providencia sancte Narbonensis ecclesie archiepiscopi, etc., quarum tenor talis est:*

Egidius permissione divina sancte Narbonensis ecclesie archiepiscopus, etc., *Raymundo Elnensi* episcopo salutem et sinceram in Domino caritatem. Litteras sanctissimi patris *et domini nostri domini* Clementis pape quinti, *etc., nos vidisse* et coram nobis perlegi fecisse noveritis, quarum tenor *talis est:*

« Clemens episcopus, servus servorum Dei, etc. Faciens misericor-
« diam, etc. (*Voir cette bulle, tome I, pages 2-7.*)

« Datum Pictavis, II idus augusti, pontificatus nostri anno tercio. »

Tenor vero articulorum de quibus fit mencio in litteris apostolicis supradictis, quos sub vera bulla ipsius domini nostri summi pontificis et filo canapis inclusos recepimus, vidimus, tenuimus et coram nobis perlegi fecimus, sequitur in hec verba:

« Isti sunt articuli super quibus inquiretur contra fratres ordinis
« milicie Templi, tanquam contra singulares multipliciter infamatos
« et vehementer suspectos super contentis in eisdem articulis, et
« maximo scandalo contra eos super hiis existente.

« Articuli contra singulares personas ordinis milicie Templi:

« Primo, quod in recepcione sua et quandoque post, etc. » (*Voir la suite de ces articles au tome I, pages 89-96.*)

---

[1] Ce manuscrit, sur papier coton, appartient à la Bibliothèque nationale (*Cod. Colb.* 1145., *Regius* 3918). Les trois premiers feuillets sont dans un tel état de dégradation, qu'il eût été bien difficile de rétablir d'une manière suivie le texte qu'ils renferment; mais ce texte n'étant que la reproduction de deux actes déjà insérés dans le premier volume, nous nous bornons à en donner ici les premières et dernières lignes. Les mots en italique sont ceux que nous avons suppléés pour compléter ce cadre sommaire.

Predictarum igitur litterarum apostolicarum et articulorum dictorum series ad vestri presenciam tenore presencium perducentes, vobis mandamus quatinus contenta in eisdem litteris apostolicis quantum ad vos pertinet in... compleatis; ac nos de recepcione presencium et de tempore recepcionis earum testimonio vestrarum litterarum patencium... publicorum instrumentorum per latorem presencium certificare curetis; in quorum omnium sigillum nostrum et subscripcionem notarii publici infrascripti litteris presentibus duximus apponendum. Acta fuerunt hec Parisius, in domo nostra, anno a Nativitate Domini m° ccc° nono, iii nonas maii, indictione septima, pontificatus prefati sanctissimi patris domini Clementis divina providencia pape quinti anno quarto; presentibus venerabili Fulcone Balati canonico Claromontensi, et discretis viris dominis P. de Chadaleu de Opiano, ac Petro Bongiaci de Vesola Narbonensis diocesis, ecclesiarum rectoribus, testibus ad premissa vocatis specialiter et rogatis.

Et ego Guillelmus Radulphi de Sancto Floro Claromontensis diocesis clericus, sacrosancte Romane Ecclesie publicus auctoritate notarius, qui litteras apostolicas et articulos supradictos vidi, tenui et palpavi, nullam in se suspicionem, ut premittitur, continentes, tenorem eorum hic de verbo ad verbum fideliter feci scribi, ac de hujusmodi sumpto exemplo litterarum et articulorum predictorum, cum ipsis originalibus litteris et articulis diligentem ac fidelem collacionem feci; et quia illud cum originali concordare, nil addito vel detracto quod sentenciam mutaret vel intellectum, inveni, me eidem subscripsi, et signum meum apposui consuetum, una cum sigillo prefati domini archiepiscopi Narbonensis, et ad requestam ipsius ad hoc vocatus specialiter et rogatus. (L. S.)

Verum cum execucioni contentorum in ipsis litteris usque nunc, infirmitate nostri corporis prepediti, intendere nequiverimus ut decebat, nunc vero sanitate resumpta, licet non plena, volentes, tanquam filii obediencie, contenta in eis execucioni debite demandare, assignavimus diem mercurii proximam qua dicetur xix kalendas februarii, anno quo supra, peremptorie duobus fratribus Predicatoribus et duobus fratribus Minoribus conventuum ville Perpiniani nostre Elnensis diocesis, per nostras litteras sub hac forma :

Raymundus miseracione divina Elnensis episcopus, religiosis viris priori Predicatorum et gardiano fratrum Minorum ville Perpiniani, salutem in Domino Jhesu, cum augmento divine gracie et amoris. Cum juxta ordinacionem sanctissimi patris et domini nostri domini Clementis pape quinti, sacrosancte Romane ac universalis Ecclesie summi pontificis, litteratorie nobis missam, duobus canonicis nostre Elnensis ecclesie, duobus Predicatoribus et duobus fratribus Minoribus accercitis, contra Templarios nostre Elnensis diocesis super articulis in dictis litteris comprehensis inquirere intendamus, vos requirimus, et nichilominus auctoritate apostolica vobis dicimus et mandamus quatinus vestrum quilibet cum uno fratre vestri ordinis, viro utique provido et in talibus circumspecto, die mercurii proxima, ad castrum de Trullariis, mane ante terciam, ad nos personaliter veniatis, in predictis nobiscum facturi, juxta Dei beneplacitum et traditam a dicto domino nostro summo pontifice nobis formam, quod justicia suadebit. Intencio enim nostra est preceptum apostolicum litteratorie nobis..... Datum vicesima..... [*astantibus?*] providis et discretis [*duobus canonicis?*] Elnensis ecclesie, videlicet Benedicto Hugonis archidiacono [*majori et?*] Raymundo Guillelmi sacrista ejusdem. Et locum apud castrum de Trullariis ejusdem Elnensis ecclesie propinquum [*domui?*] Mansi Dei quod est milicie Templi Dei, in qua Templarii olim degentes in diversis locis infra nostram diocesim, juxta [*mandatum?*] predicti domini nostri summi pontificis, sub fida custodia detinentur.

Quibus die mercurii et loco, videlicet [*castro?*] predicto de Trullariis, nos prefatus Elnensis episcopus volentes inquirere cum Templariis predictis super [*articulis in?*] predictis litteris comprehensis, personaliter constituti, accercitis et astantibus nobis dictis duobus canonicis et du[*obus fratribus Predica*]toribus, videlicet fratre Bernardo Marchi priore, et fratre Bernardo de Ardena lectore Predicatorum, et duobus [*fratribus Minoribus?*], scilicet fratre Guillelmo Arnaldi gardiano, et fratre Guillelmo Brandini ordinis fratrum Minorum conventuum [*ville Perpiniani?*]; adhibitis eciam nobis tribus notariis publicis et juratis, videlicet Petro Gayraudi, Petro Ray[*naudi et Johanne*] de Villa Clara, qui presentem inquisicionem auctoritate et mandato nostro jussi sunt scribere et fideliter [*in formam pu*]blicam redigere. Citavimus per nostras patentes litteras, et citari fecimus per discretum virum [*Jacobum Martini officialem?*] nostrum Elnensem omnes Templarios existentes in dicta domo Mansi Dei nostre Elnensis diocesis, et eorum singulos, cum [*alias?*] in dicta nostra diocesi nulli essent nec sint fratres ordinis dicti Templi: quarum quidem litterarum forma dinoscitur esse talis:

Raymundus miseracione divina Elnensis episcopus, executor ad infrascripta a Sede apostolica deputatus, discreto viro Jacobo Martini officiali nostro Elnensi salutem in Domino sempiternam. Cum nos, juxta preceptum apostolicum litteratorie nobis factum, super articulis nobis missis per reverendum in Christo patrem dominum Egidium, divina providencia sancte Narbonensis ecclesie archiepiscopum, contra Templarios degentes in domo Mansi Dei milicie Templi, nostre Elnensis diocesis, inquirere intendamus in castro de Trullariis (quem quidem locum decentem et oportunum putavimus ad predicta, cum sit propinquus ipsi domui Mansi Dei), vobis dicimus et mandamus quatinus ad dictam domum Mansi Dei personaliter accedentes, ex parte nostra, ymo verius apostolica, citetis et peremptorie omnes et singulos fratres dicte domus et ordinis prelibati, ut sicut mandabuntur per nos licteratorie sive per nuncium, diebus singulis et temporibus assignandis; in dicto loco de Trulars compareant personaliter coram nobis, et viris venerabilibus et discretis nobis juxta mandatum apostolicum associatis, Bernardo Hugonis de Urgio archidiacono majori, et Raymundo Guillelmi sacrista ecclesie Elnensis, necnon religiosis fratribus Bernardo Marchi priore et Berengario de Ardena lectore ordinis Predicatorum; Guillelmo Arnaldi gardiano, et Guillelmo Brandini ordinis fratrum Minorum conventuum ville Perpiniani nostre Elnensis diocesis, super contentis in dictis papalibus litteris et articulis insertis in eis perhibituri, dicturi et responsuri meram et puram quam noverint veritatem. De dicta eciam citacione canonice facienda, cum per vos facta fuerit, faciatis fieri publicum instrumentum. Datum apud castrum de Trulars, xix kalendis februarii, anno Domini millesimo ccc° nono.

De qua quidem citacione facta per dictum officialem idem officialis fecit fieri publicum instrumentum sub tenore qui sequitur:

Noverint universi quod veniens discretus vir Jacobus Martinus officialis Elnensis, ad domum Mansi Dei milicie Templi diocesis Elnensis, et in eadem domo existens, vocari fecit ad se omnes et singulos fratres in eadem domo captos, et detentos in ecclesia seu capella ejusdem domus. Et dictis fratribus inibi congregatis, idem dominus officialis eis legi fecit, per me notarium infrascriptum, quamdam litteram reverendi in Christo patris domini Raymundi Dei gracia Elnensis episcopi, sigillo ejusdem in dorso sigillatam, cujus forma talis est : « Raymundus miseracione divina Elnensis episcopus, executor ad infrascripta a Sede apostolica deputatus, discreto viro Jacobo Martini officiali nostro Elnensi salutem in Domino sempiternam, etc., *ut supra.* » Auctoritate cujus littere idem officialis citavit omnes et singulos astantes inibi et presentes, sicut et super hiis que in dicta littera continentur. De quibus [*quidem citaci*]one et omnibus aliis et singulis supradictis, idem officialis mandavit per me notarium infrascriptum fieri publicum instrumentum, quod fuit factum in dictis capella et domo Mansi Dei, xix kalendas februarii, anno Domini millesimo ccc° nono. In [*presencia?*] et testimonio Johannis de Villaclare, Raymundi Savine et Raymundi Troyn de Perpiniano, et mei Petri Gayraudi [*clerici?*] notarii publici dicti domini episcopi, qui predictis omnibus interfui, et ea omnia scripsi, et in formam publicam redegi, et signo [*meo signavi?*].

Citavit insuper idem officialis auctoritate predicta fratrem Bertholomeum [de?] Turri presbyterum seu capellanum dicti Templi, ut, incontinenti facta citacione, compareret personaliter coram dicto domino [episcopo?] et dictis viris providis sibi associatis, apud Trulars, in domo prepositure ejusdem castri de Trulhars ad Elnensem ecclesiam pertinentis. Qui quidem frater Bartholomeus volens parere dicte citacioni de se facte, comparuit die predicta personaliter coram dicto domino episcopo et aliis supra nominatis sibi associatis, in loco predicto de Trulhars, et prestitit ad sancta Dei Evangelia corporaliter juramentum super dictis articulis, et contentis in eis, et super aliis de quibus interrogabitur per eumdem dominum episcopum, puram, meram et plenam dicere veritatem, de se ut principalis, et de aliis sic ut testis. Et lectis sibi articulis predictis et expositis in vulgari, primo super primo articulo interrogatus per dictum dominum episcopum, respondens per juramentum, negavit ipsum primum articulum, et omnia et singula contenta in eo. In quo quidem articulo agitur quod in recepcione ipsorum fratrum ipsi fratres abnegant Christum, vel Jhesum, vel crucifixum. Addens quod ipse totis temporibus vite sue non audivit fieri mencionem de contentis in dicto articulo, nisi ab eo tempore citra quo capti fuerunt fratres ordinis supradicti.

Super secundo articulo interrogatus, negavit prorsus contenta in eo.

Ad tercium articulum respondens, negavit similiter contenta in eo.

Ad IIII—VI articulos negavit.

Ad VII articulum respondens, negavit eum et omnia et singula contenta in eo. Interrogatus, juxta tenorem dicti articuli, si credit Christum Jhesum Dei filium esse, et in sua humanitate quam sumpsit de utero Virginis matris sue passum esse, mortuum et sepultum, et die tercia a mortuis surrexisse, et utrum predicta fuerit ipse passus pro suis an vero pro nostris peccatis; ad que respondit se credere firmiter et nullatenus dubitare quod dictus Dominus Jhesus Christus sit et fuerit Verbum Dei Patris, et humanam naturam sumpserit et traxerit de sacro utero beatissime Marie semper Virginis matris sue, in quo sine virili semine de Spiritu Sancto fuit conceptus, et passus non pro suis peccatis, sed pro nostris, et a mortuis die tercia surrexisse.

Ad viii—xix articulos negavit.

Ad xx articulum respondens, negavit eum et omnia et singula contenta in eo, adiciens quod quocienscumque ipse missas celebravit, ipse dixit illa verba [per que ef]ficitur corpus Christi et ejus sanguis preciosus.

Ad xxi—xxiiii articulos negavit.

Ad xxv articulum respondens, negavit [cum la]ycus fuerit visitator. Sed si presbiter fuerit, quamvis non viderit aliquem [visitatorem qui] esset presbiter, credit quod posset absolvere a peccatis, de licencia tamen sui superioris prelati.

Ad xxvi—xxviii articulos negavit.

Ad xxix articulum respondens, negavit eum et omnia et singula contenta in eo, nec credit nec est fides ejus quod dictus Magister confessus fuerit contenta in articulo supradicto, salvo tamen honore et reverencia domini nostri summi pontificis et fratrum ejus dominorum cardinalium, de quibus agitur in articulo.

Ad xxx articulum respondens, negavit contenta in eo, excepto quod, post recepcionem, recipiens osculatur in ore tantum receptum in fratrem.

Ad xxxi—xxxiii articulos negavit.

Ad xxxiiii articulum respondens, confitetur ipsum articulum et contenta in eo, eo modo qui sequitur, quod recipiens facit jurare receptum quod pro alio ordine majori vel minori non exeat nec relinquat ordinem Templariorum.

Ad xxxv articulum respondens, confitetur ipsum et contenta in eo. Sed racionem quare sunt professi incontinenti recepti in dicto ordine dixit se nescire; sed sic habetur de more et observata consuetudine dicti Templi.

Ad xxxvi articulum respondens, dixit quod recepciones fratrum dicti ordinis fiunt ubicumque eos fieri contingit, omnibus exclusis, exceptis fratribus dicti ordinis, clausis januis loci ubi capitulum fit pro recepcione fratrum; et idem fieri consuevit in dicta domo Mansi Dei, quandocumque ipsos fratres facere contingat capitula super quibuslibet actibus; ipse tamen, ut dixit, non vidit fieri capitulum nisi in ecclesia domus Mansi Dei.

Interrogatus qua hora diei ipsi fratres tenent et faciunt capitula pro recipiendis fratribus, dixit quod, celebrata prius missa, et invocata Spiritus Sancti gracia per sacerdotem qui missam celebravit, frater capellanus dicti ordinis dicit : « Veni, Sancte Spiritus, » cum oracione, *Deus qui corda fidelium*. Quibus dictis, dicti fratres presentes inibi et sedentes tenent sua capitula, et faciunt recepciones fratrum qui recipiendi sunt : et hec vidit servari in dicta ecclesia Mansi Dei decies et pluries.

Ad xxxvii articulum respondens, dixit se nescire pro certo aliqua de contentis in ipso articulo. Dixit tamen se credere quod gentes que loquebantur quare ita secrete et clausis januis fiebant recepciones fratrum quod haberent suspicionem contra eos, sed non juste.

Ad xxxviii articulum respondens, dixit ut supraproxime.

Ad xxxix—xliii articulos negavit.

Ad xliiii articulum respondens, de se ipso negavit ipsum articulum et contenta in eo. Quantum erat ad alios fratres, dixit se nescire, imo expresse dixit se credere nullum ex fratribus dicti ordinis hoc fecisse, cum in committentes illud peccatum, tanquam in filios diffidentie, descendat et veniat ira Dei.

Ad xlv articulum respondens, ut in proximo articulo.

Ad xlvi articulum respondens, negavit eum et omnia et singula contenta in eo, dicens eciam se nunquam audivisse dici aliqua de contentis in dicto articulo.

Ad xlvii—l articulos negavit.

Ad li articulum respondens, dixit se de nullo fratrum dicti ordinis ...c contenta in dicto articulo unquam fecisse.

Ad lii—lvii negavit.

Ad lviii articulum respondens, negavit contenta in eo, excepto quod confessus est ipsos fratres et se ipsum portare cingulos cordularum de filo lineo supra camisiam.

Interrogatus propter quam causam ipsi fratres portant dictum cingulum, dixit se credere quod ideo portant, et ipse dixit de se ipso assertive, quod ipse portat cingulum ideo quod scriptum est in Evangelio Luche : « Sint lumbi vestri precincti, etc., » addens quod dictum cingulum portavit et hodie portat a tempore sue recepcionis citra, et dixit ipsum cingulum esse de observantia dicti ordinis, ab ejus fratribus singulis sic portari.

Ad lix articulum respondens, dixit quod cordule sive cinguli traduntur eisdem fratribus cujusvis longitudinis, sicut placet portanti, salvo quod nullum ydolum tangitur neque cingitur cum cordula sive cingulo supradictis.

Ad lx articulum respondens, negat prorsus contenta in eodem articulo.

Ad lxi articulum respondens, dixit quod in recepcione fratrum dicti ordinis, injungitur ipsis receptis quod continue portent cingulum lineum de die et de nocte. Dixit tamen quod ex dicta cordula nunquam tangitur aliquod ydolum, nec cingitur ex eadem.

Ad lxii articulum respondens, dixit ut in proximo articulo supra.

Ad lxiii articulum respondens, negavit eum et contenta in eo simpliciter, sicut jacet.

Ad lxiiii articulum respondens, negavit eum.

Ad lxv articulum respondens, negavit eum, dicens quod modis predictis nullus unquam recipitur, nec fuit usquam quisquam receptus quod ipse sciat vel credat, exceptis a se superius confessatis.

Ad lxvi articulum respondens, negavit ipsum et contenta in eo, dicens se non credere unquam factum fuisse de aliquo fratre ex causa in dicto articulo contenta.

Ad lxvii articulum respondens, dixit ut in proximo articulo supra.

Ad lxviii articulum respondens, dixit ut in lxvi articulo.

Ad lxix articulum respondens, dixit quod in recepcione fratrum dicti ordinis injungitur a recipientibus ipsos, propter juramentum prestitum a receptis, quod perpetuo secrete teneant omnia que fiant in capitulis eorumdem; aliter negat predictum articulum.

Ad lxx articulum respondens, negavit eum simpliciter, prout jacet.

Ad lxxi articulum respondens, dixit quod cum recepciones fratrum fiunt in capitulis dicti Templi, injungitur eis qui recepti sunt ut omnia et singula que in capitulis acta sunt et agenda secreta teneant.

Ad lxxii articulum respondens, dixit verum esse quod precipitur fratribus presentibus in ipsis capitulis quod non audeant loqui aliis fratribus ejusdem ordinis, nisi tamen illis fratribus qui in ipsis capitulis affuerunt. Ipse tamen frater Bartholomeus qui hec loquitur nusquam fuit, ut dixit, in aliquibus capitulis nisi in dicta domo Mansi Dei diocesis Elnensis, et idem credit fieri et servari in ceteris capitulis dicti Templi.

Ad lxxiii articulum respondens, negat ipsum articulum, sicut jacet, adiciens se nunquam vidisse dici vel fieri contenta in eo.

Ad lxxiiii articulum respondens, dixit . . . . . . re, et sic retro fuisse servatum inter fratres dicti ordinis, quod quocienscumque aliquem vel aliquos fratrum . . . . . contingat velle confiteri peccata sua, injungitur eis ut fratri capellano ejusdem ordinis quem [in] promptu habere possunt sua confiteantur peccata; quando vero dicti fratris capellani pro peccatis [*ipsorum con*]fitendis presenciam habere non possunt, datur eis facultas libera adeundi fratres Minores [*vel Predicat*]ores, vel in eorum deffectu presbiterum secularem ejusdem diocesis, cui vel quibus sua peccata valeant confiteri . . . . . penitentiam recipere salutarem et injunctam servare.

Ad lxxv articulum respondens, dixit se [*non vi*]disse nec scivisse nec audivisse fratrem vel fratres Templi aliquem vel aliquos errores de quibus agitur in preambulis articulis commisisse. Quapropter negligencia imputari non potuit nec debuit cuique fratrum dicti ordinis, si locus correctioni predicte non fuit.

Ad lxxvi articulum respondens, dixit quod ideo non nunciarunt Ecclesie sancte Dei, quod nec scit nec credit aliquos errores contra fidem catholicam fuisse commissos inter fratres ordinis dicti Templi.

Ad lxxvii articulum respondens, negavit dictum articulum et contenta in eo.

Ad lxxviii articulum respondens, negavit dictum articulum et contenta in eo. Dixit tamen quod, quando fratres recipiuntur ad dictum ordinem, injungitur eis servare bonos mores et bonas consuetudines dicti ordinis presentes et futuros, et malos vitare.

Ad lxxix articulum respondens, negat eum.

Ad lxxx articulum respondens, negat eum, exceptis per eum confessatis supra.

Ad lxxxi articulum respondens, negavit eum et contenta in eo omnia et singula, salvis a se superius confessatis.

Ad lxxxii articulum respondens, dixit nec se scire nec credere contenta in eo, salva excellencia domini nostri summi pontificis, et reverencia fratrum ejus.

Ad lxxxiii articulum respondens, dixit se non credere neque scire aliqua de contentis in eo, salva excellencia ejusdem domini nostri pape et fratrum ejus honore.

Ad lxxxiiii articulum respondens, dixit ut in proximo articulo supra.

Ad lxxxv articulum respondens, dixit se nec scire nec credere aliquid de contentis in eo.

Ad lxxxvi articulum respondens, dixit quod ipse qui loquitur fuit receptus in domo Mansi Dei, per fratrem Raymundum de Baco tunc preceptorem ejusdem domus, in vigilia Natalis Domini proxime preterita fuerunt xxix anni elapsi, astantibus et presentibus in ipsa recepcione fratribus Petro de Camporotundo, Jacobo Olerii, Arnoldo Rocha camerario dicte domus, et pluribus aliis de quibus non recordatur, qui mortui sunt, et fratre Jordano et fratre Arnoldo Canicii et fratre Symone, nunc viventibus, ordinis supradicti. Modus autem sue recepcionis et aliorum, quos ipse vidit recipi in eadem domo Mansi Dei, fuit observatus per receptores per modum qui sequitur. Videlicet quod tempore quo ipse qui loquitur fuit receptus in fratrem dicti ordinis apud domum Mansi Dei, frater Raymundus de Baco preceptor tunc dicte domus intravit ecclesiam seu capellam dicte domus, cum ceteris fratribus qui in ipsa domo tunc erant, ipso fratre Bartholomeo qui loquitur, jam tunc presbitero existente et remanente extra capellam predictam. Et post paululum venerunt ad ipsum qui loquitur duo fratres senes dicti ordinis, de nominibus quorum dixit se ad plenum non recordari, et introduxerunt ipsum qui loquitur in quamdam cameram que est juxta ecclesiam, in qua jacet frater capellanus dicte domus; ubi dixerunt ipsi qui loquitur multas asperitates ordinis, et an ipse qui recipi debebat haberet membra sua sana, et utrum esset excommunicatus, et utrum esset obligatus creditoribus, et an votum emisisset intrandi alium ordinem seu religionem, et multa alia que continentur in quodam libro qui appellatur liber Statutorum et regula ordinis Templariorum. Et cum ipse qui loquitur ad omnia respondisset, et docuissent eum quid haberet dicere preceptori, introduxerunt eum in ecclesiam ubi erat dictus preceptor cum fratribus ubi tenebant capitulum pro predictis, clausis januis ecclesie supradicte, et flexis genibus et complosis manibus coram eo, dixit ipse qui recipiendus erat : « Domine, Deo et beate Marie Virgini, et vobis et omnibus. . . . . . supplico me recipi in hoc ordine in socium et in fratrem proprie ad serviendum Deo, pro anima mea sal[vanda re]liquum vite tempus mee volo expendere ad laudem Dei, et sibi in hoc ordine perpetuo famulari. » Et. . . . . . dictus preceptor jussit eundem fratrem qui loquitur exire ecclesiam, et post modicum tempus fecit [ipsum vo]cari et ad se venire. Multa eciam alia in dicta ejus recepcione fuerunt dicta, prolata et ordinata per dictum preceptorem, et ad ea responsa data per ipsum fratrem Bartholomeum receptum, sicut in quodam libro continente regulam dicti ordinis latius continetur. Quem inquam librum idem frater Bartholomeus capellanus fecit de dicta domo Mansi Dei per quendam juvenem aportari, et presentari eidem domino episcopo Elnensi et canonicis Elnensis ecclesie predictis, necnon viris religiosis Predicatoribus et Minoribus predictis secum inquirentibus et astantibus, quorum nomina in exordio hujus enqueste sunt superius interserta. Liber autem predicte regule sic incipit in romano :

Quan alcum proom requer la compaya de la Mayso.

Similiterque vidit fieri recepcionem aliorum fratrum sacerdotum et secularium personarum, de recepcione quorum ordo et modi scripti sunt in dicto libro statutorum et regule supradicte. De temporibus autem recepcionis aliorum qui recepti fuerunt post recepcionem ipsius qui loquitur, dixit se non plene recordari. De personis vero eorum quos ipse vidit recipi, dixit quod vidit recipi fratres Bernardum Guerrerii presbiterum tunc; Raymundum Sapte, Johannem de Rosis, Johannem Coma tunc presbiteros, et fratres nunc ordinis supradicti. Vidit eciam recipi fratres laycos milites Bertrandum de Rippisaltis, Bernardum de Miliariis, et multos alios milites et non milites, de nominibus quorum dixit se non plene recordari. Qui fuerunt recepti diversis temporibus ad predictum ordinem in ecclesia predicta per diversos preceptores, videlicet per dictum fratrem Raymundum de Baco, et per fratrem Raymundum de Benaies, et per fratrem Arn. de Torrosella, et per fratrem G. de Abelars, et per fratrem Raymundum de Gardia, quem videt nunc et vidit ejusdem domus presentem et ultimum preceptorem.

Ad lxxxvii articulum respondens, negavit predictum articulum et omnia et singula contenta in eo, et dixit se nichil scire penitus de contentis in eo nec credere.

Ad lxxxviii et ultimum articulum respondens, dixit se nescire que capita illa sint de quibus agitur in articulo; nec usquam nunc in ordine Templi unquam audivit mentionem fieri de eisdem, nec illa vidit, nec quemquam audivit loquentem vel mencionem sibi facientem de illis capitibus maledictis. Nec scit ubi illa sint, nec retro fuerint; ymo credit illa in nullo loco fore in toto mundo, nec olim fuisse apud Templarios, nec apud fideles aliquos Christianos.

Super aliis vero de quibus precipitur fieri [*inquisicio?*] generalis, prout visum fuit dicto domino episcopo et predictis aliis dominis canonicis et religiosis viris, *inquirentibus?* pariter cum eodem, requisitus dixit se nichil amplius scire.

II. Frater Petrus Bleda ordinis Templi et domus Mansi Dei predicte, juratus, ut principalis de seipso, et ut testis de aliis, super articulis super quibus interrogabitur plenam, meram et puram dicere veritatem, dixit et deposuit ut sequitur:

Expositis primo sibi articulis in vulgari: super primo articulo dixit et negavit eum, et omnia et singula contenta in eo.

Ad II—IIII articulos inclusive respondens, interrogatus cum diligencia, negavit eos et omnia et singula contenta in eis.

Ad v—vii articulos inclusive respondens interrogatus, negavit eos et omnia et singula contenta in eis, asserens Christum passum fuisse pro redemptione humani generis, non pro sceleribus ipsius Christi Jhesu.

Ad VIII articulum respondens, negavit ipsum et omnia et singula contenta in eo.

Ad IX—XIII articulos inclusive diligenter interrogatus, negavit eos et omnia et singula contenta in eis.

Ad XIIII—XIX articulos inclusive diligenter et sigillatim interrogatus, negavit eos et omnia et singula contenta in eis.

Ad XX—XXIX articulos inclusive diligenter et sigillatim interrogatus, negavit eos et omnia et singula contenta in eis, adiciens quod si Magister major ordinis Templi confessus est predicta, sicut in articulis continetur, quod non credit idem frater Petrus, mentitus est idem Magister major Templi per gulam suam falso modo.

Ad XXX—XXXIII articulos inclusive respondens, dixit contenta in eis falsa esse, salvo et excepto quod recipiens osculatur fratrem noviter receptum in ore tantum, in signum bone fidei et fraterne dilectionis.

Ad XXXIIII articulum respondens, dixit quod recepti in fratres dicti ordinis jurant tempore sue recepcionis quod non exibunt nec relinquent ordinem Templariorum pro alio majori vel fortiori, vel pro minori vel debiliori ordine.

Interrogatus quare dictum sacramentum prestant, cum sit contra interdictum juris, dantis licenciam receptis ad religionem aliquam ut intra annum, vel in fine anni, probata asperitate suscepte religionis, illam relinquant si velint, et ad seculum revertantur intra annum, post annum vero possint ad aliam religionem approbatam, strictiorem tamen, propria voluntate transire absque licencia rectoris prime religionis? dixit quod sancti patres fundatores ordinis dicti Templi sic statuerunt, et ita scriptum est, ut dixit, in libro statutorum et regule ordinis supradicti.

Ad xxxv articulum respondens, dixit vera esse contenta in eo. Interrogatus de sentencia, respondit et racionem assignat que in regula continetur.

Ad xxxvi et xxxvii articulos inclusive interrogatus respondens, confessus est contenta in eis vera esse, et predicta sic vidit de seipso fieri et de quibusdam aliis observari.

Ad xxxviii articulum respondens, dixit se non credere quod *aliqua* sinistra suspicio pro dicta clandestina recepcione fratrum haberi debeat a quocumque bono homine, cum..... nil mali fiat, ut dixit, et si forte contrarium suspicentur, credit eos peccare, et Dominus parcat [*eis?*].

Ad xxxix articulum respondens, dixit ut in proximo arti[*culo preceden*]ti.

Ad xl—xlv articulos inclusive *respond*ens, dixit, negavit eos et omnia et singula contenta in eis. Interrogatus quo modo scit quod predicta in articulis predictis contenta careant veritate, ut dixit, respondit se, cum sit de dicto ordine, nusquam illa patrasse, nec ad ea committenda rogatum vel vocatum fuisse per aliquem de dicto ordine, nec vidit nec audivit nec scivit quemquam aliqua facere de predictis.

Ad xlvi—lxx articulos inclusive interrogatus respondens, dixit contenta omnia et singula in eis non esse vera, nec se scire nec credere vera esse, salvo quod confessus est quod incontinenti post recepcionem fratrum dicti ordinis, ipsi recepti in fratres recipiunt quilibet unum cingulum de filo lineo vel de lana, sicut magis eis placet, et ejus longitudinis quam volunt, et perpetuo dum vivunt portant cingula sive cordulas die nocteque, et ipsis cingulis cinguntur; non tamen ydola cinguntur vel tanguntur cum eis; addens quod illas cordulas sive cingula portant in signum castitatis.

Ad lxxi articulum interrogatus respondens, dixit contenta in ipso articulo vera esse.

Ad lxxii articulum interrogatus respondens, dixit quod fratres qui interfuerunt et intersunt capitulis eorum possunt inter se loqui de factis et tractatis et dictis in ipsis capitulis, aliis autem fratribus qui non interfuerunt non audent revelare predicta.

Ad lxxiii articulum respondens, negavit eum et contenta in eo.

Ad lxxiiii articulum respondens, negavit eum, adiciens quod licitum est ipsis fratribus confiteri vel sacerdotibus dicti ordinis, vel fratribus Minoribus vel Predicatoribus, peccata sua.

Ad lxxv—lxxx articulos inclusive diligenter interrogatus, negavit eos et omnia et singula contenta in eis.

Ad lxxxi articulum respondens, negavit omnia et singula contenta in eo, exceptis a se superius confessatis. Interrogatus quid est fama, dixit se nescire.

Ad lxxxii articulum respondens, dixit se non credere aliqua de contentis in eo, neque scire aliquid de eodem verum; si aliqui fratres ejusdem ordinis contenta in dicto articulo sint confessi vel aliqua de contentis in eo, dixit ipsos falsa dixisse et mentitos esse per gulas.

Ad lxxxiii—lxxxv articulos inclusive interrogatus respondens, dixit se receptum fuisse in ordine dicti Templi apud Alfambre in Aragonia, in capella ejusdem castri de Alfambre, per fratrem Jacobum Davila tunc comendatorem dicti castri, cum voluntate Magistri de Aragonia, Dominica precedente festum sancti Martini proxime preteriti fuerunt xii anni elapsi, presentibus et ibidem astantibus Guillelmo de Juneda, Berengario de Montepavono, Dominico de Barbastre, Sancio Anessa, Petro Gardiola fratribus dicti ordinis. Modus autem recepcionis ipsius, et aliorum quos recipi vidit, in fratres dicti ordinis, est qui sequitur; talis videlicet in effectu qualem ipsum recitavit et dixit frater Bartholomeus testis proximus et precedens, in deposicione quam fecit in ipso articulo superius, et qualis etiam scriptus est in libro continente statuta et regulam ordinis dicti Templi; quem si- [*quidem librum?*] dictus frater Bartholomeus exhibuit, prout credit, dicto domino Elnensi episcopo, ut superius in dicta ejus deposicione [*continetur?*].

Ad lxxxvii et lxxxviii atque ultimum articulos respondens interrogatus, dixit se nescire aliqua vel aliquid de contentis in ipsis; super aliis vero de quibus precipitur fieri inquisicio generalis, prout visum fuit dicto domino episcopo, et predictis aliis dominis canonicis et religiosis viris inquirentibus pariter cum eodem, requisitus dixit se nichil amplius scire.

III. Frater Jordanus de Pulcrovisu ordinis dicti Templi, et domus Mansi Dei predicte, juratus, ut principalis de se ipso, et ut testis de aliis, super articulis super quibus interrogabitur plenam, meram et puram dicere veritatem, dixit et deposuit ut sequitur :

Expositis primo sibi articulis in vulgari, super primo, ii, iii—xv articulis inclusive, sigillatim et singulariter, diligenter interrogatus, negavit ipsos articulos et omnia et singula contenta in eis. Dixit tamen quod a tempore citra quo ipse frater Jordanus et alii fratres ordinis dicti Templi Elnensis diocesis fuerunt capti, ocasione criminum contentorum in ipsis articulis, ipse qui loquitur audivit aliquos loquentes quod rumor et murmur gentium fuit contra ipsos de predictis; adiciens se credere quod idem rumor non processit a veridicis, sed a falsis et inimicis ordinis supradicti. Dixit eciam se non recordari a quibus audivit predictum murmur fieri sive dici.

Ad xvi—xxviii articulos inclusive, et eorum singulos sigillatim et singulariter, diligenter interrogatus, negavit omnia et singula contenta in eis; adiciens se credere sacramentum altaris et alia sacramenta Ecclesie, prout Romana Ecclesia hoc tenet et docet, et idem quod de se credit de omnibus et singulis fratribus dicti Templi.

Ad xxix articulum respondens, dixit se nec scire nec credere contenta in eo, salva sanctitate domini nostri pape et fratrum ejus honore; et si ipse Magister confessus fuit contenta in ipso articulo, confessus est falso modo et mentitus est, sicut dixit et credit.

Ad xxx—xxxiiii articulos inclusive respondens, singulariter et districte, diligenter interrogatus, dixit et negavit omnia et singula contenta in ipsis articulis et eorum singulis, salvo quod confessus est idem frater Jordanus quod recipiens et receptus in dictum ordinem se ad invicem osculantur in ore tantum; et hoc servari vidit in recepcione multorum fratrum, quos recipi vidit in domo Mansi Dei ad ordinem supradictum.

Ad xxxiiii—xxxix articulos inclusive respondens singulariter singulis, et confessus est quod fratres recepti in dicto ordine Templi promittunt, per juramentum a se prestitum, se non exire nec relinquere ipsum ordinem pro quovis alio ordine majori vel minori. Item confessus est quod ipsi fratres recepti incontinenti post recepcionem habentur pro professis. Item confessus est quod recepcio ipsorum fratrum quos recipi vidit in ordine supradicto facta fuit, et eam fieri vidit de multis fratribus in dicta ecclesia Mansi Dei, clausis januis ipsius ecclesie, et expulsis omnibus preter fratres ordinis supradicti. Ad id vero quod de vehementi suspicione in articulo exprimitur, respondit et dixit murmur fieri inter gentes, et quod multi interrogaverunt ipsum qui loquitur quare ita secrete fiebat recepcio ipsorum fratrum. Quibus ipse respondit quod sic erat statutum per eos qui statuerunt ordinem supradictum.

Ad xl—xlv articulos inclusive respondens singulariter singulis, negavit ipsos articulos et omnia et singula contenta in eis.

Ad xlvi—lxxiii articulos inclusive respondens singulariter et sigillatim singulis, negavit omnia et singula contenta in eis, salvo quod confessus est quod in ipsa recepcione injungitur ipsis fratribus receptis perpetuo et sine intermissione dictis cordulis sive cingulis cingantur super camisiam, ad designandum castitatem; negavit tamen quod dictis cordulis sive cingulis cingantur vel tangantur ydolum vel ydola, nec aliqua capita, sicut in articulis continetur, dicens se nunquam vidisse aliquod ydolum, nec scit quod sit, sed credit quod nichil. Item confessus est quod in recepcione fratrum dicti ordinis injungitur eis virtute sacramenti a se prestiti quod secreta teneant illa que in capitulis eorum aguntur et fiunt, et sic ex consequenti eorum recepcio tenenda est in secreto.

Ad lxxiiii articulum respondens, negavit ipsum. Dixit tamen quod licet ipse qui loquitur, ex precepto sui superioris, non habuerit expresse quod confiteretur vel non confiteretur nisi fratribus dicti ordinis, ipse tamen, quandiu habere potuit oportunitatem confitendi sua peccata fratribus capellanis sui ordinis, eis confitebatur; in deffectu autem eorum confitebatur et confessus est fratribus Predicatoribus vel Minoribus, vel eciam presbiteris secularibus habentibus a suis superioribus licenciam audiendi confessiones et salutares penitencias injungendi. Quantum ad alios vero fratres ejusdem ordinis, nescit quem confessorem pro suis peccatis audiendis eligunt; sed credit de aliis fratribus idem quod et de se nunc proxime est confessus. Dixit eciam nusquam sibi fuisse vetitum, nec aliis fratribus, a suis superioribus quin quemvis sibi possint et velint eligere confessorem.

Ad lxxv—lxxxi articulos inclusive respondens singulariter singulis et districte, negavit omnia et singula contenta in eis, adiciens se nescire nec credere quod aliqui de predictis erroribus sint comissi vel fiant per aliquem fratrem ordinis supradicti.

Ad lxxxii—lxxxv articulos inclusive respondens, dixit se credere confessiones factas per fratres dicti ordinis Templi coram sanctissimo domino nostro domino Clemente Dei gratia sacrosancte Romane Ecclesie summo pontifice factas fuisse, sicut idem dominus noster summus pontifex, in sua littera missa reverendo patri in Christo domino Narbonensi archiepiscopo et ejus suffraganeis Narbonensis provincie, asserit et fatetur, et idem credit de confessionibus factis per Magistrum et fratres ejusdem ordinis coram dominis cardinalibus, de quibus fit specialis mentio in papali littera supradicta. Verumtamen dixit idem frater Jordanus quod, salva sanctitate et excellentia ejusdem domini nostri summi pontificis, necnon et reverencia dictorum dominorum cardinalium, quod confessiones facte per Templarios non continent veritatem; ymo carent primordio veritatis et in se continent falsitatem, in eo quod dicti fratres, confitentes errores de quibus agitur in articulis et litteris papalibus per dictum ordinem et per fratres ejus fuisse comissos, asserunt falso modo.

Ad lxxxvi articulum interrogatus, dixit se fuisse receptum in fratrem dicti ordinis Templi per fratrem Raymundum de Baco tunc preceptorem domus Mansi Dei, in ecclesia ipsius domus, ubi ipse qui loquitur vidit alios plures recipi ultra quam decem a tempore citra quo factus est frater ipsius ordinis; et fuit receptus in die Dominica circa festum sancti Martini proxime preteriti fuerunt xxxv anni vel circa, presentibus et ibidem astantibus Arnaldo Rocha cambrerio, Raymundo Saqueti, Johanne Saqueti, Symone Agus . . . . . Petro de Villanova et pluribus aliis fratribus ordinis dicti Templi. De modo autem sue recepcionis et aliorum quos recipi vidit in fratres in dicta domo Mansi Dei, dixit idem in omnibus in effectu quod primus testis deposuit in eodem articulo, et ut continetur in libro exhibito regule ordinis supradicti.

Ad lxxxvii et lxxxviii et ultimum articulos respondens, dixit se non credere errores de quibus agitur in eisdem nunquam habuisse inicium ab homine Christiano, nec ab aliquo alio; quia non credit dictos errores aliquo tempore fuisse comissos nec a fratribus dicti Templi, nec eciam a quocumque. Capita autem vel ydola de quibus agitur in dictis articulis nec vidit, nec scivit temporibus vite sue, nec quemquam confratrem vel alium de eis, ubi sint vel fuerint, audivit loquentem nec mencionem aliquam facientem; ymo negat penitus et non credit predicta contenta in articulis fore vera. Super aliis vero de quibus precipitur fieri inquisitio generalis, prout visum fuit dicto domino episcopo Elnensi, et predictis aliis dominis canonicis et religiosis viris inquirentibus pariter cum eodem, requisitus dixit se nichil amplius scire.

Anno quo supra, xvii kalendas februarii.

IIII. Frater Bernardus Guerrerii ordinis dicti Templi, et capellanus capelle domus Mansi Dei, juratus, ut principalis de se ipso, et ut testis de aliis, super articulis super quibus interrogabitur plenam et puram dicere veritatem, dixit et deposuit ut sequitur :

Expositis primo sibi articulis in vulgari, ad primum, ii—xv articulos inclusive interrogatus singulariter et sigillatim, negavit ipsos articulos et omnia et singula contenta in eis.

Ad xvi—xxviii articulos inclusive respondens sigillatim super singulis, negavit eos et omnia et singula contenta in eis, adiciens quod ipse qui loquitur qui presbiter est, et erat antequam esset receptus in fratrem dicti ordinis, dixit in canone misse, quandiu missas celebravit, verba ordinata per que conficitur corpus Christi, exprimens et declarans coram nobis inquisitoribus in presenti sua deposicione ipsa verba canonis in hunc modum : « Hoc est enim corpus meum. » Credens, ut dixit, quod ceteri presbiteri dicti ordinis idem faciant sicut ceteri omnes presbiteri Christiani; adiciens eciam quod aliquis preceptor vel quivis alius frater dicti ordinis non fecit sibi preceptum de obmittendis dictis verbis; nec audivit ab aliis interdici quominus dicta verba tam sacratissima tamque summe necessaria et salubria dicerentur, licet idem qui loquitur viderit presbiteros recipi in fratres ordinis supradicti, quibus nunquam audivit a superiore, vel ab alio Templario aut quocumque alio interdici. Adjecit eciam se credere sacramentum altaris, et alia sacramenta Ecclesie, sicut quivis alius fidelissimus Christianus credit et debet credere sacramenta Ecclesie ad animarum fidelium [*salutem?*] esse prodita et a Romana Ecclesia pro fidelibus introducta.

Ad xxix articulum respondens, dixit contenta in ipso articulo se non credere vera esse; et si forte confessus fuit ipse Magister de quo in articulo agitur confessus fuit, ut ipse qui loquitur credit, non est confessus veritatem.

Ad xxx—xxxiii articulos inclusive respondens, dixit sigillatim et districte, negavit omnia et singula contenta in eis, excepto quod confessus est quod receptus quilibet in ipso ordine osculatur ipsum recipientem in ore tantum. Et hoc dixit ipse qui loquitur se scire ideo quia vidit plures fratres recipi in ordine supradicto, qui osculabantur tantum in ore ipsum recipientem, ut supra deposuit.

Ad xxxiiii articulum respondens, dixit et confessus est quod recipiens fratrem aliquem in dicto ordine facit illum jurare quod ipsum ordinem non exeat, vel relinquat pro majori vel minori ordine; et hoc dixit expressum esse in libro statutorum et regule ordinis supradicti, absque licencia illius qui licenciam dare posset. Interrogatus de quo intelligunt qui licenciam possit dare, dixit quod de domino papa vel de Magistro majori ordinis supradicti.

Ad xxxv articulum respondens, confessus est contenta in ipso articulo vera esse. Interrogatus quare ipsi fratres dicti ordinis incontinenti fratres receptos habent pro professis, dixit se nescire reddere rationem, sed quod sic usitatum est in ordine supradicto.

Ad xxxvi et xxxvii articulos inclusive respondens, dixit et confessus est quod de more ipsius ordinis est quando quum fratres alicujus domus seu conventus ejusdem ordinis tenent capitulum pro aliquibus tractatibus, sive pro fratribus recipiendis, sive pro aliis negotiis in communi tractandis, claudunt januas illius loci in quo capitulum tenent. Et hoc idem vidit servari ipse qui loquitur a xii annis citra quibus ipse frater capellanus est ordinis supradicti.

Ad xxxviii et xxxix articulos inclusive respondens, dixit quod, antequam ipse esset frater dicti ordinis, audivit aliquos loquentes de dicta secreta recepcione; sed credit quod aliquis suspicionem malam non habuerit, qui haberet radicem cum Deo et bonum intellectum. Cetera contenta in dictis articulis negavit.

Ad xl—xlv articulos inclusive respondens interrogatus districte et sigillatim, negavit ipsos articulos et omnia et singula contenta in eis.

Ad xlvi—lvii articulos inclusive respondens interrogatus districte et sigillatim, negavit ipsos et omnia et singula contenta in eis.

Ad lviii—lxx articulos inclusive respondens interrogatus districte et sigillatim, negavit ipsos et omnia et singula contenta in eis, excepto quod confessus est quod cuilibet recepto in fratrem dicti ordinis injungitur, tempore sue recepcionis, quod perpetuo incessanter portent cingula vel cordulas lineas vel laneas super camisiam, in signum castitatis. Dixit tamen quod predictis cingulis seu cordulis non tanguntur nec cinguntur capita vel ydola, de quibus mentio fit in articulis supradictis.

Ad lxxi, lxxii et lxxiii articulos inclusive interrogatus, dixit et confessus est quod, juxta statutum ipsius ordinis, nullus frater audet revelare alicui ea que fiunt in capitulo ipsorum fratrum, nec de gestis vel dictis eciam in ipso capitulo audent loqui aliis fratribus ejusdem ordinis qui presentes in ipso capitulo non fuerunt. Dixit eciam quod frater qui contrarium fecisse detectus esset, mantello perdito, de ipso ordine expelleretur. Et hoc dixit se scire ideo quia, ut dixit, vidit predicta esse scripta in libro statutorum et regule ordinis supradicti.

Ad lxxiiii articulum respondens, negavit eum et contenta in eo.

Ad lxxv, lxxvi et lxxvii articulos inclusive respondens singulariter singulis, negavit eos et omnia et singula contenta in eis, adiciens se credere quod ideo non potuit corrigi nec desinere quod non fuit.

Ad lxxviii, lxxix et lxxx articulos inclusive interrogatus, dixit contenta in eis omnia et singula non esse vera; adiciens quod in statutis dicti ordinis cavetur quod quicumque frater aliquid scienter et injuste acquireret ipsi Templo, quod perderet habitum, et de ipso ordine expelleretur.

Ad lxxxi articulum respondens interrogatus, dixit se nescire nec credere famam esse de predictis a se superius confessatis.

Ad lxxxii articulum respondens interrogatus, dixit se non credere quod aliquis frater dicti ordinis confessus fuerit in judicio vel extra ea de quibus in articulo agitur.

Ad lxxxiii, lxxxiiii et lxxxv articulos inclusive respondens, credit quod fratres de quibus in papali littera fit mentio confessi fuerint, prout in ipsa littera continetur. Dixit tamen se credere quod predictam confessionem fecerunt falso modo et contra omnem veritatem, et se credere. Dixit ideo quod certus est de se ipso, et de aliis credit cum quibus conversatus est in dicta domo Mansi Dei ordinis supradicti, non comisisse predicta nec aliquid de predictis.

Ad lxxxvi articulum respondens diligenter interrogatus, dixit quod ipse qui loquitur fuit receptus in fratrem dicti ordinis die Dominica ante festum sancti Johannis mensis junii proxime preteritum xii anni sunt elapsi, per fratrem G. de Abelars tunc preceptorem dicte domus

Mansi Dei, in capella ipsius domus, presentibus et ibidem astantibus Ar. de Rocha cambrerio, Bartholomeo de Turre capellano, Raymundo Sapte capellano, Raymundo de Sancto Justo milite, et pluribus aliis fratribus ordinis supradicti. De modo autem sue recepcionis et tangentibus ipsam, et aliis omnibus dependentibus ex eadem, dixit in omnibus et per omnia ut primus testis deponens super eodem articulo, et ut continetur in dicto libro per ipsum primum testem exhibito, continente statuta et regulam ordinis supradicti.

Ad lxxxvii et lxxxviii et ultimum articulos respondens interrogatus, dixit se nec scire nec credere aliquid vel aliqua de contentis in ipsis.

Super aliis vero de quibus precipitur fieri inquisitio generalis, prout visum fuit dicto domino episcopo et predictis aliis dominis canonicis et religiosis viris inquirentibus pariter cum eodem, requisitus dixit se amplius nichil scire.

Anno quo supra, xvi kalendas februarii.

V. Frater Berengarius de Collo miles, ordinis milicie Templi et dicte domus Mansi Dei, juratus ad sancta Dei Evangelia, ut principalis de se ipso, et ut testis de aliis, super articulis supradictis et eorum quolibet sibi expositis in vulgari, et diligenter interrogatus,

Super primo, ii—xv articulis inclusive respondens, negavit omnia et singula contenta in eis; adiciens quod in honore crucis et crucifixi Jhesu fratres ipsius ordinis adorant crucem ter in anno sollempniter et reverenter, in festis Sancte Crucis mensis septembris et mensis maii, et die Veneris sancta; et quociens adorant ipsam crucem ipsi fratres in die Veneris sancta, deponunt sotulares quos portant et gladios et cofas lineas et quicquid portant aliud extra caput; dicens eciam quod, ob reverenciam crucifixi Domini Jhesu, omnes fratres dicti ordinis portant in clamyde crucem. Et sicut Christus Jhesus effudit sanguinem proprium in cruce pro nobis, in illa significatione fratres dicti ordinis portant crucem panni rubei in clamide; ut effundant suum sanguinem proprium contra hostes Christi Sarracenos in terra transmarina, et alibi contra hostes fidei Christiane.

Ad xvi—et xix articulos inclusive diligenter interrogatus respondens sigillatim super singulis, negavit ipsos articulos et omnia et singula contenta in eis; adiciens quod si magnus Magister dicti ordinis predicta vel aliqua de predictis confessus est de se ipso dixitque, mentitus est falso modo, ut credit.

Ad xxx—xxxiii articulos inclusive diligenter interrogatus respondens sigillatim super singulis, negavit ipsos articulos et omnia et singula contenta in eis, excepto quod confessus est quod in recepcione fratrum dicti ordinis, recipiens et receptus deosculantur se in ore tantum, et in nulla alia parte corporis.

Ad xxxiiii—xxxix articulos inclusive respondens interrogatus super singulis sigillatim, dixit et confessus est quod, juxta statuta dicti ordinis, injungitur ipsis fratribus receptis noviter, in sua recepcione, per a se prestitum sacramentum, quod ipsum ordinem non exeant nec relinquant pro majori, vel fortiori, vel minori, vel debiliori ordine, sine licencia ejus qui dare potest eis licenciam exeundi. Item confessus est quod fratres incontinenti post recepcionem suam habentur pro professis. Item confessus est quod in recepcione suorum fratrum nulli sunt nisi fratres dicti ordinis, et quod eorum recepcio non fit nisi in capitulo et in presencia fratrum loci in quo recipiuntur, et clausis januis ejusdem loci. Cetera contenta universa et singula in ipsis articulis negavit esse vera.

Ad xl—xlv articulos inclusive interrogatus singulariter et sigillatim super ipsis articulis, negavit ipsos articulos et omnia et singula contenta in eis vera esse.

Ad xlvi—et lxxiii articulos inclusive diligenter interrogatus singulariter sigillatim super singulis, negavit ipsos et omnia et singula contenta in eis vera esse, salvo et excepto quod confessus est quod injungitur ipsis fratribus in sua recepcione quod perpetuo portent incessanter cingula sive cordulas lineas sive laneas super camisiam ad designandum castitatem. Negavit tamen quod de dictis cordulis seu cingulis non cinguntur seu tanguntur capita ydolorum nec pars aliqua eorumdem. Item confessus est quod injungitur ipsis fratribus in sua recepcione quod ea que fiunt vel in suis capitulis nulli debeant revelare, nec eciam fratribus ejusdem ordinis, nisi illis qui interfuerunt in ipsis capitulis. Illi autem qui interfuerunt dictis capitulis possunt inter se conferre de dictis actis vel agitatis in capitulis prelibatis. Et hoc fit, ut dixit, ad vitandas discordias inter eos. De pena autem que infligitur ipsis revelantibus secreta capituli, dixit se nichil scire. Dixit tamen quod ipsa pena continetur, ut credit, in statutis sive regula dicti Templi.

Ad lxxiiii articulum interrogatus, dixit et confessus est quod ipse qui loquitur idem servari vidit per plures fratres ejusdem ordinis, qui quandiu possunt habere fratrem capellanum sui ordinis, confitentur sibi peccata sua. Ubi vero ipsum habere non possunt, possunt alii cuilibet presbitero religioso approbate religionis vel seculari sua confiteri peccata, et ab ipso recipere penitenciam salutarem, et sic vidit observari inter dictos fratres postquam fuit in dicto ordine nec aliter prohiberi.

Ad lxxv, lxxvi et lxxvii articulos inclusive diligenter interrogatus singulariter et sigillatim, negavit ipsos et omnia et singula contenta in eis, adiciens se nec scire nec credere quod errores predicti sint vel fuerint in ordine supradicto, et ideo correctione non indigent si nequeant inveniri, nec debuit fieri de illis, cum non essent, denunciatio aliqua Ecclesie sancte Dei.

Ad lxxviii—lxxxi articulos inclusive diligenter interrogatus singulariter et sigillatim, negavit ipsos et omnia et singula contenta in eis.

Ad lxxxii articulum diligenter interrogatus, respondit et dixit quod si aliqui fratres dicti ordinis confessi fuerunt contentos errores in preambulis articulis insertis in litteris papalibus, dixit se credere ipsos confitentes malo et falso modo confessos fore, et quod per gulas suas mentiti sunt confitendo.

Ad lxxxiii—lxxxv articulos inclusive respondens interrogatus, credit quod fratres de quibus in papali littera fit mencio confessi fuerunt prout in ipsa littera continetur. Dixit tamen se credere quod predictam confessionem fecerunt falso modo et contra omnem veritatem, et hoc dixit se credere ideo quia certus est de se ipso, et de aliis credit sicut de se, cum quibus conversatus est in dicta domo Mansi Dei ordinis supradicti et alibi fratres dicti ordinis non comisisse predicta.

Ad lxxxvi articulum respondens diligenter interrogatus, dixit quod frater B. de Cardona magister quondam Aragonie ordinis dicti Templi apud Miravetum, qui locus est dicti Templi et est in Catalonia, recepit ipsum fratrem Berengarium et Bernardum Gaucerandi, Geraldum de Rochamora et multos alios milites et non milites, usque numerum ix vel x, in fratres ordinis supradicti, in festo sancti Laurentii proxime preterito, ut credit, fuerunt novem anni elapsi vel circa, in domo dicti Templi ubi capitulum teneri consuevit in dicto castro de Miravet, presentibus et ibidem astantibus B. de Sancto Justo, Petro de Vilalba et multis aliis fratribus et preceptoribus dicti Templi. De modo autem sue recepcionis et aliorum ix vel x qui similiter fuerunt recepti cum ipso qui loquitur, in omnibus et per omnia in effectu dixit et deposuit ut primus testis deposuit super eodem articulo, et ut continetur in dicto libro per ipsum primum testem exhibito, continente statuta et regulam ordinis supradicti.

Ad lxxxvii et lxxxviii et ultimum articulos respondens interrogatus, dixit se nescire nec capita nec ydola nec aliqua alia in dictis articulis contenta, nec credit, cum non sint dicta capita nec ydola de quibus ibi agitur nec retro fuerint posse in loco aliquo dicti ordinis inveniri.

Super aliis vero de quibus precipitur fieri inquisitio generalis, prout visum fuit dicto domino episcopo et predictis aliis dominis canonicis et religiosis viris inquirentibus pariter cum eodem, requisitus dixit se amplius nichil scire.

Post hec, anno quo supra, xvi kalendas februarii, predictus dominus episcopus una cum predictis viris sibi associatis et notariis supradictis accessit personaliter ad domum predictam Mansi Dei, et vocavit coram sua presencia in capella ipsius domus fratrem Raymundum de Gardia preceptorem dicte domus, et fratres infrascriptos, qui in dicta domo presentes erant, et exposuit eis solempniter potestatem, auctoritatem et jurisdictionem sibi comissam et datam a domino nostro summo pontifice super articulis contentis in littera ejus apostolica, super quibus idem dominus summus pontifex inquiri mandavit fratres Templarios in Elnensi diocesi constitutos, et recepit ab eisdem et singulis eorumdem juramenta ad sancta Dei Evangelia corporaliter a se tacta, quod super omnibus predictis articulis et singulis eorumdem dicant puram et simplicem veritatem tam de se ipsis quilibet ut principalis, quam de aliis sicut testis. Nomina autem dictorum fratrum sunt hec :

Guillelmus de Tamarit. — Raymundus Sapte. — Jacobus Boys. — Guillelmus de Sancto Ipolito. — Johannes Sacoma. — Arnaldus Septembris. — Raymundus Vilert. — Raymundus Remilli. — Guillelmus Marcurelli. — Petrus de Sant Arnac. — Raymundus Descarme. — Petrus Servientis. — Arnaldus Calis. — Ferrarius Boti. — Guillelmus de Terratis. — Bernardus Septembris. — Symon de Turri. — Egidius de Vilart. — Jacobus Mascaroni.

Consequenter in eodem instanti idem dominus episcopus publice fecit vocari et ad sui presenciam venire omnes clericos seculares et laicos nec non viros alios cujuslibet religionis qui ibi aderant, precipiens eis et monens eos monicione canonica quod si forte quisquam eorum sciret aliqua super inquisitionem predictam jam a se incepta contra ordinem et singulares personas ejusdem ordinis Templi, quod illa diceret et publicaret et aliquatenus non celaret eidem domino episcopo inquirenti a die presentis monicionis usque ad dies octo sequentes, alioquin ipsos scientes et celantes et non revelantes eidem domino episcopo infra terminum predictum ex tunc in hiis scriptis excommunicacionis vinculo innodavit. In presencia et testimonio Bernardi de Priciano et Guillelmi Bonihominis, Raymundi Troyn et plurium aliorum clericorum, presbiterorum et laycorum.

VI. Frater Guillelmus de Tamarit miles, ordinis dicti Templi domus Mansi Dei, testis juratus super predictis articulis et eorum quolibet sibi expositis in vulgari, ut principalis de se, et de aliis sicut testis, diligenter et sigillatim interrogatus respondens, dixit super primo, ii—xxix articulis inclusive, negavit ipsos articulos et omnia et singula contenta in eis, adiciens se credere omnia sacramenta Ecclesie sicut sancta Romana Ecclesia tenet et docet; dicens eciam se credere quod nullus potest absolvere a peccatis, nisi sit rite in presbiterum ordinatus. Item dixit quod ipse et alii fratres dicti ordinis cum quibus conversatus est habent licenciam confitendi sua peccata presbiteris capellanis dicti ordinis, vel eis deficientibus religiosis viris et catholicis vel presbitero seculari habenti licenciam audiendi confessiones a suo superiore.

Ad xxx—xxxiii articulos inclusive respondens sigillatim super singulis, negavit ipsos articulos et omnia et singula contenta in eis, excepto quod confessus est quod is qui recipitur in fratrem dicti ordinis osculum pacis recipit a recipiente eum in ore tantum, et idem faciunt multi fratres de aliis ibidem astantibus.

Ad xxxiiii et xxxv articulos inclusive respondens interrogatus, dixit et confessus est contenta in ipsis articulis esse vera, adiciens quod receptus inter alia que jurat tempore sue recepcionis, jurat non relinquere dictam religionem pro majori vel minori ordine aut forciori vel debiliori absque licencia superioris, qui eam possit dare ipsi recepto; addens insuper quod ideo habentur pro professis in ipso ordine incontinenti post recepcionem, ut possint intendere et vacare exercicio armorum contra Sarracenos.

Ad xxxvi—xxxix articulos inclusive diligenter interrogatus, respondens confessus est quod recepciones fratrum dicti ordinis fiunt in capitulis vel in ecclesiis clausis januis et nullis presentibus nisi solis fratribus ipsius ordinis; dixit eciam se credere quod propter dictam recepcionem talem orta est suspicio contra eos, sed non juste, cum in ipsa recepcione nichil inhonestum dicatur nec fiat. Cetera contenta in ipsis articulis negavit, ut dixit se non credere esse vera.

Ad xl—xlv articulos inclusive diligenter et sigillatim interrogatus super singulis articulis, negavit ipsos articulos et omnia et singula contenta in eis.

Ad xlvi—et lxxiii articulos inclusive diligenter interrogatus singulariter et sigillatim super singulis articulis, negavit ipsos articulos et omnia et singula contenta in eis, salvo et excepto quod fratres dicti ordinis portant continue et incessanter cordulas lineas vel laneas super camisiam in signum castitatis et religionis perpetuo conservande. Dixit tamen quod cum dictis cordulis ydola aliqua non tanguntur nec cinguntur ab illis. Item confessus est quod in recepcione cujuslibet fratrum injungitur eis per a se prestitum juramentum quod suam recepcionem nulli debeant revelare, nec eciam auderent loqui cum aliis fratribus ejusdem ordinis qui non interfuerunt ipsi capitulo de aliquibus dictis vel gestis in ipso capitulo, et hoc dixit esse scriptum et ordinatum, sicut credit, in libro statutorum et regule ordinis supradicti.

Ad lxxiiii articulum interrogatus, dixit et respondit prout super eodem articulo loquente de confessione peccatorum facienda nisi solis fratribus presbiteris dicti ordinis. Que quidem responsio facta fuit a se super xxiiii articulo supra.

Ad lxxv, lxxvi et lxxvii articulos inclusive diligenter interrogatus singulariter et sigillatim, ipsos articulos et omnia et singula contenta negavit in eis; adiciens se nec scire nec credere quod errores predicti sint vel unquam fuerint in ordine supradicto, et ideo correccione non carent nec caruerunt, nec denunciacione dictorum errorum sancte Dei Ecclesie facienda.

Ad lxxviii, lxxix, lxxx et lxxxi articulos inclusive diligenter et sigillatim interrogatus, negavit ipsos articulos et omnia et singula contenta in eis, eo salvo quod jurant non offendere quemquam Christianum injuste nec temere rapere bona ejus, et hec dixit esse scripta in libro statutorum et regule ordinis supradicti.

Ad lxxxii articulum respondens interrogatus, dixit quod si dicti fratres de quibus in articulo agitur predicta confessi sint, dixit ipsos falsa et contra veritatem confessos fuisse, et per gulas suas esse mentitos.

Ad lxxxiii, lxxxiiii et lxxxv articulos inclusive diligenter et sigillatim interrogatus et super contenta in illis, credit quod si fratres illi, de quibus agitur in articulis, sint et fuerint predictos errores confessi coram sanctissimo domino nostro papa et coram dominis cardinalibus et aliis quibuscumque, dixit quod falsa et contra veritatem confessi sunt, et mentiti per gulas suas falso modo.

Ad lxxxvi articulum respondens diligenter interrogatus, dixit quod ipse qui loquitur, G. de Baco, G. de Castro Episcopali, B. de Montepavono, Gaucerando de Biure, Raymundus de Molina, die Dominica secunda mensis maii futuri erunt xv anni elapsi, ut sibi videtur, fuerunt apud Gardeyn recepti in fratres ordinis dicti Templi per fratrem B. de Cardona tunc magistrum Aragonie et Catalonie ordinis supradicti, presentibus et ibidem astantibus in capella dicti loci de Gardeyn, ubi fuerunt recepti ad dictum ordinem tam ipse qui loquitur quam reliqui fratres superius nominati, fratribus Examen de Lenda nunc magistro in Aragonia et Catalonia, P. de Villa alba, fratre Raymundo de Gardia preceptore dicte domus Mansi Dei, et pluribus aliis fratribus ordinis supradicti.

De modo autem sue recepcionis et aliorum qui eodem die recepti fuerunt, et de omnibus tangentibus ipsorum recepcionem, dixit in omnibus et per omnia in effectu ut primus testis, et ut continetur in libro exhibito per ipsum testem continente seriem statutorum et regule ordinis dicti Templi.

Ad lxxxvii et lxxxviii et ultimum articulos singulariter et sigillatim interrogatus, respondens dixit se nescire nec vidisse nec capita, nec ydola, nec aliqua alia in dictis articulis contenta, nec credit, cum non sint dicta capita, nec ydola de quibus ibi agitur, nec retro fuerint posse in loco aliquo inveniri; nec scit quid sit ydolum, sed credit quod nichil sit ydolum in Ecclesia Dei. Addidit quoque quod de dictis capitibus et ydolis non audivit fieri mencionem alicubi, donec jussi fuerunt capi, et capti detenti in domo Mansi Dei.

Super aliis vero de quibus precipitur fieri inquisitio generalis, prout visum fuit dicto domino episcopo et predictis aliis dominis canonicis et religiosis viris inquirentibus pariter cum eodem, requisitus dixit se nichil amplius scire.

Anno et die quibus supra.

VII. Frater Raymundus Sapte capellanus presbiter dicte domus Mansi Dei milicie Templi, testis juratus super predictis articulis et eorum quolibet sibi expositis in vulgari, ut principalis de se ipso, et ut testis de aliis diligenter et sigillatim interrogatus, respondens dixit super I—XXIX articulos inclusive, negavit ipsos articulos et omnia et singula contenta in eis; adiciens se credere omnia et singula sacramenta sancte Dei Ecclesie, designando et specificando sigillatim sacramenta predicta. Dixit eciam quod ipse et alii fratres sua confitentur peccata fratribus capellanis ejusdem ordinis, cum alterius eorum copiam possunt habere; alioquin, in eorum deffectu, licenter possunt adire religiosum aliquem, aut finaliter presbiterum aliquem secularem habentem licenciam a suo prelato audiendi aliena peccata et salutarem penitenciam injungendi confessis, et hec dixit esse statuta ordinis dicti Templi.

Ad XXX—XXXIII articulos inclusive diligenter et sigillatim interrogatus, respondit et dixit quod tam recipiens quam receptus ad dictum ordinem Templi sese invicem osculantur in ore tantum. Reliqua in dictis articulis contenta et singula negavit, et dixit se non credere esse vera.

Ad XXXIIII et XXXVIIII articulos inclusive, diligenter et sigillatim interrogatus, respondit se nescire aliquid de contentis in eis, eo salvo quod januis clausis loci in quo receptus fuit ipse qui loquitur, presentibus ejusdem loci fratribus qui tunc erant, exclusis extraneis, fuit ipse receptus, et post ejus recepcionem non stetit nisi per octo dies in eodem loco. Sed postea fuit transmissus ad mansum de Garriga ordinis ejusdem Templi, ubi continue stetit, donec captus fuit adductus ad domum Mansi Dei, racione criminum ordini supradicto impositorum, et in dicta domo Mansi Dei cum aliis fratribus usque nunc stetit captus.

Ad xl—xlv articulos inclusive, diligenter et sigillatim interrogatus, negavit ipsos articulos et omnia et singula contenta in eis.

Ad xlvi—lxxiii articulos inclusive, diligenter interrogatus sigillatim et singulariter super singulis articulis, negavit ipsos articulos et omnia et singula contenta in eis, excepto quod confitetur dictos fratres ex quo sunt recepti in dicto ordine, et de se ipso dicit idem, portarunt et portant cingulum sive cordulam fili linei super camisias cinctas circa lumbos, quas semper portant die noctuque et cum eis jacent in signum castitatis servande. Addidit eciam se nescire an fratres dicti ordinis astringantur juramento ne revelent que in eorum capitulis aguntur, dicuntur et fiunt, quod ipse nunquam fuit in capitulis, nisi eo tempore quo in fratrem fuit receptus. Credit tamen quod dicti fratres qui intersunt capitulis teneantur et debeant secreta eorum tenere, et nullis aliis qui non interfuerint revelare.

Ad lxxiiii articulum interrogatus, dixit et respondit ut supra responsum est in xxiiii articula.

Ad lxxv—lxxxi articulos inclusive, diligenter et sigillatim interrogatus, respondit et dixit omnia et singula contenta in eis se non credere vera esse nec veritatem aliquam continere; addens quod opus non fuit contenta corrigi, nec eciam sancte Dei Ecclesie nunciari, nec fuit negligencia in corrigendis vel nunciandis predictis, quia nusquam illa fuisse putat. Nec credit in ordine dicti Templi nec in aliqua ejus parte, et per consequens nec nunciari nec corrigi debuerunt, et sic dixit se firmiter credere vera esse ut respondit.

Ad lxxxii articulum interrogatus, respondit et dixit se non credere multitudinem aliquam fratrum ipsius Templi fore confessam, sicut invenitur in articulo supradicto, et si forte aliqui sint confessi, dixit se credere illos non esse homines nec fuisse, sed penitus demones infernales qui naturaliter falsa dicere consueverunt.

Ad lxxxiii, lxxxiiii et lxxxv articulos inclusive, diligenter et sigillatim interrogatus et super contenta in illis, credit quod fratres dicti ordinis Templi qui confessi sunt errores predictos in dictis articulis contentos falso modo confessi sunt et contra veritatem, ut ipse credit, et quod mentiti sunt per gulas suas, salva excellentia Sedis apostolice et honore.

Ad lxxxvi articulum diligenter interrogatus, dixit quod ipse fuit receptus in fratrem dicti ordinis in ecclesia seu capella domus Mansi Dei, clausis januis ipsius capelle, octava die ante festum sancti Johannis mensis junii proxime preteriti xii anni elapsi, per fratrem G. de Abelars tunc preceptorem dicte domus Mansi Dei, presentibus et ibidem astantibus Ar. de Ruppe cambrerio, Symone de Turri, Bartholomeo de Turri presbitero capellano fratribus, et pluribus aliis fratribus ordinis supradicti. De modo autem sue recepcionis et de omnibus contingentibus ipsam recepcionem, dixit in omnibus et per omnia in effectu ut primus testis supra, et sicut continetur in libro exhibito, ut credit, per ipsum primum testem, continente regulam et statuta ordinis prelibati.

Ad lxxxvii et lxxxviii et ultimum articulos diligenter et sigillatim interrogatus, negavit ipsos articulos et omnia et singula contenta in eis; addens se nescire nec capita nec ydola nec aliqua alia in dictis articulis contenta, nec credit, cum non sint nec fuerint dicta capita nec ydola de quibus ibi agitur, nec retro fuerint posse in loco aliquo dicti ordinis inveniri.

Super aliis vero de quibus precipitur fieri inquisitio generalis, prout visum fuit dicto domino episcopo et predictis aliis dominis canonicis et religiosis viris inquirentibus pariter cum eodem, requisitus dixit se nichil amplius scire, eo salvo quod audivit dici quod quedam littera sive cedula continens aliquos articulos errorum et criminum de quibus superius est inquisitus, et de quibus inquiritur contra fratres ordinis supradicti, fuerat aportata ad domum Mansi Dei; ipsam tamen cedulam sive litteram ipse nec tenuit neque vidit, sed existens captus in dicta domo sic audivit dici; non recordatur tamen a quo. Interrogatus si per aliquem exstitit informatus quod sic super predictis diceret et deponeret et sicut deposuit, respondit se a nemine informatum vel subornatum fuisse. Frater tamen Raymundus de Gardia preceptor Mansi Dei dicti Templi omnes et singulos fratres dicti Mansi Dei in sui presencia constitutos rogavit et monuit, quatinus super predictis articulis plenam et puram dicerent veritatem. Aliud inde nescit.

Anno quo supra, XIII kalendas februarii.

VIII. Frater Raymundus de Gardia miles, preceptor domus Mansi Dei ordinis milicie Templi, Elnensis diocesis, testis juratus, super predictis articulis et eorum quolibet sibi expositis in vulgari, ut principalis de se ipso, et ut testis de aliis, diligenter et sigillatim interrogatus, respondens dixit super primo quod crimina contenta in ipso primo articulo sunt et videntur sibi horribilia, valde nefanda et diabolica, et quod ipsa contenta in ipso primo articulo crimina ipse nec scit nec credit comissa fuisse a se ipso nec ab aliquo fratre ordinis dicti Templi. Imo scit de se ipso nec dubitat dicta crimina vel aliquod de eisdem non fuisse comissa a se; et idem dicit de aliis fratribus ejusdem ordinis quos ipse recepit et recipi vidit ad ordinem supradictum. Dixit eciam se non credere aliquem fratrem unquam fuisse receptum a quocumque ad ordinem supradictum, qui dicta crimina in dicto articulo contenta comiserit vel aliquod de eisdem. Nec recipiens comisit supradicta.

Ad II—VIII articulos inclusive, diligenter et sigillatim interrogatus, dixit ut supra deposuit super primo; adiciens se non credere per alium posse salvari nisi per Dominum nostrum Jhesum Christum, qui est vera salus omnium fidelium, et qui passus fuit pro nostris peccatis, non pro suis; et pro redemptione humani generis, cum peccatum non fecerit, nec fuit dolus in ore ejus.

Ad IX — XIII articulos inclusive facientes mencionem de dehonestanda cruce Christi et ejus vituperio et crucifixi in ea diligenter et sigillatim interrogatus, super eis respondens dixit, negavit simpliciter et pure ipsos articulos et omnia et singula contenta in eis; addens quod ad honorem et gloriam sanctissime crucis Christi et passionis ejus quam ipse Christus passus fuit in suo gloriosissimo corpore pro se et pro aliis fidelibus Christianis, tam ipse quam alii fratres milites ejusdem ordinis portant mantellos albos in quibus consutum et fixum est venerabile signum rubee crucis, in signum sacratissimi sanguinis Jhesu Christi quem ipse in ligno crucis vivifice fudit pro ejus fidelibus et pro ipsis. Dixit eciam quod eorumdem Templariorum habitus constat et est in cruce predicta, que est rubea et communis tam militibus quam non militibus fratribus ordinis supradicti. Addidit quoque quod ipsi Templarii, singulis annis, in die Veneris sancta, discalciati et sine gladio aliquo et omnibus cofis depositis, et nudo capite, veniunt ad adorandam crucem, flexis genibus ante eam. Et idem faciunt annuatim fratres omnis dicti ordinis in duobus festis Sancte Crucis, videlicet mensium maii et septembris, dicentes : « Adoramus te, Christe, et benedicimus tibi, quod per sanctam crucem tuam redemisti mundum. » Excepto quod in dictis duobus festis Sancte Crucis veniunt ad ipsam crucem adorandam pedibus calciatis.

Ad xiii—xxiii articulos inclusive, diligenter et sigillatim interrogatus, respondens dixit et negavit omnes et singulos articulos et omnia et singula contenta in eis, adiciens quod ipse et fratres dicti ordinis ter in anno recipiunt corpus Christi, videlicet in festis Resurrectionis Dominice, Penthecostes, et Nativitatis ejus, spem suam firmam habentes in dicto sacro corpore Jhesu Christi quod in dictis festivitatibus recipiunt, ut per ipsum eorum anime salve fiant; et sicut credunt de dicto sacro corpore Jhesu Christi quod sit salus eorum, sic et eodem modo credunt ad salutem suam sancte Ecclesie reliqua sacramenta que sunt baptismus, confirmacio crismatis, consecratio sacri corporis et preciosi sanguinis Jhesu Christi quod fit per presbiteros in altari, matrimonium, sacer ordo clericorum, confessio peccatorum et injunctio penitencie salutaris, et ultimum extrema unctio cum sancto oleo infirmorum.

Ad xxiiii—xxviii articulos inclusive, diligenter et sigillatim interrogatus, negavit ipsos articulos et omnia et singula contenta in eis, salvo quod confessus est quod Magister et alii preceptores dicti ordinis infligunt et possunt infligere pro comissis criminibus penas corporales fratribus delinquentibus, juxta statuta et ordinata in ordine supradicto. Penitencias vero spirituales nullus fratrum dicti ordinis potest injungere nec aliquem absolvere a peccatis, nisi soli presbiteri capellani ordinis dicti Templi vel religiosi alii presbiteri seculares, quibus dicti fratres peccata sua verissime sunt confessi.

Ad xxix articulum respondens, dixit se non credere contenta in ipso articulo, et si dictus Magister confessus est de se ipso prout in dicto articulo continetur, dixit ipse qui loquitur se credere ipsum Magistrum fuisse mentitum in caput suum, et non est confessus in aliquo veritatem.

Ad xxx—xxxiii articulos inclusive, diligenter et sigillatim interrogatus, respondens negavit ipsos articulos et omnia et singula contenta in eis, salvo quod confessus est quod ille qui fratrem recipit in dicto ordine post receptionem suam incontinenti osculatur eum in ore tantum. Et ipse receptus osculatur in ore tantum aliquos de dictis fratribus circumstantibus eidem in signum fraterne caritatis.

Ad xxxiiii et xxxv articulos inclusive, diligenter et sigillatim interrogatus, dixit et confessus est quod inter alia que jurant fratres in sua recepcione, jurant et promittunt per a se prestitum juramentum non relinquere nec exire ordinem dicti Templi pro fortiori vel debiliori ordine, nisi de licencia superioris qui de dicto exitu licenciam possit dare, ratione cujus promissionis jurate, statim dicti recepti fratres pro professis habentur in ordine supradicto.

Ad xxxvi—xxxix articulos inclusive, diligenter et sigillatim interrogatus, respondens dixit quod cum fratres contingit recipi de novo ad ordinem supradictum, recipiuntur in capitulo dicti ordinis, et quod moris est ut in dicto capitulo aliqua dicantur per illum qui dictos fratres recipit et specialiter exprimantur eisdem receptis, ad quorum observanciam per juramentum habent et debent astringi cum sint grata Domino et accepta. Ideo dictorum fratrum recepcio fit in secreto capitulo, ad quod nulli alii admittuntur nisi fratres duntaxat, quia non expedit ut per laycos vel seculares clericos sciantur universa et singula que eis qui recipiuntur solis habent dici, publicentur, et nota fiant ceteris, licet illa voluntati divine nullatenus sint contraria nec diversa. Ad id autem quod in dictis articulis de suspicione habita, ut dicitur, contra fratres et ordinem supradictum, respondet et dicit quod dicta suspicio, si qua sit vel fuit, frustra et sine justa causa est et fuit, cum sola ratio predictorum que aguntur et fiunt in capitulis receptionis tempore fratrum ad eundem ordinem, illa sit ne pandantur extraneis que secundum Deum et veram justiciam fiunt et aguntur in capitulis supradictis; item quia reliqui omnes religiosi viri ad Dei servitium deputati semper observant ut sua teneant capitula super hiis que agi fierive oportet in illis; in secreto fiunt, exclusis inde aliis quibuslibet qui non sunt de capitulo eorumdem.

Ad xl—xlv articulos inclusive, diligenter et sigillatim interrogatus, respondens negavit ipsos articulos et omnia et singula contenta in eis, adiciens quod juxta statuta dicti ordinis quicumque ex fratribus dicti ordinis peccatum contra naturam comiserit, quod perdere debet habitum sue religionis, et in magnis compedibus et in collo catenis appositis et in manibus manicis ferreis habet perpetuo carceri mancipari, ubi in pane tristicie et aqua tribulacionis habet complere et finire reliquum vite tempus.

Ad xlvi—lxxiii articulos inclusive, diligenter et sigillatim interrogatus, respondens negavit ipsos articulos et omnia et singula contenta in eis, adiciens quod dicti fratres omnes et singuli ejusdem ordinis adorant solum Deum unicum Dominum nostrum Jhesum Christum, tet propter eum reverentur omnes sanctos et sanctas ejus, et nulli creaure debetur ab aliquo Christicola nisi soli Deo, licet propter eum sanctis ejus reverenciam debeant; addens itaque quod ipsi fratres dicti ordinis portent cordulas lineas seu laneas super camisiam qua cinguntur lumbi eorum ad recolendam et memoriter tenendam castitatem quam in introitu ejusdem ordinis promiserunt; negans pure et simpliciter quod prefatis cordulis quibus ipsi cinguntur nulla capita vel ydola de quibus in articulo agitur tanguntur aliquo tempore nec cinguntur.

Ad lxxiiii articulum diligenter interrogatus, respondens dixit sicut in xxiiii articulo supra dixit, adiciens quod quandiu fratres dicti ordinis habere possunt facultatem adeundi fratrem capellanum ejusdem ordinis sibique confitendi sua peccata, juxta statuta dicti ordinis ad neminem alium extra dictum ordinem ire debent, nisi in deffectu dicti fratris capellani confiteri velint auctoritate propria religioso presbitero aut alii presbitero seculari.

Ad lxxv, lxxvi et lxxvii articulos inclusive, diligenter et sigillatim interrogatus, respondens negavit ipsos articulos et omnia et singula contenta in eis, adiciens quod dicti errores de quibus in dictis articulis fit mentio non fuerunt in ipso qui loquitur nec in aliquo fratrum ordinis supradicti quem ipse notum habuerit; et idem credit quod de se ipso dixit de singulis fratribus ordinis supradicti, propter quod non fuit negligentia nec fuit necesse ipsos errores corrigi nec nunciari Ecclesie, cum non essent.

Ad lxxviii et lxxix articulos inclusive, diligenter et sigillatim interrogatus, respondens negavit ipsos articulos et omnia et singula contenta in eis, addens quod inter alia statuta sui ordinis que jurant ipsi fratres servare et tenere, est quod non debeant aliquid injuste adquirere vel alii subtrahere quoquo modo; et qui contra faceret quisquam de ipsis fratribus, juxta statuti predicti seriem graviter puniretur.

Ad lxxx et lxxxi articulos inclusive, diligenter et sigillatim interrogatus, respondens negavit ipsos articulos et omnia et singula contenta in eis esse vera.

Ad lxxxii articulum diligenter interrogatus, respondens dixit quod si aliqui fratres dicti ordinis in magna multitudine vel in parva confessi sunt errores de quibus in articulis agitur, confessi sunt, prout credit, contra puram veritatem, et mentiti sunt in caput suum et per gulas eorum falsas.

Ad lxxxiii, lxxxiiii et lxxxv articulos inclusive, diligenter et sigillatim interrogatus, respondens dixit quod fratres qui confessi sunt errores coram domino nostro papa et dominis cardinalibus in consistorio publico jurati, de quibus quidem erroribus in articulis mentio habetur, quod confessi sunt, salva excellentia Sedis apostolice, falsitatem et illegalitatem, et mentiti sunt in capita eorundem.

Ad lxxxvi articulum diligenter interrogatus, dixit quod frater Petrus de Moncada tunc magister sive preceptor in Aragonia et Catalonia recepit ipsum fratrem Raymundum qui loquitur in fratrem ordinis dicti Templi, in civitate Cesaraugustana, que est in Aragonia, in capella domus Templi, quam habent in ipsa civitate, die Dominica post festum sancti Martini proxime preteritum fuerunt xxxv anni elapsi vel circa, presentibus et ibidem astantibus Guillelmo de Miraveto, G. de Montequino, Arnaldo de Timore, Raymundo de Montepavone fratribus dicti Templi, et multis aliis fratribus ejusdem ordinis jam deffunctis. Modum autem sue recepcionis et aliorum fratrum quos ipse ut preceptor dicte domus Mansi Dei recepit in fratres dicti ordinis in capella ejusdem domus Mansi Dei, quorum nomina sunt : Bn. de Miliariis miles, Johannes de Comba presbiter capellanus, Jacobus de Garriganis, Raymundus Rubei, G. de Sagas, Ar. Septembris, Ferrarius Hoti, P. Garriga fratres dicti ordinis, expressit seriose idem in omnibus in effectu ut frater Bartholomeus primus testis supra, et ut continetur in libro per ipsum primum testem exhibito, prout credit, in quo regula et statuta ipsius ordinis latius continentur.

Ad lxxxvii et lxxxviii et ultimum articulos diligenter et sigillatim interrogatus, respondit et dixit se nec scire nec credere dictos errores nunquam originem a bono spiritu, sed a maligno et a diabolo habuisse, nec credit quod in ordine Templi unquam fuerit facta vel habita de eis vel aliquo eorundem, nec totis temporibus vite sue ante suscepcionem habitus dicti ordinis, nec postea usque nunc audivit nec scivit mentionem esse factam vel habitam de illis erroribus maledictis, nec scit quod sit ydolum, nec scit quod in aliqua parte vel loco ipsius ordinis ydolum unquam fuerit cum reverentia nec quomodolibet custoditum, sed credit quod ydolum nil sit aliud nisi diabolus infernalis, cujus nomen est et semper fuit a dicto ordine alienum, nefandum et odibile toti ordini, ut credit cuilibet Christiano.

Super aliis vero de quibus precipitur fieri inquisitio generalis, prout visum fuit dicto domino episcopo et predictis aliis dominis canonicis et religiosis viris inquirentibus pariter cum eodem, requisitus dixit se nichil amplius scire.

Anno quo supra, XII kalendas februarii.

IX. Frater Johannes de Coma presbiter capellanus ordinis dicti Templi domus Mansi-Dei, testis juratus ad sancta Dei Evangelia, super predictis articulis et eorum quolibet sibi expositis in vulgari, ut principalis de se ipso, et ut testis de aliis, diligenter et sigillatim interrogatus, respondens ad primum, II—XXIX articulos inclusive, negavit ipsos articulos et omnia et singula contenta in eis; adiciens se credere dictum Jhesum Christum passum fuisse pro redemptione humani generis, non pro peccatis suis, cum nunquam peccaverit, dicens eciam quod fratres ordinis dicti Templi adorant inter alias gentes de mundo crucem Domini ter in anno, videlicet in die Veneris sancta et in duobus festis Sancte Crucis mensium maii et septembris, pro cujus honore in comemoracione passionis Jhesu Christi fratres dicti ordinis in suis clamidibus portant crucem rubeam; et inter ceteros honores quos faciunt ipsi cruci, deponunt mantellum ubi est crux quando vadunt ad nature superflua onera deponenda. Dixit eciam se et alios presbiteros ordinis dicti Templi dicere verba illa in canone misse per que conficitur corpus Christi et ejus sanguis preciosus, prout tenet Ecclesia sancta Dei, et prout scriptum est in missali. Dixit quoque quod fratres dicti ordinis credunt et suscipiunt omnia sacramenta ecclesiastica, et ipse idem qui loquitur, cum sit presbiter, illa multis fratribus jam defunctis et viventibus ministravit. Addidit insuper quod aliquis magister vel preceptor vel quivis alius et religiosus dicti ordinis qui non sit presbiter non audit confessiones nec absolvit aliquem a peccatis, nisi soli presbiteri capellani ordinis supradicti vel alii religiosi presbiteri, et aliqui presbiteri seculares, et si magnus Magister confessus est de se ipso prout in articulo continetur, mentitus est falso modo, ut credit.

Ad XXX, XXXI, XXXII et XXXIII articulos inclusive, diligenter et sigillatim interrogatus, respondens negavit ipsos articulos et omnia et singula contenta in eis, excepto quod confessus est quod receptus recipientem osculatur in ore tantum et aliquos de fratribus ibidem astantibus.

Ad xxxiiii—xxxix articulos inclusive, diligenter et sigillatim interrogatus, respondens negavit ipsos articulos et omnia et singula contenta in eis, excepto quod confessus est quod recepti fratres ad ordinem supradictum inter alia que promittunt per a se prestitum juramentum, promittunt non exire nec relinquere dictum ordinem pro alio majori vel fortiori, minori vel debiliori ordine, absque licencia ejus qui de exeundo ipsum ordinem licenciam possit dare. Confessus est eciam quod post recepcionem fratrum dicti ordinis ipsi fratres recepti pro professis incontinenti habentur, ut continetur in regula et statutis ordinis supradicti, addens eciam quod recepciones ipsorum fratrum fiunt in capitulo clausis januis et nullis presentibus nisi fratribus ordinis supradicti, dicens hoc fuisse scriptum, ut ipse credit, in statutis ordinis prelibati.

Ad xl—xlv articulos inclusive, diligenter et sigillatim interrogatus, negavit ipsos articulos et omnia et singula contenta in eis.

Ad xlvi—lxxiii articulos inclusive, diligenter et sigillatim interrogatus, negavit ipsos articulos et omnia et singula contenta in eis, excepto quod confessus est quod fratres ipsius ordinis portant cordulas lineas vel de canabo supra camisiam ad designandum castitatem quam ipsi fratres servare promittunt tempore sui ingressus religionis. Negavit tamen quod dictis cordulis non cinguntur nec tanguntur capita ydolorum; quia nec scit quod sit ydolum, sed putat quod sit diabolus, aut nichil in Ecclesia sancta Dei, nec unquam audivit in dicto ordine de ydolo fieri mentionem, nisi sicut in Scriptura sacra dicitur. Confessus est eciam quod injungitur ipsis fratribus in sua recepcione per juramentum ne ea que fiunt et aguntur in eorum capitulis aliis quam ipsis fratribus qui interfuerunt capitulis revelentur; et si quis contra faceret, tanquam perjurus excluderetur a domo Templi.

Ad lxxiiii articulum diligenter interrogatus, dixit et respondit ut supra in xxiiii articulo est responsum per eum.

Ad lxxv—lxxxi articulos inclusive, diligenter et sigillatim interrogatus, respondens negavit ipsos articulos et omnia et singula contenta in eis, quia errores de quibus agitur in eisdem in dicto ordine nunquam fuerunt nec sunt nec aliqui eorumdem. Et ideo negligentia ascribi vel imputari non potuit presidentibus ipsi ordini nec eorum fratribus, si dictos errores qui inveniri non poterant minime correxerunt nec sancte Dei Ecclesie nunciarunt, quia quod non est, corrigi nec nunciari aut corripi non potest, ut dixit.

Ad lxxxii articulum diligenter interrogatus, respondens dixit quod si qui fratres de quibus in articulo agitur confessi sint illa de quibus agitur in eodem, dixit ipsos falsum confessos fore, cum in dicto ordine Templi nusquam error vel aliqua fidei orthodoxe contraria ab aliquibus fratribus ejusdem ordinis sint commissa. Ymo credit eos qui confessi sunt prout in articulo dicitur falsos fratres fuisse, et falso et adulterino modo habitum dicti ordinis suscepisse.

Ad lxxxiii, lxxxiiii et lxxxv articulos inclusive, diligenter et sigillatim interrogatus, respondit quod si predicti qui fratres dicti ordinis appellantur in articulis supradictis confessi fuerunt contenta in dictis articulis, in presencia domini nostri summi pontificis et dominorum cardinalium fratrum ejus cum juramento proprio et in pleno consistorio ejusdem domini summi pontificis, salva sui excellentia et honore et dominorum cardinalium reverentia, predicti fratres qui nomen fratrum dicti ordinis Templi sibi temere usurparunt, falsa confessi sunt, quia nec usquam dictum nec usquam relatum nec auditum fuit in dicto ordine illud quod predicti confessi sunt falso modo.

Ad lxxxvi articulum diligenter interrogatus, dixit quod ipse fuit receptus in fratrem dicti ordinis in ecclesia seu capella domus Mansi Dei, clausis januis ipsius capelle, simul cum Ferrario Hoti et Raymundo Remilli fratribus ejusdem ordinis, per fratrem Raymundum de Gardia preceptorem ejusdem domus Mansi Dei, die Dominica ante Adventum Domini proxime preteritum fuerunt iiii^{or} anni elapsi, presentibus et inibi astantibus tunc Arnaldo Rocha cambrerio, Bartholomeo de Turre presbitero capellano, G. Raymundo milite, Bn. Guerrerio presbitero capellano, fratribus dicti ordinis, et pluribus aliis fratribus. De modo autem sue recepcionis et aliorum fratrum qui eodem die recepti fuerunt pariter cum eodem et omnibus aliis tangentibus formam et modum sue recepcionis et aliorum fratrum secum receptorum ad eundem ordinem, dixit et declaravit in effectu, sicut frater Bartholomeus de Turri, primus testis supra, et sicut continetur in libro exhibito, prout credit, per ipsum primum testem, continente regulam et statuta ordinis prelibati.

Ad lxxxvii et lxxxviii et ultimum articulos diligenter et sigillatim interrogatus, respondens negavit ipsos articulos et omnia et singula contenta in eis, addens in ordine dicti Templi nusquam habuisse originem errores predictos nec aliquos vel aliquem de eisdem, nec scit nec credit aliquam fuisse causam que occasionem dederit vel tribuerit inducendi dictos errores vel aliquem de eisdem, ut in dicto ordine de dictis erroribus mentio haberetur. Imo scit et credit falsa esse penitus contenta in illis. Adiciens se nescire prorsus nec unquam scivisse ubi capita vel ydola de quibus in ultimo articulo agitur sint vel unquam fuerint cum reverentia vel aliter custodita.

Super circumstantiis vero et aliis de quibus jubetur fieri interrogatio ipsis fratribus inquisitis, diligenter fuit hic testis requisitus et interrogatus, seque plura alia nescire dixit nisi quod supra deposuit de se principaliter, et de aliis velut testis.

Anno et die quibus supra.

X. Frater Jacobus Boys ordinis dicti Templi domus Mansi Dei, testis juratus ad sancta Dei Evangelia super predictis articulis et eorum quolibet sibi expositis in vulgari, ut principalis de se ipso, et ut testis de aliis, diligenter et sigillatim interrogatus, respondens ad primum, ii—xxix articulos inclusive, negavit ipsos articulos et omnia et singula contenta in eis; addens se credere firmiter filium Dei Dominum Jhesum Christum fuisse crucifixum, et passum pro redemptione humani generis, non pro peccatis nec pro sceleribus suis, cum nunquam peccaverit nec dolus fuerit in eodem, per quem solum ipse firmiter, et idem credit de aliis fratribus ejusdem ordinis, spem habet et semper habuit salvacionis habende; adiciens quod ipse et ceteri fratres ejusdem ordinis adorant ob reverenciam crucifixi et reverenciam exhibent ipsi cruci ter in anno quolibet, videlicet in die Veneris sancta et in duobus festis Sancte Crucis mensium maii et septembris, ob cujus honorem eciam ipsi fratres portant in suis clamidibus crucem rubeam ad designandum effusionem sanguinis proprii quem Christus Dominus effudit in cruce pro nostra salute; addidit quoque se credere (et idem credit de ceteris fratribus dicti ordinis) omnia ecclesiastica sacramenta, prout sancta Dei Ecclesia tenet et docet.

Ad xxx — xxxiii articulos diligenter et sigillatim interrogatus, respondens negavit ipsos articulos et omnia et singula contenta in eis, salvo quod confessus est: tam recipiens quam receptus mutuo se osculantur in ore tantum, exclusis et prorsus omissis aliis nefandis deosculationibus de quibus agitur in articulis supradictis; et hoc idem dicit, sicut vidit et credit de aliquibus fratribus qui tunc astant, quos osculatur frater qui receptus est ad ordinem supradictum in ore tantum.

Ad xxxiiii — xxxix articulos inclusive, diligenter et sigillatim interrogatus, respondens negavit ipsos articulos et omnia et singula contenta in eis, salvo quod confessus est quod inter alia que promittit per juramentum, frater qui recipitur promittit se non exire nec relinquere dictum ordinem pro minori alio ordine vel majore absque licencia illius qui dare possit licenciam exeundi. Confessus est eciam quod ipsi fratres incontinenti post recepcionem suam habentur pro professis juxta morem et statuta ordinis supradicti. Addidit quoque quod ipse recepciones dictorum fratrum fiunt in capitulis, clausis januis, et exclusis extraneis, preter fratres.

Ad xl — xlv articulos inclusive, diligenter et sigillatim interrogatus, negavit ipsos articulos et omnia et singula contenta in eis simpliciter, et illa dixit se credere nunquam fuisse comissa per quemquam de fratribus ordinis prelibati.

Ad xlvi—lxxiii articulos inclusive, diligenter et sigillatim interrogatus, negavit ipsos articulos et omnia et singula contenta in eis. Confitetur tamen quod quando fratres recipiuntur ad ordinem predictum, injungitur eis quod portent cingulum sive cordulam lineam vel de lana in signum castitatis a se promisse semper habende, et nullatenus deserende. Dixit tamen quod cum dictis cordulis nec capita nec ydola cinguntur nec tanguntur, nec eis precipitur ita tangi vel cingi ut in articulo continetur.

Item dixit de more esse et statuto ipsius ordinis, ut fratres noviter recepti debeant jurare et jurant statuta et bonos mores ipsius ordinis custodire; inter que sunt, ut ea que aguntur et fiunt in capitulis ipsius ordinis nullis aliis revelentur eciam ipsius ordinis fratribus, nisi illis duntaxat qui in ipsis capitulis affuerunt, et si a quoque contrarium ageretur, convictus vel confessus excluderetur totaliter ab ordine supradicto, et careret omni ejus comodo et honore.

Ad lxxiii articulum diligenter interrogatus, dixit et respondit et confessus est quod fratres dicti ordinis licenter possunt sibi de qualibet religione approbata eligere confessores suos quos volunt, quibus possunt sua confiteri peccata si sunt presbiteri, et ab eis recipere penitencias salutares; et hoc idem eis licet facere de sacerdote seculari, dum tamen a suo prelato sibi sit data licencia confessiones audire. Addidit tamen quod tunc demum sua confitentur peccata aliis extra domum Templi, quando non habent facultatem ipsius ordinis fratrem capellanum et presbiterum adeundi pro suis criminibus confitendis eidem.

Ad lxxv—lxxxi articulos inclusive, diligenter et sigillatim interrogatus, respondens dixit quod fratres predicti ordinis non fuerunt in negligencia corrigendi nec sancte Dei Ecclesie nunciandi, nec ab observancia dictorum errorum non destiterunt, ideo quia in ipso ordine non fuerunt, nec de eis vel eorum aliquo unquam in dicto ordine mentio aliqua fuit facta, usque ad tempus captionis et detentionis eorum. Reliqua omnia et singula contenta in dictis articulis negavit nec credidit esse vera.

Ad lxxxii articulum diligenter interrogatus, respondens dixit quod si fratres dicti ordinis in magna multitudine sive parva in judicio sive extra in publico seu oculto fuerunt confessi predicta de quibus agitur in eodem articulo, quod non credit, dicit ipsos veritatem tacuisse et falsitatem expressisse, cum nusquam errores de quibus agitur excogitati fuerint in ordine sepedicto, prout credit.

Ad lxxxiii, lxxxiiii et lxxxv articulos inclusive, diligenter et sigillatim interrogatus, respondit quod si predicti qui fratres dicti ordinis appellantur, in articulis supradictis confessi fuerunt contenta in eis in presencia domini nostri summi pontificis et dominorum cardinalium cum juramento proprio, et in pleno consistorio sancte Sedis, confessi sunt in omnibus predictis et singulis erroribus falsitatem, salva excellentia et sanctitate ejusdem domini nostri summi pontificis et reverencia dominorum cardinalium fratrum ejus.

Ad lxxxvi articulum diligenter interrogatus, respondens dixit quod ipse fuit receptus in fratrem dicti ordinis simul cum fratre Johanne de Alcanada et fratre Bonanat Regis, per fratrem Raymundum de Falte castellanum tunc Montissoni, apud Montemsonum, in capitulo ipsius loci, in vigilia sancti Martini fuerunt xii anni elapsi, in eodem capitulo astantibus et presentibus in recepcionibus suis Arnaldo de Banhullis, Guillelmo de Castelvi, Jacobo de Vilalba militibus, P. de Lupario cambrerio et pluribus aliis fratribus dicti Templi.

De modis autem sue recepcionis et aliorum fratrum qui secum dicta die fuerunt recepti in fratres dicti ordinis, et aliis tangentibus et circumstantiis ipsam recepcionem, dixit idem in omnibus et per omnia in effectu ut frater Bartholomeus de Turri, testis primus, supra deposuit in hoc eodem articulo, et ut continetur in dicto libro exhibito, ut credit, per eundem domino episcopo inquisitori predicto.

Ad lxxxvii et lxxxviii et ultimum articulos diligenter et sigillatim interrogatus, respondens dixit de contentis omnibus et singulis in articulis supradictis se penitus nichil credere neque scire.

Super circumstantiis vero et aliis de quibus jubentur dicti fratres inquiri secundum quod inquirenti visum fuerit expedire interrogatus, respondit et dixit plura nescire nec credere quam deposuit in singulis articulis supradictis.

Anno quo supra xi kalendas februarii.

XI. Frater Raymundus de Vilert ordinis Templi domus Mansi Dei, testis juratus ad sancta Dei Evangelia super predictis articulis et eorum quolibet sibi expositis in vulgari, ut principalis de se ipso, et ut testis de aliis, diligenter et sigillatim interrogatus, respondens ad primum, ii—xxix articulos inclusive, negavit ipsos articulos et omnia et singula contenta in eis, dicens se credere firmiter filium Dei Dominum Jhesum Christum fuisse crucifixum et passum pro redempcione humani generis, non pro peccatis nec pro sceleribus suis, cum nunquam peccaverit nec dolus fuerit in eodem, per quem solum ipse firmiter, et idem credit de aliis fratribus ejusdem ordinis, spem habet et semper habuit salvationis habende.

Adiciens quod ipse et ceteri fratres ejusdem ordinis adorant ob reverenciam crucifixi et reverenciam exhibent ipsi cruci ter in anno quolibet, videlicet in die Veneris sancta et in duobus festis Sancte Crucis mensium maii et septembris, ob cujus honorem eciam ipsi fratres portant in suis clamidibus crucem rubeam ad designandum efusionem sanguinis proprii quem Christus Dominus efudit in cruce pro nostra salute.

Addidit quoque se credere, et idem credit de ceteris fratribus dicti ordinis, omnia ecclesiastica sacramenta, prout sancta Dei Ecclesia tenet et docet.

Ad xxx, xxxi, xxxii et xxxiii articulos inclusive, diligenter et sigillatim interrogatus, negavit ipsos articulos et omnia et singula contenta in eis, salvo quod confessus, et concedit quod recipiens fratres ad dictum ordinem post eorum recepcionem recipit eos ad osculum pacis et oris tantum in signum fraterne caritatis et dilectionis, et recepti osculantur in ore tantum aliquos fratres ibi astantes iii vel iiii^{or}, et interdum plures, sicut Deus eis ministrat.

Ad xxxiiii—xxxix articulos inclusive, diligenter et sigillatim interrogatus, respondens negavit ipsos articulos et omnia et singula contenta in eis, salvo quod fratres qui recipiuntur ad dictum ordinem Templi, semper recipiuntur in capitulis et non aliter, et ea que fiunt vel dicuntur in capitulis habent fieri in secreto, nec sciri debent ab aliis, preterquam ab illis qui sunt in ipsis capitulis et de capitulo congregati. Ideo fratres qui recipiuntur in conclavi et in secreto recipiuntur, sicut et generaliter religiosi quilibet hoc idem faciunt et observant, videlicet ut secrete teneant que in ipsis capitulis aguntur et fiunt.

Dixit eciam quod facta recepcione de eis ad dictum ordinem, pro professis habentur juxta statuta ordinis supradicti, et quod jurant non relinquere dictum assumptum ordinem pro majori alio vel eciam leviori, nisi hoc fieret de voluntate ejus qui licenciam possit dare.

Addidit quoque quod, pro eo quod in secreto capitulo dicti fratres recipiuntur ad ordinem, suspicio vehemens sit habita inter paucos et malos homines qui non attendunt ad veritatem quam dicti fratres in ordine et sua recepcione observant, in qua nichil agitur nisi secundum Dei beneplacita, prout credit.

Ad xl—xlv articulos inclusive, diligenter et sigillatim interrogatus, negavit ipsos articulos et omnia et singula contenta in eis, nec scit vel credit per aliquem vel aliquos in dicto ordine unquam fuisse comissa, cum sint horribilia et nefanda et contra naturam humanam.

Ad xlvi—lxxiii articulos inclusive, diligenter et sigillatim interrogatus, negavit ipsos articulos et omnia et singula contenta in eis, eo salvo quod, tempore sue recepcionis, fuit sibi injunctum a recipiente eum ut cordulam quandam lineam vel laneam, in signum castitatis a se promisse, portaret continue die nocteque supra camisiam. Quaquidem cordula non fuit tactum ydolum neque capud de quibus agitur in articulis prelibatis; nec scit quid sit ydolum, quia nusquam illud vidit, nec de eo in ipso ordine unquam audivit fieri mentionem; sed putat quod sit res maligna et mali operis, non salutis.

Ad lxxiiii articulum diligenter interrogatus, dixit quod in deffectum sacerdotis fratris videlicet capellani ejusdem ordinis, licitum est eis confiteri sua peccata religiosis fratribus presbiteris alterius religionis approbate, et in eorum deffectum possunt licenter sibi eligere presbiterum secularem, cui sua secundum veritatem confiteantur peccata, et ab eo recipiant penitenciam salutarem. Et sic de more et consuetudine dixit esse ordinis supradicti.

Ad lxxv—lxxxi articulos inclusive, diligenter et sigillatim interrogatus, respondens negavit universa et singula in dictis articulis contenta; adiciens quod dictos errores de quibus agitur corrigi in dicto ordine et in dictis fratribus necesse non fuit, nec nunciari debuit Ecclesie sacre Dei, eo quod nusquam in dicto ordine fuerunt, sicut ipse scit et credit, nec discedi oportuit ab illis que nec fuerunt nec auditi sunt, prout credit, et de se hoc scit, et credit idem de aliis confratribus ejusdem ordinis.

Ad lxxxii articulum diligenter interrogatus, respondens dixit se non credere predictam multitudinem fratrum de qua agitur in eodem fuisse confessam de eo quo mentionem facit articulus, et si forte contrarium sit confessa multitudo fratrum predicta, credit firmiter falsitatem puram eam esse confessam.

Ad lxxxiii, lxxxiiii et lxxxv articulos inclusive, diligenter et sigillatim interrogatus, respondit et dixit quod, quia sanctissimus pater et dominus noster dominus papa asserit in sua littera et fatetur predictos fratres ordinis Templi coram se et reverendis dominis cardinalibus confessos esse errores de quibus agitur in articulis predictis, credit dictam confessionem esse factam ab illis quantecumque multitudinis vel numeri fuerint dicti fratres, dixit tamen et addidit hic qui loquitur predictos fratres omnes et singulos confessos, ut asserit, falsitatem puram et contra veritatem que Deus est dixisse, et mentitos esse in capud suum et per gulas suas falsas, salva semper excellentia et sanctitate domini nostri pape et sue Sedis apostolice, necnon dominorum cardinalium et sacri consistorii sedis ejus reverencia et honore.

Ad lxxxvi articulum diligenter interrogatus, dixit quod ipse fuit receptus in fratrem dicti ordinis in ecclesia seu capella domus Templi de Aqua Viva Gerondensis diocesis, per fratrem Guillelmum de Abelars tunc preceptorem domus Mansi Dei, et nullus alius fuit tunc secum in fratrem receptus ordinis predicti, in festo Penthecostes proxime futuro erunt xvi anni elapsi, astantibus sibi Bñ. de Rocamora, Raymundo de Sancto Aniol militibus, P. de Canoys, Raymundo Comitis fratribus ejusdem ordinis, et aliis pluribus adhuc viventibus et defunctis.

Modus autem sue recepcionis fuit sicut de eo fit mentio in testificatione prima hujus inquisitionis facta per fratrem Bartholomeum de Turre fratrem capellanum dicti ordinis, et sicut series dicte recepcionis quam servant recipientes et recepti continetur in libro statutorum et regule dicti ordinis, quem dictus frater Bartholomeus, ut credit, exhibuit et tradidit dicto domino Elnensi episcopo; cujus recepcionis et statutorum series in ipso libro latius exprimuntur.

Ad lxxxvii et lxxxviii et ultimum articulos diligenter et sigillatim interrogatus, respondens dixit se nec scire nec credere errores de quibus agitur nec quemquam eorum in ordine Templi sumpsisse inicium nec unquam originem habuisse; nec vidit nec scivit quemquam nec audivit qui dictos errores sciret vel vidisset nec audisset in ipso ordine nominare; et quia nunquam originem habuerunt, ideo nec de causa eorum quare fuerint nec de aliis circumstanciis testificatio potest, ut asseruit, fieri ab eodem. Ubi autem capita predicta vel ydola vel eorum aliquod sit vel fuerit unquam in dicto ordine vel in aliqua domo vel loco ejus, et qualiter deportentur et custodiantur, et per quos, dixit se penitus ignorare et contenta in eis universa et singula totaliter nulla esse, sicut in ipsis, duobus ultimis articulis sunt descripta.

Super aliis vero tam circumstanciis predictorum quam aliis de quibus visum fuit inquisitoribus interrogari debere hunc fratrem qui locutus est, requisitus et interrogatus fuit diligenter, et plura alia non addidit; cum nulla alia sciat, ut dixit.

Anno et die quibus supra.

XII. Frater Arnaldus Septembris de ordine dicti Templi domus Mansi Dei, testis juratus ad sancta Dei Evangelia super predictis articulis et eorum quolibet sibi expositis in vulgari, ut principalis de se ipso, et ut testis de aliis, diligenter et sigillatim interrogatus, respondens ad primum, II—XXIX articulos inclusive, negavit ipsos articulos et omnia et singula contenta in eis, eo salvo quod ipsi fratres ejusdem ordinis et ipse cum eis ter in anno et singulis annis cum debita reverencia et honore, depositis gladiis et calciamentis pedum suorum necnon cofis capitum suorum, in die Veneris sancta ultima Cadragesime adorant crucem sanctam in qua Dominus noster Jhesus Christus Dei filius pro salute humani generis, non pro suis peccatis, quia nusquam peccavit nec dolus fuit in ore ejus, sed pro nostris criminibus mortis suplicium passus fuit, dicendo : « Adoro te, Christe, et benedico tibi, quia per crucem tuam redemisti mundum. »

Item annuatim crucis adoracionem faciunt in duobus aliis festivis diebus, videlicet in mense madii die Sancte Crucis, necnon et in mense septembris in die Exaltacionis Sancte Crucis, non tantum discalciatis pedibus, sed cultellis et cofis capitum depositis; adiciens quod sacramenta Ecclesie tam ipse quam ceteri fratres dicti ordinis plene credunt, prout ipse scit de se ipso, et de aliis confratribus credit, sicut sancta Ecclesia a Christicolis jubet credi. Sacramenta autem predicta, cum sit laycus et ignorans, exprimere et declarare nescivit, licet ipsa in mente sua teneat et habeat, et per ea anime sue sperat habere salutem.

Ad XXX—XXXIII articulos inclusive, diligenter et sigillatim interrogatus, respondens dixit quod die sue recepcionis ad ordinem Templi facte de se et de fratre Guillelmo de Caramanno nunc mortuo, per fratrem Raymundum de Gardia preceptorem domus Templi Mansi Dei qui adhuc vivit, preceptor in capella ejusdem domus, post recepcionem de se factam et de alio ejus confratre, idem frater Raymundus preceptor recepit ipsum et alium confratrem ad osculum pacis in signum fraterne dileccionis et caritatis, et in ore tantum osculatus fuit eos, et ipsi pari modo aliquos de astantibus confratribus ejusdem ordinis fuerunt osculati in ore tantum, exclusis et abjectis aliis deosculationibus nefandis de quibus agitur in articulis supradictis. Reliqua in dictis articulis contenta et eorum singula non credidit, sed negavit penitus esse vera.

Ad xxxiiii—xxxix articulos inclusive, diligenter et sigillatim interrogatus, dixit et credidit quod per sacramentum injungitur eis, post recepcionem factam de se ipsis, ut non relinquant susceptum ordinem pro majori vel debiliori ordine, nisi illud facerent superioris eorum petita licencia et obtenta, et quod statim ex quo recepti sunt fratres ad dictum ordinem, sunt professi et pro professis habentur. Ad id autem quod de clandestina recepcione fratrum agitur in articulis prelibatis, dixit quod fratres qui recipiuntur de novo in capitulis dicti ordinis, que fiunt ex more sicut sancti patres qui dictum ordinem invenerunt, et ipsa capitula in capellis ipsius ordinis et in ecclesiis fieri statuerunt, exclusis quibuslibet aliis preter confratres ordinis supradicti. Reliqua in dictis articulis secundum Deum et ejus beneplacitum putat fieri, et sic credit.

Ad xl—xlv articulos inclusive, diligenter et sigillatim interrogatus, negavit ipsos articulos et omnia et singula contenta in illis vera esse, nec veritatem in puncto continent, sicut credit.

Ad xlvi—lxxiii articulos inclusive, diligenter et sigillatim interrogatus, respondit se scire quod, postquam ipse fuit receptus ad dictum ordinem, de mandato ipsius preceptoris qui eum receperat ad ordinem Templi, emit quandam cordulam lineam apud Perpinianum, non certe longitudinis vel grossitudinis, sed sicut sibi placuit; quam, ex precepto dicti recipientis eum in fratrem, semper die nocteque cingere debuit et portare circa lombos et supra camisiam, in signum promisse castitatis perpetuo conservande; quaquidem cordula ex vetustate vel aliter rupta, potuit aliam ejusdem vel alterius longitudinis emere vel aliter ex dono recipere et portare. Non tamen cum dicta cordula debuit ydolum vel capud aliquod cingere vel tangere, nec aliqua nefanda facere de quibus agitur in articulis supradictis, sicut ipse qui loquitur predicta nefanda non fecit, nec audivit ab aliquo fratre dicti ordinis illa fieri, nec credit aliquo modo a quoque Christicola facta esse.

Dixit etiam ita fuisse ordinatum, quod ea que fiunt in capitulis dicti ordinis secreta teneri debeant et haberi, et nulli alii pandi, nisi solis illis qui in capitulis dicti ordinis affuerunt. Cetera omnia et singula contenta in dictis articulis vera esse non credit.

Ad lxxiiii articulum diligenter interrogatus, dixit et respondit de more et consuetudine dicti ordinis hoc esse; ut fratres predicti ordinis, quando et quociens eis placet sua velle peccata confiteri, illa confiteantur fratri capellano presbitero ejusdem ordinis, dum tamen ipsum habere possint libere et absque ullo impedimento. Verum si forte ipsum fratrem capellanum habere non possint, ut quia non adest vel forte impeditus sit aliqua justa causa quominus confessiones fratrum audire valeat, tunc demum dicti fratres, absque superioris licentia speciali, possunt pro suis confitendis peccatis adire viros religiosos approbate religionis presbiteros, aut seculares alios sacerdotes, sicut maluerint, et eisdem sua poterunt licenter confiteri peccata, et ab eis vel eorum altero penitencias recipere salutares.

Ad lxxv—lxxxi articulos inclusive, diligenter et sigillatim interrogatus, respondens dixit se nec scire nec credere errores predictos, nec aliquem de eisdem esse nec fuisse in ordine supradicto, nec correccione aliqua dictum ordinem nec ejus fratres indiguisse nec indigere, nec oportuisse nec necesse fuisse illos errores nunciari per superiores dicti ordinis, nec per aliquem fratrem ejus Ecclesie Dei, pro eo quod nunquam dicti errores fuisse vel esse in dicto ordine scit nec credit; verum nec corrigi nec nunciari Ecclesie opus esse, ab eo quod non est neque fuit, nec ab eorum observancia fuit necesse recedere, quod nullum inicium habuerunt. Ad id autem quod dicitur in uno de articulis supradictis, ut predicti fratres in sua recepcione jurent utilitatem et augmentum dicti ordinis quoque modo illud valeant procurare, respondet quod fratres jurant quod neminem Christianum offendent scienter nec in bonis nec eciam in persona, et aliter reputarent et crederent fratres predicti Deum offendere et peccare et contra statuta dicti ordinis facere, et quod de temere actis a se penas luerent, et a suis superioribus gravissime punirentur. Reliqua autem in dictis articulis contenta et singula negavit, et non credidit esse vera.

Ad lxxxii articulum diligenter interrogatus, respondens negavit ipsum articulum et contenta in eo, adiciens se non credere quod illi qui predicta in articulo contenta asserunt fuisse confessi non sunt nec fuerunt fratres dicti ordinis, sed falsarii et ficte et simulate adinventionis errorum predictorum, et mentiti sunt per os proprium falso modo.

Ad lxxxiii, lxxxiiii et lxxxv articulos inclusive, diligenter et sigillatim interrogatus, respondens dixit quod, si fratres de quibus agitur in articulis confessi fuerint contenta in eis, falsa confessi sunt et discrepantia penitus a veritate, et per gulas suas mentiti sunt falso modo, excellentia tamen semper salva domini nostri summi pontificis, et venerabilium dominorum cardinalium reverentia et honore et sacri consistorii dicte Sedis, in quorum presencia dictas confessiones in ipsis articulis asserit factas fore.

Ad lxxxvi articulum diligenter interrogatus, dixit quod frater Raymundus de Gardia preceptor domus Mansi Dei ordinis dicti Templi recepit ipsum in fratrem dicti ordinis in capella dicte domus Mansi Dei, in festo Nativitatis gloriose Virginis matris Dei mensis septembris futuro proxime erunt iiii^{or} anni elapsi, presentibus G. de Tamarite milite, Bartholomeo de Turri, B. Guerrerio, Johanne Coma presbiteris capellanis, G. de Sancto Ypolito et aliis pluribus fratribus ordinis supradicti. Quem autem modum servarunt tam recipiens quam recepti in dicta recepcione ad ordinem Templi interrogatus, dixit et respondit quod, ante ingressum dicti ordinis, quesitum a se fuit utrum fuisset excommunicatus, et utrum esset creditoribus obligatus, et an votum fecisset de introytu seu ingressu alterius religionis, et utrum cum muliere aliqua matrimonium contraxisset, et an aliqua promisisset dare vel dedisset alicui pro patranda ejus recepcione ad ordinem dicti Templi, et multa alia que moris sunt inquiri et fieri ab eo qui recipitur ad ordinem dicti Templi fuerunt a se quesita et responsa eis data a se, sicut frater Bartholomeus de Turre capellanus dicti ordinis, primus testis, dixit et in sua testificacione superius, prout credit, deposuit, et in libro statutorum dicti ordinis et regule illa que fratres tenentur jurare, dicere, facere et exprimere in recepcione sua, noviter faciunt, exprimunt et declarant, plenius continetur. Cum enim ipse sit laycus qui loquitur, non potuit in memoria continere universa et singula que fratres dicti ordinis jurant et promittunt, nec illa que a recipientibus queruntur noviter a receptis. Sed dixit et expressit aliqua et alia de quibus non recordatur, dixit esse contenta et scripta in libro quodam statutorum et regule ordinis supradicti.

Ad lxxxvii et lxxxviii et ultimum articulos diligenter et sigillatim interrogatus, dixit se nec scire nec credere errores de quibus agitur in articulis, nec aliquem de eisdem originem habuisse in dicto ordine, nec de eis in ipso ordine per aliquem vel aliquos mentionem aliquam factam esse, nec de dictis erroribus quemquam dicti ordinis fratrem locutum fuisse, nec credit quod a dicto ordine vel ab aliquo quare dicti errores introducerentur vel fierent causam esse inventam, donec de eis mentio fuit facta generaliter inter eos, captionis et detentionis tempore eorundem. Nec credit venerationem dictorum errorum, ydolorum vel capitum, nec custodiam eorundem, factam fuisse in dicto ordine vel in aliquo loco ejus, sed credit falsa esse penitus contenta in articulis supradictis.

Super aliis vero de quibus inquiri precipitur circumstanciis, sicut pericie visum fuerat inquirentis, inquisitus et interrogatus diligenter, dixit se plura alia nescire.

Anno quo supra, x kalendas februarii.

XIII. Frater Raymundus Rulli ordinis dicti Templi domus Mansi Dei, testis juratus ad sacra Dei Evangelia super predictis articulis et eorum quolibet sibi expositis in vulgari, ut principalis de se ipso, et ut testis de aliis, diligenter et sigillatim interrogatus, respondens ad primum, ii—xxix articulos inclusive, negavit ipsos articulos et omnia et singula contenta in eis, salvo quod dicit se credere firmiter filium Dei et beate Virginis Marie passum fuisse pro redemptione humani generis, non pro suis peccatis, cum nunquam peccaverit. Dixit etiam se habere spem salvationis habende per eum, et idem credit de aliis fratribus ejusdem ordinis. Addidit insuper sacramentum altaris se credere et alia ecclesiastica sacramenta, prout Ecclesia Dei tenet et docet; et idem credit de aliis fratribus ordinis antedicti. Addidit quoque se credere, et idem credit de aliis fratribus, quod nec Magister ordinis sui, nec aliquis laycus possit aliquem absolvere a peccatis, nisi soli illi qui sunt rite promoti ad ordinem sacerdotalem.

Ad xxx—xxxiii articulos inclusive, diligenter et sigillatim interrogatus, respondens negavit omnia et singula contenta in dictis articulis simpliciter, excepto osculo oris tantum, quod faciunt recipientes et recepti ad dictum ordinem Templi in recepcione sua, in signum amoris et caritatis fraterne mutue inter ipsos.

Ad xxxiiii—xxxix articulos inclusive, diligenter et sigillatim interrogatus, respondens negavit ipsos articulos et omnia et singula contenta in eis, salvo quod confessus est quod ipse qui loquitur fuit receptus in capella domus Mansi Dei, clausis januis, et exclusis omnibus aliis, exceptis fratribus ejusdem ordinis qui aderant, dicens se nescire quid vult sonare nec dicere *habentur pro professis,* cum sit homo simplex, rudus et laycus.

Ad xl—xlv articulos inclusive, diligenter et sigillatim interrogatus, negavit simpliciter ipsos articulos et omnia et singula contenta in eis.

Ad xlvi—lxxiii articulos inclusive, diligenter et sigillatim interrogatus, respondens negavit ipsos articulos et omnia et singula contenta in eis.

Dixit tamen se portare cingulum sive cordulam super camisiam in signum castitatis servande, ut credit, non tamen quod fuerit tacta alicui capiti seu ydolo.

Addidit eciam se credere quod ea que aguntur et dicuntur in capitulis non debeant revelari, nescit tamen causam quare.

Ad lxxiiii—lxxxi articulos inclusive, diligenter et sigillatim interrogatus, respondens negavit omnia et singula contenta in dictis articulis; addens quod peccata sua possunt confiteri presbitero capellano ejusdem ordinis; eis autem deficientibus, poterant et possunt, de consuetudine et more dicti ordinis, adire licenter quoslibet religiosos approbate religionis vel alium quemlibet presbiterum secularem, quibus peccata sua confitentur, et penitenciam salutarem recipiunt ab eisdem.

Ad lxxxii articulum diligenter interrogatus, dixit se non credere contenta in eo.

Ad lxxxiii, lxxxiiii et lxxxv articulos inclusive, diligenter et sigillatim interrogatus, respondens dixit se credere quod dicti fratres de quibus agitur in articulis sint confessi errores predictos vel majorem partem eorum sanctissimo domino nostro pape et coram dominis cardinalibus et coram aliis bonis viris. Dicit tamen se credere quod predicti fratres confitentes falso modo confessi sunt supradicta.

Et hoc dicit salva semper excellentia domini nostri pape et ejus consistorii, et honore dominorum cardinalium.

Ad lxxxvi articulum diligenter interrogatus, respondens dixit quod frater Raymundus de Gardia preceptor domus Mansi Dei ordinis dicti Templi, qui tunc erat et adhuc est, recepit ipsum et Johannem de Comba presbiterum et Ferrarium Hoti in fratres dicti ordinis, in domo Mansi Dei, in capella ejusdem domus Mansi Dei, iiii^{or} anni fuerunt elapsi die Dominica circa festum sancti Martini proxime preteritum, astantibus et presentibus Bartholomeo de Turre, Bn. Guerrerio presbiteris et capellanis et fratribus dicti ordinis, et quibusdam aliis confratribus dicte domus.

Modus autem sue recepcionis et dictorum duorum fratrum cum eo fuit talis qualem dictus frater Bartholomeus dixit in sua testificatione, et ut de dicto modo recipiendi fratres ad dictum ordinem fit mentio in libro statutorum et regule dicti ordinis, exhibito et tradito nobis inquisitoribus per dictum fratrem Bartholomeum de Turre, primum testem.

Ad lxxxvii et lxxxviii et ultimum articulos diligenter interrogatus et sigillatim, respondit et negavit omnia et singula contenta in eis.

Super omnibus aliis vero interrogatus diligenter, dixit se nichil amplius scire nec credere, nisi ut supra testificatus est in premissis.

Anno et die quibus supra.

XIIII. Frater Guillelmus Marturelli ordinis dicti Templi domus Mansi Dei, testis juratus ad sancta Dei Evangelia super predictis articulis et eorum quolibet, sibi expositis in vulgari, ut principalis de se ipso, et ut testis de aliis, diligenter et sigillatim interrogatus, respondens ad primum, II—XXIX articulos, negavit ipsos articulos et omnia et singula contenta in eis, dicens se credere firmiter Jhesum Christum Dei filium et beate Marie semper Virginis passum fuisse pro redempcione humani generis, non pro peccatis suis; cum nunquam peccaverit; et se habere spem salvationis habende per eum solum; et credit omnia sacramenta ecclesiastica, prout sancta mater Ecclesia tenet et docet; et idem credit de aliis fratribus dicti ordinis. Adiciens eciam quod ter in anno quolibet ipse et alii fratres dicti ordinis cum quibus conversatus est adoravit et adoraverunt crucem Christi humiliter et devote.

Dixit eciam se credere quod nullus possit confiteri alicui sua peccata nec ab eo recipere penitenciam salutarem, nisi a sacerdotibus dicti ordinis, vel ab aliis sacerdotibus religiosis vel secularibus quibus execucio ordinis sit concessa.

Ad xxx—xxxix articulos inclusive, diligenter et sigillatim interrogatus, respondens negavit ipsos articulos et omnia et singula contenta in eis, excepto osculo oris tantum, quod confessus est facere et dare receptum in ordine supradicto recipienti et aliquibus fratribus circumstantibus ordinis supradicti.

Item confessus est quod fratres recepti in ipso ordine incontinenti habentur pro professis post sui recepcionem; sed causam quare, dixit se nescire, nisi quod audivit dici quod sic fuit olim per sanctos patres qui dictum ordinem statuerunt statutum et ordinatum.

Item confessus est quod recepcio ipsorum fratrum quos recipi vidit in domo Mansi Dei, quia alibi recipi nullos vidit, fuit facta in capella dicte domus Mansi Dei, januis clausis, et solis fratribus presentibus qui in ipsa domo tunc erant; sed causam quare clausis januis facta fuit, dixit se nescire.

Ad xl—lxxxiii articulos inclusive, diligenter et sigillatim interrogatus, negavit ipsos articulos et omnia et singula contenta in eis, excepto quod confessus est quod ipse et ceteri fratres dicti ordinis, prout credit, portant continue cingula sive cordulas super camisiam in signum castitatis servande; non tamen cum illis tanguntur vel cinguntur capita ydolorum nec aliqua ydola.

Item confessus est quod injungitur ipsis fratribus tempore sue recepcionis quod ea que fiunt in eorum capitulis non revelent, nec loquantur eciam cum aliis fratribus ejusdem ordinis qui non interfuerunt in ipsis capitulis tempore quo capitula ibi fiunt, et si qui inventi essent qui secreta capituli revelassent, punirentur penis statutis in constitucionibus eorumdem.

Ad lxxiiii—lxxxi articulos inclusive, diligenter et sigillatim interrogatus, respondens negavit ipsos articulos et omnia et singula contenta in eis.

Dixit tamen quod ipse qui loquitur in aliquo alio conventu dicti ordinis Templi nunquam fuit nisi in conventu domus Mansi Dei, et ibidem stando confessus fuit sua peccata fratri capellano ejusdem domus. A tempore tamen citra quo captus exstitit ipse et ceteri fratres ejusdem ordinis, confessus est aliquando fratribus Minoribus venientibus ad dictam domum, credens quod ipse et ceteri fratres dicti ordinis possint confiteri aliis presbiteris regularibus et secularibus preterquam propriis capellanis et ipsis eciam fratribus capellanis.

Ad lxxxii articulum diligenter interrogatus, dixit quod illi fratres de quibus in articulo fit mentio, si confessi sunt prout in articulo continetur, confessi sunt contra verum, ut dixit et credit, et magnam falsitatem dixerunt.

Ad lxxxiii, lxxxiiii et lxxxv articulos inclusive, diligenter et sigillatim interrogatus, respondens dixit quod illi fratres qui predicta confessi sunt in presencia sanctissimi domini nostri pape et dominorum cardinalium et in pleno consistorio et per juramentum, confessi sunt, prout credit, puram et simplicem falsitatem.

Ad lxxxvi articulum diligenter interrogatus, respondens dixit quod frater G. de Abelars preceptor domus Mansi Dei milicie Templi quondam, recepit ipsum in fratrem dicti ordinis in capella domus Mansi Dei, in vigilia Epifanie Domini proxime preterita, que fuit in die Dominica fuerunt xiii anni elapsi, presentibus et ibidem astantibus Arnaldo Rocha cambrerio, Jacobo de Oleriis, Michale Remilli et pluribus aliis confratribus dicti ordinis.

Modum autem sue recepcionis et aliorum fratrum quos vidit recipi in dicta domo Mansi Dei expressit in effectu, sicut frater Bartholomeus de Turre, primus testis supra, et ut continetur in libro per ipsum primum testem exhibito nobis inquisitoribus statutorum et regule dicti Templi.

Ad lxxxvii, lxxxviii et ultimum articulos diligenter et sigillatim interrogatus, negavit ipsos articulos et omnia et singula contenta in eis.

Super aliis vero diligenter interrogatus, dixit se nichil amplius scire nec credere nisi ut supra testificatus est in predictis.

Anno et die quibus supra.

XV. Frater Petrus de Sancto Arnaco ordinis dicti Templi domus Mansi Dei, testis juratus ad sancta Dei Evangelia super predictis articulis et eorum quolibet sibi expositis in vulgari, ut principalis de se ipso, et ut testis de aliis, diligenter et sigillatim interrogatus, respondens ad primum, ii—xxxix articulos inclusive, diligenter et sigillatim interrogatus, negavit ipsos articulos et omnia et singula contenta in eis; adiciens se credere, et idem quod de se scit credit de aliis fratribus dicti ordinis, Christum Dominum Jhesum passum fuisse non pro suis peccatis, et se habere spem salvacionis habende per ipsum solum. Dicens eciam quod ipse et ceteri fratres dicti ordinis cum quibus conversatus est, et idem credit de aliis, reverenter ob honorem Domini nostri crucifixi Jhesu crucem ter singulis annis adorant, videlicet in die Veneris sancta et in duobus festis Sancte Crucis, et se credere sacramentum altaris et alia sacramenta sancte Dei Ecclesie esse inducta pro animarum fidelium salute, et esse in Ecclesia sancta Dei statuta prout ipsa universalis Ecclesia hoc predicat atque tenet. Credit eciam quod nullus nec de suo ordine nec quivis alius possit absolvere a peccatis, nisi fuerit rite in sacerdotio ordinatus.

Confitetur eciam quod magnus Magister dicti ordinis et ceteri preceptores layci presidentes possunt penas corporales ipsis fratribus pro culpis a se comissis imponere, juxta statuta ordinis supradicti; penitencias autem spirituales nequeunt confitentibus peccata injungere, nisi fuerint sacerdotes.

Confitetur quoque quod, in recepcione fratrum dicti ordinis, recipiens et receptus se mutuo osculantur in ore tantum; receptus vero aliquos fratres de astantibus osculatur similiter et in ore tantum, in signum amoris et fidei ac caritatis fraterne.

Item confessus est quod, inter alia que ipsi fratres recepti promittunt in sua recepcione, promittunt non exire ipsum ordinem pro majori alio ordine vel minori, nisi hoc faciant de licencia sui superioris qui ad hoc habeat potestatem.

Confessus est eciam se non vidisse aliquos fratres alibi recipi nisi in dicta domo Mansi Dei, ubi vidit septem vel octo fratres recipi ad ordinem supradictum; ubi ipse et illos quos recipi vidit fuerunt recepti in capella ejusdem domus, clausis januis et omnibus aliis ejectis, exceptis fratribus dicte domus qui tunc aderant in capella predicta.

Ad xl—lxxxii articulos inclusive, diligenter et sigillatim interrogatus, respondens negavit ipsos articulos et omnia et singula contenta in eis, excepto quod confessus est quod fratres ipsius ordinis portant quilibet cingulum sive cordulam super camisiam continue; sed causam quare dixit se nescire; tamen credit quod ea racione quia receptus ad dictum ordinem habetur ut homo mortuus quoad mundum.

Dixit eciam quod cum dicta cordula non tangitur capud nec ydolum; sed quoque, cum rumpitur vetustate vel aliter, recipiunt aliud cingulum vel cordulam, sicut placet, de filo lineo vel de lana.

Item dixit quod, tempore sue recepcionis, precipitur eis ut nulli alii que acta sunt in capitulo sue recepcionis vel dicta nec eciam in ceteris capitulis pandant vel dicant, nec collationem habeant cum aliis eciam fratribus, nisi cum eis duntaxat qui in ipsis capitulis affuerunt, et si secus a quoque fieret, non audivit quod pena aliqua plecteretur.

Ad id autem quod dicitur quod presidentes ordini fratres errores predictos vel eorum aliquos corripere seu corrigere aut nunciare Dei Ecclesie neglexerunt, respondit et dixit se nescire nec credere errores de quibus agitur unquam fuisse nec esse in ordine predicto, et quod non fuerunt nec reperiri potuerunt in ipso ordine, prout credit, non fuit necesse eos corrigi nec Ecclesie nunciari; quod quod non est neque fuit non potuit corripi nec Ecclesie nunciari, nec ab ordine in quo non fuerant separari.

Ad lxxxiii, lxxxiiii et lxxxv articulos inclusive, diligenter et sigillatim interrogatus, respondit et dixit se credere quod fratres de quibus agitur in articulis confessionem fecerint de predictis erroribus et de aliis contentis in dictis articulis, coram sanctissimo patre et domino nostro papa et ejus consistorio et coram dominis cardinalibus et nonnullis aliis de quibus fit mentio in articulis prelibatis; et hoc ideo credit quod fuerint confessi predicti qui fratres appellantur, quod dictus dominus noster papa hoc in sua littera asserit et fatetur. Dixit tamen iste frater qui loquitur quod, ejusdem domini pape salva semper sue sanctitatis excellentia, suique consistorii et sacre Sedis ac fratrum ejus dominorum cardinalium reverencia et honore, predicti qui fratres dicti ordinis asseruntur falsitatem puram et meram confessi sunt, et in capud proprium sunt mentiti, quod nec scit nec credit quod predicti errores nec pars aliqua eorundem unquam confessi fuerint nec auditi in ordine dicti Templi.

Ad lxxxvi articulum diligenter interrogatus, respondens dixit quod frater G. de Abelars tunc preceptor dicte domus Mansi Dei, in mense madii proxime venienti erunt xv anni vel circa elapsi, ut credit, sed de die dixit se non recordari, recepit ipsum fratrem qui loquitur et fratrem Bñ de Rivo in fratres ordinis dicti Templi, in capella dicte domus Mansi Dei, januis clausis, presentibus et ibidem astantibus Bartholomeo de Turri capellano, Arnaldo Rocha cambrerio, Jacobo de Oleriis fratribus dicti ordinis, et pluribus aliis fratribus dicti ordinis.

De modo autem sue et fratris alterius cum eo recepti recepcione, dixit in effectu sicut frater Bartholomeus de Turre, primus testis, supra deposuit coram nobis inquisitoribus prelibatis.

Ad lxxxvii, lxxxviii et ultimum articulos diligenter et sigillatim interrogatus, respondens negavit, et dixit se nec scire nec credere nec audivisse aliqua toto tempore vite sue in dicto ordine de contentis in eis.

Super aliis vero circumstanciis et coherentibus articulis preambulis requisitus et diligenter interrogatus, et an aliqua que negaverit confiteri velit et aliud dicere quod superius sit testificatus, dixit se velle persistere in interrogatis et a se responsis, neque velle addere vel detrahere supradictis.

Dixit eciam se habere officium in dicta domo Mansi Dei custodiendi pecudes et pecora et jumenta pertinencia ad domum predictam.

Anno et die quibus supra.

XVI. Frater Raymundus Descarme ordinis dicti Templi domus Mansi Dei, testis juratus ad sancta Dei Evangelia super predictis articulis et eorum quolibet sibi expositis in vulgari, ut principalis de se ipso, et ut testis de aliis, diligenter et sigillatim interrogatus, respondens ad primum, II—xxxix articulos inclusive, negavit eos et omnia et singula contenta in eis; salvo quod ipse qui loquitur et ceteri fratres dicti ordinis quos familiares habuit, et idem credit de omnibus aliis fratribus ejusdem ordinis, unum Deum et Dominum Jhesum Christum credunt fuisse passum pro redempcione humani generis, non pro suis sceleribus, que nunquam habuit nec comisit; pro cujus honore ipsi fratres crucem adorant singulis annis ter.

Credit eciam sacramenta altaris verum esse, et idem credit de aliis Ecclesie sacramentis, et in eis salutem humani generis contineri.

Dixit eciam se credere quod nec magnus Magister nec quivis alius, nisi sit sacerdos, potest aliquem absolvere a peccatis, et si magnus Magister dicti ordinis confessus fuit se posse alios fratres absolvere a peccatis, sicut in articulo dicitur, confessus est contra verum.

Item dixit quod recipiens et receptus deosculantur se in ore tantum, et ipse receptus noviter osculatur in ore tantum fratres alios ejusdem ordinis aliquos circumstantes, vel omnes vel aliquos de predictis.

Dixit eciam quod recepti in ordine supradicto promittunt in sua recepcione inter alia quod non exibunt nec relinquent ipsum ordinem pro minori vel majori, sine licencia superioris qui dictam licenciam possit dare; et incontinenti post eorum recepcionem habentur pro professis, juxta statuta ordinis dicti Templi. Que quidem recepciones fiunt nullis presentibus nisi fratribus ordinis supradicti.

Ad xl—lxxxii articulos inclusive, diligenter et sigillatim interrogatus, respondens negavit ipsos articulos et omnia et singula contenta in eis, excepto quod confessus est quod ipsi fratres cinguntur super camisiam cordulis de lino vel de lana vel de canape; negavit tamen quod ipse cordule non cinguntur nec tanguntur in capitibus ydolorum.

Item confessus est quod ipsi fratres promittunt inter alia tempore sue receptionis, quod modum receptionis sue non debeant revelare, que fiunt et dicuntur in ipsis capitulis, nec loqui eciam cum fratribus ejusdem ordinis de hiis que aguntur in ipsis capitulis, nisi hiis qui interfuerunt in eisdem.

Ad lxxxiii, lxxxiiii et lxxxv articulos inclusive, diligenter et sigillatim interrogatus, respondens dixit quod illi fratres qui confessi sunt predicta vel aliquos errores, prout in ipsis articulis continetur, non dixerunt verum, ymo falsum, et mentiti sunt super capud suum, salva excellentia Sedis apostolice.

Ad lxxxvi articulum diligenter interrogatus, respondens dixit quod frater Guillelmus de Abelars preceptor olim dicte domus Mansi Dei, in capella ejusdem domus, in prima Dominica Carniprivii Cadragesime Domini erunt xi anni elapsi, ut credit, recepit ipsum qui loquitur in fratrem ordinis supradicti, presentibus et ibidem astantibus

Arnaldo Rocha, Guillelmo Marturelli, Petro Rubeo, Jacobo de Rosergue et pluribus aliis fratribus dicti ordinis.

De modo autem sue recepcionis et de hiis que servari debent ab hiis qui recipiuntur ad ipsum ordinem, dixit sicut plenius deposuit frater Bartholomeus de Turre, primus testis.

Ad lxxxvii et lxxxviii et ultimum articulos diligenter et sigillatim interrogatus, respondit se nescire nec credere aliqua de contentis in eis. Nec scit nec unquam audivit, ut dixit, usque nunc fieri mentionem in ordine Templi vel alibi de dictis erroribus, nec unde originem habuerunt, nec a quo vel a quibus; nec scit ubi ydola vel capita de quibus agitur in articulis sint, nec a quo custodita; nec scit quid sit ydolum, nec unquam audivit de ydolo vel ydolis aliquem fratrem vel alium loquentem; nec credit quod ydolum sit aliquid, sed nichil.

Super aliis vero omnibus et singulis contentis in dictis articulis, dixit se nichil amplius scire.

Anno quo supra, nono kalendas februarii.

XVII. Frater Petrus Servientis ordinis dicti Templi et domus Mansi Dei, testis juratus ad sancta Dei Evangelia super predictis articulis et eorum quolibet sibi expositis in vulgari, ut principalis de se ipso, et ut testis de aliis, diligenter et sigillatim interrogatus, respondens ad primum, ii—xxxix articulos inclusive, negavit ipsos articulos et omnia et singula contenta in eis, excepto quod credit et fatetur quod eo tempore quo ipse et alii fratres recipiuntur ad dictum ordinem, recipiens preceptor vel magister, post recepcionem eorum et post impositam clamidem in collis eorum, osculatur ipsos fratres sic receptos in ore tantum, in signum fraterne dilectionis et caritatis.

Item fatetur moris esse et consuetudinis dicti ordinis quod quia illi qui in fratres ejus recipiuntur habent recipi et admitti ad dictum ordinem, in capitulis, recipiuntur clausis januis ecclesie vel capelle domus in qua recipiuntur, ne ea que aguntur in capitulo nota fiant aliis quam fratribus qui affuerunt in illis.

Item dixit se credere pure et simpliciter omnia et singula Dei

Ecclesie sacramenta, et in illis credit firmiter, nec dubitat Christicolarum et Deum timentium veram esse salutem.

Dixit eciam se nescire nec credere quod cuiquam fratri capellano et presbitero dicti ordinis, quando missarum sollempnia agit et celebrat, interdicatur ab aliquo presidente ipsi ordini ne perfecte et complete conficiat, neve verba tradita a sanctis patribus et a Domino Jhesu Christo in confectione sacri corporis et preciosi sanguinis Jhesu Christi dicantur.

Addidit eciam verum esse quod, post recepcionem fratrum ad dictum ordinem, jurant se non relinquere susceptum habitum dicti ordinis nec ipsum ordinem pro fortiori vel debiliori religione qualibet, nisi auctoritate sui superioris hoc facerent, cui esset dandi auctoritas in religionem aliam transeundi.

Confessus est eciam quod statim habetur pro professo qui ad eundem ordinem est receptus.

Ad xl—lxxii articulos inclusive, diligenter et sigillatim interrogatus, negavit ipsos articulos et omnia et singula contenta in eis, eo salvo quod scit et credit quod, postquam sunt fratres recepti ad dictum ordinem, injungitur eisdem a recipiente, et sic est de more et consuetudine dicti ordinis, ut recepti assumant et recipiant, prout placet, cordulas quasdam de lino vel de canape aut de lana, certe vel incerte mensure, quibus die noctuque precincti sint, eciam dum dormiunt vel comedunt, in signum promisse a se castitatis manutenende et servande totis temporibus vite sue.

Adjecit tamen et dixit quod cum dictis cordulis nec capita nec ydola de quibus in articulis agitur tanguntur nec cinguntur, sed simpliciter et cum puro intellectu dictas cordulas recipiunt sicut placet, et eas portant quandiu integre perseverant. Eis autem vetustate vel aliter corruptis, licenter alias cordulas recipiunt cujusque materie, eciam de jonquo, si magis placeat; nec in hoc voluntas specialis requiritur preceptoris vel alterius presidentis.

Addidit eciam quod, post suam recepcionem, injungitur noviter receptis ad ordinem, absque sacramento aliquo, ne illa que acta, dicta vel prolata in capitulis pandant recepti, neve detegant cuique alii, eciam si frater sit dicti ordinis, nisi illis duntaxat qui capitulo sue recepcionis tempore affuerunt.

Ad lxxxiii, lxxxiiii et lxxxv articulos inclusive, diligenter et sigillatim, interrogatus, respondens dixit se credere contentas deposiciones in littera excellentissimi domini nostri summi pontificis vulgatas et publicatas in ejus sacro consistorio, factas esse per predictos qui fratres fuisse dicuntur ordinis dicti Templi; dixit tamen quod semper, salva excellencia et honore ejusdem domini nostri summi pontificis et ejus consistorii atque fratrum, predictos fratres Templi in dictis articulis contentos falso modo et contra veritatem illa que confessi sunt dixisse et confessos esse, cum hic qui loquitur nec sciat nec credat dictos errores vel de illis aliquem in dicto ordine Templi unquam fuisse patratos nec eciam nominatos.

Ad lxxxvi articulum diligenter interrogatus, respondens dixit quod frater Arnaldus de Torroselha preceptor domus Templi de Gardenchis in terra Catalonie recepit ipsum in fratrem dicti ordinis, in capella dicte domus, circa festum sancti Michaelis proxime preteriti fuerunt xii^{cim} anni vel circa elapsi, presentibus et ibidem astantibus Petro de Montecurvo milite, Bartholomeo Navarro presbitero capellano, Guillelmo de Passavant, P. de Montesquino et aliis multis fratribus ejusdem ordinis.

De modo autem sue recepcionis, dixit prout frater Bartholomeus de Turre testis primus, et frater capellanus ejusdem ordinis, supra dixit et deposuit in sua testificatione.

Ad lxxxvii, lxxxviii et ultimum articulos diligenter et sigillatim interrogatus, respondens negavit simpliciter universa et singula in ipsis articulis contenta et specificata; addens quod nec scit nec credit errores predictos traxisse vel habuisse originem nec nomen aliquod habuisse in ordine Templi, et plus eciam quia nec in aliqua parte mundi apud fideles aliquos Christianos, cum diabolica sint ea que asseruntur et dicuntur in articulis errores exprimentibus sepedictos; nec scit nec unquam vidit nec credidit capita vel ydola unquam fuisse in ordine

Templi nec apud fratres aliquos ejus, nec scit nec credit quod cum reverencia aliqua portentur, nec a quoque dicti ordinis custodiantur vel habeantur; sed putat falsum quod de ydolis et capitibus dicitur antedictis.

Interrogatus si in aliquo vult confiteri secundum veritatem et dicere verum esse quod forte negavit, respondet dicens se veritatem puram dixisse et in responsis a se velle persistere, cum omnia et singula falsa esse credat que in dictis erroribus et articulis sint expressa.

Super aliis vero contentis in dictis articulis, dixit se nichil amplius scire, nisi tamen ea que supra testificatus est.

Anno et die quibus supra.

XVIII. Frater Arnaldus Calis ordinis dicti Templi et domus Mansi Dei, testis juratus ad sancta Dei Evangelia super predictis et eorum quolibet sibi expositis in vulgari, ut principalis de se ipso, et ut testis de aliis, diligenter et sigillatim interrogatus, respondens ad primum, II—XXIX articulos inclusive, diligenter et sigillatim interrogatus, negavit ipsos articulos et omnia et singula contenta in eis; addens quod de more et statutis est ipsius ordinis perpetuo observatis, ut dixit, ut annis singulis, die Veneris sancta, ob reverenciam Passionis Domini nostri Jhesu Christi die predicta crucifixi, crucem positam ante altare in pane mundo cerico, pedibus discalciatis et depositis sotularibus et nudis pedibus, et cultellis necnon cofis capitum, flexis genibus, cum devotione et humilitate qua possunt majori, singuli fratres ejusdem ordinis adorent crucem predictam, dicendo : « Adoramus te, Christe, et benedicimus tibi ; quia per crucem tuam redemisti mundum. »

Item duabus autem festivitatibus Sancte Crucis mensis maii et septembris, non depositis sotularibus, nisi velint, sed cultellis et cofis capitum duntaxat extractis et positis, reverenter crucem predictam adorant. Et sacramenta omnia sancte Dei Ecclesie, sicut ipsa precipit et observat, sic et ipsi fratres et totus ordo credit pure et simpliciter et observat, et per ea credit ipse et alii fratres dicti ordinis, prout credit, ad salutem animarum et corporum pervenire debere.

Ad xxx—xxxiii articulos inclusive, diligenter et sigillatim interrogatus, respondens negavit ipsos et contenta in eis et singulis eorumdem, excepto osculo oris tantum quo utuntur recipiens et receptus.

Ad xxxiiii—xxxvii articulos inclusive, diligenter et sigillatim interrogatus respondit, et contenta in illis vera esse fatetur.

Ad xxxviii—lvii articulos inclusive, diligenter et sigillatim interrogatus, negavit illos articulos et contenta in illis simpliciter, prout sonant, tanquam inaudita, incognita et ignota in ordine Templi vel in aliqua parte ejus, prout credit de omnibus fratribus, et scit et asserit de se ipso.

Ad lviii—lxviii articulos inclusive, diligenter et sigillatim interrogatus, negavit ipsos articulos et omnia et singula contenta in eis, salvo et excepto quod, in recepcione sua et fratrum dicti ordinis quorum recepcioni sepius affuit, injungi vidit et audivit a receptore ut quasdam cordulas recipiant et portent continue, die noctuque, in signum castitatis et honestatis a receptis promisse.

Dixit tamen quod cum dictis cordulis nec capita nec ydola tanguntur de quibus agitur in articulis prelibatis, nec audivit de dicto tactu unquam in ipso ordine fieri mentionem.

Ad lxix—lxxxii articulos inclusive, diligenter et sigillatim interrogatus, respondens negavit ipsos articulos et omnia et singula contenta in eis, salvo et excepto quod, tempore sue recepcionis, juravit statuta et consuetudines et mores bonos dicti ordinis Templi servare; inter que dicit esse tenere secreta capituli quantum ad extraneos, necnon quoad alios fratres dicti ordinis qui a capitulis abfuerunt.

Item addidit quod illi qui errores contentos in dictis articulis sunt confessi, qui eciam fratres dicti ordinis appellantur, dixit se non credere fratres fuisse, nec in confessionibus suis vera dixisse; ymo credit ipsos et eorum singulos contra veritatem falsa dixisse et in caput suum mentitos esse.

Ad lxxxiii, lxxxiiii et lxxxv articulos inclusive, diligenter et sigillatim interrogatus, respondens dixit se credere predictos milites et presbiteros dicti ordinis coram domino nostro summo pontifice et coram dominis cardinalibus et in ejus consistorio per juramentum fuisse confessos errores de quibus in articulis predictis agitur; falso modo tamen et contra Deum et veram justiciam, cum in ordine Templi nunquam auditi fuerint, nec unquam cogniti, nec unquam de ipso ordine manifesti. Et hoc dixit sic se credere, prout dixit, salva tamen sanctitate dicti domini nostri pape et dominorum cardinalium reverencia et honore.

Ad lxxxvi articulum diligenter interrogatus, respondit quod frater Raymundus de Baco preceptor domus Mansi Dei ordinis supradicti recepit ipsum in ecclesia dicte domus, jam fere fuerunt xxxvii anni vel circa elapsi, intra festum sancti Martini et Natale Domini proxime preteritum, presentibus Petro de Camporotundo, Johanne Troyn, Arnaldo Rocha cambrerio, deffunctis nunc, et Jordano de Pulcrovisu fratribus dicte domus, et aliis multis fratribus dicti ordinis. Que autem observancia et quis modus sue recepcionis fuit, dixit se non recordari plene; cum sit senex et semper deditus ruri et custodie animalium dicte domus. Iterum sue ignorantie est lapsus longissimi temporis antedicti.

Ad lxxxvii, lxxxviii et ultimum articulum diligenter et sigillatim interrogatus, respondens negavit ipsos articulos et omnia et singula contenta in eis. Interrogatus si qua vellet addere vel mutare, aut confiteri que negata sunt a se secundum veritatem, tamen dixit se velle persistere in confessatis a se superius et negatis.

Super aliis vero coherentibus et circumstanciis de quibus visum fuit inquisitoribus requiri et interrogare debere requisitus et interrogatus diligenter, plura non addidit, quia se nescire plura dixit.

Anno et die quibus supra.

XIX. Frater Egidius de Vilert ordinis dicti Templi et domus Mansi Dei, testis juratus ad sancta Dei Evangelia super predictis articulis et eorum quolibet sibi expositis in vulgari, ut principalis de se ipso, et ut testis de aliis, diligenter et sigillatim interrogatus, respondens ad primum, ii—xxix articulos inclusive, diligenter et sigillatim interrogatus, negavit ipsos articulos et omnia et singula contenta in eis; addens quod tam ipse quam ceteri fratres ejusdem ordinis, prout ipse scit de se et de aliis fratribus idem credit, habent firmam fiduciam et spem salutis sue in sacramentis Ecclesie, sicut sancta et universalis mater Ecclesia ipsa nobis fidelibus veneranda tradidit et servanda.

Ad xxx—xxxiii articulos inclusive, diligenter et sigillatim interrogatus, respondens negavit ipsos articulos et omnia et singula contenta in eis; excepto osculo oris tantum quo utuntur in fratrum recepcione tam re ciiens quam recepti.

Ad xxxiiii—xxxvii articulos inclusive, diligenter et sigillatim interrogatus, respondens dixit contenta in illis simpliciter vera esse.

Ad xxxviii—lvii articulos inclusive, diligenter et sigillatim interrogatus, negavit illos articulos et contenta in illis simpliciter, prout sonant, tanquam inaudita, incognita et ignota in ordine Templi vel in aliqua parte ejus, prout credit de omnibus fratribus, et scit et asserit de se ipso.

Ad lviii—lxxxii articulos inclusive, diligenter et sigillatim interrogatus, respondens negavit ipsos articulos et omnia et singula contenta in eis vera esse, excepto quod scit et credit quod fratres dicti ordinis portant cordulas quasdam, quibus omni tempore supra camisias sunt precincti in signum honestatis et castitatis promisse a se, tempore sue recepcionis facte ab illis preceptoribus qui eos recipiunt ad ordinem supradictum.

Dixit quoque quod cum dictis cordulis nec capita nec ydola tanguntur nec tacta fuerunt a se nec ab aliquo fratre dicti ordinis, prout credit, nec scit quid sit ydolum, nec in dicto ordine a quoquam audivit unquam fieri mentionem. Adiciens quod pro libito voluntatis dictas cordulas portandas semper recipiunt de filo lineo, de canape vel de lana, non ad certam mensuram in longitudinem nec alio quovis modo, sed sicut cuique eorum magis placet; et cum eas rumpi contingit, alias cordulas recipiunt ejusdem longitudinis vel alterius sicut placet; nec eis preceptum fit ab aliquo in dicto ordine presidente ut ad certam longitudinem vel mensuram portent cordulas antedictas.

Addidit quoque et dixit quod illa que aguntur et fiunt in eorum capitulis debent et tenentur in secreto habere, tenere et nemini publicare; penam autem qui contra faceret, sustineret, quia amitterent comoda domus Templi.

Item dixit quod de hiis que acta sunt sive dicta in capitulis ejusdem ordinis non licet cuiquam eorum loqui personis aliis prorsus extraneis, nec nisi confratribus qui dictis capitulis affuerunt. Plus eciam idem frater dixit quod fratres dicti ordinis sua possunt confiteri peccata fratribus ejusdem ordinis presbiteris capellanis, eisque deficientibus, possunt licenter adire religiosos quoslibet sacerdotes approbate religionis, vel si malint, seculares alios sacerdotes ordinis presbiteralem execucionem habentes, quibus sua confiteantur peccata, et ab eis de vere confessis recipiant penitencias salutares. Ad ea vero que in articulis continentur quod majores et presidentes ordinis dicti Templi scientes dictos errores vel aliquos de eisdem esse in dicto ordine vel fuisse, ipsosque fratres errare graviter in eisdem eosque corrigere temere negligentes nec Dei Ecclesie nunciare curarunt, respondit et dixit predictos errores nusquam in dicto ordine exordium habuisse, nec usquam de eis mentionem aliquam credidit factam esse; et idcirco nec locus correccioni fuit dictorum errorum, nec denunciacioni sancte Dei Ecclesie faciende de illis. Plus addidit et adjecit se non credere fratres qui in judicio et extra errores predictos confessi sunt veritatem dixisse, nec credit fratres alios dicti ordinis in predictis erroribus deliquisse.

Ad lxxxiii, lxxxiiii et lxxxv articulos inclusive, diligenter et sigillatim interrogatus, respondens dixit se credere predictos milites et alios fratres dicti ordinis coram domino nostro summo pontifice et coram dominis cardinalibus et in ejus consistorio per juramentum fuisse confessos errores de quibus in articulis predictis agitur, falso modo tamen et contra Deum et veram justiciam, cum in dicto ordine

Templi nusquam auditi fuerint nec unquam cogniti nec cuiquam de ipso ordine manifesti, prout credit et hoc dixit se credere, prout dixit, salva tamen sanctitate et excellencia dicti domini nostri pape et dominorum cardinalium reverencia et honore.

Ad lxxxvi articulum diligenter interrogatus, respondit quod frater G. de Abelars preceptor tunc domus Mansi Dei recepit ipsum qui loquitur in fratrem dicti ordinis, in capella domus Mansi Dei, in festo Annunciationis Beate Marie erunt xii anni elapsi vel circa, presentibus et ibidem astantibus Reverendo de Sancto Justo, Pontio de Camporrello militibus, Remundo de Vilert, Remundo Comitis et pluribus aliis fratribus dicti ordinis.

Modus autem sue recepcionis fuit hic qui sequitur. Primo enim dictus preceptor, exacto a se qui loquitur sacramento de veritate dicenda, fuit interrogatus per dictum preceptorem utrum idem frater esset tunc excommunicatus, vel an cum muliere aliqua matrimonium contraxisset, vel an esset creditoribus aliquibus obligatus quibus de propriis bonis ejus qui recipitur satisfieri non possit, et an votum emisisset de religione alia intranda, et an morbum ocultum aliquem haberet in proprio corpore quo invalidus vel ineptus ad impendendum Templo servicium redderetur.

Ad que omnia respondens dixit in se nulla esse nec aliquid de predictis. Sunt et alia plura que quesita fuerunt ab eo, de quibus agitur et seriosius invenitur superius in deposicione fratris Bartholomey de Turre presbiteri et capellani dicte domus Mansi Dei, primi testis, et de quibus a receptis fratribus inquiritur recepcionis sue tempore, prout in libro statutorum et regule dicti ordinis, quem idem frater Bartholomeus exhibuit dicto domino episcopo inquirenti et tradidit, continetur.

Ad lxxxvii et lxxxviii et ultimum articulos diligenter et sigillatim interrogatus, dixit se nichil scire nec credere aliquid vel aliqua de contentis in eis.

Super aliis vero circumstanciis et coherentibus articulis prescriptis diligenter requisitus, dixit se nichil nec aliqua plura scire quam dixit.

Requisitus si vult persistere in dictis a se responsis et confessatis vel negatis, et an velit aliqua confiteri secundum veritatem que a se superius sunt negata, respondit et dixit se scire et credere quod pure, in omnibus et per omnia, dixerit veritatem, a qua recedere non intendit.

Anno et die quibus supra.

XX. Frater Guillelmus de Terratis ordinis dicti Templi et domus Mansi Dei, testis juratus ad sancta Dei Evangelia super predictis articulis et eorum quolibet sibi expositis in vulgari, ut principalis de se ipso, et ut testis de aliis, diligenter et sigillatim interrogatus, respondens ad primum, II—XXIX articulos inclusive, diligenter et sigillatim interrogatus, negavit ipsos articulos et omnia et singula contenta in eis; adiciens quod si magnus Magister ordinis predicti confessus est predicta, mentitus est in capud suum et falso modo per gulam suam.

Ad xxx—xxxiii articulos inclusive, diligenter et sigillatim interrogatus, respondens negavit ipsos articulos et omnia et singula contenta in eis, excepto oris osculo, quod tam a recipiente ad ordinem quam a recepto fit duntaxat in ore.

Ad xxxiiii—xxxvii articulos inclusive, diligenter et sigillatim interrogatus, respondens dixit vera esse contenta in ipsis articulis; adiciens de more esse ipsius ordinis quod fratres qui recepti sunt ad ipsum ordinem promittunt per juramentum se non exire nec relinquere susceptum ordinem pro majori vel minori alio, nisi obtenta licentia a superiore potestatem habente dandi licenciam ad alium ordinem transeundi.

Ad xxxviii—lvii articulos inclusive, diligenter et sigillatim interrogatus, respondens negavit simpliciter universa et singula in eis contenta, dicens se nec scire nec credere illa nec aliqua de illis.

Ad lviii—lxx articulos inclusive, diligenter et sigillatim interrogatus, respondens negavit omnia et singula contenta in illis, salvo quod fatetur quod, recepcionis tempore fratrum dicti ordinis, injungitur eis ut portent quasdam cordulas de filo lineo vel de canape, vel de lana, quibus continue cingantur supra camisias nocte et die, in signum honestatis et castitatis servande perpetuo, sicut post factam de se recepcionem ad dictum ordinem promiserunt. Cum dictis autem cordulis nec capita tanguntur nec ydola cinguntur, cum is qui loquitur nec scivit nec unquam audivit in ordine predicto vel alibi dici quod sit ydolum, sed credit quod sit diabolus sive nichil; et idem credit de ceteris fratribus dicti ordinis ut deposuit de se ipso.

Ad lxxi—lxxxii articulos inclusive, diligenter et sigillatim interrogatus, respondens negavit ipsos articulos et omnia et singula contenta in eis; eo salvo quod ea que aguntur in capitulis dicti ordinis debent teneri secreta a fratribus qui in dictis capitulis affuerunt, nec extraneis quibuslibet nec eciam aliis fratribus revelanda sunt qui in dictis capitulis non fuerunt. Dicit tamen se nunquam fuisse in aliis congregationibus vel capitulis dicti ordinis nisi duntaxat in capitulis retro factis in capella domus Mansi Dei predicti. Adjecit eciam quod fratres ejusdem ordinis absque licentia ab eis petita possunt licenter sua confiteri peccata religiosis viris presbiteris religionis cujuslibet approbate, vel sacerdotibus secularibus executionem habentibus suorum ordinum, quando non habent presentem fratrem capellanum dicti ordinis cui predicta peccata confiteri valeant et ab eo penitenciam recipere de confessis. Adjecit eciam quod fratres qui predicta in dictis articulis contenta confessi sunt coram personis quibuslibet, in judicio sive extra, publice et in locis publicis, ut in articulo enarratur, falsa confessi sunt et in capud suum mentiti sunt et per gulas. Quia vero in articulis dicitur quod fratres dicti ordinis predictos errores, quos adesse sciebant ipsi ordini, corrigere neglexerunt vel sancte Dei Ecclesie nunciare, vel ut cessaretur vel desisteretur ab illis, dicit et respondit hic qui loquitur quod in corrigendo, cessando, vel desistendo, aut nunciando Ecclesie Dei, apud dictos fratres nec dolus nec culpa, desidia seu negligentia nulla fuit, nec fratres alii ejusdem ordinis indiguerunt correctione aliqua vel cessatione, eo quod nusquam error vel errores de quibus agitur in articulis in toto ordine vel ejus parte aliqua originem vel principium habuerunt, nec in ipso ordine auditi sunt nec commissi, prout predicta credit et non dubitat quin vera sit sua responsio ut facta est in premissis.

Ad lxxxiii, lxxxiiii et lxxxv articulos inclusive, diligenter et sigillatim interrogatus, respondens dixit se credere predictos milites et alios fratres dicti ordinis coram domino nostro summo pontifice et coram dominis cardinalibus et in ejus consistorio per juramentum fuisse confessos errores de quibus in articulis predictis agitur, falso modo tamen et contra Deum et veram justiciam, cum in dicto ordine Templi nusquam auditi fuerint nec unquam cogniti, nec cuiquam de ipso ordine manifesti. Et hoc dixit se credere, prout dixit, salva tamen sanctitate et excellentia dicti domini nostri pape et dominorum cardinalium reverentia et honore.

Ad lxxxvi articulum diligenter interrogatus, respondens dixit quod frater Guillelmus de Benaies preceptor tunc domus Mansi Dei predicte, recepit ipsum qui loquitur in fratrem dicti ordinis similiter cum Bernardo Morerii et Johanne Olibe fratribus dicti ordinis tunc viventibus, nunc defunctis, in capella dicte domus Mansi Dei, xxii anni fuerunt elapsi vel circa in vigilia Natalis Domini proxime preterita, astantibus et presentibus P. de Redorta, Bertrando de Rippis Altis militibus, Jacobo de Oleriis et Petro de Camporotundo, et pluribus aliis fratribus dicti ordinis viventibus aliquibus et aliis nunc defunctis.

Modus autem sue recepcionis et aliorum qui secum fuerunt recepti fuit talis qualem ipsum expressit in effectu in sua testificatione frater Bartholomeus de Turre primus testis, et sicut continetur in libro statutorum et morum bonorum dicti ordinis, de quibus et eorum singulis frater predictus in dicta sua recepcione promisit observanciam et illa custodire et semper servare que in dicto libro latius sunt contenta.

Ad lxxxvii et lxxxviii et ultimum articulos diligenter et sigillatim interrogatus, dixit se nec scire nec credere aliquid vel aliqua de contentis in eis.

Super aliis vero coherentibus et circumstanciis de quibus visum fuit inquisitoribus requiri et interrogari debere, requisitus et interrogatus diligenter, plura non addidit, quia se nescire nec credere plura dixit.

VIII° kalendas februarii anno quo supra.

XXI. Frater Ferrarius Hoti ordinis dicti Templi et domus Mansi Dei, testis juratus ad sancta Dei Evangelia super predictis articulis et eorum quolibet sibi expositis in vulgari, ut principalis de se ipso, et ut testis de aliis, diligenter et sigillatim interrogatus, respondens ad primum, II—XXIX articulos inclusive, negavit ipsos articulos et omnia et singula contenta in eis; dicens se nec scire nec credere predicta facta fuisse nec commissa in ordine supradicto ab aliquo vel aliquibus ordinis prelibati; ymo scit et credit quod sancte crucis Christi adoracionem de more ipsius ordinis fratres ejus annuatim ter faciunt et adorant, dicendo : « Adoramus te, Christe, et benedicimus tibi, quia per sanctam crucem tuam redemisti mundum. » Predictam autem adoracionem faciunt in die Veneris sancta, qua Dominus Jhesus Dei filius passus fuit mortem in dicta cruce pro nobis et nostris peccatis, non pro suis, quia ipse nusquam peccavit; et dictam faciunt adoracionem nudis pedibus, cultellis et cofis capitis dimissis, genibus flexis, cum summa devotione meliori qua possunt. Sacramenta vero Ecclesie Dei et credunt et in illis salutem suam et spem salutationis sue esse fatentur et dicunt, et sacramentum sive sacrificium misse credunt eo more fieri in altari per sacerdotes ipsius ordinis sicut sancta Ecclesia docet et tenet.

Ad XXX—XXXIII articulos inclusive, diligenter et sigillatim interrogatus, dixit quod cum fratrum fit recepcio in ordine supradicto, tam recipiens quam recepti sese mutuo osculantur in ore tantum, in signum fraterne dilectionis et caritatis. Reliqua autem in dictis articulis contenta nec aliquid de eisdem credidit esse vera.

Ad XXXIIII—XXXVII articulos inclusive, diligenter et sigillatim interrogatus, respondens dixit vera esse contenta in illis; adiciens quod statuta ipsius ordinis hoc habent in se ut recepti fratres ad ipsum ordinem promittant recipienti ne pro majori vel minori alio ordine susceptum Templi ordinem derelinquant, nisi obtenta licencia ejus qui concedere illud possit; addens quod recepti ad dictum ordinem confestim pro professis habentur. Ipse autem nusquam alibi fuit ubi fratrum recepcio fieret ad dictum ordinem, nisi in domo Mansi Dei duntaxat quod est in diocesi Elnensi, in cujus capella fratres de more recipiuntur januis clausis ejus et exclusis omnibus preter fratres.

Ad xxxviii—lvii articulos inclusive, diligenter et sigillatim interrogatus, negavit ipsos articulos et omnia et singula contenta in eis; adiciens se nec scire nec credere aliqua contenta in illis vera esse, nec in ordine Templi aliquo tempore fuisse commissa.

Ad lviii—lxx articulos inclusive, diligenter et sigillatim interrogatus, negavit ipsos articulos et omnia et singula contenta in eis, eo salvo quod fatetur quod fratres ejusdem ordinis, ex statuto ipsius, jubentur sue recepcionis tempore semper sine intermissione portare supra camisias cordulas quasdam de lino, vel de canape, vel de lana, tenues et graciles; sed cum vetustate rumpuntur, recipiunt et assumunt alias, non ad certam longitudinem, sed sicut eis placet, et ut eis possint cingi. Non tamen audivit nec scivit nec credit quod cum dictis cordulis capud ydoli cingatur per aliquem de dictis fratribus, nec a se aliqualiter capud vel ydolum sua cordula tactum fuerit. Dictas autem cordulas, ut dixit, portant in signum honestatis et castitatis a se promisse tempore quo ad dictum ordinem assumuntur.

Ad lxxi—lxxxii articulos inclusive, diligenter et sigillatim interrogatus, respondens negavit ipsos articulos et singula contenta in eis, excepto eo quod confessus est quod ea que fiunt in capitulis dicti ordinis Templi debent secreta tenere illi qui ibi interfuerunt et nulli alii revelare, eciam si fratres sint ejusdem ordinis, nisi interfuerint in eisdem.

Item dixit quod fratres ejusdem ordinis, prout credit, non fuerunt negligentes corrigere errores de quibus agitur in articulis, nec fuerunt desides eos Ecclesie nunciare. Et hoc ideo dixit quod in dicto ordine, nec in aliqua ejus parte, nec apud fratres aliquos, predicti errores inicium aliquo tempore habuerunt, et ideo nec corrigi nec nunciari Ecclesie potuerunt, eo quod non fuerunt, quia non potuit corrigi nec nunciari Ecclesie quod non fuit, nec desinere quod non cepit.

Ad lxxxiii, lxxxiiii et lxxxv articulos diligenter et sigillatim interrogatus, dixit quod fratres dicti ordinis qui confessi sunt ea que continentur in articulis mentiti sunt in capud suum, veritate prorsus obmissa, salva excellencia et sanctitate Sedis apostolice et ejusdem domini nostri pape, et honore ac reverencia fratrum ejus.

Ad lxxxvi articulum diligenter interrogatus, respondens dixit quod frater Raymundus de Gardia preceptor domus Mansi Dei ordinis predicti, die Dominica precedente Adventum Domini fuerunt iiii^{or} anni elapsi, recepit ipsum et Johannem Coma et Raymundum Remilli in fratres dicti ordinis, in capella ipsius domus Mansi Dei, presentibus et ibidem astantibus Guillelmo de Tamarit, Guillelmo Raymundi militibus, Bartholomeo de Turre et Bertrando Guerrerii capellanis presbiteris, et pluribus aliis fratribus dicte domus.

Modum autem sue recepcionis et aliorum secum pariter receptorum dixit in effectu, sicut frater Bartholomeus de Turre, primus testis, deposuit in sua deposicione in eodem articulo supra, et sicut in libro statutorum et regule ejusdem ordinis continetur.

Ad lxxxvii et lxxxviii et ultimum articulos diligenter et sigillatim interrogatus, respondens negavit ipsos articulos et omnia et singula contenta in eis, et dixit se nec scire nec credere errores aliquos de quibus agitur in articulis supradictis fuisse unquam nec esse in ordine Templi, nec unquam de eis audivit usque nunc in predicto ordine fieri mentionem, nec scivit unquam nec audivit in dicto ordine quid sit ydolum, nec scit in ordine vel aliqua parte ejus ydolum aliquod custodiri nec in veneratione haberi; quia nec venerari potuit ydolum quod non fuit.

Super aliis vero tam circumstanciis quam coherentibus ipsis articulis diligenter interrogatus, dixit se nescire plura nec credere aliter quam superius est confessus.

Anno et die quibus supra.

XXII. Frater Bn. Septembris ordinis dicti Templi et domus Mansi Dei, testis juratus ad sancta Dei Evangelia super predictis articulis et eorum quolibet sibi expositis in vulgari, ut principalis de se ipso, et ut testis de aliis, diligenter et sigillatim interrogatus, respondens ad primum, II—XXIX articulos inclusive, negavit ipsos articulos et omnia et singula contenta in eis; adiciens quod ipse credit Dominum Jhesum Filium Dei et beate Virginis Marie passum et mortuum in cruce fuisse pro redemptione humani generis, non pro peccatis suis, quia nunquam peccavit; pro cujus honore ipse et ceteri fratres, ut credit, dicti ordinis reverenciam exhibent cruci per quam et per ipsius Christi passionem ipse et ceteri fratres dicti ordinis, ut credit, habent spem salvationis habende.

Quamquidem crucem ipse et ceteri fratres ejusdem ordinis cum quibus conversatus est, et idem credit de aliis, adoraverunt et adorant ter in anno, videlicet in duobus festis Sancte Crucis maii et septembris, et solempnius in die Veneris sancta, discalciatis pedibus et cultellis dimissis et capitibus discohopertis et flexis genibus, dicendo, cum sit laycus ipse qui loquitur :

Ador te Crist, et benesesc te Crist, qui per la sancta tua crou nos resemist!

Confessus est eciam se credere sacramentum altaris et alia omnia ecclesiastica sacramenta, et idem credit de aliis fratribus ordinis supradicti, et in eis credit esse veram salutem omnium fidelium et spem suam habentium in illis.

Confessus eciam fuit quod nullus, nisi sacerdos fidelis fuerit, religiosus vel secularis, possit absolvere a peccatis; dicens quod si Magister magnus dicti ordinis confessus est de se quod quemquam fratrum dicti ordinis absolverit a peccatis, male confessus est, et male fecit et perperam si quemquam a peccatis de facto absolvit, cum solis sacerdotibus claves Ecclesie habentibus hoc tantum liceat, prout credit.

Ad XXX—XXXIII articulos inclusive, diligenter et sigillatim interrogatus, respondens dixit, negavit ipsos articulos et omnia et singula contenta in eis, excepto osculo oris tantum.

Ad xxxiiii—xlv articulos inclusive, diligenter et sigillatim interrogatus, respondens negavit ipsos articulos et omnia et singula contenta in eis, excepto quod confessus est quod ipse et ceteri fratres dicti ordinis, prout credit, promittunt, sue recepcionis tempore, quod ipsum ordinem non relinquant pro minori vel majori alio ordine, nisi obtenta licencia a suo superiore qui eam dare possit. Item confessus est quod ipsi fratres in dicto ordine habentur ilico pro professis, et quod ipsa recepcio ipsorum fratrum sit in domo Mansi Dei; quia alibi fieri hoc non vidit nisi in capella dicte domus, cujus ostia clauduntur solis fratribus dicte domus remanentibus, aliis tamen exclusis. Dicta autem clausura dicte capelle ideo fit, prout dixit, quia tempus dicte recepcionis fratrum habet fieri capitulum de more predicti ordinis, in quo multa fiunt et dicuntur que nolunt nota fieri aliis, licet secundum Deum illa fiant et secundum statuta ordinis supradicti.

Ad xlvi—lxx articulos inclusive, diligenter et sigillatim interrogatus, respondens negavit ipsos articulos et omnia et singula contenta in eis. Confessus est tamen quod ipse et ceteri fratres dicti ordinis cinguntur cordulis de lino vel de canape seu de lana, aut de junco interdum quando eis rumpitur tempore quo arant cum bobus. Quas quidem cordulas debent portare omni tempore supra camisias, ad designandam castitatem quam se servaturos in ingressu sui ordinis promiserunt. Negavit tamen et dixit de se scire, et de aliis fratribus idem credit, quod cum dictis cordulis nulla ydola tanguntur nec cinguntur eisdem. Addidit eciam quod dictas cordulas portant ad illam mensuram que eis placet, quia nunquam eis precipitur quod ad certam longitudinem ipsas portent.

Ad lxxi—lxxxii articulos inclusive, diligenter et sigillatim interrogatus, respondens negavit ipsos articulos et omnia et singula contenta in eis, excepto quod confessus est quod modum recepcionis sue in fratrem dicti ordinis non debent alicui revelare, nec de ea loqui eciam cum aliis fratribus qui non interfuerunt ipsi recepcioni, nec de hiis que aguntur in eorum capitulis. Et qui contrarium faceret, debebat ordinem perdere, licet omnia et singula que retrofacta fuerunt et dicta in eorum capitulis fuerunt semper secundum Dei beneplacitum, et non in derogacione vel diminucione seu immutacione fidei orthodoxe. Dixit eciam fratres dicti ordinis se credere non fuisse nec esse in negligencia corrigendi vel corripiendi errores de quibus agitur in preambulis articulis, nec necesse fuisse dictos errores nunciari Ecclesie Dei, eo quod non putat nec credit aliquos fratres dictos errores nec ydola nec capita unquam scivisse vel vidisse, nec esse in dicto ordine nec in aliqua parte ejus ydolum vel ydola custodiri, nec in veneracione ulla haberi, pro eo quia nusquam de dictis erroribus vel ydolis in ipso ordine mentio facta fuit, prout ipse credit, et ideo nec corrigi nec nunciari Ecclesie potuerunt que nunquam originem vel inicium in ipso ordine habuerunt, ut credit.

Ad lxxxiii, lxxxiiii et lxxxv articulos inclusive, diligenter et sigillatim interrogatus, respondens dixit quod fratres qui confessi sunt illa que in articulis continentur, confessi sunt falsa et mentiti sunt, ut credit, per gulas suas, salva excellentia et sanctitate domini nostri pape et ejus beatissime Sedis ac reverentia fratrum ejus.

Ad lxxxvi articulum diligenter interrogatus, respondens dixit quod frater G. de Abelars tunc preceptor dicte domus Mansi Dei recepit ipsum fratrem qui loquitur in fratrem dicti ordinis, in medio instantis mensis marcii erunt xi anni elapsi, in capella domus Mansi Dei, presentibus et ibidem astantibus Arnoldo Cambrerio, P. de Castilione, Raymundo Saqueti et Guillelmo Marturelli, et pluribus aliis fratribus dicti ordinis. De modo autem sue recepcionis, dixit idem in effectu sicut frater Bartholomeus de Turri, testis primus, dixit in hoc eodem articulo, et prout in statutis ejusdem ordinis continetur.

Ad lxxxvii et lxxxviii et ultimum articulos inclusive, diligenter et sigillatim interrogatus, respondens dixit se nec scire nec credere predictos errores de quibus in articulis agitur unquam habuisse ortum vel inicium in ipso ordine vel inter fratres aliquos ordinis memorati. Nec scit nec credit ydolum vel ydola esse vel fuisse aliquo tempore in ipso ordine vel loco aut parte aliqua ordinis supradicti; nec venerari putat ydolum nec custodiri ab aliquo fratre vel alio in ipso ordine, nec unquam usque nunc mentionem aliquam audivit dici vel fieri de predictis; nec scit quod sit ydolum nec capud ydoli, nec putat quod in capitulis dicti ordinis temporibus antedictis fuerint tractata vel dicta que Domino nostro Jhesu Christo debeant displicere.

Super aliis vero tam circumstantiis quam coherentibus ipsis articulis diligenter interrogatus, dixit se nescire plura, nec credere aliter quam superius est confessus.

VII kalendas februarii, anno quo supra.

XXIII. Frater Guillelmus de Sancto Ypolito dicte domus Mansi Dei ordinis dicti Templi, testis juratus ad sancta Dei Evangelia, super predictis articulis et eorum quolibet sibi expositis in vulgari, ut principalis de se ipso, et ut testis de aliis, diligenter et sigillatim interrogatus, respondens ad primum, II—XXXIX articulos inclusive, negavit ipsos articulos et omnia et singula contenta in eis, excepto quod confessus est Christum Jhesum crucifixum verum Deum esse, passum et mortuum fuisse in ligno sancte crucis pro redemptione humani generis, non pro culpis nec pro peccatis suis, sed pro nostris duntaxat, cum ipse peccatum non fecerit, nec dolus unquam fuerit in ore ejus semper veridico; se habere spem firmam habende salvationis per eum et per neminem alium; pro cujus honore ipse et reliqui fratres Templi portant signum venerabilis crucis rubee in mantellis albis vel nigris, in figuram vel signum sacri sanguinis Jhesu Christi, cujus effusione ipse crucem suam sanctissimam insignavit; quam fratres dicti Templi ter in anno adorant reverenter.

Item confessus est quod, tempore sue recepcionis, tam preceptor Mansi Dei, qui ipsum in fratrem recepit ad ordinem dicti Templi, quam ipse receptus per eum, sese mutuo osculati fuerunt in ore tantum.

Idem addidit se credere, et idem credit eciam de aliis suis confratribus, omnia sacramenta Ecclesie Dei vera esse et salutem humani generis contineri in illis, et esse fidem suam quod in ipsis sacramentis sit salus et liberacio peccatorum omnium fidelium sperantium in Domino Jhesu Christo.

Adiciens quod nec Magister nec preceptores nec visitatores ordinis Templi nec quisquam alius claves Ecclesie non habens, nisi sint fideles presbiteri et rite delibuti execucionem ordinis habentes a suo prelato, non possunt confitentes absolvere a peccatis. Que quidem absolucio cum spiritualis sit et animas liberat a peccatis, putat et credit quod a nemine possit fieri layco nisi a solo presbitero, ut predixit. Dixit tamen quod predicti magistri et preceptores et visitatores interdum puniunt fratres criminosos et delinquentes penis corporalibus, verberantes eosdem in corpore, et penas alias infligunt sicut in statutis ipsius ordinis designantur, et interdum gratiam faciunt sicut eis videtur, et penas predictas vel prorsus relaxant vel mitigant sicut placet.

Item confessus est quod, tempore sue recepcioins, fratres ejusdem ordinis promittunt recipienti eos se non deserturos ordinem Templi assumptum pro quovis alio ordine majore vel leviore, nisi facultas agendi hec a sibi superiore et licencia tribuatur.

Dixit eciam quod statim recepti ad dictum ordinem pro professis habentur, et quod eorum recepcio januis clausis fit in capella et capitulo Mansi Dei, exclusis extraneis, et solis fratribus presentibus ordinis qui tunc adsunt; et hoc ideo fieri dixit de more et statutis dicti ordinis, quia in capitulis in quibus fratres recipiuntur multa fiunt et tractantur secreta que non licet aliis quam fratribus publicari.

Ad xl—lxxxii articulos inclusive, diligenter et sigillatim interrogatus, respondens negavit ipsos articulos et omnia et singula contenta in eis, excepto quod ipse, et idem credit de aliis fratribus, portat cingulum de lino vel de canape super camisiam, ad designandum castitatem quam ipsi fratres in sua recepcione receptori promittunt servare.

Dixit tamen quod ipsis cordulis non cinguntur nec tanguntur ydola nec capita aliqua ydolorum, nec scit nec unquam audivit fratrem aliquem qui talibus cordulis cinctus fuerit sic pollutis in ydolis et infectis.

Item dixit quod ipse in nullis capitulis dicti ordinis unquam fuit nisi in solis capitulis domus Mansi Dei; que cum fiunt presentibus fratribus dicte domus, in capella ejusdem domus, clausis hostiis fiunt, exclusis reliquis qui non sunt fratres ordinis predicti. Nec unquam scivit nec audivit quod aliqua inibi fierent vel dicerentur, nisi illa que necessaria sunt ordini, secundum Dei beneplacitum et honorem, et que putat esse utilia et expedire animabus fratrum ordinis supradicti; et illa promittunt dicti fratres clausa et secreta tenere, nec super illis collationem habere, nisi inter eos fratres solos qui in ipsis capitulis affuerunt; et si quisquam secus faceret, pena certa statuta est contra eum ut se privatum sentiat commodis dicte domus.

Adjecit eciam se nescire nec unquam scivisse quod in ordine Templi, nec in aliqua parte vel aliquo loco ejus, fuerint errores de quibus tractatur in articulis prelibatis; et ideo presidentes ipsi ordini de negligentia corripiendi vel denunciandi Ecclesie Dei, vel de fratrum desistencia a dictis erroribus qui nunquam fuerunt in dicto ordine, prout credit, nequeunt aliqualiter reprehendi, nec dolus nec culpa aliqua dari eis juste potuit, quia puniri vel reprehendi aut corrigi vel castigari non potuit quod non fuit.

Ad lxxxiii, lxxxiiii et lxxxv articulos inclusive, diligenter et sigillatim interrogatus, respondens dixit quod fratres qui in presencia sanctissimi domini nostri summi pontificis et dominorum cardinalium fratrum ejus, predicta in articulis contenta asseruntur fuisse confessi, respondet et dicit se credere ipsos fratres in omnibus et per omnia falsa esse confessos et contra omnimodam veritatem, salva semper excellencia societatis ejusdem domini nostri pape et dominorum cardinalium reverencia et sacri consistorii sancte Sedis.

Ad lxxxvi articulum diligenter interrogatus, respondens dixit quod frater Arnaldus de Torrosella tunc preceptor dicte domus Mansi Dei, in festo Penthecostes proxime futuro erunt xv anni elapsi vel circa, recepit ipsum qui loquitur in fratrem dicti ordinis, in capella dicte domus Mansi Dei, presentibus et ibidem astantibus Ar° Rocha, Raymundo Sageti, Laurentio Regalis, Jacobo de Oleriis et pluribus aliis fratribus dicti ordinis.

De modo autem sue recepcionis et coherentibus ei, dixit idem in effectu sicut frater Bartholomeus de Turre testis primus deposuit, et sicut in libro statutorum et regule ordinis Templi latius continetur. Qui quidem liber exhibitus est et traditus domino Elnensi episcopo, inquisitori hujus inquisitionis, per dictum fratrem Bartholomeum, ut audivit dici.

Ad lxxxvii et lxxxviii et ultimum articulos diligenter et sigillatim interrogatus, respondens dixit se nec scire nec credere predictos errores de quibus in articulis agitur unquam habuisse ortum vel inicium a quoque de fratribus ordinis memorati nec a quovis alio, nec scit nec credit ydolum vel ydola esse vel fuisse aliquo tempore in ipso ordine vel loco aut parte aliqua ordinis sepedicti; nec venerari putat ydolum custodiri ab aliquo fratre vel alio in ipso ordine, nec usquam usque nec nunc mentionem aliquam audivit dici vel fieri de predictis, nec scit quid sit ydolum nec capud ydoli, nec putat quod in capitulis dicti ordinis, temporibus anteactis, aliqua fuerint tractata vel dicta que Domino nostro Jhesu Christo debeant displicere.

Super aliis vero tam circumstanciis quam coherentibus ipsis articulis diligenter interrogatus, dixit se nescire plura nec credere aliter quam superius est confessus.

Anno et die quibus supra.

XXIIII. Frater Symon de Elna ordinis dicti Templi et domus Mansi Dei, testis juratus ad sancta Dei Evangelia super predictis articulis et eorum quolibet sibi expositis in vulgari, ut principalis de se ipso, et ut testis de aliis, diligenter et sigillatim interrogatus, respondens ad primum, ii—xxxix articulos inclusive, negavit ipsos articulos et omnia et singula contenta in eis. Confessus tamen est quod in recepcione fratrum ad dictum ordinem nulla fiunt nec fieri precipiuntur nec docentur ab aliquo inhonesta facta vel dicta, sed solum Deo beneplacita et honesta.

Dixit eciam quod sacramentum altaris et omnia alia ecclesiastica sacramenta credunt dicti fratres et ipse qui loquitur, sicut fideles et catholici Christiani, prout ipse scit de se, et de aliis confratribus ipsius ordinis idem credit. Credunt eciam Christum Dominum Jhesum Deum esse unicum redemptorem et salvatorem omnium sperantium in se, et ejus crucem adhorant singulis annis ter veneratione et devotione humili et devota, nudis pedibus, in die Veneris sancta, cultellis et cofis capitum depositis, exclusa omni irreverencia et immundicia de quibus in articulis mentio fit expressa.

Adjecit eciam quod, tempore recepcionum fratrum ad dictum ordinem, tam recipiens quam recepti vicissim sese deosculantur in ore tantum, abjectis ceteris deosculationibus turpibus et nefandis. Ad osculum autem oris admittuntur dicti fratres noviter recepti per fratres alios circumstantes et per recipientes eciam, ut inter se mutuam habeant caritatem, et ut semper fraterna dilectione utantur.

Item dixit se non recordari an promittant simpliciter vel jurent se non relicturos susceptum ordinem Templi; sed bene scit quod statim cum recepti sunt ad illum pro professis habentur.

Dicte autem recepciones fratrum fiunt in capella domus Mansi Dei, clausis januis capelle ipsius, et exclusis omnibus aliis preter fratres. Nec unquam interfuit in aliorum locorum capitulis, nisi in solis capitulis dicte domus Mansi Dei.

Ad xl—lxxxii articulos inclusive, diligenter et sigillatim interrogatus, respondens negavit ipsos articulos et omnia et singula contenta in eis; excepto quod confessus est quod ipse et ceteri fratres dicti ordinis portant cordulas de lino vel de canape super camisias de die et de nocte continue, ad restringendam lasciviam carnis et in signum castitatis servande quam in assumptione sui ordinis promiserunt, non tactas tamen in ydolis vel capitibus ydolorum; quod nescit nec unquam audivit mentionem fieri usquam nunc de eisdem; nec scitur, prout ipse credit, per aliquem fratrem dicti ordinis quid sit ydolum in ordine vel in aliqua parte ipsius. Nec unquam ad certam longitudinem vel mensuram recipiunt cordulas quibus renes eorum cingunt, sed eas portant et assumunt sicut placet eisdem.

Item confessus est quod modum sue recepcionis ipsi fratres nec alia que fiunt in eorum capitulis audent alicui revelare, nec loqui eciam de hiis qui ibi fiunt cum fratribus aliis dicti ordinis, nisi duntaxat cum illis qui in ipsis capitulis affuerunt.

De erroribus autem et de eorum correctionibus, necnon de eis non notificatis vel insinuatis Ecclesie, de quibus agitur in articulis prelibatis, respondit et dixit se nec scisse nec unquam mentionem fieri audisse in domo Mansi Dei, in qua a tempore recepcionis sue citra ad dictum ordinem moram traxit; nec putat nec credit opus fuisse vel locum dictis correctioni, insinuationi et emendationi de quibus agitur, cum, sicut credit, nunquam fuerint dicta nefanda crimina nec errores in ordine, nec in domo Mansi Dei ipsius Templi, nec apud fratres aliquos, sicut spes sua est et sic credit. Ad id autem quod dicitur multos ex fratribus dicti ordinis, tam in judicio quam extra, quam coram solempnibus personis confessos esse errores de quibus agitur in articulis, respondit et dixit se non credere ipsos fratres nec eorum aliquos confessionem de predictis erroribus veram confessionem fecisse, sed falsam penitus, sicut credit; cum in nulla parte ordine Templi commissa vel audita fuerint, prout credit, dicta nefanda crimina contenta in eis.

Ad lxxxiii, lxxxiiii et lxxxv articulos inclusive, diligenter et sigillatim interrogatus, respondit et dixit quod fratres dicti Templi qui dictos errores et crimina in presentia sanctissimi patris et domini nostri pape, et coram dominis reverendis cardinalibus et in eorum consistorio, sunt confessi, cujuscumque condicionis vel status predicti confitentes existant, se credere dictos confitentes contra veritatem falsitatem dixisse et veritatem penitus tacuisse; cum, sicut credit, in dicto ordine Templi vel in aliqua parte ejus nec dicta unquam fuerint vel commissa nec audita sic nefanda crimina ut illa sunt, sicut credit; et ideo mentitos dictos fratres esse credit in capud suum, salva semper sanctitate et excellentia Sedis apostolice et honore.

Ad lxxxvi articulum diligenter interrogatus, respondens dixit quod frater Raymundus de Baco tunc preceptor dicte domus Mansi Dei recepit ipsum in fratrem dicti ordinis, circa festum Omnium Sanctorum proxime venturum erunt xxxvii anni elapsi vel circa, in capella dicte domus, presentibus et ibidem astantibus Ar° Rocha, Raymundo de Cirritania, G. Vinea, Petro de Villanova et pluribus aliis fratribus dicti ordinis jam defunctis.

De modo autem sue recepcionis et contingentibus eam, dixit idem in effectu ut frater Bartholomeus de Turre, primus testis, dixit et deposuit supra in eodem articulo, et sicut de dicto modo recipiendorum fratrum ad dictum ordinem agitur et tractatur in libro statutorum et regule ordinis dicti Templi.

Ad lxxxvii et lxxxviii et ultimum articulos diligenter et sigillatim interrogatus, dixit se nichil scire de contentis in eisdem.

Super aliis vero tam circumstantiis quam coherentibus ipsis articulis diligenter interrogatus, dixit se nescire plura nec credere aliter quam superius est confessus.

Anno et die quibus supra.

XXV. Frater Jacobus Mascaroni ordinis dicti Templi et domus Mansi Dei, testis juratus ad sancta Dei Evangelia super predictis articulis et eorum quolibet sibi expositis in vulgari, ut principalis de se ipso, et ut testis de aliis, diligenter et sigillatim interrogatus, respondens ad primum, II—xlv articulos inclusive, dixit se nec scire nec credere contenta in illis nec aliqua de eisdem; salvo quod in recepcionibus fratrum ad ordinem Templi fiunt deosculationes fratrum recipientium et receptorum ad dictum ordinem in ore tantum, secundum morem et statuta dicti ordinis, in signum fraterne dilectionis in Domino et mutue caritatis.

Addidit quoque quod fratres, statim cum recepti sunt ad dictum ordinem, sunt professi; promittentes simpliciter, non jurantes quod susceptum ordinem Templi pro quovis alio fortiori vel leviori non relinquent; possent tamen, si vellent, obtenta licencia superioris, cui esset facultas libera concedendi.

Addidit eciam quod ad dictum ordinem Templi fit recepcio fratrum in ecclesiis seu capellis domorum dicti ordinis, clausis januis capellarum, et exclusis omnibus preter fratres ordinis antedicti.

Interrogatus quare clauduntur janue capelle in qua fratres ad ordinem predictum recipiendi sunt, dixit quod sic se habent consuetudines et statuta ordinis dicti Templi.

Ad xlvi—lxxxii articulos inclusive, diligenter et sigillatim interrogatus, respondens negavit ipsos articulos et omnia et singula contenta in eis; addens se nec scire nec credere que dicuntur in illis, eo salvo quod scit quod fratres dicti ordinis, ex quo sunt recepti ad illum, tenentur et debent portare singuli singulas cordulas de lino vel de canape seu de lana supra camisias suas, ad restringenda carnis vicia, et in signum honestatis et castitatis promisse a se.

Addidit tamen quod nusquam cum predictis cordulis capita vel ydola cinguntur vel tanguntur, nec eis injungitur, prout credit, quod certe longitudinis debeant esse dicte cordule, quibus omni tempore debent esse precincti et cum eis dormire, sed fratrum quisque sibi eas assumit breves vel longas, sicut placet, et cum eas contingit rumpi vetustate vel alio quovis modo, recipiunt alias sicut volunt.

Adjecit eciam quod fratres dicti ordinis, omni cessante prohibicione, sua confitentur peccata non fratribus nec magistris nec preceptoribus laycis, sed fratribus capellanis et presbiteris ejusdem ordinis, si eis volentibus confiteri adsit facultas libera adeundi eosdem presbiteros, vel si malint, licenter fratribus Predicatoribus vel Minoribus aut aliis religionis approbate, aut secularibus presbiteris execucionem ordinis habentibus, possunt sua confiteri peccata et penitencias salutares ab eis recipere pro peccatis.

Ad illud autem quod in articulis dicitur de correctione et nunciatione non facta Ecclesie per superiores ipsius ordinis, et de viciis et criminibus ac erroribus non correctis et a fratribus dicti ordinis dimissis, respondens dixit se nusquam in dicto ordine audisse mentionem fieri predictorum, nec scit nec credit quod in ipso ordine nec in aliqua parte ejus vicia, errores et crimina de quibus agitur in articulis, habuerint ortum nec initium, nec unquam in ordine predicto audita fuerint nec eciam acceptata.

Quamobrem nec correctione nec emendatione nec significatione facienda Ecclesie eguerunt, quia non potuit nunciari Ecclesie vel corrigi quod non fuit, ut credit.

Ad lxxxiii, lxxxiiii et lxxxv articulos inclusive, diligenter et sigillatim interrogatus, respondens dixit quod predicti qui in articulis fratres asseruntur fuisse dicti ordinis Templi, cujuscumque conditionis illi fuerint qui confessi sunt errores, crimina et vicia in articulis nominata, dicit illos non fuisse fratres Templi, sed diabolos in pelle hominum incarnatos; eo quod falsitatem in omnibus et per omnia dixerunt et confessi sunt, veritate prorsus exclusa, sicut ipse qui loquitur firmiter sperat et credit, salva semper sanctitate et excellentia sanctissimi domini nostri pape et ejus sacri consistorii, quorum honori nullatenus intendit detrahere, licet dixit dictos fratres confitentes falsitatem dixisse in suis confessionibus et veritatem per omnia tacuisse, ut credit.

Ad lxxxvi articulum diligenter interrogatus, respondens dixit quod frater Raymundus de Baco tunc preceptor dicte domus Mansi Dei recepit ipsum fratrem qui loquitur in fratrem dicti ordinis, die Dominica prima post festum sancti Andree proxime preteriti fuerunt xxx anni elapsi vel circa, in capella dicte domus Mansi Dei, presentibus et ibidem astantibus Jacobo de Oleriis, Petro de Camporotundo, et Jordano de Pulcrovisu, et pluribus aliis fratribus dicti ordinis.

De modo autem sue recepcionis, et contingentibus eandem, dixit idem in effectu sicut frater Bartholomeus de Turre, primus testis, dixit et deposuit in hoc eodem articulo.

Ad lxxxvii et lxxxviii et ultimum articulos diligenter et sigillatim interrogatus, respondens dixit se nichil scire de contentis in eis.

Super aliis vero tam circumstanciis quam coherentibus ipsis articulis diligenter interrogatus, dixit se nescire plura nec credere aliter quod superius est confessus.

Explicit inquisitio per nos Elnensem episcopum cepta contra predictos fratres milicie Templi, ex commissione nobis facta per Sedem apostolicam, super articulis a dicta Sede nobis transmissis et a reverendo in Christo patre et domino Egidio sancte Narbonnensis ecclesie archiepiscopo, qui auctoritate sacrosancte Sedis predicte litteratorie inquisitionem hanc per nos precepit fieri, prout de hiis ex preambulis et litteris ac documentis aliis extra precedentem inquestam vacantibus plene patet. Unde ad eternam memoriam premissorum, prelibatam inquestam manu publica triplici tabellionum publicorum scriptam, et diligenter per dictos tabelliones examinatam et compertam, ut ab eis didicimus per omnia veraciter convenire, subscriptam eciam ab eorum singulis, ut moris apud eos est, et signis solitis subsignatam, necnon a collegis seu nostris coinquisitoribus Elnensis ecclesie viris venerabilibus archidiacono et sacrista, ceterisque viris religiosis de quibus in precedentibus agitur accersitis, eorumdem collegarum sigillis et nostro cereis et pendentibus, licet diebus et loco diversis, nos tamen apud Elnam, in domo nostra episcopali, anno Domini millesimo trecentesimo decimo, II kalendas septembris, fecimus communiri.

Ego vero Petrus Gayraudi clericus et notarius publicus reverendi in Christo patris domini episcopi supradicti, predictis omnibus et singulis interfui, et ea omnia manu propria scripsi, et in formam publicam redegi, et signo meo consueto signavi. (L. S.)

Ego Petrus Raynaudi clericus, notarius ad predicta per reverendum dominum Elnensem episcopum predictum constitutus, huic presenti inquisicioni presens fui, et dicto mandato ipsius domini episcopi subscripsi, et hoc signum feci. (L. S.)

Ego Johannes de Villaclara notarius ad predicta per reverendum dominum Elnensem episcopum predictum constitutus, huic presenti inquisicioni presens interfui, et de mandato ipsius domini episcopi subscripsi, et meo publico et solito subsignavi signo. (L. S.)

FIN DU TOME SECOND.

INDEX.

A

ABELARS (F. Guillelmus DE), preceptor domus Mansi Dei, p. 435, 445, 456, 473, 483, 485, 487, 496, 505.
ACON (F. Johannes DE), p. 144.
ADA (F. Aymericus), p. 159.
ADAM (F.), p. 48, 173, 216, 327.
—— (F. Johannes), preceptor Turrete, p. 121, 141.
ADEMARI (F. Bernardus), miles, p. 151, 156.
—— (F. Guigo), miles, preceptor Provincie, p. 154, 155, 161, 165, 167, 291.
—— (F. Johannes), miles, p. 366.
AFFRICOURT (Raynerius DE), p. 14.
AGARNI (Guillelmus), prepositus Aquensis, p. 271.
AGATE (F. Petrus), p. 27.
—— (F. Philippus), preceptor Normannie, p. 26, 36, 193, 196.
AGRICOLA (F. Gerardus), p. 410.
—— (F. Guillelmus), p. 345.
AITZ (Amblardus D'), p. 221.
ALAMANI DE SPELHO (F. Guillelmus), p. 161.
ALBANO (F. Johannes DE S.), p. 392.
—— (F. Nicolaus DE), preceptor de Monte Suessionensi, p. 358, 410.
ALBERTUS (F.), p. 394, 405.
—— (F.), presbiter, p. 41.
ALBIGNIACO (F. Reginaldus DE), prior de Pisciaco, p. 289.
ALBIGNIACO (Magister Reginaldus DE), Bituricensis canonicus, p. 278, 282, 289, 301, 325, 333, 347, 357.

ALBIGNIACO (F. Tierricus DE), preceptor de Vifort, p. 411.
ALBINHACO (Domus Templi de), Ruthenensis diocesis, p. 162.
ALBINUS (F.), p. 194.
ALBRICUS (F.), p. 34.
ALCANADA (F. Johannes DE), p. 469.
ALDINGENA (F. Arnuldus de), p. 199.
ALEMAUDIN (F. Petrus), preceptor domus Montispessulani, p. 363.
ALFAMBRE (domus Templi apud), in Aragonia, p. 438.
ALMAVINI (F. Petrus), p. 151.
ALSONIO (F. Bernardus DE), p. 146, 244.
ALTEYRACO (F. Petrus), p. 125.
ALTO MAYNILIO (F. G. DE), miles, p. 360.
ALVERNHATZ (F. Johannes L'), p. 154.
AMALINI (F. Petrus), p. 165.
AMALRICUS (F.), miles, magister Francie, p. 401.
AMALVINI (F. Raymundus), p. 151, 167.
AMBASIA (F. Stephanus DE), p. 103.
AMBIANENSIS episcopus, p. 41, 44.
AMBIANIS (F. Nicolaus DE), dictus de Lully, p. 70, 416.
AMBLARDI (F. Bertrandus), miles, Viennensis diocesis, preceptor Pictavie, p. 19, 92, 172.
AMBLAVILLA (F. Johannes DE), preceptor de Puteolis, p. 336.
AMELLA (F. Terricus DE), p. 339, 347.
AMODEUS (F.), prior Sancti Augustini Parisiensis, p. 318.
ANCONA (F. Jacobus DE), p. 146.

ANCOMI (F. Durandus), p. 131.
ANDEGAVENSIS (Domus Templi), p. 103, 206, 214.
ANDREAS (F.), presbiter, p. 33.
ANESSA (F. Sancius), p. 438.
ANESIO (F. Hugo DE), miles, p. 207.
ANESSIACO (F. Nicolaus DE), inquisitor, p. 326, 335, 339, 348, 361, 370, 374, 375, 377, 379, 387, 393, 402, 406, 407, 408, 412.
ANGANZ (F. Guillelmus dictus), p. 24.
ANGLEYROLA (F. Raymundus DE), miles, p. 17.
ANGLIA (F. Richardus DE), p. 333.
ANGLICI (F. Enricus), preceptor de Valle de Canivilla, p. 26, 194.
———— F. Johannes, p. 91.
———— (F. Radulphus), preceptor, p. 132.
———— (F. Robertus).
———— (F. Stephanus), p. 171.
ANGUIHACO (F. Gerardus DE), p. 82, 90, 102.
ANICIENSIS (Domus Templi), p. 154.
ANIOL (F. Raymundus DE S.), miles, p. 473.
ANISIACO (F. Nicolas DE). Vid. ANESSIACO.
———— (F. Johannes DE), preceptor de Valeia, p. 366.
ANONE (F. Guillelmus DE), p. 175.
ANSELMUS (F.), p. 341.
ANSONIO (F. Bertrandus DE), p. 121.
APRILIS (F. Guillelmus), p. 233, 236.
APULIA (F. Rogerius DE), p. 331.
AQUA VIVA (Domus Templi de), p. 473.
ARBERTUS (F.), presbiter, p. 262.
ARBLAYO (F. Guillelmus DE), p. 308.
———— (F. Petrus DE), p. 307.
ARCHIS (F. Johannes DE), p. 376, 386.
ARDENA (F. Berengarius DE), p. 426.
———— (F. Bernardus DE), p. 426.
ARESTAN (F. Johannes), p. 232.
ARGENTOLIO (F. Gerardus DE), miles, p. 404.
ARGENVILLA alias ARGIVILLA (F. Reginaldus DE), p. 118, 285, 367, 394.
ARMENART (F. Petrus), p. 13.
———— (F. Johannes), preceptor, p. 13.
ARNACO (F. Petrus DE S.), p. 450, 483.
ARNALDI alias ARNAUDI (F. Guillelmus), p. 50, 180, 252, 426.
ARNAUDUS (F.), p. 42, 212.
ARNULPHUS (F.), p. 112.
ARSAC. V. ARZAC.

ARSI (F. Guillelmus D'), miles, p. 163.
ARSONIO (F. Guillelmus DE), p. 137.
ARTUSIUS (F.), miles, p. 349.
ARVILLA (Domus Templi de), Carnotensis diocesis, p. 184.
ARZAC (F. Guigo D'), miles, p. 123, 222.
ARZACO (F. Guillelmus DE), preceptor, p. 123, 152.
ATGERII (F. Johannes), p. 147.
ATTREBATENSIS (Domus Templi), p. 319.
ATTREBATO (F. Matheus DE), p. 372.
AUBERTUS (F.), presbiter, p. 318, 341.
AUDEBERTUS (F.), p. 94.
AUDEBON alias AUDENBON (F. Guillelmus), serviens, p. 199, 202.
AUDEMARI (F. Helias), presbiter, p. 214.
AUGHINIACO alias AUGINHACO (F. Gerardus DE). V. ANGUIHACO.
AURELAVES (Domus Templi de), Trecensis diocesis, p. 344.
AURELIACO (Petrus DE), licenciatus in legibus, p. 271, 272.
AURELIANENSIS (Episcopus), p. 37, 53, 177.
AURELIANO (Magister Amisius DE), dictus le Ratif, p. 3, 6, 11, 13, 23, 28, 35, 41, 52, 58, 66, 74, 82, 88, 96, 103, 109, 116, 121, 129, 136, 143, 151, 155, 165, 175, 184, 191, 197, 209, 216, 218, 225, 233, 241, 252, 263, 269, 273, 282, 301, 304, 316, 325, 339, 347, 361, 365, 369, 370, 377, 386, 392, 405, 419.
AURELIANO (Domus Templi de), p. 185, 382.
AURIOL (F. Petrus), p. 199, 210, 212.
AUSON (Domus Templi d'), Pictavensis diocesis, p. 165, 171, 172, 174, 206, 235.
AVERIN alias AVERYNS IN NAVARRA (Domus Templi de), Pampalonensis diocesis, p. 6, 15, 16.
AYMERICI (F. Guillelmus), p. 123, 230.
———— (F. Helias), p. 227.
AYMONT (Domus Templi de), Ambianensis diocesis, p. 76.
AYNARDI (Guillelmus), serviens, p. 237.
AYNES (Domus Templi de), Cenomanensis diocesis, p. 13.
AYRI (F. Helias), miles, p. 214.

B

BAALI (F. Johannes DE), p. 1, 35, 44.
BACO (F. G. DE), p. 453.
—— (F. Raymundus), preceptor Mansi Dei, p. 433, 435, 442, 493, 511, 514.
BADALHAC (F. Amandus DE), p. 84.
BAFEMONT (F. Johannes DE), p. 287.
BAILLEUL (F. Galterus DE), p. 346.
BAJOCENSIS (episcopus), p. 269, 270, 271.
BALAINVILER (F. Michael DE), miles, p. 358.
BALATI (Fulco), p. 424.
BALDOINUS (F.), p. 415.
BALI (F. Johannes DE); V. BAALI.
BALO (Domus Templi de), Turonensis diocesis, p. 206.
BALOTEL (F. Ademar), p. 85.
BANES (Domus Templi de), Xantonensis diocesis, p. 19, 180.
—— (F. Petrus DE), presbiter, p. 299.
BANHOL (F. Petrus DE), preceptor domus Templi de Dompuho, Xantonensis diocesis, p. 205.
BANHULLIS (F. Arnaldus de), miles, p. 469.
BARASCII (F. Gerardus), miles, p. 291.
BARBASTRE (F. Dominicus DE), p. 14.
BARDO (F. Matheus DE), miles, p. 14.
BARLETA (Domus Templi de), in Apulia, p. 236.
BARRER (Petrus), p. 278.
BARTHOLETI (F. Bartholomeus), p. 165, 186.
BARTHOLOMEUS (F.), p. 103, 434, 438.
BARTOLI (F. Guillelmus), p. 172.
BASEMONT (F. Johannes DE), miles, p. 335.
BASTIDA (F. Petrus), p. 162.
BASTITO (Domus Templi de), Caturcensis diocesis, p. 290.
BATTAN (F. Guillelmus), serviens, p. 188.
BAUDOYNUS (F.), p. 94.
BEGUE (F. Symon LO), p. 47, 50.
BELDA (Domus Templi de), Bituricensis diocesis, p. 302.
BELLA CHASSANHA (domus Templi DE), Lemovicensis diocesis, p. 123, 141, 152, 219, 221, 255.
BELLAVILLA (F. Guido DE), p. 109, 114.
BELLENVAL (Domus Templi de), Ambianensis diocesis, p. 44, 46, 65.
BELLEYO (Domus Templi de), p. 99, 100.

BELLINCURIA (Domus Templi de), Belvacensis diocesis, p. 118.
BELLI PILI (F. Raynaldus), p. 263, 267.
BELLO JOCO (F. Guillelmus DE), magister ordinis, p. 132, 209, 215, 313.
BELLO VIDERE (Domus Templi de), Bituricensis diocesis, p. 182.
BELLO VISU (Domus Templi de), Senonensis diocesis, p. 38, 278, 310, 345.
BELNA (F. Laurencius DE), p. 80, 112, 369, 396, 411.
—— (F. Morellus DE), p. 406.
—— (F. Odo DE), p. 139.
—— (Domus Templi de), Eduensis diocesis, p. 305.
BELVACO (F. Albertus DE), presbiter, p. 65.
—— (F. Robertus DE), p. 24, 47.
—— (Domus Templi de), p. 41, 56, 65, 68.
BENAIES (F. Guillelmus DE), preceptor domus Templi Mansi Dei, p. 499.
—— (F. Raymundus DE), p. 435.
BENAVILLA (Domus Templi SANCTI STEPHANI DE), Ebroicensis diocesis, p. 26.
BENDRA (Domus Templi de), p. 257.
BENEDICTO (F. Guillelmus DE S.), p. 97, 104.
—— (Johannes DE), p. 92, 94, 96, 97, 105, 171, 185, 135.
—— (F. Petrus DE), p. 52, 93, 94, 104.
BERARDI alias BERAUDI (F. Thomas), magnus magister ordinis, p. 14, 223, 400.
BERGENSIS (F. Johannes), p. 419.
BERGER alias BERGERII (F. Guillelmus), p. 200.
—— (F. Johannes), p. 31, 76, 239.
—— (F. Petrus), p. 120, 239, 261.
BERGERIUS (F.), p. 320.
BERIANT (F. Guillelmus DE), p. 146.
BERMUNDI (F. Raymundus), p. 158.
BERNARDUS (F.), p. 143, 399.
BERNAYO (Domus Templi de), Xantonensis diocesis, p. 186.
BERNEVAL (Domus Templi de), Ambianensis diocesis, p. 329.
BERNIACO (F. Nicolaus DE), p. 322.
BERNII (F. Andreas), p. 235.

BERROYER alias BERRUER (F. Ymbaudus LO), p. 179, 302.
BERSEES (Johannes DE), p. 388.
BERTRANDI (F. Guillelmus), p. 172.
——— (F. Raymundus), miles, p. 212.
——— (F. Reginaldus), p. 89, 103.
BERTRANDUS (F.), p. 180.
BESCI (F. Stephanus), miles, p. 184.
BESCOT (F. Richardus), p. 337.
BESENCURIA alias BESENCOURT (F. Johannes), p. 284, 285.
BEYSSATA (F. Hymbardus DE LA), p. 128.
BICEYO (F. Guillermus DE), p. 297.
——— (F. Stephanus DE), p. 53.
BICHES (F. Anricus DE), p. 110.
BICIACO LA COSTE (F. Constancius DE), p. 350.
BISO (F. Galterus), p. 185.
BISORS (F. Petrus DE), p. 257.
BISSAC (F. Guillelmus DE), p. 235.
BIURE (F. Gaucerandus DE), p. 453.
BLANC (F. Johannes), presbiter, p. 136.
BLANCHI alias BLANCTI (F. Hymbertus), miles, p. 130, 133, 147, 148, 248, 250, 253.
BLANDESIO (Domus Templi de), p. 86, 128.
BLAVI (F. Petrus), p. 233, 244, 245.
BLEDA (F. Petrus), p. 435.
BLERE (F. Guillelmus DE), p. 85, 90, 93, 94, 98, 102, 104.
BLESIS (F. Petrus DE), presbiter, p. 333, 338.
BLEVON (Petrus DE), p. 318.
BLIANDAYS (Domus Templi de), Lemovicensis diocesis, p. 303.
BLUOYS (F. Robertus DE), p. 147.
BOCANDI (F. Arnaudus), p. 14.
BOCE (F. Stephanus DE), miles, p. 243.
BOCHARII (F. Petrus), p. 177.
BOCHERII (F. Bartholomeus), miles, p. 191.
——— (F. Johannes), p. 51, 77.
BOCULIS (F. Guillelmus DE), presbiter, p. 169.
BOCUNI (F. Guillelmus DE), p. 171.
B'OFLEYS (F. Anricus DE), p. 70.
BOINUS (F.), p. 402.
BOIS (Domus Templi de), Remensis diocesis, p. 34.
BONAFONT (F. Petrus), p. 233.
BONART (F. Gerardus DE), p. 100.
——— (F. Hugo DE), p. 100.
BONAVILLA (F. Gaufredus DE), preceptor, p. 214.
BONCELLI (F. Guillelmus), p. 23, 26.
BONCHERRE (F. Petrus DE), p. 70.
BONELLIS (F. Michael DE), p. 392.

BONGIACI DE VESOLA (Petrus), p. 424.
BONIFACII (F. Guillelmus), p. 141.
BONIHOMINIS (F. Bernardus), preceptor, p. 152.
——— (F. Bertrandus), p. 151.
——— (F. Guillelmus), p. 450.
BONI LOCI (Domus Templi), Trecensis diocesis, p. 320.
BONITUS (F.), presbiter, p. 250.
BONO FONTE (F. Petrus DE), p. 248, 253.
BONO OPERE (F. Poncius DE), miles, p. 408.
BONONIA (F. Petrus DE), presbiter et generalis procurator milicie Templi, p. 348.
——— (F. Egidius DE), p. 411.
BONONIE (F. Jacobus), preceptor, p. 349.
BORDELIA (F. Helias DE), miles, p. 21.
BORDELLAS (Domus Templi de), Tarvensis diocesis, p. 258.
BORDES (F. Raynaldus DE), preceptor, p. 239.
BORDONI (Magister Raynerius), p. 218.
BORMANT (F. Johannes), p. 171.
BORNETO (F. Hugo DE), p. 250.
BORNIO (F. Franco DE). V. BORT.
BORREL (F. Johannes), miles, p. 14.
BORRELLI (F. Odo), miles, p. 171.
BORRET (F. Bernardus), presbiter, p. 163.
BORT (F. Bernardus DE), p. 159.
——— (F. Franco DE), miles, p. 149, 152, 221, 228, 280, 324.
——— (F. Johannes DE), p. 7.
——— (F. Renardus DE), miles, p. 151.
——— (F. Rogerius DE), miles, p. 152.
BOSCHACELI (F. Gerardus DE), p. 137.
BOSCIS (F. Thierricus DE), preceptor baillivie de Melleuno, p. 372.
BOSCO AUDEMARI (F. Matheus DE), p. 284.
BOSCO (Domus Templi de), in Viromandia, Noviomensis diocesis, p. 59, 353, 390, 409.
BOSCO FERRICI (F. Guillelmus DE), p. 106.
BOSSERIA (Domus Templi de), p. 78.
BOTENCOUT (F. Guido DE), p. 80.
BOTI (F. Ferrarius), p. 450.
BOTINCURIA (F. Ricardus DE), p. 253.
BOUCLI (F. Petrus DE), miles, p. 294, 386.
BOYS (F. Jacobus), p. 450, 466.
BOYSSADA (F. Humbaudus DE), p. 85.
BOYSSO (F. Hymbertus DE), p. 173.
BOZ (F. Guillelmus DE), p. 379.
BOZCESEL (F. Hugo DE), miles, p. 111.
BRABANCIA (F. Galterius DE), p. 310.
——— (F. Gossoinus DE), p. 402, 406, 408.

BRAIE (F. Guillelmus DE), p. 341, 403.
—— (F. Johannes DE), p. 392.
BRANDINI (F. Guillelmus), p. 426, 427.
BRANDISIO (Domus Templi de), in Apulia, p. 146.
BRAS-DE-FER alias BRATZ-DE-FER (F. Johannes), p. 36, 337.
BRAYE. V. BRAIE.
BREBANCIA. V. BRABANCIA.
BREELE (F. Thomas DE), presbiter, p. 318.
BRENO (Petrus DE), domicellus, p. 252.
BRETENAY (F. Symon DE), p. 268.
BRETENCURIA (F. Radulphus DE), p. 337.
BRETEUIL (F. Theobaldus DE), p. 385.
BRETEVILLE LA RABEL (Domus Templi de), p. 346.
BRETO (F. Guillelmus LO), p. 102.
BRIA (F. Radulphus DE), p. 340.
BRIGOLIO (F. Helias DE), p. 232.
BRITANNIA (F. Arneus DE), presbiter, p. 206.
BRITONIS (F. Daniel), presbiter, p. 409.
BRIUDEU (F. Stephanus DE), p. 255.
BRIVA (F. Gerardus DE), preceptor, p. 122, 134.
BRIVATZ (F. Guillelmus), p. 86, 87.
BROCART (F. Petrus), p. 293.
BROCIA (F. Bernardus DE), p. 317.
BROETO alias BROHETO (F. Poncius DE), miles, p. 163, 165, 167, 169.
BROLIO (F. Arnaudus DE), p. 230.
—— (F. Petrus DE), p. 243.
—— (F. Stephanus DE), p. 47, 54.

BROLIO (Domus Templi de), Cathalanensis diocesis, p. 55.
BROSSA (F. Bernardus LA), p. 180.
BRUCGEON (F. Arnaudus), p. 165.
BRUECO (F. Q. DE), p. 244.
BRUGIEYRA (F. Ademar LA), p. 134, 229.
BRUNETO (F. P. DE), p. 318.
BRUBATZ (F. Guido), p. 127.
BRUXERIA RAPIT (Domus Templi de), Lemovicensis diocesis, p. 122.
BRYES (F. Guillelmus LE).
BRYTANNIA (F. Matheus DE), p. 11.
BUCCIO (F. Thomas DE), p. 394.
BUCOURT (F. Arnaldus DE), p. 257.
BURDEGALENSIS (Domus Templi), p. 214.
BURES (DE). V. BURIS.
BURGIEYRA (F. Ademar LA). V. LA BRUGIEYRA.
BURGONDUS (F. Gerardus), p. 45.
—— (F. Jacobus), p. 1, 24.
—— (F. Johannes), p. 67.
BURIS (F. Diderius DE), p. 177.
—— (F. Galterus DE), p. 344.
—— (Guillelmus DE), p. 396.
—— (F. Johannes DE), p. 55, 175.
—— (F. Parisetus DE), p. 165, 177, 320.
—— (F. Petrus DE), preceptor ballivie de Buris, Lingonensis diocesis, p. 275.
—— (F. Oddo DE), p. 109.
—— (F. Stephanus DE), p. 350.
BURIS (Domus Templi de), Lingonensis diocesis, p. 263, 264, 358, 409.
BUXIERE (Domus Templi de), Lingonensis diocesis, p. 396.

C

CABANA (F. Guillelmus DE LA), p. 14.
CABILONE (F. Hugo DE), miles, p. 53, 266.
CABILONENSIS (domus Templi), p. 350.
CALABRU (F. Guillelmus). V. GALEBRUN.
CALADOR (F. Aymericus), presbiter, p. 165.
—— (F. Guillelmus), presbiter, p. 162.
CALETENSIS (F. Guillelmus), p. 196.
CALHO (F. Bernardus), p. 205.
CALIS (F. Arnaldus), p. 450, 491.
CAMALICIS (F. Hugo DE), p. 124.
CAMBARELLO (Domus Templi de), p. 150.
CAMBRERII (F. Arnaldus), p. 505.
CAMPO BUBALI (Domus Templi de), p. 89.
CAMPO FLORITO (Domus Templi de), p. 388.

CAMPO GILONIS (Domus Templi de), p. 90.
CAMPO ROTUNDO (F. Petrus DE), p. 433, 493, 499, 514.
CAMPORRELLO (F. Pontius DE), miles, p. 496.
CAMUS (F. Johannes LO), p. 47.
CANDELARII (F. Guillelmus), preceptor domus Templi deu Deffes, p. 84, 85, 202.
CANES (F. Johannes DE), p. 116.
CANICII (F. Jordanus), p. 433.
CANIS (F. G.), p. 292.
CANNOYS (F. Guirardus DE), p. 334.
—— (F. P. DE), p. 473.
CAPELLA (F. Guillelmus DE), p. 376, 379.
—— (F. Nicolaus DE), p. 310.

CAPROSIA (F. Richardus DE) dictus LE CHARON, p. 36, 298, 337.
CARAMANNO (F. Guillelmus DE), p. 474.
CARDALHAC (F. Guillelmus), p. 256.
CARDONA (F. Berrengarius DE), miles, magister Templi in Catalonia et in Aragonia, p. 17, 449, 453.
CARLATO (F. Guisbertus DE), p. 241.
CARNOTENSIS episcopus, p. 30, 32.
CARON (F. Raymbaudus DE), miles, p. 374.
CARPENTARII (F. Andreas), p. 94.
CASTEL (F. Johannes), p. 1.
CASTELLA (F. Michael DE), p. 16.
CASTELLANI (F. Raymundus), p. 400.
CASTELLARIO (Domus Templi de), juxta Peronam, p. 120, 323, 409.
CASTELLIONE (Clemens DE), canonicus Nivernensis, p. 331.
CASTELLIONE vel CASTILIONE (F. Petrus DE), p. 214, 266, 505.
CASTELVI (F. Guillelmus DE), miles, p. 469.
CASTRIS (F. Dionisius DE), p. 152, 221, 229, 255.
CASTRO BERNARDI (Domus Templi de), Xantonensis diocesis, p. 199.
CASTRO EPISCOPALI (F. G. DE), p. 453.
CASTRO NOVO (F. Guillelmus de), p. 154.
——— (F. Odo DE), p. 350.
CASTRO PEREGRINI (Domus Templi de), p. 238, 240.
CASTRO VILLARI (F. Johannes DE), p. 369.
CATHALANUS (F. Bernardus).
CATURCO (F. Petrus DE), p. 240.
CAVALERII (Petrus), domicellus, p. 252.
CAY alias CAYS (F. Bartholomeus DE), p. 64, 118.
CELLA (Hugo DE), miles, p. 316, 357, 361.
——— (F. Johannes DE), p. 372, 373.
——— (F. Nicolaus DE), p. 67.
CELLARIO (F. Stephanus DE), p. 147, 233, 243, 247.
CELLIS (Domus Templi de), Claromontensis diocesis, p. 237, 241, 242.
CERNAYO (F. Johannes DE), preceptor, p. 329, 351.
CERRA (N. DE). V. SARRA, p. 371.
CESARAUGUSTANA (Domus Templi), in Aragonia, p. 462.
CHADALEU DE OPIANO (F. P. DE), p. 424.
CHALI (F. Johannes DE), p. 263.
CHALOU REGINE (F. Guillermus DE), p. 296.
——— (F. Hugo DE), p. 343.

CHAMALENT (F. Robertus LO), p. 90.
CHAMBANAS (F. Hugo DE), p. 255.
CHAMBARET (F. Guido DE), p. 255.
CHAMBO (Domus Templi de), p. 143.
CHAMBONENT (F. Guillelmus DE), p. 86, 87.
CHAMEROT (F. Jacobus DE), p. 395.
CHAMPENS (Domus Templi de), Lemovicensis diocesis, p. 230.
CHANAC (Domus Templi de), Claromontensis diocesis, p. 244, 246.
CHANDELIER (LE). V. CANDELARII.
CHANROIS (F. Bertrandus DE), preceptor Montisferandi, p. 246.
CHAPA (F. Gerardus DE LA), p. 33.
CHARBAC (F. Guido), miles, p. 14.
CHARBONELI (F. Petrus), p. 244.
CHARBONEN (F. Guillelmus), p. 102.
CHARNACO (Domus Templi de), p. 247.
CHARNAIO alias CHARNEIO (F. Gaufridus DE, miles, p. 290, 295.
CHARNERII (F. Bernardus), p. 130.
——— (F. Durandus), p. 125, 130, 138, 233, 241, 242, 244.
——— (F. Guillelmus), p. 187, 143.
——— (F. Hugo), preceptor de Sancto Porciano, Claromontensis diocesis, p. 121, 143, 241.
——— (F. Robertus), p. 138.
CHASAC dictus COTATI (F. Helias), p. 198.
CHASAT. V. CHESAT.
CHASSANDAS (F. Guido LAS), p. 217, 225.
——— (F. Johannes), p. 221, 229.
CHASTANATZ (F. Petrus DE), p. 90.
CHASTANEDA (F. Guido DE LA), miles, p. 87, 121, 127.
CHASTAREDA (F. Guillelmus DE LA), p. 86.
CHAUSSADAS (LAS). V. LAS CHASSANDAS.
CHELI (F. Baudoynus DE), p. 94.
CHESACO (F. Johannes DE), p. 91.
CHESAT alias CHASAT (F. Robertus DE), p. 89, 90, 107.
CHEURU (F. Petrus DE), p. 387.
CHEBURUTO (Domus Templi de), Senonensis diocesis, p. 5, 314, 405, 406.
——— (F. Egidius DE), p. 387, 405.
CHIER (F. Aymericus DEL), p. 143.
CHIFLETI (F. Guido), p. 178.
CHINI (F. Balduinus DE), miles, p. 349.
CHIVRE (F. Egidius de), miles, p. 407.
CHOQUES (Guillelmus DE), p. 282, 316, 325, 361, 365, 369, 386, 392, 400, 406.

INDEX.

CHOUNES (F. Johannes DE), p. 384.
——— (Domus Templi de), p. 384.
CHRISTIANI (F. Symon), p. 381.
CHRISTIANUS (F.), p. 370, 396.
CIRRITANIA (F. Raymundus DE), p. 511.
CIVREYO (F. Petrus DE), p. 264.
CLAROMONTE (F. Petrus DE), p. 4.
CLAROMONTENSIS (Episcopus), p. 122, 133, 136, 146, 234, 238, 241, 243, 245, 248, 250, 252, 254.
CLAU (Domus Templi de LA), p. 160.
CLEMENS QUINTUS, summus pontifex, 271, 277, 282, 289, 302, 423, 441.
CLICHIACO (Domus Templi de), p. 284.
CLISSON (Domus Templi de), p. 105.
CLOSIS (F. Stephanus DE), p. 87.
CLOYE (F. DE), p. 207.
COCHET (F. Hugo), miles, p. 352.
COCTA (F. Borzo), miles, p. 222.
CODRIA (Domus Templi de), p. 91.
CODU (F. Raynaudus DE), p. 118.
COEREL (F. Arnaudus de Aurifolio DE), p. 190.
COLLI ORDEI (F. Adam), p. 65.
COLLO (F. Berengarius DE), miles, p. 446.
COLOMERIIS IN BRIA (Domus Templi de), Meldensis diocesis, p. 4, 397.
COLORIBUS IN OTA (Domus Templi de), p. 343.
COMA (F. Johannes), presbiter, p. 435, 463, 477, 502.
COMBA (F. Johannes DE), p. 462, 480.
COMBORINO alias COMBORIO et COMBORZ (F. Humbertus DE), miles, p. 86, 123, 127, 128, 222, 227, 303.
COMITIS (F. Raymundus), p. 463, 476.
COMPENDIO (F. Anricus DE), p. 109, 118.
——— (F. Garnerus DE), p. 380.
——— (F. Guillelmus DE), p. 394.
——— (F. Nicolas DE), preceptor domus de Bosco Scuti, p. 417.
——— (F. Radulfus DE), p. 116, 383.
CONBITO (F. Bernardus DE), miles, p. 163.

CONDETO (F. Petrus DE), p. 304.
COPIACO (F. Aymericus DE), p. 86, 87.
CORBON (F. Garinus), p. 53.
CORBONIO (F. Humbertus DE), miles, p. 179.
CORMELIIS (F. Johannes DE), p. 345.
——— (F. Petrus dictus DE), vel de Turno, p. 283.
——— (F. Petrus DE), preceptor de Savigneio, p. 300, 344.
CORMELLES (F. Lambertus DE), p. 4.
CORRADELLI (F. Arnaudus), p. 203.
CORREAUS (Domus Templi de), Ambianensis diocesis, p. 416.
CORRENFLOS (F. Robertus de), presbiter, p. 52, 56.
CORTI (Domus Templi de), p. 178.
CORVI (F. Deodat), p. 161.
COSTATI (F. Helias), p. 209, 211, 212.
COULOMMIERS. V. COLOMERIIS.
COULON (F. Odo DE), p. 293.
CREDOLIO alias CREDULIO (F. Reginaldus DE), p. 289, 301, 304, 316, 402, 406.
CREMI (F. Ymbertus DE), p. 352.
CRENE (F. Guillelmus DE), p. 114.
CREPIACO (Magister Johannes DE), p. 347.
CREPICORDIO (F. Johannes DE), p. 78, 353.
CRESPEIO (F. Johannes DE), p. 318.
CREVECŒUR. V. CREPICORDIO.
CRIMEN (F. Ymbertus DE), p. 366.
CROTAY alias CROTOY (F. Johannes DE), preceptor de Paci, p. 311, 410.
CROZAT (F. Gerardus), presbiter, p. 183.
CRUMELLIS (F. Jacobus DE), p. 351.
CUGY (F. Johannes DE), p. 306.
CUNHERIIS (F. Raynaudus DE), p. 4.
CURBITA (F. Martinus), p. 100.
CURSUS GIBOUIN (Domus Templi de), Lingonensis diocesis, p. 396.
CUSO (Domus Templi de), p. 94.
CUYRE (F. Rodoricus DE), miles, 16.

D

DACIA (F. Ermingus DE), p. 406, 408.
DACOLAY (F. Galterus), p. 379.
DALBO (F. P.), p. 229.
DALPHINI (F. Guido), miles, p. 219, 237, 239, 254, 280.
DALSENA (F. Johannes), p. 70.

DANBON alias DAUBO (F. Petrus), p. 19, 190, 224, 236.
DARBUS (F. Bernardus), p. 156.
DARCIA (F. Synardus DE), p. 411.
DAUBO (F. Petrus). V. DANBON.
DAUSSAC (F. Johannes), p. 205.

66.

Davila (F. Jacobus), p. 435.
Deffes (Domus Templi deu), Xantonensis diocesis, p. 21.
Deleheyr (F. Aymericus); preceptor de Rauseria, p. 246.
Delphini (F. Guido). V. Dalphini.
Demar (F. Johannes), preceptor de Rodolio, p. 402.
Deodat (F. Hugo), p. 157.
Depere (F. Hugo de la), p. 302.
Descarme (F. Raymundus), p. 450, 486.
Diable (F. Robertus lo), p. 59.
Dinancio (F. Johannes de), p. 405.
Dionisio (F. Guillelmus de S.), p. 114.
Dionisius (F.), presbiter, p. 185.
Divione (F. Dominicus de), p. 368.
——— (Domus Templi de), p. 368.
Dola (F. Henricus de), p. 362, 368.
Dolis (F. Guillermus de), p. 289.
Dominicus (F.), preceptor de Joigniaco, p. 368.
——— (F.), serviens, p. 177.
Domo Dei (F. J. de), p. 418.
Domont (F. Stephanus de), p. 323.

Dompierre (F. Raynaudus de), p. 33.
Dompnho (Domus Templi de), Xantonensis diocesis, p. 21, 171, 199, 205.
Dondedei (Magister Floriamons), notarius, p. 3, 6, 11, 23, 28, 35, etc.
Dorviller (F. Johannes), p. 413.
Droco (Frater), p. 5.
Druerya (Domus Templi de), Ambianensis diocesis, p. 334.
Drulha (Domus Templi de la), Ruthenensis diocesis, p. 169, 154.
Ducis (F. Jacobus), p. 357.
——— de Taverniaco (F. Johannes), p. 313.
Dumo (F. Petrus de), 143, 145.
——— (F. Raymundus de), miles, p. 136.
Durandi (F. Guillelmus), p. 357, 361, 371.
——— (F. Johannes), p. 52, 91, 94, 96, 97, 107, 108.
——— (F. Martinus), p. 94.
Durandus (F.), p. 112.
——— (F.), miles, p. 414.
Durgenses (F. Guillelmus), presbiter, p. 26.
Duzelet (F. Aymon), p. 263.

E

Ecci (F. Egidius de), p. 373.
Egidius, Narbonensis archiepiscopus, p. 423, 426, 514.
Elemosina (F. Johannes de), p. 308.
Elna (F. Symon de), p. 509.
Elnensis episcopus, p. 439, 514, 515.
Ely (F. Bellus de), miles, p. 373.
Enguelor (Gaufridus) dictus Chalop. Vid. Gaufridus.
Enrici (F. Stephanus), p. 105.
Envalle (F. Thomas de), presbiter, p. 68.
Ermenco (F. Petrus de), serviens, p. 219.
Erree (F. Guillelmus d'), serviens, p. 13.
Espalhe alias Espalhi, Espalhiaco, Espeilleyo et Espeilly (F. Dominicus de), p. 175.
——— (F. Stephanus de), serviens, p. 265, 396.

Espalhe (Domus Templi de), Lingonensis diocesis, p. 53, 297.
Espanas alias Espaneis, Espans (Domus Templi de), Xantonensis diocesis, p. 205, 210, 211.
Espeilleyum, Espeilly. V. Espalhe.
Espernaut sur Aisne (F. Egidius d'), preceptor d'Amblers, p. 312.
Espinasses (F. Raymundus d'), miles, p. 259.
Esta alias Este, Ete (F. Galterus de), miles, p. 64, 192, 367.
Eugubio (Hugo de), clericus, p. 273.
Eulaliæ (Domus Templi S.), Ruthenensis diocesis, p. 158, 161, 165, 169.
Evenus Phily, notarius. V. Phily.
Evurcio (F. Guillelmus de S.), p. 317.
Exodunum, Bituricensis diocesis, p. 246, 248.

F

Fabri (F. Jobannes), presbiter, p. 221.
——— (F. Richardus), serviens, p. 196.

Fabrisacot (F. Gerardus), miles, p. 147.
Falte (F. Raymundus de), p. 469.

FANGERIIS (F. Johannes DE), serviens, p. 188.
FARA (F. Mondetus DE), p. 155.
—— (F. Raynaudus DE), miles, p. 359.
FARGETI (F. Guillelmus), serviens, p. 12.
FARRERIA (F. Johannes DE), p. 365.
FAUGEYRI (F. Petrus), serviens, p. 173.
FAURO (F. Hugo DE), miles, p. 217, 238, 240, 260, 269, 320.
FAUS (F. Petrus DE), presbiter, p. 149.
FAYO (Felix DE), p. 365, 369.
FERA (F. Gaufridus DE), p. 389.
FERITATE (F. Symon DE), preceptor, p. 185.
—————— GALCHERI (Domus Templi de), p. 390.
FERRARIA (F. Johannes DE), p. 369.
FERRERIIS (F. Guido DE), p. 413, 417.
FIACRIO (F. Milo DE S.), presbiter, p. 393.
FILHOLI alias FILIOLI (Bernardus), notarius, p. 41, 191, 202, 273.
FLAMAIN (F. Henricus), preceptor de Pruvino, p. 389.
FLAMENGUS (F. Guillelmus), miles, p. 138.
FLAMENI (F. Oliverius). V. FLAMENTI.
FLAMENTI (F. Olivarius), miles, p. 106, 199.
FLAMINGUS (F. Lambertus), p. 392.
—————— (F. Nicolaus), p. 284, 287, 309, 322, 330.
FLERS alias FLES (F. Michel DE), p. 334, 410, 417.
FOLHI (F. Johannes). V. FOLLI.
FOLHOS (Domus Templi de), Xantonensis diocesis, p. 234, 235.
—————— (F. Gerardus DE), serviens, p. 235.

FOLHOSA (Domus Templi de), Claromontensis diocesis, p. 136, 147, 242, 244.
FOLLI (F. Johannes), p. 85, 101.
FOLQUERIIS (F. Geraldus DE), p. 47, 62, 65.
FONTANIS (F. Arnulphus DE), p. 325.
—————— (F. Petrus DE), p. 380, 381, 413.
—————— F. Reginaldus DE), p. 343.
—————— (Domus Templi de), subtus Montem Desiderii, p. 380, 410, 416.
FONTENAY (F. Johannes DE), p. 180.
FORESTA (Domus Templi de), Lemovicensis diocesis, p. 179, 302.
—————— (F. Guido DE), miles, p. 360.
—————— (magister Reginaldus DE), p. 289.
FORGIA (F. Guillelmus DE), p. 315.
FORO (F. Felix DE), p. 371.
FORZ (F. Bocelinus DE), preceptor Provincie, miles, p. 374.
FOUILLEYO alias FOYLLEYO (F. Johannes DE), p. 277, 335.
FRANCES (Lo), Lo FRANCEYS, alias FRANCISCI (F. Johannes), p. 89, 118, 205, 295, 312.
FRAYNICHES (F. Petrus DE), presbiter, p. 59.
FREGEVILLA (F. Johannes DE), p. 35, 37.
FRETIVE (F. Guillelmus DE), p. 22.
FREY (F. Hugo DE), serviens, p. 264.
FROTAY (Domus Templi de), Turonensis diocesis, p. 172, 185, 216.
FROUMENTIERES (F. Herbertus DE), p. 389.
FULCANDI (F. Petrus), serviens, p. 205.
FURCHIS (Domus Templi de), Senonensis diocesis, p. 283, 299.
FURNO (F. Johannes DE), p. 340.

G

GAENES (F. Johannes DE), p. 109.
GALABRII alias GALABRUN et CALABRU (F. Guillelmus), preceptor de Viveriis, p. 86, 150, 303.
GALDI (F. Theobaldus), preceptor, p. 238.
GALEA (F. Petrus DE), p. 382.
GALHARDUS (F.), p. 203.
GALOS (F. Gerardus DE), p. 382.
GALUCHIIS (F. Egidius DE), p. 386.
GALVUTI (F. Johannes), presbiter, p. 19.
GAMACHES (F. Hugo DE), p. 67.
GANANT (F. Matheus), miles, p. 174.
GANDI (F. Guilhelmus), miles, p. 184, 185.
GANDRIA (Domus Templi de), p. 52.

GARDA GUARINI (F. Jacobus DE), p. 239.
GARDEYN (Domus Templi de), p. 453.
GARDIA (F. Raymundus DE), miles, preceptor Mansi Dei, p. 435, 450, 453, 456, 457, 465, 474, 477, 480, 502.
GARDIOLA (F. Petrus), p. 438.
GARINI (F. Golferus), presbiter, p. 181.
—————— (F. Petrus), presbiter, p. 16.
GARINUS (F.), p. 120.
GAROT (preceptor DE), p. 341.
GARRIGA (F. DE), p. 462.
GARRIGANIS (F. Jacobus DE), p. 462.
GARUCTO (F. Matheus DE), preceptor, p. 172.

GASTEL (F. Johannes), p. 59.
GAUCERANDI (F. Berengarius), p. 449.
——— (F. Bernardus), p. 449.
GAUCHE (F. Gerardus DE), miles, p. 290.
GAUDINI (F. Theobaldus), p. 14.
GAUFRIDUS Enguelor, notarius, dictus CHALOP, p. 282, 301, 305, 316, 332, 339, 347, 348, 357, 361, 371, 377, 405.
GAVALARIA (Domus DE LA), p. 158.
GAVALDA (F. Deodatus), p. 165.
GAVANT (F. Guillelmus), miles, p. 172.
GAYRAUDI (Petrus), notarius publicus, p. 426, 427, 515.
GAYTA (F. Guillelmus LA), p. 181.
GEANDI (F. Guillelmus), p. 100.
GENESIO (F. Petrus DE S.), p. 14.
GENTILS (F. Johannes DE), p. 150.
GEORGII (F. Aymericus), preceptor, p. 144.
GEORGIUS, valetus camerarius Magni Magistri, p. 208.
GERALDI dictus DE MELEDUNO (F. Petrus), p. 198.
GERALDI (F. Berengarius), p. 162.
GERALDUS (F.), p. 55, 100, 351, 388.
GERARDUS (F.), presbiter, preceptor de Pruvino, p. 395.
GERARDUS (F.), vicarius preceptoris domus de Fontanis, p. 413.
GESI (F. Radulphus DE). V. GISI.
GIACO (F. Guillelmus DE), p. 289.
GIBELET (Episcopus DE), p. 240.
GIBON (F. Guillelmus), p. 111.
GILI (F. Dalmacius), miles, p. 181.
GINEBAUDI (F. Bernardus), p. 159.
GISA (F. Baudoynus DE), serviens, p. 28.
GISARDI (F. Hugo), magister Aquitanie, p. 13.
GISI vel GISIACO (F. Baudoynus DE), p. 23.
—— (F. Johannes DE), presbiter, p. 414.
—— (F. Radulphus DE), preceptor Campanie, p. 29, 31, 36, 116, 254, 323, 338, 370, 387, 389, 390, 395, 405, 406, 414, 415, 417, 528.
GISORCIO (Guillelmus DE), magister, p. 218.
GLAYOLA (Domus Templi de la), Ruthenensis diocesis, p. 169.
GLOTONIS (F. Stephanus), serviens, p. 233, 254.
GOCERAN (F. Radulphus), p. 340.
GODANDI (F. Johannes), p. 120, 121.
GODEFREDUS (F.), p. 355.

GODEFREDUS (F.), preceptor baillivie de Pruvino, p. 395.
GOEMORII (F. Guido), p. 359.
GOERTA (F. Arnaudus Breion DE), serviens, p. 189.
GOLARAT (F. Matheus), miles, p. 14.
GOMMAR, GOMMERII (F. Gaufredus). V. GOUMAR.
GONAVILLA (F. Gaufridus DE), miles, preceptor Aquitanie et Pictavie, p. 93, 185, 202, 398.
GONTANDI (F. Petrus), p. 151.
GONTERII (F. Galterus), preceptor, p. 50.
GORSOLAS (F. Stephanus LAS), p. 127.
GOTANDI (F. Petrus), p. 158, 162.
GOTATI (F. Helias), p. 199.
GOUMAR (F. Gaufredus), miles, p. 90, 94, 108.
GRANDI CAMPO (F. Poncius DE), miles, p. 263.
GRANDIVILLARI (F. Garinus DE), preceptor de Pontivo, p. 44, 45, 65, 76, 262, 323, 353.
——— (F. Lucas DE), p. 55.
GRANDI VILLARI (F. Odo DE), p. 390.
——— (F. Radulphus DE), p. 333, 353.
——— (F. Robertus DE), p. 44.
GRANGERI (F. Petrus), p. 266.
GRECI (F. Nicolaus), p. 400.
GREGORIUS (F.), miles, p. 5.
GREMENILIO alias CRIMENILIO et GRUMENIL (F. Albertus), presbiter, p. 69, 70, 71.
——— (F. Petrus DE), presbiter, p. 23, 318.
GRES (F. Amicus DE), p. 75.
—— (F. Guillelmus DE), p. 396.
GRESSIBUS (F. Petrus DE), p. 262.
GRIFERIO (F. Petrus DE), miles, p. 237.
GRISARDI (F. Hugo), miles, p. 7.
GRISELLI (F. Philippus), p. 109, 119.
GROGNAY (F. Albertus), miles, p. 319.
GRUMENIL. V. GREMENILIO.
GRUNHET (F. Robertus), miles, p. 184.
GUASC (F. Bertrandus), p. 256, 258.
GUAUFREDI (F. Petrus), p. 156.
GUBERTUS, presbiter, p. 138.
GUERRERII (Bernardus), presbiter, p. 435, 442, 466, 477, 480.
——— (F. Bertrandus), presbiter, p. 502.
GUIDETI (F. Robertus), serviens. V. GUITERI.
GUIDO, Xantonensis episcopus, p. 198.
——— comes Sancti Pauli, p. 272.
——— (F.), preceptor, p. 288.

Guido (F.), preceptor Carnotensis, p. 306, 330.
Guilheu (F. Guillelmus), p. 110.
Guilhon (F. Gaufredus), p. 50.
——— (F. Guillelmus), p. 50.
Guillelmi (Raymundus), sacrista, p. 425, 426.
——— (F. Robertus), preceptor, p. 227.
Guillelmus (F.), 125, 154, 350, 361, 379, 402, 405.

Guillelmus (F.) dictus le Bryes, p. 334.
Guillermi de Benca (F. Raymundus), miles, p. 163.
Guinamant (F. Guillelmus), serviens, p. 237.
Guiteri vel Guiteti (F. Robertus), p. 14, 234.
Gysi (F. Radulphus de). V. Gisi.

H

Hangesto (Guillelmus de), p. 279, 280, 281, 282.
——— (Guillelmus de), senior, p. 282.
Hannonia (F. Johannes de), p. 78, 79.
Hardeviller (F. Radulphus de), p. 287, 342, 345.
Haya (F. Philippus de), p. 314.
Helias (F.), p. 216.
Henricus (F.), p. 80, 326.
Herbleyo (F. Guillermus de), p. 299.
Hercigny (F. Henricus de), p. 375.
Hermont (F. Guillelmus de), presbiter, p. 332.
Hilario (F. Johannes de S.), preceptor, p. 122.
Hodenvilla (F. Clemens de), p. 57, 72.
Hordivillari (F. Radulphus de), p. 333.
Hoti (F. Ferrarius), p. 462, 465, 480, 500.

Hoymont (F. Guillelmus de), p. 3.
Hubercourt (Domus Templi de), p. 418.
Hubertus (F.), p. 401.
Hubertus (F.), preceptor de Latigniaco Sicco, p. 415.
Hugo (F.), preceptor Domus deus Espanez, p. 199.
——— (F.), preceptor domus de Syonnac, p. 199.
——— (F.), preceptor ballivie de Bria, p. 355.
Hugonis (Bernardus), archidiaconus, p. 425, 426.
Humbaldi (Bernardus), notarius, p. 41, 191, 202, 273.
Humbertus (F.), thesaurarius Templi Parisiensis, p. 192.

I

Inferno (F. Adam de), p. 52, 61, 64, 65.
Insula (F. Johannes de), prior Trecensis, p. 365, 369.

Insula Bochardi (Domus Templi de), p. 93, 94, 96, 97.

J

Jacobi (F. Andreas), p. 181.
Jacobus (F.), p. 53.
Jansac (F. Hugo de). V. Janzac.
Janseranda (F.), presbiter, p. 264.
Janz (F. Petrus de), p. 23, 32.
Janzac (F. Hugo de), p. 233, 334.
Jardo (F. Reginaldus de), p. 347, 389.
Jarrossa (F. Stephanus de), presbiter, p. 255.
Jears (F. Reginaldus de). V. Jardo.

Jemvilla (Johannes de), serviens regis Francie, p. 271.
——— (F. Symon de), presbiter, p. 266.
Jocro (F. Helyas de), p. 389.
Johanne (F. Adam de S.), p. 47.
Johannes (F.), p. 296, 320, 331, 349, 380, 413.
——— (F.), capellanus, p. 281.
——— (F.) cognominatus Monte Belletout, serviens, p. 264.

JOHANNES (F.) dictus LE GRANT DE LAIGNEVILLE, p. 310.
——— (F.), miles, p. 339.
——— (F.) dictus LE FRANCEYS, miles, p. 11.
——— (F.), preceptor de Chalou Regine, p. 344.
——— (F.), preceptor de Laigneville, p. 414.
——— (F.), preceptor de la Muce, p. 362.
——— (F.), preceptor de Seraincourt, p. 375.
——— (F.), preceptor de Soissiaco, p. 376.
——— (F.), preceptor de Trefou, p. 388.
——— (F.), preceptor de Yvriaco in Wenquesino, p. 336.
——— (F.), thesaurarius, p. 307.
——— (F.), thesaurarius Templi Parisiensis, p. 277.
JOIGNIACUM (Domus Templi apud), p. 368.
JONVIGNIE (F. Johannes DE), p. 285.

JORDANUS (F.), p. 441.
——— (F.), miles, p. 22.
JORIO (F. Ymbertus de S.), miles, p. 266.
JOSUE, propheta, p. 230.
JUDICIS (F. Geraldus), preceptor, p. 52.
JUIZA (F. Geraldus), serviens, p. 20.
JULIANUS (F.), p. 369.
JUNEDA (F. Guillelmus DE), p. 438.
JUSSI vel JUSSIACO (Domus Templi de), Bituricensis diocesis, p. 239, 254.
JUSTO (F. Bartholomeus DE S.), p. 449.
——— (F. Petrus DE), p. 43.
——— (F. Raymundus DE), miles, p. 446.
——— (F. Reverendus DE), miles, p. 496.
——— (F. Robertus DE), p. 1, 56, 61, 65, 66, 68, 69, 70, 72, 76.
JUVENILIIS (F. Johannes DE), p. 76.
JUYTO (F. Guillelmus), miles, p. 207.
——— (F. Petrus), miles, p. 235.

L

LABOYSSADE (F. Hymbaudus DE), p. 303.
LAIGNEVILLA alias LAIGNEVILLE (F. Johannes DE), presbiter, p. 338, 340.
——— (F. N. DE), p. 322.
——— (F. Petrus DE), dispensator domus de Quenoy, p. 415.
——— (Domus Templi de), Belvacensis diocesis, p. 338, 340, 413, 414.
LAMAHN (Domus Templi de), Xantonensis diocesis, p. 14.
LAMBERTI (F. Petrus), p. 386, 392, 400.
LAMMENS (Domus Templi de), p. 99.
LANCELOT (F. Guillelmus), p. 150.
LANDA BLANCHA (Domus Templi de), p. 52, 94.
LANHI vel LANHIACO (F. Petrus DE), p. 1.
LANNEIS (F. Petrus DE), p. 165.
LANNOY (F. Thierricus DE), p. 391.
LANNOYS (Domus Templi de), p. 188.
LANOYS (F. Petrus DE), p. 188.
LARCHENT (F. Raynerus DE), p. 278, 280, 298.
LARCHIER (F. Raynaudus), p. 52, 105.
LASTIC (F. Durandus), p. 139, 248.
LATA PETRA (F. Hugo DE), serviens, p. 179.
LATIGNIACO SICCO (Domus Templi de), diocesis Meldensis, p. 29, 114, 284, 285, 323, 415.

LATIGNIACO SICCO (F. Nicolaus DE), preceptor, p. 418.
——— (F. Odo DE), p. 321.
LAUDA DE VERTI (Domus Templi de), p. 360.
LAUDUNO (F. Gerardus DE), miles, p. 373.
LAUGEMBE (F. Johannes), p. 344.
LAURENCIUS (F.), p. 329.
LAVERCINES ou LAVARCINES (F. Philippus DE), p. 52, 56, 61, 63.
LAVERNHA (F. Stephanus), p. 141.
LAYA (F. Petrus DE), p. 56.
LEIGE (F. Guillelmus DU), preceptor. V. LIEGE.
LEMOVICENSIS episcopus, p. 23, 74, 191, 198, 219, 220, 233, 270, 271, 272.
LEMOVICINIO (F. Rancerius DE), miles, p. 167.
LEMOVICIS (F. Durandus DE), serviens, p. 16.
LENDA (F. Examen DE), magister in Aragonia et Catalonia, p. 453.
LENDA (F. Nayssement DE), miles, p. 239.
LENHI (F. Petrus), preceptor, p. 44, 45, 76.
LEOBARDI (F. Richardus), p. 346.
LEODIENSIS (F. Gaudefredus), p. 419.
LEONARDO DE CORBIGNIACO (F. Guillermus DE S.), p. 411.
LERIDA (F. Symeon DE), preceptor, p. 17.
LESCOLHE (F. Guido), preceptor, p. 29.
LESCOLHES (F. Robertus), preceptor, p. 53.

INDEX.

LEUJAMBE (F. Johannes), p. 378.
LIEGE (F. Guillelmus DU), preceptor de Rupella, p. 6, 90, 93, 174, 187, 235.
LIENTICURIA (F. Gaucherius DE), preceptor Remensis, p. 298.
LIMECOURT vel LIMECURIA (F. Petrus DE), p. 132, 329.
LINHAC (F. Dominicus DE), serviens, p. 257.
LINS (F. Guillermus DE), p. 386.
LISSI (F. Raynerius DE), p. 14.
LOBERTZ (Domus Templi de), Lemovicensis diocesis, p. 123.
LOBREGE (F. Symon), p. 111.
LOCHES, Turonensis diocesis, p. 171.
LOMBARDUS magister (Bonifacius), p. 278.
LONDONIS (Domus Templi de), in Anglia, p. 398.
LONGO CAMPO (F. Poncius DE), miles, p. 55.
LONGUA VALLE (F. Raymundus DE), miles, p. 291.
LORGNI (F. Raynerius), miles, p. 259.
LOSARCOS (F. Petrus DE), serviens, p. 16.
LOUVETI (F. Radulphus), p. 191, 196.
LOVENCOURT (F. Egidius DE), p. 109.
LOYSON (Domus Templi de), Morinensis diocesis, p. 70, 75.
——— (F. Petrus DE), p. 40.
LUCA (F. Gregorius DE), p. 333.
LUCHET (F. Petrus DE), p. 8.
LUGDUNENSIS (Domus Templi), p. 362.
LUGDUNO (F. Gaufridus DE), presbiter, p. 177.
LUPARIA (F. P. DE), p. 469.
LUPI (F. Johannes), p. 38.
S. LUPO (F. Johannes DE), p. 287.
LUR (F. Berbo DE), p. 139.
LURS (F. Guillelmus DE), miles, p. 110, 111.
LY (F. Bellus DE), miles, preceptor Cathalanensis, p. 352.

M

MADICO, MADITO, MADIT, MAIT (F. Guillelmus DE), p. 85.
——— (F. Petrus DE), miles, p. 22, 90, 93, 96, 103, 123, 124, 135, 137, 138, 141, 190, 219, 241, 244, 255.
MAGNO PONTE (F. Johannes DE), p. 382.
MAGNO VILLARI (F. Garinus DE), magister de Pontivo, p. 329.
MAIMBRESSI (F. Johannes DE), miles, p. 323.
MAJORICIS (F. Jacobus DE), p. 376.
MALA DOMUS, Cathalanensis diocesis, p. 55.
MALBEC (F. Petrus DE), serviens, p. 237.
MALLAVALLE (F. Jacobus DE), p. 155.
MALO LEONE (Domus Templi de), p. 52, 88.
MALO MONTE (F. Guido DE), p. 127.
MALO REPASTU (Domus Templi de), juxta Trapas, p. 288, 293, 308, 312, 315, 317, 412.
MALRAS (F. Durandus), presbyter, p. 134.
MAMBE (F. Johannes DE), p. 31.
MANCIO (F. Guillelmus DE), p. 135.
MANDITO (F. Petrus DE). V. DADITO.
MANIN alias MANNI, MENIN (F. Philippus DE), p. 42, 52, 66, 77.
S. MANNYO (F. Michael DE), p. 326.
MANSI DEI (Domus Templi), p. 425, 426, 427, 433, 439, 440, 449, 451, 456, 462, 465, 480, 483, 485, 487, 496, 501, 502, 505, 508, 511.
MANSI DEI DE LOBERT (Domus Templi), Lemovicensis diocesis, p. 230, 232.
MANSO SERENO (F. Oliverius DE), p. 180.
MANTUA (Johannes DE), archidiaconus papæ, p. 198.
MARACLEA (Castrum de), p. 223.
MARCHI (F. Bernardus), p. 425, 426.
MARCHIA (Domus Templi de), Claromontensis diocesis, p. 133, 135, 248, 253.
MARCHIA ACONITANA (F. Johannes DE), p. 333.
MARCILIUS (F.), p. 206.
MARCURELLI (F. Guillelmus). V. MARTURELLI.
MARES (F. Tierricus DE), p. 372.
MAROLIO (F. Raymundus DE), p. 20, 84, 124.
MARREU (F. Stephanus), p. 100.
MARS (F. Johannes DE), miles, p. 266, 268.
MARSELHES (F. Martinus DE), p. 52, 62, 72.
MARSILIA (F. Vassalius DE), p. 146.
S. MARTINETO (F. Gerardus DE), p. 122, 230.
MARTINI (Jacobus), officialis, p. 426, 427.
——— (F. Martinus), p. 294.
MARTINUS (F.), p. 125.
——— IV, papa, p. 137, 138.

MARTURELLI (F. Guillelmus), p. 450, 481, 488, 505.
MASAYAS (F. Guillelmus DE), p. 125.
MASAYES, MAZAIES vel MAZAYAS (F. Guillelmus DE), p. 121, 130, 131, 237.
MASCARONI (F. Jacobus), p. 450, 512.
MASSI (F. Galterus DE), miles, p. 244.
MASSILIAM (Domus Templi, in insula prope), p. 243.
MASSO (F. Guido Lo), p. 112, 113.
MASUALIER (F. Bosco DE), p. 217, 228.
——— (F. Aymericus DE), junior, p. 230.
MATHEI (F. Johannes), p. 20.
——— (F. Petrus), presbyter, p. 20, 84.
MATISCONE (F. Stephanus DE), p. 365, 369.
MATISCONENSIS episcopus, p. 263, 265.
MAURINI (F. Petrus), p. 233, 238, 254.
MAXENCIO (F. Petrus DE S.), p. 76.
MAYHEZ (Domus Templi de LAS), Bituricensis diocesis, p. 148, 150.
MAYNARDI (F. Petrus), serviens, p. 187.
MAYNILIO (F. Radulphus DE), miles, p. 221.
MENDACO, MENAC vel MENAT (F. Johannes DE), preceptor Marchie, p. 121, 132, 250, 253.
MENIN (F. Philippus). V. MANIN.
MERAVILLAS (F. Petrus), miles, p. 239.
MERDO (F. Lambertus DE), p. 334.
MERSIN (F. Radulphus DE), p. 312.
MESNILIO (F. Nicolaus DE), p. 403.
MESSELENT (Grangia DE), p. 336.
MICHAEL (F.), miles, p. 59.
——— (G.), presbyter, p. 187.
MILIARUS (F. Bernardus), p. 435, 462.
MILLI (F. Falco DE), p. 266.
MIMATENSIS episcopus, p. 23, 74, 121, 191, 198, 233, 270, 271.
MINAC (F. Guillelmus DE), p. 212.
MINHOT (F. Petrus), presbyter, p. 44, 45, 65.
MIRAVET (Castrum DE), domus Templi, p. 449.
MIRAVETO (F. Guillelmus DE), p. 462.
MODIES (F. Petrus DE), p. 265.
MOIGNE (F. Egidius LE), miles, p. 373.
MOINE (F. Johannes LE), p. 314, 390.
MOISIACUM (Domus Templi apud), Meldensis diocesis, p. 319.
MOLARTICO (F. Bernardus DE), p. 339, 347.
MOLAY (F. Jacobus DE), major magister, p. 305.

MOLENDINIS (Domus Templi de), p. 92, 104.
——— (F. Matheus DE), p. 255.
MOLENDINO (F. Petrus DE), p. 199.
MOLINA (F. Raymundus DE), p. 453.
MOMBOIN (F. Robertus DE), p. 341.
MONACHI (F. Egidius), miles, p. 341.
——— (F. Johannes), p. 5, 29.
MONACHUS GAUDI (F.), p. 313.
MONAT (F. Johannes DE), presbyter, p. 254.
MONBALHO (F. Guido DE), p. 99.
MONBALLO (F. Hugo DE), p. 99.
MONCADA (F. Petrus DE), preceptor in Aragonia et Catalonia, p. 462.
MONCELLI (F. Petrus), p. 242, 243.
MONCELLIS (F. Johannes DE), preceptor baillivie de Bria, p. 397.
MONCHANSON (F. Gaufredus DE), p. 165.
MONCOURT (Domus Templi de), Cathalaunensis diocesis, p. 34.
MONS PESSULANUS, p. 158.
MONTCHAUSIT (F. Gaufredus DE), serviens Claromontensis diocesis, p. 181.
MONTE ACUTO (F. Stephanus DE), p. 234, 235.
MONTE CHALVETI (F. Petrus DE), p. 52, 99.
MONTECURIA (Domus Templi de), in Viromandia, p. 378.
MONTECURVO (F. Petrus DE), miles, p. 490.
MONTEFORTI AMALRICI (F. Guillelmus DE) dictus LE BERCHIER, p. 322.
MONTE GAUGUERII (Domus Templi de), p. 89.
MONTE LAUDATO (F. Andreas DE), p. 52, 98, 103.
MONTE LAURO (Johannes DE), Magalonensis archidiaconus, p. 271.
MONTELIO ADEMARI (Domus Templi de), p. 359.
MONTELUPELLO (F. Matheus DE), presbyter, p. 165, 175.
MONTE MARLHONE vel MORLHONE (F. Johannes DE), miles, p. 244, 247.
MONTEMORENCIO (F. Guillelmus DE), p. 318.
MONTENGRIER (F. Galterus DE), miles, p. 222.
MONTEPAVONE (F. Raymundus DE), p. 462.
MONTEPAVONO (F. Berengarius DE), p. 438, 453.
MONTE PESSULANO (Domus Templi de), p. 163.
MONTEQUINO (F. G. DE), p. 462.
MONTEQUISNO (F. P. DE), p. 490.
MONTESCOURT (Domus Templi apud), p. 406.
MONTE SEUDI (F. Petrus DE), p. 344.
MONTESSART (Domus Templi de), Noviomensis diocesis, p. 262.

MONTE TRICHARDI (F. Martinus DE), preceptor, p. 52, 88, 107.

MONTHUAC (F. Petrus DE), p. 84.

MONTIBUS IN HANONIA (F. Matheus DE), p. 335.

MONTIGNIACO (Simon DE), baillivus Aurelianensis, p. 402.

MONTIGNIACO AUBERICI (F. Bertrandus DE), p. 404.

MONTIGNIACO (F. Petrus DE), presbyter, p. 412.

MONTILIO ADEMARI (Domus Templi de), p. 551.

MONTILIO (Domus Templi de), Claromontensis diocesis, p. 181.

MONTINHACO (F. Franco DE), p. 134.

——— (F. Petrus DE), preceptor de Castro Bernardi, p. 134, 202.

MONTIS FERRANDI (Domus Templi), p. 136.

MONTIS SUESSIONENSIS (Domus Templi), diocesis Suessionensis, p. 310, 312, 326, 327, 346, 358, 373, 381.

MONTSANNES (Preceptor DE), p. 257.

MORANTI (F. Petrus DE), p. 16.

MORELLUS DE BELNA (F. Johannes), preceptor ballivie de Coulours, p. 368.

MORENDINIS (Domus Templi de), p. 97.

MORERII (F. Bernardus), p. 499.

MORET (F. Visianus DE), p. 153.

MORLENIS (Domus Templi de), Belvacensis diocesis, p. 48, 49, 56, 61, 65.

MORLETI (F. Bartholomeus), preceptor, p. 199.

MORMANCIO (Domus Templi de), Lingonensis diocesis, p. 112.

MORMENTUM (Domus Templi apud), Trecensis diocesis, p. 369.

MORTONE (F. Guillelmus DE), serviens, p. 8.

MORTUIS FONTANIS (F. Johannes DE), presbyter, p. 391.

MORTUO FONTE (F. Johannes DE), p. 3.

——— (Domus Templi de), Suessionensis diocesis), p. 329.

MOT (F. Guillelmus), p. 347.

MOTETI (F. Guido), miles, p. 243.

MOTONE (F. Guillelmus DE), p. 212.

MOYDIES (F. Petrus DE), p. 263.

MOYSES (F. Radulphus dictus), p. 409.

MOYSSIACUM (Domus Templi apud), Meldensis diocesis, p. 394.

MOZON (Domus Templi de), Altissiodorensis diocesis, p. 50.

MUNAC (F. Guillelmus DE), p. 97, 206.

MURSAC (F. Johannes DE), serviens, p. 210.

——— (F. Petrus Geraldus DE), serviens, p. 210, 211.

MUSSETI (F. Johannes), p. 13, 14.

MUTINE (F. Petrus), preceptor, p. 349.

N

NAMANS (F. Guigo DE), p. 155.

NANETIS vel NANNETIS (F. Laurencius DE); p. 365, 366, 402, 403, 404.

NANS (F. Johannes DE), presbyter, p. 48, 49, 61, 64, 65, 116.

NANTOLIO (F. Hugo), p. 5.

——— (F. Ytherius DE), prior hospitalis in Francia, p. 400.

NARBONENSIS archiepiscopus, p. 198, 271, 272, 424.

NARMATENSIS (domus Templi), p. 52.

NARSAC vel NARZAC (F. Hugo DE), preceptor, p. 30, 96, 108, 198, 199, 205.

NAVARRUS (F. Bartholomeus), p. 490.

NAYS (F. HUGO DE), p. 153.

NEAPOLI (Matheus DE), notarius apostolicus, p. 198, 233, 270, 271.

NICASIO (Evenus Phili DE S.), clericus, p. 357, 365, 371, 379, 386, 393, 401, 420.

NICE (F. Guido DE), p. 409.

NICIA (Domus Templi de), p. 164.

NICOCIENSIS civitas, p. 294.

NICOLAI (Hugo), notarius, p. 41, 191, 202, 273.

NICOLAI (F. Petrus), p. 136.

NICOLAUS (F.), p. 70, 356.

——— (F.), preceptor de Latigniaco Sicco, p. 338, 413.

NIGELLA (F. Symon DE), preceptor, p. 7.

NIVELLA (F. Johannes DE), p. 281.

NIVERNIS (F. Johannes DE), p. 144.

NOAILLES vel NOALHIS (F. Hugo DE), p. 357, 361, 371.

NOBILIACO (F. Petrus DE), p. 198, 214.

NOFAN (F. Jacobus DE), preceptor, p. 210.

NOLHAC (F. Petrus DE), p. 199.

NONAY (F. Gerardus DE), preceptor, p. 92, 97, 108, 216.

Noouroy (F. Albericus DE), p. 268.
Normanni (F. Guillelmus), presbyter, p. 261.
——— (F. Petrus), miles, preceptor baillivie Laudunensis, p. 89, 221, 319, 365, 392.
Nosset (F. Guillelmus DE), miles, p. 146.
Novas (F. Guillelmus DE), miles, p. 239.
Novavilla (Domus Templi de), prope Cathalanum, p. 33, 366.

Noviomo (F. Johannes DE), p. 59, 60, 176, 261.
Novis (F. Guillelmus DE), preceptor in Lombardia, p. 348.
Nuce (Domus Templi de), Turonensis diocesis, p. 235.
——— (F. Petrus DE), p. 235.
Nulhiaco (F. Garricus DE), p. 69, 70.
Nuylhi (F. Fulco DE), p. 56, 65.
——— (Domus Templi de), Belvacensis diocesis, p. 116.

O

Odo (F.), preceptor ballivie Viromandensis, p. 407.
Olebiis (F. Jacobus DE), p. 433, 483, 486, 499, 508, 514.
Olibe (F. Johannes), p. 499.
Onse (Domus Templi d'), Eduensis diocesis, p. 175.
Oratorio (F. Guido), preceptor de Sablonniere, p. 319.

Oratorio (F. Johannes DE), preceptor, p. 298.
Ormont (F. Guillelmus D'), presbyter, p. 114.
Ortoli (F. Stephanus), presbyter, p. 253.
Otho, preceptor Tholosanus, p. 167.
Oymont in Pontivo (Domus Templi d'), Ambianensis diocesis, p. 1, 45, 67.
Oysimont (F. Hugo D'), p. 70.
Oyso (Domus Templi de), p. 90, 93.

P

Paganis (Domus Templi de), Trecensis diocesis, p. 268, 354.
Paians (F. Galterus DE), p. 383, 385.
——— (F. Symon DE), p. 385.
Paiens (domus Templi de). V. Paganis.
Palcort (F. Raymundus), p. 159.
Palude (F. Petrus DE), p. 195.
Pampalona (F. Thomas DE), p. 6.
Pantaleone (F. Robertus DE S.), preceptor, p. 41, 318, 340.
Paraudo vel Penrando (F. Hugo DE), p. 14, 36, 71, 116, 139, 155, 224, 263, 285, 297, 298, 300, 306, 309, 313, 314, 324, 335, 336, 337, 343, 344, 359, 361, 364, 366, 373, 386, 391, 409, 412.
——— (F. Hymbertus DE), p. 305, 362.
Parisiensis (Domus Templi), p. 192, 277, 280, 283, 293, 305, 306, 317, 326, 330, 335, 337, 339, 357, 361, 371, 386, 400, 401, 406, 407, 411, 412.
——— episcopus, p. 26, 28, 196, 278.
Parisius (F. Bernardus DE), presbyter, p. 323.
——— (F. Daniel DE), presbyter, p. 39.

Parisius (F. Guillelmus DE), p. 4, 277, 282, 289, 302, 305, 317, 326, 332, 335, 339, 348, 357, 370, 372, 377, 379, 387, 393, 401, 408, 412.
——— (F. Johannes DE), p. 385.
——— (F. Philippus DE), p. 335.
Passarion vel Passerion (F. Durandus), p. 151, 160.
Passavant (F. Guillelmus DE), p. 490.
Paton (F. Stephanus), p. 337.
Paulhaco (Domus Templi de), Lemovicensis diocesis, p. 122, 127, 225, 227, 228.
Pauta (F. Gordanus), p. 217, 227.
Penaria (F. Raymundus), p. 159.
Penestrini (reverendus pater), p. 271.
Penna (F. Olivarius DE), p. 335.
Penna Varia (Chatardus DE), canonicus Sancti Juniani, p. 271, 272.
Penrando (F. Hugo DE), miles. V. Paraudo.
——— (F. Petrus DE), p. 116.
Perpiniano (F. Amerius DE), serviens, p. 16.
Pertenay (F. Bartholomeus DE), serviens, p. 8.
Perussa (F. Ademarus DE), miles, p. 253.

PETIT (F. Terricus LE), p. 34.
PETRAGORICINIO (Domus Templi de Bilda de), p. 180.
——————— (F. Ysarnús DE), serviens, p. 234.
PETRAGORIS (F. Petrus DE), p. 21.
PETRALEVATA (F. Guillelmus DE), p. 149.
PETRI (F. Remirus), p. 17.
—— (F. Guillelmus), p. 156.
—— (F. Symon), miles, p. 17.
PETRUS (F.), preceptor de Hubercourt, p. 418.
—— (F.), preceptor domus Parisiensis, p. 330.
PEYNET (F. Johannes), p. 52, 69, 71.
PEYRONETI (F. Raymundus), p. 161, 163.
PEYRUCSA (F. Ademar vel Adeus DE), miles, p. 138, 144, 145, 147, 148, 153.
PHILIPPUS (F.), p. 27.
——————— presbyter, p. 79.
PHILY (Evenus), clericus de Sancto Nicasio Corisopitensis diocesis notarius, p. 301, 316, 335, 347, 348, 377, 400.
PICARDI (F. Hugo), p. 4.
——— (F. Johannes), p. 98, 104, 165.
——— (F. Petrus), p. 288, 345.
——— (F. Robertus), preceptor, p. 38.
PICARDUS (F.), p. 262.
PICTAVENSIS episcopus, p. 360.
PICTAVIE magister, p. 174.
PICTAVINI (F. Guillelmus), preceptor, p. 234.
PIDOYE (F. Guillelmus), administrator custos bonorum Templi, p. 218.
PIFFANDI (F. Petrus), serviens, p. 217.
PILETI (F. Johannes), preceptor, p. 183.
PLANIS (F. Guillelmus DE), serviens, p. 190.
PLATEA (F. Guillelmus DE), p. 70, 327, 341.
PLAXEYO (dominus Guaffridus DE), notarius, p. 273.
PLESIANO (F. Guillelmus DE), miles, p. 273.
PLESSEYO (F. Robertus DE), p. 328.
PLEXEYO (F. Guillelmus DE), p. 165, 174.
——————— (F. Stephanus DE), serviens, p. 184, 185.
PLOSIACO vel PLOYSI (F. Remigius DE), p. 4, 404.
PODIO (F. Michael DE), p. 233, 248, 252.
—— NUCIS (Domus Templi de), p. 151.
—— REVELLI (Domus Templi de), p. 85.
————————— (F. Bartholomæus DE), p. 52, 101.
————————— (F. Johannes DE), p. 102.

PODIO VINALI (F. Guillelmus DE), p. 86, 87.
———— VIVAUT (F. Guillelmus DE), p. 303.
POGNEUZ (F. Raymundus), p. 102.
POIS (F. Balduynus DE), p. 376.
POISSONS (E. Johannes DE), p. 396.
POITEL (F. Symon), p. 347.
POLONIA (F. Guillelmus DE), p. 400.
PONHET (F. Hugo), p. 188.
PONTE EPISCOPI (F. Johannes DE), p. 23, 30, 378.
PONTIVO (F. Adam DE), p. 62.
PORCHAYRO vel POTHAYRO (F. Petrus), serviens, p. 244, 246.
PORCIANO (Domus Templi de S.), p. 243.
——————— (F. Durandus DE), p. 232, 402.
PORTA (F. Audebertus DE), preceptor, p. 165, 171, 349.
POSGIA (Domus Templi de), Lemovicensis diocesis, p. 255.
POSSESSA (F. Vicencius DE), p. 33.
POTHAYRO (F. Petrus). V. PORCHAYRO.
POYLE-CASTEL (F. Petrus), p. 132.
POYNTET (F. Petrus DE), bergerius de Bituria, p. 253.
PRANI (F. Senebrunus), miles, p. 257.
PREYSSAC (F. Guido DE), p. 123.
——————— (E. Guillelmus DE), miles, p. 123, 227.
PRICIANO (F. Bernardus DE), p. 450.
PRIORIS (F. Guafredus), p. 102.
PRUINO (F. Gerardus DE), preceptor, p. 5.
—— (F. Raynaudus DE), p. 3.
PRUNAIO vel PRUNAYO (Domus Templi de), Carnotensis diocesis, p. 325, 367.
PRUNEYO (Domus Templi de), Ebroicensis diocesis, p. 286.
PRUVINO (F. Hugo DE), preceptor de Bria, p. 314.
———— (Johannes DE), magister, p. 301, 316.
———— (Domus Templi de), p. 355, 389, 395, 425, 454.
PUFANOI (F. Petrus), serviens, p. 231.
PUGI (F. Johannes DE), miles, p. 16.
PUISEUS (F. Nicolaus), p. 322.
PUISIAUS vel PUISIEUS (Domus Templi de), subtus Laudunum, p. 261, 391, 403.
PULCROVISU (F. Jordans DE), p. 439, 495, 614.
PUTEOLIS (Domus Templi de), juxta Laudunum. V. PUISIAUS.
——————— (F. Nicolaus DE), p. 828.

Q

QUADRIVIO (F. Petrus DE), p. 134.
QUARRE (F. Radulphus), p. 320.
QUASTO DRUNIO (F. Petrus DE), p. 150.
QUESNETO (Preceptor DE), p. 341.
QUESNEYO (F. Thomas DE), p. 309.
QUESNOIS (F. Matheus DE), p. 342.

QUESTO (F. Stephanus DE S.), p. 110.
QUINCI vel QUINCIACO (F. Symon DE), preceptor ballivie de Prunaio, p. 290, 341, 367.
——————— preceptor de Chaunes, p. 384.

R

RAANS (F. Johannes DE), preceptor, p. 52.
RADULPHI (Guillelmus), notarius, p. 41, 191, 202, 273.
RADULPHUS (F.), p. 147, 307, 383.
——————— dictus BALDOINI, p. 370.
——————— miles, p. 339.
——————— dictus MOYSES, p. 334.
RAMBEVAL (F. Robertus DE), p. 52.
RANE (F. Guillelmus DEL), preceptor, p. 163.
RANERIO (F. Godefredus DE), p. 409.
RANEVILLA (Domus Templi de), Ebroicensis diocesis, p. 193, 196.
RANSIOYRA (Domus Templi de la), Claromontensis diocesis, p. 144.
RAYMUNDI (F. Guillelmus), miles, p. 466, 502.
——————— (F. Petrus), p. 159.
RAYMUNDUS (F.), p. 462.
——————— Elnensis episcopus, p. 423, 425, 426, 427.
——————— (F.), preceptor, p. 474.
RAYNAUDI (F. Helias), p. 6, 21.
——————— (F. Hugo), preceptor, p. 12, 202.
——————— (F. Matheus), p. 194, 196.
——————— (F. Petrus), p. 122, 225, 230.
——————— (Petrus), notarius publicus, p. 515.
RAYNERII (F. Guillelmus), p. 134.
REDORTA (F. P. DE), miles, p. 499.
REGALIS (F. Laurentius), p. 508.
REGINALDUS (F.), prior de Pissiaco, p. 278, 279, 280, 281, 282, 301.
REGINALDUS (F.), p. 413.
——————— preceptor Templi Aurelianensis, p. 355.
REGIS (F. Bonanat), p. 469.
REINBAVAL (F. Robertus DE), serviens, p. 1.
REINHEVAL (F. Robertus DE), p. 74.

RELHEYO (F. Hugo DE), miles, p. 207.
REMBENVAL (F. Robertus DE), p. 45, 79.
REMENSIS archiepiscopus, p. 1, 59, 64, 74, 118, 356.
REMEYO vel REMEYS (F. Petrus DE), p. 86, 128, 229.
REMIGIUS (F.), p. 314.
——————— preceptor de Columberiis, p. 406.
REMILLI (F. Michael), p. 483.
——————— (F. Raymundus), p. 450, 465, 502.
REMINO (F. Johannes DE S.), p. 349.
REMIS (F. Richardus DE), p. 286.
——————— (F. Terricus DE), preceptor, p. 286.
RENAVILLA (F. Johannes DE), p. 75.
RETONDEUR (F. Gerardus LO), p. 185.
REYBENVAL (F. Robertus DE), p. 44.
RIALHAC (F. Stephanus), p. 144.
RIBA FORADA (Domus Templi de), p. 6, 15.
RICHERENCHES (Domus Templi de), in comitatu Venicio, p. 374.
RIPPIS ALTIS (F. Bertrandus DE), miles, p. 435, 499.
RIVO (F. B. DE), p. 485.
——— (F. Stephanus DE), p. 134.
ROBERTI (F. Johannes), preceptor de Arvernia, p. 248, 253.
——————— (F. Raymundus), preceptor de Bastito, p. 291.
ROBERTUS (F.), p. 49, 210, 323, 327, 341, 351, 375.
——————— preceptor, p. 300.
——————— dictus DE CHANTUILLE, preceptor de Saucayo et de Stampis, p. 296.
ROCA (F. Guillelmus), p. 159.
ROCAMORA (F. B. DE), miles, p. 473.

ROCHA (F. Amalricus DE), preceptor Francie, p. 192, 295, 508, 511.
——— (F. Arnoldus vel Arnaldus), p. 433, 442, 446, 466, 483, 486, 488, 493.
——— (F. Bernardus DE), miles, preceptor Provincie, p. 159.
——— (F. Hugo DE), p. 110.
——— (F. Rogerius LA), p. 121.
ROCHAMORA (F. Geraldus DE), p. 449.
ROCHANCOURT (F. Thomas DE). V. ROQUENCOURT.
ROCHERIA (F. Ansellus DE), miles, p. 352.
ROCHIS (Domus Templi de), juxta Lezigniacum Pictavensis diocesis, p. 349.
——— (F. Amalricus DE), p. 410.
RODOLIO (Domus Templi de), Catbalaunensis diocesis, p. 402.
ROGAS (F. Berengarius DE), p. 159.
ROGERII (F. Gibertus vel Guibertus), serviens preceptor, p. 151, 169.
ROGERIUS (F.), p. 56.
——————— preceptor, p. 194.
ROMANIA (F. Stephanus DE), claviger domus de Prunay, p. 410.
RONGEMAILLE (F. Petrus DE), p. 419.
ROQUENCOURT (F. Thomas DE), p. 381, 416.
ROSERGUE (F. Jacobus DE), p. 488.
ROSERIA (Domus Templi de), p. 49.
ROSIS (F. Johannes DE), p. 435.
ROSSELLI (F. Nicolas), p. 105, 106.
ROSSERIA (Domus Templi de), Ambianensis diocesis, p. 47.

ROTANGI vel ROTENGI (F. Egidius DE), presbiter, p. 67, 78, 132.
ROUGEPERE (F. Guillelmus), p. 368.
ROYACO (Reginaldus DE), p. 333.
ROZIS (F. Robertus DE), p. 64.
RUANS (F. Johannes DE), p. 90, 93, 94, 107, 108.
RUBEI (F. Raymundus), p. 462.
——— (F. Petrus), p. 488.
RUBEO LACU (F. Petrus DE), p. 138.
RUBEOMONTE (F. Jacobus DE), p. 64, 324.
RUELLA (F. Johannes DE), p. 318, 325.
RUIVANS (F. Johannes DE), p. 94.
RULLI (F. Raymundus), p. 478.
RUMERCOURT (F. Albertus DE), presbiter, p. 406.
RUPE (F. Bonetus DE), p. 152.
——— (F. Guido DE), presbiter, p. 154, 217, 219.
——— (F. Rogerius DE), p. 148.
——— (F. Sicardus DE), miles, p. 208.
RUPE APIS (F. Gerardus DE), presbiter, p. 123.
RUPELHI (F. Jacobus DE), miles, p. 192.
RUPELLA (Domus Templi de), p. 190.
RUPE TALHADA (F. Guigo DE), presbiter, p. 151, 154, 161.
RUPPE (F. Amalricus DE), preceptor Francie, p. 298, 305, 456.
——— (Guillelmus DE), p. 259.
RUTHENENSIS episcopus, p. 157, 161, 163, 165, 169.

S

SABAUDIA (Domus Petri DE), p. 88, 96, 103, 109, 116, 121, 129, 136, 143, 151, 156, 165, 175, 184, 196, 198, 209, 216, 219, 225, 233, 241, 252, 262.
SAG (F. Johannes DEU), p. 171.
SACCO (F. Petrus DE), p. 319.
SACOMA (F. Johannes), p. 450.
SAFET (F. Petrus DE), p. 294.
SAGAS (F. G. DE), p. 462.
SAGETI (F. Raymundus), p. 508.
SAIRES (F. Gerardus DE), p. 344.
SALHENS (F. Hugo DE), p. 139.
SALIGAT (F. Bartholomeus), serviens, p. 187.
SALIS (Domus Templi de), p. 80.
SALITANHAC (F. Robertus DE), p. 144.

SALLEVILLE (F. Nicolaus DE), p. 415.
SALOMON (F.), p. 90.
SALTIBUS (F. Radulphus DE), p. 406.
SALZETO (F. Geraldus DE), miles, p. 252.
SAMAYO (F. Robertus DE), miles, preceptor ballivie de Montescourt, p. 407.
SAMNIADA (F. Otho), serviens, p. 169.
SANCE (F. Hugo DE), miles, p. 161, 162.
——— (F. Jacobus DE), p. 370.
SANCEYO (Domus Templi de), juxta Trecas. V. SANCI.
SANCHI (F. Petrus), miles, p. 17.
SANCI (Domus Templi de), Trecensis diocesis, p. 30, 370, 378, 388.
——— (F. Stephanus DE), p. 29.

SANCIACO (Domus Templi de), Trecensis diocesis. V. SANCI.
SANCIERA (F. Galterus DE LA), apud Villam Dei, Carnotensis diocesis, p. 193.
SANQUEVILLA (F. Richardus DE), p. 27.
SANZETO vel SANZETA (F. Geraldus vel Gerardus DE), p. 99, 122, 124, 134, 225, 232.
——— (F. Stephanus DE), p. 250.
SAPHET (F. Georgius DEL), p. 144.
SAPIENTIS (F. Petrus), serviens, p. 20.
SAPTE (F. Raymundus), p. 435, 446, 450.
——— (F. Raymundus), preceptor Mansi Dei, p. 454.
SAQUEINVILLE (F. Andreas DE), preceptor ballivie Normannie, p. 194, 346.
SAQUETI (F. Johannes), p. 442.
——— (F. Raymundus), p. 442, 505.
SARAINCOURT (Domus Templi de), p. 372.
SARNACO (F. Robertus DE), p. 329.
SARNAY (F. Adam DE), p. 407.
——— (F. Johannes DE), preceptor ballivie de Pontivo, p. 416.
SARNAYO (F. Bernardus DE), serviens, p. 4.
——— (F. Johannes DE), p. 404.
SARNOY (F. Robertus DE), presbiter, p. 262.
SARRA (F. Nicolaus DE), p. 370, 371.
SARRACENI, p. 153.
——— (F. Johannes), p. 233, 250.
SARTIGES (F. Bertrandus DE), miles, p. 125, 130, 153.
SATOMES (F. Aymericus DE), miles, p. 138.
SATURNINO (F. Guichardus DE S.), p. 101.
SAUCAYO (Domus Templi de), in baillivia Stampensi, p. 296.
SAUCEYA (Domus Templi de), super Yonam, p. 379.
SAUCHONS (F. Gerardus DE), p. 381.
SAUSAULEY (F. Petrus DE), p. 285.
SAUVAGE (F. Matheus LO), miles, p. 209.
SAUZETO (F. Gerardus DE), preceptor Arvernie, p. 295.
SAVIGNIACUM (Domus Templi apud), Senonensis diocesis, p. 285, 333, 344.
SAVINE (F. Raymundus), p. 427.
SAVINHAC (F. Bertrandus DE), miles, p. 144.
SAYCELLI (F. Hugo), miles, p. 244, 246, 247.
SAYSSET (F. Hugo DE), miles, p. 222.
SCINHI (Domus Templi de), Trecensis diocesis, p. 5.
SCOT (F. Johannes DE) dictus DE SOTTON Anglicus, p. 132.

SCOTI (F. Richardus), p. 36.
SELLIS (Domus Templi de), Claromontensis diocesis, p. 125, 130, 138.
SENANNI (F. Johannes), preceptor Tolhose, p. 121, 136, 147, 241, 242, 244.
SENEVIERES (Domus Templi de), Meldensis diocesis, p. 311.
SENONENSE (Concilium), p. 23, 30, 261.
SEPTEMBRIS (F. Arnaldus), p. 450, 462, 474.
——— (F. Bernardus), p. 450, 503.
SERAINCOURT vel SERINCOURT (Domus Templi de), Remensis diocesis, p. 373, 375.
SERIE (F. Guillelmus DE), serviens, p. 210.
SERMOYA (F. Guillelmus), serviens, p. 198.
SERNAY vel SERNOY (Johannes DE), p. 45, 67.
——— (F. Luchas DE), p. 79.
——— (F. Radulphus DE), p. 64, 69, 70.
SERVIENTIS (F. Petrus), p. 450, 488.
SICARDI (F. Hugo), p. 38.
SICCA VILLA (F. Nicolaus DE), p. 334.
SITURAT (Domus Templi de), Xantonensis diocesis, p. 22.
SIVEN vel SIVEU (F. Petrus DE), p. 52, 80.
SIVRE (dominus Acherius DE), miles, p. 309, 323.
——— (F. Petrus de), preceptor baillivie de Bures, p. 358.
SIVRIACO (F. Johannes DE), presbyter, p. 367.
——— (F. Petrus DE), miles, p. 222.
SODAY (F. Johannes DE), miles, p. 173.
SOISSIACO vel SOISIACO (Domus Templi de), Meldensis diocesis, p. 287, 307, 309, 325, 342, 376.
SOMERENS alias SOMORENS (F. Bertrandus DE), p. 52, 59.
——— (Domus Templi de), Ambianensis diocesis, p. 64, 69, 70, 72, 318, 340.
SOMMEREUX (F. Bernardus DE), p. 285.
SOMORENS (Domus Templi de), Belvacensis diocesis, p. 24.
SONCIERA (F. Galterus DE LA), miles, p. 192.
SONIONS (F. Gerardus DE), p. 417.
S. SORA (F. Zacharias DE), p. 12.
SORNEY vel SORNOY (F. Radulphus). V. SERNAY.
SOROLME (F. Guillelmus DE), p. 199, 206.
SOROMINA (F. Guillelmus), p. 199.
SOTIERE (F. Galterus DE LA), p. 384.
SOUPIR (F. Henricus DE), p. 387.
SPINASSO (F. Raymundus DE), p. 138.
STAGNO (F. Matheus DE), preceptor de Roches, p. 93, 185.
STAMPAS (Domus Templi apud), p. 295.

STAMPIS (F. Guillelmus DE), preceptor baillivie de Stampis, p. 382.
——— (F. Mathias DE), serviens, p. 206.
STANHAC (F. Seguinus DE), serviens, p. 232.
STEPHANI (F. Raymundus), p. 259.
——— (F. Ricardus), p. 259.
STEPHANUS (F.), p. 130, 297.
SUDRE (F. Geraldus), p. 130.
SUESSIONENSIS (Domus Templi), p. 351, 404.
SUPERE (F. Philippus DE), p. 342.

SUPI (F. Henricus DE), miles, p. 401.
SUPRA VILLAM (F. RobertusIDE), p. 292.
SYDONE (Domus Templi de), p. 138, 147, 259.
SYDONIS Civitas, p. 140.
SYMON (F.), p. 281, 319, 433.
SYOURAC (Domus Templi de), Xantonensis diocesis, p. 202.
SYVRE (F. Petrus DE), preceptor baillivie de Byres, p. 394.

T

TABULA (F. Matheus DE), p. 380.
TALHEBOYS (F. Guillelmus), serviens, p. 165, 182, 183.
TAMARIT (F. Guillelmus DE), p. 450, 451, 477, 502.
TANIS (F. Johannes DE), p. 223.
TARA (F. Johannes DE), p. 69, 71.
TARASSONE (F. Petrus DE), serviens de lingua Occitana, p. 259.
TARVENSIS episcopus, p. 258.
TAURIS (Domus Templi de), Lingonensis diocesis, p. 265.
TAVERNIACO (F. Radulphus DE), preceptor, p. 114, 375.
TELARIA (F. Viardus DE LA), preceptor, p. 266.
TELATARIA (Domus Templi de la), p. 266.
TENCEN vel TENTEN (F. Gaufridus DE), p. 93, 97, 98.
TERA vel TERE (F. Johannes DE), p. 72, 277.
TERICE (F. Guillelmus), p. 6.
TERRATIS (F. Guillelmus DE), p. 450, 497.
TERRELLIS (F. Guillelmus DE), p. 91.
TEST (F. Johannes LO), p. 144.
TEXTORIS (F. Guillelmus), p. 125, 129.
——— (F. Guillelmus), curatus de Sellis, Claromontensis, p. 121, 237.
THEMIS (Domus Templi de), in baillivia de Prunay, p. 341.
THEOBALDI (F. Petrus), p. 18, 22, 23, 200.
THEOBALDUS (F.), miles, p. 211.
——— episcopus Belvacensis, p. 73.
——— (F.), preceptor de Castro Bernardi, p. 6.
THERI (F. Balduinus DE), miles, p. 311, 312.
THERRICUS (F.), preceptor, p. 34.

THOLOSA (F. Raymundus DE), p. 331.
THOMAS (F.), preceptor, p. 53.
——— (F.), p. 380.
TIERRICUS (F.), magister de Laudunesio, p. 416.
TILHEIO vel TILLOY (F. Matheus DE), p. 40, 390.
TIMORE (F. Arnaldus DE), p. 462.
TOISI (F. Lambertus DE), p. 388.
TOISIACO (F. Reginaldus DE), p. 394.
TONNI (Domus Templi de), prope Pontem Arvernie, p. 392.
TORBONA (F. Petrus DE), miles, p. 33, 34.
TORRAGE (F. Guillelmus DE), miles, p. 6, 11.
TORROSELHA (F. Arnaldus DE), preceptor Templi de Gardenchis in Catalonia, p. 485, 490, 508.
TORTAVILLA (F. Petrus DE), p. 283, 285.
TORTEVILLE (F. Henricus DE), p. 398.
——— (F. Robertus DE), miles, p. 398.
TORTOSA (Domus Templi de), p. 144, 153.
TOSSANZ (F. dictus), p. 29.
TOUSAINS (F. dictus), p. 338, 340.
TOYSI (F. Lambertus DE), p. 394.
TOYSONNERIA (F. Guillelmus DE LA), p. 100.
TRACE (Domus Templi de la), juxta Soisiacum, p. 296.
TRACHE (F. Gaufridus DE), p. 378.
TRAHI (F. Gaufridus DE), p. 417.
TRECIS (F. Bartholomeus DE), p. 354.
——— (F. Fulcus de), p. 383.
——— (F. Nicolaus DE), p. 405.
——— (F. Petrus DE), p. 268.
TREMBLAYO (F. Reginaldus DE), p. 279.
TREMPLAYO (F. Raynardus DE), presbiter, p. 36.
TRENAY (F. Laurencius DE), p. 396.

TRIANGULO (F. Radulphus DE), p. 312.
TRIDENTINUS archidiaconus, p. 191, 198, 233, 252, 270, 272.
TRIPOLITANI (Domus Templi), p. 16, 147.
TROYN (F. Johannes), p. 493.
—— (F. Raymundus), p. 427, 450.
TRULLARIIS vel TRULLARS (Castrum DE), p. 425, 426, 428.
TUNO (F. Dalmatius DE), preceptor, p. 17.
TURNO (F. Johannes DE), thesaurarius Parisiensis, p. 38, 192, 278, 280, 283, 284, 287, 292, 299, 308, 310, 315, 325, 328, 332, 334, 337, 338, 342, 344, 379, 381, 401, 413.
—— (F. Stephanus DE), presbiter, p. 35.

TURONENSIS archiepiscopus, p. 173, 175, 177, 181, 182, 184.
TURONIS (F. Johannes DE), p. 93.
—— (F. Johannes Godelli DE), serviens, p. 207.
—— (F. Petrus DE), preceptor de Frotay, p. 90, 165, 172, 235.
TURPINI (F. Radulphus), p. 354.
TURRE vel TURRI (F. Bartholomeus DE), p. 428, 446, 456, 466, 469, 477, 478, 480, 483, 486, 488, 496, 499, 502, 505, 508, 512, 514.
TURRETA (Domus Templi de), Claromontensis diocesis, p. 250.
TURRI (F. Simon DE), p. 450, 456.

U

ULMO TUANDI (Domus Templi de), Bituricensis diocesis, p. 142, 183, 229.
USCLAS (F. Bernardus), p. 154.

USSAYO (F. Johannes DE), p. 102.
USSELLO (F. Bonitus DE), serviens, p. 255.

V

VALEIA (Domus Templi de), p. 411, 417.
VALENCIENNES (F. Egidius DE), p. 407.
VALHANT (F. Humbertus), p. 114.
VALLE (F. Stephanus DE), p. 99.
VALLE BELLAUDI (F. Johannes DE), p. 358.
VALLE GORDONIS (F. Petrus DE), p. 89.
VALLENCOURT (F. Adam DE), miles, p. 71.
VAOR (Domus Templi de), p. 156.
VARNAGE (F. Guillelmus DE), miles, p. 302.
VASSIGNAC alias VASSINHAC (F. Raymundus DE), preceptor de Belda, p. 180, 302.
VASSINHAC (F. Bertrandus DE), miles, p. 179.
VAUBELLAIN (F. Thierricus DE), p. 346.
VAUCELLIS (F. Jacobus DE), p. 44.
VAUDRUEIL (F. Johannes DE), p. 402.
VAUSETE (Domus Templi de la), in Arvernia, p. 280.
VELHARDI alias VELHIER (F. Matheus), p. 92, 93, 206.
VENTHODORO (F. Andreas DE), miles, p. 222.
S. VERANO (F. Bernardus DE), p. 161, 162.
VERCELLIS (Magister Antonius Sicci DE), p. 140, 215, 238, 240, 260, 269.
VERCINES (F. Johannes DE LA), preceptor, p. 48.

VERGIER (F. Petrus LE), p. 34.
VERJUS (F. Johannes LE), p. 286, 312.
VERJUS DE REBES (F. Jacobus DE), in Bria, p. 397.
VERNEGIA (F. Fulco DE), serviens, p. 255.
—— (F. Guillelmus DE), Lemovicensis diocesis, p. 178.
VERNHA (F. Gerardus DE LA), preceptor Petragoricensis, p. 20, 84, 85, 190, 236.
—— (F. Stephanus LA), presbiter, p. 123, 219.
VERNHIA (F. Petrus), serviens, p. 198, 199, 216.
VERNOLIO (F. Johannes DE), p. 416.
VERRERIA (F. Johannes DE), p. 312.
VERRIER (F. Robertus LE), p. 53, 41, 68.
VERRONO (F. Thomas DE), p. 206.
VERTONE (Domus Templi de), p. 84.
VIANESIO (F. Stephanus DE), p. 396.
—— (F. Ymbertus DE), preceptor baillivie d'Aveleure, p. 396.
VICENCIUS (F.), p. 149.
VICHEYO (F. Gaufridus DE), miles, p. 243.
VIENA (F. Amblardus DE), preceptor Pictavie, p. 21, 186.
VIENENSIS (F. Jacobus), p. 33.

VIENESIO (F. Amblardus DE), preceptor, p. 206, 210.
VIENNA (F. Petrus DE), miles, p. 147, 240.
VIFORT (Domus Templi de), juxta Castrum Tierrici, baillivie de Bria, p. 410.
VIGERII (F. Helias), p. 141.
VILAGAST (Domus Templi de), p. 85.
VILART vel VILERT (F. Egidius DE), p. 450, 493.
VILERT (F. Raymundus), p. 450, 470, 496.
VILLA ALBA (F. P. DE), p. 449, 453.
VILLACLARA (Johannes DE), notarius publicus, p. 426, 427, 515.
VILLA CLARA (Petrus Ray DE), p. 426.
VILLA DEI (Domus Templi de), juxta Malum Repastum, Carnotensis diocesis, p. 375.
VILLALBA (F. Jacobus DE), miles, p. 469.
VILLA Moso (Domus Templi de), Altisiodorensis diocesis, p. 110.
VILLANI (F. Guillelmus), p. 50, 110, 111.
VILLA NOVA (F. Johannes DE), p. 132.
——— (F. Petrus DE), p. 442, 511.
VILLA PARISIA (F. Jacobus DE), p. 35, 39.
VILLA PETROSA (F. Henricus DE), miles, p. 826.
——— (F. Herveus DE), miles, p. 311.
VILLARI ADE (F. Petrus DE), preceptor de oratorio super Autonem, p. 338.
VILLARIBUS (F. Bertrandus DE), preceptor de Rupe Sancti Pauli, p. 121, 122, 219, 230.
——— (F. Girardus DE), p. 32, 70, 134, 285, 327, 364, 367, 381, 386, 388, 390, 416.
——— (F. Johannes DE), miles, p. 358.
——— (F. Petrus DE), p. 90, 94, 138, 206.

VILLA SAVERII (F. Arnulphus DE), p. 326.
VILLA-SUPER-TERRAM (F. Arbetus DE), curatus de Arentoriis, Lingonensis diocesis, p. 266.
VILLENCOURT (Domus Templi de), in ducatu Lotharingie, p. 267.
VILLERS (F. Gerardus DE), p. 405.
VILLE SAVOIR (F. Arnulphus DE), p. 346.
VILZERO (F. Gaufridus DE), p. 85.
VINCENCIO (F. Johannes DE S.), p. 302, 402.
——— (Ratherius DE), p. 169.
VINCENCIUS, presbiter, p. 179.
VINCIACO (domus Templi DE), Eduensis diocesis, p. 394.
VINEA (F. G.), p. 511.
VINEE (F. Petrus), serviens, p. 181, 252.
——— (F. Raymundus), serviens, p. 244, 246.
VINET (F. Raymundus), p. 254.
VINHA (F. Petrus), p. 136.
VIRENCOURT (Domus Templi de), Tullensis diocesis, p. 268.
——— (F. Gerardus DE), p. 268.
VIRTUTO (Jacobus DE), notarius, p. 316, 325, 347, 361, 365, 369, 370, 377, 386, 393, 401, 408.
VIVARIIS (F. Droco DE), p. 395.
VIVAYROL (F. Guillelmus), p. 242.
VOLENIS (F. Guido Chifflet DE), serviens, p. 177.
——— (F. Stephanus DE), serviens, p. 263.
VOTONE (Domus Templi de), Engolismensis diocesis, p. 20.
VYSAMALE (F. Arnulphus DE). V. WISEMALE.

W

WABEN (F. Baldoinus), p. 390.
WALE (F. dictus), p. 368.
WATEL (F. Johannes), p. 407.

WIRMIS (F. Odo DE), p. 330.
WISEMALE alias WISSEMALE, WOISEMALE (F. Arnulphus DE), p. 4, 286, 312, 346, 395.

X

XANTONENSIS episcopus, p. 11, 13, 15, 21, 199, 202, 205, 210, 214, 216.

Y

YEMVAL (F. Thoma), presbiter, p. 42.
YLERDA (Domus Templi de), p. 16.
YMBERNICI (F. Karolus), p. 392.
YMBERTUS (F.), miles, p. 320, 321.
YNANES (Rodoricus), p. 16.
YPOLITO (F. G. DE S.), p. 477, 000.

YPOLITUS (F.), presbiter, p. 237.
YSARII (F. Bernardus), p. 156.
YSDE (Domus Templi de), p. 252.
YVRIACO (F. Guillelmus DE), p. 321.
YVRIACO IN VEUQUESINO PARISIENSI (Domus Templi de), p. 321, 328.

Z

ZELET (F. Aymo DEU), p. 268.

FIN DE LA TABLE DU TOME SECOND.

www.ingramcontent.com/pod-product-compliance
Lightning Source LLC
Chambersburg PA
CBHW071407230426
43669CB00010B/1480